工会劳动和经济工作法律法规政策指南

中华全国总工会劳动和经济工作部◎主编

上

GONGHUI LAODONG HE JINGJI GONGZUO FALV FAGUI ZHENGCE ZHINAN

中国工人出版社

图书在版编目（CIP）数据

工会劳动和经济工作法律法规政策指南 / 中华全国总工会劳动和经济工作部主编.
—北京：中国工人出版社，2018.12
ISBN 978-7-5008-7114-9

Ⅰ.①工…　Ⅱ.①中…　Ⅲ.①工会法—中国—指南　Ⅳ.①D922.505

中国版本图书馆CIP数据核字（2018）第290220号

工会劳动和经济工作法律法规政策指南

出 版 人	王娇萍
责任编辑	安　静　冀　卓
责任印制	栾征宇
出版发行	中国工人出版社
地　　址	北京市东城区鼓楼外大街45号　邮编：100120
网　　址	http://www.wp-china.com
电　　话	（010）62005043（总编室）　（010）62005039（印制管理中心） （010）62382916（职工教育分社）
发行热线	（010）62005996　（010）82075964（传真）
经　　销	各地书店
印　　刷	北京美图印务有限公司
开　　本	710毫米×1000毫米　1/16
印　　张	48.25
字　　数	700千字
版　　次	2019年9月第1版　2019年9月第2次印刷
定　　价	128.00元（上下册）

CONTENTS 目　录

经济技术工作篇

一、法律

二、中共中央国务院文件

（一）劳动和技能竞赛、技术协作与创新

（二）劳模服务与管理

三、部委文件

（一）劳动和技能竞赛

（二）技术协作与创新

（三）劳模服务与管理

四、全总文件

（四）技术协作与创新

（五）劳模服务与管理

五、部门文件

技术协作与创新

扶贫工作篇

经济技术工作篇

一、法律

中华人民共和国宪法（节选）

（1982年12月4日第五届全国人民代表大会第五次会议通过　1982年12月4日全国人民代表大会公告公布施行　根据1988年4月12日第七届全国人民代表大会第一次会议通过的《中华人民共和国宪法修正案》、1993年3月29日第八届全国人民代表大会第一次会议通过的《中华人民共和国宪法修正案》、1999年3月15日第九届全国人民代表大会第二次会议通过的《中华人民共和国宪法修正案》、2004年3月14日第十届全国人民代表大会第二次会议通过的《中华人民共和国宪法修正案》和2018年3月11日第十三届全国人民代表大会第一次会议通过的《中华人民共和国宪法修正案》修正）

第四十二条　中华人民共和国公民有劳动的权利和义务。国家提倡社会主义劳动竞赛，奖励劳动模范和先进工作者。国家提倡公民从事义务劳动。

中华人民共和国劳动法（节选）

（1994年7月5日第八届全国人民代表大会常务委员会第八次会议通过　根据2009年8月27日第十一届全国人民代表大会常务委员会第十次会议《关于修改部分法律的决定》第一次修正　根据2018年12月29日第十三届全国人民代表大会常务委员会第七次会议《关于修改〈中华人民共和国劳动法〉等七部法律的决定》第二次修正）

第六条　国家提倡劳动者参加社会义务劳动，开展劳动竞赛和合理化建议活动，鼓励和保护劳动者进行科学研究、技术革新和发明创造，表彰和奖励劳动模范和先进工作者。

中华人民共和国工会法（节选）

（1992年4月3日第七届全国人民代表大会第五次会议通过　根据2001年10月27日第九届全国人民代表大会常务委员会第二十四次会议《关于修改〈中华人民共和国工会法〉的决定》第一次修正　根据2009年8月27日第十一届全国人民代表大会常务委员会第十次会议《关于修改部分法律的决定》第二次修正）

第七条　工会动员和组织职工积极参加经济建设，努力完成生产任务和工作任务。

……

第三十一条　工会会同企业、事业单位教育职工以国家主人翁态度对待劳动，爱护国家和企业的财产，组织职工开展群众性的合理化建议、技术革新活动，进行业余文化技术学习和职工培训，组织职工开展文娱、体育活动。

中华人民共和国促进科技成果转化法（节选）

（1996年5月15日第八届全国人民代表大会常务委员会第十九次会议通过　根据2015年8月29日第十二届全国人民代表大会常务委员会第十六次会议《关于修改〈中华人民共和国促进科技成果转化法〉的决定》修正）

第二条　本法所称科技成果，是指通过科学研究与技术开发所产生的具有实用价值的成果。职务科技成果，是指执行研究开发机构、高等院校和企业等单位的工作任务，或者主要是利用上述单位的物质技术条件所完成的科技成果。

本法所称科技成果转化，是指为提高生产力水平而对科技成果所进行的后续试验、开发、应用、推广直至形成新技术、新工艺、新材料、新产品，发展新产业等活动。

第四条　国家对科技成果转化合理安排财政资金投入，引导社会资金投入，推动科技成果转化资金投入的多元化。

第十二条　对下列科技成果转化项目，国家通过政府采购、研究开发资助、发布产业技术指导目录、示范推广等方式予以支持：

（一）能够显著提高产业技术水平、经济效益或者能够形成促进社会经济健康发展的新产业的；

（二）能够显著提高国家安全能力和公共安全水平的；

（三）能够合理开发和利用资源、节约能源、降低消耗以及防治环境污染、保护生态、提高应对气候变化和防灾减灾能力的；

（四）能够改善民生和提高公共健康水平的；

（五）能够促进现代农业或者农村经济发展的；

（六）能够加快民族地区、边远地区、贫困地区社会经济发展的。

第十六条　科技成果持有者可以采用下列方式进行科技成果转化：

（一）自行投资实施转化；

（二）向他人转让该科技成果；

（三）许可他人使用该科技成果；

（四）以该科技成果作为合作条件，与他人共同实施转化；

（五）以该科技成果作价投资，折算股份或者出资比例；

（六）其他协商确定的方式。

第二十二条 企业为采用新技术、新工艺、新材料和生产新产品，可以自行发布信息或者委托科技中介服务机构征集其所需的科技成果，或者征寻科技成果转化的合作者。

县级以上地方各级人民政府科学技术行政部门和其他有关部门应当根据职责分工，为企业获取所需的科技成果提供帮助和支持。

第二十六条 国家鼓励企业与研究开发机构、高等院校及其他组织采取联合建立研究开发平台、技术转移机构或者技术创新联盟等产学研合作方式，共同开展研究开发、成果应用与推广、标准研究与制定等活动。

合作各方应当签订协议，依法约定合作的组织形式、任务分工、资金投入、知识产权归属、权益分配、风险分担和违约责任等事项。

第三十条 国家培育和发展技术市场，鼓励创办科技中介服务机构，为技术交易提供交易场所、信息平台以及信息检索、加工与分析、评估、经纪等服务。

科技中介服务机构提供服务，应当遵循公正、客观的原则，不得提供虚假的信息和证明，对其在服务过程中知悉的国家秘密和当事人的商业秘密负有保密义务。

第三十三条 科技成果转化财政经费，主要用于科技成果转化的引导资金、贷款贴息、补助资金和风险投资以及其他促进科技成果转化的资金用途。

第三十四条 国家依照有关税收法律、行政法规规定对科技成果转化活动实行税收优惠。

第三十九条 国家鼓励设立科技成果转化基金或者风险基金，其资金来源由国家、地方、企业、事业单位以及其他组织或者个人提供，用于支持高投入、高风险、高产出的科技成果的转化，加速重大科技成果的产业化。

科技成果转化基金和风险基金的设立及其资金使用，依照国家有关规定执行。

第四十四条 职务科技成果转化后，由科技成果完成单位对完成、转化该项科技成果做出重要贡献的人员给予奖励和报酬。

科技成果完成单位可以规定或者与科技人员约定奖励和报酬的方式、

数额和时限。单位制定相关规定，应当充分听取本单位科技人员的意见，并在本单位公开相关规定。

第四十五条 科技成果完成单位未规定、也未与科技人员约定奖励和报酬的方式和数额的，按照下列标准对完成、转化职务科技成果做出重要贡献的人员给予奖励和报酬：

（一）将该项职务科技成果转让、许可给他人实施的，从该项科技成果转让净收入或者许可净收入中提取不低于百分之五十的比例；

（二）利用该项职务科技成果作价投资的，从该项科技成果形成的股份或者出资比例中提取不低于百分之五十的比例；

（三）将该项职务科技成果自行实施或者与他人合作实施的，应当在实施转化成功投产后连续三至五年，每年从实施该项科技成果的营业利润中提取不低于百分之五的比例。

国家设立的研究开发机构、高等院校规定或者与科技人员约定奖励和报酬的方式和数额应当符合前款第一项至第三项规定的标准。

国有企业、事业单位依照本法规定对完成、转化职务科技成果做出重要贡献的人员给予奖励和报酬的支出计入当年本单位工资总额，但不受当年本单位工资总额限制、不纳入本单位工资总额基数。

中华人民共和国国家勋章和国家荣誉称号法

（2015 年 12 月 27 日中华人民共和国主席令第 38 号公布）

第一条 为了褒奖在中国特色社会主义建设中作出突出贡献的杰出人士，弘扬民族精神和时代精神，激发全国各族人民建设富强、民主、文明、和谐的社会主义现代化国家的积极性，实现中华民族伟大复兴，根据宪法，制定本法。

第二条 国家勋章和国家荣誉称号为国家最高荣誉。

国家勋章和国家荣誉称号的设立和授予，适用本法。

第三条 国家设立“共和国勋章”，授予在中国特色社会主义建设和保卫国家中作出巨大贡献、建立卓越功勋的杰出人士。

国家设立“友谊勋章”，授予在我国社会主义现代化建设和促进中外交流合作、维护世界和平中作出杰出贡献的外国人。

第四条 国家设立国家荣誉称号，授予在经济、社会、国防、外交、教育、科技、文化、卫生、体育等各领域各行业作出重大贡献、享有崇高声誉的杰出人士。

国家荣誉称号的名称冠以“人民”，也可以使用其他名称。国家荣誉称号的具体名称由全国人民代表大会常务委员会在决定授予时确定。

第五条 全国人民代表大会常务委员会委员长会议根据各方面的建议，向全国人民代表大会常务委员会提出授予国家勋章、国家荣誉称号的议案。

国务院、中央军事委员会可以向全国人民代表大会常务委员会提出授予国家勋章、国家荣誉称号的议案。

第六条 全国人民代表大会常务委员会决定授予国家勋章和国家荣誉称号。

第七条 中华人民共和国主席根据全国人民代表大会常务委员会的决定，向国家勋章和国家荣誉称号获得者授予国家勋章、国家荣誉称号奖章，签发证书。

第八条 中华人民共和国主席进行国事活动，可以直接授予外国政要、国际友人等人士“友谊勋章”。

第九条 国家在国庆日或者其他重大节日、纪念日，举行颁授国家勋章、国家荣誉称号的仪式；必要时，也可以在其他时间举行颁授国家勋章、国家荣誉称号的仪式。

第十条 国家设立国家功勋簿，记载国家勋章和国家荣誉称号获得者及其功绩。

第十一条 国家勋章和国家荣誉称号获得者应当受到国家和社会的尊重，享有受邀参加国家庆典和其他重大活动等崇高礼遇和国家规定的待遇。

第十二条 国家和社会通过多种形式，宣传国家勋章和国家荣誉称号获得者的卓越功绩和杰出事迹。

第十三条 国家勋章和国家荣誉称号为其获得者终身享有，但依照本法规定被撤销的除外。

第十四条 国家勋章和国家荣誉称号获得者应当按照规定佩带国家勋章、国家荣誉称号奖章，妥善保管勋章、奖章及证书。

第十五条 国家勋章和国家荣誉称号获得者去世的，其获得的勋章、奖章及证书由其继承人或者指定的人保存；没有继承人或者被指定人的，可以由国家收存。

国家勋章、国家荣誉称号奖章及证书不得出售、出租或者用于从事其他营利性活动。

第十六条 生前作出突出贡献符合本法规定授予国家勋章、国家荣誉称号条件的人士，本法施行后去世的，可以向其追授国家勋章、国家荣誉称号。

第十七条 国家勋章和国家荣誉称号获得者，应当珍视并保持国家给予的荣誉，模范地遵守宪法和法律，努力为人民服务，自觉维护国家勋章和国家荣誉称号的声誉。

第十八条 国家勋章和国家荣誉称号获得者因犯罪被依法判处刑罚或者有其他严重违法、违纪等行为，继续享有国家勋章、国家荣誉称号将会严重损害国家最高荣誉的声誉的，由全国人民代表大会常务委员会决定撤销其国家勋章、国家荣誉称号并予以公告。

第十九条 国家勋章和国家荣誉称号的有关具体事项，由国家功勋荣誉表彰有关工作机构办理。

第二十条 国务院、中央军事委员会可以在各自的职权范围内开展功勋荣誉表彰奖励工作。

第二十一条 本法自 2016 年 1 月 1 日起施行。

二、中共中央国务院文件

（一）劳动和技能竞赛、技术协作与创新

习近平在庆祝“五一”国际劳动节暨保增长促发展劳动竞赛推进大会上的讲话

（2009年4月28日）

习近平

同志们，朋友们：

今天，我们在这里隆重集会，共同庆祝即将到来的全世界工人阶级和劳动群众的盛大节日——“五一”国际劳动节，表彰全国各条战线劳动模范和先进工作者，并对新形势下开展的“同舟共济保增长、建功立业促发展”劳动竞赛活动进行深入动员和推进。首先，我代表党中央、国务院，向全国各族工人、农民、知识分子和其他劳动群众，向人民解放军指战员、武警部队官兵和公安民警，向香港特别行政区同胞、澳门特别行政区同胞、台湾同胞和海外侨胞致以节日的问候！向长期以来为社会主义建设作出突出贡献的老劳模、老先进工作者致以崇高的敬意！向荣获今年全国“五一”劳动奖状、奖章和全国“工人先锋号”的先进集体和先进个人表示热烈的祝贺！向全国各级工会干部和广大工会积极分子表示亲切的慰问！我还要代表中国工人阶级和劳动群众，向世界各国工人阶级和劳动群众致以诚挚的问候和良好的祝愿！

今年“五一”国际劳动节，是在全国各族人民即将迎来新中国成立60周年的喜庆时刻到来的。新中国的成立，标志着中国人民历经百年奋斗推翻帝国主义、封建主义、官僚资本主义三座大山，从此当家作主站起来，标志着中华民族的振兴发展从此开启了历史新纪元。新中国成立60年来，我国社会主义革命、建设、改革取得辉煌成就，综合国力大幅提升，人民生活持续改善，民族团结空前增强，国际地位不断提高，中华民族巍然屹立于世界民族之林，在中国特色社会主义道路上迎来伟大复兴的光明前景。党的七届二中全会关于“我们不但善于破坏一个旧世界，我们还将善于建设一个新世界”的科学预言，已经和正在变为现实。

劳动创造世界，奋斗成就伟业。新中国成立60年来特别是改革开放30年来祖国大地发生的翻天覆地变化，是工人阶级和劳动群众辛勤劳动、不懈奋斗、无私奉献的结果。在中国共产党领导下，我国工人阶级和劳动群众，始终站在时代前列，积极投身社会主义革命、建设、改革伟大实践，创造了坚持独立自主、自力更生而又打开国门搞建设的人间奇迹。我国独立的比较完整的工业体系和国民经济体系的形成，辽阔内地和民族地区一大批新的工业基地的开辟，关系国计民生的重点工程的建设，追赶世界先进水平的科学技术的突破，教育卫生体育事业的兴旺，文化艺术事业的繁荣，国家“一穷二白”面貌的改变，无不凝结着我国工人阶级和劳动群众辛勤劳动的汗水、创新创造的智慧。60年来，我国工人阶级队伍日益壮大，整体素质不断提高，先进性明显增强，利益进一步实现，领导阶级地位更加巩固，主力军作用得到充分体现。

劳模齐聚一堂，见证沧桑巨变。今年全国“五一”庆祝大会和其他庆祝活动，特意请来了新中国成立以后在不同历史时期的著名全国劳动模范和先进工作者。60年来，我国各行各业、各条战线像长江后浪推前浪那样，先后涌现出孟泰、时传祥、张秉贵、王进喜、蒋筑英、包起帆、王启民、徐虎、李斌、孔祥瑞、许振超、王洪军、窦铁成、王顺友等成千上万先进模范人物。他们把人生追求和伟大事业融为一体，在平凡的工作岗位上创造了不平凡的业绩。他们中，有长期奋战在生产一线的产业工人，有岗位成才的技术工人，有勇攀高峰的科技人员，有自强自立的下岗再就业带头人，有带领职工再创辉煌的国有企业管理者，也有敢闯新路的自主创业者。劳动模范的成批涌现，生动诠释了劳动光荣、知识崇高、人才宝贵、创造伟大；深刻体现了一切为我国社会主义现代化建设作出贡献的劳动，不论是体力劳动还是脑力劳动，不论是简单劳动还是复杂劳动，都是光荣的，都会得到全社会承认和尊重；同时也有力见证了新中国60年的历史巨变同劳动模范和先进工作者的无私奉献密不可分。党和人民会永远记住他们，共和国的历史丰碑上会永远铭刻他们的功勋。

今年“五一”国际劳动节，也是在全国广泛开展“同舟共济保增长、建功立业促发展”劳动竞赛活动的热潮中到来的。群众性劳动竞赛活动，作为提高职工素质、推动企业进步、促进经济发展的重要途径，作为工会围绕中心、服务大局的重要载体，在新中国60年发展史上写下了并继续书写着浓重的一笔。长盛不衰的社会主义劳动竞赛活动，主题始终紧扣时代脉搏、围绕党和国家中心工作展开，领域不断拓宽，内涵不断丰富，方式不断创新。可以说，群众性劳动竞赛活动锻造了劳动模范，而劳动模范的成批涌现推动了劳动竞赛活动不断向深度和广度进军。

去年12月，由中华全国总工会发起开展的“同舟共济保增长、建功立业促发展”劳动竞赛活动，是贯彻落实科学发展观、坚持走中国特色社会主义工会发展道路新的载体，是我国工人阶级贯彻中央决策部署，在积极应对国际金融危机冲击、保持经济平稳较快发展中发挥主力军作用的创新举措，是近年来各级工会组织开展的“当好主力军、建功‘十一五’、和谐奔小康”主题竞赛活动的重要内容。这一顺时应势的劳动竞赛活动，感召力强、吸引力大。目前，全国大多数企事业单位和职工群众已经参与到竞赛活动中来。竞赛活动紧紧围绕中央关于保增长、保民生、保稳定的重大部署，针对本地区、本产业、本企业的发展战略目标，以重点工程竞赛、企业技术创新、职工素质提高、发挥劳模示范带动作用为突破口，以创建“工人先锋号”为载体，引导职工群众更加自觉、更加积极地与企业同舟共济、共克时艰。广大职工踊跃参加竞赛活动，充分展现了我国工人阶级识大体、顾大局，为党分忧、为国建功的主人翁风采。中央充分肯定和高度评价这一劳动竞赛活动，希望及时总结经验、发扬成绩，再接再厉、乘势而上，把劳动竞赛活动搞得更加生动活泼、扎实有效。

当前，国际金融危机给世界经济同时也给我国经济社会发展带来了前所未有的冲击和挑战。党中央、国务院审时度势、沉着应对，及时果断实施积极的财政政策和适度宽松的货币政策，出台进一步扩大内需、促进经济平稳较快发展的一揽子计划。现在，这些应对之策已初见成效，全国经济运行出现积极变化，社会大局保持稳定。这表明，中央应对国际金融危机冲击、促进经济平稳较快发展的政策措施是及时有力有效的，各地区各部门贯彻中央决策部署是自觉积极得力的。

同时，我们也要清醒地看到，当前国际金融危机还在蔓延和深化，对我国经济的影响还在加深。工会各级组织要深刻认识开展深入学习实践科学发展观活动在当前形势下的重大意义和现实紧迫性，认真搞好第二批深入学习实践科学发展观活动，引导广大干部职工把思想和行动统一到中央对当前国内外经济形势的科学判断上来，统一到中央各项决策部署上来。要以科学发展观为指导，深入开展“同舟共济保增长、建功立业促发展”劳动竞赛活动，动员广大职工群众进一步坚定信心、迎难而上，突出重点、扎实工作，为保增长、保民生、保稳定作贡献，为实现经济平稳较快发展建功立业。

要把开展劳动竞赛活动同深入贯彻落实中国工会十五大精神、当好时代先锋和行动楷模结合起来。去年召开的中国工会第十五次全国代表大会，按照党的十七大精神，强调夺取全面建设小康社会新胜利是新的历史起点上充分发挥工人阶级主力军作用的聚焦点，是发挥各级工会组织优势的切入点；强调我国工人阶级要自觉肩负起时代赋予的光荣使命，成为继续解放思想、锐意改革创新的时代先锋，成为推动科学发展、促进社会和谐的行动楷模。广大职工要树立战胜困难的坚定信心，为应对国际金融危机冲击、完成“十一五”规划、夺取全面建设小康社会新胜利而团结奋斗。要充分认识自身利益与企业利益、国家利益息息相关，自觉做到胸怀全局、立足本职，以主人翁姿态踊跃参加劳动竞赛活动，用实际行动当好时代先锋和行动楷模。

要把开展劳动竞赛活动同提高职工队伍整体素质、培养造就一大批知识型技术型创新型高素质职工结合起来。提高包括广大职工在内的全民族文明素质，是实现中华民族伟大复兴的百年大计。中央提出，要充分发挥工会大学校作用，把提高职工队伍整体素质作为一项战略任务抓紧抓好。因此，主题竞赛活动既要见物又要见人。要注重提高职工群众思想道德水平和科学文化水平。坚持在广大职工中深入开展社会主义核心价值体系教育，特别是要引导广大职工牢固树立中国特色社会主义共同理想和实现中华民族伟大复兴的坚定信念。引导职工进一步增强爱岗敬业和岗位成才意识，主动适应科学技术日新月异的新形势，自觉学习、刻苦学习、终身学习，努力掌握新知识、锻造新技能、增长新本领，加快职工队伍知识化进程。我国要建成创新型国家，在科技前沿必须有一大批具有原始创新能力和世界一流水平的高科技人才，在生产一线必须有一大批高技能人才。要大力实施职工素质建设工程，结合劳动竞赛活动，组织职工广泛深入开展岗位练兵、技术交流、技能培训，踊跃参加技术革新、技术协作、合理化建议等活动，着力培养知识型、技术型、创新型人才队伍，为推动经济发展方式转变、经济结构调整作贡献。

要把开展劳动竞赛活动同发扬光大劳模精神、保持工人阶级昂扬向上、奋发进取的精神状态结合起来。新中国成立60年来，一代又一代劳动模范既创造了巨大的物质财富，又创造了宝贵的精神财富。他们以自己的模范行动铸就了爱岗敬业、争创一流，艰苦奋斗、勇于创新，淡泊名利、甘于奉献的伟大劳模精神。劳模精神是以爱国主义为核心的民族精神和以改革创新为核心的时代精神的生动体现，是激励我国工人阶级和劳动群众不为任何风险所惧、不被任何干扰所惑、在中国特色社会主义道路上奋勇前进的强大精神动力。最近，各地结合迎接新中国成立60周年，充分利用工人文化宫、俱乐部、报纸杂志、网络等宣传阵地，突出宣传为社会主义现代化建设作出重要贡献的劳动模范的先进事迹，进一步营造了尊重劳动、尊重知识、尊重人才、尊重创造的良好风尚。深入开展“同舟共济保增长、建功立业促发展”劳动竞赛活动，要同发扬光大劳模精神紧密结合起来，组织职工群众深入学习新中国成立以来各个时期、各行各业的劳动模范和先进模范人物，以他们的崇高思想、先进事迹、优秀品质为楷模，引导职工群众崇尚劳模、学赶先进、争创一流，保持工人阶级昂扬向上、奋发进取的精神状态，用工人阶级的先进思想和模范行动影响和带动全社会。

工会是党领导的工人阶级群众组织，是党联系职工群众的桥梁和纽带，是国家政权的重要社会支柱，是会员和职工利益的代表。新中国成立60年来，特别是改革开放30年来，在党的领导下，各级工会紧紧围绕中心、服务大局，全面履行各项职能，突出维护职能，把维护职工群众具体利益同维护全国人民根本利益紧密结合起来。去年以来，面对国际金融危机冲击，各级工会广泛组织开展“共同约定行动”“同舟共济保增长、建功立业促发展”劳动竞赛活动，既推动了企业发展，又促进了职工权益实现，受到广大职工普遍欢迎，赢得社会各方面广泛支持，充分体现了中国特色社会主义工会发展道路的独特优势。希望各级工会组织按照以人为本、关注民生、促进和谐的要求，深入推进“千万农民工援助行动”等各项帮扶活动，加强对下岗失业职工、零就业家庭、困难职工大学生子女、农民工的就业服务，更加自觉、更加积极地维护职工队伍稳定和社会稳定。

各级党委和政府要始终坚持全心全意依靠工人阶级的方针，尊重职工群众首创精神，充分发挥工人阶级在全面建设小康社会、加快推进社会主义现代化中的主力军作用，充分发挥工人阶级在应对国际金融危机冲击、保持经济平稳较快发展中的主力军作用。要完善广大职工群众参与国家事务、社会事务管理和企事业民主管理的制度，认真解决广大职工群众最关心最直接最现实的利益问题，使广大职工群众共享改革发展成果。要在健全党和政府主导的维护职工权益机制过程中，充分发挥各级工会的作用。要切实加强和改善党对工会工作的领导，支持工会依照法律和章程创造性地开展工作，及时研究解决工会工作中的重大问题。要把更多资源和手段赋予工会组织，为工会履行职责提供更好的环境和条件，把党政所需、职工所急、工会所能的事情更多交给工会组织去办，不断扩大工会组织的社会影响，使工会在社会生活中发挥应有作用。

当前这场国际金融危机给世界各国人民特别是劳动者利益带来深刻影响。中国工会要同各国工人阶级和劳动群众增进合作、共同努力，携手应对挑战。要在和平、发展、合作、工人权益的旗帜下，遵循独立、平等、互相尊重、互不干涉内部事务的交往原则，进一步发展同各国工会组织、国际和区域工会组织的关系，为推动建立公正合理、民主和谐的国际工运新秩序，为促进实现体面劳动和人的全面发展贡献力量。

同志们，让我们紧密团结在以胡锦涛同志为总书记的党中央周围，坚持以邓小平理论和“三个代表”重要思想为指导，深入贯彻落实科学发展观，进一步发扬求真务实、真抓实干精神，以保增长、保民生、保稳定各项工作的优异成绩，迎接新中国成立60周年！

国家中长期人才发展规划纲要（2010—2020年）（节选）

（中发〔2010〕6号）

人才是指具有一定的专业知识或专门技能，进行创造性劳动并对社会作出贡献的人，是人力资源中能力和素质较高的劳动者。

一、指导方针、战略目标和总体部署

（二）战略目标

——人才素质大幅度提高，结构进一步优化。主要劳动年龄人口受过高等教育的比例达到20%，每万劳动力中研发人员达到43人，高技能人才占技能劳动者的比例达到28%。人才的分布和层次、类型、性别等结构趋于合理。

（三）总体部署

……四是造就宏大的高素质人才队伍，突出培养创新型科技人才，重视培养领军人才和复合型人才，大力开发经济社会发展重点领域急需紧缺专门人才，统筹抓好党政人才、企业经营管理人才、专业技术人才、高技能人才、农村实用人才以及社会工作人才等人才队伍建设，培养造就数以亿计的各类人才，数以千万计的专门人才和一大批拔尖创新人才。……

二、人才队伍建设主要任务

（三）统筹推进各类人才队伍建设

3. 专业技术人才队伍

发展目标：适应社会主义现代化建设的需要，以提高专业水平和创新能力为核心，以高层次人才和紧缺人才为重点，打造一支宏大的高素质专业技术人才队伍。到2015年，专业技术人才总量达到6800万人。到2020年，专业技术人才总量达到7500万人，占从业人员的10%左右，高级、中级、初级专业技术人才比例为10：40：50。

主要举措：进一步扩大专业技术人才队伍培养规模，提高专业技术人才创新能力。构建分层分类的专业技术人才继续教育体系，加快实施专业技术人才知识更新工程。进一步实施并完善“新世纪百千万人才”工程。组织实施青年英才开发计划、高素质教育人才培养工程、文化名家工程、全民健康卫生人才保障工程。加大现代物流、电子商务、法律、咨询、会计、工业设计、知识产权、食品安全、旅游等现代服务业人才培养开发力度，重视传统服务业各类技术人才的培养。发挥各类社会组织培养专业技术人才的作用。制定双向挂职、短期工作、项目合作等灵活多样的人才柔性流动政策，引导党政机关、科研院所和高等学校专业技术人才向企业、社会组织和基层一线有序流动，促进专业技术人才合理分布。统筹推进专业技术职称和职业资格制度改革。完善政府特殊津贴制度，强化激励，科学管理。改进专业技术人才收入分配等激励办法。改善基层专业技术人才工作、生活条件，拓展职业发展空间。注重发挥离退休专业技术人才的作用。

4. 高技能人才队伍

发展目标：适应走新型工业化道路和产业结构优化升级的要求，以提升职业素质和职业技能为核心，以技师和高级技师为重点，形成一支门类齐全、技艺精湛的高技能人才队伍。到 2015 年，高技能人才总量达到 3400 万人。到 2020 年，高技能人才总量达到 3900 万人，其中技师、高级技师达到 1000 万人左右。

主要举措：完善以企业为主体、职业院校为基础，学校教育与企业培养紧密联系、政府推动与社会支持相结合的高技能人才培养培训体系。加强职业培训，统筹职业教育发展，整合利用现有各类职业教育培训资源，依托大型骨干企业（集团）、重点职业院校和培训机构，建设一批示范性国家级高技能人才培养基地和公共实训基地。改革职业教育办学模式，大力推行校企合作、工学结合和顶岗实习。加强职业教育“双师型”教师队伍建设。在职业教育中推行学历证书和职业资格证书“双证书”制度。逐步实行中等职业教育免费和学生生活补助制度。实施国家高技能人才振兴计划。促进技能人才评价多元化。制定高技能人才与工程技术人才职业发展贯通办法。建立高技能人才绝技绝活代际传承机制。广泛开展各种形式的职业技能竞赛和岗位练兵活动。完善国家高技能人才评选表彰制度，进一步提高高技能人才经济待遇和社会地位。

三、体制机制创新

（二）创新人才工作机制

1. 人才培养开发机制

目标要求：坚持以国家发展需要和社会需求为导向，以提高思想道德素质和创新能力为核心，完善现代国民教育和终身教育体系，注重在实践中发现、培养、造就人才，构建人人能够成才、人人得到发展的人才培养开发机制。……

主要任务：……完善发展职业教育的保障机制，改革职业教育模式。完善在职人员继续教育制度，分类制定在职人员定期培训办法，倡导干中学。构建网络化、开放式、自主性终身教育体系，大力发展现代远程教育，支持发展各类专业化培训机构。……

2. 人才评价发现机制

目标要求：……改进人才评价方式，拓宽人才评价渠道。把评价人才和发现人才结合起来，坚持在实践和群众中识别人才、发现人才。

主要任务：健全科学的职业分类体系，建立各类人才能力素质标准。……探索技能人才多元评价机制，逐步完善社会化职业技能鉴定、企业技能人才评价、院校职业资格认证和专项职业能力考核办法。……

5. 人才激励保障机制

目标要求：完善分配、激励、保障制度，建立健全与工作业绩紧密联系、充分体现人才价值、有利于激发人才活力和维护人才合法权益的激励保障机制。完善各类人才薪酬制度，加强对收入分配的宏观管理，逐步建立秩序规范、激发活力、注重公平、监管有力的工资制度。坚持精神激励和物质奖励相结合，健全以政府奖励为导向、用人单位和社会力量奖励为主体的人才奖励体系。……

主要任务：……建立产权激励制度，制定知识、技术、管理、技能等生产要素按贡献参与分配的办法。健全国有企业人才激励机制，推行股权、期权等中长期激励办法，重点向创新创业人才倾斜。……探索高层次人才、高技能人才协议工资制和项目工资制等多种分配形式。建立国家荣誉制度，表彰在经济社会发展中作出杰出贡献的人才。调整规范各类人才奖项设置。……

四、重大政策

（一）实施促进人才投资优先保证的财税金融政策

……鼓励和支持企业和社会组织建立人才发展基金。在重大建设和科研项目经费中，应安排部分经费用于人才培训。适当调整财政税收政策，提高企业职工培训经费的提取比例。……

（二）实施产学研合作培养创新人才政策

建立政府指导下以企业为主体、市场为导向、多种形式的产学研战略联盟，通过共建科技创新平台、开展合作教育、共同实施重大项目等方式，培养高层次人才和创新团队。……实行“人才+项目”的培养模式，依托国家重大人才计划以及重大科研、工程、产业攻关、国际科技合作等项目，重视发挥企业作用，在实践中集聚和培养创新人才。……

（四）实施人才创业扶持政策

……完善知识产权、技术等作为资本参股的措施。……

（十）实施知识产权保护政策

实施国家知识产权战略。制定职务技术成果条例，完善科技成果知识产权归属和利益分享机制，保护科技成果创造者的合法权益。明确职务发明人权益，提高主要发明人受益比例。制定职务发明人流动中的利益共享办法。建立非职务发明评价体系，加强对非职务发明创造的支持和管理。……

五、重大人才工程

（九）国家高技能人才振兴计划

适应走新型工业化道路、加快产业结构优化升级的需要，加强职业院校和实训基地建设，培养造就一大批具有精湛技艺的高技能人才。到2020年，在全国建成一批技能大师工作室、1200个高技能人才培训基地，培养100万名高级技师。

六、组织实施

（四）加强人才工作基础性建设

……推进人才工作信息化建设，建立人才信息网络和数据库。……

国家科学技术奖励条例(节选)

(1999年5月23日中华人民共和国国务院令第265号发布 根据2003年12月20日国务院令第396号《国务院关于修改〈国家科学技术奖励条例〉的决定》第一次修订 根据2013年7月18日国务院令第638号《国务院关于废止和修改部分行政法规的决定》第二次修订)

第二条 国务院设立下列国家科学技术奖:

(一)国家最高科学技术奖;

(二)国家自然科学奖;

(三)国家技术发明奖;

(四)国家科学技术进步奖;

(五)中华人民共和国国际科学技术合作奖。

第七条 社会力量设立的面向社会的科学技术奖,在奖励活动中不得收取任何费用。

第十条 国家技术发明奖授予运用科学技术知识做出产品、工艺、材料及其系统等重大技术发明的公民。

前款所称重大技术发明,应当具备下列条件:

(一)前人尚未发明或者尚未公开;

(二)具有先进性和创造性;

(三)经实施,创造显著经济效益或者社会效益。

第十一条 国家科学技术进步奖授予在应用推广先进科学技术成果,完成重大科学技术工程、计划、项目等方面,做出突出贡献的下列公民、组织:

(一)在实施技术开发项目中,完成重大科学技术创新、科学技术成果转化,创造显著经济效益的;

(二)在实施社会公益项目中,长期从事科学技术基础性工作和社会公益性科学技术事业,经过实践检验,创造显著社会效益的;

(三)在实施国家安全项目中,为推进国防现代化建设、保障国家安全做出重大科学技术贡献的;

（四）在实施重大工程项目中，保障工程达到国际先进水平的。

前款第（四）项重大工程类项目的国家科学技术进步奖仅授予组织。

第十三条 国家最高科学技术奖、中华人民共和国国际科学技术合作奖不分等级。

国家自然科学奖、国家技术发明奖、国家科学技术进步奖分为一等奖、二等奖2个等级；对做出特别重大科学发现或者技术发明的公民，对完成具有特别重大意义的科学技术工程、计划、项目等做出突出贡献的公民、组织，可以授予特等奖。

国家自然科学奖、国家技术发明奖、国家科学技术进步奖每年奖励项目总数不超过400项。

第十四条 国家科学技术奖每年评审一次。

第十五条 国家科学技术奖候选人由下列单位和个人推荐：

（一）省、自治区、直辖市人民政府；

（二）国务院有关组成部门、直属机构；

（三）中国人民解放军各总部；

（四）经国务院科学技术行政部门认定的符合国务院科学技术行政部门规定的资格条件的其他单位和科学技术专家。

前款所列推荐单位推荐的国家科学技术奖候选人，应当根据有关方面的科学技术专家对其科学技术成果的评审结论和奖励种类、等级的建议确定。

第十六条 推荐的单位和个人限额推荐国家科学技术奖候选人；推荐时，应当填写统一格式的推荐书，提供真实、可靠的评价材料。

第十七条 评审委员会作出认定科学技术成果的结论，并向国家科学技术奖励委员会提出获奖人选和奖励种类及等级的建议。

国家科学技术奖励委员会根据评审委员会的建议，作出获奖人选和奖励种类及等级的决议。

国家科学技术奖的评审规则由国务院科学技术行政部门规定。

第十九条 国家最高科学技术奖报请国家主席签署并颁发证书和奖金。

国家自然科学奖、国家技术发明奖、国家科学技术进步奖由国务院颁发证书和奖金。

中华人民共和国国际科学技术合作奖由国务院颁发证书。

第二十条 国家最高科学技术奖的奖金数额由国务院规定。

国家自然科学奖、国家技术发明奖、国家科学技术进步奖的奖金数额由国务院科学技术行政部门会同财政部门规定。

国家科学技术奖的奖励经费由中央财政列支。

国务院关于激发重点群体活力带动城乡居民增收的实施意见（节选）

（国发〔2016〕56号）

二、实施七大群体激励计划

（一）技能人才激励计划

完善多劳多得、技高者多得的技能人才收入分配政策，引导加大人力资本投资，提高技能人才待遇水平和社会地位，大力弘扬新时期工匠精神，培养高水平大国工匠队伍，带动广大产业工人增技能、增本领、增收入。

完善技术工人薪酬激励机制。优化职业技能标准等级设置，向上增加等级级次，拓宽技术工人晋升通道。引导企业合理确定技术工人薪酬水平，促进高等级技术工人薪酬水平合理增长。加大对技能要素参与分配的激励力度，探索建立企业首席技师制度，鼓励企业采取协议薪酬、持股分红等方式，试行年薪制和股权制、期权制，提高技能人才收入水平。

贯通职业资格、学历等认证渠道。统筹考虑技能培训、职业教育和高等教育，建立职业资格与相应的职称、学历可比照认定制度。完善职业资格与职业教育学历“双证书”制度。研究制定高技能人才与工程技术人才的职业发展贯通办法。健全青年技能人才评价选拔制度，适当突破年龄、资历和比例等限制，完善高技能人才评价使用机制。

营造崇尚技能的社会氛围。定期组织开展全国性或区域性技术大赛或岗位练兵，大力宣传劳动模范、大国工匠和技术创新人才。鼓励地方对重点领域紧缺的技术工人在大城市落户、购租住房、子女上学等方面予以支持。培育精益求精的工匠精神，支持技能人才分享品质品牌增值收益。

三、实施六大支撑行动

（二）职业技能提升行动

加强职业技能实训基地建设。分类指导建设一批布局合理、功能突出、高效实用的多层次职业技能实训基地。加大政府支持力度，鼓励社会投资，放宽职业技能培训教育机构外资准入限制，改善实训条件，提高实训效能。

推行企业新型学徒制。企校结合，推行以“招工即招生、入企即入校、企校双师联合培养”为主要内容的企业新型学徒制。实施技师培训项目，加快急需紧缺工种高技能人才培养，为培育支柱产业和战略性新兴产业提供人才支撑。

完善职业技能培训体系。实施以新生代农民工为重点的职业技能提升计划，开展农村贫困家庭子女、未升学初高中毕业生、农民工、退役军人免费接受职业培训行动。以就业为导向对困难人员实施职业培训，把职业技能培训和推荐就业安置紧密结合起来。加大青年就业见习工作力度，帮助青年获得相应工作经验或经历，提高就业竞争力。

国务院关于强化实施创新驱动发展战略进一步推进大众创业万众创新深入发展的意见（节选）

（国发〔2017〕37号）

二、加快科技成果转化

（一）建立完善知识产权运用和快速协同保护体系，扩大知识产权快速授权、确权、维权覆盖面，加快推进快速保护由单一产业领域向多领域扩展。搭建集专利快速审查、快速确权、快速维权等于一体，审查确权、行政执法、维权援助、仲裁调解、司法衔接相联动的知识产权保护中心。探索建立海外知识产权维权援助机制。发挥国家知识产权运营公共服务平台枢纽作用，加快建设国家知识产权运营服务体系。（国家知识产权局牵头负责）

（二）推动科技成果、专利等无形资产价值市场化，促进知识产权、基金、证券、保险等新型服务模式创新发展，依法发挥资产评估的功能作用，简化资产评估备案程序，实现协议定价和挂牌、拍卖定价。促进科技成果、专利在企业的推广应用。（国家知识产权局、财政部、科技部、中国科协等单位按职责分工负责）

（六）促进仪器设备开放共享，探索仪器设备所有权和经营权分离机制，对于财政资金购置的仪器设备，探索引入专业服务机构进行社会化服务等多种方式。(科技部牵头负责）

中共中央　国务院关于印发《新时期产业工人队伍建设改革方案》的通知

（中发〔2017〕14号）

各省、自治区、直辖市党委和人民政府，中央和国家机关各部委，解放军各大单位、中央军委机关各部门，各人民团体：

现将《新时期产业工人队伍建设改革方案》印发给你们，请结合实际认真贯彻落实。

中共中央
国务院
2017年4月14日

习近平总书记高度重视工人阶级，十分关心产业工人队伍建设，强调工人阶级是我国的领导阶级，必须坚持全心全意依靠工人阶级方针，把提高职工队伍整体素质作为一项战略任务抓紧抓好，推动建设宏大的知识型、技术型、创新型劳动者大军，充分调动一线工人、制造业工人、农民工的积极性和创造性。产业工人是工人阶级中发挥支撑作用的主体力量，是创造社会财富的中坚力量，是创新驱动发展的骨干力量，是实施制造强国战略的有生力量。为贯彻习近平总书记重要指示精神，适应新形势新任务新要求，进一步巩固党的执政基础，实施制造强国战略，全面提高产业工人素质，现就新时期产业工人队伍建设改革制定如下方案。

一、总体要求

（一）指导思想。高举中国特色社会主义伟大旗帜，全面贯彻党的十八大和十八届三中、四中、五中、六中全会精神，坚持以邓小平理论、“三个代表”重要思想、科学发展观为指导，深入贯彻习近平总书记系列重要讲话精神和治国理政新理念新思想新战略，围绕统筹推进“五位一体”总体布局和协调推进“四个全面”战略布局，坚持稳中求进工作总基调，贯彻落实新发展理念，适应把握引领经济发展新常态，按照政治上保证、制度上落实、素质上提高、权益上维护的总体思路，改革不适应产业工人队伍建设要求的体制机制，充分调动广大产业工人的积极性主动性创造性，为实现“两个一百年”奋斗目标、实现中华民族伟大复兴的中国梦更好地发挥产业工人队伍的主力军作用。

（二）基本原则

——坚持党的领导，把握正确方向。加强和改进党对产业工人的领导，坚持全心全意依靠工人阶级的方针，坚守忠诚党的事业、竭诚服务职工的责任担当，最广泛地把产业工人组织动员起来，为实现党和国家的目标任务建功立业。

——坚持服务大局，发挥支撑作用。牢牢把握为实现中华民族伟大复兴中国梦而奋斗的工人运动时代主题，着力提升产业工人的素质能力，通过辛勤劳动、诚实劳动、创造性劳动，推动经济社会持续健康发展。

——坚持以人为本，落实主体地位。维护社会公平正义，从解决产业工人普遍关心的突出问题入手，提高产业工人的经济、政治、文化、社会地位，实现体面劳动、全面发展。

——坚持问题导向，勇于改革创新。针对不同区域、不同行业、不同规模、不同所有制企业的不同性质和特点，因地制宜、因企施策，抓住重点和难点，破除束缚产业工人队伍建设的思想观念和体制机制，清障搭台，强化保障，积极稳妥推进改革，确保改革落地见效。

（三）目标任务。把产业工人队伍建设作为实施科教兴国战略、人才强国战略、创新驱动发展战略的重要支撑和基础保障，纳入国家和地方经济社会发展规划，通过改革，产业工人队伍不断壮大、综合素质明显提高，保障产业工人地位的制度更加健全，产业工人合法权益进一步实现，劳动光荣、技能宝贵、创造伟大的时代风尚更加浓厚，造就一支有理想守信念、懂技术会创新、敢担当讲奉献的宏大的产业工人队伍。

二、主要举措

（一）加强和改进产业工人队伍思想政治建设

1. 强化和创新产业工人队伍党建工作。加大在产业工人队伍中发展党员力度，把技术能手、青年专家、优秀工人吸收到党组织中来，提高工人党员比例。适应新技术新业态新模式发展，探索不同类型企业党建工作方式方法，推进在非公有制企业、社会组织及小微企业就业的工人中发展党员的工作。大力加强企业基层党组织建设，推进“两学一做”学习教育常态化制度化，严格落实“三会一课”等党的组织生活制度，加强党员日常教育管理，发挥车间班组党组织的战斗堡垒作用和工人党员的先锋模范作用，不断增强产业工人先进性。

2. 突出产业工人思想政治引领。加强理想信念教育，引领团结产业工人坚决拥护以习近平同志为核心的党中央，自觉践行社会主义核心价值观，坚定不移听党话、跟党走。强化职业精神和职业素养教育，大力弘扬劳模精神、劳动精神、工匠精神，引导产业工人爱岗敬业、甘于奉献，培育健康文明、昂扬向上的职工文化，在精神文明建设中发挥示范导向作用。突出思想政治工作先导作用，制定加强和改进产业工人思想政治工作意见。加强法治教育，提高产业工人法律素养和诚信意识，引导产业工人依法理性有序表达利益诉求，坚决维护产业工人队伍团结统一和社会和谐稳定。

3. 健全保证产业工人主人翁地位的制度安排。适当增加产业工人在党的代表大会代表和委员会委员、人民代表大会代表、政协委员、群团组织代表大会代表和委员会委员中的比例，探索实行产业工人在群团组织挂职和兼职。健全协调劳动关系三方机制及政府和工会联席（联系）会议制度，落实以职工代表大会为基本形式的民主管理制度，推进厂务公开、业务公开，坚持企业在重大决策上听取产业工人意见，涉及产业工人切身利益的重大问题必须经过职代会审议，坚持和完善职工董事制度、职工监事制度，鼓励产业工人代表有序参与公司治理。

4. 创新面向产业工人的工会工作。坚持党建带工建，适应新时期产业工人队伍发展规模、内部结构、利益诉求、思想观念的新变化新特点，直面问题，自我革新，进一步改进工会组织体制、运行机制、活动方式、工作方法，创新国有企业工会工作，加强非公有制企业和混合所有制企业工会工作，保持和增强工会组织的政治性、先进性、群众性，把工会组织建设得更加充满活力、更加坚强有力，更好地发挥党联系职工群众的桥梁纽带作用、国家政权的重要社会支柱作用、职工利益的代表者维护者作用。

（二）构建产业工人技能形成体系

5. 完善现代职业教育制度。坚持面向市场、服务发展、促进就业的办学方向，加强职业教育、继续教育、普通教育的有机衔接，形成定位清晰、科学合理的职业教育层次结构。坚持产教融合、校企合作、工学结合、知行合一，适应经济社会发展需要，创新各层次各类型职业教育模式，紧跟产业变革和市场需求，优化专业设置、健全教学标准、更新课程内容，引导社会各界特别是行业企业积极支持职业教育，提高职业教育的针对性和实效性。制定校企合作促进办法，健全企业参与校企合作的成本补偿等政策，探索推进产教融合企业试点，打造足够数量和具备实践经验的高素质“双师型”职业教育师资队伍。组织开展各级各类创新创业教育，引导学生参与创业实践。加快发展技工教育，支持技师学院建设。

6. 改革职业技能培训制度。推进职业技能培训市场化、社会化、多元化改革，建立各类培训主体平等竞争、产业工人自主参加、政府购买服务的技能培训机制。强化和落实企业培养产业工人的主体责任，引导企业结合生产经营和技术创新需要，制定本单位技术工人培养规划和培训制度。依托企业、职业院校（含技工院校）、职业培训机构，建立现代化产业人才培养培训基地（中心）。推行国家基本职业培训包制度，构建助力产业工人学习的公共服务机制。

7. 统筹发展职业学校教育和职业培训。建立覆盖广泛、形式多样、运作规范，行业、企业、院校、社会力量共同参与的职业教育培训体系，促进学历与非学历教育纵向衔接连通、横向互通互认，搭建产业工人教育培训“立交桥”，将终身学习贯穿产业工人职业生涯全过程。鼓励名师带高徒，统筹规范现代学徒制和企业新型学徒制，推行学徒制培训。

8. 改进产业工人技能评价方式。优化职业技能等级标准，在政府指导下，由行业协会、龙头企业牵头开发职业标准和评价规范，完善职业技能等级认定政策。健全职业技能多元化评价方式，引导和支持企业、行业组织和社会组织自主开展技能评价。做好职业资格制度与职业技能等级制度的衔接。加大对技术工人创新能力、现场解决问题能力和业绩贡献的评价比重。加强面向非公有制企业、小微企业的职业技能鉴定。强化对技能鉴定机构的监督管理，提高服务水平。

9. 打造更多高技能人才。实施国家高技能人才振兴计划，创新协同培育模式，依托大型骨干企业建设示范性高技能人才培训基地，孵化拔尖技能人才，培育更多“大国工匠”。加快高技能人才专业市场建设，搭建高技能人才交流平台。鼓励企业设立高技能人才特聘岗位，对引进的高技能人才给予原单位必要的培养补偿费用。叫响做实“大国工匠”品牌。

10. 促进农民工融入城市、稳定就业。深入实施农民工学历与能力提升行动计划、农民工职业技能提升计划，帮助农民工特别是新生代农民工增加受教育培训机会，提高专业技能和胜任岗位能力。将农民工培养成为稳定就业的产业工人，公平保障其作为用人单位职工、城镇常住人口的权益，提供基本公共服务。

（三）运用互联网促进产业工人队伍建设

11. 创新产业工人队伍建设网络载体。按照国家信息化发展战略、“互联网+”行动计划，建立健全结构清晰、数据准确、动态管理的产业工人队伍基础数据库，运用信息化手段研判分析，及时准确掌握产业工人思想状况、生产生活、技术技能。加强网上思想引领、技术交流、创新成果展示、文化建设等，举办多行业、多工种网上练兵活动。

12. 打造网络学习平台。适应工业化、信息化融合发展要求，将促进产业工人终身学习纳入城乡信息化建设，加强集师资队伍、教育内容、传播渠道、受众群体为一体的网络公共学习平台建设，优化数字学习环境，满足广大产业工人个性化学习需求，提高产业工人有效应用现代信息技术的意识和能力。建设面向职工的新媒体矩阵，开展“网聚职工正能量，争做中国好网民”主题活动，培育积极健康、向上向善的网络文化，提升产业工人网络文明素养。

13. 推行“互联网+”普惠性服务。建设网上“职工之家”，加强与产业工人的网上互动交流，畅通产业工人诉求表达渠道，实现网上维权帮扶、提供公共服务等，让产业工人能在网上找到组织、参加组织活动。打造方便快捷、务实高效的服务产业工人新通道，提升网络服务产品的供给与服务能力，形成网上网下深度融合、互相联动格局。

（四）创新产业工人发展制度

14. 拓宽产业工人发展空间。改革企业人事管理和工人劳动管理相区分的双轨管理体制，实行统一的人力资源管理制度。打破职业技能等级与专业技术职务之间的界限，实现有效衔接，改变技术工人成长成才“独木桥”现象。完善个人学习账号和学分累计制度，制定国家资历框架，推进非学历教育学习成果、职业技能等级学分转换互认。把优秀产业工人特别是高技能人才纳入党管人才总盘子统筹考虑，搭建产业工人职业成长平台。

15. 畅通产业工人流动渠道。健全公共就业服务体系，丰富就业服务内容，拓展服务功能，加强职业指导，完善就业信息服务制度，做好职业供求信息发布，促进产业工人合理流动，提高人力资源配置效率。

16. 创新技能导向的激励机制。建立健全培养、考核、使用、待遇相统一的激励机制，引导企业在关键岗位、关键工序培养使用高技能人才，提高相应待遇，实现多劳者多得、技高者多得。建立技术工人创新成果按要素参与分配制度，研究创新激励方式。完善国家级技术工人表彰奖项，形成以党和国家表彰为导向、企业和社会积极参与的产业工人表彰奖励制度。增加产业工人在各级各类劳动模范和先进代表等评选中的名额比例。

17. 改进劳动和技能竞赛体系。建立以企业岗位练兵和技术比武为基础、以国家和行业职业技能竞赛为主体、国内竞赛与国际竞赛赛项相衔接的劳动和技能竞赛机制。深入推进重大战略、重大工程、重大项目、重点产业劳动和技能竞赛，积极开展各类技能大赛，完善劳动和技能竞赛组织、效能评估及激励机制等。

18. 加大对产业工人创新创效扶持力度。深化群众性技术创新活动，开展先进操作法总结、命名和推广。推动具备条件的行业企业建立职工创新工作室、劳模创新工作室和技能大师工作室，联合高等学校、职业学校和专业科研机构共建实验实训平台，探索创建跨区域、跨行业、跨企业的创新工作室联盟。开展全国职工优秀创新成果评选，适当增加国家科技进步奖推荐名额，鼓励和支持产业工人创新成果评选、展示，推动大众创业、万众创新蓬勃发展。

19. 组织产业工人积极参与实施走出去战略和“一带一路”建设。加强产业工人技能国际交流与合作。参加和举办有关国际性的产业工人技能交流活动，增进中外产业工人之间互学互鉴、友好交流。

（五）强化产业工人队伍建设支撑保障

20. 加强有关产业工人队伍建设的法治保障。推进修订职业教育法，研究技术资格方面的立法，依法保障产业工人接受教育和培训的权利。规范政府管理，督促企业提供技术技能培训，支持工会组织发挥监督作用。研究制定企业民主管理、集体协商等方面的制度，督促企业依法履行社会责任，保障产业工人与用人单位平等协商的权利，推进构建中国特色和谐劳动关系。

21. 完善财政投入机制。加大财政职业教育投入，加大就业专项资金对职业培训补贴的支持力度，改进补贴方式，合理确定补贴标准和补贴对象。落实职业技能鉴定补贴政策。将高技能人才队伍建设经费纳入各级政府人才工作经费预算，对参加技师、高级技师教育培训并获得职业资格证书或职业技能等级证书的产业工人，给予一定的培训费补贴。加强对各项投入和专项经费使用情况的绩效考评，提高资金使用效益。

22. 建立社会多元投入机制。落实完善鼓励企业、社会组织加大职业学校教育和职业培训投入的政策措施。落实企业职工教育经费，完善经费投入与监督制度，允许企业培训费用列入成本并按规定在税前扣除。支持企业举办或参与举办职业教育。落实完善引导社会资本进入职业教育领域的优惠扶持政策，支持各类办学主体通过独资、合资、合作等形式举办民办职业教育。

23. 完善产业工人劳动经济权益保障机制。创造平等就业环境，保障就业机会公平，实现更高质量就业。完善工资平等协商机制、正常增长机制、支付保障机制，健全向一线产业工人倾斜的分配制度，落实产业工人参与分配决定的权利，维护劳动收入的主体地位。健全社会保险制度，提高统筹层次，稳步提高社会保障水平，做好跨地区、行业、单位流动的社会保险关系接续。加强安全生产和职业健康工作，改善劳动条件，提高产业工人健康素质。规范劳务派遣用工，保障其合法权益。

24. 深化产业工人队伍建设理论政策研究。定期开展产业工人队伍状况调查，加强对产业工人问题理论研究，了解借鉴国外产业工人队伍建设的有益做法，不断丰富和发展产业工人理论，制定完善相关政策。在各级党校、行政学院和高等学校开设相关课程，加强有关产业工人问题的教学科研。

25. 营造尊重劳动、崇尚技能、鼓励创造的社会氛围。组织中央和地方主流新闻媒体加大对产业工人的宣传力度，运用微博、微信、移动客户端等新媒体，开展分众化、互动式宣传。引导广大文艺工作者创作更多展现产业工人风采的优秀文艺作品。组织劳模、工匠进学校、进课堂，进企业、进班组，奏响“工人伟大、劳动光荣”的时代主旋律。

三、组织实施

（一）构建合力推进产业工人队伍建设改革的工作格局。坚持党委统一领导，政府有关部门各司其职，工会、行业协会、企业代表组织充分发挥作用，统筹社会组织的协同力量；建立贯彻落实协调机制，由全国总工会牵头、各相关部门参与，加强对产业工人队伍建设改革的宏观指导、政策协调和组织推进，实现产业工人队伍建设与宏观政策、产业政策、就业政策、社会政策联动，打破部门界限，形成整体合力，勇于责任担当，提高产业工人队伍建设科学化水平。

（二）有力有序推进改革。各地区各有关部门要结合各自实际，循序渐进、积极稳妥推进产业工人队伍建设改革。突出重点，着力在支柱产业、战略性新兴产业和骨干企业中推进改革，发挥国有企业的带动作用。针对各地区各产业的不同情况，加强分类指导，探索总结经验，做到有序实施。

（三）做好改革宣传工作。坚持正确舆论导向，大力宣传新时期产业工人队伍建设改革的重大意义、目标任务、主要举措，宣传改革实施中的先进典型、经验成效，营造关心、支持改革的良好社会环境。

（四）加强对改革实施的督促检查。建立推进改革情况的监督检查和信息反馈制度，开展改革情况绩效评估，探索实行第三方评估。各有关部门要根据职责要求，研究制定推进改革的实施细则和配套措施，加大工作力度，认真抓好落实。

中共中央办公厅　国务院办公厅印发《关于提高技术工人待遇的意见》的通知

（中办发〔2018〕16号）

各省、自治区、直辖市党委和人民政府，中央和国家机关各部委，解放军各大单位，中央军委机关各部门，各人民团体：

《关于提高技术工人待遇的意见》已经中央领导同志同意，现印发给你们，请结合实际认真贯彻落实。

中共中央办公厅
国务院办公厅
2018年3月7日

关于提高技术工人待遇的意见

为落实《新时期产业工人队伍建设改革方案》，创新技能导向的激励机制，进一步鼓励辛勤劳动、诚实劳动、创造性劳动，增强生产服务一线岗位对劳动者的吸引力，建设知识型、技能型、创新型劳动者大军，营造劳动光荣的社会风尚和精益求精的敬业风气，现就提高技术工人待遇提出如下意见。

一、指导思想

全面贯彻党的十九大精神，以习近平新时代中国特色社会主义思想为指导，紧紧围绕统筹推进“五位一体”总体布局和协调推进“四个全面”战略布局，牢固树立和贯彻落实新发展理念，坚持以人民为中心的发展思想，坚持全心全意依靠工人阶级的方针，充分发挥政府、企业、社会的协同作用，完善技术工人培养、评价、使用、激励、保障等措施，实现技高者多得、多劳者多得，增强技术工人获得感、自豪感、荣誉感，激发技术工人积极性、主动性、创造性，为实施人才强国战略和创新驱动发展战略，实现“两个一百年”奋斗目标、实现中华民族伟大复兴的中国梦，提供坚实的人才保障。

二、基本原则

——加强领导，形成合力。坚持党管人才的原则，充分发挥市场在资源配置中的决定性作用，更好发挥政府作用，进一步增强企业主体作用、工会监督作用、群团组织动员作用和社会支持作用，完善多方参与的工作体系，形成齐抓共促的工作格局。

——重点突破，多措并举。以为国家作出突出贡献的高技能领军人才为重点支持对象，着力提高技术工人收入水平，完善工资正常增长机制，拓宽收入渠道，加大培养培训力度，强化评价使用激励，优化社会环境，全面改善技术工人待遇水平。

——立足当前，着眼长远。加强政策引导，着力改变技术工人社会地位偏低现状，促进广大技术工人爱岗敬业；坚持长期稳定支持，不断营造良好社会氛围，让全体技术工人焕发劳动热情，释放创造潜能，创造更加美好的生活。

三、突出“高精尖缺”导向，大力提高高技能领军人才待遇水平

（一）全面加强对高技能领军人才的服务保障。对为国家经济发展和重大战略实施作出突出贡献，具有高超技艺技能和一流业绩水平，并长期坚守在生产服务一线岗位工作的高技能领军人才，全面采取措施，切实加强服务保障和提高待遇水平。高技能领军人才包括获得全国劳动模范、全国五一劳动奖章、中华技能大奖、全国技术能手等荣誉以及享受省级以上政府特殊津贴的人员，或各省（自治区、直辖市）政府认定的“高精尖缺”高技能人才，各地要设立高技能领军人才服务窗口，负责协调落实相关待遇政策，并结合实际制定支持政策。（牵头单位：人力资源和社会保障部、全国总工会）

（二）提高高技能领军人才的政治待遇。探索实行高技能领军人才在工会等群团组织中挂职和兼职，纳入党委联系专家范围。鼓励行业主管部门、群团组织、行业协会、企业及社会各方面力量，以多种方式对高技能领军人才进行特殊奖励。定期组织高技能领军人才国情研修考察、面向社会进行咨询服务等活动。鼓励企业吸纳高技能领军人才参与经营管理决策，适当提高其在职工代表大会中的比例。（牵头单位：中央组织部、人

力资源和社会保障部、国家公务员局、全国总工会；参与单位：全国人大常委会办公厅、全国政协办公厅、国务院国资委、共青团中央、全国妇联、中国科协）

（三）提高高技能领军人才的经济待遇。鼓励企业为高技能领军人才制定职业发展规划和年资（年功）工资制度，科学评价技能水平和业绩贡献，合理确定年资起加点和工资级差。试行高技能领军人才年薪制和股权期权激励，鼓励各类企业设立特聘岗位津贴、带徒津贴等，参照高级管理人员标准落实经济待遇。对于参与国家科技计划项目的高技能领军人才，鼓励所在单位根据其在项目中的实际贡献给予绩效奖励。落实中央财政科研项目资金管理等政策，制定间接费用统筹使用内部管理办法，对高技能领军人才进行绩效奖励，提高高技能领军人才创新创造的积极性。对于解决重大工艺技术难题和重大质量问题、技术创新成果获得省部级以上奖项、“师带徒”业绩突出的，取消学历、年限等限制，破格晋升技术等级。（牵头单位：人力资源和社会保障部、国务院国资委、科技部；参与单位：全国总工会、财政部）

（四）提高高技能领军人才的社会待遇。鼓励各地根据实际情况，研究探索对高技能领军人才在购（租）住房、安家补贴、子女接受义务教育等方面的支持政策，通过提供人才公寓和发放房租补贴等方式，解决引进高技能领军人才的住房问题。实施积分落户的城市，要重点考虑高技能领军人才落户需求并放宽落户条件限制。对经济结构调整中出现困难的企业，要保障高技能领军人才稳定就业，对他们的配偶、子女有就业愿望但未就业的，由有关部门积极提供职业指导和就业前培训，推荐就业岗位。（牵头单位：公安部、人力资源和社会保障部、住房城乡建设部、教育部；参与单位：国务院国资委、全国总工会、全国工商联）

（五）发挥高技能领军人才在技术创新等方面的重要作用。鼓励高技能领军人才更多参与国家科研项目，开展科技攻关活动。增加高技能领军人才参与全国创新争先奖等奖项的推荐名额。支持高技能领军人才参加创新成果评选、展示和创业创新等活动，切实保护高技能领军人才的知识产权和技术创新成果转化权益。支持高技能领军人才参与所在企业（地区、集团、行业组织）的职工教育培训，在制定人才发展规划、高技能人才选拔、职称（技能等级）评审或认定、教学实践等工作中发挥骨干作用。多渠道组织高技能领军人才参与国际大型工业展、国际发明展等海外交流活动，海外交流活动可按程序报批列入政府出国培训团组计划。宣传高技能领军人才先进事迹，开展先进操作法总结、命名，推广绝招、绝技、绝活，制作教育纪录片，树立宣传典型。（牵头单位：中央宣传部、人力资源和社会保障部、科技部、新闻出版广电总局、国务院国资委、国家外专局、国家知识产权局、全国总工会、中国科协）

四、实施工资激励计划，提高技术工人收入水平

（一）完善符合技术工人特点的企业工资分配制度。指导企业深化工资分配制度改革，建立基于岗位价值、能力素质、业绩贡献的工资分配机制，强化工资收入分配的技能价值激励导向。鼓励企业在工资结构中设置体现技术技能价值的工资单元，或对关键技术岗位、关键工序和紧缺急需的技术工人实行协议工资、项目工资、年薪制等分配形式，提高技术工人工资待遇。鼓励企业建立针对技术工人的补助性津贴制度，提高技术工人津贴水平。（牵头单位：人力资源和社会保障部、国家发展改革委；参与单位：国务院国资委、全国总工会、全国工商联）

（二）建立企业技术工人工资正常增长机制。推动企业建立健全反映劳动力市场供求关系和企业经济效益的工资决定及正常增长机制，积极推进工资集体协商，引导企业科学确定技术工人工资水平并实现合理增长。国有企业工资总额分配要向高技能人才倾斜，高技能人才人均工资增幅应不低于本单位管理人员人均工资增幅。（牵头单位：人力资源和社会保障部、国家发展改革委、全国总工会；参与单位：国务院国资委、全国工商联）

（三）探索技术工人长效激励机制。制定企业技术工人技能要素和创新成果按贡献参与分配的办法，推动技术工人享受促进科技成果转化的有关政策。鼓励企业对高技能人才实行技术创新成果入股、岗位分红等激励方式，促进长期稳定提高技术工人收入水平。（牵头单位：人力资源和社会保障部、国家发展改革委、科技部、全国总工会、国家知识产权局；参与单位：财政部、国务院国资委）

五、构建技能形成与提升体系，支持技术工人凭技能提高待遇

（一）加强终身职业技能培训。适应产业结构转型升级趋势，大力弘扬劳模精神和工匠精神，根据劳动者不同就业阶段特点，加强职业素质培养，开展就业技能培训、岗位技能提升培训、创业创新培训，着力缓解就业结构性矛盾。充分发挥企业在技术工人培训中的主体作用，引导企业结合生产经营和技术创新需要，制定技术工人培养规划和培训制度，发挥工会支持、监督和共青团动员、组织作用，确保企业职工教育培训资金落实

到位，并向一线技术工人倾斜。加大政府支持力度，按规定对参加职业培训的技术工人提供职业培训补贴和职业技能鉴定补贴。发挥失业保险基金支持参保职工提升职业技能作用，按规定为参保职工提供技能提升补贴。探索“互联网+”远程职业培训新模式。（牵头单位：人力资源和社会保障部；参与单位：财政部、国务院国资委、全国总工会、共青团中央）

（二）深入实施高技能人才振兴计划。紧密结合先进制造业、战略性新兴产业、现代服务业发展需要，重点实施高技能人才培训基地、技师培训等项目，推动具备条件的行业企业建立首席技师制度，加大技能大师工作室、劳模和工匠人才创新工作室、职工创新工作室、青创先锋工作室等建设力度。企业可从职工教育经费中列支相关工作室专项经费，支持高技能人才“师带徒”。（牵头单位：人力资源和社会保障部、财政部、全国总工会；参与单位：国务院国资委、共青团中央）

（三）加大校企合作培养技术工人力度。充分发挥国民教育对技术工人成长发展的支撑作用，促进职业院校（含技工院校）、本科高校与企业充分合作，改革人才培养模式，提高应用型和技术技能型人才培养培训能力。积极发展职工培训和学历继续教育。提高职业教育质量，促进产教融合。完善职业教育“文化素质+职业技能”的考试招生方式。支持职业院校（含技工院校）、本科高校与企业共同开发教学资源和培训项目。统筹规范现代学徒制和企业新型学徒制。逐步扩大高等职业院校招收有实践经历人员的比例。鼓励企业、职业院校（含技工院校）、本科高校、职业培训机构合作建设现代化产业人才培养培训基地（中心），健全企业参与校企合作的成本补偿等政策，培养符合企业岗位需求的技术工人。鼓励各地根据实际打造具备实践经验的高素质职业教育师资队伍。（牵头单位：教育部、人力资源和社会保障部；参与单位：国务院国资委、工业和信息化部、全国总工会、全国工商联）

六、强化评价使用激励工作，畅通技术工人成长成才通道

（一）完善技术工人评价工作。健全技术工人评价选拔制度，突破年龄、学历、资历、身份等限制，促进优秀技术工人脱颖而出。完善职业技能等级认定政策，引导和支持企业自主开展技能评价并落实待遇。鼓励企业增加技术工人的技能等级层次，拓宽技术工人晋升通道，探索设立技能专家、首席技师、特级技师等岗位。（牵头单位：人力资源和社会保障部、全国总工会；参与单位：工业和信息化部、国务院国资委、全国工商联）

（二）加大劳动和技能竞赛培养选拔技术工人工作力度。制定出台全

国职业技能竞赛管理办法，围绕重大战略、重大工程、重大项目、重点产业，组织开展劳动和技能竞赛。建立以企业岗位练兵和技术比武为基础、以国家和行业竞赛为主体、国内竞赛与国际竞赛相衔接的职业技能竞赛体系。积极参与世界技能大赛，对优秀选手给予奖励和荣誉激励。支持工会、共青团、妇联等群团组织、行业协会在职业技能竞赛工作中积极发挥作用。（牵头单位：人力资源和社会保障部、全国总工会；参与单位：教育部、工业和信息化部、财政部、国务院国资委、共青团中央、全国妇联）

（三）完善技术工人平等享受待遇政策。建立职业资格、职业技能等级与相应职称比照认定制度，制定高技能人才参加工程技术人才职称评审或认定的政策。鼓励企业对在聘的高级工、技师、高级技师在学习进修、岗位聘任、职务职级晋升等方面，比照相应层级工程技术人员享受同等待遇。（牵头单位：人力资源和社会保障部；参与单位：全国总工会）

（四）落实好技术工人休息休假权利。落实《职工带薪年休假条例》和《企业职工带薪年休假实施办法》，加强劳动执法监察，确保技术工人休息休假权利。建立优秀技术工人休疗养制度，定期组织、分级实施休疗养活动。（牵头单位：人力资源和社会保障部；参与单位：全国人大常委会法工委、国务院法制办、国务院国资委、国家公务员局、全国总工会）

（五）广泛宣传技术工人劳动成果和创造价值。大力弘扬工匠精神，组织形式多样的宣传活动，展示优秀技术工人风采。鼓励各地区各部门大力开展技术工人表彰活动。做好“五一”国际劳动节、世界青年技能日、职业教育活动周、高技能人才评选表彰等集中宣传工作，继续办好“技能中国行”“中国大能手”等品牌活动和“大国工匠”系列专题宣传，引导社会各界创作更多反映技术工人时代风貌的优秀文艺作品，营造劳动光荣、技能宝贵、创造伟大的社会氛围，使技术工人获得更多职业荣誉感，不断提高技术工人社会地位。（牵头单位：中央宣传部、人力资源和社会保障部、教育部、全国总工会；参与单位：文化部、新闻出版广电总局）

七、加强组织领导

各地区各部门要充分认识提高技术工人待遇的重大意义，列入重要议事日程，持续推动技术工人待遇水平的提高，对成熟有效的做法要及时上升为法规政策。建立多方协调机制，人力资源和社会保障部门要加强统筹协调，发展改革、教育、科技、工业和信息化、公安、财政、住房城乡建设、文化、国资、税务、外专等有关部门和工会、共青团、妇联、科协等群团组织要各尽其职、紧密配合。各有关部门要深入调查研究，加强工作指导和对技术工人的教育管理，广泛听取各类企业、行业协会、技术工人、社会公众的意见，密切跟踪技术工人待遇政策落实情况，加强督查检查，认真总结经验，推动各项政策措施落到实处。国有企业要带头落实本意见明确的各项政策措施。推动非国有企业结合实际，进一步完善提高技术工人待遇水平的措施。

国务院关于推行终身职业技能培训制度的意见

(国发〔2018〕11号)

各省、自治区、直辖市人民政府,国务院各部委、各直属机构:

职业技能培训是全面提升劳动者就业创业能力、缓解技能人才短缺的结构性矛盾、提高就业质量的根本举措,是适应经济高质量发展、培育经济发展新动能、推进供给侧结构性改革的内在要求,对推动大众创业万众创新、推进制造强国建设、提高全要素生产率、推动经济迈上中高端具有重要意义。为全面提高劳动者素质,促进就业创业和经济社会发展,根据党的十九大精神和“十三五”规划纲要相关要求,现就推行终身职业技能培训制度提出以下意见。

一、总体要求

(一)指导思想。以习近平新时代中国特色社会主义思想为指导,全面深入贯彻党的十九大和十九届二中、三中全会精神,认真落实党中央、国务院决策部署,统筹推进“五位一体”总体布局和协调推进“四个全面”战略布局,坚持以人民为中心的发展思想,牢固树立新发展理念,深入实施就业优先战略和人才强国战略,适应经济转型升级、制造强国建设和劳动者就业创业需要,深化人力资源供给侧结构性改革,推行终身职业技能培训制度,大规模开展职业技能培训,着力提升培训的针对性和有效性,建设知识型、技能型、创新型劳动者大军,为全面建成社会主义现代化强国、实现中华民族伟大复兴的中国梦提供强大支撑。

(二)基本原则。促进普惠均等。针对城乡全体劳动者,推进基本职业技能培训服务普惠性、均等化,注重服务终身,保障人人享有基本职业技能培训服务,全面提升培训质量、培训效益和群众满意度。

坚持需求导向。坚持以促进就业创业为目标,瞄准就业创业和经济社会发展需求确定培训内容,加强对就业创业重点群体的培训,提高培训后的就业创业成功率,着力缓解劳动者素质结构与经济社会发展需求不相适应、结构性就业矛盾突出的问题。

创新体制机制。推进职业技能培训市场化、社会化改革，充分发挥企业主体作用，鼓励支持社会力量参与，建立培训资源优化配置、培训载体多元发展、劳动者按需选择、政府加强监管服务的体制机制。

坚持统筹推进。加强职业技能开发和职业素质培养，全面做好技能人才培养、评价、选拔、使用、激励等工作，着力加强高技能人才队伍建设，形成有利于技能人才发展的制度体系和社会环境，促进技能振兴与发展。

（三）目标任务。建立并推行覆盖城乡全体劳动者、贯穿劳动者学习工作终身、适应就业创业和人才成长需要以及经济社会发展需求的终身职业技能培训制度，实现培训对象普惠化、培训资源市场化、培训载体多元化、培训方式多样化、培训管理规范化，大规模开展高质量的职业技能培训，力争2020年后基本满足劳动者培训需要，努力培养造就规模宏大的高技能人才队伍和数以亿计的高素质劳动者。

二、构建终身职业技能培训体系

（四）完善终身职业技能培训政策和组织实施体系。面向城乡全体劳动者，完善从劳动预备开始，到劳动者实现就业创业并贯穿学习和职业生涯全过程的终身职业技能培训政策。以政府补贴培训、企业自主培训、市场化培训为主要供给，以公共实训机构、职业院校（含技工院校，下同）、职业培训机构和行业企业为主要载体，以就业技能培训、岗位技能提升培训和创业创新培训为主要形式，构建资源充足、布局合理、结构优化、载体多元、方式科学的培训组织实施体系。（人力资源和社会保障部、教育部等按职责分工负责。列第一位者为牵头单位，下同）

（五）围绕就业创业重点群体，广泛开展就业技能培训。持续开展高校毕业生技能就业行动，增强高校毕业生适应产业发展、岗位需求和基层就业工作能力。深入实施农民工职业技能提升计划——“春潮行动”，将农村转移就业人员和新生代农民工培养成为高素质技能劳动者。配合化解过剩产能职工安置工作，实施失业人员和转岗职工特别职业培训计划。实施新型职业农民培育工程和农村实用人才培训计划，全面建立职业农民制度。对城乡未继续升学的初、高中毕业生开展劳动预备制培训。对即将退役的军人开展退役前技能储备培训和职业指导，对退役军人开展就业技能培训。面向符合条件的建档立卡贫困家庭、农村“低保”家庭、困难职工家庭和残疾人，开展技能脱贫攻坚行动，实施“雨露计划”、技能脱贫千校行动、残疾人职业技能提升计划。对服刑人员、强制隔离戒毒人员，开展以顺利回归社会为目的的就业技能培训。(人力资源和社会保障部、教育部、工业和信息化部、民政部、司法部、住房城乡建设部、农业农村部、退役军人事务部、国务院国资委、国务院扶贫办、全国总工会、共青团中央、全国妇联、中国残联等按职责分工负责)

（六）充分发挥企业主体作用，全面加强企业职工岗位技能提升培训。将企业职工培训作为职业技能培训工作的重点，明确企业培训主体地位，完善激励政策，支持企业大规模开展职业技能培训，鼓励规模以上企业建立职业培训机构开展职工培训，并积极面向中小企业和社会承担培训任务，降低企业兴办职业培训机构成本，提高企业积极性。对接国民经济和社会发展中长期规划，适应高质量发展要求，推动企业健全职工培训制度，制定职工培训规划，采取岗前培训、学徒培训、在岗培训、脱产培训、业务研修、岗位练兵、技术比武、技能竞赛等方式，大幅提升职工技能水平。全面推行企业新型学徒制度，对企业新招用和转岗的技能岗位人员，通过校企合作方式，进行系统职业技能培训。发挥失业保险促进就业作用，支持符合条件的参保职工提升职业技能。健全校企合作制度，探索推进产教融合试点。(人力资源和社会保障部、教育部、工业和信息化部、住房城乡建设部、国务院国资委、全国总工会等按职责分工负责)

（七）适应产业转型升级需要，着力加强高技能人才培训。面向经济社会发展急需紧缺职业（工种），大力开展高技能人才培训，增加高技能人才供给。深入实施国家高技能人才振兴计划，紧密结合战略性新兴产业、先进制造业、现代服务业等发展需求，开展技师、高级技师培训。对重点关键岗位的高技能人才，通过开展新知识、新技术、新工艺等方面培训以及技术研修攻关等方式，进一步提高他们的专业知识水平、解决实际问题能力和创新创造能力。支持高技能领军人才更多参与国家科研项目。发挥高技能领军人才在带徒传技、技能推广等方面的重要作用。(人力资源和社会保障部、教育部、工业和信息化部、住房城乡建设部、国务院国资委、全国总工会等按职责分工负责)

（八）大力推进创业创新培训。组织有创业意愿和培训需求的人员参加创业创新培训。以高等学校和职业院校毕业生、科技人员、留学回国人员、退役军人、农村转移就业和返乡下乡创业人员、失业人员和转岗职工等群体为重点，依托高等学校、职业院校、职业培训机构、创业培训（实训）中心、创业孵化基地、众创空间、网络平台等，开展创业意识教育、创新素质培养、创业项目指导、开业指导、企业经营管理等培训，提升创业创新能力。健全以政策支持、项目评定、孵化实训、科技金融、创业服务为主要内容的创业创新支持体系，将高等学校、职业院校学生在校期间开展的“试创业”实践活动纳入政策支持范围。发挥技能大师工作室、劳模和职工创新工作室作用，开展集智创新、技术攻关、技能研修、技艺传承等群众性技术创新活动，做好创新成果总结命名推广工作，加大对劳动者创业创新的扶持力度。（人力资源和社会保障部、教育部、科技部、工业和信息化部、住房城乡建设部、农业农村部、退役军人事务部、国务院国资委、国务院扶贫办、全国总工会、共青团中央、全国妇联、中国残联等按职责分工负责）

（九）强化工匠精神和职业素质培育。大力弘扬和培育工匠精神，坚持工学结合、知行合一、德技并修，完善激励机制，增强劳动者对职业理念、职业责任和职业使命的认识与理解，提高劳动者践行工匠精神的自觉性和主动性。广泛开展“大国工匠进校园”活动。加强职业素质培育，将职业道德、质量意识、法律意识、安全环保和健康卫生等要求贯穿职业培训全过程。（人力资源和社会保障部、教育部、科技部、工业和信息化部、住房城乡建设部、国务院国资委、国家市场监督管理总局、全国总工会、共青团中央等按职责分工负责）

三、深化职业技能培训体制机制改革

（十）建立职业技能培训市场化社会化发展机制。加大政府、企业、社会等各类培训资源优化整合力度，提高培训供给能力。广泛发动社会力量，大力发展民办职业技能培训。鼓励企业建设培训中心、职业院校、企业大学，开展职业训练院试点工作，为社会培育更多高技能人才。鼓励支持社会组织积极参与行业人才需求发布、就业状况分析、培训指导等工作。政府补贴的职业技能培训项目全部向具备资质的职业院校和培训机构开放。（人力资源和社会保障部、教育部、工业和信息化部、民政部、国家市场监督管理总局、全国总工会等按职责分工负责）

（十一）建立技能人才多元评价机制。健全以职业能力为导向、以工作业绩为重点、注重工匠精神培育和职业道德养成的技能人才评价体系。建立与国家职业资格制度相衔接、与终身职业技能培训制度相适应的职业技能等级制度。完善职业资格评价、职业技能等级认定、专项职业能力考核等多元化评价方式，促进评价结果有机衔接。健全技能人才评价管理服务体系，加强对评价质量的监管。建立以企业岗位练兵和技术比武为基础、以国家和行业竞赛为主体、国内竞赛与国际竞赛相衔接的职业技能竞赛体系，大力组织开展职业技能竞赛活动，积极参与世界技能大赛，拓展技能人才评价选拔渠道。（人力资源和社会保障部、教育部、工业和信息化部、住房城乡建设部、国务院国资委、全国总工会、共青团中央、中国残联等按职责分工负责）

（十二）建立职业技能培训质量评估监管机制。对职业技能培训公共服务项目实施目录清单管理，制定政府补贴培训目录、培训机构目录、鉴定评价机构目录、职业资格目录，及时向社会公开并实行动态调整。建立以培训合格率、就业创业成功率为重点的培训绩效评估体系，对培训机构、培训过程进行全方位监管。结合国家“金保工程”二期，建立基于互联网的职业技能培训公共服务平台，提升技能培训和鉴定评价信息化水平。探索建立劳动者职业技能培训电子档案，实现培训信息与就业、社会保障信息联通共享。（人力资源和社会保障部、财政部等按职责分工负责）

（十三）建立技能提升多渠道激励机制。支持劳动者凭技能提升待遇，建立健全技能人才培养、评价、使用、待遇相统一的激励机制。指导企业不唯学历和资历，建立基于岗位价值、能力素质、业绩贡献的工资分配机制，强化技能价值激励导向。制定企业技术工人技能要素和创新成果按贡献参与分配的办法，推动技术工人享受促进科技成果转化的有关政策，鼓励企业对高技能人才实行技术创新成果入股、岗位分红和股权期权等激励方式，鼓励凭技能创造财富、增加收入。落实技能人才积分落户、岗位聘任、职务职级晋升、参与职称评审、学习进修等政策。支持用人单位对聘用的高级工、技师、高级技师，比照相应层级工程技术人员确定其待遇。完善以国家奖励为导向、用人单位奖励为主体、社会奖励为补充的技能人才表彰奖励制度。（人力资源和社会保障部、教育部、工业和信息化部、公安部、国务院国资委、国家公务员局等按职责分工负责）

四、提升职业技能培训基础能力

（十四）加强职业技能培训服务能力建设。推进职业技能培训公共服务体系建设，为劳动者提供市场供求信息咨询服务，引导培训机构按市场和产业发展需求设立培训项目，引导劳动者按需自主选择培训项目。推进培训内容和方式创新，鼓励开展新产业、新技术、新业态培训，大力推广“互联网+职业培训”模式，推动云计算、大数据、移动智能终端等信息网络技术在职业技能培训领域的应用，提高培训便利度和可及性。（人力资源和社会保障部、国家发展改革委等按职责分工负责）

（十五）加强职业技能培训教学资源建设。紧跟新技术、新职业发展变化，建立职业分类动态调整机制，加快职业标准开发工作。建立国家基本职业培训包制度，促进职业技能培训规范化发展。支持弹性学习，建立学习成果积累和转换制度，促进职业技能培训与学历教育沟通衔接。实行专兼职教师制度，完善教师在职培训和企业实践制度，职业院校和培训机构可根据需要和条件自主招用企业技能人才任教。大力开展校长等管理人员培训和师资培训。发挥院校、行业企业作用，加强职业技能培训教材开发，提高教材质量，规范教材使用。（人力资源和社会保障部、教育部等按职责分工负责）

（十六）加强职业技能培训基础平台建设。推进高技能人才培训基地、技能大师工作室建设，建成一批高技能人才培养培训、技能交流传承基地。加强公共实训基地、职业农民培育基地和创业孵化基地建设，逐步形成覆盖全国的技能实训和创业实训网络。对接世界技能大赛标准，加强竞赛集训基地建设，提升我国职业技能竞赛整体水平和青年技能人才培养质量。积极参与走出去战略和“一带一路”建设中的技能合作与交流。（人力资源和社会保障部、国家发展改革委、教育部、科技部、工业和信息化部、财政部、农业农村部、商务部、国务院国资委、国家国际发展合作署等按职责分工负责）

五、保障措施

（十七）加强组织领导。地方各级人民政府要按照党中央、国务院的总体要求，把推行终身职业技能培训制度作为推进供给侧结构性改革的重要任务，根据经济社会发展、促进就业和人才发展总体规划，制定中长期职业技能培训规划并大力组织实施，推进政策落实。要建立政府统一领导，人力资源和社会保障部门统筹协调，相关部门各司其职、密切配合，有关人民团体和社会组织广泛参与的工作机制，不断加大职业技能培训工作力度。（人力资源和社会保障部等部门、单位和各省级人民政府按职责分工负责）

（十八）做好公共财政保障。地方各级人民政府要加大投入力度，落实职业技能培训补贴政策，发挥好政府资金的引导和撬动作用。合理调整就业补助资金支出结构，保障培训补贴资金落实到位。加大对用于职业技能培训各项补贴资金的整合力度，提高使用效益。完善经费补贴拨付流程，简化程序，提高效率。要规范财政资金管理，依法加强对培训补贴资金的监督，防止骗取、挪用，保障资金安全和效益。有条件的地区可安排经费，对职业技能培训教材开发、新职业研究、职业技能标准开发、师资培训、职业技能竞赛、评选表彰等基础工作给予支持。（人力资源和社会保障部、教育部、财政部、审计署等按职责分工负责）

（十九）多渠道筹集经费。加大职业技能培训经费保障，建立政府、企业、社会多元投入机制，通过就业补助资金、企业职工教育培训经费、社会捐助赞助、劳动者个人缴费等多种渠道筹集培训资金。通过公益性社会团体或者县级以上人民政府及其部门用于职业教育的捐赠，依照税法相关规定在税前扣除。鼓励社会捐助、赞助职业技能竞赛活动。（人力资源和社会保障部、教育部、工业和信息化部、民政部、财政部、国务院国资委、税务总局、全国总工会等按职责分工负责）

（二十）进一步优化社会环境。加强职业技能培训政策宣传，创新宣传方式，提升社会影响力和公众知晓度。积极开展技能展示交流，组织开展好职业教育活动周、世界青年技能日、技能中国行等活动，宣传校企合作、技能竞赛、技艺传承等成果，提高职业技能培训吸引力。大力宣传优秀技能人才先进事迹，大力营造劳动光荣的社会风尚和精益求精的敬业风气。（人力资源和社会保障部、教育部、全国总工会、共青团中央等按职责分工负责）

国务院

2018 年 5 月 3 日

（此件公开发布）

（二）劳模服务与管理

中共中央、国务院、中央军委《军队转业干部安置暂行办法》（节选）

（中发〔2001〕3号）

第四十三条 军队转业干部在服现役期间被中央军事委员会授予荣誉称号的，比照全国劳动模范（先进工作者）享受相应待遇；被大军区级单位授予荣誉称号或者荣立一等功，以及被评为全国模范军队转业干部的，比照省部级劳动模范（先进工作者）享受相应待遇。

第六十七条 中国人民武装警察部队转业干部的安置工作，按照本办法执行。

中共中央关于建立健全党和国家功勋荣誉表彰制度的意见

（中发〔2015〕38号）

建立健全党和国家功勋荣誉表彰制度，是完善和发展中国特色社会主义制度、推进国家治理体系和治理能力现代化的必然要求，是培育和弘扬社会主义核心价值观、增强中国特色社会主义事业凝聚力和感召力的重要手段。党中央历来高度重视功勋荣誉表彰工作，党的十八大和十八届四中全会对建立国家荣誉制度提出了明确要求。为贯彻落实党中央决策部署，现就建立健全党和国家功勋荣誉表彰制度提出如下意见。

一、总体要求和基本原则

（一）总体要求。高举中国特色社会主义伟大旗帜，全面贯彻党的十八大和十八届三中、四中、五中全会精神，以邓小平理论、“三个代表”重要思想、科学发展观为指导，深入贯彻习近平总书记系列重要讲话精神，紧紧围绕协调推进“四个全面”战略布局，加强顶层设计，健全法律法规，完善体制机制，形成统一、规范、权威的中国特色功勋荣誉表彰制度。

（二）基本原则

——加强统筹规划。坚持党的领导，从党和国家工作大局出发，牢牢把握正确方向，加强科学谋划，确保功勋荣誉表彰制度有效管用、稳定持久。

——突出功绩导向。坚持以德为先，以功绩为重要衡量标准，树起旗帜、立起标杆，综合考虑先进性、代表性和时代性，做到荣誉与业绩相称、褒奖与贡献相当，经得起实践、历史和人民的检验。

——坚持依法依规。建立健全国家法律法规和党内法规，严格按照规定的标准和程序开展工作，坚持群众路线，组织各方面广泛参与，维护功勋荣誉表彰的公正性和权威性。

——注重精神激励。准确把握功勋荣誉表彰的价值导向，坚持以精神奖励为主，充分发挥其精神引领、典型示范作用，推动全党全社会形成崇尚先进、尊爱英雄，为党、国家和人民建功立业的良好风尚。

二、类别设置

（一）勋章。勋章是党、国家、军队的至高荣誉，主要有“共和国勋章”“七一勋章”“八一勋章”和“友谊勋章”，勋章只授予个人不授予集体，可追授给勋章设立后去世的人。

国家设立“共和国勋章”，授予为党、国家和人民的事业作出巨大贡献、功勋卓著的杰出人士。这是根据宪法法律规定，由全国人大常委会决定、国家主席签发证书并颁授的国家勋章，是国家最高荣誉，一般定期授予，也可视情及时授予。

中国共产党设立“七一勋章”，授予在中国特色社会主义伟大事业和党的建设新的伟大工程中作出杰出贡献、创造宝贵精神财富的党员。这是由中共中央决定、中共中央总书记签发证书并颁授的党内最高荣誉，一般每 5 年授予一次。

军队设立“八一勋章”，授予在维护国家主权、安全、发展利益，推进国防和军队现代化建设中建立卓越功勋的军队人员。这是由中央军委决定、中央军委主席签发证书并颁授的军队最高荣誉，一般每 5 年授予一次。

国家设立“友谊勋章”，授予在我国社会主义现代化建设和促进中外交流合作、维护世界和平中作出杰出贡献的外国人。国家主席可举行专门的颁授仪式，可在国事活动中将“友谊勋章”直接授予外国政要、国际友人、海外华人，可视情委托其他领导同志或驻外使节等代为授予。

根据需要，党、国家、军队可设立其他名称的勋章。

（二）荣誉称号。荣誉称号是对个人和集体突出功绩的褒奖形式，主要有国家荣誉称号和党中央、国务院、中央军委授予的荣誉称号。

国家设立国家荣誉称号，授予在经济、社会、国防、外交、教育、科技、文化、卫生、体育等各领域各行业作出重大贡献、享有崇高声誉的杰出人士。一般冠以“人民”等称谓，例如“人民英雄”“人民卫士”“人民科学家”“人民艺术家”“人民教育家”等。国家荣誉称号根据宪法法律规定，由全国人大常委会决定、国家主席签发证书并颁授奖章，一般定期授予，也可视情况及时授予。

党中央、国务院、中央军委授予的荣誉称号，授予在协调推进“四个全面”战略布局、建设和捍卫中国特色社会主义中作出突出贡献、具有崇高精神风范，以及在抢险救灾、处置突发事件或完成重大专项任务等工作中表现特别突出、事迹特别感人的个人和集体。荣誉称号采取不定期授予的方式，具体名称根据被授予对象的事迹特点确定，授予荣誉称号的同时颁授奖章或奖牌。

（三）表彰奖励。党中央、国务院、中央军委可单独或联合开展表彰奖励，主要有“全国优秀共产党员”“全国优秀党务工作者”“全国先进党组织”党内表彰，全国劳动模范和先进工作者表彰，国家科学技术奖，全国民族团结进步模范表彰等，以及中央军委奖励表彰。

完善中国共产党党内表彰项目设置，扩大表彰对象覆盖范围，发挥表彰对象的表率示范作用。合理确定全国劳动模范和先进工作者表彰数量，坚持面向基层、面向一线、面向普通劳动者，简化程序、强化监督、保证质量。完善国家科学技术奖评审机制，提高权威性和公信力。增强全国民族团结进步模范表彰影响力，使其在促进民族团结进步事业发展中发挥更大的作用。

根据需要，可以适当增设其他表彰奖励项目，开展及时性表彰奖励。

除勋章、荣誉称号、表彰奖励外，党中央、国务院、中央军委可向参与特定时期、特定领域重大工作的个人颁发纪念章。纪念章是荣誉性纪念。

三、程序和管理

（一）评选。勋章和荣誉称号获得者的人选，一般采取提名方式产生。其中，需经全国人大常委会决定的国家勋章和国家荣誉称号，有关方面要在广泛听取意见的基础上提出人选，报请党中央同意后，再按照法定程序确定。党中央、国务院、中央军委表彰奖励的人选，一般采取推荐方式产生。

（二）颁授。功勋荣誉的颁授应体现其庄重性和严肃性。颁授国家勋章和国家荣誉称号举行专门的颁授仪式，一般安排在庆祝日、纪念日等重大节日举行，必要时也可在其他时间举行。“七一勋章”“八一勋章”的颁奖仪式一般安排在建党、建军纪念日前夕。表彰奖励一般以召开表彰大会的形式举行。

（三）待遇。功勋荣誉和表彰奖励获得者应当受到国家和社会的尊重。勋章和荣誉称号获得者的待遇大体相当，突出精神激励，享受相关政治待遇、生活待遇等。受到党中央、国务院、中央军委表彰奖励的，其待遇根据具体情况确定。建立困难帮扶机制，设立专项基金，对生活确有困难的功勋荣誉和表彰奖励获得者，及时予以救助。

四、组织实施

（一）加强组织领导。成立党和国家功勋荣誉表彰工作委员会，由中央办公厅、中央组织部、中央宣传部、中央统战部、全国人大常委会办公厅、国务院办公厅、外交部、民政部、财政部、人力资源和社会保障部、国家卫生计生委、解放军总政治部等部门组成，负责党和国家功勋荣誉表彰工作的统筹协调、政策制定和督促落实，牵头组织有关功勋荣誉表彰的评选、颁授和典礼等工作。各相关部门要充分发挥职能作用，加强协作配合，共同做好党和国家功勋荣誉表彰工作。

（二）严格工作要求。开展党和国家功勋荣誉表彰工作，要坚持标准，严格掌握，做到宁缺毋滥。健全鼓励社会各方面参与功勋荣誉表彰评选的工作机制，坚持评选过程和结果向社会公开，自觉接受人民群众和各方面的监督。严明工作纪律，对在评选工作中有徇私舞弊、违纪违法行为的，要按照有关规定严肃查处。对于隐瞒情况、弄虚作假骗取荣誉的，或者在获得荣誉后有严重违法违纪行为、影响恶劣的，经核实后按程序予以撤销。

（三）搞好宣传引导。设立党和国家功勋簿，记载功勋荣誉获得者及其功绩。充分运用党报党刊、广播电视等主流媒体，发挥互联网等新媒体作用，强化对功勋荣誉表彰制度、评选过程和颁授典礼等的宣传，全方位多角度宣传报道功勋荣誉和表彰奖励获得者的突出功绩和精神风范，推动在全社会形成见贤思齐、崇尚英雄、争做先锋的良好氛围，大力弘扬社会主义核心价值观，为实现“两个一百年”奋斗目标、实现中华民族伟大复兴的中国梦汇聚强大精神力量。

有关方面要根据本意见精神，抓紧制定出台相关法律以及中国共产党党内、国务院、军队荣誉表彰条例。部门和地方的表彰奖励工作，根据本意见精神和相关法律法规另行规定。

（此件公开发布）

国务院关于深化企业职工养老保险制度改革的通知(节选)

(国发〔1995〕6号)

附件一：企业职工基本养老保险社会统筹与个人账户相结合实施办法之一

三、基本养老保险金计发办法

(五)本办法实施后，职工获得劳动模范等称号时，由奖励单位给予一次性奖励或由本单位为其办理补充养老保险，离退休时不另外提高基本养老金计发标准。对本办法实施前获得国家规定可享受养老保险优惠待遇的劳动模范等称号的职工，离退休时仍保留优惠待遇。

中共中央办公厅　国务院办公厅印发《关于公安干警政治、生活待遇问题的通知》(节选)

（中办发〔1982〕47号）

公安部授予全国公安战线一级、二级英雄模范荣誉称号的公安干警，应享受全国劳动模范的待遇。因公伤残的公安干警，应享受同这类现役军人同样的抚恤和优待，因公牺牲的公安干警，应追认为烈士，其家属享受同这类现役军人的家属同样的抚恤和优待。

国务院办公厅关于1989年全国劳动模范和先进工作者奖励升级问题的通知

（国办发〔1989〕46号）

各省、自治区、直辖市人民政府，国务院各部委、各直属机构：

国务院决定，给予1989年获得全国劳动模范和先进工作者荣誉称号的职工奖励晋升两级工资。现将有关问题通知如下：

一、1989年荣获全国劳动模范或先进工作者称号的职工（不含离退休职工），奖励晋升两级工资。其中，1988年1月1日以后已获得奖励晋升两级工资（含两级）以上的，奖励晋升一级工资。

二、国家机关、事业单位的干部和工人这次获得全国先进工作者称号，给予奖励升级的，其工资已达到所任职务（岗位）最高工资标准的，可不受《劳动人事部关于发布〈国家行政机关工作人员职级奖惩暂行处理办法〉的通知》（劳人干〔1987〕62号）的限制，按本级与下一级工资标准的级差增加工资。

三、企业的职工奖励晋升工资按照国家统一制定的工资标准执行，并纳入本人的档案工资。

城镇集体所有制企业职工奖励晋升工资可参照本条办理。

四、在职人员应聘到国营、集体和乡镇企业工作的，此次奖励升级由其原单位负责办理报批手续，并纳入本人档案工资。

五、奖励升级所需经费，国家机关、事业单位列入“工资”目开支，企业单位计入成本。

六、这次全国劳动模范和先进工作者的奖励升级，分别由省、自治区、直辖市人民政府和中央国家机关各部门按照人事、工资管理权限办理手续；国务院任命的工作人员由人事部办理手续。

七、凡给予奖励晋升工资的职工，由所在单位填写《1989年全国劳动模范和先进工作者晋升工资等级呈报审批表》一式两份，经批准后，一份由填报单位留存，一份存入本人档案。

八、奖励升级，自1989年10月1日起执行。

国务院办公厅关于做好省部级以上劳模困难帮扶工作的通知

（国办发〔2015〕5号）

各省、自治区、直辖市人民政府，国务院各部委、各直属机构：

近年来，各地区、各部门按照党中央、国务院决策部署，认真开展劳模服务工作，为劳模的生产和生活提供了良好保障。但是，由于政策不完善，一些地区政策落实还不到位，仍有少数省部级以上劳模存在生活困难。为更好地帮助他们解决困难，经国务院同意，现就做好省部级以上劳模困难帮扶工作通知如下：

一、高度重视劳模困难帮扶工作。劳模是民族的精英、人民的楷模，是社会积极向上的标杆。做好劳模困难帮扶工作是一项重要的政治任务，各地区、各部门要真正重视、真情关怀、真心帮助，落实好各项劳模待遇政策，重点面向职工老劳模、企业“关停并转”中失业劳模、农村老劳模做好帮扶工作，切实解决好劳模困难问题，使劳模充分享受经济社会发展成果。

二、用好劳模帮扶资金。中央财政要利用现有资金渠道，继续做好全国劳模帮扶工作。各地区、各部门要根据政策要求，安排资金支持省部级劳模帮扶工作，切实管好用好资金，满足帮扶工作需要。

三、做好劳模生活困难补助工作。要充分发挥现有社会保障制度作用，通过最低生活保障、临时救助等对符合条件的劳模给予及时救助，通过工伤保险等保障因公丧失全部或部分劳动能力劳模的基本生活。要安排劳模帮扶资金进一步发放劳模生活困难补助。对于已退休老劳模，养老金或退休金较低的，可参照所在地养老金或退休金平均水平给予补助；对于未退休但收入偏低的劳模，可参考所在地社会平均工资水平给予适当补助；对于农民劳模，要根据当地农村生活水平给予合理补助。

四、妥善解决劳模医疗困难。认真落实好现有医疗保险政策，让劳模依法享受各项医疗保障，实现应保尽保。对于医疗负担重、影响基本生活的患病劳模，按规定通过城乡医疗救助给予帮助。要充分利用好劳模帮扶资金，对患大病劳模给予重点帮扶，对农民劳模给予适当照顾。

五、积极帮助劳模解决就业、住房困难。对于就业困难劳模，要安排提供有针对性的技能培训和就业服务，通过鼓励企业吸纳、自谋职业和自主创业、公益性岗位安置等途径帮助其实现就业。对于符合住房保障条件的劳模家庭，在同等条件下予以优先保障。

六、切实加强组织领导。各地区、各部门要认真履行职责，全心全意开展好劳模服务工作，要坚持属地管理为主的原则，结合实际研究制定具体帮扶办法措施，有条件的地区和部门可适当加大帮扶力度。各级人力资源社会保障部门、工会组织要充分发挥职能作用。公安、民政、财政、住房城乡建设、卫生计生等部门要各负其责、互相配合，共同做好劳模帮扶工作。

三、部委文件

（一）劳动和技能竞赛

关于设立职工节能减排义务监督员的通知

（总工发〔2008〕9号）

各省、自治区、直辖市总工会、发展改革委、经贸委（经委）：

为了贯彻落实党中央提出的节约资源和保护环境基本国策，动员广大职工积极参与节能减排工作，促进“十一五”期间节能减排目标任务的实现，中华全国总工会、国家发展和改革委员会决定聘请部分职工担任职工节能减排义务监督员。现将有关事宜通知如下：

一、充分认识设立职工节能减排义务监督员的重要性和必要性

节约资源、保护环境，加快建设资源节约型、环境友好型社会，是党中央从我国的基本国情出发，立足当前，着眼长远作出的重大战略决策。近年来，我国经济发展较快，但资源消耗大、环境污染重等问题也比较突出。节能减排既是实现全面建设小康社会目标和可持续发展的本质要求，也是当前我们面临的一项紧迫任务。做好节能减排工作，不仅需要政府和企业的积极努力，而且需要包括广大职工在内的全体社会成员的共同参与。设立职工节能减排义务监督员，是贯彻落实科学发展观，加快推进经济发展方式转变，广泛动员全社会力量，积极参与节能减排工作的重要举措，对于进一步加大对高耗能、高排放行业和企业的监督检查力度，切实加强节能减排工作管理队伍建设，促进“十一五”期间节能减排目标任务的实现，将起到积极的推动作用。

二、职工节能减排义务监督员的条件

职工节能减排义务监督员需具备以下条件：

1. 有从事节能和环保相关工作经历，具备一定的业务知识和操作技能；

2. 熟悉相关法律、法规，有一定的政策、业务水平；

3. 有较强的社会责任感，愿意为维护公共利益做出贡献，自愿参加并且能够承担节能环保义务监督工作。

三、职工节能减排义务监督员工作职责

职工节能减排义务监督员按照就近监督的原则，履行以下工作职责：

1. 监督了解本企业履行节能环保义务、遵守相关法律法规的情况，督促企业落实节能减排规划，为企业强化节能减排管理提出意见和建议；

2. 督促企业建立严格、系统的节能减排管理制度，监督企业是否有跑冒滴漏、严重浪费资源和排放超标的现象；

3. 向所在地工会和发改委、经贸委（经委）举报企业违法用能或排放行为；

4. 参与企业与节能减排有关的重大决策以及完成由上级部门交办的其他工作事项等。

职工节能减排义务监督员履行工作职责时，应出示节能减排义务监督员证件，被监督部门应给予配合，提供方便。

四、职工节能减排义务监督员的权利和义务

职工节能减排义务监督员具有以下权利：

1. 对企业节能减排情况进行监督，了解其执行相关法律、法规的情况；

2. 向所在地工会和发改委、经贸委（经委）反映企业节能减排工作中存在的问题，提出意见和建议，必要时可越级反映；

3. 因执行节能减排监督任务而受到打击报复的，可要求工会组织和发改委、经贸委（经委）给予保护；

4. 节能减排义务监督员可根据自愿的原则，提出不担任义务监督员的要求。

职工节能减排义务监督员应履行以下义务：

1. 认真学习国家有关法律、法规和政策，学习相关业务知识，不断提高监督检查工作水平；

2. 在行使工作职责时，做到依法监督，遵守纪律，不徇私情，不谋私利，不接受被监督企业的馈赠、吃请，保守被监督企业商业秘密，为举报者保密；

3. 在工作中要做到实事求是，公正公平；

4. 及时向所在地工会报告工作，并与发改委、经贸委（经委）加强沟

通，密切联系。

五、职工节能减排义务监督员的管理

在中华全国总工会、国家发展和改革委员会的指导下，在省（区、市）、市（地）总工会和发改委、经贸委（经委）的组织领导下，按照自愿、兼职、便利、精干、高效的原则，在企业中设立职工节能减排义务监督员。

1. 节能减排义务监督员的聘任和管理。节能减排义务监督员由所在市（地）总工会和发改委、经贸委（经委）共同聘任，一年一聘，并颁发节能减排义务监督员证。节能减排义务监督员数量由各地工会与当地发改委、经贸委（经委）协商确定。节能减排义务监督员接受所在地工会和发改委、经贸委（经委）的领导。

2. 有条件的市（地）总工会可设立职工节能减排义务监督工作站（组），便于对本地区节能减排义务监督员进行组织管理。要定期对节能减排义务监督员进行工作考核，工作成绩突出的，予以表彰奖励；考核不合格者，予以解聘。

3. 节能减排义务监督员要接受上岗培训和上岗后的定期培训。各地发改委、经贸委（经委）负责节能减排义务监督员的培训工作，保证其了解工作内容和要求，熟悉有关技能、知识，正确履行职责。

六、加强对设立职工节能减排义务监督员工作的领导

各级工会和发改委、经贸委（经委）要高度重视设立职工节能减排义务监督员工作，摆上重要议事日程，加强合作，相互支持，采取有效措施，尽快把职工节能减排义务监督员队伍组建起来，积极开展工作，充分发挥作用。

各级工会要加强对这项工作的领导，明确职责，指定专门的部门和人员负责此项工作，做到精心规划，统筹安排，周密部署，抓好落实。要把工作重点放在基层，加强调查研究，及时解决存在问题，认真总结、推广先进经验。要把发挥职工节能减排义务监督员作用与工会开展的“我为节能减排做贡献”活动结合起来，相互推动，相互促进。

各级发改委、经贸委（经委）要在加大节能减排行政监督检查力度的同时，重视发挥社会监督的作用。要把设立职工节能减排义务监督员纳入地区和行业节能减排工作规划，加强业务指导，并为节能减排义务监督员开展工作创造条件。对阻碍节能减排义务监督员正常工作和对节能减排义

务监督员进行打击、报复等违法行为，应严肃处理。

各地可根据通知精神，结合实际，制定具体实施意见。

中华全国总工会　国家发展和改革委员会

2008 年 2 月 25 日

关于开展向“王海班”学习活动的决定

（总工发〔2010〕44号）

中国石油抚顺石化公司石油三厂分子筛车间“王海班”，是以全国劳动模范王海命名的先进班组。多年来，在王海同志的带领下，“王海班”大力弘扬工人阶级伟大品格，以昂扬向上的时代风貌、蓬勃旺盛的劳动热情和百折不挠的顽强意志，积极争当继续解放思想、锐意改革创新的时代先锋，推动科学发展、促进社会和谐的行动楷模，创造了“五型”班组（技能型、效益型、管理型、创新型、和谐型）的工作经验，在平凡的工作岗位上创造出不平凡的业绩，先后荣获“中央企业学习型红旗班组标杆”“全国职业道德建设百佳班组”和“全国五一劳动奖状”等荣誉称号。

班组是企业的细胞。加强班组建设，对于企业强化基础管理、提升核心竞争力，促进职工全面发展，推动和谐企业、和谐社会建设都具有重要意义。为了进一步加强新形势下不同类型企业的班组建设，中华全国总工会、工业和信息化部、国务院国有资产监督管理委员会、中华全国工商业联合会决定，在全国企业中开展向“王海班”学习活动。

学习“王海班”，就要引导职工大力发扬工人阶级伟大品格，把树立远大理想与脚踏实地做好本职工作、促进企业发展与实现自身价值有机统一起来，做到立足本职、爱岗敬业，勇于进取、争创一流，优质高效地完成生产工作任务。

学习“王海班”，就要引导职工发扬工人阶级吃苦耐劳、甘于奉献的优秀品质，以“宁可扒下三层皮，也要掌握新知识”的锲而不舍精神，刻苦学习、勤奋工作、努力掌握科学文化知识，不断提高专业技能水平，使班组成为锻炼人、培养人、教育人的课堂。

学习“王海班”，就要引导职工紧跟时代发展步伐，坚持改革、不断创新，把创新精神渗透到工作中、落实到岗位上，努力提高创新能力，为建设创新型企业和创新型国家贡献力量。

学习“王海班”，就要引导职工以强烈的事业心和责任感做好各项工作，积极参与班组和企业管理，踊跃参加各种形式的创先争优劳动竞赛，努力把班组建设成为能够出色完成生产工作任务，具有较强创新能力，管理科学，纪律严明，团结和谐的坚强集体。

学习“王海班”，就要按照科学发展观的要求，坚持以人为本。企业班组长要以王海同志为榜样，既要积极组织完成各项工作任务，又要注重班组文化建设，体现人文关怀，实现体面劳动，努力为班组成员的全面发展创造条件。班组成员要发扬团结协作、互助友爱的团队精神，做到“上班是战友，齐心协力共创佳绩；下班是朋友，团结互助共享生活”，使班组成为构建和谐企业、和谐社会的温馨“职工小家”。

“王海班”是当代产业工人群体的杰出代表，是新时期班组建设的一面旗帜。全国各企事业单位要高度重视班组建设工作，切实把加强班组建设作为建设现代企业的一项重要任务来抓。要运用多种形式广泛宣传“王海班”的先进事迹，并把学习“王海班”活动与当前正在开展的创先争优、争创学习型班组等活动有机结合起来，促进班组建设进一步加强。要对学习活动加强领导、认真部署，及时总结推广经验，推动学习活动扎实有效、不断深入。要通过开展向“王海班”学习活动，把广大职工的智慧和力量凝聚到推动发展方式转变、促进经济又好又快发展，实现全面建设小康社会宏伟目标上来。

中华全国总工会　工业和信息化部

国务院国资委　中华全国工商业联合会

2010 年 8 月 25 日

关于加强班组建设的指导意见

（总工发〔2010〕56号）

加强班组建设，是强化企业基础管理，提升企业核心竞争力，促进职工全面发展，构建和谐企业的必然要求。为切实加强新形势下不同类型企业的班组建设，提出如下意见。

一、班组建设的总体要求和目标任务

班组建设要以科学发展观为指导，以提升班组管理水平为核心，以提高班组成员整体素质为重点，以开展班组创先争优劳动竞赛和创建“工人先锋号”活动为载体，不断提高班组工作水平，促进企业健康稳定发展。

班组建设要以打造高效、创新、和谐班组为目标，进一步推动班组工作制度化、规范化、科学化和民主化，不断提高班组执行力、创新力和凝聚力，努力把班组建设成为能够出色完成生产（工作）任务、具有较强创新能力，管理科学，纪律严明，团结和谐的坚强集体。

二、班组建设应遵循的原则

一是适应企业发展需要原则。紧紧围绕企业发展目标，从企业改革、发展和生产、经营、管理的实际出发，全面加强班组建设，努力夯实基础工作，进一步提高企业竞争能力。

二是促进职工全面发展原则。班组工作要坚持以人为本，尊重职工、依靠职工，充分发挥职工主观能动性；保障职工权益，实现体面劳动；加强文化建设，体现人文关怀；注重提升素质，促进职工全面发展。

三是继承与创新相结合原则。要在总结班组建设工作经验、坚持成功做法的基础上，认真研究新情况，努力解决新问题，积极探索新路子，不断创造新方法，使班组始终富有生机和活力。

四是行政管理与民主管理相结合原则。在班组内部，既要维护班组长的行政指挥权威，又要尊重职工的民主权利，鼓励和支持职工参与管理，充分发挥班组工会小组长和“工管员”的作用，实现班组管理全员化。

三、全面提升班组管理水平

提高管理水平是加强班组建设的基本要求。提高班组管理水平，要从建章立制和完善生产记录等基础资料入手，以落实岗位责任制为重点，以出色完成生产任务和保证班组工作正常运转为目标，进一步增强班组执行力。要把加强管理与教育职工增强工作责任感和执行规章制度自觉性有机结合起来，使班组管理建立在深厚的群众基础之上，实现职工被动管理向主动参与、粗放管理向精益管理、传统管理向现代管理的转变，促进班组管理科学化。

四、注重提高班组成员素质

班组不仅是完成企业生产（工作）任务的基本单位，也是锻炼人、培养人、教育人的重要课堂。要从班组工作实际出发，采取灵活多样的方法和班组成员易于接受的形式，坚持不懈地开展学习实践活动，不断提高班组成员思想道德、科学文化和专业技能水平。深入开展创建学习型、创新型班组活动，积极引导班组成员学习新知识、钻研新技术，不断提高学习能力、实践能力和创新能力。鼓励班组成员互帮互学、共同提高，大力培养和选树技能人才，努力为班组成员成长成才创造条件。

五、切实抓好班组安全生产

班组要认真贯彻“安全第一，预防为主，综合治理”方针，牢固树立“安全发展”理念，不折不扣地执行安全生产的有关规定和职业卫生标准，认真落实安全生产责任制，加强生产现场管理，坚决杜绝违章指挥、违章作业。重视安全教育培训，提高班组成员的安全意识和事故防范、应急处置能力。积极开展“安康杯”竞赛活动，充分发挥劳动保护监督检查员的作用，切实把好安全生产的第一道防线，确保职工在生产过程中的安全与健康。

六、广泛开展班组竞赛

广泛开展班组竞赛是推动劳动竞赛扎实有效、深入发展的重要措施，也是促进班组建设的有效途径。班组竞赛要以创建“工人先锋号”等活动为载体，以安全生产、提高效率、提升质量、创新技术和节能减排为重点，与创建劳动关系和谐企业和建设“职工小家”等活动紧密结合。通过竞赛，进一步调动班组成员的积极性和创造性，引导班组成员争当锐意改革创新的先锋和推动科学发展的楷模。

七、不断完善班组民主管理

班组民主管理是企业民主管理的重要基础。要进一步加强班组民主管理的制度建设，在继续坚持和完善“两长”（班组长、工会小组长）和“工管员”制度、班委会制度、班组民主生活会制度、班务公开制度等行之有效制度的同时，积极探索班组民主管理的新途径和新形式，使班组民主管理工作不断适应企业发展的要求，保障职工的知情权、参与权、监督权和决定权。班组决策要充分听取班组成员的意见，班组长要自觉接受班组成员的监督。

八、进一步加强班组思想工作

加强思想工作是增强班组凝聚力和战斗力的重要保证。班组思想工作要坚持用社会主义核心价值体系引领班组成员，坚持以科学理论武装人，以劳模精神和工人阶级伟大品格激励人，积极引导班组成员树立正确的世界观、人生观、价值观，坚定理想信念。准确掌握班组成员的思想动态，及时反映班组成员诉求，把做好思想工作与关心班组成员的工作生活结合起来，加强心理疏导，注重人文关怀。加强班组文化建设，培育爱岗敬业、争创一流，团结互助、文明和谐的团队精神。

九、选拔、培养好班组长

班组长是班组的领头人。要根据企业实际，建立班组长培养、选拔、任用机制，选配具有一定文化程度、责任心强、作风正派、技术熟练、敢于管理、善于团结人的优秀职工担任班组长。注重班组长岗前培训和在职培训，加强班组长之间的学习和交流，不断提高班组长的工作能力和综合素质。既要支持班组长履行职责、行使职权，又要加强对班组长的管理教育和监督。要拓宽班组长的发展渠道，为他们的成长创造有利条件。

十、加强对班组建设工作的指导

班组建设工作是企业一项十分重要的基础工作。各有关部门要从促进经济社会又好又快发展的高度，充分认识加强班组建设的重要意义，切实加强指导。要注重调查研究，及时指导企业研究解决班组建设工作中遇到的新情况新问题。要加强分类指导，认真总结不同类型企业加强班组建设工作的经验，大力培养、选树和宣传先进典型，充分发挥模范班组的示范引导作用。要找准位置，发挥优势，密切配合，努力形成合力推进班组建设的工作格局。

中华全国总工会　工业和信息化部
国务院国资委　中华全国工商业联合会
2010 年 10 月 9 日

关于进一步加强职工技术创新工作的意见

（总工发〔2012〕21号）

开展职工技术创新活动，加强职工队伍建设，组织动员职工积极参与技术创新实践，是提高职工创新能力，促进创新型国家和创新型企业建设的重要途径。为进一步加强职工技术创新工作，现提出如下意见。

一、充分认识加强职工技术创新工作的重要性

1. 提高自主创新能力，建设创新型国家，是国家发展战略的核心，是提高综合国力的关键。职工群众是社会主义现代化建设的主力军，是推动科技进步、建设创新型国家和创新型企业的重要力量。加强职工技术创新工作，充分发挥职工在科技进步与创新中的重要作用，是坚持走中国特色自主创新道路的具体体现。

2. 加快转变经济发展方式是当前我国经济工作的一项十分艰巨的任务。科技进步与创新是加快转变经济发展方式的重要支撑。加强职工技术创新工作，积极组织和引导职工投身科技进步与创新的伟大实践，是服务科学发展，促进经济发展方式转变的重要举措。

3. 提高职工素质是实现共同理想和宏伟目标的要求，也是发展工人阶级先进性的需要。通过加强职工技术创新工作，增强职工的学习能力、实践能力、创新能力和竞争能力，是实现职工利益、提升职工素质、促进职工全面发展的重要途径。

二、大力加强职工技术培训工作

4. 职工技术培训工作要认真贯彻落实《国务院关于加强职业培训促进就业的意见》（国发〔2010〕36号），以培养知识型、技术型、创新型职工为目标，以提高职工技能水平和创新能力为重点，把理论学习与实际操作结合起来，大力提高职工技术素质，努力培养造就建设创新型企业和创新型国家所需要的各类人才。

5. 要围绕本地区、本行业转变经济发展方式的重点和“十二五”产业

发展战略，从企业技术进步和职工岗位工作需要出发，把普遍提高职工技能水平与培养高技能人才和优秀技术创新人才结合起来，广泛开展多层次的职工技术等级培训、岗位技能提升培训，帮助职工增强创新意识和创新能力，提高科技文化知识和岗位技能水平，形成高、中、初级技能人才结构合理、梯次发展的良好格局。

6. 加强职工职业技能实训基地建设，充分利用社会教育培训资源，发挥各级各类职业技能培训机构和企业培训中心的作用，积极开展职工职业技能培训，不断扩大高技能技术工人队伍。

7. 精心制定培训规划，合理安排培训内容，扎实做好培训工作。要加强师资队伍建设，努力改善培训条件，不断提高培训质量。积极争取有关方面对培训工作的支持，多渠道筹集培训所需费用。

三、广泛开展职工技术创新活动

8. 职工技术创新活动要积极推动国家技术创新工程的实施，以提高职工技能水平、推动企业技术进步和促进经济发展为目标，积极引导职工投身原始创新、集成创新和引进消化吸收再创新实践，为建设创新型企业、创新型国家贡献智慧和力量。

9. 职工技术创新活动要围绕促进企业安全生产、提高生产效率、提升产品质量和推动节能减排，广泛开展技术攻关、技术革新、发明创造、合理化建议等活动，引导和鼓励职工立足本职、岗位创新。

10. 职工技术创新活动要把增强职工创新意识、提高职工创新能力作为重要着力点，积极普及创造学知识，广泛开展岗位练兵、技术比武、技能比赛、师徒帮教等活动，把培训、练兵、比武有机结合起来，让先进生产技术和先进操作方法为更多的职工所掌握。

11. 把争创创新型班组作为创先争优建功立业劳动竞赛的重要内容，以创建“工人先锋号”“创建学习型组织、争做知识型职工”等活动为载体，不断提升班组创新能力，努力为职工施展聪明才智创造条件，为建设创新型企业奠定坚实基础。

四、充分发挥劳动模范和优秀技能人才的引领作用

12. 劳动模范和优秀技能人才是推动技术进步和促进职工成长成才的光辉典范。要大力培养选树在职工技术创新活动中涌现出来的“首席员工”“金牌工人”“能工巧匠”“创新能手”等技能人才楷模，积极推广他们创造的先进技术和先进操作方法。

13. 积极组织劳动模范和优秀技能人才开展技术开发、技术咨询、技术交流、技能展示等活动，普遍建立覆盖企业主要工种的优秀技能人才（劳模）创新工作室，用劳模和高技能创新型人才的名字命名重大技术创新成果和先进操作法等，充分发挥劳动模范和优秀技能人才的示范引领作用。

14. 切实做好劳动模范和优秀技能人才的管理服务工作，努力为他们施展才干、传授技艺提供有利条件。建立职工技术创新人才和职工技术创新成果信息库，督促企（事）业单位建立和完善技能人才培养、考核、使用和奖励制度。

15. 弘扬工人阶级伟大品格和劳模精神，大力宣传劳动模范和优秀技能人才为掌握攻克技术难关而刻苦钻研的精神和为推动技术进步而拼搏献身的事迹，激励广大职工努力学习新知识、掌握新本领、创造新业绩、做出新贡献，使劳动光荣、知识崇高、人才宝贵、创造伟大成为时代新风。

五、切实加强对职工技术创新工作的组织领导

16. 加强职工技术创新工作是提高职工素质、推动技术进步，促进创新型企业和创新型国家建设的一项重要举措。各有关部门要密切配合，加强政策协调、工作协商和信息沟通，发挥自身优势，形成工作合力，共同推动职工技术创新工作深入开展。

17. 企业是职工技术创新活动的主战场，是培育员工的重要基地。要充分发挥企业的优势，为职工技术创新活动搭建平台，营造良好环境。

18. 制定鼓励职工积极参与技术创新活动的相关政策，积极开展技术开发、技术转让、技术咨询、技术服务等活动，推动职工技术创新成果转化；建立和完善奖励机制，按照国家有关规定表彰职工优秀技术创新成果。

19. 工会组织要把开展职工技术创新活动作为创先争优建功立业劳动竞赛的重要内容，列入重要议事日程，加强调查研究，搞好分类指导，认真总结经验，及时发现和解决存在问题，不断提高职工技术创新工作质量和水平。

20. 广泛宣传职工技术创新活动中涌现出来的先进典型，积极发展“敢为人先、争创一流、崇尚创新、宽容失败”的创新文化，使职工的创新想法得到尊重、创新热情得到保护、创新才能得到发挥、创新成果得到肯定。

中华全国总工会　科学技术部
工业和信息化部　人力资源和社会保障部
国务院国资委　全国工商业联合会
2012 年 3 月 16 日

（二）技术协作与创新

教育部 人力资源社会保障部 工业和信息化部关于印发《制造业人才发展规划指南》的通知（节选）

（教职成〔2016〕9号）

三、主要任务

推动制造业企业职工培训全覆盖。在制造业领域全面推进学习型企业建设，坚持并完善企业职工全员培训制度，规模以上企业要有专门机构和人员组织实施职工教育培训，加强企业大学、培训中心等企业培训机构建设。职工教育培训年参与率要达到50%以上。探索建立个人学习账号和学分累计制度，依托国家开放大学在制造业相关专业领域开展学习成果认证、积累与转换试点。各级政府要加快成立跨部门的继续教育协调机构，统筹指导继续教育发展，推进继续教育与工作考核、岗位聘任（聘用）、职务（职称）评聘、职业注册等人事管理制度相衔接。

（三）提升制造业人才关键能力和素质

大力培育工匠精神。倡导以工匠精神为核心的工业精神，出台推动工业文化发展的相关指导意见，弘扬优秀工业文化，提升我国工业软实力。制造业企业要把培育精益求精的工匠精神作为职工继续教育的重要内容，增强职工对职业理念、职业责任和职业使命的认识与理解。不断深化“中国梦·劳动美”教育实践活动。推进工匠精神进校园、进课堂，帮助学生树立崇高的职业理想和良好的职业道德，培养崇尚劳动、敬业守信、精益求精、敢于创新的制造业人才。

注重创新能力培养。引导制造业企业深入开展劳模创新工作室创建活动。为职工创新搭建平台、提供政策扶持，鼓励制造业从业人员立足岗位创新，重点提升关键核心技术研发能力、创新设计和改造能力、科技成果转化能力、精密测量计量能力、标准研制能力。……

提高全员质量素质。鼓励制造业企业加大质量培训力度，全面提高企业经营管理人员和一线职工的质量意识和质量管理水平。引导和鼓励大中型企业实施首席质量官制度。……

（四）打造高素质专业技术人才队伍

整体提升企业职工技术技能水平。在积极应对制造业传统行业结构调整、产业升级过程中，要加强传统产业工人技术技能升级培训、转岗转业培训。制造业企业要积极开展企业新型学徒制培训，依托高等学校、职业学校和各类培训机构积极开展职工继续教育，创新线上线下相结合的混合式人才培养培训模式。广泛开展各级各类职工职业技能竞赛和岗位练兵活动，引导职工学习新知识、钻研新技术、使用新方法。

（七）优化制造业人才发展环境

有效开展人才评价与激励。坚持以品德、能力和业绩为导向，准确客观评价制造业人才的能力和水平，建立和完善符合制造业特点的科学化、社会化的人才评价体系。完善先进制造业相关职业岗位和职业标准体系。完善劳动、知识、技术、技能、管理等生产要素按贡献参与分配的制度。扭转评价指标过度强调教师学术论文发表倾向，将实践能力、社会服务能力等纳入教师考核评价体系。进一步提高企业技能人才经济待遇和社会地位，进一步健全收入分配激励机制，结合实际探索实行协议工资制、项目工资制、年薪制等分配办法。鼓励科技人员积极从事职务发明创造，加大科研成果转化收益分配和知识产权保护力度。

四、重点人才工程

（三）能工巧匠和高技能人才培育工程

通过创新职业教育人才培养模式，推动教育教学改革与制造业转型升级衔接配套，着力培养制造业技术技能紧缺人才。依托高技能人才振兴计划，建设一批高技能人才培训基地和技能大师工作室，大力开展高技能人才培训。

5. 在实施高技能人才振兴计划中，重点围绕制造业十大重点领域，支持有关地区、部门开展高技能人才培训基地和技能大师工作室建设，到2020年，建设1200个高技能人才培训基地和1000个左右国家级技能大师工作室，基本形成覆盖重点产业和中心城市的高技能人才培养网络。

（五）全员质量素质提升工程

实施质量素质提升行动，面向公众广泛开展质量和质量管理知识宣传教育活动，普及质量知识，提升全社会质量意识。鼓励和支持行业协会、高等学校和职业学校设立质量相关研究机构，开展质量科研，开发质量素质提升课程，面向社会开展质量教育。各省（区、市）每年至少举办3期质量素质提升研修项目。各省（区、市）争取每年对500家以上制造业小微企业质量负责人开展质量培训。

五、保障措施

（三）强化宣传引导

各级政府、各部门要通过多种渠道，大力宣传党和国家人才工作的重大战略思想和方针政策，广泛宣传大国工匠、能工巧匠、拔尖创新人才和优秀企业家等的突出成就。加大对制造业优秀人才的表彰和奖励力度，每两年表彰一批中华技能大奖获得者和全国技术能手，表彰一批职工职业道德建设标兵单位和标兵个人，引导全社会确立尊重劳动、尊重知识、尊重技术、尊重创新的观念，大力营造劳动光荣、技能宝贵、创造伟大的良好氛围，积极培育中国特色制造文化。

附件　制造业人才发展规划指南重点任务分工表

序号	重点任务	牵头单位	参加单位
7	不断深化“中国梦·劳动美”教育实践活动。推进工匠精神进校园、进课堂	全国总工会、教育部	
8	引导制造业企业深入开展劳模创新工作室创建活动。为职工创新搭建平台、提供政策扶持，鼓励制造业从业人员立足岗位创新，重点提升关键核心技术研发能力、创新设计和改造能力、科技成果转化能力、精密测量计量能力、标准研制能力	全国总工会	
11	鼓励制造业企业加大质量培训力度，全面提高企业经营管理人员和一线职工的质量意识和质量管理水平。引导和鼓励大中型企业实施首席质量官制度	质检总局、工业和信息化部	全国总工会、国资委
17	广泛开展各级各类职工职业技能竞赛和岗位练兵活动，引导职工学习新知识、钻研新技术、使用新方法	人力资源社会保障部、全国总工会	

续表

序号	重点任务	牵头单位	参加单位
41	全员质量素质提升工程：实施质量素质提升行动，面向公众广泛开展质量和质量管理知识宣传教育活动，普及质量知识，提升全社会质量意识。鼓励和支持行业协会、高等学校和职业学校设立质量相关研究机构，开展质量科研，开发质量素质提升课程，面向社会开展质量教育。各省（区、市）每年至少举办3期质量素质提升研修项目。各省（区、市）争取每年对500家以上制造业小微企业质量负责人开展质量培训	质检总局、工业和信息化部	教育部、人力资源社会保障部、全国总工会、国资委
42	强化宣传引导。各级政府、各部门要通过多种渠道，大力宣传党和国家人才工作的重大战略思想和方针政策，广泛宣传大国工匠、能工巧匠、拔尖创新人才和优秀企业家等的突出成就。加大对制造业优秀人才的表彰和奖励力度，每两年表彰一批中华技能大奖获得者和全国技术能手，表彰一批职工职业道德建设标兵单位和标兵个人	人力资源社会保障部、全国总工会	国家制造强国建设领导小组有关成员单位

关于提升公共职业技能培训基础能力的指导意见

（发改就业〔2018〕1433号）

各省、自治区、直辖市发展改革委、教育厅（委）、科技厅（委）、工业和信息化（中小企业）主管部门、财政厅（局）、人力资源社会保障厅（局）、农业（农牧、农村经济）厅（局、委）、审计厅（局）、工商局（市场监管部门）、银监局、总工会：

当前和今后一段时期，为推动高质量发展和建设现代化经济体系，迫切需要一支规模宏大的技能劳动者大军。近年来，职业技能培训尤其是公共实训机构提供的公共职业技能培训，在提升劳动者素质方面发挥了重要作用，但是从培训的数量和质量来看，还无法满足经济社会发展需要。为此，要深入贯彻落实习近平新时代中国特色社会主义思想和党的十九大精神，根据《国务院关于推行终身职业技能培训制度的意见》（国发〔2018〕11号）部署要求，加快提升我国公共职业技能培训基础能力，不断完善公共职业技能培训体系，大规模开展职业技能培训，为促进制造业高质量发展和经济转型升级提供技能人才支撑。现就有关工作提出如下意见。

一、主要目标

力争到2025年，形成覆盖全国、布局合理、定位明确、功能完善、信息联通、资源共享，能够基本满足实现高质量发展和建设现代化经济体系对技能人才需求的公共职业技能培训基础能力体系，实现培训渠道广泛、培训主体多元、培训信息联通、培训方式丰富、培训管理规范，有效对接职业技能培训供需，基本满足劳动者职业技能培训需要，努力培养造就规模宏大的高技能人才队伍和高素质劳动者。

二、加强公共职业技能培训基础平台建设

（一）推进公共职业技能培训基础平台建设。公共职业技能培训基础平台以公共实训机构为主体，包括公共实训基地、职工职业技能实训基地、职业农民培育基地、创业孵化基地、高技能人才培训基地等。鼓励各

地结合主体功能定位、区域产业分布和培训对象数量等实际情况，编制公共职业技能培训基础平台建设规划，构建层级合理、定位清楚、布局科学的建设体系。（国家发展改革委、人力资源社会保障部、农业农村部、全国总工会等按职责分工负责。列第一位者为牵头单位，下同）

三、提高培训就业信息共享能力

（二）积极构建培训和就业良性互动机制。加强职业技能培训与就业衔接，在公共职业技能培训基础平台上开展的培训内容，应与当地人力资源市场就业需求信息充分对接，按当地人力资源市场职业供求状况和产业发展需求设立培训项目。鼓励用人单位与公共职业技能培训基础平台开展定向培训、订单培训、岗前培训等多种形式合作，积极建立劳动用工和技能实训紧密结合、无缝对接的联动机制。加强劳动者职业指导和职业生涯规划，鼓励引导劳动者按市场需求状况和自身职业发展需求自主选择培训项目，提高劳动者进行技能实训后的就业质量，有效缓解人力资源市场供求结构性矛盾。（人力资源社会保障部、国家发展改革委、农业农村部、全国总工会等按职责分工负责）

（三）加强基层就业和社会保障服务平台信息共享。鼓励各地根据实际在基层就业和社会保障服务平台上综合经办就业、社会保险、劳动监察、调解仲裁等人力资源和社会保障公共服务业务。围绕“互联网+”行动计划，通过信息化建设推动基层就业和社会保障服务设施实现信息互通共享，为劳动者提供统一高效的人力资源社会保障公共服务。（人力资源社会保障部、国家发展改革委等按职责分工负责）

四、创新数字职业技能培训体系

（四）完善数字职业技能培训顶层设计。加强数字化基础设施建设，分步试点、分类推进。推动建立数字职业培训标准体系，使接受培训的劳动者能够获得社会普遍认可，提高就业质量。（人力资源社会保障部、国家发展改革委、工业和信息化部、市场监管总局等按职责分工负责）

（五）积极打造数字职业技能培训公共服务平台。结合国家“金保工程”二期和全国产业工人网络学习平台等公共服务平台，依托各地公共职业技能培训基础平台，积极引导整合大企业、高等学校、职业院校、社会培训机构的数字职业培训资源，推动职业技能培训服务向移动智能终端、自助终端等延伸，提高职业技能培训便利度和可及性。推动虚拟现实（VR）、增强现实（AR）和人工智能（AI）等新技术在职业技能培训领域

的应用。(人力资源社会保障部、国家发展改革委、教育部、科技部、工业和信息化部、农业农村部、全国总工会等按职责分工负责)

五、提高职业技能培训水平

(六)加强公共职业技能培训教学资源建设。紧跟新技术、新职业发展变化，建立职业分类动态调整机制，加快职业标准开发工作。建立国家基本职业培训包制度，促进职业技能培训规范化发展。紧密结合战略性新兴产业、先进制造业、现代服务业、现代农业等发展需求，发挥院校、行业企业作用，加强职业技能培训教材开发，积极开发数字培训课程，提高教材质量，丰富教材内容，规范教材使用。(人力资源社会保障部、教育部、工业和信息化部、农业农村部等按职责分工负责)

(七)加强公共职业技能培训师资队伍建设。依托有条件的大中型企业和职业院校开展师资技能提升培训，加快培养既能讲授专业知识又能传授操作技能的师资队伍。实行专兼职教师制度，建立和完善培训教师在职培训和到企业实践制度。(人力资源社会保障部、教育部等按职责分工负责)

六、构建多元化投入机制

(八)加强公共职业技能培训投入。中央投资继续对符合条件的公共实训基地建设项目予以补助，鼓励各地建立试点，积极探索多渠道融资，吸引各类社会资本参与公共实训基地建设。积极探索从技能人才队伍建设经费、企业职工教育统筹经费、社会捐助赞助等多种渠道筹措资金。指导各地落实好职业培训补贴、技能提升补贴等政策，充分发挥就业补助资金和失业保险基金支持职业技能培训的作用。加大政府购买职业技能培训服务力度。(国家发展改革委、财政部、人力资源社会保障部、银保监会等按职责分工负责)

(九)探索公共职业技能培训基础平台与企业合作。明确公共实训基地等公共职业技能培训基础平台的公益性属性，各地在建设时可按国家有关规定减免相关收费。企业人员参加职业技能培训，日常管理、基本耗材所需费用由平台承担，主要耗材、学员费用、实训指导教师费用由企业承担，相关单位可按规定申请职业培训补贴。(人力资源社会保障部、国家发展改革委、财政部等按职责分工负责)

(十)鼓励公共职业技能培训基础平台间资源共享。充分利用好政府、学校和企业的现有资源，鼓励公共职业技能培训基础平台间设备设施、教学师资、课程教材等培训资源共享。鼓励地方政府整合各渠道培训资金，在公共职业技能培训基础平台统一购买职业技能培训服务。（人力资源社会保障部、国家发展改革委、教育部等按职责分工负责）

（十一）探索PPP模式。积极探索在职业技能培训领域运用PPP模式，吸引社会资本参与合作。科学制定风险分担机制，合理界定公共职业技能培训基础平台PPP项目中政府投资方与社会资本方的权利义务。（财政部、国家发展改革委等按职责分工负责）

七、组织实施

（十二）压实各级监管责任。各地方和相关部门要切实履行好项目建设管理责任，通过督促自查、实地调研抽查、专项稽察、网上监测、不定期检查等多种监管方式，实现“全覆盖、全过程、常态化”监管，加快推进项目建设进度，确保建设资金合规有效使用和发挥预期效果。地方开展项目建设要符合本地区财政承受能力和政府投资能力，不能造成地方政府隐性债务。（国家发展改革委、财政部、人力资源社会保障部、银保监会、审计署等按职责分工负责）

（十三）完善公共职业技能培训考核监督机制。进一步强化以就业为导向的公共职业技能培训成果验收标准和绩效考核标准，建立以培训合格率、就业创业成功率为重点的培训绩效评估体系，发挥工会监督作用，对培训机构、培训过程进行全方位监管。（人力资源社会保障部、国家发展改革委、全国总工会等按职责分工负责）

（十四）加强舆论宣传指导。加强开展公共职业技能培训基础能力建设的政策宣传，提升社会影响力和政策知晓度。积极开展展示交流，组织开展好区域间的合作交流。加强信息公开，及时发布各地建设动态，积极回应劳动者的培训需求，营造良好的社会氛围。（人力资源社会保障部、国家发展改革委、全国总工会等按职责分工负责）

国家发展改革委　教育部
科技部　工业和信息化部
财政部　人力资源社会保障部
农业农村部　审计署
市场监管总局　银保监会
全国总工会
2018年9月30日

科技部关于进一步鼓励和规范社会力量设立科学技术奖的指导意见

（国科发奖〔2017〕196 号）

国务院各有关部门、各有关直属机构，中国科协，各省、自治区、直辖市及计划单列市科技厅（委、局），新疆生产建设兵团科技局，各有关单位：

社会力量设立科学技术奖（以下简称社会科技奖励）是指社会组织或个人利用非国家财政性经费，在中华人民共和国境内设立，奖励为促进科技进步做出突出贡献的个人或组织的科学技术奖。为贯彻《中共中央、国务院关于深化科技体制改革加快国家创新体系建设的意见》精神，按照中共中央办公厅、国务院办公厅印发的《深化科技体制改革实施方案》和《国务院关于取消和下放一批行政审批项目等事项的决定》（国发〔2013〕19 号）的要求，依据《中华人民共和国科学技术进步法》和《国家科学技术奖励条例》，现就进一步鼓励和规范社会科技奖励提出如下指导意见。

一、指导思想和总体目标

（一）指导思想。紧密团结在以习近平同志为核心的党中央周围，高举中国特色社会主义伟大旗帜，全面贯彻党的十八大和十八届三中、四中、五中、六中全会精神，深入贯彻习近平总书记系列重要讲话精神和治国理政新理念新思想新战略，统筹推进“五位一体”总体布局和协调推进“四个全面”战略布局，牢固树立和贯彻落实创新、协调、绿色、开放、共享的发展理念，紧紧围绕实施创新驱动发展战略，鼓励和规范社会力量设立科学技术奖，构建既符合科技发展规律又适应我国国情的社会科技奖励制度，充分发挥社会科技奖励在激励自主创新中的积极作用，为推动科技进步和经济社会协调发展，建成创新型国家和世界科技强国注入正能量。

（二）总体目标。探索建立信息公开、行业自律、政府指导、第三方评价、社会监督、合作竞争的社会科技奖励发展新模式；引导社会力量设立定位准确、学科或行业特色鲜明的科技奖，规范社会科技奖励的运行，努力提高社会科技奖励的整体水平；鼓励若干具备一定资金实力和组织保障的奖励向国际化方向发展，培育若干在国际上具有较大影响力的知名奖励。

（三）基本原则

1. 坚持依法办奖。设立社会科技奖励的组织或个人必须遵守宪法、法律、法规、规章，遵守我国科学技术政策和人才政策。所设奖励应符合社会公德和科学伦理，有利于科学技术进步和人类社会的发展。所设奖励不得泄露国家秘密、危害国家安全。

2. 坚持公益为本。社会科技奖励应坚持公益性、非营利性原则，坚持以促进学科发展或行业科技进步为目的，严禁商业炒作行为，不得使用国家财政性经费，不得以任何形式收取或变相收取评选对象的任何费用。

3. 坚持诚实守信。社会科技奖励应加强自律、诚实守信，如实向社会公开奖励相关信息，不得进行虚假宣传，不得仅使用简称或擅自变更奖励名称，误导社会公众。

二、设立和运行

（一）社会力量设立科学技术奖应当按照一定的周期连续开展授奖活动并具备以下条件：

1. 设奖者具备完全民事行为能力；

2. 承办机构是独立法人；

3. 资金来源合法稳定；

4. 规章制度科学完备；

5. 评审组织权威公正。

（二）承办机构是社会科技奖励的责任主体，应熟悉奖励所涉学科或行业领域发展态势，具备开展奖励活动的能力，并配备人力资源和开展奖励活动的其他必要条件。

境外的组织或个人单独或联合国内社会力量在我国境内设立社会科技奖励，须遵守我国对境外组织或个人在境内活动的相关法律法规，并委托我国境内法人机构承办。

（三）奖励名称应当确切、简洁，不得冠以“中国”“中华”“全国”“国家”“国际”“世界”等字样。带有“中国”“中华”“全国”“国家”“国际”“世界”等字样的组织设奖并在奖励名称中使用组织名称的，应当使用全称。不得使用与国家科学技术奖、省部级科学技术奖或其他已经设立的社会科技奖励、国际知名奖励相同或者容易混淆的名称。

（四）社会科技奖励须制定奖励章程并明确以下事项：

1. 明确奖励名称、设奖目的、设奖者、承办机构、资金来源等基本信息；

2. 明确奖励范围与对象，重点奖励重大原创成果、重大战略性技术、重大示范转化工程的突出贡献者，重点鼓励青年科技人员；

3. 科学设置奖项，明确评审标准、评审程序及评审方式；设立奖励等级的，一般不超过三级；

4. 明确奖励的受理方式，鼓励实行候选人第三方推荐制度；

5. 明确授奖数量和奖励方式，鼓励实行物质奖励与精神奖励相结合的奖励方式。授奖前须征得授奖对象的同意；

6. 明确争议处理方式和程序，妥善处理争议。

（五）社会科技奖励要坚持公平公正公开的原则，设立由本学科或行业权威专家组成的专家委员会。评审专家独立开展奖励评审工作，不受任何组织或者个人干涉。

（六）社会科技奖励应当在相对固定的网站如实向全社会公开奖励相关信息，包括奖励名称、奖励章程、资金来源、设奖时间、设奖者、承办机构及其负责人、联系人及联系方式等，及时公开每一周期的奖励进展、获奖名单等动态信息。

（七）承办机构应自觉履行维护国家安全的义务，凡涉及关键技术、生物安全、人文伦理等有关国家安全和社会高度敏感领域的奖励，应当向科学技术行政部门报告，经科学技术行政部门核准后方可开展奖励活动。

三、监督和管理

（一）面向全国或跨国境的社会科技奖励由科学技术部负责监管和指导，国家科学技术奖励工作办公室负责日常工作；区域性社会科技奖励由承办机构所在省、自治区、直辖市科学技术行政部门负责监管和指导。

各级科技行政部门要定期组织对所监管的社会科技奖励进行工作检查。

（二）社会科技奖励设立后，设奖者或承办机构应在 3 个月内向科学技术行政部门书面报告，并按照要求提供真实有效的材料。如遇变更奖励名称、设奖者、承办机构、办公场所或修改奖励章程等重大事项，应于变更事项发生后 1 个月内书面向科学技术行政部门报告。

（三）鼓励专业化的第三方机构对社会科技奖励进行科学合理、信息公开的评价，逐步建立科学公正的社会科技奖励第三方评价制度。

（四）畅通举报渠道，鼓励新闻媒体、社会公众对社会科技奖励进行监督。对于奖励管理、评审结果等出现争议并引发不良影响的奖励责令限期整改；对于不及时整改或存在其他造成不良社会影响情况的，予以警告批评；对于存在违规收费、虚假宣传等严重违反设奖基本原则行为的，予以公开曝光；对于存在违法行为的，通报有关部门依法查处并坚决予以取缔。

（五）建立安全审查制度。对涉及国家安全或社会高度敏感领域的奖励，科学技术行政部门须组织专家进行安全性审查，也可会商有关部门联合审查，提出安全审查意见，并定期组织安全风险评估。

四、服务和扶持

（一）积极落实相关政策，规范社会科技奖励的设立和运行；引导民间资金支持科技奖励活动，帮助社会科技奖励拓宽资金渠道；鼓励有条件的奖励建立奖励专项基金，实行基金化运作。

（二）强化对社会科技奖励的业务指导。重点加强政策咨询服务，在制定奖励章程、优化评审程序、专家库建设等方面提供必要的业务帮扶，推动社会科技奖励的规范化发展。

（三）建立统一的社会科技奖励信息公开平台，及时发布科技奖励相关政策并提供必要的咨询服务，公布社会科技奖励信息及变更情况，公开奖励评审进展，接受监督举报，曝光社会科技奖励违规行为。

（四）建立社会科技奖励规范化和常态化的宣传报道机制，对运行规范、社会影响力大、业内认可度高的奖励进行重点宣传或专题报道，营造尊重劳动、尊重知识、尊重人才、尊重创造的良好氛围，提高社会科技奖励的整体水平。

本意见颁布后，各级科学技术行政管理部门要结合实际，因地制宜制定相关规定。新设立的奖励要严格按照本意见执行。已经设立的奖励，要抓紧对照检查，对不符合本意见要求的要及时整改。

科技部

2017 年 7 月 7 日

国家知识产权局办公室
关于印发《中国专利奖评奖办法》的通知

（国知办发管字〔2018〕20号）

各省、自治区、直辖市、新疆生产建设兵团知识产权局，国务院有关部门和单位知识产权工作管理机构，各有关全国性行业协会，局机关各部门，专利局各部门，局各直属单位、各社会团体，各有关单位：

经局批准，修订后的《中国专利奖评奖办法》印发，请遵照执行。原《中国专利奖评奖办法》（2014年修订稿）同时废止。

特此通知。

国家知识产权局办公室
2018年6月7日

中国专利奖评奖办法

第一条 评奖宗旨

引导和推进知识产权工作对供给侧结构性改革、加快建设创新型国家、推动高质量发展发挥重要作用；鼓励和表彰专利权人和发明人（设计人）对技术（设计）创新及经济社会发展做出的突出贡献。

第二条 评奖周期

国家知识产权局与世界知识产权组织共同开展中国专利奖评选工作，每年举办一届。

第三条 奖项设置

中国专利奖设中国专利金奖、中国专利银奖、中国专利优秀奖、中国外观设计金奖、中国外观设计银奖、中国外观设计优秀奖。

中国专利金奖、中国专利银奖及中国专利优秀奖从发明专利和实用新型专利中评选产生，评出中国专利金奖20项、中国专利银奖60项。中国外观设计金奖、中国外观设计银奖及中国外观设计优秀奖从外观设计专利中评选产生，评出中国外观设计金奖5项、中国外观设计银奖15项。

第四条 评审组织

国家知识产权局设立中国专利奖评审委员会（以下称“评审委员会”），会同世界知识产权组织开展中国专利奖的评审、批准和授奖等有关工作。评审委员会下设评审办公室，负责日常组织协调工作。

第五条 评价指标及权重

一、发明、实用新型专利

（一）专利质量（25%）。评价：1. 新颖性、创造性、实用性；2. 文本质量。

（二）技术先进性（25%）。评价：1. 原创性及重要性；2. 相比当前同类技术的优缺点；3. 专利技术的通用性。

（三）运用及保护措施和成效（35%）。评价：1. 专利运用及保护措施；2. 经济效益及市场份额。

（四）社会效益及发展前景（15%）。评价：1. 社会效益；2. 行业影响力；3. 政策适应性。

二、外观设计专利

（一）专利质量（25%）。评价：1. 创新性和工业适用性；2. 文本质量。

（二）设计要点及理念的表达（25%）。评价：1. 设计要点独特性；2. 艺术性及象征性；3. 功能性。

（三）运用及保护措施和成效（35%）。评价：1. 专利运用及保护措施；2. 经济效益及市场份额。

（四）社会效益及发展前景（15%）。评价：1. 社会效益；2. 发展前景。

第六条 推荐及评审程序

一、中国专利奖参评项目采用推荐方式，由地方知识产权局、国务院有关部门和单位知识产权工作管理机构、全国性行业协会、中国科学院院士和中国工程院院士等根据当年评选通知要求择优推荐。

二、评审办公室负责对推荐项目进行初审，并组织开展有关初评工作。

三、评审办公室根据初评情况，提出预获奖项目名单，报评审委员会。

四、评审委员会对预获奖项目名单进行审定，确定获奖项目及其奖励等级。

五、评审办公室在国家知识产权局政府网站公示评选结果。

第七条 异议处理

一、中国专利奖评选工作接受社会监督，社会公众对公示项目有异议的，可在规定时间内向评审办公室提出。

二、评审办公室接收异议材料，成立异议处理小组，对异议的具体情况进行分析，形成异议分析材料及处理意见并向评审委员会报告，经评审委员会决定后，将处理意见通知异议方和项目申报人、推荐单位。

三、参与异议处理的有关人员对异议者的身份及有关异议信息予以保密。

第八条 授 奖

国家知识产权局及世界知识产权组织根据评选结果公示情况，对无异议或异议不成立的项目予以授奖，联合向获得金奖项目的发明人（设计人）颁发奖牌和证书，向专利权人颁发奖牌；国家知识产权局向获得银奖、优秀奖项目的发明人（设计人）颁发证书，向专利权人颁发奖牌。

国家知识产权局会同世界知识产权组织召开会议，共同表彰有关获奖的发明人（设计人）及专利权人。

国家知识产权局通过电视、网络、报刊等媒体公布获奖结果；对于获奖的项目，专利权人可以在其产品上标注奖项名称及获奖时间。

第九条 撤 奖

对于获奖项目，若发现报送材料不实，且有证据证明不符合获奖条件的，由评审办公室提出撤销授奖的意见，经评审委员会批准，撤销授奖并追回奖牌和证书。

第十条 本办法由中国专利奖评审办公室负责解释。

第十一条 本办法自公布之日起执行。

民政部　财政部关于取消社会团体会费标准备案规范会费管理的通知

（民发〔2014〕166号）

各省、自治区、直辖市民政厅（局）、财政厅（局），各计划单列市民政局、财政局，新疆生产建设兵团民政局、财务局：

为切实转变政府职能，简政放权，推进社会团体依法自治，激发社会团体活力，现就社会团体会费有关事项通知如下：

一、自《通知》发布之日起，社会团体通过的会费标准，不再报送业务主管单位、社会团体登记管理机关和财政部门备案。

二、经社会团体登记管理机关批准成立的社会团体，可以向个人会员和单位会员收取会费。

三、社会团体可以依据章程规定的业务范围、工作成本等因素，合理制定会费标准。

会费标准的额度应当明确，不得具有浮动性。

四、社会团体制定或者修改会费标准，应当召开会员大会或者会员代表大会，应当有2/3以上会员或者会员代表出席，并经出席会员或者会员代表1/2以上表决通过，表决采取无记名投票方式进行。

除会员大会或者会员代表大会以外，不得采取任何其他形式制定或者修改会费标准。

五、社会团体应当自通过会费标准决议之日起30日内，将决议向全体会员公开。

六、社会团体会费应当主要用于为会员提供服务以及按照该社会团体宗旨开展的各项业务活动等支出。

社会团体应当每年向会员公布会费收支情况，定期接受会员大会或者会员代表大会的审查，并在社会团体年检时填报会费收支情况。

七、社会团体收取会费，应当按照规定使用财政部和省（自治区、直辖市）财政部门印（监）制的社会团体会费收据。除会费以外，其他收入不得使用社会团体会费收据。

八、社会团体会费标准的制定、修改，以及会费收取、使用和管理不符合本通知规定的，社会团体登记管理机关可以依据《社会团体登记管理条例》的有关规定，给予相应处罚。

社会团体登记管理机关和财政部门应当对社会团体会费的收支情况进行监督检查，发现问题，及时处理。

九、社会团体收取会费不符合本通知第三条、第四条、第六条规定的，社会团体会员有权拒绝缴纳，并可以向有关部门举报。

《民政部 财政部关于调整社会团体会费政策等有关问题的通知》（民发〔2003〕95 号）、《民政部 财政部关于进一步明确社会团体会费政策的通知》（民发〔2006〕123 号）自本通知印发之日起同时废止。

民政部　财政部

2014 年 7 月 25 日

（三）劳模服务与管理

人事部　财政部关于印发《关于公务员工资制度改革和事业单位人员收入分配改革实施中有关问题的意见》的通知（节选）

（国人部发〔2006〕88号）

第九条　被授予省部级以上劳动模范和先进工作者等荣誉称号的人员适当高定工资档次的问题。

机关事业单位工作人员被授予省部级以上劳动模范和先进工作者等荣誉称号，且1993年工资制度改革以来按国家规定高定了工资档次，仍保持荣誉的，可在本人套改工资的基础上适当高定工资档次或薪级工资，高定的工资原则上不得超过两个档次或两个薪级。因同一事迹同时获得多个荣誉称号的，不得重复高定档次或薪级。具体办法由各省、自治区、直辖市人民政府制定。

人事部　财政部关于印发《关于机关事业单位工资收入分配制度改革实施中有关问题的意见》的通知（节选）

（国人部发〔2007〕100号）

十、2006年7月1日后被授予省部级以上劳动模范和先进工作者等荣誉称号、并享受省部级以上劳动模范和先进工作者待遇的人员，能否高定工资档次或薪级工资？

2006年7月1日后被授予省部级以上劳动模范和先进工作者等荣誉称号、并在表彰奖励文件中明确享受省部级以上劳动模范和先进工作者待遇的人员，可高定工资档次或薪级工资。

人力资源和社会保障部　公安部　民政部　财政部　住房和城乡建设部　卫生部　中华全国总工会关于进一步解决劳动模范社会保障和生活困难等问题的通知

(人社部发〔2010〕67号)

各省、自治区、直辖市人力资源社会保障、公安、民政、财政、建设、卫生厅(局、委)、总工会,福建省公务员局,新疆生产建设兵团人事、劳动保障、公安、民政、财政、建设、卫生局、工会:

劳动模范是亿万劳动群众的杰出代表,是全国各条战线学习的楷模。他们在平凡的工作岗位上创造了不平凡的业绩,为国家的建设和发展做出了突出贡献。党和国家一直非常重视劳动模范(以下简称劳模)工作,十分关心劳模的生产生活。各级党委、政府真诚帮助他们解决工作、学习、生活中的实际问题,为他们发挥聪明才智、建功立业营造了良好的环境和条件。但是由于种种原因,部分地区目前还不同程度地存在部分劳模生活困难的情况,现就进一步解决劳模社会保障和生活困难等问题通知如下:

一、进一步落实好劳模各项社会保障政策

切实抓好各项社会保障政策的落实,是解决劳模生活困难问题的重要措施。人力资源社会保障等相关部门要督促企业按规定为未参加基本养老保险的劳模(含农民工劳模)办理参保缴费手续。要按照《国务院关于开展新型农村社会养老保险试点的指导意见》(国发〔2009〕32号)的部署,逐步扩大新农保试点范围,积极引导符合条件的农民劳模参加新农保。

要逐步扩大城镇职工医疗保险、城镇居民医疗保险和新型农村合作医疗的覆盖范围,将包括劳模在内的各类人员纳入相应的制度。要落实关闭破产企业退休人员和困难企业职工参加医疗保险政策,帮助符合条件的劳模参保,参保的退休劳模的医疗保险待遇要与企业缴费情况脱钩。

二、进一步解决劳模生活困难问题

已设立省级劳模专项帮困资金的省份，要切实管好用好资金，尚未设立省级劳模专项帮困资金的省份，可结合本地实际情况，研究设立专项资金，用于提高省部级劳模收入水平，解决他们养老保险、医疗保险参保缴费困难以及医药费负担重等问题。

三、妥善解决劳模住房困难问题

符合规定条件的劳模，可以向当地人民政府申请廉租住房、经济适用住房等住房保障，以妥善解决其住房困难问题。在同等条件下，省部级以上劳模应享有优先保障权。

四、合理解决农民工全国劳模城镇户籍问题

继续落实《国务院关于解决农民工问题的若干意见》（国发〔2006〕5号）的要求，对有在城镇落户愿望的农民工全国劳模本人及其配偶和符合相关政策的子女，可以在农民工全国劳模工作所在地落户，有条件的地方，可逐步放宽其他优秀农民工的落户条件，并保障其在劳动报酬、子女就学、公共卫生、住房租购以及社会保障方面与城镇居民享有同等待遇。

五、进一步完善劳模管理服务工作

工会和各有关部门要加强联系，相互配合，及时反映、共同研究解决劳模生产生活中存在的困难和问题。进一步加强领导，完善制度，充实力量，使劳模管理工作尽快实现制度化、规范化。要建立劳模信息数据库，及时准确掌握劳模动态，有针对性地做好劳模管理服务工作。

解决劳模社会保障和生活困难问题事关重大，是一项重要的政治任务。各地、各有关部门要高度重视，通力合作，加强沟通协调，适时组织联合调研和专项检查，经常了解劳模的生产生活情况并通过多种方式听取他们的意见和建议，及时发现问题，采取措施加以妥善解决。对于有关地区、部门采取切实措施解决劳模生产生活困难问题的情况和经验，要通过新闻媒体加强宣传，以正确引导舆论。

2010年10月19日

人力资源和社会保障部 财政部关于贯彻落实《国务院关于机关事业单位工作人员养老保险制度改革的决定》的通知（节选）

（人社部发〔2015〕28号）

四、调整部分工作人员退休时加发退休费的政策。改革后获得省部级以上劳模、有重大贡献的高级专家等荣誉称号的工作人员，在职时给予一次性奖励，退休时不再提高基本退休费计发比例，奖励所需资金不得从养老保险基金中列支。对于改革前已获得此类荣誉称号的工作人员，本人退休时给予一次性退休补贴并支付给本人，资金从原渠道列支。退休补贴标准由各省（区、市）根据平衡衔接的原则予以确定。符合原有加发退休费情况的其他人员，按照上述办法处理。

人力资源和社会保障部办公厅　财政部办公厅关于机关事业单位养老保险制度改革有关问题的通知（节选）

（人社厅发〔2016〕38号）

四、关于改革前获得省部级以上劳模等工作人员退休时给予一次性退休补贴标准问题。按照《通知》规定，各地在确定改革前获得省部级以上劳模、有重大贡献的高级专家等工作人员退休时给予一次性退休补贴的标准时，原则上参考本人退休时职务职级（技术职称）对应2014年9月的基本工资标准、原有规定提高基本退休费计发比例、本省（区、市）城镇人口平均预期寿命等因素确定。

四、全总文件

（一）中国工会章程

中国工会章程（节选）

（根据2018年10月26日中国工会第十七次全国代表大会通过《中国工会章程（修正案）》修正）

第二十八条 工会基层委员会的基本任务是：

（四）组织职工开展劳动和技能竞赛、合理化建议、技能培训、技术革新和技术协作等活动，培育工匠人才，总结推广先进经验。做好劳动模范和先进生产（工作）者的评选、表彰、培养和管理服务工作。

（二）基层工会经费收支管理

基层工会经费收支管理办法（节选）

（中华全国总工会第十六届书记处第八十次会议审议通过 2017年12月18日印发）

第八条 职工活动支出是指基层工会组织开展职工教育、文体、宣传等活动所发生的支出和工会组织的职工集体福利支出。包括：

（五）其他活动支出。用于工会组织开展的劳动模范和先进职工疗休养补贴等其他活动支出。

第九条 维权支出是指基层工会用于维护职工权益的支出。包括：劳动关系协调费、劳动保护费、法律援助费、困难职工帮扶费、送温暖费和其他维权支出。

（二）劳动保护费。用于基层工会开展群众性安全生产和职业病防治活动、加强群监员队伍建设、开展职工心理健康维护等促进安全健康生产、保护职工生命安全为宗旨开展职工劳动保护发生的支出等。

第十条 业务支出是指基层工会培训工会干部、加强自身建设以及开展业务工作发生的各项支出。包括：

（三）专项业务费。用于基层工会开展基层工会组织建设、建家活动、劳模和工匠人才创新工作室、职工创新工作室等创建活动发生的支出。用于基层工会开办的图书馆、阅览室和职工书屋等职工文体活动阵地所发生的支出，用于基层工会开展专题调研所发生的支出，用于基层工会开展女职工工作性支出，用于基层工会开展外事活动方面的支出，用于基层工会组织开展合理化建议、技术革新、发明创造、岗位练兵、技术比武、技术培训等劳动和技能竞赛活动支出及其奖励支出。

（三）劳动和技能竞赛

中华全国总工会关于在全国职工中广泛开展“当好主力军，建功‘十一五’，和谐奔小康”竞赛活动的通知

（总工发〔2006〕13号）

各省、自治区、直辖市总工会，各全国产业工会，中共中央直属机关工会联合会，中央国家机关工会联合会，全总各部门、各直属单位：

党的十六届五中全会审议通过的《中共中央关于制定国民经济和社会发展第十一个五年规划的建议》，是全面建设小康社会、加快推进社会主义现代化建设的纲领性文件。为了深入贯彻落实五中全会精神，团结动员广大职工为实现“十一五”规划贡献力量，中华全国总工会决定，在全国职工中开展“当好主力军，建功‘十一五’，和谐奔小康”竞赛活动（以下简称竞赛活动）。现就有关问题通知如下：

一、竞赛活动的指导思想和总体要求

竞赛活动以科学发展观为指导，认真贯彻党的十六届五中全会精神，落实全总十四届三次执委会议做出的《关于团结动员广大职工为实现“十一五”规划建功立业的决议》，紧紧围绕实施国家发展战略、建设创新型国家、推动经济社会发展，广泛开展多种形式的建功立业活动，进一步把广大职工的智慧和力量凝聚到现代化建设上来，充分发挥工人阶级在实现“十一五”规划中的主力军作用。各级工会要坚持走中国特色社会主义工会发展道路，认真贯彻落实“组织起来，切实维权”的工作方针，切实维护广大职工合法权益，保护好、调动好和发挥好职工积极性主动性创造性。通过竞赛活动，普遍提高职工技能水平，进一步增强职工创新能力，促进安全生产形势的好转，推动资源节约型、环境友好型社会建设，为国民经济又快又好发展作出积极贡献。

二、竞赛活动的主要内容

（一）围绕提高职工技能水平，积极开展培养“三型”技能人才竞赛。以“创建学习型组织、争做知识型职工”活动为载体，配合国家实施“新技师培养带动计划”和技能振兴行动，大力实施职工素质建设工程，不断提高职工技能水平，加快培养一大批知识技能型、技术技能型、复合技能型人才。积极协助政府和企业开展职工技能培训和再就业培训工作，推动职工技能培训与职业资格等级认证一体化。建立一批以培养高技能人才为重点的职工技能实训基地和以培养高素质劳动者为目标的创业培训基地，每年培训10万技术工人，其中70%为高等级技术工人；培训创业人员5万人，其中农民工不少于5000人。广泛开展技术比赛和岗位练兵活动，在国家建设急需、技术含量较高、通用性较强的部分工种中举行全国职工技能比赛，选树行业、工种技术状元，掀起学技术、比技能、创一流的热潮。以培养“三型”技能人才为重点，把造就高技能人才与普遍提高职工技能水平结合起来，努力建设一支适应现代化建设要求的高素质职工队伍。

（二）围绕增强自主创新能力，广泛开展以“五小”为重点的技术创新竞赛。深入实施以推动技术进步为主题，以开发具有自主知识产权的核心技术为重点，以争当“创新示范岗”、“创新能手”为载体的职工经济技术创新工程，引导职工积极参加“小革新、小发明、小改造、小设计、小建议”活动，鼓励职工在原始创新、集成创新和引进消化吸收再创新上多出成果，在技术创新的实践中发挥聪明才智。大力普及创造学知识，进一步培育创新意识，提高创新能力，倡导创新精神，完善创新机制，发展创新文化，努力营造职工创新活动得到支持、创新才能得到发挥、创造成果得到奖励的环境。开展评选创新示范岗、创新能手、职工优秀技术创新成果和发明专利等活动，积极推广先进适用技术和先进操作法。建立职工技术创新项目和技能人才信息库，促进职工技术资源合理配置和技能人才合理流动。充分发挥职工技协组织在技术开发、技术转让、技术咨询和技术服务中的作用，促进科技成果转化。积极配合科技部、国资委实施“技术创新引导工程”，推动企业成为拥有自主知识产权、知名品牌和具有竞争优势的创新型企业，促进创新型国家建设。

（三）围绕节能降耗、实现经济发展目标，深入开展多种形式建功立业竞赛。广泛开展“我为节约做贡献”活动，教育职工增强节约意识和环保意识，帮助职工掌握节约技能，引导职工积极开发新技术新材料，改进工艺设备，推广先进技术，提高资源利用率，促进GDP能耗降低20%目标实现，推动资源节约型、环境友好型社会建设。充分发挥工会优势，积极开展地区间职工技术协作、技术帮扶工作，促进区域协调发展。广泛开展合理化建议、技术革新和发明创造等劳动竞赛，着力抓好重点工程建设和大型企业立功竞赛，积极探索非公有制企业开展劳动竞赛的新路子，大力培养先进模范人物，充分发挥劳动模范的示范带头作用。总结研究社会主义市场经济条件下劳动竞赛的新形式，不断拓宽领域、创新方法、完善机制，使劳动竞赛对经济社会发展起到更大的推动和促进作用。

（四）围绕安全生产，普遍开展班组“安康杯”竞赛。积极参与有关劳动安全卫生法规政策的制定，协助有关部门和企业搞好安全卫生知识普及教育，特别要在农民工中普及安全卫生知识，加强对企业执行劳动安全卫生法规情况的监督检查，督促企业加强安全培训，增加安全投入，落实安全措施，消除安全隐患。教育职工增强安全意识，遵守操作规程和劳动纪律，杜绝违章作业，举报违章行为，抵制违章指挥。充分发挥工会劳动保护监督检查员的作用，做好安全监控工作和事故调查处理工作。开展以班组为重点的“安康杯”竞赛，力争五年内高危企业所有班组、其它企业60%的班组参加到竞赛中来，使安全生产指标达到同行业先进水平。认真总结和及时推广不同企业安全生产的经验，促进企业提高安全生产管理水平，防止和遏制各类伤亡事故的发生。

三、切实加强对竞赛活动的组织领导

开展“当好主力军，建功‘十一五’，和谐奔小康”竞赛活动是工会服从服务于党和国家工作大局的重要举措，是“十一五”期间工会的一项重点工作。各级工会一定要高度重视，切实加强领导，从本地区、本产业的实际出发，制定竞赛规划和实施方案，积极开展各具特色的活动，使竞赛活动既形成声势，又扎实推进。要加强调查研究，认真总结经验，搞好分类指导。要广泛宣传竞赛活动的意义，宣传广大职工在竞赛活动中表现出来的高度主人翁精神和取得的成果，激励广大职工始终以饱满热情和昂扬斗志投身现代化建设的伟大实践。全国总工会将于四月下旬结合召开庆祝五一大会举行竞赛活动启动仪式，对竞赛活动进行动员和部署。各地和各产业工会也要做好动员部署工作。

为了加强对竞赛活动的领导，全国总工会成立由副主席、书记处第一书记孙春兰任组长，副主席、书记处书记周玉清、黄彦蓉任副组长，办公厅、宣传教育部、研究室、劳动保护部、经济技术部和各全国产业工会主要负责同志组成的竞赛活动领导小组。领导小组下设办公室，办公室设在经济技术部。

中华全国总工会
2006 年 2 月 27 日

中华全国总工会关于深入开展创建“工人先锋号”活动的实施意见

（总工发〔2007〕30号）

为贯彻落实全国总工会十四届四次执委会议、十四届十三次主席团（扩大）会议精神，充分发挥工人阶级在实现科学发展和构建社会主义和谐社会中的主力军作用，现就在全国职工中深入开展创建“工人先锋号”活动提出如下意见。

一、充分认识开展创建“工人先锋号”活动的重要意义

工人阶级是我国社会主义经济建设、政治建设、文化建设、社会建设的主力军。在不同的历史时期，我国工人阶级始终站在时代前列，不畏艰险、奋力拼搏，自强不息、甘于奉献，为我国革命、建设和改革事业做出了巨大贡献。当前，我国发展正处在新的历史起点上。全面落实科学发展观，构建社会主义和谐社会和全面建设小康社会的战略任务，既为工人阶级实现自身利益带来了新的发展机遇，也为工人阶级更好地发挥作用提供了广阔舞台。团结动员广大职工在实现经济社会又好又快发展的进程中发挥主力军作用，争当促进科学发展、构建和谐社会的排头兵，是工会组织的重要任务。

多年来，各级工会紧密结合本地区、本行业实际，围绕促进经济社会发展，开展创建“工人先锋号”活动，有效调动了广大职工的积极性、主动性和创造性，取得了很好的效果，在社会上产生了良好反响。实践证明，开展创建“工人先锋号”活动，有利于激发职工热爱本职、钻研技术、创新管理、提高效益的工作热情和创造活力，不断发展工人阶级的先进性；有利于发挥我国工人阶级在国家经济社会发展中的主力军作用，推动全心全意依靠工人阶级指导方针的贯彻落实；有利于促进和谐劳动关系、和谐企业、和谐社会建设，实现共建共享，推动经济社会又好又快发展；有利于扩大工会组织的影响力、吸引力和感召力，充分发挥工会在组织、引导、服务职工和维护职工权益等方面的作用。

深入开展创建“工人先锋号”活动，是推进“当好主力军、建功‘十一五’、和谐奔小康”竞赛活动的重要抓手，是依靠主力军、建设主力军、发展主力军的重要举措，也是贯彻“组织起来、切实维权”工作方针、落实中国特色社会主义工会维权观、坚持中国特色社会主义工会发展道路的具体体现。各级工会要充分认识开展创建“工人先锋号”活动的重要意义，组织引导广大职工积极投身到创建活动中来，通过创建活动激励职工立足本职、勤奋工作、学赶先进、争创一流，充分展示工人阶级在推进经济社会发展中的主力军作用和主人翁风采。

二、开展创建“工人先锋号”活动的指导思想和总体要求

创建“工人先锋号”活动的指导思想是：以邓小平理论和“三个代表”重要思想为指导，全面落实科学发展观，认真学习贯彻胡锦涛总书记“6·25”重要讲话精神，紧紧围绕实现国民经济又好又快发展目标，充分发挥“工人先锋号”的示范、引领、带动和激励作用，进一步增强职工主人翁责任感，最大限度地激发职工劳动热情和创造活力，扎实推进“当好主力军、建功‘十一五’、和谐奔小康”竞赛活动，团结动员广大职工为推动科学发展、促进社会和谐、夺取全面建设小康社会新胜利做出更大贡献。

创建“工人先锋号”活动的总体要求是：以依靠主力军、建设主力军、发展主力军为目标，以发展先进生产力、促进社会进步、服务人民群众为重点，以创一流工作、一流服务、一流业绩、一流团队为内容，以发挥榜样激励作用、争创先进团队为途径，使“工人先锋号”成为引领职工发扬工人阶级优良传统，发挥工人阶级主力军作用，推动社会主义和谐社会建设的旗帜；成为引导职工立足本职、爱岗敬业，刻苦学习、忘我工作，不断进取、甘于奉献的载体；成为全国统一、长期坚持、职工认可、影响广泛的劳动竞赛活动品牌。

三、“工人先锋号”的授予对象和基本条件

“工人先锋号”的授予对象是：全国各类企事业单位中为推动经济社会发展做出突出贡献，并具有时代性、先进性和示范性的车间、工段、班组。

“工人先锋号”的基本条件是：

1. 坚持以科学理论为指导，认真执行党的路线方针政策，自觉遵守国家法律法规和各项规章制度，注重加强思想作风和业务素质建设，有强烈

的主人翁责任意识、良好的职业道德和较高的技能水平。

2. 坚持与时俱进、开拓创新，工作深入扎实，管理科学民主，牢固树立技术创新意识和节能环保意识，积极总结推广先进经验，工作效率、管理水平和创新能力居同行业领先水平。

3. 坚持文明、优质、诚信的服务理念，积极开展服务创新，不断提高服务质量，努力为客户提供热情周到、规范满意的服务，社会满意度和公众认可度高，服务技能和服务质量居同行业领先水平。

4. 坚持开展各种争先创优活动，工作成绩突出，经济效益和社会效益显著，无人身安全事故和重大质量、设备事故，在发展先进生产力、促进社会进步、服务人民群众等方面做出了积极贡献。

5. 坚持以人为本、科学发展，具有积极进取、奋勇争先，团结协作、和谐共进的团队精神，职工积极性充分发挥，团队凝聚力强、影响力大、职工信赖、公众认可。

四、“工人先锋号”的授予和管理

全国“工人先锋号”在各省（区、市）总工会命名的“工人先锋号”中产生，每年命名表彰一次，由全国总工会颁发牌匾和证书。

命名“工人先锋号”，按照自下而上、逐级推荐、群众认可、严格考核的原则，由基层工会根据“工人先锋号”的基本条件，在充分听取职工意见的基础上推荐申报，经所在省（区、市）总工会考核审查和在当地媒体公示后，报全国总工会审批。对不适合命名“工人先锋号”的集体，各省（区、市）总工会可根据其工作性质和特点，授予相应称号。

全国“工人先锋号”实行动态管理。获得全国“工人先锋号”的集体，要在工作现场醒目位置悬挂“工人先锋号”牌匾，接受公众监督。全国总工会和省（区、市）总工会将定期或不定期对其工作进行考核检查，不符合条件的限期整改，整改达不到要求的取消称号，收回牌匾。

今后“全国五一劳动奖状”（班组）原则上从全国“工人先锋号”中产生。

五、切实加强对创建“工人先锋号”活动的领导

创建“工人先锋号”活动是打造工会工作品牌的一项重大活动，需要全会上下齐心协力共同推进。

1. 加强领导，落实责任。要将创建活动列入重要议事日程，思想上高度重视，组织上加强领导，工作上落实责任，在提升创建水平、打造工会

品牌上狠下功夫，不断扩大“工人先锋号”的效果和影响。要按照讲求实效、科学指导的要求，坚持在继承中创新、在创新中发展。要采取有效措施，加大工作力度，坚持以点带面、整体推进，使创建活动全方位、多领域、深入扎实地开展。

2. 精心组织，积极推进。要结合本地区、本行业的实际，掀起创建“工人先锋号”活动的高潮。要精心制定创建方案，认真落实创建规划，有计划、有步骤地全面推进创建活动。要拓宽创建领域，深化创建内容，创新创建方式，增强创建效果。要深入基层，加强调查研究和分类指导，善于发现典型，及时总结推广先进经验。

3. 坚持条件，层层推荐。要按照“工人先锋号”的条件和申报程序，认真做好推荐申报工作，严格审核把关，不搞平衡照顾。要完善考核和激励机制，加强检查指导，不断提升“工人先锋号”的质量和水平。

4. 广泛宣传，扩大影响。创建“工人先锋号”活动，重在创建过程、重在群众评价、重在保持荣誉、重在社会影响。要把选拔“工人先锋号”的过程，作为学习宣传“工人先锋号”，激励广大职工为现代化建设做贡献的过程，从而吸引更多的职工积极投入创建活动中来。要通过各种媒体对创建活动进行集中宣传报道，以形成浓厚的创建氛围。

各级工会要以高度的责任感和使命感，推动创建“工人先锋号”活动的深入开展。全国广大职工要积极投身创建活动，立足本职岗位，创造一流业绩，为实现全面建设小康社会的宏伟目标而努力奋斗！

中华全国总工会关于广泛深入开展社会主义劳动竞赛的决定

（总工发〔2009〕25号）

中共中央政治局常委、中央书记处书记、国家副主席习近平同志在庆祝“五一”国际劳动节暨保增长促发展劳动竞赛推进大会上的重要讲话，充分肯定和高度评价工会组织开展的劳动竞赛，为新形势下的劳动竞赛进一步指明了方向，特别是对在当前应对国际金融危机中充分发挥工会组织作用，广泛深入开展保增长促发展劳动竞赛提出了明确要求。为贯彻落实习近平同志重要讲话精神，推动劳动竞赛不断向广度和深度发展，现作出如下决定。

一、组织开展劳动竞赛是工会服从服务于党和国家工作大局的重要举措

伴随着新中国成立而广泛开展的社会主义劳动竞赛，在我国社会主义革命、建设和改革的各个时期都发挥了重要作用，在新中国60年发展史上写下了浓重的一笔。几十年来，各级工会组织紧紧围绕党的中心任务，积极组织开展群众性劳动竞赛，有效调动和激发了广大职工投身经济建设的积极性、主动性和创造性。全国亿万职工以主人翁精神积极参加劳动竞赛，充分发挥主力军作用，为推动经济社会发展做出了巨大贡献。长盛不衰的劳动竞赛，已成为提高职工素质、推动企业进步、促进经济发展的重要途径，成为工会围绕中心、服务大局的重要载体。

在看到成绩的同时，我们必须清醒认识到，改革开放的深入和社会主义市场经济的发展，既为劳动竞赛提供了更加广阔的空间，又使劳动竞赛遇到了许多新的问题，特别是随着所有制结构调整和企业组织形式多样化，劳动竞赛在一些企业尤其是中小企业和困难企业开展得还不够广泛。在应对国际金融危机、保持经济平稳较快发展的新形势下，如何最大限度地把职工群众吸引和组织到竞赛活动中来，为推动经济社会又好又快发展贡献力量，是工会组织面临的一个重大课题。

组织开展劳动竞赛是工会服从服务于党和国家工作大局的重要举措。各级工会干部要结合劳动竞赛的实际，认真学习、深刻领会胡锦涛总书记在同全国总工会新一届领导班子成员和中国工会十五大部分代表座谈时的重要讲话、习近平同志在庆祝“五一”国际劳动节暨保增长促发展劳动竞赛推进大会上的重要讲话以及王兆国同志在“五一”劳模座谈会上的重要讲话，坚持用中央领导同志的讲话精神统一思想，指导工作。要从贯彻党的全心全意依靠工人阶级指导方针、坚持走中国特色社会主义工会发展道路的高度，充分认识开展劳动竞赛的重大现实意义和深远历史意义，进一步增强做好这项工作的责任感和使命感，以改革创新的精神，努力推动劳动竞赛不断向广度和深度发展，使群众性劳动竞赛在推动科学发展、促进社会和谐中发挥更大作用。

二、掀起“同舟共济保增长、建功立业促发展”劳动竞赛新热潮

开展“同舟共济保增长、建功立业促发展”劳动竞赛，是工会贯彻落实科学发展观、坚持走中国特色社会主义工会发展道路的重要载体，是我国工人阶级贯彻中央决策部署，在积极应对国际金融危机冲击、保持经济平稳较快发展中发挥主力军作用的创新举措。当前，国际金融危机还在蔓延和深化，对我国经济的影响还在加深。各级工会要认真贯彻中央有关指示精神，继续落实全总十五届二次执委会作出的《关于在全国职工中广泛开展“同舟共济保增长、建功立业促发展”竞赛活动的决议》和全总办公厅《关于深入开展“同舟共济保增长、建功立业促发展”竞赛活动的意见》，紧紧围绕中央关于保增长、保民生、保稳定的重大部署，以重点工程竞赛、企业技术创新、职工素质提高、发挥劳模示范带动作用为突破口，以创建“工人先锋号”为载体，掀起保增长促发展劳动竞赛新热潮，团结动员广大职工为实现经济平稳较快发展建功立业。

围绕调整和振兴十大重点产业开展劳动竞赛。工业是我国国民经济的主要产业，是保增长促发展的重点。要围绕国务院出台的十大重点产业调整和振兴规划的实施，不失时机地在十大重点行业开展以推进结构调整和优化升级为重点的劳动竞赛，积极引导广大职工在稳定企业生产、淘汰落后产能、推进技术改造、加快自主创新、促进节约环保、加快开发新技术新产品等方面发挥作用，为遏制和扭转工业增速下滑，推动产业全面振兴做出新的贡献。

围绕重点工程和灾后恢复重建开展劳动竞赛。扩大投资，加快在建项目建设，是扩内需保增长的重要举措。要继续抓好国家和地方重大投资项

目，特别是基础设施建设和汶川地震灾后恢复重建劳动竞赛，以“五比一创”，即以比工程质量、比建设工期、比技术创新、比科学管理、比文明施工、创和谐团队为主要内容，发挥劳动竞赛在重点工程建设中的独特优势，进一步凝聚职工力量，确保项目建设优质安全如期完成。

围绕促进经济发展方式转变开展劳动竞赛。转变经济发展方式是保增长促发展的根本途径。要深入开展多种形式的职工技术创新活动，促进企业提升技术水平，增强自主创新能力；通过多种途径、采取有力措施提高职工技能水平，努力培养更多的知识型工人和一线创新人才，为保增长促发展提供强有力的技术支撑和人才保证。要把“我为节能减排做贡献”活动和节能减排全民行动，作为保增长促发展劳动竞赛的重要内容，切实抓好重点行业、重点企业节能减排达标竞赛，充分发挥职工节能减排义务监督员的作用，努力推动能源资源节约和生态环境保护。

围绕促进中小企业发展开展劳动竞赛。当前，国际金融危机对中小企业的冲击较大。促进中小企业发展，是保增长促发展劳动竞赛的重要方面。针对国际金融危机给企业生产经营带来的影响，竞赛活动要以开拓市场、提高质量、降低成本、优化结构、转型升级为主要内容，发动职工苦练内功提升素质，挖潜增效应对挑战，献计献策共渡难关。要把组织发动职工创新技术与鼓励引导职工创业结合起来，以创业带动和促进就业。要积极组织劳动模范、能工巧匠、技协会员深入困难企业开展技术帮扶，帮助企业摆脱困境。

三、以创新求实精神推动劳动竞赛不断向广度和深度发展

全面建设小康社会，加快推进社会主义现代化，是党和国家的工作大局，是21世纪新阶段工人运动的主题。新形势下的劳动竞赛要在认真总结历史经验的基础上，深入研究新情况、解决新问题，坚持在继承中创新、在创新中发展，努力适应发展社会主义市场经济新形势和全面建设小康社会新任务的要求，体现时代性、把握规律性、富于创造性。

新形势下的劳动竞赛要以科学发展观为指导，坚持以人为本。劳动竞赛是职工群众广泛参与的创造性活动，必须发动职工群众、依靠职工群众，尊重职工群众的主体地位和首创精神。既要最大限度地把职工群众组织到竞赛活动中来，充分发挥他们的聪明才智和创造活力，又要通过竞赛活动进一步提高职工群众的思想道德和科学文化水平，促进职工队伍整体素质的提高，使劳动竞赛既要见物又要见人。

新形势下的劳动竞赛要适应市场经济发展要求，坚持与时俱进、不断

创新。随着工业化、信息化、城镇化、市场化、国际化的深入发展，我国所有制结构和企业状况都发生了深刻变化。劳动竞赛必须适应这一变化了的新情况，遵循社会主义市场经济规律，从本地区、本产业、本企业实际出发，进一步完善机制，不断拓宽领域、丰富内涵、创新方式，切实增强感召力和吸引力，做到生动活泼、扎实有效。

新形势下的劳动竞赛要体现工会特色，坚持“两个统一”和“三个结合”。维护职工合法权益，是工会的基本职责。要坚持把组织开展劳动竞赛与维护职工合法权益、推动经济发展与维护社会稳定统一起来，努力做到开展竞赛活动与深入贯彻落实中国工会十五大精神、当好时代先锋和行动楷模相结合，与提高职工队伍整体素质、培养造就一大批知识型技术型创新型高素质职工相结合，与发扬光大劳模精神、保持工人阶级昂扬向上奋发进取的精神状态相结合。

新形势下的劳动竞赛要大力弘扬劳模精神，坚持把发挥劳模示范带动作用贯穿始终。群众性劳动竞赛锻造了劳动模范，而劳动模范的成批涌现又推动了劳动竞赛不断向深度和广度进军。劳动模范是时代先锋和行动楷模。要大力弘扬劳模精神，充分发挥劳动模范在劳动竞赛中的示范带动作用，激发广大职工的责任感和劳动热情。要善于发现和及时选树在竞赛活动中涌现出来的先进模范人物，大力宣传他们的先进思想和模范事迹，进一步营造崇尚劳模、学赶先进、争创一流的良好氛围。

四、切实加强对劳动竞赛的组织领导

加强组织领导是推动劳动竞赛健康深入发展的关键。各级工会要把组织开展劳动竞赛作为一项长期战略任务，列入重要议事日程，切实做到思想上高度重视、组织上加强领导、工作上扎实推进，尤其要采取有力措施，抓好当前正在开展的“同舟共济保增长、建功立业促发展”劳动竞赛。

要认真研究制定竞赛规划和方案，使竞赛活动既有长远规划又有近期安排，既有目标任务又有推进举措。从实际出发，深化竞赛主题，突出竞赛重点，创新竞赛载体，完善竞赛机制，不断扩大竞赛覆盖面，最大限度地把企事业单位及其广大职工吸引和组织到竞赛活动中来。

要加强调查研究，认真总结推广竞赛经验，搞好典型引路和分类指导。大力选树、宣传和表彰先进典型，激发职工参赛热情。定期研究竞赛情况，及时解决存在的问题。加强劳动竞赛理论的研究，坚持用科学理论指导竞赛实践。

要加强劳动竞赛委员会的建设。建立健全由党委、政府（行政）或工会领导为主任、相关部门为成员单位的劳动竞赛委员会，是推进劳动竞赛广泛深入发展的有效措施。凡没有建立的地区和单位，都要尽快把劳动竞赛委员会建立起来。作为劳动竞赛委员会办公室的各级工会，要认真履行职责，充分发挥各级劳动竞赛委员会的作用。

中华全国总工会2011—2015年劳动竞赛规划

（总工发〔2011〕2号）

（2011年01月18日）

“十二五”时期是全面建设小康社会的关键时期，是贯彻落实科学发展观、加快转变经济发展方式的攻坚时期。为充分发挥广大职工在实施“十二五”规划中的主力军作用，特制定2011—2015年劳动竞赛规划。

一、指导思想

以邓小平理论和“三个代表”重要思想为指导，深入贯彻落实党的十七届五中全会精神，紧紧围绕坚持科学发展、加快转变经济发展方式和“十二五”规划确定的各项任务，充分发挥工会组织优势，广泛开展“当好主力军、建功‘十二五’”主题竞赛活动，大力弘扬工人阶级伟大品格和劳模精神，团结动员广大职工为全面实现“十二五”规划目标任务创先争优建功立业。

二、总体要求

（一）坚持围绕中心、服务大局，使劳动竞赛成为推动经济又好又快发展的强大力量。劳动竞赛是工会围绕中心、服务大局的重要途径。“十二五”时期的劳动竞赛要紧扣科学发展这一主题，抓住加快转变经济发展方式这条主线，在推动经济结构战略性调整、推进科技进步和创新、加快资源节约型和环境友好型社会建设等方面切实发挥作用。

（二）坚持以人为本，把开展劳动竞赛与提高职工素质、保障职工合法权益统一起来。工人阶级是经济建设的主力军。实现“十二五”规划需要依靠主力军、建设主力军、发展主力军。要在组织动员职工开展劳动竞赛、促进经济发展的同时，大力提高职工队伍整体素质，切实维护职工合法权益，推动国家保障和改善民生政策的全面落实。

（三）坚持与时俱进、勇于创新，不断增强劳动竞赛的针对性和实效性。社会主义市场经济的深入发展和“十二五”规划的实施，对劳动竞赛提出了新的要求。要在总结经验的基础上，充分认识在所有制结构调整和企业组织形式、经营方式、用工方式多样化以及职工队伍结构变化条件下开展劳动竞赛的特点和规律，积极研究新思路，探索新举措，不断增强劳动竞赛的针对性和实效性，使之适应新形势新任务要求。

（四）坚持把弘扬工人阶级伟大品格和劳模精神贯穿于劳动竞赛全过程，推动竞赛深入发展。群众性劳动竞赛锻造了劳动模范，而劳动模范的涌现又推动了劳动竞赛不断向深度和广度进军。要坚持把弘扬工人阶级伟大品格和劳模精神与开展劳动竞赛紧密结合起来，善于发现和及时选树竞赛活动中涌现出来的先进典型和模范人物，充分发挥劳模的示范带头作用，激发广大职工的参赛热情，努力营造崇尚劳模、学赶先进、争创一流的良好氛围，推动竞赛活动广泛深入发展。

三、目标和任务

“十二五”期间的劳动竞赛要在充分调动职工积极性主动性创造性、激发职工创新潜能和创造活力、促进经济社会发展上发挥作用，使劳动竞赛对经济发展的推动作用不断增强，职工技术技能水平和创新能力显著提升，节能减排成效更加明显，安全生产形势进一步好转。

——提升职工合理化建议水平。职工合理化建议在现有基础上每年递增5%，到2015年末达到1000万件以上，实施率不低于30%。其中，涉及技术进步的建议达80%以上，涉及节能减排的建议不低于50%。

——提高职工技术创新活动成效。5年内实现职工技术革新项目250万项，发明创造100万项，总结推广先进操作法40万项，获得专利20万项。其中，非公有制企业职工完成的项目分别占30%以上。

——广泛开展岗位练兵、技术培训和技能比赛。“十二五”期间，每年开展岗位练兵活动的企业达到70%以上；开展技能比赛的企业在50%以上，比赛工种不少于100个，参赛职工达到1500万人。5年内，通过岗位练兵、技术培训、技能比赛等活动，使2000万名职工提升技术等级。

——深化职工节能减排活动。在各类企事业单位中普遍开展“我为节能减排做贡献”活动，着力抓好重点行业、重点企业节能减排达标竞赛，促进钢铁、水泥、化工等高耗能高污染行业的节能减排水平有较大幅度提升。加强职工节能减排义务监督员队伍建设，到2015年末监督员人数达到80万人。

——加快建立职工职业技能实训基地。5年内建立全国示范性职工职业技能实训基地100个，省级示范性职工职业技能实训基地200个，各地级市普遍建立职工职业技能实训基地。各级职工技能培训机构共培训职工4000万人次以上。

——大力选树培养技能人才。开展“首席员工”“金牌工人”选树活动的企业达到5万家，选树技能带头人50万人。组织50万名技能人才（劳模）师徒结对。在开展劳动竞赛的企业普遍建立技能人才（劳模）创新工作室。

——深入开展“安康杯”竞赛活动。到2015年末，“安康杯”竞赛活动在规模以上企业的覆盖面达到80%以上，普遍开展安全健康知识教育，使职工安全意识和自我保护能力明显增强，职工死亡、重伤和职业危害事故有所下降。

——在重大工程建设中普遍开展劳动竞赛。省市要在已施工和新开工的重大工程建设项目中把劳动竞赛普遍开展起来。全国重大工程示范性劳动竞赛每年保持在10个左右。

围绕实现上述目标，着力做好和完成以下工作任务：

（一）深入开展多种形式的创先争优建功立业活动，推动经济结构战略性调整。

经济结构战略性调整是加快转变经济发展方式的主攻方向。“十二五”期间的劳动竞赛要按照改造提升制造业、培育发展战略性新兴产业、加快发展服务业、加强现代能源产业和综合运输体系建设、全面提升信息化水平的要求，着力促进企业技术改造、新品开发和品牌创建工作，努力促进产业核心竞争力的提升。

——在工业领域，主要围绕优化结构、创新技术、节能环保和提升企业核心竞争力开展竞赛，促进先导性、支柱性产业加快形成；在社会服务领域，广泛开展以开发品种、提升质量、诚实守信、服务创新为主要内容的竞赛，促进现代服务业加快发展。

——在城镇建设中，开展以规划设计、工程建设、城市管理、园林绿化为重点的竞赛，促进城镇健康发展，积极稳妥推进城镇化。

——在实施区域发展总体战略中，大力开展具有区域特色的竞赛，为促进西部大开发、东北地区等老工业基地振兴、中部地区崛起、东部地区率先发展做贡献。

——在重大工程建设中，开展以“五比一创”，即比工程质量、比建设工期、比技术创新、比科学管理、比文明施工、创和谐团队为主要内容的竞赛，促进国家扩大内需的工程建设项目顺利完成。

（二）大力开展职工技术创新活动，加快推进创新型企业和创新型国家建设。

科技进步和创新是加快转变经济发展方式的重要支撑。劳动竞赛要把推动企业技术进步和创新作为重要内容，积极引导职工参加技术创新实践，进一步激发职工的创造活力。

——积极开展合理化建议、技术革新、发明创造等活动，培育更多的创新能手、创新示范岗和创新型班组。发展创新文化，推动创新型企业建设。普及“创造学”知识，增强职工创新意识和创新能力。

——充分发挥职工技协组织“三位一体”的优势，进一步调动工程技术人员、管理人员和技术工人的积极性，积极开展技术协作、技术交流活动，组织发动能工巧匠和技能人才进行技术攻关，解决企业生产技术难题。

——表彰奖励职工优秀技术创新成果，激发职工创新热情。推动有关方面完善鼓励职工技术创新、知识产权保护和技术创新成果转化的各项政策措施，促进职工技术创新活动深入开展。

——配合国家有关部门认真实施国家技术创新工程，加快建立以企业为主体、产学研相结合的技术创新体系。

（三）广泛开展职工素质提升活动，为加快转变经济发展方式提供人力资源支持。

认真贯彻科教兴国战略和人才强国战略，充分发挥工会“大学校”作用，深入开展“创建学习型组织、争做知识型职工”活动，不断提高职工队伍整体素质。

——引导广大职工学习践行社会主义核心价值体系，继承和发扬艰苦奋斗、勇于奉献的光荣传统，把树立远大理想与立足本职创先争优结合起来，争当时代先锋和行动楷模。

——把普遍提高职工技能水平与加快培养高技能人才结合起来，广泛开展岗位练兵、技术比赛、师徒帮教、技能培训等活动，进一步调动广大职工学技术、比技能、创一流的积极性，促进职工技能水平不断提高。

——积极推进选树“首席员工”“金牌工人”等技能带头人活动，激发职工学技术练技能的热情，激励职工争当高技能人才。

——加强职工职业技能实训基地建设，充分发挥高技能人才（劳模）创新工作室的作用，推动建立技术培训、技术交流、技能竞赛和技术等级晋升相结合的职工素质提升机制，努力为高技能人才的成长创造有利条件。

（四）继续开展“我为节能减排做贡献”活动，积极推动资源节约型、环境友好型社会建设。

建设资源节约型、环境友好型社会是加快转变经济发展方式的重要着力点。组织动员广大职工深入开展“我为节能减排做贡献”活动，为促进“十二五”节能减排目标任务的实现贡献智慧和力量。

——加强节能环保教育，不断提高职工的节约环保意识，倡导文明、节约、绿色、低碳的生产方式和消费方式，使节约资源、保护环境成为广大职工的自觉行动。

——发动职工广泛开展小革新、小发明、小改造、小设计、小建议等“五小”活动，研发和推广节能减排新技术、新工艺、新材料、新设备，为节约资源、保护环境献计出力。

——深入开展节能减排竞赛，着力抓好重点行业、重点企业节能减排达标竞赛，推动企业能耗和排放达到先进水平，促进节能减排目标的实现。

——发动职工群防群治，落实各项节能减排措施，杜绝跑冒滴漏。组织职工参与节能减排管理和监督，进一步加强职工节能减排义务监督员队伍建设，充分发挥这支队伍的作用。

（五）深化“安康杯”竞赛活动，维护职工的生命和健康权益。

“安康杯”竞赛是做好安全生产工作、维护职工安全健康权益的有效载体，也是劳动竞赛的重要内容。要在更多的行业和企事业单位中把这项竞赛开展起来，积极促进安全生产。

——在职工中广泛开展安全生产宣传教育，重视安全知识和技能培训，引导职工增强安全生产责任感，提高事故防范、应急处置能力。发展企业安全文化，积极营造人人讲安全、事事重安全、处处保安全的良好氛围。

——积极协助企业完善和强化企业安全管理，落实安全生产责任制，使安全生产的各项措施落实到每个岗位、每位职工，减少和避免生产事故和职业危害的发生。

——把煤矿、建筑、交通运输、化工等高危行业和劳动密集型企业作为重点，积极推动全行业和全员参加“安康杯”竞赛活动，促进企业安全生产和职业卫生防护工作。

——充分发挥工会劳动保护监督检查员作用，坚决杜绝、勇于抵制违章指挥、违章作业，切实把好安全生产的第一道防线，确保职工在生产劳动过程中的安全与健康。

四、保障措施

（一）进一步统一思想认识。实现“十二五”规划目标任务，离不开包括广大职工在内的全国人民的共同努力和奋斗。团结动员职工为实现“十二五”规划目标任务创先争优建功立业是工会组织的重要任务。要从贯彻党的全心全意依靠工人阶级指导方针和发挥工人阶级主力军作用的高度，充分认识开展劳动竞赛的重大意义，进一步增强做好这项工作的责任感和使命感，以改革创新的精神，努力推动劳动竞赛深入发展，使劳动竞赛在推动科学发展、加快转变经济发展方式中切实发挥作用。

（二）夯实竞赛基础，扩大竞赛覆盖面。班组竞赛是劳动竞赛的重要基础。要通过开展以创建“工人先锋号”为载体的班组竞赛，把更多的职工吸引到竞赛活动中来，不断夯实竞赛基础，使劳动竞赛充满活力、蓬勃开展。不断扩大劳动竞赛覆盖面，使竞赛从国有企业向非公有制企业，从传统产业向战略性新兴产业，从生产领域向服务领域、管理领域拓展。尤其要针对非公有制企业发展较快、而劳动竞赛又相对滞后的状况，采取有效措施，加大工作力度，推动竞赛活动在非公有制企业中广泛开展。

（三）不断加强工会经济技术干部队伍建设。工会经济技术干部是劳动竞赛的组织者。能否搞好劳动竞赛，在很大程度上取决于这支队伍的素质。要加强政治思想建设，按照建设学习型组织的要求，不断提高工会经济技术干部的政治理论素养和思想政策水平；加强业务能力建设，不断学习新知识，注重经济政策和劳动竞赛理论研究，进一步提高工作效率和工作水平；加强作风建设，牢固树立面向基层、服务基层的思想，切实把工作重点放在基层，深入调查研究，认真总结经验，加强分类指导。通过加强队伍建设，努力实现工会经济技术工作的“四个转变”，即从被动跟进向主动出击、从偏重活动向加强指导、从了解经济政策向研究经济政策、从抓工作面面俱到向突出重点带动一般转变。

（四）切实加强劳动竞赛的组织领导。加强组织领导是推动劳动竞赛健康深入发展的关键。各级工会要把组织开展劳动竞赛与创先争优活动紧密结合，作为一项长期战略任务来抓，列入重要议事日程，定期研究竞赛工作，及时解决存在问题。要从国家、地方和产业经济发展的实际出发，制定竞赛规划，提出竞赛方案，选好竞赛载体，确定竞赛目标，抓好工作落实。要积极探索适应新形势新任务要求的劳动竞赛新路子，不断创新竞赛载体，丰富竞赛内涵，健全竞赛机制，推动竞赛深入扎实有效开展。要大力宣传劳动竞赛取得的成果和在竞赛活动中涌现出来的先进集体、模范人物，不断激发和调动广大职工的积极性和创造性。要建立健全各级劳动竞赛委员会，充分发挥劳动竞赛委员会的作用。要保证竞赛所需经费，积极争取财政支持。要建立劳动竞赛考核评价机制，从规划方案制定、目标任务提出、工作措施落实、活动效果检验等方面，对劳动竞赛实行全过程全方位的考核与评估，逐步建立起科学规范的考核评价体系，并对劳动竞赛开展情况定期通报。

各省（区、市）总工会、各全国产业工会要根据本规划，结合实际制定本地区、本产业劳动竞赛规划。

中华全国总工会关于进一步开展非公企业劳动竞赛的意见

（总工发〔2015〕3号）

非公有制经济是社会主义市场经济的重要组成部分，是我国经济社会发展的重要基础，在支撑增长、促进创新、扩大就业、增加税收等方面具有重要作用。为推动非公经济发展，激发非公经济活力和创造力，现就进一步加强非公企业劳动竞赛提出如下意见。

一、充分认识开展非公企业劳动竞赛的重要性

（一）开展非公企业劳动竞赛是凝聚职工力量、发挥工人阶级主力军作用共筑中国梦的需要。近年来，非公有制经济发展迅速，非公企业职工队伍不断壮大。开展非公企业劳动竞赛，就是要为广大非公企业职工搭建辛勤劳动、诚实劳动、科学劳动的平台，组织动员他们通过劳动创造美好幸福未来，凝心聚力共同为实现中国梦建功立业。

（二）开展非公企业劳动竞赛是适应经济发展新常态，推动经济平稳健康发展的需要。当前，我国经济发展进入新常态，转方式调结构、突出创新驱动，更加重要。非公企业是技术创新的重要力量，是加快结构调整、形成新的发展方式的重要支撑。非公企业劳动竞赛的深入开展，对提升企业创新和管理水平、增强市场竞争能力，推动我国经济结构调整、形成新的发展方式将起到重要促进作用。

（三）开展非公企业劳动竞赛是服务职工群众，全面加强工会工作的需要。目前，量多面广的非公企业已成为工会工作的重点，但是非公企业劳动竞赛工作还比较薄弱，如对竞赛的认识有待提高、竞赛机制不健全、手段和方法比较单一、针对性不强等。加大工作力度，开展非公企业劳动竞赛，有利于更好地发挥工会组织作用，使工会工作更加牢固地扎根于职工群众当中，充分体现劳动竞赛既是调动职工积极性为企业贡献的重要载体，更是职工提升自身能力、体现自身价值、实现自身权益的重要途径。

二、开展非公企业劳动竞赛的总体要求

（一）指导思想。深入贯彻党的十八大、十八届三中、四中全会和习近平总书记系列重要讲话精神，进一步调动企业经营者和企业职工两个积极性，以企业技术创新、职工素质提高、安全节能环保、管理水平提升等为重点，广泛深入地开展多种形式的竞赛活动，充分发挥劳动竞赛在促进非公企业健康发展和实现职工全面发展中的积极作用。

（二）目标任务。到“十三五”末，非公企业劳动竞赛覆盖面和职工参与率进一步提高，竞赛活动在已建工会规模以上非公企业中普遍开展，在中小企业中稳步推进；劳动竞赛成效进一步增强，职工合理化建议、技术创新成果大量涌现，职工的技能得到展示、提升；劳动竞赛制度进一步完善，竞赛组织管理、活动评估和表彰奖励等机制健全，保证竞赛活动健康发展。

（三）基本原则。

——坚持因地（企）制宜，继承创新：结合不同地区、不同行业、不同类型企业和职工队伍实际，借鉴国有企业的好经验好做法，积极探索非公企业开展竞赛活动的新路子，使竞赛活动富有生机和活力。

——坚持以点带面，合力推进：注重示范引领，在着力抓好规模以上非公企业劳动竞赛的同时，推动竞赛活动向中小企业拓展；加强与有关部门联系与合作，形成合力，共同推进。

——坚持共建共享，体现双赢：按照“促进企业发展，维护职工权益”企业工会工作原则，在竞赛中注重维护好、发展好职工的劳动经济权益，使广大职工共建共享企业发展成果，努力构建和谐劳动关系。

三、开展非公企业劳动竞赛的主要内容

（一）把提高职工技能水平作为非公企业开展劳动竞赛的切入点

1. 提高职工技能水平，企业需要，职工欢迎。深入实施职工素质建设工程，在引导职工自觉践行社会主义核心价值观、不断提高职工思想道德素质的同时，针对非公企业职工队伍技能水平较低、高技能人才短缺的现状，广泛开展多种形式的职工素质提升活动，为非公企业发展提供人才保证和智力支持。

2. 适应非公企业生产实际和用工特点，采取灵活多样的活动形式，如送教上门、送赛上门、网上培训等，鼓励国有企业、大企业中的高技能人才到中小企业“传、帮、带”，使岗位练兵、技能比赛、技术交流、师徒

帮教等活动真正走进非公企业，吸引更多的职工参与。

3. 非公企业中农民工较多，要积极协助政府有关部门，充分利用工会院校、职工职业技能实训基地开展农民工培训工作，并与晋升技术等级相衔接，切实提升农民工职业技能水平。推动企业把农民工培训纳入职工教育培训计划，监督企业足额提取职工教育经费，将经费的60%以上用于一线职工的培训。

（二）把推动企业技术创新作为非公企业劳动竞赛的主攻方向

1. 量多面广的非公企业，是实施创新驱动发展战略、建设创新型国家的重要基础。围绕提升质量、提高效率、创新技术、安全生产、节能减排等方面，深入开展合理化建议、技术革新、技术协作、发明创造等多种形式的职工技术创新活动，推动企业产品创新、管理创新和服务创新。

2. 劳模创新工作室是新时期职工技术创新活动的重要载体。加强宣传、学习和交流，积极引导非公企业把创新工作室建立起来，不断扩大覆盖面；加强管理和制度建设，增强劳模创新工作室的创新攻关能力、人才培养能力、集成创新能力，发挥劳模创新工作室的综合效应，提升劳模创新工作室创建工作质量和水平。

3. 发挥职工技协的组织优势、人才优势和阵地优势，组织一线技能人才和科技人员开展技术帮扶，帮助企业特别是中小企业解决生产技术难题；进行技术咨询、技术服务等活动，使职工技术成果进入市场，加快职工技术创新成果的推广和转化。

（三）把加强企业班组建设作为非公企业开展劳动竞赛的有力抓手

1. 班组是企业的生产经营的基本单位，是职工日常学习、工作的主要场所，也是预防化解劳资纠纷、构建和谐劳动关系的第一线。通过加强非公企业班组建设，进一步提升企业管理水平、夯实企业发展基础、提高职工整体素质、推动企业构建和谐劳动关系。

2. 以打造高效、安全、规范、和谐班组为目标，以提升班组管理水平为核心，以提高班组成员整体素质为重点，广泛开展以创建“工人先锋号”为载体的班组竞赛活动。协助企业选好配强班组长，加强对班组长的培训，帮助他们提升综合素质，为他们的工作和成长创造良好条件。

3. 根据非公企业发展和企业班组建设实际，突出重点、先易后难，精心规划、循序渐进。根据不同行业、不同企业的不同特点，对班组工作基础较好的企业，着力做好提升完善工作，推动班组工作水平；对班组工作基础相对薄弱的企业，多做建章立制的工作，强化班组基础工作。

四、进一步加强非公企业劳动竞赛的组织领导

（一）开展非公企业劳动竞赛是工会服务科学发展、服务职工群众的重要内容。各级工会要高度重视，结合实际，出台相关意见，制定竞赛规划，提出目标任务，落实工作举措。要建立健全劳动竞赛组织领导体制，没有建立劳动竞赛委员会的地区，要努力争取把竞赛委员会建立起来；已经建立了的地区，要进一步发挥竞赛委员会的作用，指导地方、产业、工业园区和企业开展竞赛活动。

（二）坚持精神鼓励与物质奖励相结合的原则，推动地方和企业制定及完善奖励办法，对劳动竞赛中涌现出来的先进集体、先进职工予以表彰奖励，把职工的晋升发展、收入待遇与技能提高、技术创新挂钩，使职工得到的荣誉与取得的业绩、得到的奖励与做出的贡献相适应，让职工分享社会和企业发展成果，实现双赢。注重从非公企业一线职工中培养、选树劳动模范，宣传他们的先进事迹，发挥他们的示范引领作用，影响和带动更多的职工学习先进，立足岗位，争创一流。

（三）加强分类指导，建立工作联系点，了解竞赛进展情况，及时解决存在的问题。在已建工会规模以上非公企业，要深化竞赛内容，创新竞赛载体，提高竞赛活动质量和水平；对基础比较薄弱的中小微企业和新建企业，要依托行业协会，乡镇（街道）、开发区（工业园区）工会，区域（行业）基层工会联合会搭建平台，把竞赛逐步开展起来。要在认真总结竞赛经验的基础上，推出一批非公企业劳动竞赛示范企业和示范班组，加强宣传，扩大非公企业劳动竞赛的社会影响。

（四）把开展非公企业劳动竞赛作为地方工会工作考核的重要内容，建立、完善劳动竞赛考核评估制度，积极探索第三方评价等方式，确保竞赛活动扎实有效开展。不能以竞赛为名违反劳动法关于劳动时间、劳动报酬、安全生产等方面的相关规定，不能以损害职工合法权益为代价换取企业发展。要把与企业工会组建、产业工会工作、创建劳动关系和谐企业、建设模范职工之家等工会其他重点工作有机地结合起来，做到相互促进，共同推动。

中华全国总工会关于认真学习贯彻党的十八届五中全会精神组织动员广大职工为实现“十三五”规划建功立业的决议

（总工发〔2016〕2号）

党的十八届五中全会通过了《中共中央关于制定国民经济和社会发展第十三个五年规划的建议》，描绘了党和国家事业发展的宏伟蓝图，为亿万人民共同奋斗指明了前进方向。“十三五”时期是全面建成小康社会的决胜阶段，我国发展仍处于可以大有作为的重要战略机遇期，也面临诸多矛盾叠加、风险隐患增多的严峻挑战。面对新形势、新任务、新要求，我国工人阶级肩负重要的历史使命。中华全国总工会第十六届执行委员会第四次全体会议作出决议，号召各级工会组织和广大职工群众深入学习贯彻党的十八届五中全会精神，充分发挥工人阶级主力军作用，为实现“十三五”规划贡献智慧和力量。

一、用党的十八届五中全会精神武装头脑，把广大职工群众的思想和行动统一到中央决策部署上来

认真学习宣传贯彻党的五中全会精神，是当前和今后一个时期各级工会组织的重大政治任务。要增强看齐意识，深刻领会党的五中全会精神，深刻领会以习近平同志为总书记的党中央治国理政的新理念新思想新战略，把握实现“十三五”规划对工会组织和职工群众提出的新要求，最广泛地把广大职工群众组织起来、动员起来、团结起来，坚定不移听党话、跟党走，同心同德、万众一心，为实现“十三五”规划各项任务不懈努力。要大力宣传党的五中全会精神，深入基层、深入一线，广泛开展生动活泼、形式多样的宣传教育活动，回答热点难点问题，回应职工关注关切，把党的五中全会精神讲全、讲准、讲透，阐释好经济发展新常态下职工群众怎么看、怎么干，引导职工群众深刻认识我国经济发展面临速度换挡节点、结构调整节点、动力转换节点的新情况，强化机遇意识、问题意

识、责任意识、进取意识，增强发展信心；深入学习领会创新、协调、绿色、开放、共享的新发展理念的重大意义、丰富内涵和实践要求，使党的五中全会精神走近职工群众、广泛深入人心，筑牢实现“十三五”规划的深厚群众基础。

二、组织动员广大职工群众在经济建设主战场建功立业，充分展示工人阶级主力军风采

广大职工群众是国家的主人、发展的主力军。要引导职工群众增强主人翁意识，树立新理念，适应新常态，展现新作为。广泛开展“践行新理念、建功‘十三五’”劳动竞赛和职工技术创新活动，瞄准全面建成小康社会目标，围绕“一带一路”建设、京津冀协同发展、长江经济带建设等国家发展战略，进一步完善劳动竞赛组织、评估、表彰等机制，尊重职工主体地位，发挥职工主体作用，提高职工参与率，使劳动竞赛在提升职工技能、增加职工收益等方面发挥更大作用。大力推进劳模（职工）创新工作室建设，改进职工创新成果评选、展示、交流方式，促进职工创新成果转化，引导职工群众积极投身大众创业、万众创新的时代洪流，推动我国社会生产力水平实现整体跃升，在实现更高质量、更有效率、更加公平、更可持续的发展中体现价值、展现作为。在全社会大力弘扬劳模精神、劳动精神，引导广大职工群众树立辛勤劳动、诚实劳动、创造性劳动的理念，爱岗敬业、争创一流，艰苦奋斗、勇于创新，淡泊名利、甘于奉献，推动形成劳动最光荣、劳动最崇高、劳动最伟大、劳动最美丽的社会风尚，奏响劳动创造的时代最强音。

三、引导广大职工群众支持参与推动结构性改革，自觉维护改革发展稳定大局

推进供给侧结构性改革，是落实“十三五”规划的重大举措，是适应国际金融危机发生后综合国力竞争新形势的主动选择，是适应和引领经济发展新常态的重大创新和必然要求。改革根本上是为了实现和保障工人阶级的整体利益和长远利益，同时也会给部分职工带来一些具体利益的调整。各级工会组织要加强对职工群众的思想引领，多做释疑解惑工作，向广大职工群众讲清结构性改革的目的意义，讲清完成去产能、去库存、去杠杆、降成本、补短板五大重点任务的重要意义，引导广大职工发扬工人阶级识大体、顾大局的优良传统，正确对待利益关系调整，积极理解改革、支持改革、参与改革、推动改革，积极落实转变发展方式、推动供给侧结构性改革等任务；在推进改革过程中，各级工会组织要高度关注职工权益维护方面出现的新情况新问题，及时反映职工利益诉求，加强对困难职工的帮扶，旗帜鲜明地维护职工合法权益，最大限度凝聚全社会推进改革发展、维护社会和谐稳定的共识和力量。

四、大力加强职工队伍素质建设，为实现“十三五”规划提供强大的智力支持和坚实的人才保障

全民族文明素质决定国家发展的未来。要用中国特色社会主义、中国梦和社会主义核心价值观凝聚广大职工群众共识，深化“中国梦·劳动美”主题教育，推动物质文明和精神文明协调发展，激发职工群众干事创业的正能量。大力实施全国职工素质建设工程，深入研究经济发展新常态对职工素质提出的新要求，充分发挥工会“大学校”作用，培育职业精神，提升技能素质。强化职工教育培训阵地建设，发挥工会院校和实训基地作用，充分利用互联网等手段，加快完善职工教育培训体系。加强技能培训和下岗失业人员技能再培训，引导广大职工群众树立终生学习理念，加大人力资本投入，提升新生代农民工职业技能，更好适应创新带来的市场变化和创业就业条件变化。广泛开展岗位练兵、技能比赛，精心选树“金牌工人”，培育更多“大国工匠”，努力建设知识型、技术型、创新型的劳动大军。

历史赋予工人阶级伟大而艰巨的使命，时代召唤广大职工群众谱写壮丽而崭新的篇章。各级工会要更加紧密地团结在以习近平同志为总书记的党中央周围，按照“五位一体”总体布局和“四个全面”战略布局，紧扣我国工人运动时代主题，更好地承担起党赋予工会的崇高使命，组织动员职工群众走在时代前列，以主人翁姿态投身经济社会发展火热实践，变中求新、新中求进、进中突破，为如期全面建成小康社会、实现“两个一百年”奋斗目标、实现中华民族伟大复兴的中国梦做出新的更大贡献！

中华全国总工会关于印发《中华全国总工会2016—2020年劳动和技能竞赛规划》的通知

（总工发〔2016〕18号）

各省、自治区、直辖市总工会，各全国产业工会，中共中央直属机关工会联合会、中央国家机关工会联合会，全总各部门、各直属单位：

《中华全国总工会2016—2020年劳动和技能竞赛规划》已经全总十六届书记处第五十四次会议审议通过，现印发给你们，请结合实际认真贯彻执行。

中华全国总工会
2016年9月5日

中华全国总工会2016—2020年劳动和技能竞赛规划

全面建成小康社会，我国亿万劳动群众是主体力量。“十三五”时期是全面建成小康社会的决胜阶段，是我国深化改革、加快转变经济发展方式的攻坚时期。为贯彻落实党的十八届五中全会精神和国家“十三五”规划纲要，按照全总十六届四次执委会议决议要求，组织动员广大职工在实现“十三五”规划目标任务中发挥主力军作用，制定《中华全国总工会2016—2020年劳动和技能竞赛规划》。

一、总体要求和目标任务

认真贯彻党的十八届五中全会精神和习近平总书记系列重要讲话精神，紧紧围绕“十三五”规划目标任务，牢固树立和积极践行创新、协调、绿色、开放、共享的发展理念，注重面向基层、面向一线职工、面向普通劳动者，以提升职工技能素质、推动企业技术创新为重点，广泛开展以“践行新理念、建功‘十三五’”为主题的劳动和技能竞赛，大力弘扬劳模精神、劳动精神、工匠精神，把广大职工主人翁精神和创新活力充分激发出来，为全面建成小康社会建功立业，不断谱写新时代的劳动者之歌。

——坚持创新引领。按照认识新常态、适应新常态、引领新常态的要求，围绕供给侧结构性改革，进一步提高竞赛活动的知识含量和科技含量，更加注重人才与创新、质量与效率有机结合，促进劳动和技能竞赛由“速度型”“体力型”向“效益型”“智力型”转变。

——坚持提高素质。深入贯彻人才优先发展战略，发挥工会“大学校”作用，大力实施职工素质建设工程，广泛开展劳动和技能竞赛活动。深化“中国梦·劳动美”主题教育，着力培养工匠精神、培育工匠文化，通过竞赛进一步提高职工综合素质，练就过硬本领。

——坚持面向基层。把工作重点放在基层，适应企业实际和职工多样化需求，不断创新竞赛形式和载体，进一步增强竞赛活动的吸引力和实效性。尊重职工群众的首创精神，充分发挥他们的聪明才智和创造活力，让广大职工当主角，最大限度地把职工组织到竞赛活动中来。

——坚持共建共享。以职工为本，坚持促进企业发展、维护职工权益，把开展竞赛活动、推动经济建设与促进职工全面发展、共享发展成果、构建和谐劳动关系统一起来，扩大职工参与面和受益面，增强职工获得感和幸福感。

到“十三五”末，努力做到劳动和技能竞赛的广泛性和实效性进一步增强。职工参与面进一步扩大，劳动和技能竞赛在规模以上企业中普遍开展，在中小企业稳步推进。职工创新成果大量涌现，质上有提升、量上有发展，成果转化率进一步提高。职工技能素质、创新能力显著提升，技术工人队伍不断壮大，更多大国工匠脱颖而出。劳动和技能竞赛组织领导体制进一步完善，竞赛绩效评估、考核管理和表彰奖励等机制进一步健全，形成党政重视支持、工会积极组织、职工广泛参与、社会充分认可的竞赛格局。

二、开展职工技术创新活动，推动大众创业、万众创新

围绕供给侧结构性改革，引导广大职工牢固树立创新发展理念，不断增强创新意识和创新能力，立足岗位开展技术创新、服务创新和管理创新。不断创新平台和载体，整合资源和力量，把职工技术创新嵌入企业研发链条，融入国家创新体系，为大众创业、万众创新夯实群众基础，为创新驱动发展营造良好社会氛围。

——结合国家重大发展战略、重大基础设施建设、重大科技项目和重

大活动开展竞赛。落实创新驱动发展、制造强国、质量强国、“一带一路”建设、京津冀协同发展、长江经济带发展等国家战略，联合政府有关部门，组织地方和产业工会开展专题竞赛活动和全国示范性竞赛创建活动，助推产业结构优化升级、区域发展、科技进步和工程建设。

——开展合理化建议、技术革新、技术协作、发明创造等活动。针对产业关键共性技术和企业现场技术、工艺、管理等难题，充分发挥职工技协组织优势，引导和组织职工进行技术创新、持续改善，探索建立区域性和行业职工技术创新联盟，形成基础广泛、人才集聚、成果丰硕的职工技术创新活动体系。2016 年至 2020 年，力争全国职工合理化建议数量达到 6000 万件，实施率 60%以上；力争实现职工技术革新 400 万项，发明创造 100 万项，获得专利 60 万项，总结推广先进操作法 100 万项。

——深化劳模创新工作室创建工作。充分发挥劳模创新工作室人才集聚、集智创新、技能传承和示范带动作用，引导职工积极投身创新实践。联合科研机构，探索创建跨区域、跨行业、跨企业的劳模创新工作室联盟。重视典型选树，每三年命名一批全国示范性劳模创新工作室，到 2020 年，全国示范性劳模创新工作室总数达到 300 家，各级劳模创新工作室创建总数超过 10 万家。

——为职工技术创新活动搭建平台、提供支持。大力开展职工创新项目孵化、成果评选、展示交流等活动，积极搭建职工创新信息化服务平台。发挥职工创新补助资金的引领作用，积极争取财政资金，引导各级工会加大经费投入，为职工技术创新活动提供资金支持。开展技术开发、技术转让、技术咨询、技术服务，加强职工知识产权保护，促进职工技术创新成果转化，为职工技术创新活动提供专业服务。

三、提升职工技能素质，建设知识型、技术型、创新型职工队伍

广泛开展岗位练兵、技能竞赛、技术培训、技术交流等活动，培养造就更多的大国工匠和创新人才，为实现“十三五”规划目标任务提供坚强有力的智力支持、人才保障和技能支撑。到 2020 年末，开展岗位练兵活动的企业达到 50 万个，参加技能竞赛的职工平均每年达到 2300 万人次，每年帮助 100 万职工晋升技术等级。

——深入开展职工职业技能竞赛。围绕“中国制造 2025”，把关键技术、前沿技术、高端技术和解决生产难题、关键问题作为竞赛的主要内容。创新组织形式、完善竞赛办法，练赛结合、比学结合，促进技能竞赛提质增效。注重竞赛典型及成果的宣传、转化和交流，总结推广网上练

兵、网上技能竞赛等新形式，扩大技能竞赛影响。

——加强职工职业技能培训。整合工会教育资源，建立职工技能培训示范点，积极配合政府、企业开展技能培训。发挥劳模创新工作室作用，广泛开展师带徒活动，总结推广先进操作法。指导各地开展网上技能培训，为职工提供便捷、高效的服务。充分利用职工技能实训基地、工会就业培训基地，在实施“农民工职业技能提升计划”中发挥积极作用。

——推动企业建立技术工人培养、考核、使用、激励机制。监督企业足额提取职工教育经费，将经费的60%以上用于一线职工的培训。总结推广企业实行首席技师、金牌工人制度及对优秀技术工人进行奖励、开辟晋级绿色通道等做法，帮助更多的职工取得和晋升职业技术资格，更好地激发职工岗位成才的积极性、主动性。

四、推动职工节能减排活动，促进生态文明建设

引导职工树立绿色发展的理念，积极推进生态文明建设，推动形成绿色发展方式和生活方式，为共同建设美丽中国、实现中华民族永续发展做贡献。

——加强节约环保宣传教育。把生态文明作为职工素质教育的重要内容，结合全国节能宣传周等主题活动，加强人口资源环境国情宣传，普及生态文明法律法规、科学知识，提高广大职工的节约意识、环保意识、生态意识，形成人人、事事、时时崇尚生态文明的社会氛围。在职工中开展绿色生活行动，倡导勤俭节约的消费观。

——开展节能减排立功竞赛活动。组织引导职工立足岗位，围绕清洁生产、传统制造业绿色改造、发展循环经济等，针对能源消耗和环境污染的突出问题，结合企业实际，广泛开展小革新、小发明、小改造、小设计、小建议“五小”活动，开发和推广节能减排新技术、新工艺、新材料、新设备，掌握节能减排技术，提高节能减排水平。

——深化重点行业节能减排达标竞赛活动。组织相关产业工会瞄准国际领先水平、全国最好水平，围绕工艺技术装备更新改造，在国家确定的电力、煤炭、钢铁等高耗能、高排放行业中，深入开展以“三比一降”（比创新、比技能、比管理、降能耗和排放）为主要内容的对标竞赛活动，促进资源能源节约高效利用，推动重点领域、重点行业节能减排。

——参与企业节能减排管理。发动职工群防群治，从点滴着手，查找薄弱环节，堵塞跑冒滴漏，减少资源能源浪费，挖掘节能减排潜力，促进环境保护。加强职工节能减排义务监督员队伍建设，发挥他们在节约资源

和保护环境中的重要作用。

五、深化“安康杯”竞赛活动，保障职工安全健康权益

通过“安康杯”竞赛活动推动企业落实安全生产主体责任，减少生产事故、控制职业危害，维护职工在劳动过程中的生命安全与健康权益，实现安全发展。力争到2020年，参加全国“安康杯”竞赛活动的企业数超过70万家，树立一批“安康杯”竞赛先进集体和个人。

——增强职工安全生产意识。在职工中广泛开展安全生产宣传教育，重视安全知识和技能培训，引导职工增强安全生产责任感，牢固树立安全生产意识。发展企业安全文化，积极营造人人讲安全、事事重安全、处处保安全的安全生产环境。

——提高职工安全生产自保能力。开展安全生产合理化建议活动，推动企业落实职工的知情权、参与权、监督权和表达权。开展安全技能培训和隐患排查治理活动，把职业安全与健康的各项措施落实到每个岗位、每位职工，提高职工隐患排查治理、事故防范、应急处置和自我保护能力，筑牢安全生产第一道防线。

——突出重点行业重要环节。把煤矿、建筑、交通、石油、化工、电力等高危行业作为重点，把劳动密集型企业，非公小企业，设备、技术、工艺落后的企业作为重点，把一线职工、农民工、重体力劳动职工等群体作为重点，开展“安康杯”竞赛活动，减少和避免生产事故和职业危害的发生。

——发挥工会劳动保护监督检查员作用。壮大劳动保护监督检查员队伍，加强监督检查员能力建设，按照工作要求履职尽责，坚决杜绝、勇于抵制违章指挥、违章作业、违反劳动纪律，切实保障职工职业安全与健康权益。

六、争创“工人先锋号”，提高班组建设水平

广泛开展以创建“工人先锋号”为载体的班组（科室、团队）竞赛活动，促进班组建设，努力把班组打造成为“勤奋工作、快乐生活、健康成长、温暖和谐”的职工小家，更好地调动一线职工的积极性主动性创造性，为实现企业发展目标做贡献。

——突出活动重点。以提升质量、创新技术、提高效率、安全生产等为重点，深入开展班组竞赛，吸引广大职工积极参与，创建更多的学习型班组、创新型班组和质量信得过班组。

——加强分类指导。推动国有企业顺应现代企业管理的发展趋势，大力推进班组科学化、标准化和规范化建设；引导非公企业和中小企业结合实际，创新工作方式方法，有重点、分步骤扎实推进，不断提高班组建设的整体水平。

——发挥班组长核心作用。协助企业做好班组长的培养和选拔工作，建立科学的班组长选拔和考核机制；加强班组长的学习、培训，开展班组长交流活动，不断提高班组长的工作能力和综合素质；鼓励和支持企业在政治上关心班组长、在经济待遇上重视班组长，努力为班组长开展工作和自身成长创造条件。

七、弘扬劳模精神、劳动精神、工匠精神，为实现中国梦汇聚正能量

大力弘扬劳模精神、劳动精神、工匠精神，引导广大职工辛勤劳动、诚实劳动、创造性劳动，为实现“两个一百年”奋斗目标和中国梦汇聚强大正能量。

——弘扬劳模精神。通过劳动和技能竞赛培养和选树更多的劳动模范和先进典型，号召全社会向他们学习，用劳模的优秀品质引领广大职工爱岗敬业、勤奋工作、锐意进取、勇于创造，让劳动光荣、技能宝贵、创造伟大成为时代强音。

——弘扬劳动精神。在广大职工中提倡以辛勤劳动为荣、以好逸恶劳为耻，通过诚实劳动、创造性劳动实现自己的人生梦想，改变自己的命运，创造更加美好的生活，让劳动最光荣、劳动最崇高、劳动最伟大、劳动最美丽的观念蔚然成风。

——弘扬工匠精神。积极培育钻研技能、精益求精、敬业担当的职业精神，培养选树大国工匠，倡导工匠文化，引导职工干一行、爱一行、钻一行，敢于创新、追求卓越，打造一流产品，提供一流服务。

——发挥劳模作用。总结推广劳模创新工作室、劳模示范岗、劳模大讲堂、劳模志愿服务队等经验，使他们的劳动技能、创新方法、管理经验广泛传播，充分发挥其示范带头作用，激励广大职工学赶先进、争当劳模、比做贡献。

——关心关爱劳模。做好劳模服务管理工作，了解劳模情况，反映劳模诉求，采取有效措施，努力帮助劳模解决工作生活中的实际困难，为劳模提供实实在在的帮助和支持，让劳模感受到党和政府的关心、社会的关爱。

八、加大工作力度，推动竞赛活动向广度和深度发展

适应新形势新任务要求，加大工作力度，不断完善竞赛体制机制，拓

展竞赛领域，创新竞赛载体，加强理论研究和宣传，积极探索和把握新时期劳动和技能竞赛的特点和规律，不断增强竞赛活动的时代感和影响力。

——健全组织领导体制。建立健全各级劳动和技能竞赛委员会，没有建立竞赛委员会的地区，要积极推动建立。进一步发挥竞赛委员会的作用，在委员会成员中增加一线职工代表，制订工作计划，建立联系点，加强工作指导。密切与政府相关部门、协会组织的联系与合作，把组织开展劳动和技能竞赛作为工会与政府联席会议的重要议题，积极争取政府（企业）经费支持，定期研究竞赛情况，群策群力做好竞赛各项工作。

——扩大非公企业竞赛覆盖面。贯彻落实《中华全国总工会关于进一步开展非公企业劳动竞赛的意见》（总工发〔2015〕3 号），针对非公企业竞赛工作还比较薄弱的实际，积极探索开展竞赛活动的新途径、新模式，重点推进已建会规模以上非公企业劳动和技能竞赛，带动中小企业竞赛活动的普遍开展。及时总结基层工作经验，积极选树非公企业竞赛典型。

——加强产业工会竞赛工作。充分发挥产业工会的优势和作用，围绕产业发展规划和发展战略，组织动员广大产业职工积极开展形式多样、具有产业特色的竞赛活动，如重大工程竞赛、技能比赛、对标竞赛、厂际竞赛等，在促进产业转型升级，推动产业自主创新上发挥积极作用。

——完善竞赛激励和评估机制。联合政府有关部门建立健全竞赛激励机制，推动企业制定相应的竞赛奖励制度，把职工的职业技术资格晋升、收入待遇与技能提升、创新业绩挂钩，提高技术工人待遇，推动劳动报酬提高和劳动生产率提高同步。开展竞赛活动绩效评估工作，把职工满意不满意、党政支持不支持、社会认可不认可作为竞赛评估的重要内容，通过开展评估工作，选树先进，查找不足，改进工作。

——加强劳动和技能竞赛理论研究。坚持继承与创新相结合，总结推广最佳实践案例，用科学理论指导竞赛实践，推动竞赛不断创新发展。探索运用互联网、大数据等信息化手段，不断创新竞赛形式和载体，使竞赛活动更好地满足广大职工特别是青年职工的需求。加强工会干部特别是基层工会干部队伍建设，进一步提高他们的政策理论水平和活动组织能力。

——加大宣传工作力度。在用好工会系统宣传资源的同时，充分借助主流媒体平台和微博、微信、App 等新媒体手段，做好竞赛宣传工作，及时总结宣传推广竞赛中涌现出来的先进人物、成功做法和典型经验，进一步扩大劳动和技能竞赛的社会影响。

各省（区、市）总工会、各全国产业工会要根据本规划，结合实际制定本地区、本产业劳动和技能竞赛规划。

中华全国总工会关于围绕国家重大战略开展全国引领性劳动和技能竞赛的通知

（总工发〔2017〕10号）

各省、自治区、直辖市总工会，各全国产业工会：

为贯彻落实《新时期产业工人队伍建设改革方案》，深入推进重大战略劳动和技能竞赛，充分发挥广大职工在经济建设主战场中的主力军作用，按照《中华全国总工会2016—2020年劳动和技能竞赛规划》部署和要求，进一步推动“践行新理念、建功‘十三五’”主题竞赛深入开展，全国总工会决定围绕京津冀协同发展、长江经济带发展、“一带一路”建设、振兴东北等国家重大战略，开展全国引领性劳动和技能竞赛。

一、总体要求

全面贯彻党的十八大和十八届三中、四中、五中、六中全会精神，深入贯彻习近平总书记系列重要讲话精神和治国理政新理念新思想新战略，紧紧围绕国家“十三五”规划和国家重大战略提出的目标任务，动员组织职工广泛开展多种形式的劳动和技能竞赛活动，在促进创新驱动发展、加快产业转型升级、推动重大项目建设、加强生态环境保护、深化开放合作共赢等方面发挥积极作用。大力弘扬劳模精神、劳动精神、工匠精神，激励广大职工学赶先进、争当劳模、比做贡献，造就一支有理想守信念、懂技术会创新、敢担当讲奉献的宏大的产业工人队伍，为推进供给侧结构性改革、振兴实体经济做出贡献。

二、竞赛内容

（一）围绕京津冀协同发展开展竞赛。

根据国家提出的京津冀要成为引领和支撑全国经济发展的重要增长点，成为具有国际竞争力和影响力的重要区域的要求，京津冀三省（市）重点开展以下竞赛：

重大工程建设竞赛。围绕京津冀重点基础设施项目，以“六比一创”

（比工程质量、比工程进度、比安全生产、比技术创新、比文明施工、比科学管理、创精品工程）为主要内容，组织开展重大工程竞赛活动，促进项目优质、高效、安全、环保竣工和投入使用。

产业转型升级竞赛。围绕促进科技创新、推动产业转型对接、打造现代产业基地等，组织开展合理化建议、技术革新、发明创造、劳模创新工作室创建等职工技术创新活动，落实制造强国和质量强国战略，打造一流产品，提供一流服务，助推新产业新技术新业态发展。

重点行业节能减排达标竞赛。围绕大气污染防治、建设京津冀生态环境支撑区，在高能耗、高排放行业中组织开展以“三比一降”（比创新、比技能、比管理、降能耗和排放）为主要内容的节能减排达标竞赛活动，促进重点行业节能减排目标任务的完成，大力推进绿色发展、循环发展、低碳发展。

职工职业技能竞赛。围绕加强新时期产业工人队伍建设、提高职工技能水平和创新能力，选择通用性强、技术含量高、从业人员多的工种，每年开展京津冀三省（市）职工技能竞赛。组织劳模和优秀技术工人开展技术培训、技术帮扶、名师带高徒等活动，推广技术经验、绝技绝艺和先进操作法，搭建三地技术交流、成果展示的平台。

全国总工会牵头组织京津冀交通一体化建设劳动竞赛。围绕北京新机场建设、京秦高速、京滨城际铁路等一批重点交通基础设施项目，结合北京城市副中心、雄安新区规划建设，组织开展京津冀交通一体化建设劳动竞赛活动，促进项目优质、高效、安全、环保竣工和投入使用。

（二）围绕长江经济带发展开展竞赛。

长江经济带覆盖上海、江苏、浙江、安徽、江西、湖北、湖南、重庆、四川、贵州、云南 11 省（市）。根据国家提出的长江经济带要成为生态文明建设的先行示范带、引领全国转型发展的创新驱动带、具有全球影响力的内河经济带、东中西互动合作的协调发展带的要求，重点开展以下竞赛：

创新示范引领竞赛。围绕重大科技项目、关键核心技术和产业优化升级，在上海张江、江苏苏南、浙江杭州、安徽合芜蚌、江西鄱阳湖、湖北东湖、湖南长株潭、重庆、四川成都、云南昆明、贵州等地区自主创新示范区和国家级转型升级示范开发区中，开展创新示范引领竞赛，推动区域创新发展。

重大工程建设竞赛。围绕长江经济带综合交通建设、能源基础设施建设等重大工程项目，深入开展以“六比一创”为主要内容的竞赛活动，促进项目优质、高效、安全、环保竣工和投入使用。

职工技术协作竞赛。依托长江沿岸中心城市和产业集群，发挥职工技协组织作用，在技能提升、技术交流、联合攻关、技术帮扶等方面开展竞赛活动。探索建立区域性职工创新成果库、职工创新人才库，积极搭建职工创新网络载体，共享创新成果，促进成果转化。

全国总工会牵头组织长江生态环境保护竞赛。围绕努力建成上中下游相协调、人与自然相和谐的绿色生态廊道，以保护和改善水环境、保护和修复水生态、有效保护和合理利用水资源为重点，组织职工开展小革新、小发明、小改造、小设计、小建议“五小”活动，发挥职工节能减排义务监督员作用，促进生态修复、环境保护、绿色发展。

（三）围绕“一带一路”建设开展竞赛。

围绕落实“一带一路”建设战略，以“五通”为重点（即政策沟通、道路联通、贸易畅通、货币流通和民心相通），相关省（区、市）结合各地实际情况和“一带一路”对接方案，重点围绕基础设施互联互通、能源资源开发利用、经贸产业合作区建设、产业核心技术研发支撑等方面组织开展劳动和技能竞赛活动。

全国总工会牵头组织“一带一路”建设对外服务技能竞赛。以口岸通关服务、物流信息服务、跨境电商服务、商务外语服务等为重点，在“一带一路”建设窗口服务行业广泛开展各类职业技能竞赛，有效加强与沿线国家和地区的交流合作，促进互联互通和信息共享。

（四）围绕振兴东北地区老工业基地开展竞赛。

认真贯彻《中共中央国务院关于全面振兴东北地区等老工业基地的若干意见》，紧紧围绕转变经济发展方式和供给侧结构性改革，以振兴装备制造业、推进产业结构优化升级、发展现代服务业、提升基础设施水平等为重点，继续深入开展“东北地区老工业基地振兴杯”劳动和技能竞赛。

全国总工会牵头组织产业结构优化升级竞赛。以提高智能制造、绿色制造、精益制造和服务型制造能力为重点，围绕做强先进装备制造业、发展基于“互联网+”的新产业新业态，打造制造业互联网双创平台等方面开展劳动和技能竞赛，推进产业结构转型升级，推动东北地区全面振兴。

三、竞赛时间

2017—2020 年

四、竞赛组织

1. 加强组织领导。在全总党组、书记处的领导下，由全国总工会劳动和经济工作部组织推进全国引领性劳动和技能竞赛。相关省（区、市）总工会要根据总体要求，结合各自功能定位和发展导向制订具体竞赛方案，实行竞赛项目化管理，分级分类推进实施。要密切与政府有关部门的沟通合作，建立竞赛活动协调会议制度，加强政策协调、工作协商和信息沟通，推动竞赛活动深入开展。未涉及国家重大战略的省（区、市）总工会要结合实际，在经济建设主战场部署开展本地区重大战略、重大工程、重大项目、重点产业劳动和技能竞赛，进一步落实“十三五”劳动和技能竞赛规划。

2. 认真总结经验。注重调查研究和分类指导，搭建交流成果、分享经验、研究工作的平台，总结竞赛各环节中的创新举措、优秀经验和典型做法，发挥典型示范引领作用，确保竞赛活动取得实效。“十三五”期间，根据竞赛进展情况、活动成效、社会影响和综合评估，对在全总牵头组织的全国引领性劳动和技能竞赛中涌现出的先进集体和先进个人授予全国五一劳动奖和全国工人先锋号。

3. 加大宣传力度。把开展竞赛的过程作为激励广大职工为经济社会发展做贡献的过程，吸引更多的职工积极投入竞赛活动中来。充分运用传统新闻媒体以及微博、微信等互联网新兴媒体等传播平台，积极宣传竞赛活动先进典型和成果，不断扩大劳动和技能竞赛的社会影响力和带动力。

中华全国总工会关于深入开展“当好主人翁、建功新时代”主题劳动和技能竞赛的意见

（总工发〔2018〕23号）

为深入贯彻习近平新时代中国特色社会主义思想和党的十九大精神，按照全总十六届七次执委会和2018年庆祝“五一”国际劳动节暨“当好主人翁、建功新时代”劳动和技能竞赛推进大会的部署要求，动员广大职工充分发挥主力军作用，凝聚起新时代的奋斗伟力，在决胜全面建成小康社会、全面建设社会主义现代化国家新征程中展现新作为，现就深入开展“当好主人翁、建功新时代”主题劳动和技能竞赛（以下简称“主题劳动和技能竞赛”）提出如下意见。

一、主题劳动和技能竞赛的指导原则

——坚持突出竞赛主题。竞赛活动要以“当好主人翁、建功新时代”为主题，以深化供给侧结构性改革、推动经济高质量发展为主线，以贯彻落实《新时期产业工人队伍建设改革方案》，建设知识型、技能型、创新型职工队伍为重点，大力弘扬劳模精神、劳动精神、工匠精神，推进全国引领性劳动和技能竞赛，动员广大职工用劳动筑梦，以实干圆梦，做新时代的见证者、开创者、建设者。

——坚持以职工为中心。竞赛活动要面向基层、面向一线职工、面向普通劳动者，满足职工多样化需求；尊重职工首创精神，让职工当主角，动员职工群众积极参与竞赛方案的制定和过程监督；扩大竞赛在非公企业和农民工群体中的覆盖面和影响力，最大限度地把职工组织到竞赛活动中来。

——坚持新发展理念。竞赛活动要坚持创新、协调、绿色、开放、共享的发展理念，坚持质量第一、效益优先，突出技术创新和素质提升，促进竞赛由“速度型”“体力型”向“效益型”“智力型”转变；按照建设“智慧工会”的要求，利用“互联网+”等现代化手段，创新竞赛的方式和载体，使竞赛活动富有新时代特色，具有吸引力和感召力。

——坚持职工和企业“双赢”。竞赛活动要坚持共建共享，紧扣企业

生产经营实际，促进企业发展；着力提高职工素质和能力，维护职工发展权益；完善竞赛激励制度，推动职工创新成果和技能要素按贡献参与分配，在促进经济发展的同时，让职工受益，增强职工在竞赛中的获得感。

二、围绕制造强国和创新驱动发展战略开展职工技术创新活动

（一）营造良好职工创新环境。引导职工树立时时可创新、处处可创新、人人可创新的理念，立足岗位开展创新，解决身边技术难题；建立健全以岗位创新、班组（团队）创新、劳模和工匠人才（职工）创新工作室为主要载体的职工创新体系；发挥职工技协作用，搭建职工创新成果展示、交流平台，促进成果转化。

（二）聚焦关键核心技术突破开展竞赛。在实施科技创新2030——重大项目和国家科技重大专项、关系民生福祉的重点领域技术供给、面向科技强国的基础研究等领域开展技术攻关、发明创造等竞赛活动，推动关键共性技术、前沿引领技术、现代工程技术、颠覆性技术等取得重大突破，增强原始创新能力，铸就大国重器，为建设科技强国提供有力支撑。

（三）突出质量提升开展竞赛。推动实施质量强国战略，贯彻落实《中共中央 国务院关于开展质量提升行动的指导意见》，教育引导职工牢固树立质量第一意识，提高职工群众质量素养，深入开展质量管理小组和质量信得过班组建设等活动，围绕提升产品、服务、工程质量和加强品牌建设开展群众性质量提升活动，推动形成企业追求质量、社会崇尚质量、人人关心质量的良好氛围。

（四）针对发展先进制造业开展竞赛。围绕实施《中国制造2025》，聚焦新技术、新管理、新模式、新业态，瞄准关键领域、基础材料、核心技术和共性需求，广泛开展小革新、小发明、小改造、小设计、小建议"五小"活动，深化劳模和工匠人才（职工）创新工作室创建活动，动员广大职工立足岗位、提升技能、精益求精、创新创造，在优化传统制造、发展高端制造、推进智能制造、实施绿色制造中发挥重要作用。

三、围绕人才强国战略和新时期产业工人队伍建设改革强化职工技能素质提升活动

（五）开展岗位练兵、师傅带学徒等活动。坚持工作和培训相结合，组织职工立足岗位开展经常性、普遍性练兵活动，强化基本功训练，掌握岗位技能，通过工作提高技术，通过练兵促进工作。广泛开展师傅带学徒活动，积极协助政府和企业推广现代学徒制和企业新型学徒制，总结推广

选树技能带头人（工匠人才、金牌工人、首席技师、首席员工等）活动经验，鼓励劳模和工匠人才进行“传帮带”，培养大批高技能人才。

（六）促进职工职业技能竞赛向纵深发展。推动建立以企业岗位练兵和技术比武为基础、以国家和行业竞赛为主体、国内竞赛与世界技能大赛等国际竞赛相衔接的职业技能竞赛体系；根据国家战略性发展需要，重点从国家支柱性产业、战略性新兴产业、现代服务业等产业中选择就业人数多、技术含量高的工种进行比赛；强化技能竞赛的培训功能，重视赛前练兵、赛后交流，让竞赛成为职工展示才能、交流技艺的平台和提升技能水平的绿色通道。

（七）加强职工技能培训和交流。推动企业制订职工培养计划，健全职工培训制度，监督企业足额提取职工教育经费，并将经费的60%以上用于一线职工的培训；依托工会院校、企业培训中心和社会培训机构等，推进职工技能实训基地建设，提升职业技能培训基础能力；开展职工技能交流活动，总结推广先进操作法，促进职工之间相互学习、共同提高。

四、围绕实施区域协调发展战略推进全国引领性劳动和技能竞赛

（八）突出竞赛重点。围绕京津冀协同发展、长江经济带发展、“一带一路”建设、粤港澳大湾区建设、大运河文化带建设、东北振兴等国家战略的实施，进一步落实全总有关通知要求，结合各自功能定位和发展导向，聚焦重点地区、重点领域和重点项目，细化具体实施方案，不断丰富和完善竞赛活动。

（九）深化重大工程建设竞赛。在总结多年来开展重大工程竞赛经验和做法的基础上，结合新时代国家战略规划，依据《重大工程建设劳动和技能竞赛工作指南》，进一步规范竞赛的组织领导、活动形式、活动内容、日常管理、考核评估、表彰奖励等，推动重大工程劳动和技能竞赛进一步扎实有效开展。

（十）开展贫困地区基础设施建设竞赛。在贫困地区的交通、水利、电力等基础设施重点项目和民族地区重大基础设施项目、民生工程建设中，组织动员职工群众广泛开展重大工程竞赛、职工技术创新和素质提升等活动，促进项目优质高效安全完工，促进贫困地区基础设施进一步完善，加快经济社会发展。

五、围绕建设美丽中国和可持续发展战略组织群众性生态文明建设活动

（十一）加强生态文明宣传教育。把生态文明作为职工素质教育的重

要内容，结合全国节能宣传周和全国低碳日活动，广泛开展形式多样、职工喜闻乐见的宣传活动，普及生态文明法律法规和科学知识，引导职工树立绿色发展理念，倡导简约适度、绿色低碳的生活方式，推动形成人人、事事、时时崇尚生态文明的社会氛围。

（十二）开展污染防治竞赛。动员广大职工积极参与污染防治攻坚战，推动实施大气、水、土壤污染防治三大行动计划；按照国家化解过剩产能和产业转型升级的要求，重点在高耗能、高排放、高污染的行业领域，围绕关键技术、生产设备改造、环保设施运行等重点难点问题，瞄准国内外同行业一流水平，开展清洁生产、节能减排、循环利用等竞赛活动；发挥职工节能减排义务监督员队伍作用，群防群治，促进企业节能减排。

（十三）开展生态系统保护竞赛。根据国家生态环境保护战略规划，围绕重点水利工程建设、防汛抗旱水资源优化调度、推进荒漠化、水土流失综合治理等开展重大工程竞赛；围绕各流域水污染防治、湿地保护和恢复、地质灾害防治等开展对标竞赛；助力国家生态文明先行示范区建设，积极参加国土绿化行动，推动生态系统质量和稳定性的提升。

六、围绕新时代职工安全健康需求深化“安康杯”竞赛

（十四）开展群众性安全生产活动。组织职工广泛开展隐患排查治理、安全生产合理化建议、安全管理优秀成果展示、安全知识普及和安全技能培训等活动，切实提高职工的安全意识和技能水平；强化班组安全建设，推进班组安全管理标准化、规范化和科学化，不断夯实安全生产的群众基础。

（十五）发挥工会劳动保护监督检查作用。加强工会劳动保护监督检查员和特聘煤矿群众监督员队伍建设，提升“两员”的专业素质和工作水平，按照工作要求履职尽责，配合政府有关部门加强对职业病防治工作的监督管理，切实保障职工生命安全与健康权益。

（十六）加强安全宣传和企业安全文化建设。加大国家相关法律法规和政策文件的宣传力度，做好职工劳动安全卫生知识的普及工作；结合全国“安全生产月”，有针对性地开展宣传培训、操作演练、亲情教育、警示教育等安全文化活动，把先进的安全生产理念、科学的安全管理方法、实用的安全操作技能送到企业，逐步形成上下齐心、知行合一的安全文化。

七、切实加强组织领导

（十七）高度重视，认真谋划。开展“当好主人翁、建功新时代”主题劳动和技能竞赛是贯彻落实党的十九大精神、实现宏伟目标的重要举

措，是践行为实现中华民族伟大复兴的中国梦而奋斗这一工运时代主题的重要载体。各级工会要高度重视，摆上重要议事日程，在完成《2016—2020年劳动和技能竞赛规划》目标任务的基础上，确定新目标，提出新要求，采取切实措施，对竞赛活动进行再动员、再部署，在全国职工中掀起劳动和技能竞赛新热潮。

（十八）因地制宜，分类指导。适应新时代新要求，探索建立既有宏观指导、又有具体举措，既有示范引领、又有面上发动，既有丰富内容、又有机制保障的地方、产业、企业相结合的竞赛工作体系。地方和产业工会要搭建区域和行业的竞赛平台，做好竞赛方案制订、竞赛发动和指导工作，从实际出发确定竞赛重点，以点带面，精准发力。企业工会要积极探索和创新竞赛的组织形式、活动内容和载体，并动员职工群众积极参加上级工会组织的竞赛活动，为职工发挥聪明才智和实现自身价值提供更大的舞台。注重总结竞赛工作经验、选树竞赛典型，发挥引领性竞赛的示范带动作用，推动全国竞赛广泛深入开展。

（十九）强化监督，完善机制。加强竞赛过程管理和考核评估，通过对地方和企业开展竞赛活动的成效进行评估，发现问题、找出不足、改进工作。评估方法、指标体系要科学合理，评估内容、评估范围要切合实际，评估结果要作为竞赛活动评先评优、推荐表彰的重要参考。完善督促检查、统计监测、动态调整机制，进一步把竞赛活动做实。认真落实全总《基层工会经费收支管理办法》（总工办发〔2017〕32号）有关规定，积极推动政府（企业）制定和完善劳动和技能竞赛奖励办法，进一步完善竞赛激励机制。

（二十）弘扬精神，示范引领。注重从劳动和技能竞赛中发现和宣传典型，培养和选树先进，营造劳动光荣的社会风尚和精益求精的敬业风气。坚持面向基层、面向一线、面向普通职工群众，做好五一劳动奖和工人先锋号推荐评选等工作，培养和选树不同层面的工匠人才。精心组织劳模和工匠人才进学校、进企业、进社区，用他们的干劲、闯劲、钻劲鼓舞更多的人，激励广大职工勤于创造、勇于奋斗、善于团结、敢于梦想，争做新时代的奋斗者。

（二十一）加强宣传，总结经验。充分发挥工会系统宣传阵地的作用，广泛运用微博、微信、移动客户端等新媒体，宣传推广基层开展竞赛活动的新鲜经验和先进典型，把主题劳动和技能竞赛打造成在职工中有较强感召力、在社会上有广泛影响力的品牌。坚持继承与创新相结合，适应新时代、聚焦新目标，不断丰富和完善竞赛内容，创新方式，总结推广先进经验，让劳动和技能竞赛在新时代展现出新的生机和活力。

中华全国总工会办公厅关于深入开展“东北地区老工业基地振兴杯”劳动竞赛的通知

（总工办发〔2006〕24号）

辽宁、吉林、黑龙江省总工会：

中央提出实施东北地区等老工业基地振兴战略后，辽宁、吉林、黑龙江三省各级工会组织职工广泛开展了振兴东北地区老工业基地劳动竞赛活动，取得了良好效果。为进一步落实全国总工会关于在全国职工中广泛开展“当好主力军，建功‘十一五’，和谐奔小康”竞赛活动的部署和要求，推动竞赛活动深入开展，全国总工会决定在辽宁、吉林、黑龙江三省深入开展“东北地区老工业基地振兴杯”劳动竞赛。

一、指导思想

振兴东北地区等老工业基地，是党中央作出的重大战略决策，是“十一五”规划的重要内容。竞赛活动要认真贯彻党的十六届五中全会精神，以科学发展观为指导，紧紧围绕国家“十一五”规划和《中共中央、国务院关于实施东北地区等老工业基地振兴战略的若干意见》提出的战略任务，动员和组织职工广泛开展多种形式的建功立业活动，加快振兴装备制造业，推进产业结构优化升级，为振兴东北地区老工业基地做出新贡献。

二、竞赛内容

根据国家提出的东北地区要加快产业结构调整和国有企业改革改组改造，发展现代农业，着力振兴装备制造业的要求，竞赛内容以推动企业技术创新、提高职工技能水平为重点，主要在以下几个方面开展：

（一）围绕推进产业结构优化升级，提高自主创新能力，深入实施以推动技术进步为主题，以开发具有自主知识产权的核心技术为重点，以争当“创新示范岗”“创新能手”为载体的职工经济技术创新工程，引导职工在积极参与建设创新型企业、创新型国家的实践中发挥聪明才智。

（二）围绕振兴装备制造业，引导职工在数控机床、输变电设备、轨道车辆、发电设备、重型机械等重大装备领域的关键技术上，进行自主创新和消化吸收再创新，广泛开展合理化建议、技术革新、技术攻关、发明创造和技术协作等活动，提高技术装备水平。

（三）围绕建设现代产业基地、重大建设项目和重大技术项目，开展重点工程、重点项目劳动竞赛，加快东北优势产业基地的形成，促进项目优质、高效、安全完工和投产。

（四）围绕发展第三产业，深入开展以改善服务环境、倡导文明服务、优化服务标准、提高服务质量、争当服务明星为主要内容的创优服务竞赛活动，不断提升服务质量和水平。

（五）围绕安全生产，广泛开展班组“安康杯”竞赛，增强职工安全意识，搞好安全卫生知识普及教育，引导职工遵守操作规程和劳动纪律，杜绝违章作业；加强企业劳动安全卫生监督检查，督促企业加强安全培训，增加安全投入，落实安全措施，消除安全隐患，提高企业安全管理水平，防止和遏制各类伤亡事故的发生。

（六）围绕加快推进资源型城市经济转型，保护生态环境，继续开展“我为节约做贡献”活动，教育职工增强节约意识和环保意识，帮助职工掌握节约技能，引导职工积极开发新技术新材料，改进工艺设备，推广新技术，提高资源利用率，促进资源型城市经济转型和可持续发展。

（七）围绕建设社会主义新农村和大力发展现代农业，充分利用工会组织的优势，开展多种形式的农业实用技术培训、职业技能培训和劳动力转移培训，加快培养新型农民；积极推广新技术、新成果，发展农产品加工业，促进农业产业化进程。

（八）围绕加快东北区域科技创新体系建设，充分发挥职工技协组织作用，积极参与技术市场建设，大力开展技术协作、技术开发、技术转让、技术咨询和技术服务活动，加强职工科技成果和职工技术人才信息网络建设，促进科技成果转化。

（九）围绕加快培养振兴东北地区老工业基地所需要的技能人才队伍，以“创建学习型组织、争做知识型职工”活动为载体，配合国家实施“新技师培养带动计划”和技能振兴行动，广泛开展岗位练兵、技术比武、技术比赛、技术培训等活动，加强职业技能培训工作，加快高技能人才培养，全面提高职工素质和技能水平，为振兴东北地区老工业基地提供智力支持和人才保证。

（十）围绕构建社会主义和谐社会，切实维护职工合法权益，积极开展“创建劳动关系和谐企业”活动，推动建立规范有序、公正合理、互利共赢、和谐稳定的企业新型劳动关系；利用工会培训机构、职工院校，开展再就业培训和创业培训，不断增强职工的就业竞争能力和创业能力，促进就业和再就业。

三、竞赛评比和表彰

竞赛活动每两年进行一次总结表彰，对在竞赛活动中取得优异成绩的地（市）总工会、企业、班组和个人，由竞赛委员会分别授予优秀组织奖、优胜企业奖、优胜班组奖和先进个人奖；对其中成绩突出的集体和个人，由全国总工会授予全国五一劳动奖状、奖章（竞赛评比表彰办法另行发文）。为推动竞赛活动深入开展，全国总工会拟于今年底或明年初召开首次“东北地区老工业基地振兴杯”劳动竞赛总结表彰大会。

四、组织领导

为了加强对竞赛活动的组织领导，成立“东北地区老工业基地振兴杯”劳动竞赛委员会，由中华全国总工会副主席、书记处书记周玉清同志任主任，国务院振兴东北办综合组组长文振富、辽宁省总工会副主席刘野、吉林省总工会副主席潘力捷、黑龙江省总工会副主席陈维奇、全国总工会经济技术部部长常毅民、副部长王新卫任副主任。竞赛委员会主要负责研究决定竞赛的重大活动和事项，指导竞赛活动的开展。委员会下设办公室，负责竞赛组织考核、表彰奖励和总结推广先进经验等工作。办公室主任由全国总工会经济技术部副部长王新卫兼任，成员由辽宁、吉林、黑龙江三省总工会经济技术（生产）部的负责同志组成。

竞赛活动由“东北地区老工业基地振兴杯”劳动竞赛委员会统一领导，辽宁、吉林、黑龙江三省总工会分别组织实施。各省总工会要成立相应的领导机构，并按照通知要求，结合业已开展的竞赛活动，进一步完善竞赛方案，切实加强领导，做好组织协调、检查指导、表彰宣传等工作，推动竞赛活动深入发展。

中华全国总工会办公厅

2006 年 7 月 5 日

中华全国总工会办公厅关于在全国职工中广泛开展“我为节能减排做贡献”活动的通知

（总工办发〔2008〕5号）

各省、自治区、直辖市总工会，各全国产业工会，中共中央直属机关工会联合会，中央国家机关工会联合会，全总各部门、各直属单位：

为了深入贯彻党的十七大精神，落实国家发改委等十七部门制定的《节能减排全民行动实施方案》，充分发挥工会组织和广大职工在加强能源资源节约和生态环境保护中的作用，全国总工会决定在全国职工中广泛开展“我为节能减排做贡献”活动，现将有关事宜通知如下。

一、广泛开展宣传教育，进一步增强广大职工的节约环保意识和节能减排自觉性

坚持资源节约和环境保护是关系人民群众切身利益和中华民族生存发展的基本国策。开展节能减排工作，是落实资源节约和环境保护基本国策的重要内容，是工会组织和广大职工义不容辞的责任和义务。各级工会组织要对职工加强节能环保形势教育，充分利用工会宣传阵地，运用各种方式，大力宣传节能减排的重要意义，不断提高职工的节约环保意识，增强节能减排的自觉性。要进一步宣传和普及节能环保知识，积极推广节能减排的有效方法，帮助职工掌握节能减排技巧，提高节能减排能力。要在广大职工中积极倡导文明生产生活方式，引导职工从点滴做起，从自身做起，使节能减排到岗位、进家庭，成为广大职工的自觉行动。

二、围绕节能减排，积极开展多种形式的建功立业竞赛活动

围绕节约资源和保护环境开展建功立业竞赛，是推动实现节能减排目标的有效举措。各级工会组织要把“我为节能减排做贡献”活动作为“当好主力军、建功‘十一五’、和谐奔小康”主题竞赛的重要内容，针对各个行业的特点，结合企业实际，以企业、车间、班组为阵地，深入开展节能减排达标竞赛活动。要围绕发展循环经济，抓住能源消耗和环

境污染的突出问题，发动职工广泛开展合理化建议和小革新、小发明、小设计、小创新、小窍门“五小”活动，大力开发和推广节能减排新技术、新工艺、新材料、新设备，积极引导职工为节约资源、保护环境贡献智慧和力量。要把节约资源和保护环境作为职工经济技术工作的永恒主题，通过开展职工技术创新、岗位练兵、技术比武和技术培训等活动，不断提高职工技术水平和节能减排能力。要充分发挥职工技协的组织、阵地和人才优势，组织和发动技协会员围绕节能减排开展技术攻关活动。

三、发动职工参与企业管理、加强群众监督，促进企业节能减排

企业是节能减排的主体，职工是节能减排的主力军。各级工会要积极组织职工参与企业管理，促进企业健全和完善管理制度，进一步挖掘节能减排潜力。要把职工参与管理贯穿于企业生产经营的全过程，发动职工群防群治，从班组抓起，从点滴着手，认真查找薄弱环节，采取措施堵塞漏洞，加强“三废”利用和处理，减少资源浪费，提高资源利用率，促进环境保护。要了解企业节能减排达标情况，积极协助企业制定规划，落实责任，推动企业节能减排达标。要切实加强群众监督，认真检查企业节能减排工作，积极督促企业落实节能减排规划，使节能减排的各项任务落到实处。要建立职工节能减排监督员队伍，充分发挥这支队伍在节约资源和保护环境中的作用。

四、精心策划和组织好“全国职工节能减排活动月”的各项活动

为了把“我为节能减排做贡献”活动推向高潮、形成声势，全国总工会决定将 2008 年 3 月作为“全国职工节能减排活动月”。活动月将以“我为节能减排做贡献”为主题，以普及节能减排知识、征集节能减排合理化建议、推广职工节能减排成果、宣传节能减排先进经验为主要内容，通过举行启动仪式，开展知识竞赛和发布职工技术创新成果等一系列活动，引导职工进一步提高节能环保意识，增强节能减排自觉性，从而积极投身资源节约型、环境友好型社会建设，为促进经济发展方式转变，推动经济社会协调发展做出新贡献。

各级工会要把“全国职工节能减排活动月”作为一项重要工作，按照全国总工会的统一部署，从本地区、本产业和本单位的实际出发，积极开展各具特色的活动。要围绕活动主题，精心策划，周密安排，认真组织实施，动员职工广泛参与。要把“全国职工节能减排活动月”活动与日常节能减排活动有机结合起来，把注重活动实效与扩大工会影响统一起来，取

得扎扎实实的成效。

五、加强组织领导，推动“我为节能减排做贡献”活动深入开展

开展“我为节能减排做贡献”活动，是组织引导职工在国家经济建设中发挥工人阶级主力军作用的具体体现，是工会服从服务于党和国家工作大局的重要举措。各级工会要高度重视，切实加强领导，采取有力措施，推动活动深入扎实持久开展。要不断丰富活动内容，创新活动方式，完善活动机制，最大限度地把职工群众吸引到活动中来，使活动开展的既轰轰烈烈又扎扎实实。要深入调查研究，搞好分类指导和典型推广，认真总结经验，及时解决存在问题，加强工作协调和信息沟通。要找准位置、发挥优势，密切与政府有关部门的联系与合作，积极争取当地党委、政府的支持。要大力表彰和选树在开展“我为节能减排做贡献”活动中涌现出的先进典型，及时总结推广他们的先进经验，大张旗鼓地宣传他们的先进事迹，努力营造节能减排的良好社会氛围。各级工会领导机关要带头节能减排，从节约一滴水、一张纸、一度电做起，自觉养成节能环保的好习惯，起到表率作用。

中华全国总工会办公厅

2008 年 1 月 21 日

中华全国总工会办公厅关于印发《关于加强劳动竞赛机制建设的意见》的通知

（总工办发〔2012〕5号）

各省、自治区、直辖市总工会，各全国产业工会，中共中央直属机关工会联合会、中央国家机关工会联合会，全总各部门：

现将《关于加强劳动竞赛机制建设的意见》印发给你们，请认真贯彻落实。

中华全国总工会办公厅
2012年2月23日

关于加强劳动竞赛机制建设的意见

劳动竞赛是提高职工素质、推动企业进步、促进经济发展的重要途经，是工会围绕中心、服务大局的重要载体。加强劳动竞赛机制建设，对于推动创先争优建功立业劳动竞赛深入持久、扎实有效开展具有重要意义。

一、加强劳动竞赛机制建设的基本要求

1. 加强劳动竞赛机制建设要以科学发展观为指导，坚持以人为本，进一步调动和激发广大职工的积极性，充分发挥劳动竞赛在推动科学发展、促进经济发展方式转变和实现职工利益、提升职工素质、稳定和谐劳动关系中的作用。

2. 加强劳动竞赛机制建设要从推动国家发展战略实施、促进区域经济协调发展和大力发展实体经济出发，使劳动竞赛既紧扣时代脉搏，又贴近实际，贴近职工，不断增强竞赛的针对性和有效性。

3. 加强劳动竞赛机制建设要在坚持正确方向的前提下，按照科学规

划、统筹安排、加强指导和认真组织实施的要求，建立和完善竞赛活动、竞赛评估、竞赛激励、劳模选树、竞赛保障等工作机制，以保证劳动竞赛健康发展。

4. 加强劳动竞赛机制建设要把继承与创新结合起来，在不断总结经验、坚持有效做法、规范竞赛工作的同时，认真研究解决新情况新问题，创新竞赛方式方法，探索竞赛新路子，推动劳动竞赛蓬勃开展、长盛不衰。

二、建立健全劳动竞赛活动机制

5. 竞赛活动要以改善经营管理、推动技术进步和促进企业发展为目标，以班组竞赛为基础，以提高职工技能水平和增强职工创新能力为重点，把生产型竞赛、技能型竞赛和智能型竞赛有机结合起来，积极鼓励和引导职工诚实劳动、勤奋劳动、创新劳动。

6. 采取有效措施推动职工技术培训、技术交流、岗位练兵、技能比赛、师徒帮教和“五小”（小革新、小发明、小改造、小设计、小建议）等活动扎实有效开展，做到经常化、制度化。

7. 夯实竞赛基础，广泛开展以创建“工人先锋号”为载体的班组竞赛，积极引导职工立足岗位、创先争优，努力把班组建设成为能够出色完成生产（工作）任务、具有较强创新能力，管理科学，纪律严明，团结和谐的坚强集体。

8. 竞赛活动要适应形势任务要求，拓宽领域、丰富内容、创新形式，增强吸引力、感召力和影响力，不断扩大覆盖面，最大限度地把各类企事业单位的职工群众吸引到竞赛活动中来。

9. 坚持从实际出发，科学安排、精心组织竞赛活动，注重竞赛实效，努力把动机与效果、内容与形式、职工素质提升、利益实现与企业发展有机统一起来。

三、建立健全劳动竞赛评估机制

10. 建立竞赛评估制度是检验劳动竞赛成效和推动竞赛发展的有效措施。要制定科学的竞赛评估方法和评估指标体系，量化竞赛评估工作，做到科学化、规范化、制度化。

11. 竞赛评估要着眼于提升劳动竞赛的水平，把竞赛方案制订、竞赛活动开展、竞赛目标任务实现等纳入评估范围，把劳动竞赛在提升职工素质、推动企业技术进步和促进经济发展中所发挥的作用作为评估重点，促进竞赛活动深入扎实发展。

12. 竞赛评估要坚持走群众路线，充分听取职工群众对竞赛活动的意见，并把群众意见作为评估劳动竞赛的重要依据。

13. 定期开展竞赛评估工作，及时通报评估情况，把评估工作的过程作为发现典型、总结经验、查找不足、改进工作的过程。

四、建立健全劳动竞赛激励机制

14. 做好竞赛评比奖励工作，是建立劳动竞赛激励机制的重要方面，对调动职工参赛积极性具有重要作用。要把阶段性评比奖励与全过程评比奖励、单项评比奖励与综合评比奖励、个人评比奖励与集体评比奖励有机结合起来，做到经常化、制度化。

15. 竞赛评比要着眼于激发职工比学赶帮超的热情，把比技术创新、团结协作、质量效益、安全环保和创一流工作、一流业绩、一流团队作为主要内容。

16. 竞赛奖励要坚持精神鼓励与物质奖励相结合的原则，使职工得到的荣誉与取得的业绩、得到的奖励与做出的贡献相适应，让职工分享社会和企业发展成果。

17. 大力表彰竞赛活动中涌现出来的先进集体、模范职工和优秀技术创新成果，把引导职工弘扬工人阶级伟大品格和劳模精神贯穿于竞赛活动的全过程，调动和激发职工创先争优建功立业的积极性。

18. 推动政府（企业）制定和完善劳动竞赛奖励办法，对劳动竞赛中涌现出来的先进集体、先进职工及时予以表彰奖励。

五、建立劳动模范选树机制

19. 劳动模范产生于劳动竞赛。要注重从劳动竞赛涌现出来的先进职工中发现、培养、选树劳动模范，使劳动模范的评选工作建立在深厚的群众基础之上。

20. 大力选树“金牌工人”“首席员工”“技术状元”等技能人才，开展多种形式的学赶先进、创先争优活动，积极引导职工以劳动模范和先进人物为榜样，争当先进，争创一流。

21. 建立劳动模范（技能人才）“创新工作室”，认真总结、积极推广他们创造的先进生产（操作）方法和取得的技术创新成果，充分发挥劳动模范和技能人才在劳动竞赛中的示范带头作用。

22. 通过多种形式宣传劳动模范的崇高思想和先进事迹，积极引导职工学习劳模、争当先进，努力营造劳动光荣、知识崇高、人才宝贵、创造伟大的良好氛围和时代新风。

六、建立健全劳动竞赛保障机制

23. 建立健全各级劳动竞赛委员会（领导小组），切实加强对劳动竞赛的组织领导。各级工会要把劳动竞赛摆上重要位置，定期分析研究竞赛工作，建立竞赛情况报送、通报制度，加强竞赛信息交流，认真总结推广竞赛经验，搞好典型指导和分类指导。

24. 加强竞赛理论和相关政策研究，是搞好劳动竞赛的重要基础，也是加强竞赛机制建设的重要方面。要了解经济形势，掌握经济政策，研究竞赛理论，总结竞赛经验，探索竞赛规律，使机制建设在促进劳动竞赛发展中持久、稳定地发挥作用。

25. 经费保障是组织开展劳动竞赛的重要物质条件。各级工会在为竞赛提供必要经费的同时，要积极争取同级政府（行政）拨出专款用于劳动竞赛。企业工会要督促企业建立劳动竞赛奖励基金。

26. 加强劳动竞赛机制建设对干部素质提出了更高要求。各级工会经济技术干部要进一步增强使命感和责任感，保持良好的精神状态，通过加强学习、深入实践，不断提高思想政策水平和指导工作的能力，以适应新形势下组织开展劳动竞赛的要求。

中华全国总工会办公厅关于在节能减排重点行业职工中开展达标竞赛活动的通知

（厅字〔2012〕12号）

全国铁路总工会、中国民航工会、中国海员建设工会、中国能源化学工会、中国机冶建材工会、中国财贸轻纺烟草工会、中国农林水利工会：

为贯彻落实国务院关于《“十二五”节能减排综合性工作方案》，推动“我为节能减排做贡献”活动深入开展，促进“十二五”节能减排目标任务的实现，全国总工会将在国家确定的电力、煤炭、钢铁、有色、建材、石油石化、化工、印染、造纸、建筑、交通运输等高耗能、高排放行业职工中开展节能减排达标竞赛活动。

一、竞赛目标

结合行业实际，制定竞赛标准，通过竞赛，推动企业能耗和排放指标达到国际和国内先进水平，促进上述行业节能减排目标任务的实现。

二、竞赛内容

各参赛单位要组织动员广大职工针对本行业特点，以企业、车间、班组为阵地，深入开展以“三比一降”为主要内容的竞赛活动。一是比创新。围绕发展循环经济，抓住能源消耗和环境污染的突出问题，发动职工广泛开展小革新、小发明、小改造、小设计、小建议“五小”活动。二是比技能。通过岗位练兵、技术比赛、师徒帮教和技能培训等职工素质提升活动，不断提高职工节能减排能力和水平。三是比管理。积极组织职工参与企业节能减排管理，发动职工群防群治，认真查找薄弱环节，堵塞漏洞，充分发挥职工节能减排义务监督员的作用。四是降能耗和排放。通过竞赛活动，使企业耗能和排放水平明显下降。

三、竞赛方式

竞赛活动将在“十二五”期间开展，由涉及相关行业的全国铁路总工会、中国民航工会、中国海员建设工会、中国能源化学工会、中国机冶建材工会、中国财贸轻纺烟草工会、中国农林水利工会联合国家有关部委或行业协会共同组织实施。

四、表彰奖励

在“十二五”期间，分两次进行表彰。对竞赛活动中表现突出并符合有关规定的企业、车间、工段、班组分别授予全国五一劳动奖状和全国工人先锋号。今年年底进行首次表彰。

五、相关要求

一是要高度重视，加强领导。各相关产业工会要充分认识加强节能减排工作的重要性，把达标竞赛活动作为职工节能减排活动的重要内容，列入重要议事日程，成立竞赛活动领导小组，抓紧制订竞赛实施方案，确定竞赛目标任务，提出推进举措，加强工作指导。

二是要突出重点，抓好落实。竞赛活动要着重在重点用能单位和重点排污单位中开展，要把规模以上企业作为竞赛重点。及时对竞赛活动进行督导和检查。定期通报竞赛活动进展情况，每半年报送一次竞赛总结。

三是要总结经验，选树典型。认真总结推广先进经验，加强分类指导，及时解决竞赛中存在的问题。加强宣传，特别是加大对节能减排先进典型的宣传力度，积极营造良好的社会氛围。

中华全国总工会办公厅
2012 年 3 月 21 日

(四)技术协作与创新

中华全国总工会办公厅关于进一步加强职工技协工作的通知

(总工办发〔2007〕2号)

各省、自治区、直辖市总工会，各全国产业工会：

中国职工技术协会是中国工会领导的群众性科技社团，职工技协工作是工会工作的重要组成部分。为进一步做好新形势下的职工技协工作，充分发挥各级技协组织的作用，现就加强职工技协工作作出如下通知。

一、充分认识加强职工技协工作的重要性

职工技协活动是我国工人阶级的伟大创举，是广大职工发扬主人翁精神的具体体现。开展活动四十多年来，各级职工技协组织坚持“为国分忧、为企业解难、为职工服务”的宗旨，发扬“艰苦奋斗，无私奉献，团结协作，开拓创新”的精神，积极组织广大会员开展多种形式的群众科技活动，在提高职工技术素质、推动企业技术进步、促进经济社会发展等方面发挥了积极的作用。但也要看到，在发展社会主义市场经济和深化企业改革的过程中，职工技协工作遇到了许多新情况、新问题，一些地方和企业的职工技协组织和技协会员减少、活动不能正常开展，这些应当引起各级工会的高度重视。

当前，我国发展正处在一个新的历史起点上。团结动员广大职工全面落实科学发展观，为构建社会主义和谐社会、实现全面建设小康社会的宏伟目标建功立业，是新世纪新阶段工会组织的根本任务。职工技协组织拥有一支由优秀技术工人、管理人员和科技人员组成的骨干队伍，在实施科教兴国、人才强国战略和建设创新型国家中具有独特的优势，是工会服务经济建设中心的重要载体，是推动技术进步、促进国民经济又好又快发展的重要力量。特别是“十一五”规划的实施，为职工技协发挥作用创造了有利条件，为技协会员施展聪明才智搭建了广阔舞台。新的形势和任务，

既给职工技协发展带来了难得的机遇，又对职工技协工作提出了更高的要求。技协工作只能加强，不能削弱。各级工会要从贯彻党的全心全意依靠工人阶级指导方针和坚持中国特色社会主义工会发展道路的高度，充分认识职工技协工作的重要性，切实加强职工技协工作的领导，积极为职工技协开展工作创造条件，帮助职工技协解决存在的困难和问题，适应新形势新任务的要求，促进职工技协工作的更大发展。

二、重视职工技协的组织建设，支持技协创造性地开展工作

加强组织建设是做好技协工作的重要保证，关系到职工技协事业的兴衰。各级工会要抓住当前贯彻落实《企业工会工作条例》的有利时机，积极帮助职工技协恢复、巩固和发展基层组织，使具备条件的企事业单位都把技协组织建立起来。要坚决制止随意撤销技协组织的现象，已经撤销的要尽快恢复。要支持职工技协创新组织形式，在非公有制企业大力发展技协组织，在小企业比较集中和工业比较发达的地区建立区域性技协组织。要指导技协按照“数量、质量、结构”并重的原则和既面向职工又坚持条件、既注重数量又保证质量、既壮大队伍又改善结构的要求，进一步加强会员队伍建设。

各级工会要进一步加强领导，帮助职工技协把关定向，指导职工技协坚持宗旨，支持职工技协围绕中心、服务大局，按照章程独立自主、创造性地开展工作，充分发挥技协组织在职工经济技术创新活动中的引领和骨干作用。要引导职工技协按照科学发展观的要求，围绕调整经济结构和转变经济增长方式、增强企业自主创新能力和核心竞争力、加强资源节约和环境保护等，广泛开展合理化建议和技术开发、技术革新、技术攻关、技术协作、发明创造等活动，大力推广先进适用技术，积极参加企业技术改造、技术攻关，参与新技术、新工艺、新设备、新材料的研发和先进技术的引进消化吸收工作。要支持技协实施“职工技能提升行动”，广泛开展技术培训、岗位练兵、技术比赛、技术交流、拜师学艺、师徒帮学等活动，加快培养技术技能型、复合技能型和知识技能型人才，进一步提高职工技术素质；要在职工中普及科技知识和创造学知识，培育创新意识，倡导创新精神，完善创新机制，营造创新氛围，推动技术创新体系建设和创新文化发展，为建设创新型企业和创新型国家贡献力量。

要发挥职工技协的社团功能，引导职工技协遵循市场经济规律，正确处理社会效益与经济效益的关系，开展群众性科技活动与开展“四技”（技术开发、技术转让、技术咨询、技术服务）活动的关系，兴办经济实

体与对下指导服务的关系。要加强对技协所办企事业单位资产的监督管理，指导企事业单位坚持正确方向，严格执行国家法律法规和有关规定，依法经营，照章纳税，加强经营管理，不断提高经济效益，实现资产保值增值。

三、采取有力措施，切实加强对职工技协工作的领导

加强对职工技协工作的领导是各级工会组织的重要职责。各级工会要把技协工作摆上议事日程，并确定一名领导同志分管负责。要定期听取技协工作汇报，及时研究解决技协工作中遇到的问题。要从理论、政策、经验、信息等方面，加强对技协工作的指导，积极帮助职工技协疏通工作渠道、协调外部关系，努力为职工技协开展工作创造有利条件。

技协办公室是职工技协的工作机构，也是工会管理技协工作的职能部门，承担着指导、服务和管理的职责。各级工会要为技协办公室开展工作提供经费保障，支持技协办公室探索适应机构设置和形势任务要求的工作运行机制。要主动与有关部门协商，合理解决地方工会技协办公室的机构设置和人员编制问题。要切实加强技协干部队伍的思想建设、作风建设和能力建设。选派事业心强、熟悉经济和科技政策、热爱技协工作的干部做技协工作。重视技协干部的培养使用，不断提高他们的素质，关心他们的工作和生活，帮助他们解除后顾之忧。

职工技协的活力来自基层。各级工会要把加强基层技协建设作为落实《企业工会工作条例》的重要工作，支持技协围绕加强基层建设和加强基础工作所采取的措施，努力把基层技协建设成组织健全、工作活跃、作用明显的群众性科技社团。各级职工技协要抓住机遇、乘势而上，团结带领广大会员发扬优良传统，振奋精神、不断创新，在推动技术进步和促进经济发展中发挥应有的作用，为实现“十一五”规划和全面建设小康社会的宏伟目标做出新的更大的贡献。

中华全国总工会关于建立全国职工职业（工种）技能实训基地的通知

（总工发〔2012〕46号）

各省、自治区、直辖市总工会：

为推动国家《高技能人才队伍建设中长期规划（2010—2020年）》和《中华全国总工会关于组织动员广大职工为实现“十二五”规划目标任务创先争优建功立业的决议》的实施，充分发挥实训基地在技术工人培养中的重要作用，加快知识型、技能型、创新型高素质职工队伍培养，全国总工会在各地层层申报并严格审核基础上，决定批准北京市工业技师学院等130所培训机构为全国职工职业（工种）技能实训基地。

各级工会组织要高度重视实训基地建设，把实训基地建设作为提高职工技术技能水平、建设高素质职工队伍，推动创新型企业、创新型国家建设的一项重要举措来抓，团结动员广大职工，深入开展岗位练兵、技能比赛、技术培训、技术交流等活动，在推动实施人才强国战略，加快技术工人培养中发挥工会“大学校”作用。全国总工会将对实训基地实行动态管理，建立完善管理制度，定期组织绩效评估和考核验收，推动实训基地规范化、正规化建设。各实训基地要不断加强自身建设，积极探索技能人才培养新路，大胆实践，勇于创新，为提高职工技术素质，推动创新型企业、创新型国家建设服务。

附件：全国职工职业（工种）技能实训基地名单（略）

中华全国总工会

2012年6月4日

中华全国总工会关于充分发挥工会在建设知识型、技术型、创新型技术工人队伍中作用的意见

（总工发〔2016〕34号）

技术工人是推动经济社会发展的重要力量。建设高素质的技术工人队伍，是践行五大发展理念、促进供给侧结构性改革、实施创新驱动发展战略、实现职工全面发展的必然要求。为充分发挥工会在建设知识型、技术型、创新型技术工人队伍中的作用，提出如下意见。

一、目标要求

（一）指导原则。

深入贯彻习近平总书记系列重要讲话精神特别是关于工人阶级和工会工作的重要论述，紧紧围绕国家“十三五”规划的目标任务，以产业结构转型升级对技术工人的需求为导向，以提高职工技能素质和创新能力为着力点，以构建终身学习长效机制为基础，坚持推动企业发展与促进职工全面发展相结合，普遍提高职工技能素质与培养高技能创新领军人才相结合，继承传统有效载体与创新方式方法相结合，大力弘扬劳模精神、劳动精神、工匠精神，培养造就更多“大国工匠”，努力建设知识型、技术型、创新型技术工人队伍，在全面建成小康社会的进程中充分发挥工人阶级主力军作用。

（二）主要目标。

经过一个时期的努力，技术工人队伍不断壮大，高技能人才大量涌现，技术工人队伍建设的体制机制进一步建立健全，技术工人综合素质进一步适应产业结构转型升级和经济社会发展要求。

——广泛开展技能培训和技能竞赛活动，技术工人技能水平不断提高。技能培训和技能比赛方法不断创新，质量不断提升，职工参与面进一步扩大。每年培训技术工人800万人次，为300万名农民工提供就业和创业培训。每年参加企业及以上各级技能比赛的职工2300万人以上，通过技能比赛晋升技术等级的职工达100万以上。

——深入开展职工技术创新活动，技术工人创新能力有较大提升。每年完成技术革新 80 万项，发明创造 20 万项，总结推广先进操作法 20 万项，实现量上有发展，质上有提升，成果转化率进一步提高。劳模创新工作室创建活动普遍开展，5 年内全国示范性劳模创新工作室总数达到 300 家，各级劳模创新工作室总数超过 10 万家。

——进一步强化资金支持和专业服务，技能提升和技术创新扶持制度逐步完善。全国职工技术创新补助资金的示范效应有效发挥，推动建立各级职工创新补助资金。探索不同形式的扶持办法，鼓励技术工人提升技能等级。建立专业技术支持团队，为技术工人提升技能和开展创新提供专业支撑。

二、具体措施

（一）广泛开展培训和学习活动，普遍提升职工职业素养和技能素质。

1. 加强工匠精神培育。把培育工匠精神作为职工素质提升活动的重要内容，注重培育执着专注、精益求精、一丝不苟、追求卓越的工匠精神，增强职工对职业理念、职业使命的认识与理解。深化“中国梦·劳动美”主题教育，推动工匠精神和工匠文化在职工中广泛传播，使工匠精神成为企业文化的重要内容。

2. 充分运用多种培训学习载体。各级工会要根据企业岗位技能要求和职工提升技能素质需要，配合企业行政开展岗前培训、在岗技能提升培训和高技能人才培训，帮助职工学习新知识、掌握新技能、增长新本领。广泛开展新型师带徒活动，总结推广绝招绝技和先进操作法，做好技能传承工作。加强企业班组建设，充分发挥工会小组作用，立足班组开展形式多样的学习活动，把班组建设成技术工人提高技能素质、实现岗位成才的阵地。

3. 构建职工技能培训立体网络。整合工会职工教育和技能培训资源，建立职工技能培训示范点，推动工会系统职工院校由以成人学历教育为主向学历教育和职业技能培训并重转变，由小规模松散式培训向正规化、系统化、规模化、联盟化职业技能培训转变，由依据自身教育资源优势定位培训科目向校企结合、产教链接、工学融合方向转变。加强职工技能实训基地、就业培训基地、农民工技能培训示范基地和工人文化宫的培训能力建设，利用信息通信和网络技术手段，构建工会职业技能教育培训网络平台，为技术工人提供全面、便捷、实用的培训服务。

4. 创新技能培训方式方法。紧跟经济社会发展变化，顺应产业转型升级趋势，加强对技术工人需求的摸底调查，坚持把符合科技进步方向、符合企业发展需求、符合职工学习意愿的内容作为培训重点，增强技能培训的实用性和针对性。善于借用社会培训资源，加强与企业联合办学，强化实操训练，完善现场培训、菜单式培训、上门施训、交流研讨等做法，根据各地实际情况创造性地开展多种形式的培训活动，加快培养掌握运用新知识、新技术、新工艺能力强的技术工人。

5. 注重提升农民工技能素质。积极争取政策支持和培训资源，充分运用职工技能实训基地、农民工技能培训示范基地、就业培训基地，主动承接任务，认真谋划落实，推动实施“农民工职业技能提升计划”。广泛组织动员农民工参加岗位练兵和各个层级的技能比赛活动，提高农民工技能素质。

（二）深化职业技能比赛，不断拓展职工技能提升平台。

6. 扩大技能比赛覆盖面。定期开展全国职工职业技能大赛，发挥示范引领作用。充分发挥地方工会和产业工会两个积极性，地方工会要根据当地产业发展和人才发展战略的需要，开展各级各类职工技能比赛；产业工会要联合有关产（行）业协会或相关政府部门，围绕本产业发展急需的技能人才开展行业技能比赛活动。把产业技能比赛与地方技能比赛结合起来，形成地方和产业全面覆盖、相互交融的技能比赛格局。

7. 提高职工技能比赛质量。把主导技术、前沿技术、急用技术作为技能比赛的重点，实现比赛工种从传统制造业向先进制造业和现代服务业延伸，从传统工种向新兴工种和科技含量高的工种拓展。加强对职工职业技能比赛的管理和指导，总结长期以来行之有效的比赛工作经验，借鉴国际经验，规范管理比赛全过程、各环节，精心设计比赛形式和内容，严格执行比赛标准和纪律，严密管控比赛流程和秩序，确保比赛程序公开、标准公平、结果公正，提高比赛质量，提升比赛实效。广泛动员社会资源参与，不断提高职业技能比赛的影响力和带动力。

8. 增强职业技能比赛效应。坚持以赛促学、以赛促训，抓好赛前培训，激发职工参赛热情，带动技术培训和岗位练兵普遍开展。总结推广基层创造的“网上练兵”“网上自学”“岗位对标竞赛”等做法，推动企业把技能比赛办在生产线上、在岗位上、办在工地上。做好赛后的技术等级晋升，推动形成培训练兵、技能比赛、技术等级晋升一体化机制，把职业技能比赛打造成技术工人成长成才的绿色通道。开展技能交流和推广工作，传播先进操作法，推动更多职工提高技能素质。

（三）全面推动职工创新能力建设，培养创新型技术工人队伍。

9. 深化职工技术创新活动。围绕行业和企业发展战略，针对现场工艺技术关键难题、产业核心技术瓶颈和行业共性技术难题，组织动员职工开展技术协作和技术攻关，着力提高技术工人的创新能力。最大限度地激发职工创新创业活力，引导广大职工开展发明创造活动，争做创造性劳动的典范，为大众创业、万众创新夯实群众基础。在职工中广泛开展现代创新知识培训，普及创新方法、培育创新思维，开展工人发明家沙龙、职工创新论坛、职工科技节等活动，营造鼓励创新的良好环境。

10. 积极开展职工创新成果展示、推广活动。命名先进操作法，开展职工合理化建议、优秀发明选拔赛、岗位绝技绝活展示、职工技能群英会、职工创新成果发布会等活动，积极向政府科技主管部门推荐职工的优秀技术创新成果，为职工搭建创新成果评选、展示、推广平台。

11. 深化劳模创新工作室创建工作。按照提高质量、突出实效、发挥作用、扩大影响的要求，联合政府有关部门，加强工作指导，规范创建工作。每 3 年命名一批全国示范性劳模创新工作室，并加强评估管理和总结交流，发挥示范性创新工作室引领作用，提高创建工作整体水平。充分发挥劳模创新工作室的技术攻关、技能培训、协同创新等功能，吸引更多职工参与创新活动，培养创新型技术工人。

12. 完善职工技能提升和创新能力建设体系。发挥职工技术协会等职工科技社团作用，建设由专业技术人员、创新能手和能工巧匠组成的专家队伍，为职工提供技术咨询、创新指导、专利申请等专业服务。充分发挥创新攻关领军人才作用，指导支持职工开展技术革新、发明创造等活动，培养造就更多工人发明家。建立职工技能人才库和技术创新成果库，为职工开展技术交流、技术协作、技术攻关构建信息化平台。

（四）推动优化技术工人成长社会环境，促进职工全面发展。

13. 充分反映技术工人诉求。在参与立法和政策制定时，积极推动收入分配制度改革，把提高技术工人工资收入作为健全完善职工工资协商共决、正常增长、支付保障机制的重要内容，促进技能劳动价值在收入分配中得到充分体现，推动提高技术工人待遇。推动健全关于职工技术创新、知识产权保护等方面法律法规，依法保障和激励职工创新创造、提高技能素质。

14. 拓展技术工人职业发展通道。推动企业普遍建立技术工人培养、考核、使用、激励机制。总结推广企业建立管理人员、技术人员、技术工人等不同序列晋升通道的做法，拓展技术工人成长成才空间，更好地激发技术工人成长成才的积极性、主动性。推动企业实行首席工人、首席技师等制度，使高技能人才获得相应报酬，体现应有价值。在技术工人中普及有关职业培训、技术等级提升、技能鉴定等相关法律法规知识，增强技术工人的职业发展意识和维护自身权益的能力。

15. 加强对技术工人培养工作的监督。认真落实财政部等十一部委联合下发的《关于企业职工教育经费提取与使用管理的意见》，监督企业足额提取职工教育培训经费并按规定比例用于企业一线职工的教育和培训，监督企业将职工教育培训经费的提取与使用情况列为厂务公开的内容，向职工代表大会或职工大会报告，定期或不定期进行公开，接受职工代表的质询和全体职工的监督。把对技术工人的培养经费和培训内容等纳入企业集体协商内容。配合各级人大、政协开展专项检查，督促企业落实相关政策和规定。

16. 推动职业技能鉴定工作。推动职业技能鉴定社会化，合理开发利用企业职业技能鉴定机构，探索建立职业技能鉴定社会评价机制，改进方式，简化程序，减少技能等级鉴定的制约因素。各级职工技协要积极创造条件，主动承接技能鉴定工作，为技术工人参加技能鉴定提供便利。总结推广非公企业对暂未纳入国家技能鉴定的工种开展内部技能等级鉴定并设定相应等级待遇的做法。

三、组织实施

（一）加强组织领导。

各级工会要把建设知识型、技术型、创新型技术工人队伍摆上战略高度，纳入重要议事日程，加强组织领导。各全国产业工会和全总机关各部门、职工技协要整合力量，加强顶层设计，把职工技能素质提升作为评价工作的重要指标，合力推动实施。各地方和产业工会要把技术工人队伍建设作为与政府、行业协会召开联席会议的重要议题，积极提出工会的意见和建议，参与和推动相关政策法规制定，争取政府的经费支持，与政府部门联合出台文件，共同开展工作，形成在党委领导和政府支持下，全会上下齐心协力共同推动技术工人队伍建设的局面。

（二）形成工作机制。

加强对国家和地方发展战略的研究，把工会开展的技术工人队伍建设工作纳入国家和地方发展大局中把握和考虑，建立调查研究、规划制定、措施落实、统计监测、监督考核、表彰激励、经费投入等机制，逐步形成完善的工作制度。地方工会和产业工会要加强协作，从各自职责和优势出发，形成推动工作落实的合力。

（三）强化示范引领。

通过各种新闻媒体，开展多种形式的宣传活动，广泛宣传国家关于技术工人队伍建设的方针政策，及时推广工会推动技术工人队伍建设的成功经验和做法。加大优秀技能人才表彰奖励力度，在工会开展的推荐表彰活动中，应明确高技能创新人才占一定比例。大力宣传“首席技师”“金牌工人”“能工巧匠”和技能比赛中涌现出的技术能手等，弘扬工匠精神，激励技术工人肯学肯干肯钻研，练就一身真本领，掌握一手好技术，成长为工匠型人才。扩大职工职业技能大赛、职工优秀技术创新成果展示、劳模创新工作室创建、职工先进操作法命名等工作品牌的社会影响力，在全社会营造尊重劳动、崇尚技能、鼓励创造的良好氛围。

（四）开展对外交流。

着眼于提升技术工人队伍国际竞争力，加强与国外工会和国际工会组织的国际交流与合作，借鉴其在提高工人技能素质和创新能力方面的有益经验，提高工会干部开展技术工人队伍建设工作的能力和水平。积极开展与港澳台地区和国际间职工技能和技术创新学习、交流和比赛活动。

（五）加大经费保障。

全总每年安排一定资金，并积极争取各级政府部门的政策性资金支持，用于加强技术工人队伍建设工作。加强对职工创新专项补助资金使用的管理和监督，大力扶持全国示范性劳模创新工作室的创新项目和技能人才培养项目，充分发挥资金的示范和带动效应。各级工会要根据自身实际设立专项资金，扶持职工技术创新活动，奖励职工技术创新成果，对职工参加技术技能培训并取得技术等级证书的可给予资金补贴，鼓励技术工人提高技能素质。

（此件发各省、自治区、直辖市总工会，各全国产业工会，中共中央直属机关工会联合会、中央国家机关工会联合会，全总各部门、各直属单位）

中华全国总工会办公厅关于印发《职工创新补助资金管理办法（试行）》的通知

（总工办发〔2015〕27号）

各省、自治区、直辖市总工会：

为鼓励和支持一线职工技术创新活动，进一步发挥劳模创新工作室创新、攻关、集聚、引领的功能，确保职工创新补助资金科学管理、规范实施、取得实效，全总十六届书记处第41次会议审议通过了《职工创新补助资金管理办法（试行）》。现印发给你们，请认真贯彻执行。

中华全国总工会办公厅

2015年11月19日

职工创新补助资金管理办法（试行）

第一章　总　则

第一条　为鼓励和支持一线职工技术创新活动，进一步发挥劳模创新工作室创新、攻关、集聚、引领的功能，确保职工创新补助资金科学管理、规范实施、取得实效，根据国家有关法律法规制定本办法。

第二条　职工创新补助资金设立，用于鼓励和支持职工技术创新活动，重点是劳模创新工作室开展的技术攻关、技术革新、发明创造和技能培训等活动。

第三条　职工创新补助资金主要来源是全国总工会经费，并积极争取中央财政拨款和社会资金支持。

第四条　补助项目的确定，坚持公平公开公正，遵循“自愿申请、择优立项、重在引导、务求实效”的原则。

第二章　机构与职责

第五条　全国总工会经济技术部、财务部共同负责制定职工创新补助资金管理规章制度，审定补助项目及补助金额，负责补助项目经费使用监管，决定与补助资金有关的其他重大事项等。全国总工会财务部门、经审部门及其省级工会财务部门、经审部门负责对职工创新补助资金的管理使用情况进行审计监督。

第六条　全国总工会经济技术部负责起草补助项目申报指南，受理补助项目的投诉举报，组织补助项目绩效考核。中国职工技术协会负责建设和管理补助资金评审专家库，组织专家进行项目评审。

第七条　各省（区、市）总工会、各全国产业工会负责本地区（产业）企（事）业单位职工申报补助项目的推荐、审核、汇总、上报，补助项目的年度检查和结项验收等工作，推动补助项目实施。

第八条　承担项目的劳模创新工作室所在企（事）业单位工会负责补助项目的具体实施，并按规定管理和使用补助资金。

第三章　补助范围

第九条　职工创新补助资金补助范围重点是劳模创新工作室开展的：

1. 具有一定科研价值、科技含量，切实解决现场工艺技术难题的项目。

2. 填补某一技术领域空白，对我国产业升级、技术进步等具有积极推动作用的项目。

3. 先进、合理、实用、可行，具有较好预期经济和社会效益的项目。

4. 具有较强的职工技能培养功能，能切实推动知识型、技术型、创新型技术工人队伍建设的项目。

5. 其他优秀职工创新项目。

第十条　凡属各种财政性基金或财政专项资金资助范围内的项目，或企（事）业单位年度计划内的重点科研和培训项目，不列入职工创新补助资金补助范围。

第四章　申报与确定

第十一条　每期补助资金项目运作周期原则上不超过 3 年，各劳模创新工作室按照全国总工会发布的申报指南申报补助项目。

第十二条 补助项目的申报条件和要求：

1. 补助项目申报单位必须是经全国总工会或省（区、市）总工会、各全国产业工会命名的劳模创新工作室。

2. 补助项目申报单位必须具有良好的创新能力、管理水平和工作业绩，具备完成补助项目的能力和水平。

3. 申报补助项目应当提交《职工创新补助资金项目申请书》和项目可行性研究报告。

4. 每个劳模创新工作室每次只能申报1个补助项目，劳模创新工作室有未结补助项目时，一般不得申报新的补助项目。

5. 补助项目申报单位应当从实际出发，编制科学合理的项目总预算，结合项目预期效益，提出合理的项目补助金额申请。

第十三条 项目申报应逐级推荐申报，不得越级申报。

第十四条 补助项目经专家评审、社会公示后，由全国总工会审定。补助项目确定的具体程序是：

1. 初审。省（区、市）总工会和全国产业工会按照本办法第九条和第十二条规定，对申报单位和申报资料进行审查，并在规定时间内将审查合格的材料报送全国总工会经济技术部。

2. 复核。全国总工会经济技术部委托中国职工技术协会对通过初审的申报单位资质及报送材料的完整性、规范性、合理性进行复核。合格者进入评审程序。

3. 评审。全国总工会经济技术部委托中国职工技术协会组织专家对进入评审程序的项目进行评审，确定拟补助项目和拟补助金额。

4. 公示。拟补助项目和拟补助金额经全国总工会批准后向社会公示。公示期满后，经全国总工会批准实施。

第十五条 国家委托研究项目，全国总工会可按政府采购规定组织招投标，确定项目承担单位。

第五章 实施与管理

第十六条 补助项目批准后，全国总工会应按照财务规定办理拨款手续，由全总拨款到省级工会后，再由省级工会向下拨款。批准立项的补助项目，首次拨付补助资金总额的60%；中期验收合格后，拨付余款。

第十七条 补助经费的使用应当严格执行项目预算，并专项用于补助项目的研究、开发、器材、原辅材料及资料购置等直接成本费用支出，不得用于办公经费、发放奖金和津补贴、购买通信设备等。

第十八条 承担项目的劳模创新工作室应当制订计划，有步骤地组织项目实施，并严格执行国家财经法规和项目经费使用管理办法，并对项目经费的支出进行绩效考评。

第十九条 全国总工会拨付的项目补助经费应纳入项目承担工会账户，实行专款专用、单独核算，会计资料需详细完整，按规定存档。

第二十条 有下列变更事项之一者，承担项目的劳模创新工作室应提交书面申请，经项目初审单位审核后，报全国总工会审批。补助项目变更审批期间，暂停拨款。

1. 补助项目内容有重大变化。
2. 补助项目延期完成。
3. 终止补助项目。
4. 其他需要审批的重大变更事项。

除上述需审批事项外，其他事项变更需报全国总工会备案。

第二十一条 补助项目实行年度检查制度。补助项目的年度检查工作由项目初审单位负责，全国总工会监督。年度检查工作应于每年6月30日前完成。

第二十二条 补助项目结项实行验收制度。结项验收工作由全国总工会或委托省（区、市）总工会负责组织。验收合格项目成果纳入全国职工创新成果库，择优推荐国家科学技术奖励等评选；经培养取得高级技师资格证书的技能人才纳入全国职工技能人才库。

第六章　罚　则

第二十三条 项目经费管理使用情况纳入省级工会财务监管和审计监督工作中，全国总工会每年对部分补助项目进行期中或结项抽查，承担项目的劳模创新工作室及所在企（事）业单位应当积极配合，如实反映情况。检查及审计结论作为续拨经费、评审新报补助项目的重要依据。对于扩大开支范围使用的经费，全国总工会将予以收回。

第二十四条 未能按期完成项目的劳模创新工作室，将予以书面警告，并要求其提出延期完成的计划，所在省（区、市）总工会负责监督其完成。逾期仍未完成的，将取消该劳模创新工作室再次申请补助资金的资格，并作为劳模创新工作室动态管理的重要依据。

第七章　附　则

第二十五条　本办法适用于职工创新补助资金项目管理。

第二十六条　关于职工创新补助资金项目其他财务管理事项执行财政部和全国总工会财务有关规定。

中华全国总工会办公厅关于印发《全国产业工会举办职工技能比赛管理办法》的通知

（总工办发〔2012〕26号）

各全国产业工会，全总各部门：

现将《全国产业工会举办职工技能比赛管理办法》印发给你们，请严格遵照执行。

中华全国总工会办公厅
2012年6月24日

全国产业工会举办职工技能比赛管理办法

为规范管理全国产业工会举办的行业职工技能比赛活动，充分发挥行业技能比赛在提高职工技能水平、加快培养技能人才等方面的作用，特制定本办法。

一、全国行业职工技能比赛，应紧紧围绕实施人才强国战略，按照国家《高技能人才队伍建设中长期规划》的要求，紧密结合行业实际，以选树高技能人才为重点，以培养本行业急需的技术技能型、知识技能型、复合技能型人才和建设高素质职工队伍为目标，把加快培养高技能人才与普遍提高职工技能水平结合起来。

二、举行全国行业职工技能比赛须设立组织领导机构和工作机构。组织领导机构由相关全国产业工会、行业行政管理部门（协会）或中国就业培训指导中心的负责同志组成；评审、监审、赛务等工作机构由比赛主办单位人员和专家组成。各工作机构应有明确的职责。

三、举行全国行业职工技能比赛须制订比赛方案和规范比赛的文件。方案或文件应载明比赛工种、比赛方式、比赛程序、比赛规则和参赛人员、工作人员守则，并认真组织实施，做到比赛公正公平、顺利进行。

四、举行全国行业职工技能比赛应优先选择经济建设急需、应用范围较广、从业人员较多、技术含量较高和具有行业特色的工种，并依据国家或本行业确定的高级职业（技能）标准命题和编写技术文件。比赛使用的场地、设备和检测工具，均须符合有关规定和技术要求。

五、举行全国行业职工技能比赛，应着眼于激发职工学习技术知识的热情和提高职工技能水平，注重赛前的学习培训和技艺交流。各工种决赛应在自下而上、逐级比赛的基础上进行，参加决赛的职工应经过层层比赛产生。各工种参加决赛的职工原则上不少于 30 名。

六、全国行业职工技能比赛应有计划、有步骤地举行，每年比赛工种的数量不宜过多，同一工种的比赛应相隔 3 年。各全国产业工会应在每年年初提出本年度的比赛计划，4 月底前完成各工种比赛方案和比赛文件的制订工作。全国总工会主管部门要加强对全国行业职工技能比赛的指导和协调，并于每年 4 月 30 日前将各全国产业工会本年拟举行的比赛汇总后报全国总工会书记处批准。

七、对由产业工会承办的全国总工会与有关部委联合举办职工技能大赛决赛中获得前三名且符合条件的职工申报全国五一劳动奖章；经全国总工会书记处批准的全国行业职工技能比赛项目，相关全国产业工会可为取得各工种决赛第一名且符合条件的职工申报全国五一劳动奖章。每个全国产业工会每年申报获奖比赛工种的数量一般不超过 5 个。申报程序须符合全国总工会关于授予全国五一劳动奖章的有关规定。

（五）劳模服务与管理

中华全国总工会关于深入学习劳模精神、大力弘扬中国工人阶级伟大品格的决议

（总工发〔2010〕38号）

胡锦涛总书记在2010年全国劳动模范和先进工作者表彰大会上，充分肯定了以劳动模范为代表的亿万劳动群众对改革开放和现代化事业作出的巨大贡献，高度评价了劳动模范崇高精神和工人阶级伟大品格，为在新形势下激发广大职工的劳动热情和创造活力、坚持和发展中国特色社会主义指明了前进方向。为了深入学习劳模精神、大力弘扬中国工人阶级伟大品格，中华全国总工会第十五届执行委员会第四次全体会议作出如下决议。

一、充分认识深入学习劳模精神、大力弘扬中国工人阶级伟大品格的重要意义

劳动模范是民族的精英、国家的脊梁、社会的中坚和人民的楷模。爱岗敬业、争创一流，艰苦奋斗、勇于创新，淡泊名利、甘于奉献的劳模精神是中国工人阶级伟大品格的生动体现和社会主义核心价值体系的集中展示，是我们时代的宝贵财富。中国工人阶级铸就的信念坚定、立场鲜明，艰苦奋斗、勇于奉献，胸怀大局、纪律严明，开拓创新、自强不息的伟大品格，是在长期的奋斗实践和创造活动中逐渐形成和发展起来的，是工人阶级先进性的时代发展。当前，深入学习劳模精神、大力弘扬中国工人阶级伟大品格，具有十分重要的现实意义。

深入学习劳模精神、大力弘扬中国工人阶级伟大品格，是推动科学发展、促进社会和谐的必然要求。我国工人阶级是先进生产力和生产关系的代表，工人阶级和广大劳动群众始终是推动经济社会发展、维护安定团结的根本力量。要加快经济发展方式转变，推进自主创新，提高经济增长质量和效益，推动我国经济发展尽快走上创新驱动、内生增长的轨道；大力发展和谐劳动关系、维护职工队伍和社会稳定，推动构建和谐社会，必须

高度重视和充分发挥工人阶级主力军作用，在全社会广泛宣传工人阶级的劳动创造和卓越功勋，大力弘扬劳模精神和工人阶级伟大品格，为实现经济社会又好又快发展凝聚强大精神力量。

深入学习劳模精神、大力弘扬中国工人阶级伟大品格，是建设社会主义核心价值体系的重要内容。劳模精神和工人阶级伟大品格集中体现了社会主义核心价值体系的内在要求。面对社会价值观念日益多元化的实际，建设社会主义核心价值体系，需要深入学习劳模精神、大力弘扬工人阶级伟大品格，塑造人民伟大、劳动神圣的主导理念，在全社会培育劳动光荣、知识崇高、人才宝贵、创造伟大的时代新风，让广大职工特别是青年职工都认识并践行劳动最光荣、劳动者最伟大的真理，使通过诚实劳动创造美好生活成为广大职工的共同追求。

深入学习劳模精神、大力弘扬中国工人阶级伟大品格，是建设高素质职工队伍、发展工人阶级先进性的客观需要。劳模精神和工人阶级伟大品格产生、发展于广大职工的生动实践，富有强烈的感召力、亲和力和凝聚力，是引领广大职工开拓创新、发展先进生产力和先进文化的强大精神力量。要不断提高广大职工的思想道德和科学文化素质，就必须用劳模精神和工人阶级伟大品格启迪职工、鼓舞职工，引导职工增强主人翁责任感和使命感，勤奋学习、锐意进取，掌握新知识、练就新技能，努力成为适应改革开放和社会主义现代化建设要求的合格劳动者。

二、准确把握深入学习劳模精神、大力弘扬中国工人阶级伟大品格的主要内容和要求

用劳模的崇高理想凝聚职工，始终保持中国工人阶级信念坚定、立场鲜明的政治本色。坚持用科学理论武装头脑，牢固树立中国特色社会主义共同理想，践行社会主义核心价值体系，自觉拥护党的领导，热爱祖国，热爱人民，把坚定理想信念与做好本职工作结合起来，把爱党爱国之情转化为报效祖国、服务人民的实际行动。

用劳模的先进事迹感召职工，牢固树立中国工人阶级艰苦奋斗、勇于奉献的价值取向。继承和发扬自力更生、艰苦创业，爱岗敬业、恪尽职守，大公无私、埋头苦干的优良作风，树立正确的价值观念，立足本职岗位、争创一流业绩，主动为国家分忧、替企业解难，始终做全面建设小康社会、坚持和发展中国特色社会主义的主力军。

用劳模的高尚情操陶冶职工，不断发扬中国工人阶级胸怀大局、纪律严明的光荣传统。坚持识大体、顾大局，增强集体主义观念和团结协作意

识，正确认识国家、集体和个人利益的根本一致性，正确处理眼前利益和长远利益的关系，正确对待改革过程中的利益关系调整，模范遵守国家法律，依法表达合理利益诉求，努力维护社会和谐，始终做推动改革、促进发展、维护稳定的中流砥柱。

用劳模的进取意识引领职工，着力弘扬中国工人阶级开拓创新、自强不息的时代精神。不断顺应时代需要，发扬敢为人先的首创精神、开拓精神，强化与时俱进的创新意识、竞争意识，勤于学习、善于学习，努力提高自身综合素质，始终做推动历史前进的时代先锋和行动楷模。

三、切实提高深入学习劳模精神、大力弘扬中国工人阶级伟大品格的实效性

在激发广大职工的劳动热情和创造活力上下功夫。加快经济发展方式转变和经济结构调整，离不开广大职工的劳动创造和拼搏奉献。社会主义劳动竞赛是展现中国工人阶级伟大品格的重要载体。推动建立健全各级劳动竞赛委员会组织，以创建“工人先锋号”为载体，组织动员广大职工深入开展各种形式的创先争优建功立业竞赛活动，最大限度地激发职工劳动热情。紧紧围绕增强自主创新能力，深化职工技术创新活动，积极开展技术革新、技术协作、发明创造、合理化建议等活动，评选表彰职工创新人才和优秀技术创新成果，激发职工参与技术创新的积极性，为建设创新型企业、创新型国家做贡献。积极推进重点工程建设和区域经济发展竞赛活动，充分发挥职工聪明才智，推动重大项目建设和区域经济发展规划的顺利实施。深入开展提一条节能减排合理化建议、掌握一项节能减排窍门、搞一项节能减排发明、实施一项节能减排革新、宣传一项节能减排知识的“五个一”活动，进一步加大“我为节能减排做贡献”活动推进力度，为打好节能减排攻坚战，加快资源节约型、环境友好型社会建设贡献智慧和力量。广泛开展岗位练兵、技术比赛、技术交流等活动，推广首席员工、高技能人才创新工作室等做法，采取有效的激励措施，对技术创新和竞赛活动中涌现出来的先进个人进行奖励，充分发挥技能型、创新型人才的骨干引领作用，促进企业创新能力的提升。

在维护职工合法权益、促进社会和谐稳定上下功夫。加快经济发展方式转变是一场新的深刻变革，涉及利益关系、利益格局的深度调整，需要和谐稳定的社会环境。广大职工既是推动经济发展方式加快转变的主力军，也是维护社会和谐稳定的中坚力量。要引导广大职工充分认识加快转变经济发展方式对于夺取全面建设小康社会新胜利，开创中国特色社会主

义事业新局面的重要意义，坚决支持党中央的一系列战略部署，支持政府深化改革、调整结构的各项政策措施，以理性合法有序的方式表达利益诉求、解决利益矛盾，自觉维护职工队伍和社会稳定。各级工会要切实承担起工会组织的神圣职责，积极推动中央关于保障和改善民生政策的落实，全面维护职工群众的劳动经济权益、民主政治权利、精神文化需求和社会权利，努力推动解决劳动就业、工资分配、社会保障、劳动安全卫生、女职工特殊权益等职工最关心、最直接、最现实的利益问题，大力发展和谐劳动关系，促进实现体面劳动。

在加强和改进职工思想政治工作、营造昂扬向上的企业文化职工文化上下功夫。积极探索职工思想政治工作的新途径、新方法，坚持贴近实际、贴近生活、贴近职工，把做好思想引导工作与解决实际问题结合起来，增强职工思想政治工作的渗透力、影响力，是激发职工积极性的重要举措。充分发挥工会“大学校”作用，深入实施《全国职工素质建设工程五年规划（2010—2014 年）》。加强社会主义核心价值体系宣传普及工作，开展中国特色社会主义理想信念教育，加强形势政策教育、民主法制教育、职业道德教育和职业素质教育，大力弘扬以爱国主义为核心的民族精神和以改革创新为核心的时代精神，引导职工践行社会主义荣辱观，树立正确的世界观、人生观、价值观。当前，要切实加强对职工的心理疏导和人文关怀，督促企业实行人性化管理，有针对性地加强对青年职工特别是新生代农民工的心理健康教育和引导，帮助他们搞好自我管理、自我调适，缓解心理压力，积极面对困难和挫折，营造良好的人际关系。大力发展工会文化事业，加大对文化宫、俱乐部、职工技校、职工书屋等活动阵地的人财物投入力度，广泛开展职工喜闻乐见、适合企业特点的群众性文化活动，寓教于乐、以文化人，使广大职工文化生活更加丰富多彩、精神风貌更加昂扬向上。

在提高职工科学文化技术素质上下功夫。加快经济发展方式转变，实现“中国制造”向“中国创造”历史性跨越，归根结底要靠科技进步和劳动者素质提高。要积极引导广大职工主动适应新科技革命的新要求，顺应以信息化带动工业化的新形势，提升职业道德水准，学习新知识、掌握新技术、增强新本领，努力成为知识型、技术型、创新型的高素质劳动者。建立完善职工培训制度和激励制度，整合运用各类教育培训资源，办好工会各类职工院校、女职工培训学校、农民工学校和职工技能培训基地，积极利用社会培训机构，创新培训方式、载体和手段，构建职工自主学习阵地，为增强职工的岗位实践能力、创新能力和就业能力搭建平台，建立职工人才数据库，努力造就一大批优秀专业技术人员、高技能人才和科技领军人物，为促进经济社会全面发展提供人才支撑。

四、不断把学习劳模精神、弘扬中国工人阶级伟大品格引向深入

加强对深入学习劳模精神、大力弘扬中国工人阶级伟大品格活动的组织领导。深入学习劳模精神、大力弘扬中国工人阶级伟大品格，是一项事关全局的系统工程。各级工会要从党和国家事业发展大局出发，从实现工人阶级长远利益和保障职工群众现实利益的要求出发，切实做到思想上高度重视、组织上加强领导、工作上扎实推进。积极配合党政有关部门，认真研究制定有关规划和方案，提出具体推进措施，投入必要的人力、物力、财力，把学习劳模精神、弘扬工人阶级伟大品格与促进企业发展、维护职工权益有效统一起来，与建设职工之家、创建劳动关系和谐企业等活动有机结合起来，融入企事业单位和工会各项重点工作之中。

加大对劳模精神和中国工人阶级伟大品格的宣传力度。充分发挥《工人日报》、《中国工运》、工人出版社、中工网以及各级工会报刊媒体等宣传主阵地的作用，主动协调中央和地方主要媒体的新闻资源和传播渠道，特别是互联网等新兴媒体，开设专栏、专版、评论、人物采访及专题节目。积极创作并推出一批展示劳模感人事迹的文学艺术作品，编辑出版宣传劳模精神和工人阶级伟大品格系列精品图书，建立国家和地方劳模宣传教育基地，将每年五月作为劳模事迹宣传活动月，全方位、多层次、多角度地宣传劳动模范先进事迹，宣传中国工人阶级伟大品格，特别是宣传工人阶级在推动改革、促进发展、维护稳定中的重要贡献和时代风采。

推动形成全社会学习劳模、尊重劳模的生动局面。广泛开展学习劳模活动，组织广大职工深入学习新中国成立以来各个时期、各行各业劳动模范、先进人物的先进事迹，引导职工群众学赶先进、争创一流。真心关爱劳模，积极推动制定和落实劳模待遇的政策措施，帮助劳模解决生产生活中的实际问题，推动各地落实养老保险、医疗保险对劳模的全覆盖，逐步提高保障水平，加强对劳模经常性帮扶，完善困难劳模帮扶机制；充分发挥劳模的骨干和带头作用，大力支持和帮助劳模提升自身素质，为劳模发挥聪明才智、建功立业营造更好的环境和条件；进一步完善劳模培养、选树、表彰机制，努力提高劳模管理的科学化水平，用劳模的先进事迹感召人民群众，用劳模的优秀品质引领社会风尚，在全社会进一步形成崇尚劳模、学习劳模、关爱劳模、争当劳模的良好氛围。

（此件发各省、自治区、直辖市总工会，各全国产业工会，中共中央直属机关工会联合会，中央国家机关工会联合会，全总各部门、各直属单位）

中华全国总工会关于印发《关于加强劳动模范工作的意见》的通知

（总工发〔2011〕15号）

各省、自治区、直辖市总工会，各全国产业工会，中共中央直属机关工会联合会、中央国家机关工会联合会：

为进一步做好新形势下的劳模工作，提高劳模工作的水平，全国总工会制定了《关于加强劳动模范工作的意见》。现印发给你们，请认真贯彻落实。

中华全国总工会
2011年2月22日

关于加强劳动模范工作的意见

劳动模范工作是运用榜样力量激励和鼓舞群众投身改革开放和社会主义现代化建设事业的群众工作，是工会工作的重要内容。为进一步做好新形势下的劳模工作，提出如下意见。

一、统一思想认识，进一步增强做好劳模工作的责任感和使命感

劳动模范是民族的精英、国家的栋梁、社会的中坚、人民的楷模。劳模精神是我们时代的宝贵财富，是激励我国工人阶级和劳动群众在中国特色社会主义道路上奋勇前进的强大精神力量。当前，我国正处在经济社会发展的重要战略机遇期，面临着即将实施“十二五”规划的繁重艰巨任务。“十二五”时期是全面建设小康社会的关键时期，是深化改革开放、加快转变经济发展方式的攻坚时期。加快转变经济发展方式是我国经济社会领域的一场深刻变革，更加需要大力弘扬工人阶级伟大品格和劳模精神，用劳模的先进事迹、崇高思想和优秀品质感召职工群众，激励广大职

工不断提高自身素质，充分发挥工人阶级主力军作用，为推动经济又好又快发展积极贡献力量。各级工会组织要把劳模工作放到服务党和国家工作大局的高度来认识和把握，进一步提高认识，增强责任感、使命感，扎扎实实做好这项工作，使劳模工作在推动科学发展、促进社会和谐中发挥更大作用。

二、把握总体要求，坚持劳模工作正确方向

劳模工作要以邓小平理论和“三个代表”重要思想为指导，认真贯彻落实科学发展观和党中央关于劳模工作的一系列重要指示，以建立健全劳模评选机制为基础，以充分发挥劳模作用、弘扬中国工人阶级伟大品格和劳模精神为核心，以真心关爱劳模、真诚服务劳模为出发点和落脚点，全面落实尊重劳动、尊重知识、尊重人才、尊重创造的方针，在服务党和国家工作大局中充分发挥作用。

做好劳模工作必须坚持党的领导，通过劳模工作密切党与职工群众的联系，巩固党的阶级基础和执政地位；必须坚持与创先争优劳动竞赛紧密结合，把培养选树劳模和发挥劳模作用贯穿于劳动竞赛的始终，充分调动广大职工积极性和创造性；必须坚持以人为本，真心关爱劳模，热情服务劳模，为劳模发挥聪明才智、建功立业创造良好环境和条件；必须坚持与时俱进，在继承中发展，在实践中创新，努力使劳模工作适应新形势新任务的要求。

三、大力弘扬工人阶级伟大品格和劳模精神

工人阶级伟大品格和劳模精神昭示着时代前进的方向。积极营造学习劳模、弘扬中国工人阶级伟大品格和劳模精神的良好氛围，对于进一步调动职工的积极性，团结动员全国职工奋力实现全面建设小康社会宏伟目标，具有重要意义。要把学习宣传劳模作为劳模工作的一项重要任务来抓，充分发挥工会宣传阵地、报刊和互联网等媒体的作用，通过举办报告会、讲座、征文、演讲等多种形式，全方位、多层次、多角度地宣传工人阶级伟大品格和劳模精神，用劳模的先进事迹、崇高思想和优秀品质教育职工、鼓舞职工、激励职工。要创新宣传理念，丰富宣传形式，突出宣传重点，让劳模典型立得住、叫得响，使职工身边有典型，学习有榜样，奋斗有目标。

四、完善评选机制，认真做好劳模评选工作

评选劳模是劳模工作的首要环节，是保证劳模质量的关键。要以建立

健全评选机制为基础，牢牢把握劳模评选工作的正确方向，坚持把政治坚定、品德高尚、勤奋敬业、勇于创新，在社会主义经济建设、政治建设、文化建设、社会建设以及生态文明建设和党的建设等方面做出突出贡献，作为评选劳模的必备条件。要坚持面向基层、面向经济社会发展的各条战线和社会各个阶层，尤其要面向经济建设主战场，注重选树长期工作在生产一线、在平凡岗位上做出突出贡献、具有奉献精神和时代特点的普通劳动者，使工人、农民和知识分子成为劳动模范的主体。要适应非公经济不断发展、农民工队伍日益壮大的新形势，加大非公企业从业人员和农民工在劳模中的比重。要重视劳模培养工作，把培养劳模与选树劳模有机结合起来。要建立健全劳模评选工作机制，完善评选程序，确保劳模质量。要坚持自下而上，公开、公平、公正的原则，充分发扬民主，接受群众监督，抵制各种不正之风。

五、积极为劳模发挥骨干带头作用创造有利条件

劳动模范在人民群众中具有特殊的影响力和感召力。要了解劳模的工作生活情况，积极帮助他们解决工作生活中遇到的困难，努力为劳模干事创业、发挥作用创造有利条件。鼓励和支持劳模搞好“传帮带”，向职工传授技术、业务知识，帮助职工掌握技能技艺，在提高职工技能水平、加强职工队伍建设中发挥积极作用。认真总结和大力推广创建“劳模创新工作室”的经验，支持劳模开展企业间技术交流活动，推广先进技术和创新经验，开展技术攻关活动，为建设创新型国家和创新型企业贡献智慧和力量。鼓励劳模参加社会公益活动，发挥他们的管理技术专长和资金优势，为推动经济发展、促进社会和谐做出新贡献。

六、努力把劳模管理服务工作做深做细做实

工会是“劳模之家”。做好劳模管理服务工作是各级工会的重要职责。要从建立健全劳模档案入手，进一步加强劳模管理服务工作的制度建设，逐步形成全国联网的劳模管理服务体系。建立劳模联系制度，定期走访慰问劳模，掌握劳模生活、身体和工作情况，听取劳模意见和建议，及时为劳模提供有效服务。建立劳模学习交流制度，组织劳模学习政治、经济、法律和科学文化知识，加强劳模思想教育，不断提升劳模素质，使劳模始终保持荣誉，不断进取。推动提高劳模的政治地位，积极促进在各级人大代表和政协委员中增加劳模的比例，为劳模参政议政和参与重大社会活动创造条件。研究探索劳模考核激励机制，定期安排劳模体检和休养。对劳

模工作变动、患重病或亡故、违犯党纪政纪或违法犯罪等情况要及时报告。

七、解决劳模生产生活困难，解除劳模后顾之忧

帮助劳模解决生产生活困难是劳模工作的重要方面。要大力推动有关方面制定和落实解决劳模生产生活困难的政策措施，积极争取更多的资源和手段，努力拓宽劳模帮扶渠道。督促企业按规定为劳模办理社会保险手续，推动农民工劳模参加城镇企业职工基本养老保险，指导和帮助符合条件的农民劳模参加新农保。做好劳模帮扶资金的发放工作，将离退休老劳模、困难企业劳模、农民劳模和身患重病劳模作为重点，切实用好帮扶资金。推动有关方面优先解决劳模住房困难问题。把做好日常帮扶劳模工作与节日走访慰问劳模工作、解决劳模现实生活困难与建立劳模长效帮扶机制结合起来，积极为劳模提供实实在在的服务。

八、切实加强对劳模工作的领导

劳模工作涉及面广、政治性和政策性强、社会关注度高。各级工会要把劳模工作列入重要议事日程，高度重视，切实加强领导。定期研究并主动向党委汇报劳模工作，及时反映和解决劳模工作中遇到的困难和问题。密切与政府有关部门的联系，加强沟通协调，共同研究对策措施，提出政策建议，形成工作合力。加强对劳模工作的监督管理，充分运用党政赋予的资源和手段，尤其要管好用好劳模帮扶资金，做到认真执行发放规定，严格发放程序，加强监督审计。要夯实劳模管理工作基础，建立劳模信息库，实现管理动态化、网络化，选配政治强、素质高、业务精、作风好的同志做劳模工作。要加强调查研究，认真总结经验，积极探索适应新形势新任务要求的劳模工作新路子。要加强劳模协会建设，充分发挥劳模协会作用。工会干部要带头学习劳模，大力弘扬劳模精神，自觉做好劳模服务工作，不断把劳模工作提高到一个新水平。

全国五一劳动奖状　全国五一劳动奖章 全国工人先锋号评选管理工作暂行办法

（总工发〔2011〕77号）

第一章　总　则

第一条　为规范全国五一劳动奖状、全国五一劳动奖章、全国工人先锋号评选管理工作，发挥表彰奖励工作的激励作用，根据《中华人民共和国工会法》《中华人民共和国劳动法》和《中国工会章程》，制定本办法。

第二条　全国五一劳动奖状、全国五一劳动奖章、全国工人先锋号是中华全国总工会设立的授予先进集体、先进职工的荣誉称号。

第三条　全国五一劳动奖状、全国五一劳动奖章、全国工人先锋号的评选管理工作，以邓小平理论和“三个代表”重要思想为指导，深入贯彻落实科学发展观，充分发挥先进集体和模范人物的榜样示范导向作用，激励广大职工发扬工人阶级伟大品格，坚定不移地走中国特色社会主义道路，爱岗敬业、争创一流，艰苦奋斗、勇于创新，淡泊名利、甘于奉献，为推动科学发展、促进社会和谐、实现全面建设小康社会和社会主义现代化的宏伟目标贡献智慧和力量。

第二章　荣誉称号的授予

第四条　全国五一劳动奖状授予在我国境内依法注册或登记的非跨地区的企业、事业、机关、社会组织及其他组织以及驻外机构，全国五一劳动奖章授予中国籍员工，全国工人先锋号授予上述企业、事业、机关、社会组织及其他组织以及驻外机构所属的部门或单位。上述荣誉称号原则上不重复授予。

第五条　获得全国五一劳动奖状和全国工人先锋号集体的基本条件是：认真执行党的路线方针政策，严格遵守国家法律法规，全面落实科学发展观，组织健全，领导班子团结有力；节能减排，注重保护生态环境；

科技进步，不断提高自主创新能力；安全生产，监督管理机制健全；尊重劳动，保障职工合法权益，劳动关系和谐稳定；诚实守信，自觉履行社会责任，经济、社会效益居本地区或本行业领先水平。

第六条 全国五一劳动奖章获得者原则上从省（部）级劳动模范中产生，其基本条件是：信念坚定、立场鲜明，胸怀大局、纪律严明，道德高尚、作风务实，学习努力、爱岗敬业，艰苦奋斗、勇于创新，服务人民、奉献社会，在本职岗位上取得突出业绩，为经济建设、政治建设、文化建设、社会建设以及生态文明建设和党的建设作出突出贡献。

第七条 评选全国五一劳动奖状、全国五一劳动奖章、全国工人先锋号要面向基层、面向一线职工，坚持公开、公平、公正的原则，严格推荐评选审批程序，接受群众监督。

（一）全国五一劳动奖状、全国五一劳动奖章、全国工人先锋号获得者应自下而上产生，须经所在单位民主推荐、职工（代表）大会或居民（代表）会议讨论通过，上级工会审核同意，中华全国总工会评审表彰工作领导小组审查、书记处审批等程序，并在一定范围内公示。

（二）申报全国五一劳动奖状的企业和申报全国五一劳动奖章的企业负责人，须经当地县（市）以上工商、税务（国税、地税）、劳动保障、安全监察、环境保护、人口计生等部门审查同意。国有和国有控股企业及其负责人还要经过审计、纪检、监察等部门审查同意。申报全国五一劳动奖章的党政机关和社会团体领导干部，要按照干部管理权限，征得有关部门同意。

（三）党政机关和社会团体中的司局级（含）以上领导干部以及由中央组织部管理的企事业单位负责人，不作为全国五一劳动奖章推荐对象。

（四）有拖欠职工工资，欠缴职工养老、工伤、医疗、失业、生育保险，违反国家计划生育政策，未组建工会，未建立职代会和集体合同制度，劳动关系不和谐，能源消耗超标，环境污染严重等情形之一的企业和企业负责人当年不得申报全国五一劳动奖状、全国五一劳动奖章。发生安全生产事故、严重职业危害或群体性事件的企业和企业负责人自事发起三年内不得申报全国五一劳动奖状、全国五一劳动奖章。

第八条 除召开全国劳模表彰大会的年份外，全国五一劳动奖状、全国五一劳动奖章、全国工人先锋号每年评选表彰一次。对在国际国内有重大影响的事件中，国家经济建设和国防建设中，抢险救灾等危急情况下以及在全国总工会书记处批准的全国示范性劳动竞赛中作出突出贡献的先进集体和个人，可即时授予全国五一劳动奖状、全国五一劳动奖章、全国工人先锋号。

第九条 对省、自治区、直辖市人民政府授予革命烈士称号的个人，或省（部）级党委作出学习（表彰）决定的集体和个人，经省、自治区、直辖市总工会申报，可授予或追授全国五一劳动奖状、全国五一劳动奖章、全国工人先锋号。

第三章 奖励和待遇

第十条 全国五一劳动奖状、全国五一劳动奖章、全国工人先锋号的奖励实行精神鼓励和物质奖励相结合，以精神鼓励为主的原则。中华全国总工会对获奖的先进集体、先进个人颁发证书、奖状、奖章或奖牌，对个人给予一次性物质奖励。全国五一劳动奖章获得者按有关规定享受省（部）级劳模待遇。

第十一条 全国五一劳动奖章获得者可参加工会组织的休养和其他活动。休养和活动期间按出勤对待。

第十二条 全国五一劳动奖章获得者经本人申请，省级成人高校招生办公室审核，招生学校同意，可免试进入国家或省级成人高等学校学习。

第四章 管 理

第十三条 全国五一劳动奖状、全国五一劳动奖章、全国工人先锋号获得者的管理工作在中华全国总工会指导下，由其所在地区和单位的工会组织负责。

第十四条 全国五一劳动奖状、全国五一劳动奖章、全国工人先锋号获得者管理工作的主要任务是：

（一）建立管理制度，完善评选管理机制，制定和协调落实有关政策，做好信访接待工作；

（二）加强基础工作，建立健全管理档案，实行动态管理，重大情况及时报告；

（三）宣传全国五一劳动奖状、全国五一劳动奖章、全国工人先锋号获得者的先进事迹，总结推广他们的先进经验，充分发挥其在经济社会发展中的导向作用；

（四）关心全国五一劳动奖章获得者的思想、工作和生活，帮助他们解决生产生活等困难，依法维护他们的合法权益；

（五）做好与全国五一劳动奖状、全国五一劳动奖章、全国工人先锋号获得者有关的其他工作。

第五章　荣誉称号的撤销

第十五条　有下列情形之一者，撤销全国五一劳动奖状、全国工人先锋号荣誉称号，收回证书、奖状或奖牌。

（一）弄虚作假，骗取荣誉的；

（二）发生重大安全生产事故或严重职业危害的；

（三）发生群体性事件，造成恶劣影响的；

（四）拖欠职工工资，欠缴职工养老、工伤、医疗、失业、生育保险等，拒不改正的；

（五）其他不宜保留荣誉称号的。

第十六条　有下列情形之一者，撤销全国五一劳动奖章荣誉称号，收回证书、奖章，终止其享受的相关待遇。

（一）弄虚作假，骗取荣誉的；

（二）受到刑事处分的；

（三）受到开除处分的；

（四）受到开除党籍或留党察看处分的；

（五）道德品质败坏、腐化堕落或有其他严重违法乱纪行为，造成恶劣影响的；

（六）非法离境的；

（七）其他不宜保留荣誉称号的。

第十七条　撤销全国五一劳动奖状、全国五一劳动奖章、全国工人先锋号荣誉称号，依照评选审批程序，由其原推荐单位逐级上报，所在省、自治区、直辖市总工会或全国产业工会向中华全国总工会提出书面报告，中华全国总工会审核批准。

第六章　附　则

第十八条　本办法由中华全国总工会负责解释。

第十九条　本办法自发布之日起施行。

（此件发各省、自治区、直辖市总工会，各全国产业工会，中共中央直属机关工会联合会、中央国家机关工会联合会，全总各部门、各直属单位）

中华全国总工会关于印发《全国劳模专项补助资金和困难职工帮扶资金发放管理办法》的通知

（总工发〔2012〕16号）

各省、自治区、直辖市总工会，各全国产业工会，中共中央直属机关工会联合会、中央国家机关工会联合会，全总各部门、各直属单位：

为规范和加强全国劳模专项补助资金和困难职工帮扶资金管理和发放工作，根据国家有关规定，特制定《全国劳模专项补助资金和困难职工帮扶资金发放管理办法》。现印发给你们，请严格遵照执行。

中华全国总工会
2012年3月9日

全国劳模专项补助资金和困难职工帮扶资金发放管理办法

第一条 为规范中央财政设立的全国劳模专项补助资金（以下简称劳模补助）和困难职工帮扶资金（以下简称帮扶资金）管理，切实做好以银行卡（存折）方式发放劳模补助和帮扶资金工作，特制定本办法。

第二条 劳模补助和帮扶资金的发放标准和对象，必须严格按照财政部批准的《中华全国总工会困难职工帮扶中心专项资金使用管理办法》和全总关于发放全国劳模专项补助资金的有关规定执行，不得擅自提高标准，扩大范围。

第三条 劳模补助的发放，依据需要帮扶的全国劳模和全国五一劳动奖章获得者的数量和困难程度确定。

帮扶资金的发放，坚持依档帮扶、因困施助、实名制的原则，建立健全并动态化管理困难职工档案，根据本地区困难职工群体的数量、分布、成因及困难程度，并与当地低保标准相衔接，制定帮扶措施，确定帮扶标准。

第四条　劳模补助和帮扶资金的发放工作，必须严格按照国务院发布的《中华人民共和国现金管理暂行条例》执行。除特殊情况外，一律采取银行卡（存折）结算。

（一）劳模补助的发放。

各级工会应采取银行卡（存折）结算方式发放劳模补助，将劳模补助直接汇入相关劳模的个人银行账户。

（二）帮扶资金的发放。

帮扶中心建档且需要长期进行生活、医疗、子女教育等救助帮扶的困难职工，各级工会帮扶中心应采取银行卡（存折）结算方式发放帮扶资金，将帮扶资金直接汇入相关困难职工的个人银行账户。

对于一次性给予生活、医疗、子女教育类救助帮扶资金的困难职工，先由帮扶中心对其登记实名制发放表，再由其凭个人居民身份证领取现金。

对于极少数因卧床等个人原因，生活不能自理，不能前往帮扶中心领取一次性帮扶资金的困难职工，可由帮扶中心工作人员前往其住处登记实名制发放表，发放现金。

对困难职工进行职业培训、职业介绍、法律援助等帮扶的，通过购买服务方式由职业培训和介绍机构、律师事务所提供帮扶的，帮扶中心应和提供服务的机构签订合同，根据帮扶中心留存的服务合同、实际提供服务的人员档案等资料，通过银行转账汇入对方账户；对困难职工进行技能培训、案件诉讼等补贴式帮扶的，应先由帮扶中心对其登记实名制发放表，再由其凭个人居民身份证领取现金。

第五条　困难职工在领取帮扶资金的现金时，除本人签字或签章外，必须注明现金领取人的有效证件号码（居民身份证号码），需当场点清钱款，杜绝差错。

第六条　采取银行卡（存折）发放劳模补助和帮扶资金后，各级工会和帮扶中心应定期将发放金额书面通知困难职工或劳模，并留存有关银行对账单等会计档案。

第七条　各级工会要切实加强劳模补助和帮扶资金的发放管理，严格遵守国家财务制度和有关规定，严格审批拨款手续。各级工会和帮扶中心，应当建立健全现金账目，逐笔记载现金支付。账目应当日清月结，账款相符。

第八条　各省级工会根据本办法原则规定，制定省级财政设立的劳模补助和帮扶资金发放管理办法。

第九条　本办法自发布之日起执行。

第十条　本办法由全国总工会财务部负责解释。

中华全国总工会关于印发《全国总工会劳模休养五年计划（2014—2018年）》的通知

（总工发〔2014〕18号）

各省、自治区、直辖市总工会，中华全国铁路总工会、中国民航工会、中国金融工会，中共中央直属机关工会联合会、中央国家机关工会联合会：

现将《全国总工会劳模休养五年计划（2014—2018年）》印发给你们，请结合实际，认真组织实施。

中华全国总工会
2014年5月9日

全国总工会劳模休养五年计划
（2014—2018年）

自2000年以来，全国总工会组织开展了劳模休养活动，深受广大劳模欢迎和称赞，产生良好社会反响，体现了党和政府对劳模的深切关怀，成为工会服务劳模的品牌。为进一步加强劳模休养工作，结合实际，制订本计划。

一、指导思想

以邓小平理论、“三个代表”重要思想、科学发展观为指导，深入贯彻落实党的十八大、十八届三中全会和习近平总书记系列重要讲话精神，落实中国工会十六大的部署和要求，大力弘扬劳模精神，真心关爱劳模、真诚服务劳模，实现劳模休养工作制度化、组织规范化、服务精细化，推动形成崇尚劳模、学习劳模、争当劳模、关爱劳模的良好社会氛围。

二、目标任务

全国总工会拟在2014—2018年，组织47000名全国劳模、全国五一劳动奖章获得者和部分省部级劳模（三者比例为4∶4∶2）参加休养，具体为：2014年8000名，2015年9000名，2016—2018年每年10000名，力争5年内实现符合休养条件的全国劳模和全国五一劳动奖章获得者至少休养一次，同时推动各级工会普遍开展劳模休养活动，做大做强工会劳模休养工作品牌，切实把党和政府及工会组织对劳模的关怀落到实处。

三、组织实施

（一）时间安排。全国总工会每年年初制订下发劳模休养活动计划安排。每年二季度启动第一批劳模休养，当年12月初完成全部批次。每批次时间一般为7天（含接送站）。

（二）休养地点。全国总工会组织的劳模休养活动，原则上安排到接待条件好、服务意识强的全国劳模休养基地。特殊情况也可组织劳模到其他地点休养。

（三）休养内容。开展满足劳模需求、符合休养实际、突出产（行）业特色的形式多样的休养活动。活动期间主要安排形势报告、交流座谈、健康体检和讲座、参观考察、文体活动等内容。

（四）工作职责。

1. 承担接待任务的省（区、市）总工会职责。要将劳模休养工作纳入议事日程，明确一名分管领导负总责，切实加强对劳模休养工作的领导；制订劳模休养工作方案，明确分工、落实责任，对劳模休养期间的食宿、交通、参观等做出统筹安排；督促接待单位认真落实休养工作方案，劳模入住前，对接待单位的饮食卫生、住宿条件和车辆安排等情况进行全面检查。

2. 派出休养劳模的省（区、市）总工会职责。要做好休养劳模的组织工作，指定一名分管领导负总责，切实加强对此项工作的领导；认真做好休养劳模的推荐和审核，要优先安排生产一线，特别是条件艰苦、劳动强度大、有毒有害岗位工作的劳模和在重大工程、重点科研项目中发挥骨干作用的劳模参加休养；掌握劳模的身体健康状况，安排适合外出活动的劳模参加休养；统一组织劳模前往休养接待地，选派一名责任心强的工作人员带队，协助做好劳模休养活动期间的各项事宜。

3. 劳模休养基地职责。要成立劳模休养接待工作领导机构，制订休养接待方案，明确工作职责，不断创新服务方式、提高服务水平，热情周到地做好劳模服务工作。要保证住房干净整洁、设施齐全完善；确保劳模休养期间食品安全，严把采购、储存、加工等环节；精心组织好劳模外出活动，负责同志全程陪同、跟踪服务，要选用信誉好、服务有保障企业的车辆，安排素质高、责任心强的司机，合理安排劳模集体外出行车路线，确保出行安全；制定劳模休养应急预案，积极争取当地公安交管、旅游、卫生防疫等部门的支持，为劳模开通出行、就医绿色通道，确保劳模休养任务圆满完成。

四、保障措施

（一）高度重视劳模休养工作。组织劳模休养是党和国家关心关爱劳模的重要体现，是贯彻落实习近平总书记“4·28”重要讲话精神的具体举措，也是工会组织服务劳模的实际行动。各级工会应充分认识劳模休养活动的重要意义，把休养工作作为一项重要的政治任务，切实抓好。

（二）保障劳模休养活动经费。全总经济技术部根据当年的劳模休养人数编制本年度的休养经费预算，统一为参加休养的劳模办理人身意外保险。在职劳模参加休养按出勤对待，往返路费由劳模所在单位承担，休养期间的食宿、交通、参观考察等费用，由全总统一承担。活动结束后，全总财务部按照实际接待劳模休养的人数直接将经费划拨到各接待单位。全总经审办要将休养经费纳入年度审计内容，加强检查和监督，确保做到专款专用。

（三）加强对劳模休养活动的监督。要严格按照中央有关规定，厉行节俭，组织开展劳模休养活动。督促各省（区、市）总工会认真组织劳模参加休养，按全国总工会下发的年度计划完成休养组织任务，对未完成的单位予以通报。要加强对劳模休养活动的督导，通过多种形式，广泛征求劳模的意见建议，切实做好劳模休养工作。

（四）强化对劳模休养基地的管理。出台《劳动模范疗休养基地管理办法》，进一步规范服务接待标准，加强动态管理，定期组织检查，建立正常的退出机制，对不符合标准的，取消其接待休养劳模的资格。每年根据劳模反馈的意见和意愿，全国总工会对劳模休养接待单位进行调整。要督促各级工会和休养基地加大投入、改善设施、提升接待能力和服务水平，保证为劳模提供良好的休养环境和优质高效的服务。

（五）加大劳模休养活动宣传力度。要把广泛宣传劳模先进事迹、大力弘扬劳模精神，始终贯穿于劳模休养活动的全过程。全国总工会根据当年的劳模休养计划做好宣传策划，适时召开新闻通气会。休养基地要根据全国总工会统一要求悬挂宣传标语、制作劳模事迹宣传板。各级工会要加强与主流媒体的沟通协调，创新宣传方式、拓宽宣传渠道，充分利用报刊、广播、电视、网络等媒体，及时跟踪报道劳模休养活动情况，全面展示劳模风采，引导广大职工以劳模为榜样，为实现中华民族伟大复兴的中国梦贡献力量。

（六）因地制宜制订劳模休养计划。各省（区、市）总工会要根据本计划，结合各地工作实际，制订本地区劳模休养五年计划，报送全国总工会。同时，根据本地区休养计划，认真组织实施，切实抓好劳模休养工作。

（七）认真做好劳模休养活动总结。休养活动结束后，各接待单位要认真统计实际休养人数、休养经费使用情况，总结劳模休养的组织接待、经验做法、问题不足等。各省（区、市）总工会要收集劳模对休养活动的反响及建议，认真总结组织过程中存在的问题，及时加以改进。全总经济技术部要向全总书记处汇报当年劳模休养的情况。同时，还要加强调查研究，完善工作措施，不断提高劳模休养工作水平。

中华全国总工会关于进一步深化劳模和工匠人才创新工作室创建工作的意见

（总工发〔2017〕13号）

为深入贯彻习近平总书记关于劳模工作重要讲话精神和大力弘扬工匠精神的重要指示，落实《新时期产业工人队伍建设改革方案》的有关要求，激励广大劳模和工匠人才发挥示范带头作用，引领职工群众积极投身大众创业、万众创新，现就进一步深化劳模和工匠人才创新工作室（以下简称创新工作室）创建工作提出如下意见。

一、充分认识深化创新工作室创建工作的重要意义

创新工作室是由较强技术能力、业务能力、创新能力和管理能力的劳模、工匠人才领衔，以技术创新、管理创新、服务创新和制度创新为主要内容，以解决工作现场难题、推动所在单位创新发展为目标的群众性创新活动团体。深化创新工作室创建工作，有利于传承劳模精神、劳动精神、工匠精神，展示劳模和工匠人才的时代风采，增强劳模和工匠人才的感召力，让广大职工学有榜样、赶有目标；有利于发挥劳模和工匠人才的示范引领作用，更好地传播劳动技能、创新方法、管理经验，培养造就更多“大国工匠”；有利于提升职工技能素质，为职工学习交流、攻坚克难构筑平台，夯实大众创业、万众创新群众基础；有利于提高职工创新能力，促进优秀创新成果转化应用，增强企业自主创新能力和核心竞争力，实施创新驱动发展战略。各级工会要把深化创建工作作为贯彻落实《新时期产业工人队伍建设改革方案》的重要举措，提高认识，增强责任感和使命感，切实推进工作，务求取得实效。

二、深化创新工作室创建工作的总体要求和目标任务

（一）总体要求。深入贯彻习近平总书记系列重要讲话精神和治国理政新理念新思想新战略，牢固树立和贯彻落实新发展理念，紧紧围绕实施创新驱动发展战略和《中国制造2025》，大力弘扬劳模精神、劳动精神、

工匠精神，以提高广大职工的职业道德、创新能力和技术技能素质为核心，以发现和解决工作现场的急、难、险、重问题为重点，广泛开展技术创新、管理创新、服务创新、制度创新，不断提高创建质量和运行实效，最大限度实现创新工作室示范引领、集智创新、协同攻关、传承技能、培育精神等功能，团结和动员广大职工积极投身群众性创新实践，加快形成人人敢创新、人人会创新、人人善创新的良好局面，打造一支规模宏大、技能精湛、素质优良、结构合理的技术工人队伍，为实现中华民族伟大复兴的中国梦作出新的更大贡献。

（二）目标任务。到2020年，创新工作室创建工作取得重大进展，各级创新工作室创建总数超过10万家，全国示范性创新工作室总数达到300家，形成以全国示范性创新工作室为引领、以省市级创新工作室为中坚，基层创新工作室蓬勃发展的良好局面。创新工作室的运作更加规范，创新创效成绩更加突出，品牌影响力更加显著，真正成为发挥劳模和工匠人才作用，传承劳模精神、劳动精神、工匠精神的“新平台”；解决生产技术难题的“攻关站”；推动企业技术创新的“孵化器”；培养高技能人才的“练兵场”，促进职工队伍整体素质不断提高，打造一支知识型、技术型、创新型技术工人队伍。

三、扎实推进创新工作室创建工作

创新工作室是深入开展群众性技术创新活动的有效载体，为发挥劳模和工匠人才示范引领作用拓展了新途径，各级工会要多措并举，积极探索，不断深化创建工作。

（三）加强对创建工作的指导。要站在全局和战略的高度，把进一步深化创新工作室创建工作列入重要议事日程，统筹有序推进创建工作，突出问题导向，加强分类指导，提升创建工作整体水平。引导国有企业创新工作室加强制度建设、制定工作标准、规范运转程序，促进持续健康发展；提高非公企业对创建创新工作室重要性的认识，指导其深入挖掘本企业劳模和工匠人才的创新创造潜能，加快创新工作室的建立和推广；鼓励机关事业单位创建符合单位实际的创新工作室，进一步拓宽创建领域。

（四）鼓励企业积极开展创建工作。各级工会要通过各种方法和手段，积极与企业达成共识，调动企业创建创新工作室的积极性和主动性。鼓励企业将创建工作纳入企业创新工作总体规划，从场地保障、人员配备、资金投入、设备设施、活动时间等方面给予大力支持。引导企业探索建立跨区域、跨行业、跨企业的创新工作室联盟。企业工会要发挥承上启下的重要作用，为创新工作室的创建工作和活动开展提供指导帮助，及时研究解决工作中遇到的困难和问题，确保创建工作落地见效。

（五）增强创新工作室的创新能力。要积极发挥创新工作室的创新潜能，进一步提高各种类型创新工作室的创新攻关能力、创新成果管理能力。技术攻关型创新工作室要紧贴企业生产实际，开展群众性技术攻关、技术革新和发明创造活动，破解技术难题，推动企业技术进步。技能传授型创新工作室要为劳模和工匠人才传授绝技绝活提供条件，达到“传帮带”效果的最大化，培养和造就一大批高技能人才。窗口服务型创新工作室要在适应客户需求、改进服务流程、拓展服务手段上大胆创新，不断提高服务质量和水平。

（六）搭建创新成果转化平台。建立健全创新工作室创新成果网上展示系统，充分发挥网络平台的媒介作用和服务功能，及时发布创新成果，加强技术交流，推动创新成果在本产业、本地区乃至更大范围应用。组建专家咨询委员会和专业技术委员会，为创新工作室提供政策咨询、技术指导、创新支持、知识产权保护等专业服务，组织开展创新成果鉴定、成果展示、成果评选工作，举办技术推广、经验交流等活动，积极向政府相关部门推荐优秀创新成果，促进创新项目孵化和成果转化。

（七）加大对创新工作室领衔人的培养力度。要立足实际需求，运用工会组织的资源和手段，积极搭建各种有效平台，定期或不定期地开展有针对性的培训活动，提高创新工作室领衔人的管理能力和工作水平，带领创新工作室不断开创新局面。拓展不同企业、行业创新工作室的交流合作，鼓励职业相关、技术相近、技能相通的工作室领衔人互学互鉴，共同提升创新能力和水平，进一步推动创新工作室不断深化发展。

四、强化创新工作室创建工作的保障措施

面对新形势新任务新要求，各级工会要加大创新工作室创建工作力度，健全工作机制，完善政策措施，促进创新智慧竞相迸发、创新能量充分释放、创新成果大量涌现。

（八）形成工作合力。积极争取党政重视和支持，主动加强与有关部门沟通协调，创造有利于创新工作室深化发展的条件和环境；把创建工作与企业创新发展相结合，与高技能人才振兴计划、大国工匠培养支持计划和技能劳动者激励计划相衔接，促进创建工作制度化、规范化、长效化，使创新工作室在推动企业技术进步、产业转型升级、创新驱动发展战略实施中发挥支撑作用。

（九）加大经费投入。全国总工会设立的职工创新补助资金，要拓展来源、增加额度，重点用于创新工作室开展的技术革新、技术协作、发明创造和技能培训等活动；各地工会也要加大对创新工作室的资金支持力度，把更多的资金用在示范效应好、创新攻关能力强、培养人才较多的创新工作室建设上；基层工会要积极争取各方面的支持，加大对创新工作室的经费投入，保障其工作的正常开展。

（十）完善奖惩机制。精心培育先进典型，加大激励力度，对成绩突出的创新工作室及其成员应给予相应的精神或物质奖励，在评选表彰各级工人先锋号时应向创新工作室倾斜，优先推荐作出突出贡献的成员参与五一劳动奖章的评选。加强动态管理，对作用发挥不佳、整改措施不力、考核不合格的创新工作室及时予以摘牌。

（十一）强化宣传引导。加强舆论宣传，运用现场会、观摩会、学习交流会等方式，及时总结、推广创建创新工作室的经验和做法，形成推进创新工作室不断深化发展的良好氛围。运用微博、微信、移动客户端等新媒体，开展分众化、互动式宣传，扩大创新工作室的社会影响力，激励广大职工积极践行新发展理念，为建设创新型国家贡献聪明才智。

职工创新工作室创建工作，根据实际情况，参照本意见执行。

（此件发各省、自治区、直辖市总工会，各全国产业工会，中共中央直属机关工会联合会、中央国家机关工会联合会）

中华全国总工会办公厅关于进一步做好中国劳动关系学院劳模本科班工作的通知

（总工办发〔2011〕25号）

各省、自治区、直辖市总工会，各全国产业工会，中共中央直属机关工会联合会、中央国家机关工会联合会，全总各部门、各直属单位：

2012年是全国总工会开办劳模免试本科班（以下简称“劳模班”）20周年。为深入贯彻落实党中央关于做好劳模工作的指示精神，大力弘扬工人阶级伟大品格和劳模精神，不断提高劳模培养和服务水平，现就进一步做好中国劳动关系学院劳模班工作通知如下。

一、进一步提高对做好新形势下劳模教育培养工作的认识

党中央非常关心劳模和重视劳模培养工作。劳动模范是民族的精英、国家的栋梁、社会的中坚、人民的楷模。劳模精神是我们时代的宝贵财富，是激励我国工人阶级和劳动群众在中国特色社会主义道路上奋勇前进的强大精神力量。各级工会要认真贯彻落实《中华全国总工会关于深入学习劳模精神、大力弘扬中国工人阶级伟大品格的决议》（总工发〔2010〕38号）精神，充分发挥劳模的示范导向作用，共同努力办好劳模班，为劳模学员发挥聪明才智、建功立业营造更好的环境和条件。

二、加大对劳模班免试入学政策宣传，切实做好劳模学员的推荐选送工作

劳模学员与普通高等教育本科学生不同，他们是经国家教育部门批准，各级工会组织选拔推荐，全国总工会审核后免试入学的。1992年以来，中国劳动关系学院已连续19年举办劳模班，学员对象主要是全国劳动模范、全国先进工作者、全国五一劳动奖章获得者（以下简称“劳模”），至今已培养了500多名劳模本科生，产生了良好的社会影响。

各级工会要高度重视，加强领导，认真按照全国工会劳模班招生工作要求，广泛宣传劳模学员免试入学政策，把符合条件的劳模推荐选送到中

国劳动关系学院劳模班学习。

三、发挥中国劳动关系学院特色学科专业优势，提升劳模班教学质量和管理服务水平

中国劳动关系学院要强化服务意识，关心劳模学员思想生活，始终把办好劳模班作为全院重点工作抓实抓好，为劳模学员创造良好的学习和生活环境。要配备优秀师资为学员授课辅导，针对劳模自身特点和学业需求，因材施教、精心组织、加强管理。要充分发挥学院在劳动关系、劳动法律、社会保障及工会学等专业方向的教研特色优势，以开阔学员视野，调整知识结构，提升综合素质能力为目标，制订完善劳模学员教学培养方案，积极组织劳模学员在主修原有社会工作专业课程基础上，选修其他特色专业方向的相关课程。努力形成潜心学习、互助友爱、健康向上的良好氛围。

四、认真解决劳模学员实际困难，切实将关爱劳模工作落到实处

各级工会要关心选送劳模学员的学习、生活和工作，加强与中国劳动关系学院的沟通和联系，及时了解劳模学员在校情况。凡符合帮扶条件的全国劳模学员，要按规定向其发放全国劳模帮扶资金。对来自偏远地区、收入水平较低，尤其是因脱产学习与原单位解除劳动合同后无固定收入来源的劳模，要给予特殊关心和照顾，并根据学员学习生活实际需要，加大帮扶资助力度。对需要重新就业的劳模学员，各省级工会要积极配合中国劳动关系学院做好协调推荐工作。一是积极争取各级行政部门、企事业单位及有关社会团体支持，在面向社会公开招聘公益性岗位工作人员时，优先考虑劳模学员。二是各级地方工会所属职工困难帮扶中心、职工法律援助中心等单位聘用工作人员时，要优先安排劳模学员。三是各级地方工会公开招录机关工作人员时，参加公务员统一考试且成绩合格的劳模学员，在同等条件下，要优先录用。

劳模工作涉及面广、政治性和政策性强、社会关注度高。劳模到中国劳动关系学院学习深造，是进一步提高劳模素质，打造和培养技能型、创造型人才队伍的有效途径。各级工会要高度重视劳模的培养教育工作，主动关心劳模学员的学习和生活，积极帮助劳模学员解决实际困难，为劳模学员全面发展、健康成长创造良好条件。

中华全国总工会办公厅

2011 年 5 月 17 日

中华全国总工会办公厅关于以开展“面对面、心贴心、实打实服务职工在基层”活动为契机进一步加强关心关爱劳模工作的通知

（总工办发〔2012〕24号）

各省、自治区、直辖市总工会，各全国产业工会，中共中央直属机关工会联合会、中央国家机关工会联合会，全总各部门、各直属单位：

为进一步在全社会营造尊重劳模、关心劳模、学习劳模、争当劳模的良好氛围，现就以开展“面对面、心贴心、实打实服务职工在基层”活动（以下简称“服务职工活动”）为契机加强关心关爱劳模工作有关问题通知如下。

一、总体要求

关心关爱劳模，帮助劳模解决生活困难问题，是工会义不容辞的职责。各级工会要以服务职工活动为契机，把关心关爱劳模工作放到更加突出的位置，面对面地与劳模交流，倾听他们的意见和建议，反映他们的声音和诉求，增强工作的主动性和针对性；心贴心地与劳模交朋友，深入了解他们的工作和生活情况，及时发现问题，提供有效帮助，增进与他们的感情；实打实地为劳模服务，为他们做好事、办实事、解难事，切实解决劳模生活困难，进一步推动劳模工作取得新进展、实现新突破、迈上新台阶。

二、工作任务

开展调查摸底。各级工会要结合服务职工活动，采取登门看望、走访座谈、电话交流、节日慰问等形式，对劳模特别是有特殊困难的劳模和老劳模进行一次深入调查，摸清底数、了解实情，准确掌握第一手资料，建立健全档案，为建立全国统一、高效互通、方便实用的全国工会劳动模范工作管理系统，实现劳模管理电子化、信息化、动态化，做好基础性

工作。

解决实际困难。要将服务职工活动中了解到的劳模困难问题进行归纳分类。以老劳模和困难劳模为重点对象，着重解决劳模在收入、就业、社保、住房、子女上学等方面的实际困难。对劳模反映的困难和问题，有条件解决的要及时加以解决；难以解决的要积极协助有关方面制定政策措施推动解决。要争取更多的资源和手段，努力拓宽劳模帮扶渠道。推动设立省部级劳模困难帮扶资金，已设立的要争取更多资金。督促企业按规定为劳模办理社会保险手续，推动农民工劳模参加城镇企业职工基本养老保险，指导和帮助符合条件的农民劳模参加新农保。倾心帮助下岗失业劳模再就业。帮助困难劳模子女完成学业。妥善解决劳模住房困难。

注重发挥劳模作用。在积极帮助劳模解决工作生活困难的同时，要努力为劳模干事创业、发挥作用创造有利条件，总结推广创建“劳模工作室”等经验，发挥劳模的骨干和带头作用，引导广大职工勤奋劳动、诚实劳动、创新劳动，营造脚踏实地、勤劳创业、实业致富的社会氛围。

增进与劳模的感情。各级工会干部要视劳模为亲人，在服务职工活动中，进一步增强为劳模服务的意识，充分认识做好关心关爱劳模工作，关系到劳模作用的发挥，也直接关系到广大职工学习劳模、争当劳模的积极性。要怀着深厚的感情，扑下身子，实实在在为每名困难劳模和老劳模至少办理一件实事，以真心换真情，增进与劳模的感情，让他们切身感受到工会是“劳模之家”，充分体会到党和政府的温暖和关怀。

三、建立健全服务劳模的长效机制

各级工会组织要认真总结服务职工活动中一些有效举措和成功经验，积极探索关心关爱劳模的长效机制。建立健全劳模联系机制。通过定期走访慰问劳模，掌握劳模生活、身体和工作情况，及时为劳模提供有效服务。建立健全劳模学习交流机制。组织劳模学习政治、经济、法律和科学文化知识，使劳模不断提升素质，始终保持荣誉，永做时代领跑者。建立健全劳模参政议政机制。积极促进在各级党代表、人大代表和政协委员中增加劳模的比例，为劳模参政议政和参与重大社会活动创造条件，推动提高劳模的政治地位。建立健全劳模生活保障机制。积极推动各有关方面落实好劳模待遇政策规定，严格劳模“三金”发放管理，定期组织劳模疗休养和体检，切实维护劳模的合法权益。建立健全劳模特困帮扶机制。重点加大对患大病、重病住院等医疗费支出较大以及突发困难的劳模的关心帮扶力度，做到一般困难单位帮、特殊困难政府帮、突发困难及时帮，使劳模切实感受到党和政府的关爱。建立健全劳模诉求表达机制。认真做好劳模来信来访处理工作，积极推动劳模信访问题的解决，必要时工会法律援助机构要及时提供方便快捷的法律服务和法律援助。

中华全国总工会办公厅
2012 年 6 月 14 日

中华全国总工会办公厅关于印发《全国劳模专项补助资金发放管理办法（试行）》的通知

（总工办发〔2014〕19号）

各省、自治区、直辖市总工会，中共中央直属机关工会联合会、中央国家机关工会联合会：

现将《全国劳模专项补助资金发放管理办法（试行）》印发给你们，请认真执行。

中华全国总工会办公厅

2014年6月23日

全国劳模专项补助资金发放管理办法（试行）

第一章　总　则

第一条　为进一步规范全国劳模专项补助资金（以下简称补助资金）的发放管理，提高资金使用效益，根据财政部有关规定，结合实际，制定本办法。

第二条　本办法所称补助资金是指中央财政按年度纳入预算，用于帮助解决全国劳模生活困难和开展关心关爱劳模相关活动的专项资金。全国总工会负责补助资金的统一管理。

第三条　补助资金使用范围包括：劳模生活困难补助、特殊困难帮扶、春节慰问、疗休养和健康体检补助，以及经财政部批准的其他支出。

第四条　补助资金按照专项管理、专款专用的原则，实行逐级申报、分级负责、“一卡化”发放。

第二章　发放对象及资金用途

第五条　生活困难补助金的发放对象是符合下列情形之一的全国劳动模范和先进工作者（以下简称全国劳模）：

（一）月平均收入低于各省（区、市）总工会核定的在职劳模月补助标准线的；

（二）月养老金低于各省（区、市）总工会核定的退休劳模月补助标准线的；

（三）农民劳模男年满 60 岁、女年满 55 岁且无固定收入或者丧失劳动能力的；

（四）有下列情形之一者不列为发放对象：在就业年龄内，有劳动能力但不主动就业或者经就业服务机构介绍无正当理由拒绝就业的；安排子女自费出国（境）留学的；拥有高值收藏物或者小汽车等高档消费品的；家庭自有住房人均面积达到当地人均住房面积 2 倍以上的；其他不能列为发放对象的情形。

第六条　特殊困难帮扶金的发放对象是符合下列情形之一的全国劳模：

（一）因本人患病自付医疗费较多造成家庭生活困难的；

（二）因配偶、父母、未成年子女患重病、失业等原因造成家庭生活困难的；

（三）因遭受意外灾害造成家庭生活困难的。

已故全国劳模配偶无固定收入、生活特别困难的可以酌情列为发放对象。

第七条　春节慰问金的发放对象是所有健在并保持荣誉称号的全国劳模。

第八条　疗休养补助金用于全国总工会组织的全国劳模和全国五一劳动奖章获得者的集中疗休养活动经费补贴。

第九条　健康体检补助金用于各级工会组织全国劳模就地进行的身体健康检查费用（劳模所在单位组织年度健康体检的除外）。

经国务院批准享受全国劳模待遇的人员纳入上述补助资金使用范围。

撤销荣誉称号期间的、移居国（境）外的、去向不明且失去联系的劳模不纳入上述补助资金使用范围。

第三章　补助标准

第十条　生活困难补助金的补助标准每年核定一次。

全国劳模生活困难月补助标准线为当地政府部门发布的上年度职工月平均工资、月平均养老金的1.1至1.2倍。月补助额为劳模月平均收入低于月补助标准线的差额部分。

农民劳模男年满60岁、女年满55岁且无固定收入或者丧失劳动能力的，补助标准为每月不低于800元。

第十一条　月平均收入是指在一定时期内（一般以一年为计算单位）全国劳模的全部收入总和除以月数。

全部收入包括：

（一）工资（指应发工资）、奖金、津贴、补贴及其他劳动收入；

（二）离退休费或者养老金及领取的其他社会保险金；

（三）从政府或者企事业单位获得的基本生活费或者一次性收入；

（四）出租或者出售家庭资产获得的收入；

（五）法定赡养人或者扶养人应当给付的赡养费或者扶养费；

（六）接受的馈赠或者继承收入；

（七）其他应当计入的收入。

劳模补助、荣誉津贴、劳保津贴不计入收入。

第十二条　特殊困难帮扶金的补助标准由各省（区、市）总工会每年根据全国总工会下达的资金额度，综合考虑需要帮扶的全国劳模人数和实际困难情况确定具体帮扶标准。

特殊帮扶的全国劳模人数不得超过本省（区、市）全国劳模总数的40%。特殊困难帮扶金的年度最高补助额原则上不超过50000元，特殊情况的，经全国总工会审核同意后可酌情增加。

第十三条　春节慰问金和疗休养费用标准每年由全国总工会统一核定。

第十四条　健康体检费用补助标准为每人600—1000元，具体数额由各省（区、市）总工会根据当地医疗价格和体检项目的实际情况确定。

第四章　申报与发放

第十五条　发放补助资金应当履行申报审核程序。具体程序为：

（一）全国劳模向基层工会或者乡镇、街道工会提出书面申请，实事求是地反映本人和家庭收入情况、家庭困难状况及原因，并提供相关证明材料。

（二）基层工会或者乡镇、街道工会进行入户调查或者向相关机构核实情况，对符合申报条件、拟进行补助的人员在一定范围内公示。

（三）基层工会或者乡镇、街道工会出具意见并附相关证明材料向上一级工会申报。经逐级审核后，省（区、市）总工会于每年10月31日前将各类资金拟补助情况汇总后报全国总工会经济技术部。

第十六条　申请生活困难补助金和特殊困难帮扶金的全国劳模，应当提供以下证明材料：本人和家庭的收入证明、医疗费用单据、病情诊断证明、子女就学证明、突发事件（如事故或者灾情）鉴定报告等。证明材料由省（区、市）总工会或者地市级总工会留存。

第十七条　全国总工会经济技术部审核各省（区、市）总工会上报的各类资金拟补助情况后，制订补助资金具体分配方案，报全总书记处审定，同时报财政部备案。

第十八条　全国总工会财务部按分配方案和用款进度，办理资金使用拨付申请，补助资金由中央财政直接拨给各省（区、市）总工会。其中，疗休养补助金根据当年疗休养活动情况直接拨付各接待单位。健康体检补助金由各省（区、市）总工会按照组织劳模健康体检的实际情况，直接拨付组织单位或者承担体检单位。

第十九条　各省（区、市）总工会根据全国总工会下达的资金额度，制订具体的资金发放方案，经主席办公会研究审定，并严格按财务管理制度履行审批程序，采取银行卡（存折）结算方式，将补助资金直接汇入全国劳模个人银行账户，并通过电话、信函等方式及时告知劳模本人，同时应当告知有关管理单位。

第二十条　各省（区、市）总工会应当将补助资金使用情况于当年12月底前上报全国总工会经济技术部。补助资金使用情况汇总后报财政部备案。

第五章　监督管理

第二十一条　各级工会的劳模管理、财务、经费审查等部门应当密切配合，各负其责。劳模管理部门负责补助资金的核定、分配、发放等日常管理工作；财务部门负责补助资金的财务管理、财务监督和会计核算；经费审查部门每年对补助资金的使用情况进行审计。

第二十二条 各级工会要建立健全补助资金发放和管理的监督机制。定期对补助资金的发放管理进行监督检查，采取实地走访、电话询访等形式，每年抽取一定比例进行核查，对发现的问题应当及时上报并立即纠正。全国总工会对抽查或者审计发现的未按要求发放补助资金的省（区、市）总工会将予以通报批评，并于下一年度核减补助资金额度。

第二十三条 各级工会及其工作人员必须严格执行有关规定，严禁截留、挪用、冒领补助资金，杜绝随意扩大发放范围、擅自提高补助标准。对在补助资金发放管理工作中严重失职、渎职、弄虚作假、以权谋私违法违规行为的，按照有关规定严肃处理。

第六章 附 则

第二十四条 本办法由中华全国总工会负责解释。

第二十五条 本办法自公布之日起施行。

中华全国总工会办公厅印发《关于进一步加强评比达标表彰活动管理的办法》的通知

(总工办发〔2015〕31号)

各驻会全国产业工会，全总各部门、各直属单位：

《关于进一步加强评比达标表彰活动管理的办法》已经全总十六届书记处第四十一次会议审议通过，现印发给你们，请认真贯彻落实。

中华全国总工会办公厅
2015年11月27日

关于进一步加强评比达标表彰活动管理的办法

第一章　总　则

第一条　为规范全国总工会评比达标表彰活动，加强评比达标表彰管理工作，根据中共中央办公厅、国务院办公厅《评比达标表彰活动管理办法（试行）》（中办发〔2010〕33号）、全国评比达标表彰工作协调小组《评比达标表彰活动管理办法（试行）实施细则》（国评组发〔2011〕5号）、《中国共产党纪律处分条例》（2015年修订）等规定，按照全总《关于进一步精简会议活动、文件简报和评比表彰的意见》（总工办发〔2013〕55号）要求，制定本办法。

第二条　评比达标表彰活动须经党中央、国务院批准，未经批准不得擅自开展。

第三条　评比达标表彰工作应当围绕中心、服务大局，遵循严格审批、总量控制、合理设置、注重实效的原则，坚持公开、公平、公正，面向基层和工作一线，严格按照规定的条件、权限和程序进行，以精神奖励为主、物质奖励为辅，体现先进性、代表性和时代性。

第四条 在全国总工会书记处的领导下，办公厅负责评比达标表彰活动的统筹协调和审核工作，评比达标表彰活动的业务主管部门应认真履行相应管理职责。

第二章 申报和退出

第五条 申请设立新的评比达标表彰项目，由主办单位提出，经办公厅和相关业务部门提出意见，报全总分管领导审批后，提交全总书记处会议研究确定，书记处会议审议通过后，每年3月份前，以全国总工会名义向党中央提出申请，经批准同意后方可开展。

已经批准的评比达标表彰项目，调整或者变更项目名称、主办单位、活动周期、评选范围、奖项设置等，应经全总书记处会议审议通过后向党中央提出申请。

因重大事件、重要专项工作等特殊情况，需临时开展评比达标表彰活动的，应经全总书记处会议审议通过后向党中央单独申请。

第六条 各驻会全国产业工会，全总各部门、各直属单位按程序向全总书记处报告并获得批准后，可以参加其他部委（协会或集团）经党中央、国务院批准的评比达标表彰活动。

第七条 对拟不再举办的评比达标表彰项目，可以申请退出，并以全国总工会名义向全国评比达标表彰工作协调小组备案。

第八条 评比达标表彰项目退出或经党中央批准撤销后，全国总工会不再申报同类项目。

第三章 实施和管理

第九条 各驻会全国产业工会，全总各部门、各直属单位应按批准的项目内容开展评比达标表彰活动，不得擅自变更，不得层层配套设立相应的评比达标表彰项目。

第十条 评比达标表彰活动的业务主管部门要建立完善相关的具体管理办法。

第十一条 在开展评比达标表彰活动前，主办部门应制订详细的实施方案报全总书记处审定，并将评选条件、评选办法和评选结果等在适当范围内公开公示。涉密或不宜公开等事项可按规定不予公示。

第十二条 评比达标表彰活动所需经费按现行资金渠道解决，纳入预算管理。

第十三条 开展评比达标表彰活动要严格遵守财经纪律和财务规定，不得以任何方式向参评单位和个人收取费用或变相收取费用。

第十四条 评比达标表彰活动的主办部门在每年 12 月底前报送下一年度开展评比达标表彰活动的计划，由办公厅审核后提交全总书记处会议讨论批准。要严格控制即时表彰项目。

第四章 监督检查和责任追究

第十五条 评比达标表彰活动主办单位应主动接受群众监督、社会监督和舆论监督。

第十六条 办公厅、纪检、财务、经审等部门要加强对评比达标表彰活动的监督检查。

第十七条 擅自举办评比达标表彰活动或者借评比达标表彰活动收取费用的，对直接责任者和领导责任者，情节较重的，给予警告或严重警告处分；情节严重的，给予撤销党内职务处分。

第五章 附 则

第十八条 本办法适用于各驻会全国产业工会，全总各部门、各直属单位组织举办的各类评比达标表彰活动。

第十九条 劳动竞赛、技能大赛、成果表彰等业务活动要规范进行，由主办部门报经济技术部，由经济技术部汇总审核后提交全总书记处会议讨论批准。

第二十条 本办法自印发之日起执行。此前印发的相关文件，凡与本办法不一致的，以本办法为准。

中华全国总工会办公厅关于印发《全国示范性劳模和工匠人才创新工作室命名管理工作暂行办法》的通知

（总工办发〔2017〕19号）

各省、自治区、直辖市总工会，各全国产业工会，中共中央直属机关工会联合会、中央国家机关工会联合会：

《全国示范性劳模和工匠人才创新工作室命名管理工作暂行办法》已经中华全国总工会第十六届书记处第七十二次会议审议通过。现印发给你们，请认真贯彻执行。

中华全国总工会办公厅

2017年7月6日

全国示范性劳模和工匠人才创新工作室命名管理工作暂行办法

第一章　总　则

第一条　为进一步规范全国示范性劳模和工匠人才创新工作室（以下简称示范性创新工作室）的命名和管理工作，提高质量、突出实效、发挥作用、扩大影响，充分发挥劳模和工匠人才在创新实践中的示范引领和骨干带头作用，加快知识型、技术型、创新型技术工人队伍建设，推进新时期产业工人队伍建设改革，夯实创新驱动发展的群众基础，推动大众创业、万众创新，促进企业技术进步、产业转型升级和国家创新驱动发展战略的实施，制定本《办法》。

第二章　条件与任务

第二条　示范性创新工作室必须工作有计划、活动有开展、创新有成果。同时还应具备以下条件：

1. 原则上以一名在技术、业务方面有专长，且具有较高技能水平、管理经验和创新能力的省部级（含）以上劳模、全国五一劳动奖章获得者或有精湛技艺的工匠人才为领衔人，组成的创新团队。

2. 已有效运行 3 年以上，以相对固定的团队协作模式开展创新工作。

3. 具有相对固定的活动场所、基本的设备设施、明确的技术攻关课题和创新目标、必要的工作经费、完善的管理制度，能定期开展技术攻关或创新活动，运作规范有序。

4. 具有较强的创新和攻关能力，能积极开展创新创造活动，承担本地区、本行业、本单位的创新课题或技术攻关项目，取得创新成果，产生显著经济效益和社会效益。

5. 能充分发挥示范引领、集智创新、协同攻关、传承技能、培育精神等功能，带动本地区、本行业、本单位的群众性技术创新活动和职工技能素质提升。

6. 应在省（区、市）总工会命名的劳模和工匠人才创新工作室、职工创新工作室等职工创新先进团体中产生。

企事业单位原有建制的研发机构和班组等不在命名之列。

第三条　示范性创新工作室的主要任务是：弘扬劳模精神、劳动精神、工匠精神，发挥劳模和工匠人才在技术、业务等方面的专长，围绕本地区、本行业、本单位生产经营活动中的重点难点问题和工艺技术难题，积极开展技术创新、服务创新、管理创新、制度创新，增强企业核心竞争力；积极发挥劳模和工匠人才“传帮带”作用，开展技术培训、业务交流、师徒帮教等活动，推进新时期产业工人队伍建设，为实施创新驱动发展战略、制造强国战略提供人才保证和技能支撑。

第三章　命名与管理

第四条　全国总工会每 3 年命名 100 个示范性创新工作室。

第五条　示范性创新工作室命名工作应自下而上进行，由所在单位工会提出申请，经地市级总工会或省（区、市）产业工会考核后，由省

（区、市）总工会或全国产业工会择优向全国总工会推荐。全国总工会组织审核、评审、公示，择优命名。已命名的示范性创新工作室申请更换领衔人，按上述程序进行。

第六条 示范性创新工作室须建立工作台账，记录日常活动、创新成果和成员发展等事项。所在单位工会应加强对工作台账的监督管理。

第七条 示范性创新工作室日常活动经费原则上由所在单位承担。各级工会应结合实际情况，给予一定资金支持，确保其正常开展活动，并保证专款专用、合法合规。全国总工会设立的职工创新补助资金将重点用于扶持示范性创新工作室的优秀项目。

第八条 示范性创新工作室要加强自身建设。各省（区、市）总工会和各全国产业工会每年要对示范性创新工作室进行考核，考核情况于年底前报全国总工会备案，对考核不达标的要求其制订整改方案，并督促落实。

第九条 示范性创新工作室实行动态管理。全国总工会每3年对示范性创新工作室进行考核，考核不达标的予以摘牌。

第十条 示范性创新工作室经所在省（区、市）总工会或全国产业工会推荐，可优先申报全国工人先锋号。

第四章　措施与要求

第十一条 各级工会要积极争取党政的重视和支持，将推进示范性创新工作室创建工作列入重要议事日程，纳入企业研发创新体系、发展规划和人才培养计划。

第十二条 各级工会要加强对示范性创新工作室的指导和服务。积极搭建交流平台，促进其相互学习、共同提高，更好地发挥示范带动作用；积极帮助示范性创新工作室转化创新成果，及时推广和应用到生产经营活动之中；引导有条件的示范性创新工作室加强横向联合，创建跨区域、跨行业、跨企业的创新工作室联盟。

第十三条 各级工会要关心示范性创新工作室成员的成长和进步，保护其成员的创造热情，在总结推广创新成果、推荐评选先进、组织疗休养和进修深造等方面予以优先考虑。

第十四条 各级工会要广泛宣传示范性创新工作室的先进事迹，总结推广其创新成果、成功经验或做法，带动更多的企事业单位开展创新工作室创建工作，积极引导广大职工以先进典型为榜样，扎实工作，创先争优，建功立业。

第十五条 本《办法》自发布之日起实施。

中华全国总工会办公厅关于进一步加强和规范劳模休养工作的通知

（厅字〔2017〕19号）

各省、自治区、直辖市总工会，各全国产业工会，中共中央直属机关工会联合会、中央国家机关工会联合会：

工会组织开展的劳模休养活动充分体现了党和国家对广大劳动模范的高度重视，为劳模提供了短期休息疗养、互相学习交流工作经验、提高思想觉悟素质的机会，深受广大劳模的欢迎，得到了社会各界的广泛称赞。但近年来也发现个别单位在组织劳模休养活动中存在一些问题，产生了不好的影响。为进一步加强和规范劳模休养工作，确保此项工作顺利开展，现就有关事项通知如下。

一、高度重视劳模休养工作

劳模休养是党和国家对劳动模范的关心和关怀，是一项重要的制度性工作。要认真学习贯彻习近平总书记系列重要讲话精神特别是关于工人阶级和工会工作的重要论述，大力弘扬劳模精神、劳动精神、工匠精神，把思想认识统一到中央的要求上来。要充分认识组织劳模休养活动的重要意义，把做好劳模休养工作作为一项重要的政治任务，用服务劳模、弘扬劳模精神的实际行动，认真组织、精心安排、热情服务，落实落细劳模休养的每项工作，使劳模切身感受到党和政府的关心关爱。

二、严格审核休养对象

全国和各省级工会组织的休养对象必须是在工作岗位上做出突出贡献的全国劳动模范和先进工作者、全国五一劳动奖章获得者、省部级劳动模范和先进工作者及省级五一劳动奖章获得者。要坚持面向基层、面向一线、面向普通劳动者的原则，重点安排生产一线特别是在劳动条件艰苦、劳动强度大岗位工作的劳模和在重大工程、重点科研项目中发挥骨干作用的劳模参加休养，优先考虑从未参加过休养的劳模。要认真做好休养劳模的审核工作，严禁不符合休养条件的人员参加劳模休养。

三、依规选择休养地点

劳模休养地点原则上为工会系统的疗养院所，以全国劳模休养基地或省级劳模休养基地为主，也可采用招投标等方式并征求疗休养主管、财务、经审等部门意见后，经集体研究确定符合休息、疗养、康复治疗等相关标准的接待单位。休养期间不得跨省（区、市）活动，原则上住宿地点不变。

四、合理安排休养内容

劳模休养主要以休息疗养、康复治疗、开展健康体检和讲座、形势报告、座谈交流、文体活动等方式组织开展。休养期间不得安排收费旅游景点的相关活动，外出参观原则上不超过休养时间的1/3，参观考察以免费的革命传统教育基地、先进企业及社区、社会主义新农村、博物馆、纪念馆为主，将休养活动与爱国主义教育、提升劳模素质结合起来，严禁借劳模休养名义组织公款或变相公款旅游。

五、做好劳模休养的组织和服务工作

要加强对劳模休养工作的领导，制订劳模休养工作方案，对劳模休养期间的食宿、交通、参观考察等做出统筹安排，强化责任意识，切实保证劳模休养工作安全、优质、高效进行。要做好劳模休养的安全保障工作，积极争取公安交管、卫生防疫等部门支持，为劳模办理人身意外保险，并做好应急预案。要严格经费审查，按照中央八项规定精神和厉行节约的有关要求，既让劳模生活上舒心满意，又勤俭节约，避免铺张浪费。

各级工会组织的劳模休养活动参照本通知执行。

中华全国总工会办公厅

2017 年 7 月 18 日

五、部门文件

技术协作与创新

关于印发《中国职工技术协会章程》的通知

（中技发〔2018〕1号）

各省、自治区、直辖市职工技术协会，新疆生产建设兵团职工技术协会，中国机械冶金建材工会职工技术协会，中国国防邮电工会职工技术协会，中国职工对外交流中心：

中国职工技术协会第七次会员代表大会通过的《中国职工技术协会章程》，已经业务主管单位中华全国总工会审查同意，并报社团登记管理机关中华人民共和国民政部核准。现将核准生效的《中国职工技术协会章程》印发给你们，请遵照执行。

中国职工技术协会

2018年6月1日

中国职工技术协会章程

第一章　总　则

第一条　中国职工技术协会简称中国职工技协（以下简称本会），英文译名 The Chinese Workers' Technical Association，缩写为 CWTA。

第二条　本会是中华全国总工会领导的、由中国境内职工和职工科技社会团体自愿结成的全国性、专业性、非营利性社会组织。

第三条　本会的宗旨是："为国家分忧、为企业解难、为职工服务"，服务于国家的经济建设，围绕提高职工科技素质、推动企业科技进步、促进经济发展开展多种形式的群众性科技活动，组织和引导会员为推动科技进步、加快转变经济发展方式作贡献。

本会遵守宪法、法律、法规和国家政策，遵守社会道德风尚。

第四条 本会活动以基层为基础，以技术工人为主体，坚持技术工人、专业技术人员、管理人员相结合和企业、大专院校、科研机构相结合的原则。

第五条 本会接受社团登记管理机关民政部和业务主管单位中华全国总工会的监督管理和业务指导。

第六条 本会的住所设在北京市。

第二章 业务范围

第七条 本会的业务范围是：

（一）开展合理化建议、岗位练兵、技能大赛（比赛）、发明创造、技术革新、技术攻关、技术改造、技术交流、技术协作等活动，帮助企业加强技术管理；

（二）开展技术培训、职业技能培训、科普教育等活动，提高职工技术素质和技能水平；

（三）开展技术开发、技术转让、技术咨询、技术服务活动，参与技术市场建设，开展职工国际科技交流活动；

（四）受有关部门委托，开展职工技术创新成果评审、职工创新项目评审、技术创新成果展示交流等群众性创新活动，推动职工技术成果转化；

（五）维护会员的知识产权等合法权益。

第三章 会 员

第八条 本会由单位会员和个人会员组成。

第九条 各省、自治区、直辖市职工技术协会，各全国产业职工技术协会，全国专业职工科技社会团体、企事业单位职工科技社会团体，承认并遵守本章程，自愿申请，经批准，即可成为本会的单位会员。

第十条 凡积极参加群众性科技活动的职工（包括离退休职工），承认并遵守本章程，本人申请，经批准，即可成为本会的个人会员。

第十一条 会员享有下列权利：

（一）选举权、被选举权和表决权；

（二）对本会工作的建议权、批评权和监督权；

（三）本会组织活动的参加权；

（四）获得本会服务的优先权、优惠权；

（五）入会自愿，退会自由。

第十二条 会员履行下列义务：

（一）遵守本会的章程，执行本会的决议；

（二）维护本会合法权益；

（三）完成本会交办的工作；

（四）向本会反映情况、提供有关资料；

（五）按规定交纳会费。

第十三条 会员退会应书面通知本会，并交回会员证。会员如果连续2年不履行义务的，视为自动退会。

第十四条 会员如有违法违纪或严重违反本章程的行为，经理事会或常务理事会或理事长会表决通过，予以除名。

第四章 组织机构和负责人产生、罢免

第十五条 本会的最高权力机构是会员代表大会，会员代表大会的职权是：

（一）制定和修改章程；

（二）选举和罢免理事；

（三）审议理事会的工作报告和财务报告；

（四）制定并修改会费标准；

（五）决定终止事宜；

（六）决定其他重大事宜。

第十六条 会员代表大会须有2/3以上的代表出席方能召开，其决议须经到会代表半数以上表决通过方能生效。

第十七条 会员代表大会每届5年。因特殊情况需提前或延期换届的，须由理事会表决通过，报业务主管单位审查并经社团登记管理机关同意。延期换届最长不超过1年。

第十八条 理事会是会员代表大会的执行机构，在会员代表大会闭会期间领导本会开展日常工作，对会员代表大会负责。其职权是：

（一）执行会员代表大会的决议；

（二）选举和罢免理事长、副理事长、秘书长和常务理事；

（三）筹备召开会员代表大会；

（四）向会员代表大会报告工作和财务状况；

（五）决定会员的吸收和除名；

（六）决定办事机构、分支机构、代表机构和实体机构的设立、注销和变更；

（七）决定副秘书长、各机构主要负责人的聘任；

（八）领导本会各机构开展工作；

（九）制订内部管理制度；

（十）制订本会工作计划；

（十一）决定名誉职务的设立及人选；

（十二）决定其他重大事项。

第十九条 理事实行替补制。单位理事代表因工作变动或其他原因不再适合担任本会理事时，由其所在的单位提出替补人选，经理事会议研究确定。

第二十条 理事会每年至少召开一次会议。情况特殊的，可采用通信形式召开。理事会须有2/3以上理事出席方能召开，其决议须经到会理事2/3以上表决通过方能生效。

第二十一条 本会设立常务理事会。常务理事会由理事会选举产生，人数不超过理事人数的1/3，在理事会闭会期间行使第十八条第一、三、五、六、七、八、九、十项的职权，对理事会负责。

第二十二条 常务理事会至少半年召开一次会议。情况特殊的，可采用通信形式召开。常务理事会须有2/3以上常务理事出席方能召开，其决议须经到会常务理事2/3以上表决通过方能生效。

第二十三条 本会设理事长1人，副理事长若干人；秘书长1人，副秘书长若干人。

第二十四条 理事长为本会的法定代表人。本会法定代表人不兼任其他团体的法定代表人。

因特殊情况，经理事长委托、理事会同意，报业务主管单位审查并经社团登记管理机关批准后，可以由副理事长或秘书长担任法定代表人。

本会法定代表人代表本会签署有关重要文件。

第二十五条 理事长会议由理事长、副理事长、秘书长组成，对理事会负责。

第二十六条 理事长会议的职权是：

（一）执行理事会的决议；

（二）决定召开理事会议；

（三）在理事会闭会期间决定会员的吸收和除名，在理事会召开时再予确认。

第二十七条 理事长会议须有 2/3 以上人员出席方能召开，其决议经到会人员 2 /3 以上表决通过方能生效。

第二十八条 理事长、副理事长、秘书长必须具备下列条件：

（一）坚持中国共产党的路线、方针、政策，政治素质好；

（二）在本会业务领域内有较大影响；

（三）最高任职年龄不超过 70 周岁，秘书长为专职；

（四）身体健康，能坚持正常工作；

（五）未受过剥夺政治权利的刑事处罚；

（六）具有完全民事行为能力。

理事长、副理事长和秘书长因工作变动或其他原因不再适合担任上述职务时，由其推荐单位提出替补人选，交理事会议选举。

第二十九条 本会理事长、副理事长、秘书长如超过最高任职年龄的，须经理事会表决通过，报业务主管单位审查并经社团登记管理机关批准后，方可任职。

第三十条 本会理事长、副理事长、秘书长每届任期 5 年，连任不超过两届。因特殊情况需要延长任期的，须经会员代表大会 2/3 以上会员代表表决通过，报业务主管单位审查并经社团登记管理机关批准后，方可任职。

第三十一条 理事长行使下列职权：

（一）主持理事会、常务理事会和理事长会议；

（二）决定本会的日常重要工作事项。

第三十二条 秘书长行使下列职权：

（一）执行理事长会议的决议；

（二）主持工作机构的日常工作，提出并组织实施工作计划；

（三）提出副秘书长人选，交理事会或常务理事会决定；

（四）提出设立工作机构和分支机构的建议，交理事会或常务理事会决定；

（五）决定工作人员的聘用；

（六）处理其他日常事务。

第三十三条 本会办公室是本会的常设工作机构。

第五章　资产的管理和使用

第三十四条　本会经费来源：

（一）会费；

（二）工会拨款；

（三）政府资助和社会捐赠；

（四）在核准的业务范围内开展活动和服务的收入；

（五）利息；

（六）其他合法收入。

第三十五条　本会按照国家有关规定收取会员会费。

第三十六条　本会经费必须用于本章程规定的业务范围和事业的发展，不得在会员中分配。

第三十七条　本会建立完善的财务管理制度，保证会计资料合法、真实、准确、完整。

第三十八条　本会配备具有专业资格的会计人员。会计不得兼任出纳。会计人员必须进行会计核算，实行会计监督。会计人员调动工作或离职时，必须与接管人员办清交接手续。

第三十九条　本会的资产管理执行国家规定的财务管理制度，接受会员代表大会、业务主管单位和财政部门的监督。资产来源属于政府资助或者社会捐赠的，须接受审计机关的监督，并将有关情况以适当方式向社会公布。

第四十条　本会换届或更换法定代表人之前必须接受财务审计。

第四十一条　任何单位、个人不得侵占、私分或挪用本会的资产。

本会专职工作人员的工资和保险、福利待遇，参照国家对事业单位的有关规定执行。

第六章　会　徽

第四十二条　本会会徽由两只欲握的右手构成的“工”字及“卫星轨道”组成，象征职工技协会员通力协作，推动科技进步。

第七章　章程的修改程序

第四十三条　对本会章程的修改，须经理事会表决通过后报会员代表大会审议。

第四十四条 本会修改的章程，须在会员代表大会通过后15日内，经业务主管单位审查同意，并报社团登记管理机关核准后生效。

第八章 终止程序及终止后的财产处理

第四十五条 本会完成宗旨或自行解散或由于分立、合并等原因需要注销的，由理事会或常务理事会提出终止动议。

第四十六条 本会终止动议须经会员代表大会表决通过，并报业务主管单位审查同意。

第四十七条 本会终止前，须在业务主管单位指导下成立清算组织，清理债权债务，处理善后事宜。清算期间，不得开展清算以外的活动。

第四十八条 本会经社团登记管理机关办理注销登记手续后即为终止。

第四十九条 本会终止后的剩余财产，在业务主管单位和社团登记管理机关监督下，按照国家有关规定，用于发展与本会宗旨相关的事业。

第九章 附 则

第五十条 本章程经2017年7月19日第七次会员代表大会表决通过。

第五十一条 本章程的解释权属于本会的理事会。

第五十二条 本章程自社团登记管理机关核准之日起生效。

扶贫工作篇

中共中央　国务院关于打赢脱贫攻坚战的决定

（中发〔2015〕34号）

确保到2020年农村贫困人口实现脱贫，是全面建成小康社会最艰巨的任务。现就打赢脱贫攻坚战作出如下决定。

一、增强打赢脱贫攻坚战的使命感紧迫感

消除贫困、改善民生、逐步实现共同富裕，是社会主义的本质要求，是我们党的重要使命。改革开放以来，我们实施大规模扶贫开发，使7亿农村贫困人口摆脱贫困，取得了举世瞩目的伟大成就，谱写了人类反贫困历史上的辉煌篇章。党的十八大以来，我们把扶贫开发工作纳入"四个全面"战略布局，作为实现第一个百年奋斗目标的重点工作，摆在更加突出的位置，大力实施精准扶贫，不断丰富和拓展中国特色扶贫开发道路，不断开创扶贫开发事业新局面。

我国扶贫开发已进入啃硬骨头、攻坚拔寨的冲刺期。中西部一些省（自治区、直辖市）贫困人口规模依然较大，剩下的贫困人口贫困程度较深，减贫成本更高，脱贫难度更大。实现到2020年让7000多万农村贫困人口摆脱贫困的既定目标，时间十分紧迫、任务相当繁重。必须在现有基础上不断创新扶贫开发思路和办法，坚决打赢这场攻坚战。

扶贫开发事关全面建成小康社会，事关人民福祉，事关巩固党的执政基础，事关国家长治久安，事关我国国际形象。打赢脱贫攻坚战，是促进全体人民共享改革发展成果、实现共同富裕的重大举措，是体现中国特色社会主义制度优越性的重要标志，也是经济发展新常态下扩大国内需求、促进经济增长的重要途径。各级党委和政府必须把扶贫开发工作作为重大政治任务来抓，切实增强责任感、使命感和紧迫感，切实解决好思想认识不到位、体制机制不健全、工作措施不落实等突出问题，不辱使命、勇于担当，只争朝夕、真抓实干，加快补齐全面建成小康社会中的这块突出短板，决不让一个地区、一个民族掉队，实现《中共中央关于制定国民经济和社会发展第十三个五年规划的建议》确定的脱贫攻坚目标。

二、打赢脱贫攻坚战的总体要求

（一）指导思想

全面贯彻落实党的十八大和十八届二中、三中、四中、五中全会精神，以邓小平理论、“三个代表”重要思想、科学发展观为指导，深入贯彻习近平总书记系列重要讲话精神，围绕“四个全面”战略布局，牢固树立并切实贯彻创新、协调、绿色、开放、共享的发展理念，充分发挥政治优势和制度优势，把精准扶贫、精准脱贫作为基本方略，坚持扶贫开发与经济社会发展相互促进，坚持精准帮扶与集中连片特殊困难地区开发紧密结合，坚持扶贫开发与生态保护并重，坚持扶贫开发与社会保障有效衔接，咬定青山不放松，采取超常规举措，拿出过硬办法，举全党全社会之力，坚决打赢脱贫攻坚战。

（二）总体目标

到2020年，稳定实现农村贫困人口不愁吃、不愁穿，义务教育、基本医疗和住房安全有保障。实现贫困地区农民人均可支配收入增长幅度高于全国平均水平，基本公共服务主要领域指标接近全国平均水平。确保我国现行标准下农村贫困人口实现脱贫，贫困县全部摘帽，解决区域性整体贫困。

（三）基本原则

——坚持党的领导，夯实组织基础。充分发挥各级党委总揽全局、协调各方的领导核心作用，严格执行脱贫攻坚一把手负责制，省市县乡村五级书记一起抓。切实加强贫困地区农村基层党组织建设，使其成为带领群众脱贫致富的坚强战斗堡垒。

——坚持政府主导，增强社会合力。强化政府责任，引领市场、社会协同发力，鼓励先富帮后富，构建专项扶贫、行业扶贫、社会扶贫互为补充的大扶贫格局。

——坚持精准扶贫，提高扶贫成效。扶贫开发贵在精准，重在精准，必须解决好扶持谁、谁来扶、怎么扶的问题，做到扶真贫、真扶贫、真脱贫，切实提高扶贫成果可持续性，让贫困人口有更多的获得感。

——坚持保护生态，实现绿色发展。牢固树立绿水青山就是金山银山的理念，把生态保护放在优先位置，扶贫开发不能以牺牲生态为代价，探索生态脱贫新路子，让贫困人口从生态建设与修复中得到更多实惠。

——坚持群众主体，激发内生动力。继续推进开发式扶贫，处理好国家、社会帮扶和自身努力的关系，发扬自力更生、艰苦奋斗、勤劳致富精神，充分调动贫困地区干部群众积极性和创造性，注重扶贫先扶智，增强贫困人口自我发展能力。

——坚持因地制宜，创新体制机制。突出问题导向，创新扶贫开发路径，由“大水漫灌”向“精准滴灌”转变；创新扶贫资源使用方式，由多头分散向统筹集中转变；创新扶贫开发模式，由偏重“输血”向注重“造血”转变；创新扶贫考评体系，由侧重考核地区生产总值向主要考核脱贫成效转变。

三、实施精准扶贫方略，加快贫困人口精准脱贫

（四）健全精准扶贫工作机制。抓好精准识别、建档立卡这个关键环节，为打赢脱贫攻坚战打好基础，为推进城乡发展一体化、逐步实现基本公共服务均等化创造条件。按照扶持对象精准、项目安排精准、资金使用精准、措施到户精准、因村派人精准、脱贫成效精准的要求，使建档立卡贫困人口中有5000万人左右通过产业扶持、转移就业、易地搬迁、教育支持、医疗救助等措施实现脱贫，其余完全或部分丧失劳动能力的贫困人口实行社保政策兜底脱贫。对建档立卡贫困村、贫困户和贫困人口定期进行全面核查，建立精准扶贫台账，实行有进有出的动态管理。根据致贫原因和脱贫需求，对贫困人口实行分类扶持。建立贫困户脱贫认定机制，对已经脱贫的农户，在一定时期内让其继续享受扶贫相关政策，避免出现边脱贫、边返贫现象，切实做到应进则进、应扶则扶。抓紧制定严格、规范、透明的国家扶贫开发工作重点县退出标准、程序、核查办法。重点县退出，由县提出申请，市（地）初审，省级审定，报国务院扶贫开发领导小组备案。重点县退出后，在攻坚期内国家原有扶贫政策保持不变，抓紧制定攻坚期后国家帮扶政策。加强对扶贫工作绩效的社会监督，开展贫困地区群众扶贫满意度调查，建立对扶贫政策落实情况和扶贫成效的第三方评估机制。评价精准扶贫成效，既要看减贫数量，更要看脱贫质量，不提不切实际的指标，对弄虚作假搞“数字脱贫”的，要严肃追究责任。

（五）发展特色产业脱贫。制定贫困地区特色产业发展规划。出台专项政策，统筹使用涉农资金，重点支持贫困村、贫困户因地制宜发展种养业和传统手工业等。实施贫困村“一村一品”产业推进行动，扶持建设一批贫困人口参与度高的特色农业基地。加强贫困地区农民合作社和龙头企业培育，发挥其对贫困人口的组织和带动作用，强化其与贫困户的利益联结机制。支持贫困地区发展农产品加工业，加快一二三产业融合发展，让贫困户更多分享农业全产业链和价值链增值收益。加大对贫困地区农产品

品牌推介营销支持力度。依托贫困地区特有的自然人文资源，深入实施乡村旅游扶贫工程。科学合理有序开发贫困地区水电、煤炭、油气等资源，调整完善资源开发收益分配政策。探索水电利益共享机制，将从发电中提取的资金优先用于水库移民和库区后续发展。引导中央企业、民营企业分别设立贫困地区产业投资基金，采取市场化运作方式，主要用于吸引企业到贫困地区从事资源开发、产业园区建设、新型城镇化发展等。

（六）引导劳务输出脱贫。加大劳务输出培训投入，统筹使用各类培训资源，以就业为导向，提高培训的针对性和有效性。加大职业技能提升计划和贫困户教育培训工程实施力度，引导企业扶贫与职业教育相结合，鼓励职业院校和技工学校招收贫困家庭子女，确保贫困家庭劳动力至少掌握一门致富技能，实现靠技能脱贫。进一步加大就业专项资金向贫困地区转移支付力度。支持贫困地区建设县乡基层劳动就业和社会保障服务平台，引导和支持用人企业在贫困地区建立劳务培训基地，开展好订单定向培训，建立和完善输出地与输入地劳务对接机制。鼓励地方对跨省务工的农村贫困人口给予交通补助。大力支持家政服务、物流配送、养老服务等产业发展，拓展贫困地区劳动力外出就业空间。加大对贫困地区农民工返乡创业政策扶持力度。对在城镇工作生活一年以上的农村贫困人口，输入地政府要承担相应的帮扶责任，并优先提供基本公共服务，促进有能力在城镇稳定就业和生活的农村贫困人口有序实现市民化。

（七）实施易地搬迁脱贫。对居住在生存条件恶劣、生态环境脆弱、自然灾害频发等地区的农村贫困人口，加快实施易地扶贫搬迁工程。坚持群众自愿、积极稳妥的原则，因地制宜选择搬迁安置方式，合理确定住房建设标准，完善搬迁后续扶持政策，确保搬迁对象有业可就、稳定脱贫，做到搬得出、稳得住、能致富。要紧密结合推进新型城镇化，编制实施易地扶贫搬迁规划，支持有条件的地方依托小城镇、工业园区安置搬迁群众，帮助其尽快实现转移就业，享有与当地群众同等的基本公共服务。加大中央预算内投资和地方各级政府投入力度，创新投融资机制，拓宽资金来源渠道，提高补助标准。积极整合交通建设、农田水利、土地整治、地质灾害防治、林业生态等支农资金和社会资金，支持安置区配套公共设施建设和迁出区生态修复。利用城乡建设用地增减挂钩政策支持易地扶贫搬迁。为符合条件的搬迁户提供建房、生产、创业贴息贷款支持。支持搬迁安置点发展物业经济，增加搬迁户财产性收入。探索利用农民进城落户后自愿有偿退出的农村空置房屋和土地安置易地搬迁农户。

（八）结合生态保护脱贫。国家实施的退耕还林还草、天然林保护、防护林建设、石漠化治理、防沙治沙、湿地保护与恢复、坡耕地综合整治、退牧还草、水生态治理等重大生态工程，在项目和资金安排上进一步向贫困地区倾斜，提高贫困人口参与度和受益水平。加大贫困地区生态保护修复力度，增加重点生态功能区转移支付。结合建立国家公园体制，创新生态资金使用方式，利用生态补偿和生态保护工程资金使当地有劳动能力的部分贫困人口转为护林员等生态保护人员。合理调整贫困地区基本农田保有指标，加大贫困地区新一轮退耕还林还草力度。开展贫困地区生态综合补偿试点，健全公益林补偿标准动态调整机制，完善草原生态保护补助奖励政策，推动地区间建立横向生态补偿制度。

（九）着力加强教育脱贫。加快实施教育扶贫工程，让贫困家庭子女都能接受公平有质量的教育，阻断贫困代际传递。国家教育经费向贫困地区、基础教育倾斜。健全学前教育资助制度，帮助农村贫困家庭幼儿接受学前教育。稳步推进贫困地区农村义务教育阶段学生营养改善计划。加大对乡村教师队伍建设的支持力度，特岗计划、国培计划向贫困地区基层倾斜，为贫困地区乡村学校定向培养留得下、稳得住的一专多能教师，制定符合基层实际的教师招聘引进办法，建立省级统筹乡村教师补充机制，推动城乡教师合理流动和对口支援。全面落实连片特困地区乡村教师生活补助政策，建立乡村教师荣誉制度。合理布局贫困地区农村中小学校，改善基本办学条件，加快标准化建设，加强寄宿制学校建设，提高义务教育巩固率。普及高中阶段教育，率先从建档立卡的家庭经济困难学生实施普通高中免除学杂费、中等职业教育免除学杂费，让未升入普通高中的初中毕业生都能接受中等职业教育。加强有专业特色并适应市场需求的中等职业学校建设，提高中等职业教育国家助学金资助标准。努力办好贫困地区特殊教育和远程教育。建立保障农村和贫困地区学生上重点高校的长效机制，加大对贫困家庭大学生的救助力度。对贫困家庭离校未就业的高校毕业生提供就业支持。实施教育扶贫结对帮扶行动计划。

（十）开展医疗保险和医疗救助脱贫。实施健康扶贫工程，保障贫困人口享有基本医疗卫生服务，努力防止因病致贫、因病返贫。对贫困人口参加新型农村合作医疗个人缴费部分由财政给予补贴。新型农村合作医疗和大病保险制度对贫困人口实行政策倾斜，门诊统筹率先覆盖所有贫困地区，降低贫困人口大病费用实际支出，对新型农村合作医疗和大病保险支付后自负费用仍有困难的，加大医疗救助、临时救助、慈善救助等帮扶力度，将贫困人口全部纳入重特大疾病救助范围，使贫困人口大病医治得到有效保障。加大农村贫困残疾人康复服务和医疗救助力度，扩大纳入基本医疗保险范围的残疾人医疗康复项目。建立贫困人口健康卡。对贫困人口大病实行分类救治和先诊疗后付费的结算机制。建立全国三级医院（含军队和武警部队医院）与连片特困地区县和国家扶贫开发工作重点县县级医院稳定持续的一对一帮扶关系。完成贫困地区县乡村三级医疗卫生服务网络标准化建设，积极促进远程医疗诊治和保健咨询服务向贫困地区延伸。为贫困地区县乡医疗卫生机构订单定向免费培养医学类本专科学生，支持贫困地区实施全科医生和专科医生特设岗位计划，制定符合基层实际的人才招聘引进办法。支持和引导符合条件的贫困地区乡村医生按规定参加城镇职工基本养老保险。采取针对性措施，加强贫困地区传染病、地方病、慢性病等防治工作。全面实施贫困地区儿童营养改善、新生儿疾病免费筛查、妇女“两癌”免费筛查、孕前优生健康免费检查等重大公共卫生项目。加强贫困地区计划生育服务管理工作。

（十一）实行农村最低生活保障制度兜底脱贫。完善农村最低生活保障制度，对无法依靠产业扶持和就业帮助脱贫的家庭实行政策性保障兜底。加大农村低保省级统筹力度，低保标准较低的地区要逐步达到国家扶贫标准。尽快制定农村最低生活保障制度与扶贫开发政策有效衔接的实施方案。进一步加强农村低保申请家庭经济状况核查工作，将所有符合条件的贫困家庭纳入低保范围，做到应保尽保。加大临时救助制度在贫困地区落实力度。提高农村特困人员供养水平，改善供养条件。抓紧建立农村低保和扶贫开发的数据互通、资源共享信息平台，实现动态监测管理、工作机制有效衔接。加快完善城乡居民基本养老保险制度，适时提高基础养老金标准，引导农村贫困人口积极参保续保，逐步提高保障水平。有条件、有需求地区可以实施“以粮济贫”。

（十二）探索资产收益扶贫。在不改变用途的情况下，财政专项扶贫资金和其他涉农资金投入设施农业、养殖、光伏、水电、乡村旅游等项目形成的资产，具备条件的可折股量化给贫困村和贫困户，尤其是丧失劳动能力的贫困户。资产可由村集体、合作社或其他经营主体统一经营。要强化监督管理，明确资产运营方对财政资金形成资产的保值增值责任，建立健全收益分配机制，确保资产收益及时回馈持股贫困户。支持农民合作社和其他经营主体通过土地托管、牲畜托养和吸收农民土地经营权入股等方式，带动贫困户增收。贫困地区水电、矿产等资源开发，赋予土地被占用的村集体股权，让贫困人口分享资源开发收益。

（十三）健全留守儿童、留守妇女、留守老人和残疾人关爱服务体系。对农村“三留守”人员和残疾人进行全面摸底排查，建立翔实完备、动态更新的信息管理系统。加强儿童福利院、救助保护机构、特困人员供养机构、残疾人康复托养机构、社区儿童之家等服务设施和队伍建设，不断提高管理服务水平。建立家庭、学校、基层组织、政府和社会力量相衔接的留守儿童关爱服务网络。加强对未成年人的监护。健全孤儿、事实无人抚养儿童、低收入家庭重病重残等困境儿童的福利保障体系。健全发现报告、应急处置、帮扶干预机制，帮助特殊贫困家庭解决实际困难。加大贫困残疾人康复工程、特殊教育、技能培训、托养服务实施力度。针对残疾人的特殊困难，全面建立困难残疾人生活补贴和重度残疾人护理补贴制度。对低保家庭中的老年人、未成年人、重度残疾人等重点救助对象，提高救助水平，确保基本生活。引导和鼓励社会力量参与特殊群体关爱服务工作。

四、加强贫困地区基础设施建设，加快破除发展瓶颈制约

（十四）加快交通、水利、电力建设。推动国家铁路网、国家高速公路网连接贫困地区的重大交通项目建设，提高国道省道技术标准，构建贫困地区外通内联的交通运输通道。大幅度增加中央投资投入中西部地区和贫困地区的铁路、公路建设，继续实施车购税对农村公路建设的专项转移政策，提高贫困地区农村公路建设补助标准，加快完成具备条件的乡镇和建制村通硬化路的建设任务，加强农村公路安全防护和危桥改造，推动一定人口规模的自然村通公路。加强贫困地区重大水利工程、病险水库水闸除险加固、灌区续建配套与节水改造等水利项目建设。实施农村饮水安全巩固提升工程，全面解决贫困人口饮水安全问题。小型农田水利、“五小水利”工程等建设向贫困村倾斜。对贫困地区农村公益性基础设施管理养护给予支持。加大对贫困地区抗旱水源建设、中小河流治理、水土流失综合治理力度。加强山洪和地质灾害防治体系建设。大力扶持贫困地区农村水电开发。加强贫困地区农村气象为农服务体系和灾害防御体系建设。加快推进贫困地区农网改造升级，全面提升农网供电能力和供电质量，制定贫困村通动力电规划，提升贫困地区电力普遍服务水平。增加贫困地区年度发电指标。提高贫困地区水电工程留存电量比例。加快推进光伏扶贫工程，支持光伏发电设施接入电网运行，发展光伏农业。

（十五）加大“互联网+”扶贫力度。完善电信普遍服务补偿机制，加快推进宽带网络覆盖贫困村。实施电商扶贫工程。加快贫困地区物流配送体系建设，支持邮政、供销合作等系统在贫困乡村建立服务网点。支持电商企业拓展农村业务，加强贫困地区农产品网上销售平台建设。加强贫困地区农村电商人才培训。对贫困家庭开设网店给予网络资费补助、小额

信贷等支持。开展互联网为农便民服务，提升贫困地区农村互联网金融服务水平，扩大信息进村入户覆盖面。

（十六）加快农村危房改造和人居环境整治。加快推进贫困地区农村危房改造，统筹开展农房抗震改造，把建档立卡贫困户放在优先位置，提高补助标准，探索采用贷款贴息、建设集体公租房等方式，切实保障贫困户基本住房安全。加大贫困村生活垃圾处理、污水治理、改厕和村庄绿化美化力度。加大贫困地区传统村落保护力度。继续推进贫困地区农村环境连片整治。加大贫困地区以工代赈投入力度，支持农村山水田林路建设和小流域综合治理。财政支持的微小型建设项目，涉及贫困村的，允许按照一事一议方式直接委托村级组织自建自管。以整村推进为平台，加快改善贫困村生产生活条件，扎实推进美丽宜居乡村建设。

（十七）重点支持革命老区、民族地区、边疆地区、连片特困地区脱贫攻坚。出台加大脱贫攻坚力度支持革命老区开发建设指导意见，加快实施重点贫困革命老区振兴发展规划，扩大革命老区财政转移支付规模。加快推进民族地区重大基础设施项目和民生工程建设，实施少数民族特困地区和特困群体综合扶贫工程，出台人口较少民族整体脱贫的特殊政策措施。改善边疆民族地区义务教育阶段基本办学条件，建立健全双语教学体系，加大教育对口支援力度，积极发展符合民族地区实际的职业教育，加强民族地区师资培训。加强少数民族特色村镇保护与发展。大力推进兴边富民行动，加大边境地区转移支付力度，完善边民补贴机制，充分考虑边境地区特殊需要，集中改善边民生产生活条件，扶持发展边境贸易和特色经济，使边民能够安心生产生活、安心守边固边。完善片区联系协调机制，加快实施集中连片特殊困难地区区域发展与脱贫攻坚规划。加大中央投入力度，采取特殊扶持政策，推进西藏、四省藏区和新疆南疆四地州脱贫攻坚。

五、强化政策保障，健全脱贫攻坚支撑体系

（十八）加大财政扶贫投入力度。发挥政府投入在扶贫开发中的主体和主导作用，积极开辟扶贫开发新的资金渠道，确保政府扶贫投入力度与脱贫攻坚任务相适应。中央财政继续加大对贫困地区的转移支付力度，中央财政专项扶贫资金规模实现较大幅度增长，一般性转移支付资金、各类涉及民生的专项转移支付资金和中央预算内投资进一步向贫困地区和贫困人口倾斜。加大中央集中彩票公益金对扶贫的支持力度。农业综合开发、农村综合改革转移支付等涉农资金要明确一定比例用于贫困村。各部门安

排的各项惠民政策、项目和工程，要最大限度地向贫困地区、贫困村、贫困人口倾斜。各省（自治区、直辖市）要根据本地脱贫攻坚需要，积极调整省级财政支出结构，切实加大扶贫资金投入。从2016年起通过扩大中央和地方财政支出规模，增加对贫困地区水电路气网等基础设施建设和提高基本公共服务水平的投入。建立健全脱贫攻坚多规划衔接、多部门协调长效机制，整合目标相近、方向类同的涉农资金。按照权责一致原则，支持连片特困地区县和国家扶贫开发工作重点县围绕本县突出问题，以扶贫规划为引领，以重点扶贫项目为平台，把专项扶贫资金、相关涉农资金和社会帮扶资金捆绑集中使用。严格落实国家在贫困地区安排的公益性建设项目取消县级和西部连片特困地区地市级配套资金的政策，并加大中央和省级财政投资补助比重。在扶贫开发中推广政府与社会资本合作、政府购买服务等模式。加强财政监督检查和审计、稽查等工作，建立扶贫资金违规使用责任追究制度。纪检监察机关对扶贫领域虚报冒领、截留私分、贪污挪用、挥霍浪费等违法违规问题，坚决从严惩处。推进扶贫开发领域反腐倡廉建设，集中整治和加强预防扶贫领域职务犯罪工作。贫困地区要建立扶贫公告公示制度，强化社会监督，保障资金在阳光下运行。

（十九）加大金融扶贫力度。鼓励和引导商业性、政策性、开发性、合作性等各类金融机构加大对扶贫开发的金融支持。运用多种货币政策工具，向金融机构提供长期、低成本的资金，用于支持扶贫开发。设立扶贫再贷款，实行比支农再贷款更优惠的利率，重点支持贫困地区发展特色产业和贫困人口就业创业。运用适当的政策安排，动用财政贴息资金及部分金融机构的富余资金，对接政策性、开发性金融机构的资金需求，拓宽扶贫资金来源渠道。由国家开发银行和中国农业发展银行发行政策性金融债，按照微利或保本的原则发放长期贷款，中央财政给予90%的贷款贴息，专项用于易地扶贫搬迁。国家开发银行、中国农业发展银行分别设立“扶贫金融事业部”，依法享受税收优惠。中国农业银行、邮政储蓄银行、农村信用社等金融机构要延伸服务网络，创新金融产品，增加贫困地区信贷投放。对有稳定还款来源的扶贫项目，允许采用过桥贷款方式，撬动信贷资金投入。按照省（自治区、直辖市）负总责的要求，建立和完善省级扶贫开发投融资主体。支持农村信用社、村镇银行等金融机构为贫困户提供免抵押、免担保扶贫小额信贷，由财政按基础利率贴息。加大创业担保贷款、助学贷款、妇女小额贷款、康复扶贫贷款实施力度。优先支持在贫困地区设立村镇银行、小额贷款公司等机构。支持贫困地区培育发展农民资金互助组织，开展农民合作社信用合作试点。支持贫困地区设立扶贫贷款风险补偿基金。支持贫困地区设立政府出资的融资担保机构，重点开展扶贫担保业务。积极发展扶贫小额贷款保证保险，对贫困户保证保险保费予以补助。扩大农业保险覆盖面，通过中央财政以奖代补等支持贫困地区特色农产品保险发展。加强贫困地区金融服务基础设施建设，优化金融生态环境。支持贫困地区开展特色农产品价格保险，有条件的地方可给予一定保费补贴。有效拓展贫困地区抵押物担保范围。

（二十）完善扶贫开发用地政策。支持贫困地区根据第二次全国土地调查及最新年度变更调查成果，调整完善土地利用总体规划。新增建设用地计划指标优先保障扶贫开发用地需要，专项安排国家扶贫开发工作重点县年度新增建设用地计划指标。中央和省级在安排土地整治工程和项目、分配下达高标准基本农田建设计划和补助资金时，要向贫困地区倾斜。在连片特困地区和国家扶贫开发工作重点县开展易地扶贫搬迁，允许将城乡建设用地增减挂钩指标在省域范围内使用。在有条件的贫困地区，优先安排国土资源管理制度改革试点，支持开展历史遗留工矿废弃地复垦利用、城镇低效用地再开发和低丘缓坡荒滩等未利用地开发利用试点。

（二十一）发挥科技、人才支撑作用。加大科技扶贫力度，解决贫困地区特色产业发展和生态建设中的关键技术问题。加大技术创新引导专项（基金）对科技扶贫的支持，加快先进适用技术成果在贫困地区的转化。深入推行科技特派员制度，支持科技特派员开展创业式扶贫服务。强化贫困地区基层农技推广体系建设，加强新型职业农民培训。加大政策激励力度，鼓励各类人才扎根贫困地区基层建功立业，对表现优秀的人员在职称评聘等方面给予倾斜。大力实施边远贫困地区、边疆民族地区和革命老区人才支持计划，贫困地区本土人才培养计划。积极推进贫困村创业致富带头人培训工程。

六、广泛动员全社会力量，合力推进脱贫攻坚

（二十二）健全东西部扶贫协作机制。加大东西部扶贫协作力度，建立精准对接机制，使帮扶资金主要用于贫困村、贫困户。东部地区要根据财力增长情况，逐步增加对口帮扶财政投入，并列入年度预算。强化以企业合作为载体的扶贫协作，鼓励东西部按照当地主体功能定位共建产业园区，推动东部人才、资金、技术向贫困地区流动。启动实施经济强县（市）与国家扶贫开发工作重点县“携手奔小康”行动，东部各省（直辖市）在努力做好本区域内扶贫开发工作的同时，更多发挥县（市）作用，与扶贫协作省份的国家扶贫开发工作重点县开展结对帮扶。建立东西部扶

贫协作考核评价机制。

（二十三）健全定点扶贫机制。进一步加强和改进定点扶贫工作，建立考核评价机制，确保各单位落实扶贫责任。深入推进中央企业定点帮扶贫困革命老区县“百县万村”活动。完善定点扶贫牵头联系机制，各牵头部门要按照分工督促指导各单位做好定点扶贫工作。

（二十四）健全社会力量参与机制。鼓励支持民营企业、社会组织、个人参与扶贫开发，实现社会帮扶资源和精准扶贫有效对接。引导社会扶贫重心下移，自愿包村包户，做到贫困户都有党员干部或爱心人士结对帮扶。吸纳农村贫困人口就业的企业，按规定享受税收优惠、职业培训补贴等就业支持政策。落实企业和个人公益扶贫捐赠所得税税前扣除政策。充分发挥各民主党派、无党派人士在人才和智力扶贫上的优势和作用。工商联系统组织民营企业开展“万企帮万村”精准扶贫行动。通过政府购买服务等方式，鼓励各类社会组织开展到村到户精准扶贫。完善扶贫龙头企业认定制度，增强企业辐射带动贫困户增收的能力。鼓励有条件的企业设立扶贫公益基金和开展扶贫公益信托。发挥好“10·17”全国扶贫日社会动员作用。实施扶贫志愿者行动计划和社会工作专业人才服务贫困地区计划。着力打造扶贫公益品牌，全面及时公开扶贫捐赠信息，提高社会扶贫公信力和美誉度。构建社会扶贫信息服务网络，探索发展公益众筹扶贫。

七、大力营造良好氛围，为脱贫攻坚提供强大精神动力

（二十五）创新中国特色扶贫开发理论。深刻领会习近平总书记关于新时期扶贫开发的重要战略思想，系统总结我们党和政府领导亿万人民摆脱贫困的历史经验，提炼升华精准扶贫的实践成果，不断丰富完善中国特色扶贫开发理论，为脱贫攻坚注入强大思想动力。

（二十六）加强贫困地区乡风文明建设。培育和践行社会主义核心价值观，大力弘扬中华民族自强不息、扶贫济困传统美德，振奋贫困地区广大干部群众精神，坚定改变贫困落后面貌的信心和决心，凝聚全党全社会扶贫开发强大合力。倡导现代文明理念和生活方式，改变落后风俗习惯，善于发挥乡规民约在扶贫济困中的积极作用，激发贫困群众奋发脱贫的热情。推动文化投入向贫困地区倾斜，集中实施一批文化惠民扶贫项目，普遍建立村级文化中心。深化贫困地区文明村镇和文明家庭创建。推动贫困地区县级公共文化体育设施达到国家标准。支持贫困地区挖掘保护和开发利用红色、民族、民间文化资源。鼓励文化单位、文艺工作者和其他社会力量为贫困地区提供文化产品和服务。

（二十七）扎实做好脱贫攻坚宣传工作。坚持正确舆论导向，全面宣传我国扶贫事业取得的重大成就，准确解读党和政府扶贫开发的决策部署、政策举措，生动报道各地区各部门精准扶贫、精准脱贫丰富实践和先进典型。建立国家扶贫荣誉制度，表彰对扶贫开发作出杰出贡献的组织和个人。加强对外宣传，讲好减贫的中国故事，传播好减贫的中国声音，阐述好减贫的中国理念。

（二十八）加强国际减贫领域交流合作。通过对外援助、项目合作、技术扩散、智库交流等形式，加强与发展中国家和国际机构在减贫领域的交流合作。积极借鉴国际先进减贫理念与经验。履行减贫国际责任，积极落实联合国2030年可持续发展议程，对全球减贫事业作出更大贡献。

八、切实加强党的领导，为脱贫攻坚提供坚强政治保障

（二十九）强化脱贫攻坚领导责任制。实行中央统筹、省（自治区、直辖市）负总责、市（地）县抓落实的工作机制，坚持以片区为重点、精准到村到户。党中央、国务院主要负责统筹制定扶贫开发大政方针，出台重大政策举措，规划重大工程项目。省（自治区、直辖市）党委和政府对扶贫开发工作负总责，抓好目标确定、项目下达、资金投放、组织动员、监督考核等工作。市（地）党委和政府要做好上下衔接、域内协调、督促检查工作，把精力集中在贫困县如期摘帽上。县级党委和政府承担主体责任，书记和县长是第一责任人，做好进度安排、项目落地、资金使用、人力调配、推进实施等工作。要层层签订脱贫攻坚责任书，扶贫开发任务重的省（自治区、直辖市）党政主要领导要向中央签署脱贫责任书，每年要向中央作扶贫脱贫进展情况的报告。省（自治区、直辖市）党委和政府要向市（地）、县（市）、乡镇提出要求，层层落实责任制。中央和国家机关各部门要按照部门职责落实扶贫开发责任，实现部门专项规划与脱贫攻坚规划有效衔接，充分运用行业资源做好扶贫开发工作。军队和武警部队要发挥优势，积极参与地方扶贫开发。改进县级干部选拔任用机制，统筹省（自治区、直辖市）内优秀干部，选好配强扶贫任务重的县党政主要领导，把扶贫开发工作实绩作为选拔使用干部的重要依据。脱贫攻坚期内贫困县县级领导班子要保持稳定，对表现优秀、符合条件的可以就地提级。加大选派优秀年轻干部特别是后备干部到贫困地区工作的力度，有计划地安排省部级后备干部到贫困县挂职任职，各省（自治区、直辖市）党委和政府也要选派厅局级后备干部到贫困县挂职任职。各级领导干部要自觉践行党的群众路线，切实转变作风，把严的要求、实的作风贯穿于脱贫攻坚始终。

（三十）发挥基层党组织战斗堡垒作用。加强贫困乡镇领导班子建设，有针对性地选配政治素质高、工作能力强、熟悉“三农”工作的干部担任贫困乡镇党政主要领导。抓好以村党组织为领导核心的村级组织配套建设，集中整顿软弱涣散村党组织，提高贫困村党组织的创造力、凝聚力、战斗力，发挥好工会、共青团、妇联等群团组织的作用。选好配强村级领导班子，突出抓好村党组织带头人队伍建设，充分发挥党员先锋模范作用。完善村级组织运转经费保障机制，将村干部报酬、村办公经费和其他必要支出作为保障重点。注重选派思想好、作风正、能力强的优秀年轻干部到贫困地区驻村，选聘高校毕业生到贫困村工作。根据贫困村的实际需求，精准选配第一书记，精准选派驻村工作队，提高县以上机关派出干部比例。加大驻村干部考核力度，不稳定脱贫不撤队伍。对在基层一线干出成绩、群众欢迎的驻村干部，要重点培养使用。加快推进贫困村村务监督委员会建设，继续落实好“四议两公开”、村务联席会等制度，健全党组织领导的村民自治机制。在有实际需要的地区，探索在村民小组或自然村开展村民自治，通过议事协商，组织群众自觉广泛参与扶贫开发。

（三十一）严格扶贫考核督查问责。抓紧出台中央对省（自治区、直辖市）党委和政府扶贫开发工作成效考核办法。建立年度扶贫开发工作逐级督查制度，选择重点部门、重点地区进行联合督查，对落实不力的部门和地区，国务院扶贫开发领导小组要向党中央、国务院报告并提出责任追究建议，对未完成年度减贫任务的省份要对党政主要领导进行约谈。各省（自治区、直辖市）党委和政府要加快出台对贫困县扶贫绩效考核办法，大幅度提高减贫指标在贫困县经济社会发展实绩考核指标中的权重，建立扶贫工作责任清单。加快落实对限制开发区域和生态脆弱的贫困县取消地区生产总值考核的要求。落实贫困县约束机制，严禁铺张浪费，厉行勤俭节约，严格控制“三公”经费，坚决刹住穷县“富衙”“戴帽”炫富之风，杜绝不切实际的形象工程。建立重大涉贫事件的处置、反馈机制，在处置典型事件中发现问题，不断提高扶贫工作水平。加强农村贫困统计监测体系建设，提高监测能力和数据质量，实现数据共享。

（三十二）加强扶贫开发队伍建设。稳定和强化各级扶贫开发领导小组和工作机构。扶贫开发任务重的省（自治区、直辖市）、市（地）、县（市）扶贫开发领导小组组长由党政主要负责同志担任，强化各级扶贫开发领导小组决策部署、统筹协调、督促落实、检查考核的职能。加强与精准扶贫工作要求相适应的扶贫开发队伍和机构建设，完善各级扶贫开发机构的设置和职能，充实配强各级扶贫开发工作力度。扶贫任务重的乡镇要有专门干部负责扶贫开发工作。加强贫困地区县级领导干部和扶贫干部思想作风建设，加大培训力度，全面提升扶贫干部队伍能力水平。

（三十三）推进扶贫开发法治建设。各级党委和政府要切实履行责任，善于运用法治思维和法治方式推进扶贫开发工作，在规划编制、项目安排、资金使用、监督管理等方面，提高规范化、制度化、法治化水平。强化贫困地区社会治安防控体系建设和基层执法队伍建设。健全贫困地区公共法律服务制度，切实保障贫困人口合法权益。完善扶贫开发法律法规，抓紧制定扶贫开发条例。

让我们更加紧密地团结在以习近平同志为总书记的党中央周围，凝心聚力，精准发力，苦干实干，坚决打赢脱贫攻坚战，为全面建成小康社会、实现中华民族伟大复兴的中国梦而努力奋斗。

中共中央　国务院关于打赢脱贫攻坚战三年行动的指导意见

（中发〔2018〕16 号）

党的十八大以来，以习近平同志为核心的党中央把脱贫攻坚工作纳入“五位一体”总体布局和“四个全面”战略布局，作为实现第一个百年奋斗目标的重点任务，作出一系列重大部署和安排，全面打响脱贫攻坚战。过去 5 年，我们采取超常规举措，以前所未有的力度推进脱贫攻坚，农村贫困人口显著减少，贫困发生率持续下降，解决区域性整体贫困迈出坚实步伐，贫困地区农民生产生活条件显著改善，贫困群众获得感显著增强，脱贫攻坚取得决定性进展，创造了我国减贫史上的最好成绩。过去 5 年，我们充分发挥政治优势和制度优势，构筑了全社会扶贫的强大合力，建立了中国特色的脱贫攻坚制度体系，为全球减贫事业贡献了中国智慧和中国方案，谱写了人类反贫困史上的辉煌篇章。

党的十九大明确把精准脱贫作为决胜全面建成小康社会必须打好的三大攻坚战之一，作出了新的部署。从脱贫攻坚任务看，未来 3 年，还有 3000 万左右农村贫困人口需要脱贫，其中因病、因残致贫比例居高不下，在剩余 3 年时间内完成脱贫目标，任务十分艰巨。特别是西藏、四省藏区、南疆四地州和四川凉山州、云南怒江州、甘肃临夏州（以下简称“三区三州”）等深度贫困地区，不仅贫困发生率高、贫困程度深，而且基础条件薄弱、致贫原因复杂、发展严重滞后、公共服务不足，脱贫难度更大。从脱贫攻坚工作看，形式主义、官僚主义、弄虚作假、急躁和厌战情绪以及消极腐败现象仍然存在，有的还很严重，影响脱贫攻坚有效推进。必须清醒地把握打赢脱贫攻坚战的困难和挑战，切实增强责任感和紧迫感，一鼓作气、尽锐出战、精准施策，以更有力的行动、更扎实的工作，集中力量攻克贫困的难中之难、坚中之坚，确保坚决打赢脱贫这场对如期全面建成小康社会、实现第一个百年奋斗目标具有决定性意义的攻坚战。

按照党的十九大关于打赢脱贫攻坚战总体部署，根据各地区各部门贯彻落实《中共中央、国务院关于打赢脱贫攻坚战的决定》的进展和实践中存在的突出问题，现就完善顶层设计、强化政策措施、加强统筹协调，推动脱贫攻坚工作更加有效开展，制定以下指导意见。

一、全面把握打赢脱贫攻坚战三年行动的总体要求

（一）指导思想

全面贯彻党的十九大和十九届二中、三中全会精神，以习近平新时代中国特色社会主义思想为指导，充分发挥政治优势和制度优势，坚持精准扶贫精准脱贫基本方略，坚持中央统筹、省负总责、市县抓落实的工作机制，坚持大扶贫工作格局，坚持脱贫攻坚目标和现行扶贫标准，聚焦深度贫困地区和特殊贫困群体，突出问题导向，优化政策供给，下足绣花功夫，着力激发贫困人口内生动力，着力夯实贫困人口稳定脱贫基础，着力加强扶贫领域作风建设，切实提高贫困人口获得感，确保到2020年贫困地区和贫困群众同全国一道进入全面小康社会，为实施乡村振兴战略打好基础。

（二）任务目标

到2020年，巩固脱贫成果，通过发展生产脱贫一批，易地搬迁脱贫一批，生态补偿脱贫一批，发展教育脱贫一批，社会保障兜底一批，因地制宜综合施策，确保现行标准下农村贫困人口实现脱贫，消除绝对贫困；确保贫困县全部摘帽，解决区域性整体贫困。实现贫困地区农民人均可支配收入增长幅度高于全国平均水平。实现贫困地区基本公共服务主要领域指标接近全国平均水平，主要有：贫困地区具备条件的乡镇和建制村通硬化路，贫困村全部实现通动力电，全面解决贫困人口住房和饮水安全问题，贫困村达到人居环境干净整洁的基本要求，切实解决义务教育学生因贫失学辍学问题，基本养老保险和基本医疗保险、大病保险实现贫困人口全覆盖，最低生活保障实现应保尽保。集中连片特困地区和革命老区、民族地区、边疆地区发展环境明显改善，深度贫困地区如期完成全面脱贫任务。

（三）工作要求

坚持严格执行现行扶贫标准。严格按照“两不愁、三保障”要求，确保贫困人口不愁吃、不愁穿；保障贫困家庭孩子接受九年义务教育，确保有学上、上得起学；保障贫困人口基本医疗需求，确保大病和慢性病得到有效救治和保障；保障贫困人口基本居住条件，确保住上安全房。要量力而行，既不能降低标准，也不能擅自拔高标准、提不切实际的目标，避免陷入“福利陷阱”，防止产生贫困村和非贫困村、贫困户和非贫困户待遇的“悬崖效应”，留下后遗症。

坚持精准扶贫精准脱贫基本方略。做到扶持对象精准、项目安排精准、资金使用精准、措施到户精准、因村派人（第一书记）精准、脱贫成效精准，因地制宜、从实际出发，解决好扶持谁、谁来扶、怎么扶、如何退问题，做到扶真贫、真扶贫，脱真贫、真脱贫。

坚持把提高脱贫质量放在首位。牢固树立正确政绩观，不急功近利，不好高骛远，更加注重帮扶的长期效果，夯实稳定脱贫、逐步致富的基础。要合理确定脱贫时序，不搞层层加码，不赶时间进度、搞冲刺，不搞拖延耽误，确保脱贫攻坚成果经得起历史和实践检验。

坚持扶贫同扶志与扶智相结合。正确处理外部帮扶和贫困群众自身努力的关系，强化脱贫光荣导向，更加注重培养贫困群众依靠自力更生实现脱贫致富的意识，更加注重提高贫困地区和贫困人口自我发展能力。

坚持开发式扶贫和保障性扶贫相统筹。把开发式扶贫作为脱贫基本途径，针对致贫原因和贫困人口结构，加强和完善保障性扶贫措施，造血输血协同，发挥两种方式的综合脱贫效应。

坚持脱贫攻坚与锤炼作风、锻炼队伍相统一。把脱贫攻坚战场作为培养干部的重要阵地，强化基层帮扶力量，密切党同人民群众血肉联系，提高干部干事创业本领，培养了解国情和农村实际的干部队伍。

坚持调动全社会扶贫积极性。充分发挥政府和社会两方面力量作用，强化政府责任，引导市场、社会协同发力，构建专项扶贫、行业扶贫、社会扶贫互为补充的大扶贫格局。

二、集中力量支持深度贫困地区脱贫攻坚

（一）着力改善深度贫困地区发展条件

推进深度贫困地区交通建设攻坚，加快实施深度贫困地区具备条件的建制村通硬化路工程。加快实施深度贫困地区农村饮水安全巩固提升工程。加快深度贫困地区小型水利工程建设，推进深度贫困地区在建重大水利工程建设进度。推进深度贫困地区农村电网建设攻坚，实现农网动力电全覆盖。加强“三区三州”电网建设，加快解决网架结构薄弱、供电质量偏低等问题。加大深度贫困地区互联网基础设施建设投资力度，加快实现深度贫困地区贫困村网络全覆盖。推进深度贫困地区整合资金、统一规划、统筹实施农村土地综合整治和高标准农田建设。推进西藏、四省藏区、新疆南疆退耕还林还草、退牧还草工程。加快岩溶地区石漠化综合治理、西藏生态安全屏障、青海三江源生态保护、祁连山生态保护和综合治理等重点工程建设。实施贫困村提升工程。

（二）着力解决深度贫困地区群众特殊困难

全面实施“三区三州”健康扶贫攻坚行动，重点做好包虫病、艾滋病、大骨节病、结核病等疾病综合防治。加强禁毒脱贫工作，分级分类落实禁毒脱贫举措。采取特殊措施和手段推动人口较少民族贫困人口精准脱贫。全面落实边民补助、住房保障等守边固边政策，改善抵边一线乡村交通、饮水等条件，启动实施抵边村寨电网升级改造攻坚计划，加快推进边境村镇宽带网络建设。稳妥推进新疆南疆土地清理再分配改革，建立土地经营与贫困户直接挂钩的利益分配机制。

（三）着力加大深度贫困地区政策倾斜力度

中央财政进一步增加对深度贫困地区专项扶贫资金、教育医疗保障等转移支付，加大重点生态功能区转移支付、农村危房改造补助资金、中央预算内投资、车购税收入补助地方资金、县级基本财力保障机制奖补资金等对深度贫困地区的倾斜力度，增加安排深度贫困地区一般债券限额。规范扶贫领域融资，依法发行地方政府债券，加大深度贫困地区扶贫投入。新增金融资金优先满足深度贫困地区，新增金融服务优先布局深度贫困地区，对深度贫困地区发放的精准扶贫贷款实行差异化贷款利率。保障深度贫困地区产业发展、基础设施建设、易地扶贫搬迁、民生发展等用地，对土地利用规划计划指标不足部分由中央协同所在省份解决。深度贫困地区开展城乡建设用地增减挂钩可不受指标规模限制，建立深度贫困地区城乡建设用地增减挂钩节余指标跨省域调剂使用机制。深度贫困地区建设用地涉及农用地转用和土地征收的，依法加快审批。在援藏援疆援青工作中，进一步加大对“三区三州”等深度贫困地区干部选派倾斜支持力度。

三、强化到村到户到人精准帮扶举措

（一）加大产业扶贫力度

深入实施贫困地区特色产业提升工程，因地制宜加快发展对贫困户增收带动作用明显的种植养殖业、林草业、农产品加工业、特色手工业、休闲农业和乡村旅游，积极培育和推广有市场、有品牌、有效益的特色产品。将贫困地区特色农业项目优先列入优势特色农业提质增效行动计划，加大扶持力度，建设一批特色种植养殖基地和良种繁育基地。支持有条件的贫困县创办一二三产业融合发展扶贫产业园。组织国家级龙头企业与贫困县合作创建绿色食品、有机农产品原料标准化基地。实施中药材产业扶贫行动计划，鼓励中医药企业到贫困地区建设中药材基地。多渠道拓宽农产品营销渠道，推动批发市场、电商企业、大型超市等市场主体与贫困村建立长期稳定的产销关系，支持供销、邮政及各类企业把服务网点延伸到贫困村，推广以购代捐的扶贫模式，组织开展贫困地区农产品定向直供直销学校、医院、机关食堂和交易市场活动。加快推进“快递下乡”工程，完善贫困地区农村物流配送体系，加强特色优势农产品生产基地冷链设施建设。推动邮政与快递、交通运输企业在农村地区扩展合作范围、合作领域和服务内容。完善新型农业经营主体与贫困户联动发展的利益联结机制，推广股份合作、订单帮扶、生产托管等有效做法，实现贫困户与现代农业发展有机衔接。建立贫困户产业发展指导员制度，明确到户帮扶干部承担产业发展指导职责，帮助贫困户协调解决生产经营中的问题。鼓励各地通过政府购买服务方式向贫困户提供便利高效的农业社会化服务。实施电商扶贫，优先在贫困县建设农村电子商务服务站点。继续实施电子商务进农村综合示范项目。动员大型电商企业和电商强县对口帮扶贫困县，推进电商扶贫网络频道建设。积极推动贫困地区农村资源变资产、资金变股金、农民变股东改革，制订实施贫困地区集体经济薄弱村发展提升计划，通过盘活集体资源、入股或参股、量化资产收益等渠道增加集体经济收入。在条件适宜地区，以贫困村村级光伏电站建设为重点，有序推进光伏扶贫。支持贫困县整合财政涉农资金发展特色产业。鼓励地方从实际出发利用扶贫资金发展短期难见效、未来能够持续发挥效益的产业。规范和推动资产收益扶贫工作，确保贫困户获得稳定收益。将产业扶贫纳入贫困县扶贫成效考核和党政一把手离任审计，引导各地发展长期稳定的脱贫产业项目。

（二）全力推进就业扶贫

实施就业扶贫行动计划，推动就业意愿、就业技能与就业岗位精准对接，提高劳务组织化程度和就业脱贫覆盖面。鼓励贫困地区发展生态友好型劳动密集型产业，通过岗位补贴、场租补贴、贷款支持等方式，扶持企业在贫困乡村发展一批扶贫车间，吸纳贫困家庭劳动力就近就业。推进贫困县农民工创业园建设，加大创业担保贷款、创业服务力度，推动创业带动就业。鼓励开发多种形式的公益岗位，通过以工代赈、以奖代补、劳务补助等方式，动员更多贫困群众参与小型基础设施、农村人居环境整治等项目建设，吸纳贫困家庭劳动力参与保洁、治安、护路、管水、扶残助残、养老护理等，增加劳务收入。深入推进扶贫劳务协作，加强劳务输出服务工作，在外出劳动力就业较多的城市建立服务机构，提高劳务对接的组织化程度和就业质量。东部地区要组织企业到西部地区建设产业园区，吸纳贫困人口稳定就业。西部地区要组织贫困人口到东部地区就业。实施家政和护工服务劳务对接扶贫行动，打造贫困地区家政和护工服务品牌，完善家政和护工就业保障机制。实施技能脱贫专项行动，统筹整合各类培训资源，组织有就业培训意愿的贫困家庭劳动力参加劳动预备制培训、岗前培训、订单培训和岗位技能提升培训，按规定落实职业培训补贴政策。推进职业教育东西协作行动，实现东西部职业院校结对帮扶全覆盖，深入实施技能脱贫千校行动，支持东部地区职业院校招收对口帮扶的西部地区贫困家庭学生，帮助有在东部地区就业意愿的毕业生实现就业。在人口集中和产业发展需要的贫困地区办好一批中等职业学校（含技工学校），建设一批职业技能实习实训基地。

（三）深入推动易地扶贫搬迁

全面落实国家易地扶贫搬迁政策要求和规范标准，结合推进新型城镇化，进一步提高集中安置比例，稳妥推进分散安置并强化跟踪监管，完善安置区配套基础设施和公共服务设施，严守贫困户住房建设面积和自筹资金底线，统筹各项扶贫和保障措施，确保完成剩余 390 万左右贫困人口搬迁建设任务，确保搬迁一户、稳定脱贫一户。按照以岗定搬、以业定迁原则，加强后续产业发展和转移就业工作，确保贫困搬迁家庭至少 1 个劳动力实现稳定就业。在自然条件和发展环境异常恶劣地区，结合行政村规划布局调整，鼓励实施整村整组搬迁。今后 3 年集中力量完成“十三五”规划的建档立卡贫困人口搬迁任务，确保具备搬迁安置条件的贫困人口应搬尽搬，逐步实施同步搬迁。对目前不具备搬迁安置条件的贫困人口，优先解决其“两不愁、三保障”问题，今后可结合实施乡村振兴战略压茬推进，通过实施生态宜居搬迁和有助于稳定脱贫、逐步致富的其他形式搬迁，继续稳步推进。加强安置区社区管理和服务，切实做好搬迁群众户口迁移、上学就医、社会保障、心理疏导等接续服务工作，引导搬迁群众培养良好生活习惯，尽快融入新环境新社区。强化易地扶贫搬迁督促检查，确保高质量完成易地扶贫搬迁目标任务。

（四）加强生态扶贫

创新生态扶贫机制，加大贫困地区生态保护修复力度，实现生态改善和脱贫双赢。推进生态保护扶贫行动，到 2020 年在有劳动能力的贫困人口中新增选聘生态护林员、草管员岗位 40 万个。加大对贫困地区天然林保护工程建设支持力度。探索天然林、集体公益林托管，推广“合作社+管护+贫困户”模式，吸纳贫困人口参与管护。建设生态扶贫专业合作社（队），吸纳贫困人口参与防沙治沙、石漠化治理、防护林建设和储备林营造。推进贫困地区低产低效林提质增效工程。加大贫困地区新一轮退耕还林还草支持力度，将新增退耕还林还草任务向贫困地区倾斜，在确保省级耕地保有量和基本农田保护任务前提下，将25度以上坡耕地、重要水源地15—25度坡耕地、陡坡梯田、严重石漠化耕地、严重污染耕地、移民搬迁撂荒耕地纳入新一轮退耕还林还草工程范围，对符合退耕政策的贫困村、贫困户实现全覆盖。结合建立国家公园体制，多渠道筹措资金，对生态核心区内的居民实施生态搬迁，带动贫困群众脱贫。深化贫困地区集体林权制度改革，鼓励贫困人口将林地经营权入股造林合作社，增加贫困人口资产性收入。完善横向生态保护补偿机制，让保护生态的贫困县、贫困村、贫困户更多受益。鼓励纳入碳排放权交易市场的重点排放单位购买贫困地区林业碳汇。

（五）着力实施教育脱贫攻坚行动

以保障义务教育为核心，全面落实教育扶贫政策，进一步降低贫困地区特别是深度贫困地区、民族地区义务教育辍学率，稳步提升贫困地区义务教育质量。强化义务教育控辍保学联保联控责任，在辍学高发区"一县一策"制订工作方案，实施贫困学生台账化精准控辍，确保贫困家庭适龄学生不因贫失学辍学。全面推进贫困地区义务教育薄弱学校改造工作，重点加强乡镇寄宿制学校和乡村小规模学校建设，确保所有义务教育学校达到基本办学条件。实施好农村义务教育学生营养改善计划。在贫困地区优先实施教育信息化2.0行动计划，加强学校网络教学环境建设，共享优质教育资源。改善贫困地区乡村教师待遇，落实教师生活补助政策，均衡配置城乡教师资源。加大贫困地区教师特岗计划实施力度，深入推进义务教育阶段教师校长交流轮岗和对口帮扶工作，国培计划、公费师范生培养、中小学教师信息技术应用能力提升工程等重点支持贫困地区。鼓励通过公益捐赠等方式，设立贫困地区优秀教师奖励基金，用于表彰长期扎根基层的优秀乡村教师。健全覆盖各级各类教育的资助政策体系，学生资助政策实现应助尽助。加大贫困地区推广普及国家通用语言文字工作力度。开展民族地区学前儿童学习普通话行动。

（六）深入实施健康扶贫工程

将贫困人口全部纳入城乡居民基本医疗保险、大病保险和医疗救助保障范围。落实贫困人口参加城乡居民基本医疗保险个人缴费财政补贴政策，实施扶贫医疗救助。切实降低贫困人口就医负担，在严格费用管控、确定诊疗方案、确定单病种收费标准、规范转诊和集中定点救治的基础上，对城乡居民基本医疗保险和大病保险支付后自负费用仍有困难的患者，加大医疗救助和其他保障政策的帮扶力度。全面落实农村贫困人口县域内定点医疗机构住院治疗先诊疗后付费，在定点医院设立综合服务窗口，实现各项医疗保障政策“一站式”信息交换和即时结算。在贫困地区加快推进县乡村三级卫生服务标准化建设，确保每个贫困县建好1—2所县级公立医院（含中医院），加强贫困地区乡镇卫生院和村卫生室能力建设。深入实施医院对口帮扶，全国963家三级医院与832个贫困县的1180家县级医院结对帮扶，为贫困县医院配置远程医疗设施设备，全面建成从三级医院到县医院互联互通的远程医疗服务网络。贫困地区每个乡镇卫生院至少设立1个全科医生特岗。支持地方免费培养农村高职（专科）医学生，经助理全科医生培训合格后，补充到贫困地区村卫生室和乡镇卫生院。贫困地区可在现有编制总量内直接面向人才市场选拔录用医技人员，选拔录用时优先考虑当地医疗卫生事业紧缺人才。全面实施贫困地区县乡村医疗卫生机构一体化管理，构建三级联动的医疗服务和健康管理平台，为贫困群众提供基本健康服务。加强对贫困地区慢性病、常见病的防治，开展专项行动，降低因病致贫返贫风险。开展地方病和重大传染病攻坚行动，实施预防、筛查、治疗、康复、管理的全过程综合防治。贫困地区妇女宫颈癌、乳腺癌检查和儿童营养改善、新生儿疾病筛查项目扩大到所有贫困县。开展和规范家庭医生（乡村医生）签约服务，落实签约服务政策，优先为妇幼、老人、残疾人等重点人群开展健康服务和慢性病综合防控，做好高血压、糖尿病、结核病、严重精神障碍等慢性病规范管理。实施贫困地区健康促进三年行动计划。将脱贫攻坚与落实生育政策紧密结合，倡导优生优育，利用基层计划生育服务力量，加强出生缺陷综合防治宣传教育。

（七）加快推进农村危房改造

允许各省（自治区、直辖市）根据国务院主管部门制定的原则，结合各自实际推广简便易行的危房鉴定程序，规范对象认定程序，建立危房台账并实施精准管理，改造一户、销档一户，确保完成建档立卡贫困户等4类重点对象危房改造任务。明确农村危房改造基本安全要求，保证正常使用安全和基本使用功能。因地制宜推广农房加固改造，在危房改造任务较重的省份开展农房加固改造示范，结合地方实际推广现代生土农房等改良型传统民居，鼓励通过闲置农房置换或长期租赁等方式，兜底解决特殊贫困群体基本住房安全问题。落实各级补助资金，完善分类分级补助标准。加强补助资金使用管理和监督检查，支付给农户的资金要及时足额直接拨付到户。建立完善危房改造信息公示制度。

（八）强化综合保障性扶贫

统筹各类保障措施，建立以社会保险、社会救助、社会福利制度为主体，以社会帮扶、社工助力为辅助的综合保障体系，为完全丧失劳动能力和部分丧失劳动能力且无法依靠产业就业帮扶脱贫的贫困人口提供兜底保障。完善城乡居民基本养老保险制度，对符合条件的贫困人口由地方政府代缴城乡居民养老保险费。继续实施社会服务兜底工程，加快建设为老年人、残疾人、精神障碍患者等特殊群体提供服务的设施。鼓励各地通过互助养老、设立孝善基金等途径，创新家庭养老方式。加快建立贫困家庭“三留守”关爱服务体系，落实家庭赡养、监护照料法定义务，探索建立信息台账和定期探访制度。完善农村低保制度，健全低保对象认定方法，将完全丧失劳动能力和部分丧失劳动能力且无法依靠产业就业帮扶脱贫的贫困人口纳入低保范围。对地广人稀的贫困地区适度降低国家救灾应急响应启动条件。加大临时救助力度，及时将符合条件的返贫人口纳入救助范围。

（九）开展贫困残疾人脱贫行动

将符合条件的建档立卡贫困残疾人纳入农村低保和城乡医疗救助范围。完善困难残疾人生活补贴和重度残疾人护理补贴制度，有条件的地方逐步扩大政策覆盖面。深入实施“福康工程”等残疾人精准康复服务项目，优先为贫困家庭有康复需求的残疾人提供基本康复服务和辅助器具适配服务。对16周岁以上有长期照料护理需求的贫困重度残疾人，符合特困人员救助供养条件的纳入特困人员救助供养；不符合救助供养条件的，鼓励地方通过政府补贴、购买服务、设立公益岗位、集中托养等方式，为贫困重度残疾人提供集中照料或日间照料、邻里照护服务。逐步推进农村贫困重度残疾人家庭无障碍改造。实施第二期特殊教育提升计划，帮助贫困家庭残疾儿童多种形式接受义务教育，加快发展非义务教育阶段特殊教育。资产收益扶贫项目要优先安排贫困残疾人家庭。

（十）开展扶贫扶志行动

加强教育引导，开展扶志教育活动，创办脱贫攻坚“农民夜校”“讲习所”等，加强思想、文化、道德、法律、感恩教育，弘扬自尊、自爱、自强精神，防止政策养懒汉、助长不劳而获和“等靠要”等不良习气。加大以工代赈实施力度，动员更多贫困群众投工投劳。推广以表现换积分、以积分换物品的“爱心公益超市”等自助式帮扶做法，实现社会爱心捐赠与贫困群众个性化需求的精准对接。鼓励各地总结推广脱贫典型，宣传表彰自强不息、自力更生脱贫致富的先进事迹和先进典型，用身边人身边事示范带动贫困群众。大力开展移风易俗活动，选树一批文明村镇和星级文明户，推广“星级评比”等做法，引导贫困村修订完善村规民约，发挥村民议事会、道德评议会、红白理事会、禁毒禁赌会等群众组织作用，坚持自治、法治、德治相结合，教育引导贫困群众弘扬传统美德、树立文明新风。加强对高额彩礼、薄养厚葬、子女不赡养老人等问题的专项治理。深入推进文化扶贫工作，提升贫困群众的公共文化服务获得感。把扶贫领域诚信纳入国家信用监管体系，将不履行赡养义务、虚报冒领扶贫资金、严重违反公序良俗等行为人列入失信人员名单。

四、加快补齐贫困地区基础设施短板

（一）加快实施交通扶贫行动

在贫困地区加快建成外通内联、通村畅乡、客车到村、安全便捷的交通运输网络。尽快实现具备条件的乡镇、建制村通硬化路。以示范县为载体，推进贫困地区“四好农村路”建设。扩大农村客运覆盖范围，到2020年实现具备条件的建制村通客车目标。加快贫困地区农村公路安全生命防护工程建设，基本完成乡道及以上行政等级公路安全隐患治理。推进窄路基路面农村公路合理加宽改造和危桥改造。改造建设一批贫困乡村旅游路、产业路、资源路，优先改善自然人文、少数民族特色村寨和风情小镇等旅游景点景区交通设施。加大成品油税费改革转移支付用于贫困地区农村公路养护力度。推进国家铁路网、国家高速公路网连接贫困地区项目建设，加快贫困地区普通国省道改造和支线机场、通用机场、内河航道建设。

（二）大力推进水利扶贫行动

加快实施贫困地区农村饮水安全巩固提升工程，落实工程建设和管护责任，强化水源保护和水质保障，因地制宜加强供水工程建设与改造，显著提高农村集中供水率、自来水普及率、供水保证率和水质达标率，到2020年全面解决贫困人口饮水安全问题。加快贫困地区大中型灌区续建配套与节水改造、小型农田水利工程建设，实现灌溉水源、灌排骨干工程与田间工程协调配套。切实加强贫困地区防洪工程建设和运行管理。继续推进贫困地区水土保持和水生态建设工程。

（三）大力实施电力和网络扶贫行动

实施贫困地区农网改造升级，加强电力基础设施建设，建立贫困地区电力普遍服务监测评价体系，引导电网企业做好贫困地区农村电力建设管理和供电服务，到2020年实现大电网延伸覆盖至全部县城。大力推进贫困地区农村可再生能源开发利用。

深入实施网络扶贫行动，统筹推进网络覆盖、农村电商、网络扶智、信息服务、网络公益五大工程向纵深发展，创新“互联网+”扶贫模式。完善电信普遍服务补偿机制，引导基础电信企业加大投资力度，实现90%以上贫困村宽带网络覆盖。鼓励基础电信企业针对贫困地区和贫困群众推出资费优惠举措，鼓励企业开发有助精准脱贫的移动应用软件、智能终端。

（四）大力推进贫困地区农村人居环境整治

开展贫困地区农村人居环境整治三年行动，因地制宜确定贫困地区村庄人居环境整治目标，重点推进农村生活垃圾治理、卫生厕所改造。开展贫困地区农村生活垃圾治理专项行动，有条件的地方探索建立村庄保洁制度。因地制宜普及不同类型的卫生厕所，同步开展厕所粪污治理。有条件的地方逐步开展生活污水治理。加快推进通村组道路建设，基本解决村内道路泥泞、村民出行不便等问题。

五、加强精准脱贫攻坚行动支撑保障

（一）强化财政投入保障

坚持增加政府扶贫投入与提高资金使用效益并重，健全与脱贫攻坚任务相适应的投入保障机制，支持贫困地区围绕现行脱贫目标，尽快补齐脱贫攻坚短板。加大财政专项扶贫资金和教育、医疗保障等转移支付支持力度。规范扶贫领域融资，增强扶贫投入能力，疏堵并举防范化解扶贫领域融资风险。进一步加强资金整合，赋予贫困县更充分的资源配置权，确保整合资金围绕脱贫攻坚项目精准使用，提高使用效率和效益。全面加强各类扶贫资金项目绩效管理，落实资金使用者的绩效主体责任，明确绩效目标，加强执行监控，强化评价结果运用，提高扶贫资金使用效益。建立县级脱贫攻坚项目库，健全公告公示制度。加强扶贫资金项目常态化监管，强化主管部门监管责任，确保扶贫资金尤其是到户到人的资金落到实处。

（二）加大金融扶贫支持力度

加强扶贫再贷款使用管理，优化运用扶贫再贷款发放贷款定价机制，引导金融机构合理合规增加对带动贫困户就业的企业和贫困户生产经营的信贷投放。加强金融精准扶贫服务。支持国家开发银行和中国农业发展银行进一步发挥好扶贫金融事业部的作用，支持中国农业银行、中国邮政储蓄银行、农村信用社、村镇银行等金融机构增加扶贫信贷投放，推动大中型商业银行完善普惠金融事业部体制机制。创新产业扶贫信贷产品和模式，建立健全金融支持产业发展与带动贫困户脱贫的挂钩机制和扶持政策。规范扶贫小额信贷发放，在风险可控前提下可办理无还本续贷业务，对确因非主观因素不能到期偿还贷款的贫困户可协助其办理贷款展期业务。加强扶贫信贷风险防范，支持贫困地区完善风险补偿机制。推进贫困地区信用体系建设。支持贫困地区金融服务站建设，推广电子支付方式，逐步实现基础金融服务不出村。支持贫困地区开发特色农业险种，开展扶贫小额贷款保证保险等业务，探索发展价格保险、产值保险、“保险+期货”等新型险种。扩大贫困地区涉农保险保障范围，开发物流仓储、设施农业、“互联网+”等险种。鼓励上市公司、证券公司等市场主体依法依规设立或参与市场化运作的贫困地区产业投资基金和扶贫公益基金。贫困地区企业首次公开发行股票、在全国中小企业股份转让系统挂牌、发行公司债券等按规定实行“绿色通道”政策。

（三）加强土地政策支持

支持贫困地区编制村级土地利用规划，挖掘土地优化利用脱贫的潜力。贫困地区建设用地符合土地利用总体规划修改条件的，按规定及时审查批复。新增建设用地计划、增减挂钩节余指标调剂计划、工矿废弃地复垦利用计划向贫困地区倾斜。脱贫攻坚期内，国家每年对集中连片特困地区、国家扶贫开发工作重点县专项安排一定数量新增建设用地计划。贫困地区建设用地增减挂钩节余指标和工矿废弃地复垦利用节余指标，允许在省域内调剂使用。建立土地整治和高标准农田建设等新增耕地指标跨省域调剂机制。贫困地区符合条件的补充和改造耕地项目，优先用于跨省域补充耕地国家统筹，所得收益通过支出预算用于支持脱贫攻坚。优先安排贫困地区土地整治项目和高标准农田建设补助资金，指导和督促贫困地区完善县级土地整治规划。

（四）实施人才和科技扶贫计划

深入实施边远贫困地区、边疆民族地区、革命老区人才支持计划，扩大急需紧缺专业技术人才选派培养规模。贫困地区在县乡公务员考试录用中，从大学生村官、“三支一扶”等人员中定向招录公务员，从贫困地区优秀村干部中招录乡镇公务员。

动员全社会科技力量投入脱贫攻坚主战场，开展科技精准帮扶行动。以县为单位建立产业扶贫技术专家组，各类涉农院校和科研院所组建产业扶贫技术团队，重点为贫困村、贫困户提供技术服务。支持有条件的贫困县建设农业科技园和星创天地等载体，展示和推广农业先进科技成果。在贫困地区全面实施农技推广特聘计划，从农村乡土专家、种养能手等一线服务人员招聘一批特聘农技员，由县级政府聘为贫困村科技扶贫带头人。加强贫困村创业致富带头人培育培养，提升创业项目带贫减贫效果。建立科技特派员与贫困村结对服务关系，实现科技特派员对贫困村科技服务和创业带动全覆盖。

六、动员全社会力量参与脱贫攻坚

（一）加大东西部扶贫协作和对口支援力度

把人才支持、市场对接、劳务协作、资金支持等作为协作重点，深化东西部扶贫协作，推进携手奔小康行动贫困县全覆盖，并向贫困村延伸。强化东西部扶贫协作责任落实，加强组织协调、工作指导和督导检查，建立扶贫协作台账制度，每年对账考核。优化结对协作关系，实化细化县之间、乡镇之间、行政村之间结对帮扶措施，推广“闽宁示范村”模式。突出产业帮扶，鼓励合作建设承接产业转移的基地，引导企业精准结对帮扶。突出劳务协作，有组织地开展人岗对接，提高协作规模和质量。突出人才支援，加大力度推进干部双向挂职、人才双向交流，提高干部人才支持和培训培养精准性。突出资金支持，切实加强资金监管，确保东西部扶贫协作资金精准使用。将帮扶贫困残疾人脱贫纳入东西部扶贫协作范围。

实施好“十三五”对口支援新疆、西藏和四省藏区经济社会发展规划，严格落实中央确定的80%以上资金用于保障和改善民生、用于县及县以下基层的要求，进一步聚焦脱贫攻坚的重点和难点，确保更多资金、项目和工作精力投向贫困人口。

（二）深入开展定点扶贫工作

落实定点扶贫工作责任，把定点扶贫县脱贫工作纳入本单位工作重点，加强工作力量，出台具体帮扶措施。定点扶贫单位主要负责同志要承担第一责任人职责，定期研究帮扶工作。强化定点扶贫牵头单位责任。加强对定点扶贫县脱贫攻坚工作指导，督促落实脱贫主体责任。把定点扶贫县作为转变作风、调查研究的基地，通过解剖“麻雀”，总结定点扶贫县脱贫经验，完善本部门扶贫政策，推动脱贫攻坚工作。选派优秀中青年干部、后备干部到贫困地区挂职，落实艰苦地区挂职干部生活补助政策。

（三）扎实做好军队帮扶工作

加强军地脱贫攻坚工作协调，驻地部队要积极承担帮扶任务，参与扶贫行动，广泛开展扶贫济困活动。接续做好“八一爱民学校”援建工作，组织开展多种形式的结对助学活动。组织军队系统医院对口帮扶贫困县县级医院，深入贫困村送医送药、巡诊治病。帮助革命老区加强红色资源开发，培育壮大红色旅游产业，带动贫困人口脱贫。帮助培育退役军人和民兵预备役人员脱贫致富带头人。

（四）激励各类企业、社会组织扶贫

落实国有企业精准扶贫责任，通过发展产业、对接市场、安置就业等方式帮助贫困户脱贫。深入推进“万企帮万村”精准扶贫行动，引导民营企业积极开展产业扶贫、就业扶贫、公益扶贫，鼓励有条件的大型民营企业通过设立扶贫产业投资基金等方式参与脱贫攻坚。持续开展“光彩行”活动，提高精准扶贫成效。

支持社会组织参与脱贫攻坚，加快建立社会组织帮扶项目与贫困地区需求信息对接机制，确保贫困人口发展需求与社会帮扶有效对接。鼓励引导社会各界使用贫困地区产品和服务，推动贫困地区和贫困户融入大市场。实施全国性社会组织参与“三区三州”深度贫困地区脱贫攻坚行动。实施社会工作“专业人才服务三区计划”“服务机构牵手计划”“教育对口扶贫计划”，为贫困人口提供生计发展、能力提升、心理支持等专业服务。加强对社会组织扶贫的引导和管理，优化环境、整合力量、创新方式，提高扶贫效能。落实社会扶贫资金所得税税前扣除政策。

（五）大力开展扶贫志愿服务活动

动员组织各类志愿服务团队、社会各界爱心人士开展扶贫志愿服务。实施社会工作专业人才服务贫困地区系列行动计划，支持引导专业社会工作和志愿服务力量积极参与精准扶贫。推进扶贫志愿服务制度化，建立扶贫志愿服务人员库，鼓励国家机关、企事业单位、人民团体、社会组织等组建常态化、专业化服务团队。制定落实扶贫志愿服务支持政策。

七、夯实精准扶贫精准脱贫基础性工作

（一）强化扶贫信息的精准和共享

进一步加强建档立卡工作，提高精准识别质量，完善动态管理机制，做到“脱贫即出、返贫即入”。剔除不合条件的人口，及时纳入符合条件但遗漏在外的贫困人口和返贫人口，确保应扶尽扶。抓紧完善扶贫开发大数据平台，通过端口对接、数据交换等方式，实现户籍、教育、健康、就业、社会保险、住房、银行、农村低保、残疾人等信息与贫困人口建档立卡信息有效对接。完善贫困人口统计监测体系，为脱贫攻坚提供科学依据。加强贫困人口建档立卡数据和农村贫困统计监测数据衔接，逐步形成指标统一、项目规范的贫困监测体系。强化扶贫开发大数据平台共享使用，拓展扶贫数据系统服务功能，为脱贫攻坚决策和工作指导等提供可靠手段和支撑。建立脱贫成效巩固提升监测机制，对脱贫户实施跟踪和动态监测，及时了解其生产生活情况。按照国家信息安全标准构建扶贫开发信

息安全防护体系，确保系统和数据安全。开展建档立卡专项评估检查。

（二）健全贫困退出机制

严格执行贫困退出标准和程序，规范贫困县、贫困村、贫困人口退出组织实施工作。指导地方修订完善扶贫工作考核评估指标和贫困县验收指标，对超出“两不愁、三保障”标准的指标，予以剔除或不作为硬性指标，取消行业部门与扶贫无关的搭车任务。改进贫困县退出专项评估检查，由各省（自治区、直辖市）统一组织，因地制宜制定符合贫困地区实际的检查方案，并对退出贫困县的质量负责。中央结合脱贫攻坚督查巡查工作，对贫困县退出进行抽查。脱贫攻坚期内扶贫政策保持稳定，贫困县、贫困村、贫困户退出后，相关政策保持一段时间。

（三）开展国家脱贫攻坚普查

2020年至2021年年初对脱贫摘帽县进行一次普查，全面了解贫困人口脱贫实现情况。普查工作由国务院统一部署实施，重点围绕脱贫结果的真实性和准确性，调查贫困人口“两不愁、三保障”实现情况、获得帮扶情况、贫困人口参与脱贫攻坚项目情况等。地方各级党委和政府要认真配合做好普查工作。

八、加强和改善党对脱贫攻坚工作的领导

（一）进一步落实脱贫攻坚责任制

强化中央统筹、省负总责、市县抓落实的工作机制。中央统筹，重在做好顶层设计，在政策、资金等方面为地方创造条件，加强脱贫效果监管；省负总责，重在把党中央大政方针转化为实施方案，加强指导和督导，促进工作落实；市县抓落实，重在从当地实际出发推动脱贫攻坚各项政策措施落地生根。各级党委和政府要把打赢脱贫攻坚战作为重大政治任务，增强政治担当、责任担当和行动自觉，层层传导压力，建立落实台账，压实脱贫责任，加大问责问效力度。健全脱贫攻坚工作机制，脱贫攻坚任务重的省（自治区、直辖市）党委和政府每季度至少专题研究一次脱贫攻坚工作，贫困县党委和政府每月至少专题研究一次脱贫攻坚工作。贫困县党政正职每个月至少要有5个工作日用于扶贫。实施五级书记遍访贫困对象行动，省（自治区、直辖市）党委书记遍访贫困县，市（地、州、盟）党委书记遍访脱贫攻坚任务重的乡镇，县（市、区、旗）党委书记遍访贫困村，乡镇党委书记和村党组织书记遍访贫困户。以遍访贫困对象行动带头转变作风，接地气、查实情，了解贫困群体实际需求，掌握第一手资料，发现突出矛盾，解决突出问题。

（二）压实中央部门扶贫责任

党中央、国务院各相关部门单位要按照中央脱贫攻坚系列重大决策部署要求制定完善配套政策举措，实化细化三年行动方案，并抓好组织实施工作。国务院扶贫开发领导小组要分解落实各地区脱贫目标任务，实化细化脱贫具体举措，分解到年、落实到人。国务院扶贫开发领导小组成员单位每年向中央报告本部门本单位脱贫攻坚工作情况。脱贫攻坚期内，国务院扶贫开发领导小组成员以及部门扶贫干部、定点扶贫干部要按政策规定保持稳定，不能胜任的要及时调整。

（三）完善脱贫攻坚考核监督评估机制

进一步完善扶贫考核评估工作，充分体现省负总责原则，切实解决基层疲于迎评迎检问题。改进对省级党委和政府扶贫开发工作成效第三方评估方式，缩小范围，简化程序，精简内容，重点评估“两不愁、三保障”实现情况，提高考核评估质量和水平。改进省市两级对县及县以下扶贫工作考核，原则上每年对县的考核不超过2次，加强对县委书记的工作考核，注重发挥考核的正向激励作用。未经省里批准，市级以下不得开展第三方评估。改进约谈省级领导的方式，开展常态化约谈，发现问题随时约谈。完善监督机制，国务院扶贫开发领导小组每年组织脱贫攻坚督查巡查，纪检监察机关和审计、扶贫等部门按照职能开展监督工作。充分发挥人大、政协、民主党派监督作用。

（四）建强贫困村党组织

深入推进抓党建促脱贫攻坚，全面强化贫困地区农村基层党组织领导核心地位，切实提升贫困村党组织的组织力。防止封建家族势力、地方黑恶势力、违法违规宗教活动侵蚀基层政权，干扰破坏村务。大力整顿贫困村软弱涣散党组织，以县为单位组织摸排，逐村分析研判，坚决撤换不胜任、不合格、不尽职的村党组织书记。重点从外出务工经商创业人员、大学生村官、本村致富能手中选配，本村没有合适人员的，从县乡机关公职人员中派任。建立健全回引本土大学生、高校培养培训、县乡统筹招聘机制，为每个贫困村储备1至2名后备干部。加大在贫困村青年农民、外出务工青年中发展党员力度。支持党员创办领办脱贫致富项目，完善贫困村党员结对帮扶机制。全面落实贫困村“两委”联席会议、“四议两公开”和村务监督等工作制度。派强用好第一书记和驻村工作队，从县以上党政机关选派过硬的优秀干部参加驻村帮扶。加强考核和工作指导，对不适应的及时召回调整。派出单位要严格落实项目、资金、责任捆绑要求，加大保障支持力度。强化贫困地区农村基层党建工作责任落实，将抓党建促脱贫攻坚情况作为县乡党委书记抓基层党建工作述职评议考核的重点内容。对不够重视贫困村党组织建设、措施不力的地方，上级党组织要及时约谈提醒相关责任人，后果严重的要问责追责。

（五）培养锻炼过硬的脱贫攻坚干部队伍

保持贫困县党政正职稳定，确需调整的，必须符合中央规定，对于不能胜任的要及时撤换，对于弄虚作假的要坚决问责。实施全国脱贫攻坚全面培训，落实分级培训责任，保证贫困地区主要负责同志和扶贫系统干部轮训一遍。对县级以上领导干部，重点是通过培训提高思想认识，引导树立正确政绩观，掌握精准脱贫方法论，提升研究攻坚问题、解决攻坚难题能力。对基层干部，重点是通过采取案例教学、现场教学等实战培训方法，提高实战能力，增强精准扶贫工作本领。加大对贫困村干部培训力度，每年对村党组织书记集中轮训一次，突出需求导向和实战化训练，着重提高落实党的扶贫政策、团结带领贫困群众脱贫致富的本领。加强对扶贫挂职干部跟踪管理和具体指导，采取“挂包结合”等方式，落实保障支持措施，激励干部人在心在、履职尽责。加强对脱贫一线干部的关爱激励，注重在脱贫攻坚一线考察识别干部，对如期完成任务且表现突出的贫困县党政正职应予以重用，对在脱贫攻坚中工作出色、表现优秀的扶贫干部、基层干部注重提拔使用。对奋战在脱贫攻坚一线的县乡干部要落实好津补贴、周转房等政策，改善工作条件。对在脱贫攻坚中因公牺牲的干部和基层党员的家属及时给予抚恤，长期帮扶慰问。全面落实贫困村干部报酬待遇和正常离任村干部生活补贴。

（六）营造良好舆论氛围

深入宣传习近平总书记关于扶贫工作的重要论述，宣传党中央关于精准扶贫精准脱贫的重大决策部署，宣传脱贫攻坚典型经验，宣传脱贫攻坚取得的伟大成就，为打赢脱贫攻坚战注入强大精神动力。组织广播电视、报刊等媒体推出一批脱贫攻坚重点新闻报道。积极利用网站、微博、微信、移动客户端等新媒体平台开展宣传推广。推出一批反映扶贫脱贫感人事迹的优秀文艺作品，加大扶贫题材文化产品和服务的供给。继续开展全国脱贫攻坚奖和全国脱贫攻坚模范评选表彰，选树脱贫攻坚先进典型。按程序设立脱贫攻坚组织创新奖，鼓励各地从实际出发开展脱贫攻坚工作创新。每年组织报告团，分区域巡回宣讲脱贫先进典型。讲好中国脱贫攻坚故事，反映中国为全球减贫事业做出的重大贡献。加强减贫领域国际交流与合作，帮助受援国建好国际扶贫示范村，为全球减贫事业贡献中国方案。适时对脱贫攻坚精神进行总结。

（七）开展扶贫领域腐败和作风问题专项治理

把作风建设贯穿脱贫攻坚全过程，集中力量解决扶贫领域“四个意识”不强、责任落实不到位、工作措施不精准、资金管理使用不规范、工作作风不扎实、考核评估不严不实等突出问题，确保取得明显成效。改进调查研究，深入基层、深入群众，多层次、多方位、多渠道调查了解实际情况，注重发现并解决问题，力戒“走过场”。注重工作实效，减轻基层工作负担，减少村级填表报数，精简会议文件，让基层干部把精力放在办实事上。严格扶贫资金审计，加强扶贫事务公开。严肃查处贪污挪用、截留私分、虚报冒领、强占掠夺等行为。依纪依法坚决查处贯彻党中央脱贫攻坚决策部署不坚决不到位、弄虚作假问题，主体责任、监督责任和职能部门监管职责不落实问题，坚决纠正脱贫攻坚工作中的形式主义、官僚主义。把扶贫领域腐败和作风问题作为巡视巡察工作重点。中央巡视机构组织开展扶贫领域专项巡视。加强警示教育工作，集中曝光各级纪检监察机关查处的扶贫领域典型案例。

（八）做好脱贫攻坚风险防范工作

防范产业扶贫市场风险，防止产业项目盲目跟风、“一刀切”导致失败造成损失，各地要对扶贫主导产业面临的技术和市场等风险进行评估，制定防范和处置风险的应对措施。防范扶贫小额贷款还贷风险，纠正户贷企用、违规用款等问题。防范加重地方政府债务风险，防止地方政府以脱贫攻坚名义盲目举债，防止金融机构借支持脱贫攻坚名义违法违规提供融资，坚决遏制地方政府隐性债务增量。

（九）统筹衔接脱贫攻坚与乡村振兴

脱贫攻坚期内，贫困地区乡村振兴的主要任务是脱贫攻坚。乡村振兴相关支持政策要优先向贫困地区倾斜，补齐基础设施和基本公共服务短板，以乡村振兴巩固脱贫成果。抓紧研究制定 2020 年后减贫战略。研究推进扶贫开发立法。

“十三五”脱贫攻坚规划

（国发〔2016〕64号）

消除贫困、改善民生、逐步实现共同富裕，是社会主义的本质要求，是我们党的重要使命。“十三五”时期，是全面建成小康社会、实现第一个百年奋斗目标的决胜阶段，也是打赢脱贫攻坚战的决胜阶段。本规划根据《中国农村扶贫开发纲要（2011—2020年）》《中共中央、国务院关于打赢脱贫攻坚战的决定》和《中华人民共和国国民经济和社会发展第十三个五年规划纲要》编制，主要阐明“十三五”时期国家脱贫攻坚总体思路、基本目标、主要任务和重大举措，是指导各地脱贫攻坚工作的行动指南，是各有关方面制定相关扶贫专项规划的重要依据。

规划范围包括14个集中连片特困地区的片区县、片区外国家扶贫开发工作重点县，以及建档立卡贫困村和建档立卡贫困户。

第一章　总体要求

第一节　面临形势

改革开放以来，在全党全社会的共同努力下，我国成功解决了几亿农村贫困人口的温饱问题，成为世界上减贫人口最多的国家，探索和积累了许多宝贵经验。党的十八大以来，以习近平同志为核心的党中央把扶贫开发摆到治国理政的重要位置，提升到事关全面建成小康社会、实现第一个百年奋斗目标的新高度，纳入“五位一体”总体布局和“四个全面”战略布局进行决策部署，加大扶贫投入，创新扶贫方式，出台系列重大政策措施，扶贫开发取得巨大成就。2011年至2015年，现行标准下农村贫困人口减少1亿多人、贫困发生率降低11.5个百分点，贫困地区农民收入大幅提升，贫困人口生产生活条件明显改善，上学难、就医难、行路难、饮水不安全等问题逐步缓解，基本公共服务水平与全国平均水平差距趋于缩小，为打赢脱贫攻坚战创造了有利条件。

当前，贫困问题依然是我国经济社会发展中最突出的“短板”，脱贫攻坚形势复杂严峻。从贫困现状看，截至2015年底，我国还有5630万农村建档立卡贫困人口，主要分布在832个国家扶贫开发工作重点县、集中连片特困地区县（以下统称贫困县）和12.8万个建档立卡贫困村，多数西部省份的贫困发生率在10%以上，民族8省区贫困发生率达12.1%。现有贫困人口贫困程度更深、减贫成本更高、脱贫难度更大，依靠常规举措难以摆脱贫困状况。从发展环境看，经济形势更加错综复杂，经济下行压力大，地区经济发展分化对缩小贫困地区与全国发展差距带来新挑战；贫困地区县级财力薄弱，基础设施瓶颈制约依然明显，基本公共服务供给能力不足；产业发展活力不强，结构单一，环境约束趋紧，粗放式资源开发模式难以为继；贫困人口就业渠道狭窄，转移就业和增收难度大。实现到2020年打赢脱贫攻坚战的目标，时间特别紧迫，任务特别艰巨。

“十三五”时期，新型工业化、信息化、城镇化、农业现代化同步推进和国家重大区域发展战略加快实施，为贫困地区发展提供了良好环境和重大机遇，特别是国家综合实力不断增强，为打赢脱贫攻坚战奠定了坚实的物质基础。中央扶贫开发工作会议确立了精准扶贫、精准脱贫基本方略，党中央、国务院制定出台了系列重大政策措施，为举全国之力打赢脱贫攻坚战提供了坚强的政治保证和制度保障；各地区各部门及社会各界积极行动、凝神聚气、锐意进取，形成强大合力；贫困地区广大干部群众盼脱贫、谋发展的意愿强烈，内生动力和活力不断激发，脱贫攻坚已经成为全党全社会的统一意志和共同行动。

打赢脱贫攻坚战，确保到2020年现行标准下农村贫困人口实现脱贫，是促进全体人民共享改革发展成果、实现共同富裕的重大举措，是促进区域协调发展、跨越“中等收入陷阱”的重要途径，是促进民族团结、边疆稳固的重要保证，是全面建成小康社会的重要内容，是积极响应联合国2030年可持续发展议程的重要行动，事关人民福祉，事关党的执政基础和国家长治久安，使命光荣、责任重大。

第二节　指导思想

全面贯彻党的十八大和十八届三中、四中、五中、六中全会以及中央扶贫开发工作会议精神，深入贯彻习近平总书记系列重要讲话精神和治国理政新理念新思想新战略，统筹推进“五位一体”总体布局和协调推进“四个全面”战略布局，牢固树立和贯彻落实创新、协调、绿色、开放、共享的发展理念，按照党中央、国务院决策部署，坚持精准扶贫、精准脱贫基本方略，坚持精准帮扶与区域整体开发有机结合，以革命老区、民族地区、边疆地区和集中连片特困地区为重点，以社会主义政治制度为根本保障，不断创新体制机制，充分发挥政府、市场和社会协同作用，充分调动贫困地区干部群众的内生动力，大力推进实施一批脱贫攻坚工程，加快破解贫困地区区域发展瓶颈制约，不断增强贫困地区和贫困人口自我发展能力，确保与全国同步进入全面小康社会。

必须遵循以下原则：

——坚持精准扶贫、精准脱贫。坚持以“六个精准”统领贫困地区脱贫攻坚工作，精确瞄准、因地制宜、分类施策，大力实施精准扶贫脱贫工程，变“大水漫灌”为“精准滴灌”，做到真扶贫、扶真贫、真脱贫。

——坚持全面落实主体责任。充分发挥政治优势和制度优势，强化政府在脱贫攻坚中的主体责任，创新扶贫考评体系，加强脱贫成效考核。按照中央统筹、省负总责、市县抓落实的工作机制，坚持问题导向和目标导向，压实责任、强力推进。

——坚持统筹推进改革创新。脱贫攻坚工作要与经济社会发展各领域工作相衔接，与新型工业化、信息化、城镇化、农业现代化相统筹，充分发挥政府主导和市场机制作用，稳步提高贫困人口增收脱贫能力，逐步解决区域性整体贫困问题。加强改革创新，不断完善资金筹措、资源整合、利益联结、监督考评等机制，形成有利于发挥各方面优势、全社会协同推进的大扶贫开发格局。

——坚持绿色协调可持续发展。牢固树立绿水青山就是金山银山的理念，把贫困地区生态环境保护摆在更加重要的位置，探索生态脱贫有效途径，推动扶贫开发与资源环境相协调、脱贫致富与可持续发展相促进，使贫困人口从生态保护中得到更多实惠。

——坚持激发群众内生动力活力。坚持群众主体地位，保障贫困人口平等参与、平等发展权利，充分调动贫困地区广大干部群众积极性、主动性、创造性，发扬自强自立精神，依靠自身努力改变贫困落后面貌，实现光荣脱贫。

第三节　脱贫目标

到 2020 年，稳定实现现行标准下农村贫困人口不愁吃、不愁穿，义务教育、基本医疗和住房安全有保障（以下称“两不愁、三保障”）。贫困地区农民人均可支配收入比 2010 年翻一番以上，增长幅度高于全国平均水平，基本公共服务主要领域指标接近全国平均水平。确保我国现行标准下农村贫困人口实现脱贫，贫困县全部摘帽，解决区域性整体贫困。

——现行标准下农村建档立卡贫困人口实现脱贫。贫困户有稳定收入来源，人均可支配收入稳定超过国家扶贫标准，实现“两不愁、三保障”。

——建档立卡贫困村有序摘帽。村内基础设施、基本公共服务设施和人居环境明显改善，基本农田和农田水利等设施水平明显提高，特色产业基本形成，集体经济有一定规模，社区管理能力不断增强。

——贫困县全部摘帽。县域内基础设施明显改善，基本公共服务能力和水平进一步提升，全面解决出行难、上学难、就医难等问题，社会保障实现全覆盖，县域经济发展壮大，生态环境有效改善，可持续发展能力不断增强。

第二章　产业发展脱贫

立足贫困地区资源禀赋，以市场为导向，充分发挥农民合作组织、龙头企业等市场主体作用，建立健全产业到户到人的精准扶持机制，每个贫困县建成一批脱贫带动能力强的特色产业，每个贫困乡、村形成特色拳头产品，贫困人口劳动技能得到提升，贫困户经营性、财产性收入稳定增加。

第一节　农林产业扶贫

优化发展种植业。粮食主产县要大规模建设集中连片、旱涝保收、稳产高产、生态友好的高标准农田，巩固提升粮食生产能力。非粮食主产县要大力调整种植结构，重点发展适合当地气候特点、经济效益好、市场潜力大的品种，建设一批贫困人口参与度高、受益率高的种植基地，大力发展设施农业，积极支持园艺作物标准化创建。适度发展高附加值的特色种植业。生态退化地区要坚持生态优先，发展低耗水、有利于生态环境恢复的特色作物种植，实现种地与养地相结合。

积极发展养殖业。因地制宜在贫困地区发展适度规模标准化养殖，加强动物疫病防控工作，建立健全畜禽水产良种繁育体系，加强地方品种保护与利用，发展地方特色畜牧业。通过实施退牧还草等工程和草原生态保护补助奖励政策，提高饲草供给能力和质量，大力发展草食畜牧业，坚持草畜平衡。积极推广适合贫困地区发展的农牧结合、粮草兼顾、生态循环种养模式。有序发展健康水产养殖业，加快池塘标准化改造，推进稻田综合种养工程，积极发展环保型养殖方式，打造区域特色水产生态养殖品牌。

大力发展林产业。结合国家生态建设工程，培育一批兼具生态和经济效益的特色林产业。因地制宜大力推进木本油料、特色林果、林下经济、竹藤、花卉等产业发展，打造一批特色示范基地，带动贫困人口脱贫致富。着力提高木本油料生产加工水平，扶持发展以干鲜果品、竹藤、速生丰产林、松脂等为原料的林产品加工业。

促进产业融合发展。深度挖掘农业多种功能，培育壮大新产业、新业态，推进农业与旅游、文化、健康养老等产业深度融合，加快形成农村一二三产业融合发展的现代产业体系。积极发展特色农产品加工业，鼓励地方扩大贫困地区农产品产地初加工补助政策实施区域，加强农产品加工技术研发、引进、示范和推广。引导农产品加工业向贫困地区县域、重点乡镇和产业园区集中，打造产业集群。推动农产品批发市场、产地集配中心等流通基础设施以及鲜活农产品冷链物流设施建设，促进跨区域农产品产销衔接。加快实施农业品牌战略，积极培育品牌特色农产品，促进供需结构升级。加快发展无公害农产品、绿色食品、有机农产品和地理标志农产品。

扶持培育新型经营主体。培育壮大贫困地区农民专业合作社、龙头企业、种养大户、家庭农（林）场、股份制农（林）场等新型经营主体，支持发展产供直销，鼓励采取订单帮扶模式对贫困户开展定向帮扶，提供全产业链服务。支持各类新型经营主体通过土地托管、土地流转、订单农业、牲畜托养、土地经营权股份合作等方式，与贫困村、贫困户建立稳定的利益联结机制，使贫困户从中直接受益。鼓励贫困地区各类企业开展农业对外合作，提升经营管理水平，扩大农产品出口。推进贫困地区农民专业合作社示范社创建，鼓励组建联合社。现代青年农场主培养计划向贫困地区倾斜。

加大农林技术推广和培训力度。强化贫困地区基层农业技术推广体系建设。鼓励科研机构和企业加强对地方特色动植物资源、优良品种的保护和开发利用。支持农业科研机构、技术推广机构建立互联网信息帮扶平台，向贫困户免费传授技术、提供信息。强化新型职业农民培育，扩大贫困地区培训覆盖面，实施农村实用人才带头人和大学生村官示范培训，加大对脱贫致富带头人、驻村工作队和大学生村官的培养力度。对农村贫困家庭劳动力进行农林技术培训，确保有劳动力的贫困户中至少有 1 名成员掌握 1 项实用技术。

第二节　旅游扶贫

因地制宜发展乡村旅游。开展贫困村旅游资源普查和旅游扶贫摸底调查，建立乡村旅游扶贫工程重点村名录。以具备发展乡村旅游条件的2.26万个建档立卡贫困村为乡村旅游扶贫重点，推进旅游基础设施建设，实施乡村旅游后备厢工程、旅游基础设施提升工程等一批旅游扶贫重点工程，打造精品旅游线路，推动游客资源共享。安排贫困人口旅游服务能力培训和就业。

大力发展休闲农业。依托贫困地区特色农产品、农事景观及人文景观等资源，积极发展带动贫困人口增收的休闲农业和森林休闲健康养生产业。实施休闲农业和乡村旅游提升工程，加强休闲农业聚集村、休闲农业园等配套服务设施建设，培育扶持休闲农业新型经营主体，促进农业与旅游观光、健康养老等产业深度融合。引导和支持社会资本开发农民参与度高、受益面广的休闲农业项目。

积极发展特色文化旅游。打造一批辐射带动贫困人口就业增收的风景名胜区、特色小镇，实施特色民族村镇和传统村落、历史文化名镇名村保护与发展工程。依托当地民族特色文化、红色文化、乡土文化和非物质文化遗产，大力发展贫困人口参与并受益的传统文化展示表演与体验活动等乡村文化旅游。开展非物质文化遗产生产性保护，鼓励民族传统工艺传承发展和产品生产销售。坚持创意开发，推出具有地方特点的旅游商品和纪念品。支持农村贫困家庭妇女发展家庭手工旅游产品。

第三节　电商扶贫

培育电子商务市场主体。将农村电子商务作为精准扶贫的重要载体，把电子商务纳入扶贫开发工作体系，以建档立卡贫困村为工作重点，提升贫困户运用电子商务创业增收的能力。依托农村现有组织资源，积极培育农村电子商务市场主体。发挥大型电商企业孵化带动作用，支持有意愿的贫困户和带动贫困户的农民专业合作社开办网上商店，鼓励引导电商和电商平台企业开辟特色农产品网上销售平台，与合作社、种养大户建立直采直供关系。加快物流配送体系建设，鼓励邮政、供销合作等系统在贫困乡村建立和改造服务网点，引导电商平台企业拓展农村业务，加强农产品网上销售平台建设。实施电商扶贫工程，逐步形成农产品进城、工业品下乡的双向流通服务网络。对贫困户通过电商平台创业就业的，鼓励地方政府和电商企业免费提供网店设计、推介服务和经营管理培训，给予网络资费补助和小额信贷支持。

改善农村电子商务发展环境。加强交通、商贸流通、供销合作、邮政等部门及大型电商、快递企业信息网络共享衔接，鼓励多站合一、服务同网。加快推进适应电子商务的农产品质量标准体系和可追溯体系建设以及分等分级、包装运输标准制定和应用。

第四节 资产收益扶贫

组织开展资产收益扶贫工作。鼓励和引导贫困户将已确权登记的土地承包经营权入股企业、合作社、家庭农（林）场与新型经营主体形成利益共同体，分享经营收益。积极推进农村集体资产、集体所有的土地等资产资源使用权作价入股，形成集体股权并按比例量化到农村集体经济组织。财政扶贫资金、相关涉农资金和社会帮扶资金投入设施农业、养殖、光伏、水电、乡村旅游等项目形成的资产，可折股量化到农村集体经济组织，优先保障丧失劳动能力的贫困户。建立健全收益分配机制，强化监督管理，确保持股贫困户和农村集体经济组织分享资产收益。创新水电、矿产资源开发占用农村集体土地的补偿补助方式，在贫困地区选择一批项目开展资源开发资产收益扶贫改革试点。通过试点，形成可复制、可推广的模式和制度，并在贫困地区推广，让贫困人口分享资源开发收益。

第五节 科技扶贫

促进科技成果向贫困地区转移转化。组织高等学校、科研院所、企业等开展技术攻关，解决贫困地区产业发展和生态建设关键技术问题。围绕全产业链技术需求，加大贫困地区新品种、新技术、新成果的开发、引进、集成、试验、示范力度，鼓励贫困县建设科技成果转化示范基地，围绕支柱产业转化推广 5 万项以上先进适用技术成果。

提高贫困人口创新创业能力。深入推行科技特派员制度，基本实现特派员对贫困村科技服务和创业带动全覆盖。鼓励和支持高等院校、科研院所发挥科技优势，为贫困地区培养科技致富带头人。大力实施边远贫困地区、边疆民族地区和革命老区人才支持计划科技人员专项计划，引导支持科技人员与贫困户结成利益共同体，创办、领办、协办企业和农民专业合作社，带动贫困人口脱贫。加强乡村科普工作，为贫困群众提供线上线下、点对点、面对面的培训。

加强贫困地区创新平台载体建设。支持贫困地区建设一批“星创天地”、科技园区等科技创新载体。充分发挥各类科技园区在扶贫开发中的技术集中、要素聚集、应用示范、辐射带动作用，通过“科技园区+贫困村+贫困户”的方式带动贫困人口脱贫。推动高等学校新农村发展研究院在贫困地区建设一批农村科技服务基地。实施科技助力精准扶贫工程，在贫困地区支持建设1000个以上农技协联合会（联合体）和10000个以上农村专业技术协会。

第三章 转移就业脱贫

加强贫困人口职业技能培训和就业服务，保障转移就业贫困人口合法权益，开展劳务协作，推进就地就近转移就业，促进已就业贫困人口稳定就业和有序实现市民化、有劳动能力和就业意愿未就业贫困人口实现转移就业。

第一节 大力开展职业培训

完善劳动者终身职业技能培训制度。针对贫困家庭中有转移就业愿望劳动力、已转移就业劳动力、新成长劳动力的特点和就业需求，开展差异化技能培训。整合各部门各行业培训资源，创新培训方式，以政府购买服务形式，通过农林技术培训、订单培训、定岗培训、定向培训、“互联网+培训”等方式开展就业技能培训、岗位技能提升培训和创业培训。加强对贫困家庭妇女的职业技能培训和就业指导服务。支持公共实训基地建设。

提高贫困家庭农民工职业技能培训精准度。深入推进农民工职业技能提升计划，加强对已外出务工贫困人口的岗位培训。继续开展贫困家庭子女、未升学初高中毕业生（俗称“两后生”）、农民工免费职业培训等专项行动，提高培训的针对性和有效性。实施农民工等人员返乡创业培训五年行动计划（2016—2020年）、残疾人职业技能提升计划。

第二节 促进稳定就业和转移就业

加强对转移就业贫困人口的公共服务。输入地政府对已稳定就业的贫困人口予以政策支持，将符合条件的转移人口纳入当地住房保障范围，完善随迁子女在当地接受义务教育和参加中高考政策，保障其本人及随迁家属平等享受城镇基本公共服务。支持输入地政府吸纳贫困人口转移就业和落户。为外出务工的贫困人口提供法律援助。

开展地区间劳务协作。建立健全劳务协作信息共享机制。输出地政府与输入地政府要加强劳务信息共享和劳务协作对接工作，全面落实转移就业相关政策措施。输出地政府要摸清摸准贫困家庭劳动力状况和外出务工意愿，输入地政府要协调提供就业信息和岗位，采取多种方式协助做好就业安置工作。对到东部地区或省内经济发达地区接受职业教育和技能培训的贫困家庭“两后生”，培训地政府要帮助有意愿的毕业生在当地就业。建立健全转移就业工作考核机制。输出地政府和输入地政府要加强对务工人员的禁毒法制教育。

推进就地就近转移就业。建立定向培训就业机制，积极开展校企合作和订单培训。将贫困人口转移就业与产业聚集园区建设、城镇化建设相结合，鼓励引导企业向贫困人口提供就业岗位。财政资金支持的企业或园区，应优先安排贫困人口就业，资金应与安置贫困人口就业任务相挂钩。支持贫困户自主创业，鼓励发展居家就业等新业态，促进就地就近就业。

第四章　易地搬迁脱贫

组织实施好易地扶贫搬迁工程，确保搬迁群众住房安全得到保障，饮水安全、出行、用电等基本生活条件得到明显改善，享有便利可及的教育、医疗等基本公共服务，迁出区生态环境得到有效治理，确保有劳动能力的贫困家庭后续发展有门路、转移就业有渠道、收入水平不断提高，实现建档立卡搬迁人口搬得出、稳得住、能脱贫。

第一节　精准识别搬迁对象

合理确定搬迁范围和对象。以扶贫开发建档立卡信息系统识别认定结果为依据，以生活在自然条件严酷、生存环境恶劣、发展条件严重欠缺等“一方水土养不起一方人”地区的农村建档立卡贫困人口为对象，以省级政府批准的年度搬迁进度安排为主要参考，确定易地扶贫搬迁人口总规模和年度搬迁任务。

确保建档立卡贫困人口应搬尽搬。在充分尊重群众意愿的基础上，加强宣传引导和组织动员，保障搬迁资金，确保符合条件的建档立卡贫困人口应搬尽搬。统筹规划同步搬迁人口。

第二节　稳妥实施搬迁安置

因地制宜选择搬迁安置方式。根据水土资源条件、经济发展环境和城镇化进程，按照集中安置与分散安置相结合、以集中安置为主的原则选择安置方式和安置区（点）。采取集中安置的，可依托移民新村、小城镇、产业园区、旅游景区、乡村旅游区等适宜区域进行安置，并做好配套建设。采取分散安置的，可选择“插花”、进城务工、投亲靠友等方式进行安置，也可在确保有房可住、有业可就的前提下，采取货币化方式进行安置。地方各级政府要结合本地实际，加强安置区（点）建设方案研究论证工作，将安置区（点）后续产业发展和搬迁人口就业等安排情况纳入建设方案专章表述，并做好推进落实工作。鼓励地方选择基础较好、具备条件的安置区（点），开展低碳社区建设试点。

合理确定住房建设标准。按照“保障基本、安全适用”的原则规划建设安置住房，严格执行建档立卡搬迁户人均住房建设面积不超过25平方米的标准。在稳定脱贫前，建档立卡搬迁户不得自行举债扩大安置住房建设面积。合理制定建房补助标准和相关扶持政策，鼓励地方因地制宜采取差异化补助标准。国家易地扶贫搬迁政策范围内的建房补助资金，应以建档立卡搬迁户人口数量为依据进行核算和补助，不得变相扩大或缩小补助范围。同步搬迁人口所需建房资金，由省级及以下政府统筹相关资源、农户自筹资金等解决，安置区（点）配套基础设施和公共服务设施可一并统筹规划、统一建设。

配套建设基础设施和公共服务设施。按照“规模适度、功能合理、经济安全、环境整洁、宜居宜业”的原则，配套建设安置区（点）水、电、路、邮政、基础电信网络以及污水、垃圾处理等基础设施，完善安置区（点）商业网点、便民超市、集贸市场等生活服务设施以及必要的教育、卫生、文化体育等公共服务设施。

拓展资金筹措渠道。加大中央预算内投资支持力度，创新投融资机制，安排专项建设基金和地方政府债券资金作为易地扶贫搬迁项目资本金，发行专项金融债券筹集贷款资金支持易地扶贫搬迁工作。建立或明确易地扶贫搬迁省级投融资主体和市县项目实施主体，负责资金承接运作和工程组织实施。地方政府要统筹可支配财力，用好用活城乡建设用地增减挂钩政策，支持省级投融资主体还贷。易地扶贫搬迁资金如有节余，可用于支持搬迁贫困人口后续产业发展。

第三节　促进搬迁群众稳定脱贫

大力发展安置区（点）优势产业。将安置区（点）产业发展纳入当地产业扶贫规划，统筹整合使用财政涉农资金，支持搬迁贫困人口大力发展后续产业。支持“有土安置”的搬迁户通过土地流转等方式开展适度规模经营，发展特色产业。建立完善新型农业经营主体与搬迁户的利益联结机制，确保每个建档立卡搬迁户都有脱贫致富产业或稳定收入来源。

多措并举促进建档立卡搬迁户就业增收。结合农业园区、工业园区、旅游景区和小城镇建设，引导搬迁群众从事种养加工、商贸物流、家政服务、物业管理、旅游服务等工作。在集中安置区（点）开发设立卫生保洁、水暖、电力维修等岗位，为建档立卡贫困人口提供就地就近就业机会，解决好养老保险、医疗保险等问题。鼓励工矿企业、农业龙头企业优先聘用建档立卡搬迁人口。支持安置区（点）发展物业经济，将商铺、厂房、停车场等营利性物业产权量化到建档立卡搬迁户。

促进搬迁人口融入当地社会。引导搬迁人口自力更生，积极参与住房建设、配套设施建设、安置区环境改善等工作，通过投工投劳建设美好家园。加强对易地搬迁人口的心理疏导和先进文化教育，培养其形成与新环境相适应的生产方式和生活习惯。优化安置区（点）社区管理服务，营造开放包容的社区环境，积极引导搬迁人口参与当地社区管理和服务，增强其主人翁意识和适应新生活的信心，使搬迁群众平稳顺利融入当地社会。

第五章　教育扶贫

以提高贫困人口基本文化素质和贫困家庭劳动力技能为抓手，瞄准教育最薄弱领域，阻断贫困的代际传递。到2020年，贫困地区基础教育能力明显增强，职业教育体系更加完善，高等教育服务能力明显提升，教育总体质量显著提高，基本公共教育服务水平接近全国平均水平。

第一节　提升基础教育水平

改善办学条件。加快完善贫困地区学前教育公共服务体系，建立健全农村学前教育服务网络，优先保障贫困家庭适龄儿童接受学前教育。全面改善义务教育薄弱学校基本办学条件，加强农村寄宿制学校建设，优化义务教育学校布局，办好必要的村小学和教学点，建立城乡统一、重在农村的义务教育经费保障机制。实施高中阶段教育普及攻坚计划，加大对普通高中和中等职业学校新建改扩建的支持力度，扩大教育资源，提高普及水平。加快推进教育信息化，扩大优质教育资源覆盖面。建立健全双语教学体系。

强化教师队伍建设。通过改善乡村教师生活待遇、强化师资培训、结对帮扶等方式，加强贫困地区师资队伍建设。建立省级统筹乡村教师补充机制，依托师范院校开展“一专多能”乡村教师培养培训，建立城乡学校教师均衡配置机制，推进县（区）域内义务教育学校校长教师交流轮岗。全面落实集中连片特困地区和边远艰苦地区乡村教师生活补助政策。加大对边远艰苦地区农村学校教师周转宿舍建设的支持力度。继续实施特岗计划，“国培计划”向贫困地区乡村教师倾斜。加大双语教师培养力度，加强国家通用语言文字教学。实施好边远贫困地区、边疆民族地区和革命老区人才支持计划教师专项计划，每年向“三区”选派3万名支教教师。建立乡村教师荣誉制度，向在乡村学校从教30年以上的教师颁发荣誉证书。

第二节　降低贫困家庭就学负担

完善困难学生资助救助政策。健全学前教育资助制度，帮助农村贫困家庭幼儿接受学前教育。稳步推进贫困地区农村义务教育学生营养改善计划。率先对建档立卡贫困家庭学生以及非建档立卡的家庭经济困难残疾学生、农村低保家庭学生、农村特困救助供养学生实施普通高中免除学杂费。完善国家奖助学金、国家助学贷款、新生入学资助、研究生“三助”（助教、助研、助管）岗位津贴、勤工助学、校内奖助学金、困难补助、学费减免等多元化高校学生资助体系，对建档立卡贫困家庭学生优先予以资助，优先推荐勤工助学岗位，做到应助尽助。

第三节　加快发展职业教育

强化职业教育资源建设。加快推进贫困地区职业院校布局结构调整，加强有专业特色并适应市场需求的职业院校建设。继续推动落实东西部联合招生，加强东西部职教资源对接。鼓励东部地区职教集团和职业院校对口支援或指导贫困地区职业院校建设。

加大职业教育力度。引导企业扶贫与职业教育相结合，鼓励职业院校面向建档立卡贫困家庭开展多种形式的职业教育。启动职教圆梦行动计划，省级教育行政部门统筹协调国家中等职业教育改革发展示范学校和国家重点中职学校选择就业前景好的专业，针对建档立卡贫困家庭子女单列招生计划。实施中等职业教育协作计划，支持建档立卡贫困家庭初中毕业生到省外经济较发达地区接受中职教育。让未升入普通高中的初中毕业生都能接受中等职业教育。鼓励职业院校开展面向贫困人口的继续教育。保障贫困家庭妇女、残疾人平等享有职业教育资源和机会。支持民族地区职业学校建设，继续办好内地西藏、新疆中等职业教育班，加强民族聚居地区少数民族特困群体国家通用语言文字培训。

加大贫困家庭子女职业教育资助力度。继续实施“雨露计划”职业教育助学补助政策，鼓励贫困家庭“两后生”就读职业院校并给予政策支持。落实好中等职业学校免学费和国家助学金政策。

第四节　提高高等教育服务能力

提高贫困地区高等教育质量。支持贫困地区优化高等学校布局，调整优化学科专业结构。中西部高等教育振兴计划、长江学者奖励计划、高等学校青年骨干教师国内访问学者项目等国家专项计划，适当向贫困地区倾斜。

继续实施高校招生倾斜政策。加快推进高等职业院校分类考试招生，同等条件下优先录取建档立卡贫困家庭学生。继续实施重点高校面向贫困地区定向招生专项计划，形成长效机制，畅通贫困地区学生纵向流动渠道。高校招生计划和支援中西部地区招生协作计划向贫困地区倾斜。支持普通高校适度扩大少数民族预科班和民族班规模。

第六章　健康扶贫

改善贫困地区医疗卫生机构条件，提升服务能力，缩小区域间卫生资源配置差距，基本医疗保障制度进一步完善，建档立卡贫困人口大病和慢性病得到及时有效救治，就医费用个人负担大幅减轻，重大传染病和地方病得到有效控制，基本公共卫生服务实现均等化，因病致贫返贫问题得到有效解决。

第一节　提升医疗卫生服务能力

加强医疗卫生服务体系建设。按照“填平补齐”原则，加强县级医院、乡镇卫生院、村卫生室等基层医疗卫生机构以及疾病预防控制和精神卫生、职业病防治、妇幼保健等专业公共卫生机构能力建设，提高基本医疗及公共卫生服务水平。加强常见病、多发病相关专业和临床专科建设。加强远程医疗能力建设，实现城市诊疗资源和咨询服务向贫困县延伸，县级医院与县域内各级各类医疗卫生服务机构互联互通。鼓励新医疗技术服务贫困人口。在贫困地区优先实施基层中医药服务能力提升工程“十三五”行动计划。实施全国三级医院与贫困县县级医院“一对一”帮扶行动。到2020年，每个贫困县至少有一所医院达到二级医院标准，每个30万人口以上的贫困县至少有一所医院达到二级甲等水平。

深化医药卫生体制改革。深化公立医院综合改革。在符合医疗行业特点的薪酬改革方案出台前，贫困县可先行探索制定公立医院绩效工资总量核定办法。制定符合基层实际的人才招聘引进办法，赋予贫困地区医疗卫生机构一定自主招聘权。加快健全药品供应保障机制，统筹做好县级医院与基层医疗卫生机构的药品供应配送管理工作。进一步提高乡村医生的养老待遇。推进建立分级诊疗制度，到2020年，县域内就诊率提高到90%左右。

强化人才培养培训。以提高培养质量为核心，支持贫困地区高等医学教育发展，加大本专科农村订单定向医学生免费培养力度。以全科医生为重点，加强各类医疗卫生人员继续医学教育，推行住院医师规范化培训、助理全科医生培训，做好全科医生和专科医生特设岗位计划实施工作，制定符合基层实际的人才招聘引进办法，提高薪酬待遇。组织开展适宜医疗卫生技术推广。

支持中医药和民族医药事业发展。加强中医医院、民族医医院、民族医特色专科能力建设，加快民族药药材和制剂标准化建设。加强民族医药基础理论和临床应用研究。加强中医、民族医医师和城乡基层中医、民族医药专业技术人员培养培训，培养一批民族医药学科带头人。加强中药民族药资源保护利用。将更多具有良好疗效的特色民族药药品纳入国家基本医疗保险药品目录。

第二节　提高医疗保障水平

降低贫困人口大病、慢性病费用支出。加强基本医疗保险、大病保险、医疗救助、疾病应急救助等制度的有效衔接。建档立卡贫困人口参加城乡居民基本医疗保险个人缴费部分由财政通过城乡医疗救助给予补贴，全面推开城乡居民基本医疗保险门诊统筹，提高政策范围内住院费用报销比例。城乡居民基本医疗保险新增筹资主要用于提高城乡居民基本医疗保障水平，逐步降低贫困人口大病保险起付线。在基本医疗保险报销范围基础上，确定合规医疗费用范围，减轻贫困人口医疗费用负担。加大医疗救助力度，将贫困人口全部纳入重特大疾病医疗救助范围。对突发重大疾病暂时无法获得家庭支持导致基本生活出现严重困难的贫困家庭患者，加大临时救助力度。支持引导社会慈善力量参与医疗救助。在贫困地区先行推进以按病种付费为主的医保支付方式改革，逐步扩大病种范围。

实行贫困人口分类救治。优先为建档立卡贫困人口单独建立电子健康档案和健康卡，推动基层医疗卫生机构提供基本医疗、公共卫生和健康管理等签约服务。以县为单位，进一步核实因病致贫返贫家庭及患病人员情况，对贫困家庭大病和慢性病患者实行分类救治，为有需要的贫困残疾人提供基本康复服务。贫困患者在县域内定点医疗机构住院的，实行先诊疗后付费的结算机制，有条件的地方可探索市域和省域内建档立卡贫困人口先诊疗后付费的结算机制。

第三节　加强疾病预防控制和公共卫生

加大传染病、地方病、慢性病防控力度。全面完成已查明氟、砷超标地区改水工程建设。对建档立卡贫困人口食用合格碘盐给予政府补贴。综合防治大骨节病和克山病等重点地方病，加大对包虫病、布病等人畜共患病的防治力度，加强对艾滋病、结核病疫情防控，加强肿瘤随访登记，扩大癌症筛查和早诊早治覆盖面，加强严重精神障碍患者筛查登记、救治救助和服务管理。治贫治毒相结合，从源头上治理禁毒重点整治地区贫困县的毒品问题。

全面提升妇幼健康服务水平。在贫困地区全面实施农村妇女“两癌”（乳腺癌和宫颈癌）免费筛查项目，加大对贫困患者的救助力度。全面实施免费孕前优生健康检查、农村妇女增补叶酸预防神经管缺陷、新生儿疾病筛查等项目。提升孕产妇和新生儿危急重症救治能力。全面实施贫困地区儿童营养改善项目。实施0—6岁贫困残疾儿童康复救助项目，提供基本辅助器具。加强计划生育工作。

深入开展爱国卫生运动。加强卫生城镇创建活动，持续深入开展城乡环境卫生整洁行动，重点加强农村垃圾和污水处理设施建设，有效提升贫困地区人居环境质量。加快农村卫生厕所建设进程，坚持因地制宜、集中连片、整体推进农村改厕工作，力争到2020年农村卫生厕所普及率达到85%以上。加强健康促进和健康教育工作，广泛宣传居民健康素养基本知识和技能，使其形成良好卫生习惯和健康生活方式。

第七章　生态保护扶贫

处理好生态保护与扶贫开发的关系，加强贫困地区生态环境保护与治理修复，提升贫困地区可持续发展能力。逐步扩大对贫困地区和贫困人口的生态保护补偿，增设生态公益岗位，使贫困人口通过参与生态保护实现就业脱贫。

第一节　加大生态保护修复力度

加强生态保护与建设。加快改善西南山区、西北黄土高原等水土流失状况，加强林草植被保护与建设。加大三北等防护林体系建设工程、天然林资源保护、水土保持等重点工程实施力度。加大新一轮退耕还林还草工程实施力度，加强生态环境改善与扶贫协同推进。在重点区域推进京津风沙源治理、岩溶地区石漠化治理、青海三江源保护等山水林田湖综合治理工程，遏制牧区、农牧结合贫困地区土壤沙化退化趋势，缓解土地荒漠化、石漠化，组织动员贫困人口参与生态保护建设工程，提高贫困人口受益水平，结合国家重大生态工程建设，因地制宜发展舍饲圈养和设施农业，大力发展具有经济效益的生态林业产业。

开展水土资源保护。加强贫困地区耕地和永久基本农田保护，建立和完善耕地与永久基本农田保护补偿机制，推进耕地质量保护与提升。全面推广测土配方施肥技术和水肥一体化技术。加强农膜残膜回收，积极推广可降解农膜。开展耕地轮作休耕试点。鼓励在南方贫困地区开发利用冬闲田、秋闲田，种植肥田作物。优先将大兴安岭南麓山区内黑土流失地区等地区列入综合治理示范区。加强江河源头和水源涵养区保护，推进重点流域水环境综合治理，严禁农业、工业污染物向水体超标排放。

第二节　建立健全生态保护补偿机制

建立稳定生态投入机制。中央财政加大对国家重点生态功能区中贫困县的转移支付力度，扩大政策实施范围，完善转移支付补助办法，逐步提高对重点生态功能区生态保护与恢复的资金投入水平。

探索多元化生态保护补偿方式。根据“谁受益、谁补偿”原则，健全生态保护补偿机制。在贫困地区开展生态综合补偿试点，逐步提高补偿标准。健全各级财政森林生态效益补偿标准动态调整机制。研究制定鼓励社会力量参与防沙治沙的政策措施。推进横向生态保护补偿，鼓励受益地区与保护地区、流域下游与上游建立横向补偿关系。探索碳汇交易、绿色产品标识等市场化补偿方式。

设立生态公益岗位。中央财政调整生态建设和补偿资金支出结构，支持在贫困县以政府购买服务或设立生态公益岗位的方式，以森林、草原、湿地、沙化土地管护为重点，让贫困户中有劳动能力的人员参加生态管护工作。充实完善国家公园的管护岗位，增加国家公园、国家级自然保护区、国家级风景名胜区周边贫困人口参与巡护和公益服务的就业机会。

第八章　兜底保障

统筹社会救助体系，促进扶贫开发与社会保障有效衔接，完善农村低保、特困人员救助供养等社会救助制度，健全农村“三留守”人员和残疾人关爱服务体系，实现社会保障兜底。

第一节　健全社会救助体系

完善农村最低生活保障制度。完善低保对象认定办法，建立农村低保家庭贫困状况评估指标体系，将符合农村低保条件的贫困家庭全部纳入农村低保范围。加大省级统筹工作力度，动态调整农村低保标准，确保2020年前所有地区农村低保标准逐步达到国家扶贫标准。加强农村低保与扶贫开发及其他脱贫攻坚相关政策的有效衔接，引导有劳动能力的低保对象依靠自身努力脱贫致富。

统筹社会救助资源。指导贫困地区健全特困人员救助供养制度，全面实施临时救助制度，积极推进最低生活保障制度与医疗救助、教育救助、住房救助、就业救助等专项救助制度衔接配套，推动专项救助在保障低保对象的基础上向低收入群众适当延伸，逐步形成梯度救助格局，为救助对象提供差别化的救助。合理划分中央和地方政府的社会救助事权和支出责任，统筹整合社会救助资金渠道，提升社会救助政策和资金的综合效益。

第二节　逐步提高贫困地区基本养老保障水平

坚持全覆盖、保基本、有弹性、可持续的方针，统筹推进城乡养老保障体系建设，指导贫困地区全面建成制度名称、政策标准、管理服务、信息系统“四统一”的城乡居民养老保险制度。探索建立适应农村老龄化形势的养老服务模式。

第三节　健全“三留守”人员和残疾人关爱服务体系

完善“三留守”人员服务体系。组织开展农村留守儿童、留守妇女、留守老人摸底排查工作。推动各地通过政府购买服务、政府购买基层公共管理和社会服务岗位、引入社会工作专业人才和志愿者等方式，为“三留守”人员提供关爱服务。加强留守儿童关爱服务设施和队伍建设，建立留守儿童救助保护机制和关爱服务网络。加强未成年人社会保护和权益保护工作。研究制定留守老年人关爱服务政策措施，推进农村社区日间照料中心建设，提升农村特困人员供养服务机构托底保障能力和服务水平。支持各地农村幸福院等社区养老服务设施建设和运营，开展留守老年人关爱行动。加强对“三留守”人员的生产扶持、生活救助和心理疏导。进一步加强对贫困地区留守妇女技能培训和居家灵活就业创业的扶持，切实维护留守妇女权益。

完善贫困残疾人关爱服务体系。将残疾人普遍纳入社会保障体系予以保障和扶持。支持发展残疾人康复、托养、特殊教育，实施残疾人重点康复项目，落实困难残疾人生活补贴和重度残疾人护理补贴制度。加强贫困残疾人实用技术培训，优先扶持贫困残疾人家庭发展生产，支持引导残疾人就业创业。

第九章　社会扶贫

发挥东西部扶贫协作和中央单位定点帮扶的引领示范作用，凝聚国际国内社会各方面力量，进一步提升贫困人口帮扶精准度和帮扶效果，形成脱贫攻坚强大合力。

第一节　东西部扶贫协作

开展多层次扶贫协作。以闽宁协作模式为样板，建立东西部扶贫协作与建档立卡贫困村、贫困户的精准对接机制，做好与西部地区脱贫攻坚规划的衔接，确保产业合作、劳务协作、人才支援、资金支持精确瞄准建档立卡贫困人口。东部省份要根据财力增长情况，逐步增加对口帮扶财政投入，并列入年度预算。东部各级党政机关、人民团体、企事业单位、社会组织、各界人士等要积极参与扶贫协作工作。西部地区要整合用好扶贫协作等各类资源，聚焦脱贫攻坚，形成脱贫合力。启动实施东部省份经济较发达县（市）与对口帮扶省份贫困县“携手奔小康”行动，着力推动县与县精准对接。探索东西部乡镇、行政村之间结对帮扶。协作双方每年召开高层联席会议。

拓展扶贫协作有效途径。注重发挥市场机制作用，推动东部人才、资金、技术向贫困地区流动。鼓励援助方利用帮扶资金设立贷款担保基金、风险保障基金、贷款贴息资金和中小企业发展基金等，支持发展特色产业，引导省内优势企业到受援方创业兴业。鼓励企业通过量化股份、提供就业等形式，带动当地贫困人口脱贫增收。鼓励东部地区通过共建职业培训基地、开展合作办学、实施定向特招等形式，对西部地区贫困家庭劳动力进行职业技能培训，并提供就业咨询服务。帮扶双方要建立和完善省市协调、县乡组织、职校培训、定向安排、跟踪服务的劳务协作对接机制，提高劳务输出脱贫的组织化程度。以县级为重点，加强协作双方党政干部挂职交流。采取双向挂职、两地培训等方式，加大对西部地区特别是基层干部、贫困村创业致富带头人的培训力度。支持东西部学校、医院建立对口帮扶关系。建立东西部扶贫协作考核评价机制，重点考核带动贫困人口脱贫成效，西部地区也要纳入考核范围。

第二节　定点帮扶

明确定点扶贫目标任务。结合当地脱贫攻坚规划，制订各单位定点帮扶工作年度计划，以帮扶对象稳定脱贫为目标，实化帮扶举措，提升帮扶成效。各单位选派优秀中青年干部到定点扶贫县挂职、担任贫困村第一书记。省、市、县三级党委政府参照中央单位做法，组织党政机关、企事业单位开展定点帮扶工作。完善定点扶贫牵头联系机制，各牵头单位要落实责任人，加强工作协调，督促指导联系单位做好定点扶贫工作，协助开展考核评价工作。

第三节　企业帮扶

强化国有企业帮扶责任。深入推进中央企业定点帮扶贫困革命老区“百县万村”活动。用好贫困地区产业发展基金。引导中央企业设立贫困地区产业投资基金，采取市场化运作，吸引企业到贫困地区从事资源开发、产业园区建设、新型城镇化发展等。继续实施“同舟工程——中央企业参与‘救急难’行动”，充分发挥中央企业在社会救助工作中的补充作用。地方政府要动员本地国有企业积极承担包村帮扶等扶贫开发任务。

引导民营企业参与扶贫开发。充分发挥工商联的桥梁纽带作用，以点带面，鼓励引导民营企业和其他所有制企业参与扶贫开发。组织开展“万企帮万村”精准扶贫行动，引导东部地区的民营企业在东西部扶贫协作框架下结对帮扶西部地区贫困村。鼓励有条件的企业设立扶贫公益基金、开展扶贫慈善信托。完善对龙头企业参与扶贫开发的支持政策。吸纳贫困人口就业的企业，按规定享受职业培训补贴等就业支持政策，落实相关税收优惠。设立企业扶贫光荣榜，并向社会公告。

第四节　军队帮扶

构建整体帮扶体系。把地方所需、群众所盼与部队所能结合起来，优先扶持家境困难的军烈属、退役军人等群体。中央军委机关各部门（不含直属机构）和副战区级以上单位机关带头做好定点帮扶工作。省军区系统和武警总队帮扶本辖区范围内相关贫困村脱贫。驻贫困地区作战部队实施一批具体扶贫项目和扶贫产业，部队生活物资采购注重向贫困地区倾斜。

驻经济发达地区部队和有关专业技术单位根据实际承担结对帮扶任务。

发挥部队帮扶优势。发挥思想政治工作优势，深入贫困地区开展脱贫攻坚宣传教育，组织军民共建活动，传播文明新风，丰富贫困人口精神文化生活。发挥战斗力突击力优势，积极支持和参与农业农村基础设施建设、生态环境治理、易地扶贫搬迁等工作。发挥人才培育优势，配合实施教育扶贫工程，接续做好“八一爱民学校”援建工作，组织开展“1+1”“N+1”等结对助学活动，团级以上干部与贫困家庭学生建立稳定帮扶关系。采取军地联训、代培代训等方式，帮助贫困地区培养实用人才，培育一批退役军人和民兵预备役人员致富带头人。发挥科技、医疗等资源优势，促进军民两用科技成果转化运用，组织87家军队和武警部队三级医院对口帮扶113家贫困县县级医院，开展送医送药和巡诊治病活动。帮助革命老区加强红色资源开发，培育壮大红色旅游产业。

第五节　社会组织和志愿者帮扶

广泛动员社会力量帮扶。支持社会团体、基金会、社会服务机构等各类组织从事扶贫开发事业。建立健全社会组织参与扶贫开发的协调服务机制，构建社会扶贫信息服务网络。以各级脱贫攻坚规划为引导，鼓励社会组织扶贫重心下移，促进帮扶资源与贫困户精准对接帮扶。支持社会组织通过公开竞争等方式，积极参加政府面向社会购买扶贫服务工作。鼓励和支持社会组织参与扶贫资源动员、资源配置使用、绩效论证评估等工作，支持其承担扶贫项目实施。探索发展公益众筹扶贫模式。着力打造扶贫公益品牌。鼓励社会组织在贫困地区大力倡导现代文明理念和生活方式，努力满足贫困人口的精神文化需求。制定出台社会组织参与脱贫攻坚的指导性文件，从国家层面予以指导。建立健全社会扶贫监测评估机制，创新监测评估方法，及时公开评估结果，增强社会扶贫公信力和影响力。

进一步发挥社会工作专业人才和志愿者扶贫作用。制定出台支持专业社会工作和志愿服务力量参与脱贫攻坚专项政策。实施社会工作专业人才服务贫困地区系列行动计划。鼓励发达地区社会工作专业人才和社会工作服务机构组建专业服务团队、兴办社会工作服务机构，为贫困地区培养和选派社会工作专业人才。实施脱贫攻坚志愿服务行动计划。鼓励支持青年学生、专业技术人员、退休人员和社会各界人士参与扶贫志愿者行动。充分发挥中国志愿服务联合会、中华志愿者协会、中国青年志愿者协会、中国志愿服务基金会和中国扶贫志愿服务促进会等志愿服务行业组织的作用，构建扶贫志愿者服务网络。

办好扶贫日系列活动。在每年的10月17日全国扶贫日期间举办专题活动，动员全社会力量参与脱贫攻坚。举办减贫与发展高层论坛，开展表彰活动，做好宣传推介。从2016年起，在脱贫攻坚期设立“脱贫攻坚奖”，表彰为脱贫攻坚做出重要贡献的个人。每年发布《中国的减贫行动与人权进步》白皮书。组织各省（区、市）结合自身实际开展社会公募、慰问调研等系列活动。

第六节 国际交流合作

坚持“引进来”和“走出去”相结合，加强国际交流合作。引进资金、信息、技术、智力、理念、经验等国际资源，服务我国扶贫事业。通过对外援助、项目合作、技术扩散、智库交流等形式，加强与发展中国家和国际机构在减贫领域的交流合作，加强减贫知识分享，加大南南合作力度，增强国际社会对我国精准扶贫、精准脱贫基本方略的认同，提升国际影响力和话语权。组织实施好世界银行第六期贷款、中国贫困片区儿童减贫与综合发展、减贫国际合作等项目。响应联合国2030年可持续发展议程。

第十章 提升贫困地区区域发展能力

以革命老区、民族地区、边疆地区、集中连片特困地区为重点，整体规划，统筹推进，持续加大对集中连片特困地区的扶贫投入力度，切实加强交通、水利、能源等重大基础设施建设，加快解决贫困村通路、通水、通电、通网络等问题，贫困地区区域发展环境明显改善，“造血”能力显著提升，基本公共服务主要领域指标接近全国平均水平，为2020年解决区域性整体贫困问题提供有力支撑。

第一节 继续实施集中连片特困地区规划

统筹推进集中连片特困地区规划实施。组织实施集中连片特困地区区域发展与扶贫攻坚“十三五”省级实施规划，片区重大基础设施和重点民生工程要优先纳入“十三五”相关专项规划和年度计划，集中建设一批区域性重大基础设施和重大民生工程，明显改善片区区域发展环境、提升自我发展能力。

完善片区联系协调机制。进一步完善片区联系工作机制，全面落实片区联系单位牵头责任，充分发挥部省联系会议制度功能，切实做好片区区域发展重大事项的沟通、协调、指导工作。强化片区所在省级政府主体责任，组织开展片区内跨行政区域沟通协调，及时解决片区规划实施中存在的问题和困难，推进片区规划各项政策和项目尽快落地。

第二节　着力解决区域性整体贫困问题

大力推进革命老区、民族地区、边疆地区脱贫攻坚。加大脱贫攻坚力度，支持革命老区开发建设，推进实施赣闽粤原中央苏区、左右江、大别山、陕甘宁、川陕等重点贫困革命老区振兴发展规划，积极支持沂蒙、湘鄂赣、太行、海陆丰等欠发达革命老区加快发展。扩大对革命老区的财政转移支付规模。加快推进民族地区重大基础设施项目和民生工程建设，实施少数民族特困地区和特困群体综合扶贫工程，出台人口较少民族整体脱贫的特殊政策措施。编制边境扶贫专项规划，采取差异化政策，加快推进边境地区基础设施和社会保障设施建设，集中改善边民生产生活条件，扶持发展边境贸易和特色经济，大力推进兴边富民行动，使边民能够安心生产生活、安心守边固边。加大对边境地区的财政转移支付力度，完善边民补贴机制。加大中央投入力度，采取特殊扶持政策，推进西藏、四省藏区和新疆南疆四地州脱贫攻坚。

推动脱贫攻坚与新型城镇化发展相融合。支持贫困地区基础条件较好、具有特色资源的县城和特色小镇加快发展，打造一批休闲旅游、商贸物流、现代制造、教育科技、传统文化、美丽宜居小镇。结合中小城市、小城镇发展进程，加快户籍制度改革，有序推动农业转移人口市民化。统筹规划贫困地区城乡基础设施网络，促进水电路气信等基础设施城乡联网、生态环保设施城乡统一布局建设。推进贫困地区无障碍环境建设。推动城镇公共服务向农村延伸，逐步实现城乡基本公共服务制度并轨、标准统一。

推进贫困地区区域合作与对外开放。推动贫困地区深度融入“一带一路”建设、京津冀协同发展、长江经济带发展三大国家战略，与有关国家级新区、自主创新示范区、自由贸易试验区、综合配套改革试验区建立紧密合作关系，打造区域合作和产业承接发展平台，探索发展“飞地经济”，引导发达地区劳动密集型等产业优先向贫困地区转移。支持贫困地区具备条件的地方申请设立海关特殊监管区域，积极承接加工贸易梯度转移。拓展贫困地区招商引资渠道，利用外经贸发展专项资金促进贫困地区外经贸发展，优先支持贫困地区项目申报借用国外优惠贷款。鼓励贫困地区培育和发展会展平台，提高知名度和影响力。加快边境贫困地区开发开放，加强内陆沿边地区口岸基础设施建设，开辟跨境多式联运交通走廊，促进边境经济合作区、跨境经济合作区发展，提升边民互市贸易便利化水平。

第三节　加强贫困地区重大基础设施建设

构建外通内联交通骨干通道。加强革命老区、民族地区、边疆地区、集中连片特困地区对外运输通道建设，推动国家铁路网、国家高速公路网连接贫困地区的重大交通项目建设，提高国道省道技术标准，构建贫困地区外通内联的交通运输通道。加快资源丰富和人口相对密集贫困地区开发性铁路建设。完善贫困地区民用机场布局规划，加快支线机场、通用机场建设。在具备水资源开发条件的贫困地区，统筹内河航电枢纽建设和航运发展，提高通航能力。形成布局科学、干支结合、结构合理的区域性综合交通运输网络。在自然条件复杂、灾害多发且人口相对密集的贫困地区，合理布局复合多向、灵活机动的保障性运输通道。依托我国与周边国家互联互通重要通道，推动沿边贫困地区交通基础设施建设。

着力提升重大水利设施保障能力。加强重点水源、大中型灌区续建配套节水改造等工程建设，逐步解决贫困地区工程性缺水和资源性缺水问题，着力提升贫困地区供水保障能力。按照“确有需要、生态安全、可以持续”的原则，科学开展水利扶贫项目前期论证，在保护生态的前提下，提高水资源开发利用水平。加大贫困地区控制性枢纽建设、中小河流和江河重要支流治理、抗旱水源建设、山洪灾害防治、病险水库（闸）除险加固、易涝地区治理力度，坚持工程措施与非工程措施相结合，加快灾害防治体系建设。

优先布局建设能源工程。积极推动能源开发建设，煤炭、煤电、核电、油气、水电等重大项目，跨区域重大能源输送通道项目，以及风电、光伏等新能源项目，同等条件下优先在贫困地区规划布局。加快贫困地区煤层气（煤矿瓦斯）产业发展。统筹研究贫困地区煤电布局，继续推进跨省重大电网工程和天然气管道建设。加快推进流域龙头水库和金沙江、澜沧江、雅砻江、大渡河、黄河上游等水电基地重大工程建设，努力推动怒江中下游水电基地开发，支持离网缺电贫困地区小水电开发，重点扶持西藏、四省藏区和少数民族贫困地区小水电扶贫开发工作，风电、光伏发电年度规模安排向贫困地区倾斜。

第四节　加快改善贫困村生产生活条件

全面推进村级道路建设。全面完成具备条件的行政村通硬化路建设，优先安排建档立卡贫困村通村道路硬化。推动一定人口规模的自然村通公路，重点支持较大人口规模撤并建制村通硬化路。加强贫困村通客车线路上的生命安全防护工程建设，改造现有危桥，对不能满足安全通客车要求的窄路基路面路段进行加宽改造。加大以工代赈力度，支持贫困地区实施上述村级道路建设任务。通过“一事一议”等方式，合理规划建设村内道路。

巩固提升农村饮水安全水平。全面落实地方政府主体责任，全面推进“十三五”农村饮水安全巩固提升工程，做好与贫困村、贫困户的精准对接，加快建设一批集中供水工程。对分散性供水和水质不达标的，因地制宜实行升级改造。提升贫困村自来水普及率、供水保证率、水质达标率，推动城镇供水设施向有条件的贫困村延伸，着力解决饮水安全问题。到2020年，贫困地区农村集中供水率达到83%，自来水普及率达到75%。

多渠道解决生活用能。全面推进能源惠民工程，以贫困地区为重点，加快实施新一轮农村电网改造升级工程，实施配电网建设改造行动计划。实行骨干电网与分布式能源相结合，到2020年，贫困村基本实现稳定可靠的供电服务全覆盖，供电能力和服务水平明显提升。大力发展农村清洁能源，推进贫困村小水电、太阳能、风能、农林和畜牧废弃物等可再生能源开发利用。因地制宜发展沼气工程。鼓励分布式光伏发电与设施农业发展相结合，推广应用太阳能热水器、太阳灶、小风电等农村小型能源设施。提高能源普遍服务水平，推进城乡用电同网同价。

加强贫困村信息和物流设施建设。实施“宽带乡村”示范工程，推动公路沿线、集镇、行政村、旅游景区4G（第四代移动通信）网络基本覆盖。鼓励基础电信企业针对贫困地区出台更优惠的资费方案。加强贫困村邮政基础设施建设，实现村村直接通邮。加快推进“快递下乡”工程，完善农村快递揽收配送网点建设。支持快递企业加强与农业、供销合作、商贸企业的合作，推动在基础条件相对较好的地区率先建立县、乡、村消费品和农资配送网络体系，打造“工业品下乡”和“农产品进城”双向流通渠道。

继续实施农村危房改造。加快推进农村危房改造，按照精准扶贫要求，重点解决建档立卡贫困户、低保户、分散供养特困人员、贫困残疾人家庭的基本住房安全问题。统筹中央和地方补助资金，建立健全分类补助机制。严格控制贫困户建房标准。通过建设农村集体公租房、幸福院，以及利用闲置农户住房和集体公房置换改造等方式，解决好贫困户基本住房安全问题。

加强贫困村人居环境整治。在贫困村开展饮用水源保护、生活污水和垃圾处理、畜禽养殖污染治理、农村面源污染治理、乱埋乱葬治理等人居环境整治工作，保障处理设施运行经费，稳步提升贫困村人居环境水平。到2020年，90%以上贫困村的生活垃圾得到处理，普遍建立村庄保洁制度，设立保洁员岗位并优先聘用贫困人口。开展村庄卫生厕所改造，逐步解决贫困村人畜混居问题。提高贫困村绿化覆盖率。建设村内道路照明等必要的配套公共设施。

健全贫困村社区服务体系。加强贫困村基层公共服务设施建设，整合利用现有设施和场地，拓展学前教育、妇女互助和养老服务、殡葬服务功能，努力实现农村社区公共服务供给多元化。依托“互联网+”拓展综合信息服务功能，逐步构建线上线下相结合的农村社区服务新模式。统筹城乡社区服务体系规划建设，积极培育农村社区社会组织，发展社区社会工作服务。深化农村社区建设试点，加强贫困村移风易俗、乡风和村规民约等文明建设。

加强公共文化服务体系建设。按照公共文化建设标准，对贫困县未达标公共文化设施提档升级、填平补齐。加强面向“三农”的优秀出版物和广播影视节目生产。启动实施流动文化车工程。实施贫困地区县级广播电视播出机构制播能力建设工程。为贫困村文化活动室配备必要的文化器材。推进重大文化惠民工程融合发展，提高公共数字文化供给和服务能力。推动广播电视村村通向户户通升级，到2020年，基本实现数字广播电视户户通。组织开展“春雨工程”——全国文化志愿者边疆行活动。

着力改善生产条件。推进贫困村农田水利、土地整治、中低产田改造和高标准农田建设。抓好以贫困村为重点的田间配套工程、“五小水利”工程和高效节水灌溉工程建设，抗旱水源保障能力明显提升。结合产业发展，建设改造一批资源路、旅游路、产业园区路，新建改造一批生产便道，推进“交通+特色产业”扶贫。大力整治农村河道堰塘。实施贫困村通动力电规划，保障生产用电。加大以工代赈投入力度，着力解决农村生产设施“最后一公里”问题。

第十一章　保障措施

将脱贫攻坚作为重大政治任务，采取超常规举措，创新体制机制，加大扶持力度，打好政策组合拳，强化组织实施，为脱贫攻坚提供强有力保障。

第一节　创新体制机制

精准扶贫脱贫机制。加强建档立卡工作，健全贫困人口精准识别与动态调整机制，加强精准扶贫大数据管理应用，定期对贫困户和贫困人口进行全面核查，按照贫困人口认定、退出标准和程序，实行有进有出的动态管理。加强农村贫困统计监测体系建设，提高监测能力和数据质量。健全精准施策机制，切实做到项目安排精准、资金使用精准、措施到户精准。健全驻村帮扶机制。严格执行贫困退出和评估认定制度。加强正向激励，贫困人口、贫困村、贫困县退出后，国家原有扶贫政策在一定时期内保持不变，确保实现稳定脱贫。

扶贫资源动员机制。发挥政府投入主导作用，广泛动员社会资源，确保扶贫投入力度与脱贫攻坚任务相适应。推广政府与社会资本合作、政府购买服务、社会组织与企业合作等模式，建立健全招投标机制和绩效评估机制，充分发挥竞争机制对提高扶贫资金使用效率的作用。鼓励社会组织承接东西部扶贫协作、定点扶贫、企业扶贫具体项目的实施，引导志愿者依托社会组织更好发挥扶贫作用。引导社会组织建立健全内部治理机制和行业自律机制。围绕脱贫攻坚目标任务，推进部门之间、政府与社会之间的信息共享、资源统筹和规划衔接，构建政府、市场、社会协同推进的大扶贫开发格局。

贫困人口参与机制。充分发挥贫困村党员干部的引领作用和致富带头人的示范作用，大力弘扬自力更生、艰苦奋斗精神，激发贫困人口脱贫奔小康的积极性、主动性、创造性，引导其光荣脱贫。加强责任意识、法治意识和市场意识培育，提高贫困人口参与市场竞争的自觉意识和能力，推动扶贫开发模式由“输血”向“造血”转变。建立健全贫困人口利益与需求表达机制，充分尊重群众意见，切实回应群众需求。完善村民自治制度，建立健全贫困人口参与脱贫攻坚的组织保障机制。

资金项目管理机制。对纳入统筹整合使用范围内的财政涉农资金项目，将审批权限下放到贫困县，优化财政涉农资金供给机制，支持贫困县围绕突出问题，以摘帽销号为导向，以脱贫攻坚规划为引领，以重点扶贫项目为平台，统筹整合使用财政涉农资金。加强对脱贫攻坚政策落实、重点项目和资金管理的跟踪审计，强化财政监督检查和项目稽察等工作，充分发挥社会监督作用。建立健全扶贫资金、项目信息公开机制，保障资金项目在阳光下运行，确保资金使用安全、有效、精准。

考核问责激励机制。落实脱贫攻坚责任制，严格实施省级党委和政府扶贫开发工作成效考核办法，建立扶贫工作责任清单，强化执纪问责。落实贫困县约束机制，杜绝政绩工程、形象工程。加强社会监督，建立健全第三方评估机制。建立年度脱贫攻坚逐级报告和督查巡查制度。建立重大涉贫事件处置反馈机制。集中整治和加强预防扶贫领域职务犯罪。

第二节　加大政策支持

财政政策。中央财政继续加大对贫困地区的转移支付力度，中央财政专项扶贫资金规模实现较大幅度增长，一般性转移支付资金、各类涉及民生的专项转移支付资金和中央预算内投资进一步向贫困地区和贫困人口倾斜。加大中央集中彩票公益金对扶贫的支持力度。农业综合开发、农村综合改革转移支付等涉农资金要明确一定比例用于贫困村。各部门安排的惠民政策、工程项目等，要最大限度地向贫困地区、贫困村、贫困人口倾斜。扩大中央和地方财政支出规模，增加基础设施和基本公共服务设施建设投入。各省（区、市）要积极调整省级财政支出结构，切实加大扶贫资金投入。

投资政策。加大贫困地区基础设施建设中央投资支持力度。严格落实国家在贫困地区安排的公益性建设项目取消县级和西部集中连片特困地区地市级配套资金的政策。省级政府统筹可支配财力，加大对贫困地区的投入力度。在扶贫开发中推广政府与社会资本合作、政府购买服务等模式。

金融政策。鼓励和引导各类金融机构加大对扶贫开发的金融支持。发挥多种货币政策工具正向激励作用，用好扶贫再贷款，引导金融机构扩大贫困地区涉农贷款投放，促进降低社会融资成本。鼓励银行业金融机构创新金融产品和服务方式，积极开展扶贫贴息贷款、扶贫小额信贷、创业担保贷款和助学贷款等业务。发挥好开发银行和农业发展银行扶贫金融事业部的功能和作用。继续深化农业银行三农金融事业部改革，稳定和优化大中型商业银行县域基层网点设置，推动邮政储蓄银行设立三农金融事业部，发挥好农村信用社、农村商业银行、农村合作银行的农村金融服务主力作用。建立健全融资风险分担和补偿机制，支持有条件的地方设立扶贫贷款风险补偿基金。鼓励有条件的地方设立扶贫开发产业投资基金，支持贫困地区符合条件的企业通过主板、创业板、全国中小企业股份转让系统、区域股权交易市场等进行股本融资。推动开展特色扶贫农业保险、小额人身保险等保险业务。

土地政策。支持贫困地区根据第二次全国土地调查及最新年度变更调查成果，调整完善土地利用总体规划。新增建设用地计划指标优先保障扶贫开发用地需要，专项安排国家扶贫开发工作重点县年度新增建设用地计划指标。中央在安排高标准农田建设任务和分配中央补助资金时，继续向贫困地区倾斜，并积极指导地方支持贫困地区土地整治和高标准农田建设。加大城乡建设用地增减挂钩政策支持扶贫开发及易地扶贫搬迁力度，允许集中连片特困地区和其他国家扶贫开发工作重点县将增减挂钩节余指标在省域范围内流转使用。积极探索市场化运作模式，吸引社会资金参与土地整治和扶贫开发工作。在有条件的贫困地区，优先安排国土资源管理制度改革试点，支持开展历史遗留工矿废弃地复垦利用和城镇低效用地再开发试点。

干部人才政策。加大选派优秀年轻干部到贫困地区工作的力度，加大中央单位和中西部地区、民族地区、贫困地区之间干部交流任职的力度，有计划地选派后备干部到贫困县挂职任职。改进贫困地区基层公务员考录工作和有关人员职业资格考试工作。加大贫困地区干部教育培训力度。实施边疆民族地区和革命老区人才支持计划，在职务、职称晋升等方面采取倾斜政策。提高博士服务团和“西部之光”访问学者选派培养水平，深入组织开展院士专家咨询服务活动。完善和落实引导人才向基层和艰苦地区流动的激励政策。通过双向挂职锻炼、扶贫协作等方式，推动东、中、西部地区之间，经济发达地区与贫困地区之间事业单位人员交流，大力选派培养与西部等艰苦地区优势产业、保障和改善民生密切相关的专业技术人才。充实加强各级扶贫开发工作力量，扶贫任务重的乡镇要有专门干部负责扶贫开发工作。鼓励高校毕业生到贫困地区就业创业。

第三节　强化组织实施

加强组织领导。在国务院扶贫开发领导小组统一领导下，扶贫开发任务重的省、市、县、乡各级党委和政府要把脱贫攻坚作为中心任务，层层签订脱贫攻坚责任书，层层落实责任制。重点抓好县级党委和政府脱贫攻坚领导能力建设，改进县级干部选拔任用机制，选好配强扶贫任务重的县党政班子。脱贫攻坚任务期内，县级领导班子保持相对稳定，贫困县党政正职领导干部实行不脱贫不调整、不摘帽不调离。加强基层组织建设，强化农村基层党组织的领导核心地位，充分发挥基层党组织在脱贫攻坚中的战斗堡垒作用和共产党员的先锋模范作用。加强对贫困群众的教育引导，强化贫困群众的主体责任和进取精神。大力倡导新风正气和积极健康的生活方式，逐步扭转落后习俗和不良生活方式。完善村级组织运转经费保障机制，健全党组织领导的村民自治机制，切实提高村委会在脱贫攻坚工作中的组织实施能力。加大驻村帮扶工作力度，提高县以上机关派出干部比例，精准选配第一书记，配齐配强驻村工作队，确保每个贫困村都有驻村工作队，每个贫困户都有帮扶责任人。

明确责任分工。实行中央统筹、省负总责、市县抓落实的工作机制。省级党委和政府对脱贫攻坚负总责，负责组织指导制定省级及以下脱贫攻坚规划，对规划实施提供组织保障、政策保障、资金保障和干部人才保障，并做好监督考核。根据国家关于贫困退出机制的要求，各省（区、市）统筹脱贫进度，制定省级“十三五”脱贫攻坚规划，明确贫困县、贫困村和贫困人口年度脱贫目标。县级党委和政府负责规划的组织实施工作，并对规划实施效果负总责。市（地）党委和政府做好上下衔接、域内协调和督促检查等工作。各有关部门按照职责分工，制订扶贫工作行动计划或实施方案，出台相关配套支持政策，加强业务指导和推进落实。

加强监测评估。国家发展改革委、国务院扶贫办负责本规划的组织实施与监测评估等工作。加强扶贫信息化建设，依托国务院扶贫办扶贫开发建档立卡信息系统和国家统计局贫困监测结果，定期开展规划实施情况动态监测和评估工作。监测评估结果作为省级党委和政府扶贫开发工作成效考核的重要依据，及时向国务院报告。

对本规划确定的约束性指标以及重大工程、重大项目、重大政策和重要改革任务，要明确责任主体、实施进度等要求，确保如期完成。对纳入本规划的重大工程项目，要在依法依规的前提下简化审批核准程序，优先保障规划选址、土地供应和融资安排。

关于加大脱贫攻坚力度支持革命老区开发建设的指导意见

（中办发〔2015〕64 号）

革命老区（以下简称老区）是党和人民军队的根，老区和老区人民为中国革命胜利和社会主义建设作出了重大牺牲和重要贡献。新中国成立 60 多年特别是改革开放 30 多年来，在党中央、国务院关心支持下，老区面貌发生深刻变化，老区人民生活水平显著改善，但由于自然、历史等多重因素影响，一些老区发展相对滞后、基础设施薄弱、人民生活水平不高的矛盾仍然比较突出，脱贫攻坚任务相当艰巨。为进一步加大扶持力度，加快老区开发建设步伐，让老区人民过上更加幸福美好的生活，现提出如下意见。

一、总体要求

全面贯彻落实党的十八大和十八届三中、四中、五中全会精神，以邓小平理论、“三个代表”重要思想、科学发展观为指导，深入贯彻习近平总书记系列重要讲话精神，坚持“四个全面”战略布局，按照党中央、国务院决策部署，以改变老区发展面貌为目标，以贫困老区为重点，更加注重改革创新、更加注重统筹协调、更加注重生态文明建设、更加注重开发开放、更加注重共建共享发展，进一步加大扶持力度，实施精准扶贫、精准脱贫，着力破解区域发展瓶颈制约，着力解决民生领域突出困难和问题，着力增强自我发展能力，着力提升对内对外开放水平，推动老区全面建成小康社会，让老区人民共享改革发展成果。

到 2020 年，老区基础设施建设取得积极进展，特色优势产业发展壮大，生态环境质量明显改善，城乡居民人均可支配收入增长幅度高于全国平均水平，基本公共服务主要领域指标接近全国平均水平，确保我国现行标准下农村贫困人口实现脱贫，贫困县全部摘帽，解决区域性整体贫困。

二、工作重点

按照区别对待、精准施策的原则，以重点区域、重点人群、重点领域为突破口，加大脱贫攻坚力度，带动老区全面振兴发展。

（一）以支持贫困老区为重点，全面加快老区小康建设进程。贫困地区是全国全面建成小康社会的短板，贫困老区更是短板中的短板。要把贫困老区作为老区开发建设的重中之重，充分发挥政治优势和制度优势，主动适应经济发展新常态，着力改善发展环境与条件，激发市场主体创新活力，推动相关资源要素向贫困老区优先集聚，民生政策向贫困老区优先覆盖，重大项目向贫困老区优先布局，尽快增强贫困老区发展内生动力。

（二）以扶持困难群体为重点，全面增进老区人民福祉。切实解决好老区贫困人口脱贫问题，全面保障和改善民生，是加快老区开发建设的出发点和落脚点。要打破惯性思维，采取超常规举措，加快科学扶贫和精准扶贫，加大帮扶力度，提高优抚对象待遇水平，办好老区民生实事，使老区人民与全国人民一道共享全面建成小康社会成果。

（三）以集中解决突出问题为重点，全面推动老区开发开放。加快老区开发建设步伐，基础设施是首要条件，资源开发和产业发展是关键环节，改革开放是根本动力，生态环境是发展底线，老区精神是活力源泉。要围绕重点领域和薄弱环节，明确工作思路，选准主攻方向，发扬“钉钉子”精神，使老区面貌明显改善，人民生活水平显著提升。

三、主要任务

（一）加快重大基础设施建设，尽快破解发展瓶颈制约。大力推进老区高等级公路建设，优先布局一批铁路项目并设立站点，积极布局一批支线和通用机场，支持有条件的老区加快港口、码头、航道等水运基础设施建设，力争实现老区所在地级市高速公路通达、快速铁路基本覆盖。加快推动老区电网建设，支持大用户直供电和工业企业按照国家有关规定建设自备电厂，保障发展用能需求。增加位于贫困老区的发电企业年度电量计划，提高水电工程留存电量比例。加大老区地质灾害防治、矿山环境治理和地质灾害搬迁避让工程实施力度。完善电信普遍服务补偿机制，支持老区加快实施“宽带中国”战略、“宽带乡村”工程，加大网络通信基础设施建设力度。优先支持老区重大水利工程、中型水库、病险水库水闸除险加固、灌区续建配套与节水改造等项目建设，加大贫困老区抗旱水源建设、中小河流治理和山洪灾害防治力度。支持老区推进土地整治和高标准农田建设，在安排建设任务和补助资金时予以倾斜。

（二）积极有序开发优势资源，切实发挥辐射带动效应。鼓励中央企业和地方国有企业、民营资本组建混合所有制企业，因地制宜勘探开发老区煤炭、石油、天然气、页岩气、煤层气、页岩油等资源。在具备资源禀赋的老区积极有序开发建设大型水电、风电、太阳能基地，着力解决电力消纳问题。支持老区发展生物质能、天然气、农村小水电等清洁能源，加快规划建设一批抽水蓄能电站。积极支持符合条件的老区建设能源化工基地，加快推进技术创新，实现资源就地加工转化利用。增加地质矿产调查评价专项对贫困老区基础性、公益性项目的投入，引导社会资本积极参与老区矿产资源勘查开发，支持开展矿产资源综合利用示范基地和绿色矿山建设。

（三）着力培育壮大特色产业，不断增强“造血”功能。推进老区一二三产业融合发展，延长农业产业链，让农户更多分享农业全产业链和价值链增值收益。做大做强农民合作社和龙头企业，支持老区特色农产品品种保护、选育和生产示范基地建设，积极推广适用新品种、新技术，打造一批特色农产品加工示范园区，扶持、鼓励开展无公害农产品、绿色食品、有机农产品及地理标志农产品认证。积极发展特色农产品交易市场，鼓励大型零售超市与贫困老区合作社开展农超对接。加强老区农村物流服务体系建设，鼓励邮政快递服务向农村延伸。大力发展电子商务，加强农村电商人才培训，鼓励引导电商企业开辟老区特色农产品网上销售平台，加大对农产品品牌推介营销的支持力度。依托老区良好的自然环境，积极发展休闲农业、生态农业，打造一批具有较大影响力的养生养老基地和休闲度假目的地。充分挖掘老区山林资源，积极发展木本油料、特色经济林产业和林下经济。利用老区丰富的文化资源，振兴传统工艺，发展特色文化产业。支持老区建设红色旅游经典景区，优先支持老区创建国家级旅游景区，旅游基础设施建设中央补助资金进一步向老区倾斜。加大跨区域旅游合作力度，重点打造国家级红色旅游经典景区和精品线路，加强旅游品牌推介，着力开发红色旅游产品，培育一批具有较高知名度的旅游节庆活动。加强老区革命历史纪念场所建设维护，有计划抢救影响力大、损毁严重的重要革命遗址。支持老区因地制宜开展“互联网+”试点。积极发展适合老区的信息消费新产品、新业态、新模式。

（四）切实保护生态环境，着力打造永续发展的美丽老区。继续实施天然林保护、防护林建设、石漠化治理、防沙治沙、湿地保护与恢复、退牧还草、水土流失综合治理、坡耕地综合整治等重点生态工程，优先安排贫困老区新一轮退耕还林还草任务，支持老区开展各类生态文明试点示范。加强自然保护区建设与管理，支持在符合条件的老区开展国家公园设立试点。大力发展绿色建筑和低碳、便捷的交通体系，加快推动生产生活方式绿色化。深入实施大气、水、土壤污染防治行动计划，全面推进涵养区、源头区等水源地环境整治。加强农村面源污染治理，对秸秆、地膜、畜禽粪污收集利用加大扶持和奖励力度，研究将贫困老区列入下一轮农村环境综合整治重点区域。加快推进老区工业污染场地和矿区环境治理，支持老区工业企业实施清洁生产技术改造工程。

（五）全力推进民生改善，大幅提升基本公共服务水平。加快解决老区群众饮水安全问题，加大农村电网改造升级力度，进一步提高农村饮水、电力保障水平。加快贫困老区农村公路建设，重点推进剩余乡镇和建制村通硬化路建设，推动一定人口规模的自然村通公路。加大农村危房改造力度，统筹开展农房抗震改造，对贫困老区予以倾斜支持。加快老区农村集贸市场建设。尽快补齐老区教育短板，增加公共教育资源配置，消除大班额现象，优化农村中小学校设点布局，改善基本办学条件，强化师资力量配备，确保适龄儿童和少年都能接受良好的义务教育。支持贫困老区加快普及高中阶段教育，办好一批中等、高等职业学校，逐步推进中等职业教育免除学杂费，推动职业学校与企业共建实验实训平台，培养更多适应老区发展需要的技术技能人才。继续实施农村贫困地区定向招生专项计划，畅通贫困老区学生就读重点高校渠道。加强老区县乡村三级医疗卫生服务网络标准化建设，支持贫困老区实施全科医生和专科医生特设岗位计划，逐步提高新型农村合作医疗保障能力和大病救助水平。加大社会救助力度，逐步提高老区最低生活保障水平，加快完善老区城乡居民基本养老保险制度，落实国家基础养老金标准相关政策。以广播电视服务网络、数字文化服务、乡土人才培养、流动文化服务以及公共图书馆、文化馆（站）、基层综合性文化服务中心、基层新华书店等为重点，推动老区基本公共文化服务能力与水平明显提高。

（六）大力促进转移就业，全面增强群众增收致富能力。结合实施国家新型城镇化规划，发挥老区中心城市和小城镇集聚功能，积极发展劳动密集型产业和家政服务、物流配送、养老服务等产业，拓展劳动力就地就近就业空间。加强基层人力资源和社会保障公共服务平台建设，推动贫困老区劳动力向经济发达地区转移，建立和完善劳动力输出与输入地劳务对接机制，提高转移输出组织化程度。支持老区所在市县积极整合各类培训资源，开展有针对性的职业技能培训。加大贫困老区劳动力技能培训力度，鼓励外出务工人员参加中长期实用技能培训。引导和支持用人企业在老区开展订单定向培训。支持符合条件的老区建设创业园区或创业孵化基地等，鼓励外出务工人员回乡创业。

（七）深入实施精准扶贫，加快推进贫困人口脱贫。继续实施以工代赈、整村推进、产业扶贫等专项扶贫工程，加大对建档立卡贫困村、贫困户的扶持力度。统筹使用涉农资金，开展扶贫小额信贷，支持贫困户发展特色产业，促进有劳动能力的贫困户增收致富。积极实施光伏扶贫工程，支持老区探索资产收益扶贫。加快实施乡村旅游富民工程，积极推进老区贫困村旅游扶贫试点。深入推行科技特派员制度，支持老区科技特派员与贫困户结成利益共同体，探索创业扶贫新模式。在贫困老区优先实施易地扶贫搬迁工程，在安排年度任务时予以倾斜，完善后续生产发展和就业扶持政策。加快实施教育扶贫工程，在老区加快落实建档立卡的家庭经济困难学生实施普通高中免除学杂费政策，实现家庭经济困难学生资助全覆盖。实施健康扶贫工程，落实贫困人口参加新型农村合作医疗个人缴费部分由财政给予补贴的政策，将贫困人口全部纳入重特大疾病救助范围。对无法依靠产业扶持和就业帮助脱贫的家庭实行政策性保障兜底。

（八）积极创新体制机制，加快构建开放型经济新格局。支持老区开展农村集体产权制度改革，稳妥有序实施农村承包土地经营权、农民住房财产权等抵押贷款以及大宗特色农产品保险试点。支持老区开展水权交易试点，探索建立市场化补偿方式。推动相关老区深度融入“一带一路”建设、京津冀协同发展、长江经济带建设三大国家战略，与有关国家级新区、自主创新示范区、自由贸易试验区、综合配套改革试验区、承接产业转移示范区建立紧密合作关系，打造区域合作和产业承接发展平台，探索发展“飞地经济”，引导发达地区劳动密集型等产业优先向老区转移。支持老区科技创新能力建设，加快推动老区创新驱动发展。支持具备条件的老区申请设立海关特殊监管区域，鼓励老区所在市县积极承接加工贸易梯度转移。对老区企业到境外开展各类管理体系认证、产品认证和商标注册等给予资助。拓展老区招商引资渠道，利用外经贸发展专项资金促进贫困老区发展，优先支持老区项目申报借用国外优惠贷款。鼓励老区培育和发展会展平台，提高知名度和影响力。加快边境老区开发开放，提高边境经济合作区、跨境经济合作区发展水平，提升边民互市贸易便利化水平。

四、支持政策

（一）加强规划引导和重大项目建设。编制实施国民经济和社会发展“十三五”规划等中长期规划时，对老区予以重点支持，积极谋划一批交通、水利、能源等重大工程项目，优先纳入相关专项规划。全面实施赣闽粤原中央苏区、陕甘宁、左右江、大别山、川陕等老区振兴发展规划和集中连片特困地区区域发展与脱贫攻坚规划，加快落实规划项目和政策。推动大型项目、重点工程、新兴产业在符合条件的前提下优先向老区安排。探索建立老区重大项目审批核准绿色通道，加快核准审批进程，对重大项目环评工作提前介入指导。

（二）持续加大资金投入。中央财政一般性转移支付资金、各类涉及民生的专项转移支付资金进一步向贫困老区倾斜。增加老区转移支付资金规模，扩大支持范围。中央财政专项扶贫资金分配向贫困老区倾斜。加大中央集中彩票公益金支持老区扶贫开发力度，力争实现对贫困老区全覆盖。加大中央预算内投资和专项建设基金对老区的投入力度。严格落实国家在贫困地区安排的公益性建设项目取消县级和西部集中连片特困地区地市级配套资金的政策，并加大中央和省级财政投资补助比重。在公共服务等领域积极推广政府与社会资本合作、政府购买服务等模式。鼓励和引导各类金融机构加大对老区开发建设的金融支持。鼓励各银行业金融机构总行合理扩大贫困老区分支机构授信审批权限，加大支农再贷款、扶贫再贷款对贫困老区的支持力度，建立健全信贷资金投向老区的激励机制。支持具备条件的民间资本在老区依法发起设立村镇银行、民营银行等金融机构，推动有关金融机构延伸服务网络、创新金融产品。鼓励保险机构开发老区特色优势农作物保险产品，支持贫困老区开展特色农产品价格保险。

（三）强化土地政策保障。在分解下达新增建设用地指标和城乡建设用地增减挂钩指标时，重点向老区内国家扶贫开发工作重点县倾斜。鼓励通过城乡建设用地增减挂钩优先解决老区易地扶贫搬迁安置所需建设用地，对不具备开展增减挂钩条件的，优先安排搬迁安置所需新增建设用地计划指标。在贫困老区开展易地扶贫搬迁，允许将城乡建设用地增减挂钩指标在省域范围内使用。支持有条件的老区开展历史遗留工矿废弃地复垦利用、城镇低效用地再开发和低丘缓坡荒滩等未利用地开发利用试点。落实和完善农产品批发市场、农贸市场城镇土地使用税和房产税政策。

（四）完善资源开发与生态补偿政策。适当增加贫困老区光伏、风电等优势能源资源开发规模。合理调整资源开发收益分配政策，研究提高老区矿产、油气资源开发收益地方留成比例，强化资源开发对老区发展的拉动效应。支持将符合条件的贫困老区纳入重点生态功能区补偿范围。逐步建立地区间横向生态保护补偿机制，引导提供生态产品的老区与受益地区之间，通过资金补助、产业转移、人才培训、共建园区等方式实施补偿。支持符合条件的老区启动实施湿地生态效益补偿和生态还湿。

（五）提高优抚对象优待抚恤标准。继续提高“三红”人员（在乡退伍红军老战士、在乡西路军红军老战士、红军失散人员）、在乡老复员军人等优抚对象抚恤和定期生活补助标准，研究其遗孀定期生活补助政策，保障好老无所养和伤病残优抚对象的基本生活。研究逐步提高新中国成立前入党的农村老党员和未享受离退休待遇的城镇老党员生活补助标准。严格落实优抚对象医疗保障政策，逐步提高医疗保障水平。鼓励有条件的地方实行优抚对象基本殡葬服务费用减免政策。优抚对象申请经济适用住房、公租房或农村危房改造的，同等条件下予以优先安排。加大优抚对象家庭成员就业政策落实力度，符合就业困难人员条件的优先安排公益性岗位，组织机关、企事业单位面向老区定向招聘辅助人员。

（六）促进干部人才交流和对口帮扶。推进贫困老区与发达地区干部交流，加大中央和国家机关、中央企业与贫困老区干部双向挂职锻炼工作力度，大力实施边远贫困地区、边疆民族地区和革命老区人才支持计划。研究实施直接面向老区的人才支持项目，支持老区相关单位申报设立院士工作站和博士后科研工作站。深入推进中央企业定点帮扶贫困革命老区县“百县万村”活动，进一步挖掘中央和省级定点扶贫单位帮扶资源，逐步实现定点扶贫工作对贫困老区全覆盖。制定优惠政策，鼓励老区优秀青年入伍，引导优秀退役军人留在老区工作。加快建立省级政府机关、企事业单位或省内发达县市对口帮扶本省贫困老区的工作机制。

五、组织领导

（一）高度重视老区开发建设工作。各级党委和政府要进一步增强责任感、紧迫感、使命感，把加快老区开发建设作为“一把手工程”，把扶持老区人民脱贫致富作为义不容辞的责任。坚持中央统筹、省（自治区、直辖市）负总责、市（地）县抓落实的工作机制，推动建立党委领导、政府负责、部门协同、社会参与的工作格局，积极整合各级财力和各类资源，推动老区加快发展。发挥军队和武警部队的优势和积极作用，影响和带动社会力量支持老区开发建设。加大对老区脱贫攻坚工作的考核力度，实行年度报告和通报制度。按照国家有关规定表彰为老区发展建设作出突出贡献的先进典型，对推进工作不力的要强化责任追究。加强对各级老区建设促进会的指导，给予必要的支持。

（二）不断加强老区基层领导班子和党组织建设。各级党委和政府要选派一批思想政治硬、业务能力强、综合素质高的干部充实老区党政领导班子，优先选派省部级、厅局级后备干部担任老区市、县党政主要领导，推动老区党政领导班子年轻化、知识化、专业化。对长期在老区工作的干部要在提拔任用、家属随迁、子女入学等方面予以倾斜。加强老区基层党组织建设，选优配强党组织带头人，完善村级组织运转经费保障机制，强化服务群众、村干部报酬待遇、村级组织活动场所等基础保障。做好老区村级党组织第一书记选派工作，充分发挥基层党组织团结带领老区群众脱贫致富的战斗堡垒作用。根据老区贫困村实际需求，精准选派驻村工作队，提高县以上机关派出干部比例。

（三）广泛动员社会各方面力量参与老区开发建设。鼓励各类企业通过资源开发、产业培育、市场开拓、村企共建等形式到贫困老区投资兴业、培训技能、吸纳就业、捐资助贫，引导一批大型企业在贫困老区包县包村扶贫，鼓励社会团体、基金会、民办非企业单位等各类组织积极支持老区开发建设。对于各类企业和社会组织到贫困老区投资兴业、带动贫困群众就业增收的，严格落实税收、土地、金融等相关支持政策。开展多种类型的公益活动，引导广大社会成员和港澳同胞、台湾同胞、华侨及海外人士，通过爱心捐赠、志愿服务、结对帮扶等形式参与老区扶贫开发。

（四）大力弘扬老区精神。各级党委和政府要把弘扬老区精神作为党建工作的重要内容，将老区精神融入培育和践行社会主义核心价值观系列活动，利用建党日、建军节、国庆节等重要时间节点，持续不断推动老区精神进学校、进机关、进企业、进社区，在全社会营造传承老区精神高尚、支持服务老区光荣的浓厚氛围。积极支持老区精神挖掘整理工作，结合红色旅游组织开展形式多样的主题活动，培育壮大老区文艺团体和文化出版单位，扶持创作一批反映老区优良传统、展现老区精神风貌的优秀文艺作品和文化产品。加强老区新闻媒体建设，提升老区精神传播能力。老区广大干部群众要继续发扬自力更生、艰苦奋斗的优良传统，不等不靠，齐心协力，争当老区精神的传承者和践行者，加快老区开发建设步伐，不断开创老区振兴发展的新局面。

（五）全面落实各项任务举措。各级党委和政府要认真抓好意见的贯彻落实，明确工作任务和责任分工，加大政策项目实施力度，确保年年有总结部署、有督促检查。中央和国家机关有关部门要按照职责分工，抓紧制定实施方案，细化实化具体政策措施，全面落实意见提出的各项任务。国家发展改革委要负责牵头协调解决工作中遇到的困难和问题，会同民政部、国务院扶贫办等部门和单位加强对意见执行情况的跟踪检查，重大问题及时向党中央、国务院报告。充分发挥各级老区建设促进会的监测评估作用，适时组织第三方机构对本意见实施情况进行评估。

关于进一步加强东西部扶贫协作工作的指导意见

（中办发〔2016〕69号）

东西部扶贫协作和对口支援，是推动区域协调发展、协同发展、共同发展的大战略，是加强区域合作、优化产业布局、拓展对内对外开放新空间的大布局，是打赢脱贫攻坚战、实现先富帮后富、最终实现共同富裕目标的大举措。为全面贯彻落实《中共中央、国务院关于打赢脱贫攻坚战的决定》和中央扶贫开发工作会议、东西部扶贫协作座谈会精神，做好东西部扶贫协作和对口支援工作，现提出如下意见。

一、总体要求

（一）指导思想。全面贯彻党的十八大和十八届三中、四中、五中、六中全会精神，以习近平总书记扶贫开发重要战略思想为指导，牢固树立新发展理念，坚持精准扶贫、精准脱贫基本方略，进一步强化责任落实、优化结对关系、深化结对帮扶、聚焦脱贫攻坚，提高东西部扶贫协作和对口支援工作水平，推动西部贫困地区与全国一道迈入全面小康社会。

（二）主要目标。经过帮扶双方不懈努力，推进东西部扶贫协作和对口支援工作机制不断健全，合作领域不断拓展，综合效益得到充分发挥，确保西部地区现行国家扶贫标准下的农村贫困人口到2020年实现脱贫，贫困县全部摘帽，解决区域性整体贫困。

（三）基本原则

——坚持党的领导，社会广泛参与。帮扶双方党委和政府要加强对东西部扶贫协作和对口支援工作的领导，将工作纳入重要议事日程，科学编制帮扶规划并认真部署实施，建立完善机制，广泛动员党政机关、企事业单位和社会力量参与，形成帮扶合力。

——坚持精准聚焦，提高帮扶实效。东西部扶贫协作和对口支援要聚焦脱贫攻坚，按照精准扶贫、精准脱贫要求，把被帮扶地区建档立卡贫困人口稳定脱贫作为工作重点，帮扶资金和项目瞄准贫困村、贫困户，真正帮到点上、扶到根上。

——坚持优势互补，鼓励改革创新。立足帮扶双方实际情况，因地制宜、因人施策开展扶贫协作和对口支援，实现帮扶双方优势互补、长期合作、聚焦扶贫、实现共赢，努力探索先富帮后富、逐步实现共同富裕的新途径新方式。

——坚持群众主体，激发内生动力。充分调动贫困地区干部群众积极性创造性，不断激发脱贫致富的内生动力，帮助和带动贫困人口苦干实干，实现光荣脱贫、勤劳致富。

二、结对关系

（四）调整东西部扶贫协作结对关系。对原有结对关系进行适当调整，在完善省际结对关系的同时，实现对民族自治州和西部贫困程度深的市州全覆盖，落实北京市、天津市与河北省扶贫协作任务。调整后的东西部扶贫协作结对关系为：北京市帮扶内蒙古自治区、河北省张家口市和保定市；天津市帮扶甘肃省、河北省承德市；辽宁省大连市帮扶贵州省六盘水市；上海市帮扶云南省、贵州省遵义市；江苏省帮扶陕西省、青海省西宁市和海东市，苏州市帮扶贵州省铜仁市；浙江省帮扶四川省，杭州市帮扶湖北省恩施土家族苗族自治州、贵州省黔东南苗族侗族自治州，宁波市帮扶吉林省延边朝鲜族自治州、贵州省黔西南布依族苗族自治州；福建省帮扶宁夏回族自治区，福州市帮扶甘肃省定西市，厦门市帮扶甘肃省临夏回族自治州；山东省帮扶重庆市，济南市帮扶湖南省湘西土家族苗族自治州，青岛市帮扶贵州省安顺市、甘肃省陇南市；广东省帮扶广西壮族自治区、四川省甘孜藏族自治州，广州市帮扶贵州省黔南布依族苗族自治州和毕节市，佛山市帮扶四川省凉山彝族自治州，中山市和东莞市帮扶云南省昭通市，珠海市帮扶云南省怒江傈僳族自治州。

各省（自治区、直辖市）要根据实际情况，在本行政区域内组织开展结对帮扶工作。

（五）开展携手奔小康行动。东部省份组织本行政区域内经济较发达县（市、区）与扶贫协作省份和市州扶贫任务重、脱贫难度大的贫困县开展携手奔小康行动。探索在乡镇之间、行政村之间结对帮扶。

（六）深化对口支援。对口支援西藏、新疆和四省藏区工作在现有机制下继续坚持向基层倾斜、向民生倾斜、向农牧民倾斜，更加聚焦精准扶贫、精准脱贫，瞄准建档立卡贫困人口精准发力，提高对口支援实效。北京市、天津市与河北省扶贫协作工作，要与京津冀协同发展中京津两市对口帮扶张承环京津相关地区做好衔接。

三、主要任务

（七）开展产业合作。帮扶双方要把东西部产业合作、优势互补作为深化供给侧结构性改革的新课题，研究出台相关政策，大力推动落实。要立足资源禀赋和产业基础，激发企业到贫困地区投资的积极性，支持建设一批贫困人口参与度高的特色产业基地，培育一批带动贫困户发展产业的合作组织和龙头企业，引进一批能够提供更多就业岗位的劳动密集型企业、文化旅游企业等，促进产业发展带动脱贫。加大产业合作科技支持，充分发挥科技创新在增强西部地区自我发展能力中的重要作用。

（八）组织劳务协作。帮扶双方要建立和完善劳务输出精准对接机制，提高劳务输出脱贫的组织化程度。西部地区要摸清底数，准确掌握建档立卡贫困人口中有就业意愿和能力的未就业人口信息，以及已在外地就业人员的基本情况，因人因需提供就业服务，与东部地区开展有组织的劳务对接。西部地区要做好本行政区域内劳务对接工作，依托当地产业发展，多渠道开发就业岗位，支持贫困人口在家乡就地就近就业。开展职业教育东西协作行动计划和技能脱贫“千校行动”，积极组织引导贫困家庭子女到东部省份的职业院校、技工学校接受职业教育和职业培训。东部省份要把解决西部贫困人口稳定就业作为帮扶重要内容，创造就业机会，提供用工信息，动员企业参与，实现人岗对接，保障稳定就业。对在东部地区工作生活的建档立卡贫困人口，符合条件的优先落实落户政策，有序实现市民化。

（九）加强人才支援。帮扶双方要选派优秀干部挂职，广泛开展人才交流，促进观念互通、思路互动、技术互学、作风互鉴。采取双向挂职、两地培训、委托培养和组团式支教、支医、支农等方式，加大教育、卫生、科技、文化、社会工作等领域的人才支持，把东部地区的先进理念、人才、技术、信息、经验等要素传播到西部地区。加大政策激励力度，鼓励各类人才扎根西部贫困地区建功立业。帮扶省市选派到被帮扶地区的挂职干部要把主要精力放到脱贫攻坚上，挂职期限原则上两到三年。加大对西部地区干部特别是基层干部、贫困村创业致富带头人培训力度。

（十）加大资金支持。东部省份要根据财力增长情况，逐步增加扶贫协作和对口支援财政投入，并列入年度预算。西部地区要以扶贫规划为引领，整合扶贫协作和对口支援资金，聚焦脱贫攻坚，形成脱贫合力。要切实加强资金监管，提高使用效益。

（十一）动员社会参与。帮扶省市要鼓励支持本行政区域内民营企业、社会组织、公民个人积极参与东西部扶贫协作和对口支援。充分利用全国扶贫日和中国社会扶贫网等平台，组织社会各界到西部地区开展捐资助学、慈善公益医疗救助、支医支教、社会工作和志愿服务等扶贫活动。实施社会工作专业人才服务贫困地区计划和扶贫志愿者行动计划，支持东部地区社会工作机构、志愿服务组织、社会工作者和志愿者结对帮扶西部贫困地区，为西部地区提供专业人才和服务保障。注重发挥军队和武警部队在西部贫困地区脱贫攻坚中的优势和积极作用，因地制宜做好帮扶工作。积极组织民营企业参与“万企帮万村”精准扶贫行动，与被帮扶地区贫困村开展结对帮扶。

四、保障措施

（十二）加强组织领导。国务院扶贫开发领导小组要加强东西部扶贫协作的组织协调、工作指导和考核督查。东西部扶贫协作双方要建立高层联席会议制度，党委或政府主要负责同志每年开展定期互访，确定协作重点，研究部署和协调推进扶贫协作工作。

（十三）完善政策支持。中央和国家机关各部门要加大政策支持力度。国务院扶贫办、国家发展改革委、教育部、民政部、人力资源和社会保障部、农业部、中国人民银行等部门要按照职责分工，加强对东西部扶贫协作和对口支援工作的指导和支持。中央组织部要统筹东西部扶贫协作和对口支援挂职干部人才选派管理工作。审计机关要依法加强对扶贫政策落实情况和扶贫资金的审计监督。纪检监察机关要加强扶贫领域监督执纪问责。

（十四）开展考核评估。把东西部扶贫协作工作纳入国家脱贫攻坚考核范围，作为国家扶贫督查巡查重要内容，突出目标导向、结果导向，督查巡查和考核内容包括减贫成效、劳务协作、产业合作、人才支援、资金支持五个方面，重点是解决多少建档立卡贫困人口脱贫。对口支援工作要进一步加强对精准扶贫工作成效的考核。东西部扶贫协作考核工作由国务院扶贫开发领导小组组织实施，考核结果向党中央、国务院报告。

省级党委和政府扶贫开发工作成效考核办法

（厅字〔2016〕6号）

第一条 为了确保到2020年现行标准下农村贫困人口实现脱贫，贫困县全部摘帽，解决区域性整体贫困，根据《中共中央、国务院关于打赢脱贫攻坚战的决定》，制定本办法。

第二条 本办法适用于中西部22个省（自治区、直辖市）党委和政府扶贫开发工作成效的考核。

第三条 考核工作围绕落实精准扶贫、精准脱贫基本方略，坚持立足实际、突出重点，针对主要目标任务设置考核指标，注重考核工作成效；坚持客观公正、群众认可，规范考核方式和程序，充分发挥社会监督作用；坚持结果导向、奖罚分明，实行正向激励，落实责任追究，促使省级党委和政府切实履职尽责，改进工作，坚决打赢脱贫攻坚战。

第四条 考核工作从2016年到2020年，每年开展一次，由国务院扶贫开发领导小组组织进行，具体工作由国务院扶贫办、中央组织部牵头，会同国务院扶贫开发领导小组成员单位组织实施。

第五条 考核内容包括以下几个方面：

（一）减贫成效。考核建档立卡贫困人口数量减少、贫困县退出、贫困地区农村居民收入增长情况。

（二）精准识别。考核建档立卡贫困人口识别、退出精准度。

（三）精准帮扶。考核对驻村工作队和帮扶责任人帮扶工作的满意度。

（四）扶贫资金。依据财政专项扶贫资金绩效考评办法，重点考核各省（自治区、直辖市）扶贫资金安排、使用、监管和成效等。

第六条 考核工作于每年年底开始实施，次年2月底前完成，按以下步骤进行：

（一）省级总结。各省（自治区、直辖市）党委和政府，对照国务院扶贫开发领导小组审定的年度减贫计划，就工作进展情况和取得成效形成总结报告，报送国务院扶贫开发领导小组。

（二）第三方评估。国务院扶贫开发领导小组委托有关科研机构和社会组织，采取专项调查、抽样调查和实地核查等方式，对相关考核指标进行评估。

（三）数据汇总。国务院扶贫办会同有关部门对建档立卡动态监测数据、国家农村贫困监测调查数据、第三方评估和财政专项扶贫资金绩效考评情况等进行汇总整理。

（四）综合评价。国务院扶贫办会同有关部门对汇总整理的数据和各省（自治区、直辖市）的总结报告进行综合分析，形成考核报告。考核报告应当反映基本情况、指标分析、存在问题等，作出综合评价，提出处理建议，经国务院扶贫开发领导小组审议后，报党中央、国务院审定。

（五）沟通反馈。国务院扶贫开发领导小组向各省（自治区、直辖市）专题反馈考核结果，并提出改进工作的意见建议。

第七条 考核中发现下列问题的，由国务院扶贫开发领导小组提出处理意见：

（一）未完成年度减贫计划任务的；

（二）违反扶贫资金管理使用规定的；

（三）违反贫困县约束规定，发生禁止作为事项的；

（四）违反贫困退出规定，弄虚作假、搞“数字脱贫”的；

（五）贫困人口识别和退出准确率、帮扶工作群众满意度较低的；

（六）纪检、监察、审计和社会监督发现违纪违规问题的。

第八条 考核结果由国务院扶贫开发领导小组予以通报。对完成年度计划减贫成效显著的省份，给予一定奖励。对出现本办法第七条所列问题的，由国务院扶贫开发领导小组对省级党委、政府主要负责人进行约谈，提出限期整改要求；情节严重、造成不良影响的，实行责任追究。考核结果作为对省级党委、政府主要负责人和领导班子综合考核评价的重要依据。

第九条 参与考核工作的中央部门应当严守考核工作纪律，坚持原则、公道正派、敢于担当，保证考核结果的公正性和公信力。各省（自治区、直辖市）应当及时、准确提供相关数据、资料和情况，主动配合开展相关工作，确保考核顺利进行。对不负责任、造成考核结果失真失实的，应当追究责任。

第十条 各省（自治区、直辖市）应当参照本办法，结合本地区实际制定相关办法，加强对本地区各级扶贫开发工作的考核。

第十一条 本办法由国务院扶贫办商中央组织部负责解释。

第十二条 本办法自2016年2月9日起施行。2012年1月6日印发的《扶贫开发工作考核办法（试行）》同时废止。

关于建立贫困退出机制的意见

（厅字〔2016〕16号）

为贯彻落实《中共中央、国务院关于打赢脱贫攻坚战的决定》和中央扶贫开发工作会议精神，切实提高扶贫工作的针对性、有效性，现就建立贫困退出机制提出如下意见。

一、指导思想

全面贯彻党的十八大和十八届三中、四中、五中全会精神，深入贯彻习近平总书记系列重要讲话精神，紧紧围绕“五位一体”总体布局和“四个全面”战略布局，牢固树立创新、协调、绿色、开放、共享的发展理念，按照党中央、国务院决策部署，深入实施精准扶贫、精准脱贫，以脱贫实效为依据，以群众认可为标准，建立严格、规范、透明的贫困退出机制，促进贫困人口、贫困村、贫困县在2020年以前有序退出，确保如期实现脱贫攻坚目标。

二、基本原则

——坚持实事求是。对稳定达到脱贫标准的要及时退出，新增贫困人口或返贫人口要及时纳入扶贫范围。注重脱贫质量，坚决防止虚假脱贫，确保贫困退出反映客观实际、经得起检验。

——坚持分级负责。实行中央统筹、省（自治区、直辖市）负总责、市（地）县抓落实的工作机制。国务院扶贫开发领导小组制定统一的退出标准和程序，负责督促指导、抽查核查、评估考核、备案登记等工作。省（自治区、直辖市）制定本地脱贫规划、年度计划和实施办法，抓好组织实施和监督检查。市（地）县汇总数据，甄别情况，具体落实，确保贫困退出工作有序推进。

——坚持规范操作。严格执行退出标准、规范工作流程，切实做到程序公开、数据准确、档案完整、结果公正。贫困人口退出必须实行民主评议，贫困村、贫困县退出必须进行审核审查，退出结果公示公告，让群众参与评价，做到全程透明。强化监督检查，开展第三方评估，确保脱贫结果真实可信。

——坚持正向激励。贫困人口、贫困村、贫困县退出后，在一定时期内国家原有扶贫政策保持不变，支持力度不减，留出缓冲期，确保实现稳定脱贫。对提前退出的贫困县，各省（自治区、直辖市）可制定相应奖励政策，鼓励脱贫摘帽。

三、退出标准和程序

（一）贫困人口退出。贫困人口退出以户为单位，主要衡量标准是该户年人均纯收入稳定超过国家扶贫标准且吃穿不愁，义务教育、基本医疗、住房安全有保障。

贫困户退出，由村“两委”组织民主评议后提出，经村“两委”和驻村工作队核实、拟退出贫困户认可，在村内公示无异议后，公告退出，并在建档立卡贫困人口中销号。

（二）贫困村退出。贫困村退出以贫困发生率为主要衡量标准，统筹考虑村内基础设施、基本公共服务、产业发展、集体经济收入等综合因素。原则上贫困村贫困发生率降至2%以下（西部地区降至3%以下），在乡镇内公示无异议后，公告退出。

（三）贫困县退出。贫困县包括国家扶贫开发工作重点县和集中连片特困地区县。贫困县退出以贫困发生率为主要衡量标准。原则上贫困县贫困发生率降至2%以下（西部地区降至3%以下），由县级扶贫开发领导小组提出退出，市级扶贫开发领导小组初审，省级扶贫开发领导小组核查，确定退出名单后向社会公示征求意见。公示无异议的，由各省（自治区、直辖市）扶贫开发领导小组审定后向国务院扶贫开发领导小组报告。

国务院扶贫开发领导小组组织中央和国家机关有关部门及相关力量对地方退出情况进行专项评估检查。对不符合条件或未完整履行退出程序的，责成相关地方进行核查处理。对符合退出条件的贫困县，由省级政府正式批准退出。

四、工作要求

（一）切实加强领导。各省（自治区、直辖市）党委和政府要高度重视贫困退出工作，加强组织领导和统筹协调，认真履行职责。贫困退出年度任务完成情况纳入中央对省级党委和政府扶贫开发工作成效考核内容。地方各级扶贫开发领导小组要层层抓落实，精心组织实施。地方各级扶贫部门要认真履职，当好党委和政府的参谋助手，协调有关方面做好调查核实、公示公告、备案管理、信息录入等工作。

（二）做好退出方案。各省（自治区、直辖市）要按照省（自治区、直辖市）负总责的要求，因地制宜，尽快制定贫困退出具体方案，明确实施办法和工作程序。退出方案要符合脱贫攻坚实际情况，防止片面追求脱贫进度。

（三）完善退出机制。贫困退出工作涉及面广、政策性强，要在实施过程中逐步完善。要做好跟踪研判，及时发现和解决退出机制实施过程中的苗头性、倾向性问题。要认真开展效果评估，确保贫困退出机制的正向激励作用。

（四）强化监督问责。国务院扶贫开发领导小组、各省（自治区、直辖市）党委和政府要组织开展扶贫巡查工作，分年度、分阶段定期或不定期进行督导和专项检查。对贫困退出工作中发生重大失误、造成严重后果的，对存在弄虚作假、违规操作等问题的，要依纪依法追究相关部门和人员责任。

脱贫攻坚督查巡查工作办法

（厅字〔2016〕22号）

第一章　总　则

第一条　为了确保脱贫攻坚各项目标任务圆满完成，根据《中共中央、国务院关于打赢脱贫攻坚战的决定》和中央有关规定，制定本办法。

第二条　本办法适用于对中西部22个省（自治区、直辖市）党委和政府、中央和国家机关有关单位脱贫攻坚工作的督查和巡查。

第三条　脱贫攻坚督查巡查工作应当认真贯彻精准扶贫、精准脱贫基本方略要求，坚持围绕目标、聚焦问题、实事求是、突出重点、群众参与、分级负责的原则，督促各有关地区和单位落实工作责任和政策措施，严格遵守纪律和规定，查找解决问题，改进工作方法，完成减贫任务，确保打赢脱贫攻坚战。

督查工作坚持目标导向，着力推动工作落实；巡查工作坚持问题导向，着力解决突出问题。

第四条　脱贫攻坚督查巡查工作主要采取召开座谈会、查阅资料、实地调查、问卷调查、个别访谈和听取汇报、受理群众举报、随机访或者暗访等形式进行，同时适当运用第三方评估成果。

国务院扶贫开发领导小组根据工作需要组织开展省级之间交叉督查和巡查。

第二章　督　查

第五条　国务院扶贫开发领导小组负责督查工作的组织领导，制定年度督查计划，批准督查事项，组建督查组，向党中央、国务院报告督查情况。国务院扶贫办负责日常工作。

第六条　督查组负责督查工作的具体实施，实行组长负责制，组长和工作人员从国务院扶贫开发领导小组成员单位抽调。

第七条 督查工作包括综合督查和专项督查。对各有关地区和单位脱贫攻坚工作情况进行综合督查，一般每年1次。对脱贫攻坚重点工作进行专项督查，根据需要不定期开展。

第八条 督查的重点内容有：脱贫攻坚责任落实情况，专项规划和重大政策措施落实情况，减贫任务完成情况以及特困群体脱贫情况，精准识别、精准退出情况，行业扶贫、专项扶贫、东西部扶贫协作、定点扶贫、重点扶贫项目实施、财政涉农资金整合等情况。

第九条 督查工作一般按照以下程序进行：

(一) 制定方案。督查组根据具体任务，制定实施方案。

(二) 实地督查。督查组在有关方面配合下开展工作。

(三) 报告情况。督查组形成书面报告，反映督查情况和问题，提出意见和建议。

第十条 督查情况由国务院扶贫开发领导小组汇总后，向党中央、国务院报告，并作为省级党委和政府扶贫开发工作成效考核的重要参考。对督查情况好的地区和单位，由国务院扶贫开发领导小组予以通报表扬。通过督查，发现宣传先进典型，总结推广先进经验。对督查中发现的问题，予以督促纠正。

第十一条 国务院扶贫开发领导小组向被督查地区和单位通报督查结果，对存在的问题提出整改要求。被督查地区和单位应当按照要求及时向国务院扶贫开发领导小组反馈整改情况。国务院扶贫开发领导小组应当及时汇总整改情况，向党中央、国务院报告。

第三章　巡　查

第十二条 国务院扶贫开发领导小组根据掌握的情况，报经党中央、国务院批准，组建巡查组，不定期开展巡查工作。国务院扶贫办负责日常工作。

第十三条 巡查组实行组长负责制，组长由省部级领导干部担任。巡查组成员根据需要从有关单位和地方抽调。

第十四条 巡查的重点问题有：干部在落实脱贫攻坚目标任务方面存在失职渎职，不作为、假作为、慢作为，贪占挪用扶贫资金，违规安排扶贫项目，贫困识别、退出严重失实，弄虚作假搞“数字脱贫”，以及违反贫困县党政正职领导稳定纪律要求和贫困县约束机制等。

第十五条 巡查工作一般按照以下程序进行：

（一）制定方案。巡查组根据巡查任务，制定工作方案。

（二）实地巡查。巡查组进驻被巡查地区，开展工作。巡查期间，对群众反映强烈、明显违反规定且应当及时解决的问题，向被巡查地区的党委和政府提出处理建议。

（三）报告情况。巡查组形成书面报告，反映巡查情况和问题，并依据事实和有关规定，提出处理建议。

第十六条 巡查情况和处理建议经国务院扶贫开发领导小组研究后，向党中央、国务院请示报告。涉及违纪违法的，按照有关规定移交纪检监察或者检察机关。

第十七条 国务院扶贫开发领导小组向被巡查地区反馈巡查情况，提出整改意见。被巡查地区应当根据巡查反馈意见，认真进行整改，并于2个月内向国务院扶贫开发领导小组反馈整改情况。国务院扶贫开发领导小组应当及时汇总整改情况，向党中央、国务院报告。整改情况能公开的，应当及时公开，接受社会监督。

脱贫攻坚责任制实施办法

（厅字〔2016〕33号）

第一章 总 则

第一条 为了全面落实脱贫攻坚责任制，根据《中共中央、国务院关于打赢脱贫攻坚战的决定》和中央有关规定，制定本办法。

第二条 本办法适用于中西部22个省（自治区、直辖市）党委和政府、有关中央和国家机关脱贫攻坚责任的落实。

第三条 脱贫攻坚按照中央统筹、省负总责、市县抓落实的工作机制，构建责任清晰、各负其责、合力攻坚的责任体系。

第二章 中央统筹

第四条 党中央、国务院主要负责统筹制定脱贫攻坚大政方针，出台重大政策举措，完善体制机制，规划重大工程项目，协调全局性重大问题、全国性共性问题。

第五条 国务院扶贫开发领导小组负责全国脱贫攻坚的综合协调，建立健全扶贫成效考核、贫困县约束、督查巡查、贫困退出等工作机制，组织实施对省级党委和政府扶贫开发工作成效考核，组织开展脱贫攻坚督查巡查和第三方评估，有关情况向党中央、国务院报告。

第六条 国务院扶贫开发领导小组建设精准扶贫、精准脱贫大数据平台，建立部门间信息互联共享机制，完善农村贫困统计监测体系。

第七条 有关中央和国家机关按照工作职责，运用行业资源落实脱贫攻坚责任，按照《贯彻实施〈中共中央、国务院关于打赢脱贫攻坚战的决定〉重要政策措施分工方案》要求制定配套政策并组织实施。

第八条 中央纪委机关对脱贫攻坚进行监督执纪问责，最高人民检察院对扶贫领域职务犯罪进行集中整治和预防，审计署对脱贫攻坚政策落实和资金重点项目进行跟踪审计。

第三章　省负总责

第九条　省级党委和政府对本地区脱贫攻坚工作负总责，并确保责任制层层落实；全面贯彻党中央、国务院关于脱贫攻坚的大政方针和决策部署，结合本地区实际制定政策措施，根据脱贫目标任务制定省级脱贫攻坚滚动规划和年度计划并组织实施。省级党委和政府主要负责人向中央签署脱贫责任书，每年向中央报告扶贫脱贫进展情况。

第十条　省级党委和政府应当调整财政支出结构，建立扶贫资金增长机制，明确省级扶贫开发投融资主体，确保扶贫投入力度与脱贫攻坚任务相适应；统筹使用扶贫协作、对口支援、定点扶贫等资源，广泛动员社会力量参与脱贫攻坚。

第十一条　省级党委和政府加强对扶贫资金分配使用、项目实施管理的检查监督和审计，及时纠正和处理扶贫领域违纪违规问题。

第十二条　省级党委和政府加强对贫困县的管理，组织落实贫困县考核机制、约束机制、退出机制；保持贫困县党政正职稳定，做到不脱贫不调整、不摘帽不调离。

第四章　市县落实

第十三条　市级党委和政府负责协调域内跨县扶贫项目，对项目实施、资金使用和管理、脱贫目标任务完成等工作进行督促、检查和监督。

第十四条　县级党委和政府承担脱贫攻坚主体责任，负责制定脱贫攻坚实施规划，优化配置各类资源要素，组织落实各项政策措施，县级党委和政府主要负责人是第一责任人。

第十五条　县级党委和政府应当指导乡、村组织实施贫困村、贫困人口建档立卡和退出工作，对贫困村、贫困人口精准识别和精准退出情况进行检查考核。

第十六条　县级党委和政府应当制定乡、村落实精准扶贫精准脱贫的指导意见并监督实施，因地制宜，分类指导，保证贫困退出的真实性、有效性。

第十七条　县级党委和政府应当指导乡、村加强政策宣传，充分调动贫困群众的主动性和创造性，把脱贫攻坚政策措施落实到村到户到人。

第十八条　县级党委和政府应当坚持抓党建促脱贫攻坚，强化贫困村基层党组织建设，选优配强和稳定基层干部队伍。

第十九条 县级政府应当建立扶贫项目库，整合财政涉农资金，建立健全扶贫资金项目信息公开制度，对扶贫资金管理监督负首要责任。

第五章 合力攻坚

第二十条 东西部扶贫协作和对口支援双方各级党政主要负责人必须亲力亲为，推动建立精准对接机制，聚焦脱贫攻坚，注重帮扶成效，加强产业带动、劳务协作、人才交流等方面的合作。东部地区应当根据财力增长情况，逐步增加帮扶投入；西部地区应当主动对接，整合用好资源。

第二十一条 各定点扶贫单位应当紧盯建档立卡贫困人口，细化实化帮扶措施，督促政策落实和工作到位，切实做到扶真贫、真扶贫，不脱贫不脱钩。

第二十二条 军队和武警部队应当发挥组织严密、突击力强等优势，积极参与地方脱贫攻坚，有条件的应当承担定点帮扶任务。

第二十三条 各民主党派应当充分发挥在人才和智力扶贫上的优势和作用，做好脱贫攻坚民主监督工作。

第二十四条 民营企业、社会组织和公民个人应当积极履行社会责任，主动支持和参与脱贫攻坚。

第六章 奖 惩

第二十五条 各级党委和政府、扶贫开发领导小组以及有关中央和国家机关可以按照有关规定对落实脱贫攻坚责任到位、工作成效显著的部门和个人，以适当方式予以表彰，并作为干部选拔使用的重要依据；对不负责任、造成不良影响的，依纪依法追究相关部门和人员责任。

第二十六条 各级党委和政府、扶贫开发领导小组以及有关中央和国家机关对在脱贫攻坚中作出突出贡献的社会帮扶主体，予以大力宣传，并按照有关规定进行表彰。

第七章 附 则

第二十七条 中西部 22 个省（自治区、直辖市）应当参照本办法，结合本地区实际制定实施细则。其他省（自治区、直辖市）可以参照本办法实施。

第二十八条 本办法由国务院扶贫开发领导小组办公室负责解释。

第二十九条 本办法自 2016 年 10 月 11 日起施行。

关于加强贫困村驻村工作队选派管理工作的指导意见

（厅字〔2017〕50号）

为着力解决驻村帮扶中选人不优、管理不严、作风不实、保障不力等问题，更好发挥驻村工作队脱贫攻坚生力军作用，现就加强贫困村驻村工作队选派管理工作提出如下指导意见。

一、总体要求

（一）指导思想。全面贯彻党的十九大精神，以习近平新时代中国特色社会主义思想为指导，认真落实党中央、国务院关于脱贫攻坚决策部署，紧紧围绕统筹推进“五位一体”总体布局和协调推进“四个全面”战略布局，牢固树立和贯彻落实新发展理念，深入实施精准扶贫精准脱贫，以实现贫困人口稳定脱贫为目标，确保贫困村驻村工作队选派精准、帮扶扎实、成效明显、群众满意。

（二）基本原则

——坚持因村选派、分类施策。根据贫困村实际需求精准选派驻村工作队，做到务实管用。坚持因村因户因人施策，把精准扶贫精准脱贫成效作为衡量驻村工作队绩效的基本依据。

——坚持县级统筹、全面覆盖。县级党委和政府统筹整合各方面驻村工作力量，根据派出单位帮扶资源和驻村干部综合能力科学组建驻村工作队，实现建档立卡贫困村一村一队。驻村工作队队长原则上由驻村第一书记兼任。

——坚持严格管理、有效激励。加强驻村工作队日常管理，建立完善管理制度，从严从实要求，培养优良作风。健全保障激励机制，鼓励支持干事创业、奋发有为。

——坚持聚焦攻坚、真帮实扶。驻村工作队要坚持攻坚目标和“两不愁、三保障”脱贫标准，将资源力量集中用于帮助贫困村贫困户稳定脱贫，用心、用情、用力做好驻村帮扶工作。

二、规范人员选派

（一）精准选派。坚持因村选人组队，把熟悉党群工作的干部派到基层组织软弱涣散、战斗力不强的贫困村，把熟悉经济工作的干部派到产业基础薄弱、集体经济脆弱的贫困村，把熟悉社会工作的干部派到矛盾纠纷突出、社会发育滞后的贫困村，充分发挥派出单位和驻村干部自身优势，帮助贫困村解决脱贫攻坚面临的突出困难和问题。

（二）优化结构。优先安排优秀年轻干部和后备干部参加驻村帮扶。每个驻村工作队一般不少于 3 人，每期驻村时间不少于 2 年。要把深度贫困地区贫困村和脱贫难度大的贫困村作为驻村帮扶工作的重中之重。东西部扶贫协作和对口支援、中央单位定点帮扶的对象在深度贫困地区的，要加大选派干部力度。

（三）配强干部。县级以上各级机关、国有企业、事业单位要选派政治素质好、工作作风实、综合能力强、健康具备履职条件的人员参加驻村帮扶工作。新选派的驻村工作队队长一般应为处科级干部或处科级后备干部。干部驻村期间不承担原单位工作，党员组织关系转接到所驻贫困村，确保全身心专职驻村帮扶。脱贫攻坚期内，贫困村退出的，驻村工作队不得撤离，帮扶力度不能削弱。

三、明确主要任务

（一）宣传贯彻党中央、国务院关于脱贫攻坚各项方针政策、决策部署、工作措施。

（二）指导开展贫困人口精准识别、精准帮扶、精准退出工作，参与拟定脱贫规划计划。

（三）参与实施特色产业扶贫、劳务输出扶贫、易地扶贫搬迁、贫困户危房改造、教育扶贫、科技扶贫、健康扶贫、生态保护扶贫等精准扶贫工作。

（四）推动金融、交通、水利、电力、通信、文化、社会保障等行业和专项扶贫政策措施落实到村到户。

（五）推动发展村级集体经济，协助管好用好村级集体收入。

（六）监管扶贫资金项目，推动落实公示公告制度，做到公开、公平、公正。

（七）注重扶贫同扶志、扶智相结合，做好贫困群众思想发动、宣传教育和情感沟通工作，激发摆脱贫困内生动力。

（八）加强法治教育，推动移风易俗，指导制定和谐文明的村规民约。

（九）积极推广普及普通话，帮助提高国家通用语言文字应用能力。

（十）帮助加强基层组织建设，推动落实管党治党政治责任，整顿村级软弱涣散党组织，对整治群众身边的腐败问题提出建议；培养贫困村创业致富带头人，吸引各类人才到村创新创业，打造“不走的工作队”。

四、加强日常管理

（一）落实责任。县级党委和政府承担驻村工作队日常管理职责，建立驻村工作领导小组，负责统筹协调、督查考核。乡镇党委和政府指导驻村工作队开展精准识别、精准退出工作，支持驻村工作队落实精准帮扶政策措施，帮助驻村工作队解决实际困难。县乡党委和政府要安排专人具体负责。

（二）健全制度。建立工作例会制度，驻村工作领导小组每季度至少组织召开一次驻村工作队队长会议，了解工作进展，交流工作经验，协调解决问题。建立考勤管理制度，明确驻村干部请销假报批程序，及时掌握和统计驻村干部在岗情况。建立工作报告制度，驻村工作队每半年向驻村工作领导小组报告思想、工作、学习情况。建立纪律约束制度，促进驻村干部遵规守纪、廉政勤政。要防止形式主义，用制度推动工作落实。

五、加强考核激励

（一）强化考核。县级党委和政府每年对驻村工作队进行考核检查，确保驻村帮扶工作取得实效。坚持考勤和考绩相结合，平时考核、年度考核与期满考核相结合，工作总结与村民测评、村干部评议相结合，提高考核工作的客观性和公信力。考核具体内容由各地根据实际情况确定。年度考核结果送派出单位备案。

（二）表彰激励。考核结果作为驻村干部综合评价、评优评先、提拔使用的重要依据。对成绩突出、群众认可的驻村干部，按照有关规定予以表彰；符合条件的，列为后备干部，注重优先选拔使用。

（三）严肃问责。驻村干部不胜任驻村帮扶工作的，驻村工作领导小组提出召回调整意见，派出单位要及时召回调整。对履行职责不力的，给予批评教育；对弄虚作假、失职失责，或者有其他情形、造成恶劣影响的，进行严肃处理；同时，依据有关规定对派出单位和管理单位有关负责人、责任人予以问责。

六、强化组织保障

（一）加强组织领导。省级党委和政府对本行政区域内驻村工作队选派管理工作负总责。市地级党委和政府要加大对驻村工作指导和支持力度。县级党委和政府负责统筹配置驻村力量，组织开展具体驻村帮扶工作。地方各级党组织和组织部门要加强管理，推动政策举措落实到位，为驻村帮扶工作提供有力支持。地方财政部门要统筹安排，为驻村工作队提供必要的工作经费。有关部门要加强协调配合，积极支持驻村工作队开展工作。

（二）加强督查检查。省级党委和政府对本行政区域内驻村工作队进行督查抽查，总结典型经验，加强薄弱环节，纠正突出问题，完善管理制度。要在省域范围内通报督查检查结果，并督促认真做好问题整改。

（三）加强培训宣传。各地要通过专题轮训、现场观摩、经验交流等方式，加大对脱贫攻坚方针政策、科技知识、市场信息等方面培训力度，帮助驻村干部掌握工作方法，熟悉业务知识，提高工作能力。要注重发现驻村帮扶先进事迹、有效做法和成功经验，加大宣传力度，树立鲜明导向，营造驻村帮扶工作良好氛围。

（四）加强关心爱护。县乡两级党委和政府、派出单位要关心支持驻村干部，为其提供必要的工作条件和生活条件。驻村期间原有人事关系、各项待遇不变。派出单位可利用公用经费，参照差旅费中伙食补助费标准给予生活补助，安排通信补贴，每年按规定为驻村的在职干部办理人身意外伤害保险，对因公负伤的做好救治康复工作，对因公牺牲的做好亲属优抚工作。干部驻村期间的医疗费，由派出单位按规定报销。县乡两级党委和政府、派出单位负责人要经常与驻村干部谈心谈话，了解思想动态，激发工作热情。

国务院扶贫开发领导小组关于开展扶贫领域作风问题专项治理的通知

（国开发〔2017〕10号）

各省、自治区、直辖市扶贫开发领导小组，国务院扶贫开发领导小组成员单位：

为全面贯彻党的十九大精神，认真贯彻落实习近平总书记关于开展扶贫领域腐败和作风问题专项治理的重要指示要求，国务院扶贫开发领导小组决定将2018年作为脱贫攻坚作风建设年，在全国范围开展扶贫领域作风问题专项治理。现通知如下。

一、总体要求

（一）重要意义。作风是党的形象和生命，作风建设攸关脱贫攻坚成败。当前，脱贫攻坚顶层设计基本完成，体制机制基本建立，政策举措基本出台，关键要抓好落实。但一段时期以来，扶贫领域存在的“四个意识”不强、责任落实不到位、工作措施不精准、工作作风不扎实，形式主义、官僚主义问题突出，资金管理使用不规范，以及扶贫领域腐败等问题，严重影响脱贫攻坚工作落实，严重侵害贫困群众利益，严重损害党和政府形象。要打赢脱贫攻坚战，必须打赢作风攻坚战。各地区各部门要充分认识开展扶贫领域作风问题专项治理的重要意义，在脱贫攻坚中把作风建设摆在突出位置，认真组织开展扶贫领域作风问题专项治理，摸清作风建设薄弱环节，落实专项整改措施，用作风建设的成果促进各项扶贫举措的落实。

（二）指导思想。全面贯彻党的十九大精神，以习近平新时代中国特色社会主义思想为指导，坚决贯彻落实党中央脱贫攻坚决策部署，坚持精准扶贫精准脱贫基本方略，强化目标导向，强化责任担当，强化问题意识，全面系统清除作风问题形成根源，较真碰硬压缩作风问题滋生空间，严惩严治形成对作风问题的强大震慑，标本兼治构建扶贫领域作风建设长效机制，推动扶贫领域作风明显改善，促进脱贫攻坚各项政策措施全面落实，确保如期完成脱贫攻坚目标任务。

（三）基本原则。坚持统一部署与分工负责相结合。国务院扶贫开发领导小组统一部署，明确专项治理总体要求。国务院扶贫开发领导小组成员单位和各省区市扶贫开发领导小组按照职责分工，围绕本地区本部门扶贫工作存在的作风问题开展专项治理。坚持以上率下与加强指导相结合。国务院扶贫开发领导小组成员单位和各省区市扶贫开发领导小组带头示范，以严肃的态度、严格的标准、严明的纪律抓好自身作风建设。指导本地区本部门加强作风建设，解决存在的突出问题。坚持立行立改与制度建设相结合。对影响脱贫攻坚政策措施落实的突出问题，对基层干部反映强烈的问题，对损害群众利益的行为，迅速纠正，坚决整改。追根溯源，举一反三，完善政策措施，加强制度建设，扎紧制度笼子。坚持集中突破与持续推进相结合。用1年左右时间，集中力量解决突出问题，确保取得阶段性成效。将作风建设贯穿脱贫攻坚全过程，持续推进。

二、治理内容

（一）“四个意识”不强。

1. 对脱贫攻坚的重要性艰巨性紧迫性认识不足，没有作为重大政治任务进行安排部署。

2. 对党中央脱贫攻坚决策部署和政策措施贯彻不力，制定配套措施、细化落实方案、推进组织实施不及时不到位。

3. 对推动落实精准扶贫精准脱贫基本方略认识不到位，行动不坚决，以农村区域发展代替精准扶贫。

4. 对脱贫攻坚标准把握不准，或提高标准，人为吊高胃口；或降低标准，搞数字脱贫、虚假脱贫。

5. 对贫困退出时序谋划不科学不合理，或不顾客观条件，层层加码、急躁冒进；或不愿主动作为，消极观望、拖延等待。

（二）责任落实不到位。

6. 领导责任落实不到位，主要负责同志研究指导不够，履行主体责任和监督责任不力，分管负责同志工作不深入不扎实，具体负责部门责任不明确不落实。

7. 对已出台政策措施的实施指导督促不够，政策停留在纸面上或实施效果不明显。

8. 对本地区本部门的扶贫工作指导不够，没有形成系统合力。

9. 主动作为不够，对脱贫攻坚中出现的新问题不重视、不解决或者推诿扯皮。

10. 对定点扶贫、选派第一书记、驻村工作队等工作不够重视，派出的干部不得力，缺少指导、支持、关心和监督，存在“挂名走读”等问题。

（三）工作措施不精准。

11. 贫困识别不精准，没有做到应扶尽扶，贫困退出没有坚持标准和程序，退出质量不高。

12. 行业扶贫政策措施操作性不强，无法落实落地。

13. 区域扶贫政策聚焦精准扶贫不够，到村到户政策措施针对性不强、力度不够。

14. 用部门一般性工作代替扶贫工作，对贫困地区和贫困人口的倾斜支持力度不够；用行业普惠性政策代替精准扶贫政策，政策措施缺乏针对性。

（四）资金管理使用不规范。

15. 对扶贫资金和项目监管不严，导致贪污浪费、挤占挪用等问题时有发生。

16. 在扶贫资金管理使用过程中失职渎职，导致扶贫资金闲置滞留或造成损失。

17. 对贫困县统筹整合财政涉农资金用于脱贫攻坚支持不坚决，甚至软抵制。

18. 未按规定执行扶贫资金公开和公示公告制度，群众和社会不知晓，难以有效监督。

（五）工作作风不扎实。

19. 调查研究不深入实际，指导工作脱离实际，遇到问题不解决。

20. 工作落实走形式，以会议贯彻会议，以文件贯彻文件。

21. 垒大户堆盆景，搞形象工程，或者强迫命令“一刀切”。

22. 简单发钱发物、送钱送物，不注重激发贫困群众内生动力，扶贫成果不可持续。

（六）考核监督从严要求不够。

23. 考核评估一团和气，不较真碰硬。

24. 督查巡查避重就轻，报喜不报忧。

25. 发现问题隐瞒不报，袒护包庇。

三、工作措施

（一）加强学习培训。国务院扶贫办研究制定全国扶贫干部培训规划，组织开展对各省区市扶贫办和国务院扶贫开发领导小组成员单位相关人员的培训。各地区各部门要分别制订学习培训计划，分级安排培训活动，重点要加强对基层扶贫干部的培训。培训要深入学习贯彻党的十九大关于脱贫攻坚的新部署新要求，解读脱贫攻坚政策举措，介绍精准扶贫典型做法，帮助培训对象提高认识，着力培育懂扶贫、会帮扶、作风硬的扶贫干部队伍。

（二）规范驻村帮扶。县级以上各级机关、国有企事业单位要选派得力干部担任贫困村第一书记和驻村工作队员；加强管理考核，对成绩突出、群众认可的，表彰激励，对弄虚作假、失职失责的，严肃问责；加强保障支持，确保驻村干部下得去、融得进、干得好。

（三）改进调查研究。各地区各部门要改进脱贫攻坚调研方式，通过深入基层、联系群众、解剖麻雀，总结推广经验，发现并解决问题，防止走过场。调研方式要求实，不提前踩点，不培训农户，不弄虚作假。调研活动要严格遵守中央有关规定，一律轻车简从。严禁为迎接检查制作展板，严禁无实质内容的安排，严禁省市县层层陪同。

（四）减轻基层负担。减少村级填表报数，除每年根据统一部署填报一次建档立卡信息系统数据外，任何单位任何部门不得以任何理由要求村级填报扶贫数据，切实减轻村级扶贫干部负担。减少检查考评，除党中央、国务院确定的督查巡查、考核评估外，国务院扶贫开发领导小组不再组织其他检查考评，各地严禁层层多头组织脱贫攻坚检查考评。减少会议文件，精简会议活动，减少发文数量，严禁朝令夕改。

（五）完善扶贫开发大数据平台。加强建档立卡动态管理，不断提高识别质量。开发业务管理子系统，拓展服务功能。加强部门间数据和信息共享，加强数据分析，为宏观决策和工作指导提供支持。

（六）加强县级脱贫攻坚项目库建设。根据脱贫攻坚规划和工作需要，指导各地建立县级脱贫攻坚项目库，加强项目论证和储备，防止资金闲置浪费，防止因项目选定不准造成损失。

（七）健全扶贫项目资金公告公示制度。国家、省、市、县扶贫资金分配结果一律公开，乡村两级扶贫项目安排和资金使用情况一律公告公示。引导贫困群众参与扶贫项目决策、管理和监督，接受群众和社会监督。

（八）严格考核评估。实施最严格的考核评估和督查巡查，开展常规性的暗访监督，自觉接受人大、政协、民主党派、纪检监察、审计、检察、媒体、社会等全方位的监督，倒逼各地打造过硬优良作风。国务院扶贫开发领导小组对各成员单位贯彻落实党中央脱贫攻坚决策部署情况开展第三方评估。

(九)查处突出问题。建立举报追查制度,组织开展明察暗访,对扶贫领域不正之风,一经举报,追查到底。建立查实曝光制度,对查实的扶贫领域案件,坚决予以曝光。建立主体责任和监督责任追究制度,对涉贫作风问题频发的地区、部门和单位,严肃追究有关单位和个人的责任。

四、组织领导

(一)提高思想认识。脱贫攻坚是全面建成小康社会的标志性指标和底线任务,是促进贫困地区和贫困群众共享改革发展成果、满足美好生活需要的重要途径,是解决发展不平衡不充分主要矛盾的重要手段,是坚持以人民为中心发展思想的重要体现。各地区各部门要结合“不忘初心、牢记使命”主题教育,增强“四个意识”,强化责任担当,切实转变作风。自觉从思想上政治上行动上同以习近平同志为核心的党中央保持高度一致。

(二)落实工作责任。各地区各部门要按照中央统筹省负总责市县抓落实的扶贫工作机制,强化脱贫攻坚一把手责任制,把扶贫领域作风专项治理作为落实管党治党政治责任的具体行动,纳入本地区本部门重点工作。主要负责同志对本地区本部门扶贫的重大政策、重大问题要高度重视,做到统筹安排部署。要根据脱贫攻坚实际,加强政策供给,完善政策措施。

(三)贯彻从严要求。各地区各部门要把党中央关于全面从严治党的一系列部署要求不折不扣落实到脱贫攻坚全过程各环节,高标准、严要求、作表率,坚持不懈改作风转作风。对扶贫领域作风问题专项治理不安排、不督促、不落实或发现问题不整改的,要严肃追究责任。

(四)制定实施方案。国务院扶贫开发领导小组成员单位和各省区市扶贫开发领导小组要根据本通知精神,制定具体实施方案,明确牵头部门、工作人员、治理重点、工作举措等,于 12 月 31 日前送国务院扶贫办。

国务院扶贫开发领导小组关于广泛引导和动员社会组织参与脱贫攻坚的通知

（国开发〔2017〕12号）

国务院扶贫开发领导小组各成员单位、中央国家机关有关单位，各省、自治区、直辖市和新疆生产建设兵团扶贫开发领导小组：

为全面贯彻落实党的十九大精神，坚持大扶贫格局，坚决打赢脱贫攻坚战，现就广泛引导和动员社会组织（指的是在民政部门登记的社会团体、基金会、社会服务机构，下同）积极参与脱贫攻坚工作通知如下。

一、参与脱贫攻坚是社会组织的重要责任

确保我国现行标准下农村贫困人口如期脱贫、贫困县全部摘帽、解决区域性整体贫困，是全面建成小康社会的基本标志和底线目标，是以习近平同志为核心的党中央作出的庄严承诺。现在距2020年实现全面脱贫目标还有三年时间，全国仍有4300多万贫困人口没有摆脱贫困，脱贫攻坚任务十分艰巨。

社会组织是我国社会主义现代化建设的重要力量，是联系爱心企业、爱心人士等社会帮扶资源与农村贫困人口的重要纽带，是动员组织社会力量参与脱贫攻坚的重要载体，是构建专项扶贫、行业扶贫、社会扶贫“三位一体”大扶贫格局的重要组成部分。参与脱贫攻坚，既是社会组织的重要责任，又是社会组织服务国家、服务社会、服务群众、服务行业的重要体现，更是社会组织发展壮大的重要舞台和现实途径。要按照党的十九大关于动员全党全国全社会力量参与脱贫攻坚的要求，积极引导各级各类社会组织深入学习贯彻习近平总书记扶贫开发的重要战略思想，领会精髓实质，牢固树立政治意识、大局意识、核心意识、看齐意识，与以习近平同志为核心的党中央同心同德、同向同行，发挥自身专长和优势，从帮助贫困人口解决最直接、最现实、最紧迫的问题入手，促进社会帮扶资源进一步向贫困地区、贫困人口汇聚，在承担公共服务、提供智力支持、实施帮扶项目、协助科学决策等方面主动作为，在打赢脱贫攻坚战中发挥重要作用。

二、社会组织参与脱贫攻坚的重点领域

（一）参与产业扶贫。支持有条件的社会组织特别是行业协会商会、农村专业技术协会参与落实贫困地区特色产业发展规划，围绕市场需求踊跃参与贫困地区特色产业发展、培育农民专业合作组织、引进龙头企业、搭建产销平台、推广应用中国社会扶贫网、推进电商扶贫工程、促进休闲农业和乡村旅游开发、支持农民工返乡创业等。鼓励社会组织组织专业人才为贫困地区发展特色优势产业提供智力和技术支持，提高贫困人口脱贫增收能力，促进贫困地区经济社会发展。

（二）参与教育扶贫。鼓励社会组织特别是基金会参与《教育脱贫攻坚“十三五”规划》《职业教育东西协作行动计划（2016—2020年）》等政策的落实工作，参与实施教育扶贫结对帮扶、扶贫助学助困项目。鼓励社会组织通过增强贫困地区教育培训机构能力和师资水平，开展科学普及，提升贫困地区教育水平，帮助扶贫对象（含建档立卡贫困人口、农村低保对象、特困人员、贫困残疾人）学习掌握职业技能、致富技术，提供职业指导，增强就业能力。鼓励社会组织有序组织大学生、退休教师、社会人士到贫困地区开展扶贫支教。鼓励非营利性民办学校加大对贫困学生资助力度。

（三）参与健康扶贫。鼓励社会组织通过提供医疗技术支持、卫生人才培训和紧缺设备援助等，帮助贫困地区提高医疗水平，改善服务设施。支持社会组织针对贫困人口实施儿童营养改善、新生儿疾病筛查、小儿先心病治疗、妇女两癌筛查、优生优育、白内障治疗、失能失智老人照护等健康项目，帮助解决大病、地方病、慢性病等问题，做好疾病预防宣传、早发现、早治疗等工作。动员有条件的社会组织对贫困人口开展义诊、免费体检等公益活动。鼓励支持相关公益慈善组织通过设立专项基金等形式，开展贫困人口重特大疾病专项救助。依托慈善组织互联网公开募捐信息平台向社会公众进行募捐，加大慈善医疗救助力度，精准对接特殊困难家庭，减轻贫困人口医疗费用负担。鼓励非营利性民办医院对贫困人口开展一对一帮扶和义诊等活动。

（四）参与易地扶贫搬迁。鼓励社会组织积极参与易地扶贫搬迁，促进帮扶资源与建档立卡搬迁户精准对接，帮助搬迁群众发展生产、充分就业。支持社会组织发挥专项建设规划、心理疏导、关系调适等方面的优势，促进搬迁群众融合适应，形成现代文明理念和生活方式，为“搬得进、稳得住、能脱贫”创造条件。

（五）倡导志愿扶贫。支持贫困地区培育发展志愿服务组织，鼓励志愿服务组织到贫困地区开展扶贫志愿服务。推动社会工作服务机构为贫困人口提供心理疏导、生活帮扶、能力提升、权益保障等专业服务，为贫困妇女、青年提供技能培训、能力提升、就业援助、生计发展等服务。支持社会组织参与贫困村农村社区服务体系建设，开展贫困村老人、残疾人、留守儿童、低保家庭、特困人员等关爱保障工作，帮助化解其生活、学习等方面的困难。

（六）支持社会组织参与其他扶贫行动。发挥产业信息汇集、行业资源聚集、专业人才密集等优势，助推劳务输出就业扶贫；发挥服务专业、成本低廉、运作高效等优势，助力贫困地区水利交通建设、电力能源开发、危房改造、文化建设等工作。鼓励社会组织对脱贫攻坚工作提出政策建议、参与第三方评估、反映贫困人口需求等。支持社会组织在贫困地区宣传现代文明理念和生活方式，开展科技助力精准扶贫活动，参与环境综合治理整治，保护和修复生态，改善贫困乡村生产生活条件。

三、发挥全国性和省级社会组织示范带头作用

全国性和省级社会组织是社会组织参与脱贫攻坚的主力军。要倡导全国性和省级社会组织结合自身专长、优势和活动地域，每年至少面向贫困地区开展一次扶贫活动；主办、承办的博览会、展销会、年会、专题会等，优先选择在贫困地区举行，积极与贫困地区经济发展、招商引资、扶贫开发等相结合，并对贫困地区参展参会给予费用减免等优惠。要支持全国性和省级社会组织通过设立慈善信托、实施扶贫项目、结对帮扶、捐赠款物、消费扶贫、资助贫困地区公益慈善组织等方式，参与贫困地区脱贫攻坚工作。要鼓励公益慈善类社会组织、科技类社会组织、行业协会商会和民办教育、培训、养老、卫生等社会服务机构，进一步提高业务活动成本中用于脱贫攻坚的比例。

社会组织业务主管单位、行业管理部门和登记管理机关要按照管理权限，引导实行双重管理的全国性和省级社会组织、脱钩后的全国性和省级行业协会商会、直接登记试点的全国性和省级社会组织，主动对接政府扶贫工作计划和扶贫工作部署，按要求定期上报参与脱贫攻坚的情况，配合做好工作检查和信息统计，并通过互联网等途径及时、全面地公开“在哪里扶贫”“扶了谁”“扶了多少”“扶贫效果怎么样”等情况，接受社会各方监督。

社会组织业务主管单位、行业管理部门和登记管理机关要引导全国性和省级社会组织，按照其宗旨和业务范围，结合上述要求制定2020年前参与脱贫攻坚工作规划和年度工作计划，明确工作目标，细化任务措施。工作规划和实施情况于本通知下发后两个月内分别报送业务主管单位、登记管理机关和扶贫部门备案。2018年至2020年年度工作计划和上一年度参与脱贫攻坚工作情况随当年年检年报工作相关材料一同报送业务主管单位、登记管理机关和扶贫部门。

四、创造条件，支持社会组织参与脱贫攻坚

国务院扶贫开发领导小组各成员单位、中央国家机关各有关单位、各省（区、市）扶贫开发领导小组要通过思想动员、政策支持、典型宣传等方式，支持引导社会组织积极参与脱贫攻坚。要推动社会组织资源供给和扶贫需求实现有效对接，努力为社会组织提供信息服务。要建立健全政府向社会组织购买扶贫服务制度，细化落实社会组织参与扶贫济困活动的税收减免、信贷支持、行政事业性费用减免等政策，努力为社会组织提供优惠政策服务。要定期开展相关扶贫政策和业务知识培训，努力为社会组织提供能力建设服务。民政部门、扶贫部门要建设共享合作平台和信息服务网络，建立健全社会组织参与脱贫攻坚信息核对和抽查机制，确保“真扶贫”“扶真贫”。

扶贫部门要将社会组织参与脱贫攻坚纳入重要议事日程，建立相应机制，积极协调本级扶贫开发领导小组成员单位为社会组织参与脱贫攻坚提供方便、创造条件。定期与社会组织沟通工作，切实加强业务指导，通过合理方式对到贫困地区参与脱贫攻坚的社会组织给予必要的资金和项目支持。

民政部门要做好社会组织依法登记、年检年报、评估、慈善组织认定、公募资格审定、慈善信托的备案和监督等工作，支持、规范社会组织参与脱贫攻坚。要会同同级扶贫部门牵头建立协调服务机制，明确专门机构和人员负责组织协调服务工作，及时解决社会组织参与脱贫攻坚遇到的困难和问题。要创新宣传形式，拓宽宣传渠道，大力表彰在脱贫攻坚中作出突出贡献的社会组织，配合新闻宣传部门，加大社会组织参与脱贫攻坚先进事迹、先进人物宣传力度，营造支持社会组织参与脱贫攻坚的浓厚氛围。

社会组织业务主管单位应当定期检查社会组织参与脱贫攻坚工作的情况，每年12月底前，统计并公布本单位、本部门、本系统社会组织参与脱

贫攻坚的情况，并将检查情况和统计信息通报给同级登记管理机关和扶贫部门。

行业管理部门等有关单位要依法对社会组织参与脱贫攻坚中弄虚作假的行为进行公开曝光批评；对挪用、截流扶贫资金或擅自改变用途，以及假借扶贫开发名义，违法募集、套取资金的，对没有公开募捐资格或未获得互联网公开募捐信息平台指定，擅自开展在线扶贫募捐的，要严肃予以查处；对未经登记、擅自以社会组织名义进行扶贫开发的非法社会组织，要坚决予以取缔；对于假借扶贫名义，搞各种违法犯罪活动的，要坚决予以打击。

各省（区、市）扶贫开发领导小组可按本通知精神，制定本省（区、市）引导社会组织参与脱贫攻坚具体规定，要部署贫困地区县级民政部门会同扶贫部门建立健全各级、各类参与本行政区域内脱贫攻坚活动的社会组织信息统计制度，定期向社会公布，并于每年年底联合向省级民政部门和扶贫部门报送相关数据，省级民政部门和扶贫部门汇总后，报送民政部和国务院扶贫办。工作中遇到的重大问题请及时向当地党委政府报告，并通报给民政部和国务院扶贫办。

中华全国总工会关于在脱贫攻坚中充分发挥工会作用的指导意见

（总工发〔2016〕30号）

为全面贯彻落实《中共中央国务院关于打赢脱贫攻坚战的决定》，在确保到2020年实现脱贫攻坚目标中充分发挥工会组织作用，提出以下意见。

一、充分认识工会在脱贫攻坚中发挥作用的必要性和紧迫性

打赢脱贫攻坚战，是促进全体人民共享改革发展成果、实现共同富裕的重大举措，是体现中国特色社会主义制度优越性的重要标志。当前，我国扶贫开发已进入啃硬骨头、攻坚拔寨的冲刺期，时间紧迫、任务繁重。脱贫攻坚是全党全社会的共同责任，必须凝聚全社会力量，形成全社会共同参与的多元主体的社会扶贫体系。

工会是社会扶贫力量的重要组成部分，在打赢脱贫攻坚战中充分发挥工会组织作用是围绕中心服务大局，推动全面建成小康社会的要求；是扩大内需、促进经济增长，促进包括职工群众在内的全体人民共享改革发展成果的要求；是经济发展新常态下维护职工队伍和社会稳定的要求。

各级工会必须把做好脱贫攻坚工作作为重大政治任务，切实增强责任感使命感，加强对工会脱贫攻坚工作的组织领导，积极争取各级党委、政府的领导和支持，充分发挥工会组织优势，将推动脱贫攻坚和推动工会工作发展结合起来，按照中央要求打赢脱贫攻坚战。

二、工会做好脱贫攻坚工作的指导思想和工作思路

（一）指导思想。

全面贯彻落实党的十八大和十八届三中、四中、五中全会精神，以邓小平理论、“三个代表”重要思想和科学发展观为指导，深入贯彻习近平总书记系列重要讲话精神，按照中央扶贫开发工作会议部署，紧紧围绕“五位一体”总体布局和“四个全面”战略布局，牢固树立和贯彻创新、

协调、绿色、开放、共享的发展理念，坚持精准扶贫、精准脱贫基本方略，积极参与、发挥优势，立足实际、创新方式，把工会工作资源手段向贫困地区和贫困农民工倾斜，努力推动实现脱贫攻坚总体目标。

（二）工作思路。

——围绕脱贫攻坚大局，坚持精准扶贫、精准脱贫基本方略。从打赢脱贫攻坚战大局出发，把脱贫攻坚工作纳入工会工作全局统筹谋划，按照“四个切实”“五个一批”“六个精准”的扶贫工作要求，瞄准建档立卡贫困人口，把扶贫和脱贫精准度作为衡量工会脱贫攻坚工作成效的根本标准。

——积极主动参与，充分发挥优势。发挥工会联系农民工紧密的优势，在完成好定点扶贫任务的同时，在行业扶贫、特困连片地区扶贫、社会扶贫中找准工作切入点，通过做好服务农民工中建档立卡贫困农民的工作，推动贫困农民加快脱贫步伐。

——促进脱贫攻坚与困难职工解困脱困相结合。在积极做好农村贫困人口脱贫攻坚工作的同时，切实分类做好城市困难职工群体的解困脱困工作，努力实现二者有机结合，互相衔接，互相促进。

——推动脱贫攻坚与增强基层工会活力相结合。积极推进贫困地区基层工会建设，把更多的工会资源向基层倾斜，加强对基层工会开展脱贫解困工作的指导，持续提升基层工会做好脱贫攻坚工作能力，全面增强基层工会活力。

三、发挥工会自身优势，为脱贫攻坚贡献力量

（一）促进贫困地区基础设施建设。

在贫困地区的交通、水利、电力等基础设施重点项目和民族地区重大基础设施项目、民生工程建设中，组织动员职工开展重大工程劳动和技能竞赛活动，广泛开展合理化建议、技术革新、技术协作、发明创造等活动，促进项目优质高效安全完工，促进完善贫困地区基础设施，推动贫困地区和民族地区破除发展瓶颈制约，加快经济社会发展。（劳动和经济工作部牵头）

（二）加强对贫困地区的技术指导和技术帮扶。

组织动员劳动模范和技术能手深入贫困地区企业开展技能培训和技术交流活动，推广先进技术，帮助贫困地区培训技能人才。（劳动和经济工作部牵头）

组织行业先进企业深入贫困地区开展技术帮扶和技术攻关，解决贫困

地区企业发展中遇到的技术难题，推动贫困地区企业健康发展。(各产业工会牵头)

(三) 推进贫困人口转移就业和稳定就业能力提升。

积极参与国家"雨露"计划，利用工会农民工培训基地、职工技能实训基地和职工学校等，开展农村劳动力转移培训。开展多种形式的农民工就业援助活动，充分发挥工会职业介绍机构和帮扶中心就业服务窗口作用，为贫困农民工开展就业服务，组织开展农民工跨区域劳务协作活动。积极参与农民工职业技能提升计划，推动企业加强对外出务工贫困农民工的岗位技能培训，帮助其提高技能水平和就业能力。(权益保障部牵头，宣传教育部参加)

(四) 强化对来自贫困地区农民工的入会和维权工作。

继续实施"农民工入会集中行动"，扩大覆盖面，最大限度地把农民工吸收到工会组织中来。(基层工作部牵头)

掌握会员中来自农村建档立卡贫困家庭的情况，督促企业规范农民工劳动用工管理，切实维护其劳动就业、技能培训、工资报酬、社会保险、劳动安全卫生、民主政治、精神文化等权益，多途径推动解决脱贫农民工因职业病、伤残导致和加重贫困问题，努力实现农民工入会数量和服务质量双提升。(权益保障部牵头)

(五) 重视对困难地区农民工的帮扶。

发挥工会广泛联系企业优势，打造"订单培训—精准输出"的劳务输出模式，在贫困地区通过无息贷款、小额贷款贴息等方式，支持农民工返乡创业，推动在工会的创业扶持项目中吸纳贫困农民就业。开展贫困农民工精准识别、建档立卡工作，在工会开展的为困难职工送温暖、农民工平安返乡、金秋助学等活动中，把困难农民工及其子女作为重要帮扶对象。(权益保障部牵头)

开展工会志愿者帮扶贫困农民工活动，为贫困农民工提供法律维权、心理咨询、送医义诊等服务，向农民工留守儿童捐赠书籍和学习用品等。(宣传教育部牵头，法律工作部参加)

(六) 提升工会定点扶贫工作水平。

深入开展定点扶贫地区贫困状况调研活动，进一步摸清贫困人口底数和贫困原因。把工作重点放在建档立卡的贫困户上，以减少贫困人数为目标，加大资金投入，制定精准扶贫工作方案，积极配合定点扶贫地区党委政府开展精准扶贫。各地定点扶贫到村的，要做到定点扶贫村的每个贫困户都有工会帮扶责任人。探索开展电商扶贫、生态旅游扶贫等新的扶贫工

作方式，推动工会系统采购定点扶贫地区农副产品，帮助拓宽销售渠道。(劳动和经济工作部牵头)

（七）加强贫困地区基层工会建设。

支持贫困地区组建村级工会，加强农民输出地工会与输入地工会的协调配合，为开展针对性服务奠定组织基础。(基层工作部牵头)

定期举办贫困地区工会干部专项培训班，组织贫困地区工会干部到上级工会和发达地区工会交流挂职。(组织部牵头)

支持贫困地区工会进一步完善帮扶中心建设，在分配帮扶资金、配置职工书屋时向贫困地区工会倾斜。(权益保障部牵头，宣传教育部参加)

加大对贫困地区工会职工技术培训机构的支持，帮助提供必要的师资和资金，援助必要的培训教学设备。(宣传教育部牵头)

（八）发挥工会组织优势，整合社会力量参与脱贫攻坚。

积极发挥产业工会优势，动员有实力的大企业开展定点帮扶。（各产业工会牵头）

充分挖掘各级劳动模范、五一劳动奖状集体等资源，发挥影响力、带动力，开展多种有效的扶贫专项行动。(劳动和经济工作部牵头)

四、切实加强组织领导，将工会脱贫攻坚举措落到实处

（一）健全完善工会脱贫攻坚工作的体制机制。

各级工会要高度重视脱贫攻坚工作，成立以主要领导任组长的脱贫攻坚工作领导小组，安排专人负责脱贫攻坚工作的统筹协调，建立健全领导和部门与对口联系贫困乡、贫困村和贫困户“一对一帮扶解困”工作机制。(劳动和经济工作部牵头)

加强考核监督，把脱贫攻坚工作绩效作为考核评价工会工作的重要内容。(办公厅牵头)

建立完善扶贫资金使用制度，保障扶贫资金安排并加强对资金使用的监管，确保资金合法合规用于精准扶贫。（财务部牵头，经费审查委员会办公室参加)

（二）选派优秀干部从事脱贫攻坚工作。

把脱贫攻坚工作作为培养锻炼干部的重要抓手，鼓励和选派思想好、作风正、能力强、愿意为职工群众服务的优秀年轻干部从事扶贫工作，在政治上工作上生活上关心扶贫干部，解决他们的后顾之忧。积极支持扶贫干部参加有关培训，提高脱贫攻坚工作能力。对于在脱贫攻坚工作中做出突出贡献的工会干部，在提拔任用和各类评先评优中要优先考虑。（组织

部牵头）

（三）加强工会脱贫攻坚工作的宣传。

充分利用工会内外多种媒体资源，全面宣传我国扶贫事业取得的重大成就，准确解读党和政府脱贫攻坚的决策部署、政策举措，深入报道各级工会开展精准扶贫、精准脱贫的丰富实践和先进典型。对为脱贫攻坚做出突出成绩的工会组织和个人，可以按程序推荐全国五一劳动奖，对做出杰出贡献的先进典型，积极向政府有关部门推荐参加全国脱贫攻坚奖评选，并加大宣传力度，营造工会上下齐心协力推进脱贫攻坚工作的浓厚氛围。（宣传教育部牵头）

（此件发各省、自治区、直辖市总工会，各全国产业工会，中共中央直属机关工会联合会、中央国家机关工会联合会，全总各部门、各直属单位）

全国总工会开展扶贫领域作风问题专项治理实施方案

（厅字〔2018〕8号）

按照《国务院扶贫开发领导小组关于开展扶贫领域作风问题专项治理的通知》（国开发〔2017〕10号）要求，制定全国总工会2018年开展扶贫领域作风专项治理实施方案如下：

一、目标任务

全面贯彻党的十九大精神，以习近平新时代中国特色社会主义思想为指导，坚决贯彻落实党中央脱贫攻坚决策部署，坚持精准扶贫精准脱贫基本方略，强化目标导向，强化责任担当，强化问题意识，全面系统清除作风问题形成根源，较真碰硬压缩作风问题滋生空间，严惩严治形成对作风问题的强大震慑，标本兼治构建扶贫领域作风建设长效机制，推动扶贫领域作风明显改善，促进工会系统脱贫攻坚各项政策措施全面落实，为如期完成脱贫攻坚目标任务做出贡献。

二、基本原则

坚持统一部署与分工负责相结合。在全总党组领导下，全国总工会扶贫工作领导小组具体部署，明确专项治理总体要求。各成员单位围绕本单位扶贫工作存在的作风问题开展专项治理。坚持以上率下与加强指导相结合。全国总工会扶贫工作领导小组带头示范，以严肃的态度、严格的标准、严明的纪律抓好自身作风建设。指导工会系统加强作风建设，解决存在的突出问题。坚持立行立改与制度建设相结合。对影响工会脱贫攻坚政策措施落实的突出问题，对基层干部反映强烈的问题，对损害群众利益的行为，坚决纠正，迅速整改。追根溯源，举一反三，加强制度建设，完善政策措施。坚持集中突破与持续推进相结合。用1年左右时间，集中力量解决突出问题，确保取得阶段性成效。将作风建设贯穿脱贫攻坚全过程，持续推进。

三、治理重点

（一）“四个意识”不强。

对脱贫攻坚的重要性艰巨性紧迫性认识不足，对推动落实精准扶贫精准脱贫基本方略认识不到位，行动不坚决。对脱贫攻坚决策部署和出台政策措施贯彻不力，制定配套措施、细化落实方案、推进组织实施不及时不到位。（机关党委、纪委牵头，各成员单位参加）

（二）责任落实不到位。

成员单位领导责任落实不到位，主要负责同志研究指导不够，履行主体责任和监督责任不力，分管负责同志工作不深入不扎实，具体工作责任不明确不落实。（办公厅牵头，各成员单位参加）

对已出台政策措施的实施指导督促不够，政策停留在纸面上或实施效果不明显，没有形成系统合力。（劳动和经济工作部牵头，各成员单位参加）

对定点扶贫、选派挂职扶贫干部、驻村第一书记等工作不够重视，派出的干部不得力，缺少指导、支持、关心和监督，存在“挂名走读”等问题。（组织部牵头）

（三）工作措施不精准。

行业扶贫政策措施操作性不强，无法落实落地。用部门一般性工作代替扶贫工作，对贫困地区和贫困人口的倾斜支持力度不够；用行业普惠性政策代替精准扶贫政策，政策措施缺乏针对性。（劳动和经济工作部牵头，各成员单位参加）

（四）资金管理使用不规范。

对扶贫资金和项目监管不严，导致贪污浪费、挤占挪用等问题时有发生。在扶贫资金管理使用过程中失职渎职，导致扶贫资金闲置滞留或造成损失。（财务部牵头，经审办参加）

（五）工作作风不扎实。

调查研究不深入实际，指导工作脱离实际，遇到问题不解决。工作落实走形式，以会议贯彻会议，以文件贯彻文件。（机关党委、纪委牵头，各成员单位参加）

四、工作举措

（一）落实工作责任。各成员单位强化脱贫攻坚一把手责任制，把扶贫领域作风专项治理作为落实管党治党政治责任的具体行动，纳入本单位重点工作。主要负责同志对本单位扶贫工作要高度重视，做到统筹安排部署。根据脱贫攻坚实际，按照《中华全国总工会关于在脱贫攻坚中充分发挥工会作用的指导意见》（总工发〔2016〕30号）要求，相关单位结合自身职责，尽快制定完善对贫困地区和贫困人口倾斜的精准扶贫政策措施。进一步完善定点扶贫工作有关管理制度，加强对定点扶贫工作的资金支持、人才保障和工作指导，助力两个定点扶贫县如期完成脱贫攻坚任务。

（二）贯彻从严要求。各成员单位把党中央关于全面从严治党的一系列部署要求不折不扣落实到脱贫攻坚全过程各环节，高标准、严要求、作表率，坚持不懈改作风转作风。对扶贫领域作风问题专项治理不安排、不督促、不落实或发现问题不整改的，严肃追究责任。加强对挂职扶贫干部和驻村第一书记管理考核，对成绩突出、群众认可的，表彰激励，对弄虚作假、失职失责的，严肃追责和问责。

（三）改进调查研究。各成员单位改进脱贫攻坚调研方式，通过深入基层、联系群众、解剖麻雀，总结推广经验，发现并解决问题，防止走过场。调研方式要求实，不提前踩点。调研活动要严格遵守中央有关规定，一律轻车简从。严禁为迎接检查制作展板，严禁无实质内容的安排，严禁省市县层层陪同。

五、工作要求

（一）提高思想认识。脱贫攻坚是全面建成小康社会的标志性指标和底线任务，是促进贫困地区和贫困群众共享改革发展成果、满足美好生活需要的重要途径，是解决发展不平衡不充分主要矛盾的重要手段，是坚持以人民为中心发展思想的重要体现。各成员单位要结合“不忘初心、牢记使命”主题教育，增强“四个意识”，强化责任担当，切实转变作风，自觉从思想上政治上行动上同以习近平同志为核心的党中央保持高度一致。

（二）精心组织实施。各成员单位要高度重视专项整治工作，围绕治理重点全面开展自查，发现并及时整改存在的问题，通过完善制度、建立机制，积极督促指导地方工会推动工作，切实将各项政策措施落到实处。

（三）加强沟通协调。劳动和经济工作部、机关党委负责专项整治工作的组织协调、统计汇总、督促检查。各成员单位要确定专人负责日常工作联系，并定期向全国总工会扶贫工作领导小组报告专项工作进展情况。

工会劳动和经济工作法律法规政策指南

中华全国总工会劳动和经济工作部◎主编

下

GONGHUI LAODONG HE JINGJI GONGZUO FALV FAGUI ZHENGCE ZHINAN

中国工人出版社

CONTENTS 目　录

劳动保护工作篇

一、法律

二、行政法规

（一）劳动安全

（二）职业卫生

三、中共中央、国务院文件

（一）劳动安全

（二）职业卫生

四、部门规章

（一）劳动安全

（二）职业卫生

五、部委文件

（一）劳动安全

（二）职业卫生

六、全总文件

（一）劳动安全

（二）职业卫生

劳动保护工作篇

一、法律

中华人民共和国宪法（节选）

（1982年12月4日第五届全国人民代表大会第五次会议通过，1982年12月4日全国人民代表大会公告公布施行　根据1988年4月12日第七届全国人民代表大会第一次会议通过的《中华人民共和国宪法修正案》、1993年3月29日第八届全国人民代表大会第一次会议通过的《中华人民共和国宪法修正案》、1999年3月15日第九届全国人民代表大会第二次会议通过的《中华人民共和国宪法修正案》、2004年3月14日第十届全国人民代表大会第二次会议通过的《中华人民共和国宪法修正案》和2018年3月11日第十三届全国人民代表大会第一次会议通过的《中华人民共和国宪法修正案》修正）

第二章　公民的基本权利和义务

第四十二条　中华人民共和国公民有劳动的权利和义务。

国家通过各种途径，创造劳动就业条件，加强劳动保护，改善劳动条件，并在发展生产的基础上，提高劳动报酬和福利待遇。

中华人民共和国工会法（节选）

（1992年4月3日第七届全国人民代表大会第五次会议通过　根据2001年10月27日第九届全国人民代表大会常务委员会第二十四次会议《关于修改〈中华人民共和国工会法〉的决定》第一次修正　根据2009年8月27日第十一届全国人民代表大会常务委员会第十次会议《关于修改部分法律的决定》第二次修正）

第一章　总　则

第二条　工会是职工自愿结合的工人阶级的群众组织。

中华全国总工会及其各工会组织代表职工的利益，依法维护职工的合法权益。

第五条　工会组织和教育职工依照宪法和法律的规定行使民主权利，发挥国家主人翁的作用，通过各种途径和形式，参与管理国家事务、管理经济和文化事业、管理社会事务；协助人民政府开展工作，维护工人阶级领导的、以工农联盟为基础的人民民主专政的社会主义国家政权。

第六条　维护职工合法权益是工会的基本职责。工会在维护全国人民总体利益的同时，代表和维护职工的合法权益。

工会通过平等协商和集体合同制度，协调劳动关系，维护企业职工劳动权益。

工会依照法律规定通过职工代表大会或者其他形式，组织职工参与本单位的民主决策、民主管理和民主监督。

工会必须密切联系职工，听取和反映职工的意见和要求，关心职工的生活，帮助职工解决困难，全心全意为职工服务。

第三章　工会的权利和义务

第二十二条　企业、事业单位违反劳动法律、法规规定，有下列侵犯职工劳动权益情形，工会应当代表职工与企业、事业单位交涉，要求企业、事业单位采取措施予以改正；企业、事业单位应当予以研究处理，并向工会做出答复；企业、事业单位拒不改正的，工会可以请求当地人民政府依法做出处理：

（一）克扣职工工资的；

（二）不提供劳动安全卫生条件的；

（三）随意延长劳动时间的；

（四）侵犯女职工和未成年工特殊权益的；

（五）其他严重侵犯职工劳动权益的。

第二十三条 工会依照国家规定对新建、扩建企业和技术改造工程中的劳动条件和安全卫生设施与主体工程同时设计、同时施工、同时投产使用进行监督。对工会提出的意见，企业或者主管部门应当认真处理，并将处理结果书面通知工会。

第二十四条 工会发现企业违章指挥、强令工人冒险作业，或者生产过程中发现明显重大事故隐患和职业危险，有权提出解决的建议，企业应当及时研究答复；发现危及职工生命安全的情况时，工会有权向企业建议组织职工撤离危险现场，企业必须及时作出处理决定。

第二十五条 工会有权对企业、事业单位侵犯职工合法权益的问题进行调查，有关单位应当予以协助。

第二十六条 职工因工伤亡事故和其他严重危害职工健康问题的调查处理，必须有工会参加。工会应当向有关处理部门提出处理意见，并有权要求追究直接负责的主管人员和有关责任人员的责任。对工会提出的意见，应当及时研究，给予答复。

第二十七条 企业、事业单位发生停工、怠工事件，工会应当代表职工同企业、事业单位或者有关方面协商，反映职工的意见和要求并提出解决意见。对于职工的合理要求，企业、事业单位应当予以解决。工会协助企业、事业单位做好工作，尽快恢复生产、工作秩序。

第二十八条 工会参加企业的劳动争议调解工作。

地方劳动争议仲裁组织应当有同级工会代表参加。

第二十九条 县级以上各级总工会可以为所属工会和职工提供法律服务。

第三十条 工会协助企业、事业单位、机关办好职工集体福利事业，做好工资、劳动安全卫生和社会保险工作。

第三十一条 工会会同企业、事业单位教育职工以国家主人们翁态度对待劳动，爱护国家和企业的财产，组织职工开展群众性的合理化建议、技术革新活动，进行业余文化技术学习和职工培训，组织职工开展文娱、体育活动。

第三十三条 国家机关在组织起草或者修改直接涉及职工切身利益的法律、法规、规章时，应当听取工会意见。

县级以上各级人民政府制定国民经济和社会发展计划，对涉及职工利益的重大问题，应当听取同级工会的意见。

县级以上各级人民政府及其有关部门研究制定劳动就业、工资、劳动安全卫生、社会保险等涉及职工切身利益的政策、措施时，应当吸收同级工会参加研究，听取工会意见。

第三十四条 县级以上地方各级人民政府可以召开会议或者采取适当方式，相同级工会通报政府的重要的工作部署和与工会工作有关的行政措施，研究解决工会反映的职工群众的意见和要求。

各级人民政府劳动行政部门应当会同同级工会和企业方面代表，建立劳动关系三方协商机制，共同研究解决劳动关系方面的重大问题。

第六章 法律责任

第四十九条 工会对违反本法规定侵犯其合法权益的，有权提请人民政府或者有关部门予以处理，或者向人民法院提起诉讼。

第五十三条 违反本法规定，有下列情形之一的，由县级以上人民政府责令改正，依法处理：

（一）妨碍工会组织职工通过职工代表大会和其他形式依法行使民主权利的；

（二）非法撤销、合并工会组织的；

（三）妨碍工会参加职工因工伤亡事故以及其他侵犯职工合法权益问题的调查处理的；

（四）无正当理由拒绝进行平等协商的。

第五十五条 工会工作人员违反本法规定，损害职工或者工会权益的，由同级工会或者上级工会责令改正，或者予以处分；情节严重的，依照《中国工会章程》予以罢免；造成损失的，应当承担赔偿责任；构成犯罪的，依法追究刑事责任。

第七章 附 则

第五十七条 本法自公布之日起施行。1950 年 6 月 29 日中央人民政府颁布的《中华人民共和国工会法》同时废止。

中华人民共和国劳动法（节选）

（1994 年 7 月 5 日第八届全国人民代表大会常务委员会第八次会议通过 根据 2009 年 8 月 27 日第十一届全国人民代表大会常务委员会第十次会议《关于修改部分法律的决定》第一次修正 根据 2018 年 12 月 29 日第十三届全国人民代表大会常务委员会第七次会议《关于修改〈中华人民共和国劳动法〉等七部法律的决定》第二次修正）

第六章 劳动安全卫生

第五十二条 用人单位必须建立、健全劳动安全卫生制度，严格执行国家劳动安全卫生规程和标准，对劳动者进行劳动安全卫生教育，防止劳动过程中的事故，减少职业危害。

第五十三条 劳动安全卫生设施必须符合国家规定的标准。新建、改建、扩建工程的劳动安全卫生设施必须与主体工程同时设计、同时施工、同时投入生产和使用。

第五十四条 用人单位必须为劳动者提供符合国家规定的劳动安全卫生条件和必要的劳动防护用品，对从事有职业危害作业的劳动者应当定期进行健康检查。

第五十五条 从事特种作业的劳动者必须经过专门培训并取得特种作业资格。

第五十六条 劳动者在劳动过程中必须严格遵守安全操作规程。劳动者对用人单位管理人员违章指挥、强令冒险作业，有权拒绝执行；对危害生命安全和身体健康的行为，有权提出批评、检举和控告。

第五十七条 国家建立伤亡事故和职业病统计报告和处理制度。县级以上各级人民政府劳动行政部门、有关部门和用人单位应当依法对劳动者在劳动过程中发生的伤亡事故和劳动者的职业病状况，进行统计、报告和处理。

第七章　女职工和未成年工特殊保护

第五十八条　国家对女职工和未成年工实行特殊劳动保护。未成年工是指年满十六周岁未满十八周岁的劳动者。

第五十九条　禁止安排女职工从事矿山井下、国家规定的第四级体力劳动强度的劳动和其他禁忌从事的劳动。

第六十条　不得安排女职工在经期从事高处、低温、冷水作业和国家规定的第三级体力劳动强度的劳动。

第六十一条　不得安排女职工在怀孕期间从事国家规定的第三级体力劳动强度的劳动和孕期禁忌从事的劳动。对怀孕七个月以上的女职工，不得安排其延长工作时间和夜班劳动。

第六十二条　女职工生育享受不少于九十天的产假。

第六十三条　不得安排女职工在哺乳未满一周岁的婴儿期间从事国家规定的第三级体力劳动强度的劳动和哺乳期禁忌从事的其他劳动，不得安排其延长工作时间和夜班劳动。

第六十四条　不得安排未成年工从事矿山井下、有毒有害、国家规定的第四级体力劳动强度的劳动和其他禁忌从事的劳动。

第六十五条　用人单位应当对未成年工定期进行健康检查。

第十二章　法律责任

第九十二条　用人单位的劳动安全设施和劳动卫生条件不符合国家规定或者未向劳动者提供必要的劳动防护用品和劳动保护设施的，由劳动行政部门或者有关部门责令改正，可以处以罚款；情节严重的，提请县级以上人民政府决定责令停产整顿；对事故隐患不采取措施，致使发生重大事故，造成劳动者生命和财产损失的，对责任人员依照刑法有关规定追究刑事责任。

第九十五条　用人单位违反本法对女职工和未成年工的保护规定，侵害其合法权益的，由劳动行政部门责令改正，处以罚款；对女职工或者未成年工造成损害的，应当承担赔偿责任。

中华人民共和国安全生产法

（2002年6月29日第九届全国人民代表大会常务委员会第二十八次会议通过　根据2009年8月27日第十一届全国人民代表大会常务委员会第十次会议《关于修改部分法律的决定》第一次修正　根据2014年8月31日第十二届全国人民代表大会常务委员会第十次会议《关于修改〈中华人民共和国安全生产法〉的决定》第二次修正）

第一章　总　则

第一条　为了加强安全生产工作，防止和减少生产安全事故，保障人民群众生命和财产安全，促进经济社会持续健康发展，制定本法。

第二条　在中华人民共和国领域内从事生产经营活动的单位（以下统称生产经营单位）的安全生产，适用本法；有关法律、行政法规对消防安全和道路交通安全、铁路交通安全、水上交通安全、民用航空安全以及核与辐射安全、特种设备安全另有规定的，适用其规定。

第三条　安全生产工作应当以人为本，坚持安全发展，坚持安全第一、预防为主、综合治理的方针，强化和落实生产经营单位的主体责任，建立生产经营单位负责、职工参与、政府监管、行业自律和社会监督的机制。

第四条　生产经营单位必须遵守本法和其他有关安全生产的法律、法规，加强安全生产管理，建立、健全安全生产责任制和安全生产规章制度，改善安全生产条件，推进安全生产标准化建设，提高安全生产水平，确保安全生产。

第五条　生产经营单位的主要负责人对本单位的安全生产工作全面负责。

第六条　生产经营单位的从业人员有依法获得安全生产保障的权利，并应当依法履行安全生产方面的义务。

第七条　工会依法对安全生产工作进行监督。

生产经营单位的工会依法组织职工参加本单位安全生产工作的民主管

理和民主监督，维护职工在安全生产方面的合法权益。生产经营单位制定或者修改有关安全生产的规章制度，应当听取工会的意见。

第八条 国务院和县级以上地方各级人民政府应当根据国民经济和社会发展规划制定安全生产规划，并组织实施。安全生产规划应当与城乡规划相衔接。

国务院和县级以上地方各级人民政府应当加强对安全生产工作的领导，支持、督促各有关部门依法履行安全生产监督管理职责，建立健全安全生产工作协调机制，及时协调、解决安全生产监督管理中存在的重大问题。

乡、镇人民政府以及街道办事处、开发区管理机构等地方人民政府的派出机关应当按照职责，加强对本行政区域内生产经营单位安全生产状况的监督检查，协助上级人民政府有关部门依法履行安全生产监督管理职责。

第九条 国务院安全生产监督管理部门依照本法，对全国安全生产工作实施综合监督管理；县级以上地方各级人民政府安全生产监督管理部门依照本法，对本行政区域内安全生产工作实施综合监督管理。

国务院有关部门依照本法和其他有关法律、行政法规的规定，在各自的职责范围内对有关行业、领域的安全生产工作实施监督管理；县级以上地方各级人民政府有关部门依照本法和其他有关法律、法规的规定，在各自的职责范围内对有关行业、领域的安全生产工作实施监督管理。

安全生产监督管理部门和对有关行业、领域的安全生产工作实施监督管理的部门，统称负有安全生产监督管理职责的部门。

第十条 国务院有关部门应当按照保障安全生产的要求，依法及时制定有关的国家标准或者行业标准，并根据科技进步和经济发展适时修订。

生产经营单位必须执行依法制定的保障安全生产的国家标准或者行业标准。

第十一条 各级人民政府及其有关部门应当采取多种形式，加强对有关安全生产的法律、法规和安全生产知识的宣传，增强全社会的安全生产意识。

第十二条 有关协会组织依照法律、行政法规和章程，为生产经营单位提供安全生产方面的信息、培训等服务，发挥自律作用，促进生产经营单位加强安全生产管理。

第十三条 依法设立的为安全生产提供技术、管理服务的机构，依照法律、行政法规和执业准则，接受生产经营单位的委托为其安全生产工作提供技术、管理服务。

生产经营单位委托前款规定的机构提供安全生产技术、管理服务的，保证安全生产的责任仍由本单位负责。

第十四条 国家实行生产安全事故责任追究制度，依照本法和有关法律、法规的规定，追究生产安全事故责任人员的法律责任。

第十五条 国家鼓励和支持安全生产科学技术研究和安全生产先进技术的推广应用，提高安全生产水平。

第十六条 国家对在改善安全生产条件、防止生产安全事故、参加抢险救护等方面取得显著成绩的单位和个人，给予奖励。

第二章 生产经营单位的安全生产保障

第十七条 生产经营单位应当具备本法和有关法律、行政法规和国家标准或者行业标准规定的安全生产条件；不具备安全生产条件的，不得从事生产经营活动。

第十八条 生产经营单位的主要负责人对本单位安全生产工作负有下列职责：

（一）建立、健全本单位安全生产责任制；

（二）组织制定本单位安全生产规章制度和操作规程；

（三）组织制定并实施本单位安全生产教育和培训计划；

（四）保证本单位安全生产投入的有效实施；

（五）督促、检查本单位的安全生产工作，及时消除生产安全事故隐患；

（六）组织制定并实施本单位的生产安全事故应急救援预案；

（七）及时、如实报告生产安全事故。

第十九条 生产经营单位的安全生产责任制应当明确各岗位的责任人员、责任范围和考核标准等内容。

生产经营单位应当建立相应的机制，加强对安全生产责任制落实情况的监督考核，保证安全生产责任制的落实。

第二十条 生产经营单位应当具备的安全生产条件所必需的资金投入，由生产经营单位的决策机构、主要负责人或者个人经营的投资人予以保证，并对由于安全生产所必需的资金投入不足导致的后果承担责任。

有关生产经营单位应当按照规定提取和使用安全生产费用，专门用于改善安全生产条件。安全生产费用在成本中据实列支。安全生产费用提取、使用和监督管理的具体办法由国务院财政部门会同国务院安全生产监督管理部门征求国务院有关部门意见后制定。

第二十一条 矿山、金属冶炼、建筑施工、道路运输单位和危险物品的生产、经营、储存单位，应当设置安全生产管理机构或者配备专职安全生产管理人员。

前款规定以外的其他生产经营单位，从业人员超过一百人的，应当设置安全生产管理机构或者配备专职安全生产管理人员；从业人员在一百人以下的，应当配备专职或者兼职的安全生产管理人员。

第二十二条 生产经营单位的安全生产管理机构以及安全生产管理人员履行下列职责：

（一）组织或者参与拟订本单位安全生产规章制度、操作规程和生产安全事故应急救援预案；

（二）组织或者参与本单位安全生产教育和培训，如实记录安全生产教育和培训情况；

（三）督促落实本单位重大危险源的安全管理措施；

（四）组织或者参与本单位应急救援演练；

（五）检查本单位的安全生产状况，及时排查生产安全事故隐患，提出改进安全生产管理的建议；

（六）制止和纠正违章指挥、强令冒险作业、违反操作规程的行为；

（七）督促落实本单位安全生产整改措施。

第二十三条 生产经营单位的安全生产管理机构以及安全生产管理人员应当恪尽职守，依法履行职责。

生产经营单位作出涉及安全生产的经营决策，应当听取安全生产管理机构以及安全生产管理人员的意见。

生产经营单位不得因安全生产管理人员依法履行职责而降低其工资、福利等待遇或者解除与其订立的劳动合同。

危险物品的生产、储存单位以及矿山、金属冶炼单位的安全生产管理人员的任免，应当告知主管的负有安全生产监督管理职责的部门。

第二十四条 生产经营单位的主要负责人和安全生产管理人员必须具备与本单位所从事的生产经营活动相应的安全生产知识和管理能力。

危险物品的生产、经营、储存单位以及矿山、金属冶炼、建筑施工、道路运输单位的主要负责人和安全生产管理人员，应当由主管的负有安全生产监督管理职责的部门对其安全生产知识和管理能力考核合格。考核不得收费。

危险物品的生产、储存单位以及矿山、金属冶炼单位应当有注册安全工程师从事安全生产管理工作。鼓励其他生产经营单位聘用注册安全工程师从事安全生产管理工作。注册安全工程师按专业分类管理，具体办法由国务院人力资源和社会保障部门、国务院安全生产监督管理部门会同国务院有关部门制定。

第二十五条 生产经营单位应当对从业人员进行安全生产教育和培训，保证从业人员具备必要的安全生产知识，熟悉有关的安全生产规章制度和安全操作规程，掌握本岗位的安全操作技能，了解事故应急处理措施，知悉自身在安全生产方面的权利和义务。未经安全生产教育和培训合格的从业人员，不得上岗作业。

生产经营单位使用被派遣劳动者的，应当将被派遣劳动者纳入本单位从业人员统一管理，对被派遣劳动者进行岗位安全操作规程和安全操作技能的教育和培训。劳务派遣单位应当对被派遣劳动者进行必要的安全生产教育和培训。

生产经营单位接收中等职业学校、高等学校学生实习的，应当对实习学生进行相应的安全生产教育和培训，提供必要的劳动防护用品。学校应当协助生产经营单位对实习学生进行安全生产教育和培训。

生产经营单位应当建立安全生产教育和培训档案，如实记录安全生产教育和培训的时间、内容、参加人员以及考核结果等情况。

第二十六条 生产经营单位采用新工艺、新技术、新材料或者使用新设备，必须了解、掌握其安全技术特性，采取有效的安全防护措施，并对从业人员进行专门的安全生产教育和培训。

第二十七条 生产经营单位的特种作业人员必须按照国家有关规定经专门的安全作业培训，取得相应资格，方可上岗作业。

特种作业人员的范围由国务院安全生产监督管理部门会同国务院有关部门确定。

第二十八条 生产经营单位新建、改建、扩建工程项目（以下统称建设项目）的安全设施，必须与主体工程同时设计、同时施工、同时投入生产和使用。安全设施投资应当纳入建设项目概算。

第二十九条 矿山、金属冶炼建设项目和用于生产、储存、装卸危险物品的建设项目，应当按照国家有关规定进行安全评价。

第三十条 建设项目安全设施的设计人、设计单位应当对安全设施设计负责。

矿山、金属冶炼建设项目和用于生产、储存、装卸危险物品的建设项目的安全设施设计应当按照国家有关规定报经有关部门审查，审查部门及其负责审查的人员对审查结果负责。

第三十一条 矿山、金属冶炼建设项目和用于生产、储存、装卸危险物品的建设项目的施工单位必须按照批准的安全设施设计施工，并对安全设施的工程质量负责。

矿山、金属冶炼建设项目和用于生产、储存危险物品的建设项目竣工投入生产或者使用前，应当由建设单位负责组织对安全设施进行验收；验收合格后，方可投入生产和使用。安全生产监督管理部门应当加强对建设单位验收活动和验收结果的监督核查。

第三十二条 生产经营单位应当在有较大危险因素的生产经营场所和有关设施、设备上，设置明显的安全警示标志。

第三十三条 安全设备的设计、制造、安装、使用、检测、维修、改造和报废，应当符合国家标准或者行业标准。

生产经营单位必须对安全设备进行经常性维护、保养，并定期检测，保证正常运转。维护、保养、检测应当作好记录，并由有关人员签字。

第三十四条 生产经营单位使用的危险物品的容器、运输工具，以及涉及人身安全、危险性较大的海洋石油开采特种设备和矿山井下特种设备，必须按照国家有关规定，由专业生产单位生产，并经具有专业资质的检测、检验机构检测、检验合格，取得安全使用证或者安全标志，方可投入使用。检测、检验机构对检测、检验结果负责。

第三十五条 国家对严重危及生产安全的工艺、设备实行淘汰制度，具体目录由国务院安全生产监督管理部门会同国务院有关部门制定并公布。法律、行政法规对目录的制定另有规定的，适用其规定。

省、自治区、直辖市人民政府可以根据本地区实际情况制定并公布具体目录，对前款规定以外的危及生产安全的工艺、设备予以淘汰。

生产经营单位不得使用应当被淘汰的危及生产安全的工艺、设备。

第三十六条 生产、经营、运输、储存、使用危险物品或者处置废弃危险物品的，由有关主管部门依照有关法律、法规的规定和国家标准或者行业标准审批并实施监督管理。

生产经营单位生产、经营、运输、储存、使用危险物品或者处置废弃危险物品，必须执行有关法律、法规和国家标准或者行业标准，建立专门的安全管理制度，采取可靠的安全措施，接受有关主管部门依法实施的监督管理。

第三十七条 生产经营单位对重大危险源应当登记建档，进行定期检测、评估、监控，并制定应急预案，告知从业人员和相关人员在紧急情况下应当采取的应急措施。

生产经营单位应当按照国家有关规定将本单位重大危险源及有关安全措施、应急措施报有关地方人民政府安全生产监督管理部门和有关部门备案。

第三十八条 生产经营单位应当建立健全生产安全事故隐患排查治理制度，采取技术、管理措施，及时发现并消除事故隐患。事故隐患排查治理情况应当如实记录，并向从业人员通报。

县级以上地方各级人民政府负有安全生产监督管理职责的部门应当建立健全重大事故隐患治理督办制度，督促生产经营单位消除重大事故隐患。

第三十九条 生产、经营、储存、使用危险物品的车间、商店、仓库不得与员工宿舍在同一座建筑物内，并应当与员工宿舍保持安全距离。

生产经营场所和员工宿舍应当设有符合紧急疏散要求、标志明显、保持畅通的出口。禁止锁闭、封堵生产经营场所或者员工宿舍的出口。

第四十条 生产经营单位进行爆破、吊装以及国务院安全生产监督管理部门会同国务院有关部门规定的其他危险作业，应当安排专门人员进行现场安全管理，确保操作规程的遵守和安全措施的落实。

第四十一条 生产经营单位应当教育和督促从业人员严格执行本单位的安全生产规章制度和安全操作规程；并向从业人员如实告知作业场所和工作岗位存在的危险因素、防范措施以及事故应急措施。

第四十二条 生产经营单位必须为从业人员提供符合国家标准或者行业标准的劳动防护用品，并监督、教育从业人员按照使用规则佩戴、使用。

第四十三条 生产经营单位的安全生产管理人员应当根据本单位的生产经营特点，对安全生产状况进行经常性检查；对检查中发现的安全问题，应当立即处理；不能处理的，应当及时报告本单位有关负责人，有关负责人应当及时处理。检查及处理情况应当如实记录在案。

生产经营单位的安全生产管理人员在检查中发现重大事故隐患，依照前款规定向本单位有关负责人报告，有关负责人不及时处理的，安全生产管理人员可以向主管的负有安全生产监督管理职责的部门报告，接到报告的部门应当依法及时处理。

第四十四条 生产经营单位应当安排用于配备劳动防护用品、进行安全生产培训的经费。

第四十五条 两个以上生产经营单位在同一作业区域内进行生产经营

活动，可能危及对方生产安全的，应当签订安全生产管理协议，明确各自的安全生产管理职责和应当采取的安全措施，并指定专职安全生产管理人员进行安全检查与协调。

第四十六条 生产经营单位不得将生产经营项目、场所、设备发包或者出租给不具备安全生产条件或者相应资质的单位或者个人。

生产经营项目、场所发包或者出租给其他单位的，生产经营单位应当与承包单位、承租单位签订专门的安全生产管理协议，或者在承包合同、租赁合同中约定各自的安全生产管理职责；生产经营单位对承包单位、承租单位的安全生产工作统一协调、管理，定期进行安全检查，发现安全问题的，应当及时督促整改。

第四十七条 生产经营单位发生生产安全事故时，单位的主要负责人应当立即组织抢救，并不得在事故调查处理期间擅离职守。

第四十八条 生产经营单位必须依法参加工伤保险，为从业人员缴纳保险费。

国家鼓励生产经营单位投保安全生产责任保险。

第三章 从业人员的安全生产权利义务

第四十九条 生产经营单位与从业人员订立的劳动合同，应当载明有关保障从业人员劳动安全、防止职业危害的事项，以及依法为从业人员办理工伤保险的事项。

生产经营单位不得以任何形式与从业人员订立协议，免除或者减轻其对从业人员因生产安全事故伤亡依法应承担的责任。

第五十条 生产经营单位的从业人员有权了解其作业场所和工作岗位存在的危险因素、防范措施及事故应急措施，有权对本单位的安全生产工作提出建议。

第五十一条 从业人员有权对本单位安全生产工作中存在的问题提出批评、检举、控告；有权拒绝违章指挥和强令冒险作业。

生产经营单位不得因从业人员对本单位安全生产工作提出批评、检举、控告或者拒绝违章指挥、强令冒险作业而降低其工资、福利等待遇或者解除与其订立的劳动合同。

第五十二条 从业人员发现直接危及人身安全的紧急情况时，有权停止作业或者在采取可能的应急措施后撤离作业场所。

生产经营单位不得因从业人员在前款紧急情况下停止作业或者采取紧

急撤离措施而降低其工资、福利等待遇或者解除与其订立的劳动合同。

第五十三条 因生产安全事故受到损害的从业人员，除依法享有工伤保险外，依照有关民事法律尚有获得赔偿的权利的，有权向本单位提出赔偿要求。

第五十四条 从业人员在作业过程中，应当严格遵守本单位的安全生产规章制度和操作规程，服从管理，正确佩戴和使用劳动防护用品。

第五十五条 从业人员应当接受安全生产教育和培训，掌握本职工作所需的安全生产知识，提高安全生产技能，增强事故预防和应急处理能力。

第五十六条 从业人员发现事故隐患或者其他不安全因素，应当立即向现场安全生产管理人员或者本单位负责人报告；接到报告的人员应当及时予以处理。

第五十七条 工会有权对建设项目的安全设施与主体工程同时设计、同时施工、同时投入生产和使用进行监督，提出意见。

工会对生产经营单位违反安全生产法律、法规，侵犯从业人员合法权益的行为，有权要求纠正；发现生产经营单位违章指挥、强令冒险作业或者发现事故隐患时，有权提出解决的建议，生产经营单位应当及时研究答复；发现危及从业人员生命安全的情况时，有权向生产经营单位建议组织从业人员撤离危险场所，生产经营单位必须立即作出处理。

工会有权依法参加事故调查，向有关部门提出处理意见，并要求追究有关人员的责任。

第五十八条 生产经营单位使用被派遣劳动者的，被派遣劳动者享有本法规定的从业人员的权利，并应当履行本法规定的从业人员的义务。

第四章　安全生产的监督管理

第五十九条 县级以上地方各级人民政府应当根据本行政区域内的安全生产状况，组织有关部门按照职责分工，对本行政区域内容易发生重大生产安全事故的生产经营单位进行严格检查。

安全生产监督管理部门应当按照分类分级监督管理的要求，制定安全生产年度监督检查计划，并按照年度监督检查计划进行监督检查，发现事故隐患，应当及时处理。

第六十条 负有安全生产监督管理职责的部门依照有关法律、法规的规定，对涉及安全生产的事项需要审查批准（包括批准、核准、许可、注册、认证、颁发证照等，下同）或者验收的，必须严格依照有关法律、法规和国家标准或者行业标准规定的安全生产条件和程序进行审查；不符合有关法律、法规和国家标准或者行业标准规定的安全生产条件的，不得批准或者验收通过。对未依法取得批准或者验收合格的单位擅自从事有关活动的，负责行政审批的部门发现或者接到举报后应当立即予以取缔，并依法予以处理。对已经依法取得批准的单位，负责行政审批的部门发现其不再具备安全生产条件的，应当撤销原批准。

第六十一条 负有安全生产监督管理职责的部门对涉及安全生产的事项进行审查、验收，不得收取费用；不得要求接受审查、验收的单位购买其指定品牌或者指定生产、销售单位的安全设备、器材或者其他产品。

第六十二条 安全生产监督管理部门和其他负有安全生产监督管理职责的部门依法开展安全生产行政执法工作，对生产经营单位执行有关安全生产的法律、法规和国家标准或者行业标准的情况进行监督检查，行使以下职权：

（一）进入生产经营单位进行检查，调阅有关资料，向有关单位和人员了解情况；

（二）对检查中发现的安全生产违法行为，当场予以纠正或者要求限期改正；对依法应当给予行政处罚的行为，依照本法和其他有关法律、行政法规的规定作出行政处罚决定；

（三）对检查中发现的事故隐患，应当责令立即排除；重大事故隐患排除前或者排除过程中无法保证安全的，应当责令从危险区域内撤出作业人员，责令暂时停产停业或者停止使用相关设施、设备；重大事故隐患排除后，经审查同意，方可恢复生产经营和使用；

（四）对有根据认为不符合保障安全生产的国家标准或者行业标准的设施、设备、器材以及违法生产、储存、使用、经营、运输的危险物品予以查封或者扣押，对违法生产、储存、使用、经营危险物品的作业场所予以查封，并依法作出处理决定。

监督检查不得影响被检查单位的正常生产经营活动。

第六十三条 生产经营单位对负有安全生产监督管理职责的部门的监督检查人员（以下统称安全生产监督检查人员）依法履行监督检查职责，应当予以配合，不得拒绝、阻挠。

第六十四条 安全生产监督检查人员应当忠于职守，坚持原则，秉公执法。

安全生产监督检查人员执行监督检查任务时，必须出示有效的监督执法证件；对涉及被检查单位的技术秘密和业务秘密，应当为其保密。

第六十五条 安全生产监督检查人员应当将检查的时间、地点、内容、发现的问题及其处理情况，作出书面记录，并由检查人员和被检查单位的负责人签字；被检查单位的负责人拒绝签字的，检查人员应当将情况记录在案，并向负有安全生产监督管理职责的部门报告。

第六十六条 负有安全生产监督管理职责的部门在监督检查中，应当互相配合，实行联合检查；确需分别进行检查的，应当互通情况，发现存在的安全问题应当由其他有关部门进行处理的，应当及时移送其他有关部门并形成记录备查，接受移送的部门应当及时进行处理。

第六十七条 负有安全生产监督管理职责的部门依法对存在重大事故隐患的生产经营单位作出停产停业、停止施工、停止使用相关设施或者设备的决定，生产经营单位应当依法执行，及时消除事故隐患。生产经营单位拒不执行，有发生生产安全事故的现实危险的，在保证安全的前提下，经本部门主要负责人批准，负有安全生产监督管理职责的部门可以采取通知有关单位停止供电、停止供应民用爆炸物品等措施，强制生产经营单位履行决定。通知应当采用书面形式，有关单位应当予以配合。

负有安全生产监督管理职责的部门依照前款规定采取停止供电措施，除有危及生产安全的紧急情形外，应当提前二十四小时通知生产经营单位。生产经营单位依法履行行政决定、采取相应措施消除事故隐患的，负有安全生产监督管理职责的部门应当及时解除前款规定的措施。

第六十八条 监察机关依照行政监察法的规定，对负有安全生产监督管理职责的部门及其工作人员履行安全生产监督管理职责实施监察。

第六十九条 承担安全评价、认证、检测、检验的机构应当具备国家规定的资质条件，并对其作出的安全评价、认证、检测、检验的结果负责。

第七十条 负有安全生产监督管理职责的部门应当建立举报制度，公开举报电话、信箱或者电子邮件地址，受理有关安全生产的举报；受理的举报事项经调查核实后，应当形成书面材料；需要落实整改措施的，报经有关负责人签字并督促落实。

第七十一条 任何单位或者个人对事故隐患或者安全生产违法行为，均有权向负有安全生产监督管理职责的部门报告或者举报。

第七十二条 居民委员会、村民委员会发现其所在区域内的生产经营单位存在事故隐患或者安全生产违法行为时，应当向当地人民政府或者有关部门报告。

第七十三条　县级以上各级人民政府及其有关部门对报告重大事故隐患或者举报安全生产违法行为的有功人员，给予奖励。具体奖励办法由国务院安全生产监督管理部门会同国务院财政部门制定。

第七十四条　新闻、出版、广播、电影、电视等单位有进行安全生产公益宣传教育的义务，有对违反安全生产法律、法规的行为进行舆论监督的权利。

第七十五条　负有安全生产监督管理职责的部门应当建立安全生产违法行为信息库，如实记录生产经营单位的安全生产违法行为信息；对违法行为情节严重的生产经营单位，应当向社会公告，并通报行业主管部门、投资主管部门、国土资源主管部门、证券监督管理机构以及有关金融机构。

第五章　生产安全事故的应急救援与调查处理

第七十六条　国家加强生产安全事故应急能力建设，在重点行业、领域建立应急救援基地和应急救援队伍，鼓励生产经营单位和其他社会力量建立应急救援队伍，配备相应的应急救援装备和物资，提高应急救援的专业化水平。

国务院安全生产监督管理部门建立全国统一的生产安全事故应急救援信息系统，国务院有关部门建立健全相关行业、领域的生产安全事故应急救援信息系统。

第七十七条　县级以上地方各级人民政府应当组织有关部门制定本行政区域内生产安全事故应急救援预案，建立应急救援体系。

第七十八条　生产经营单位应当制定本单位生产安全事故应急救援预案，与所在地县级以上地方人民政府组织制定的生产安全事故应急救援预案相衔接，并定期组织演练。

第七十九条　危险物品的生产、经营、储存单位以及矿山、金属冶炼、城市轨道交通运营、建筑施工单位应当建立应急救援组织；生产经营规模较小的，可以不建立应急救援组织，但应当指定兼职的应急救援人员。

危险物品的生产、经营、储存、运输单位以及矿山、金属冶炼、城市轨道交通运营、建筑施工单位应当配备必要的应急救援器材、设备和物资，并进行经常性维护、保养，保证正常运转。

第八十条　生产经营单位发生生产安全事故后，事故现场有关人员应当立即报告本单位负责人。

单位负责人接到事故报告后，应当迅速采取有效措施，组织抢救，防止事故扩大，减少人员伤亡和财产损失，并按照国家有关规定立即如实报告当地负有安全生产监督管理职责的部门，不得隐瞒不报、谎报或者迟报，不得故意破坏事故现场、毁灭有关证据。

第八十一条 负有安全生产监督管理职责的部门接到事故报告后，应当立即按照国家有关规定上报事故情况。负有安全生产监督管理职责的部门和有关地方人民政府对事故情况不得隐瞒不报、谎报或者迟报。

第八十二条 有关地方人民政府和负有安全生产监督管理职责的部门的负责人接到生产安全事故报告后，应当按照生产安全事故应急救援预案的要求立即赶到事故现场，组织事故抢救。

参与事故抢救的部门和单位应当服从统一指挥，加强协同联动，采取有效的应急救援措施，并根据事故救援的需要采取警戒、疏散等措施，防止事故扩大和次生灾害的发生，减少人员伤亡和财产损失。

事故抢救过程中应当采取必要措施，避免或者减少对环境造成的危害。

任何单位和个人都应当支持、配合事故抢救，并提供一切便利条件。

第八十三条 事故调查处理应当按照科学严谨、依法依规、实事求是、注重实效的原则，及时、准确地查清事故原因，查明事故性质和责任，总结事故教训，提出整改措施，并对事故责任者提出处理意见。事故调查报告应当依法及时向社会公布。事故调查和处理的具体办法由国务院制定。

事故发生单位应当及时全面落实整改措施，负有安全生产监督管理职责的部门应当加强监督检查。

第八十四条 生产经营单位发生生产安全事故，经调查确定为责任事故的，除了应当查明事故单位的责任并依法予以追究外，还应当查明对安全生产的有关事项负有审查批准和监督职责的行政部门的责任，对有失职、渎职行为的，依照本法第八十七条的规定追究法律责任。

第八十五条 任何单位和个人不得阻挠和干涉对事故的依法调查处理。

第八十六条 县级以上地方各级人民政府安全生产监督管理部门应当定期统计分析本行政区域内发生生产安全事故的情况，并定期向社会公布。

第六章　法律责任

第八十七条　负有安全生产监督管理职责的部门的工作人员，有下列行为之一的，给予降级或者撤职的处分；构成犯罪的，依照刑法有关规定追究刑事责任：

（一）对不符合法定安全生产条件的涉及安全生产的事项予以批准或者验收通过的；

（二）发现未依法取得批准、验收的单位擅自从事有关活动或者接到举报后不予取缔或者不依法予以处理的；

（三）对已经依法取得批准的单位不履行监督管理职责，发现其不再具备安全生产条件而不撤销原批准或者发现安全生产违法行为不予查处的；

（四）在监督检查中发现重大事故隐患，不依法及时处理的。

负有安全生产监督管理职责的部门的工作人员有前款规定以外的滥用职权、玩忽职守、徇私舞弊行为的，依法给予处分；构成犯罪的，依照刑法有关规定追究刑事责任。

第八十八条　负有安全生产监督管理职责的部门，要求被审查、验收的单位购买其指定的安全设备、器材或者其他产品的，在对安全生产事项的审查、验收中收取费用的，由其上级机关或者监察机关责令改正，责令退还收取的费用；情节严重的，对直接负责的主管人员和其他直接责任人员依法给予处分。

第八十九条　承担安全评价、认证、检测、检验工作的机构，出具虚假证明的，没收违法所得；违法所得在十万元以上的，并处违法所得二倍以上五倍以下的罚款；没有违法所得或者违法所得不足十万元的，单处或者并处十万元以上二十万元以下的罚款；对其直接负责的主管人员和其他直接责任人员处二万元以上五万元以下的罚款；给他人造成损害的，与生产经营单位承担连带赔偿责任；构成犯罪的，依照刑法有关规定追究刑事责任。

对有前款违法行为的机构，吊销其相应资质。

第九十条　生产经营单位的决策机构、主要负责人或者个人经营的投资人不依照本法规定保证安全生产所必需的资金投入，致使生产经营单位不具备安全生产条件的，责令限期改正，提供必需的资金；逾期未改正的，责令生产经营单位停产停业整顿。

有前款违法行为，导致发生生产安全事故的，对生产经营单位的主要负责人给予撤职处分，对个人经营的投资人处二万元以上二十万元以下的罚款；构成犯罪的，依照刑法有关规定追究刑事责任。

第九十一条 生产经营单位的主要负责人未履行本法规定的安全生产管理职责的，责令限期改正；逾期未改正的，处二万元以上五万元以下的罚款，责令生产经营单位停产停业整顿。

生产经营单位的主要负责人有前款违法行为，导致发生生产安全事故的，给予撤职处分；构成犯罪的，依照刑法有关规定追究刑事责任。

生产经营单位的主要负责人依照前款规定受刑事处罚或者撤职处分的，自刑罚执行完毕或者受处分之日起，五年内不得担任任何生产经营单位的主要负责人；对重大、特别重大生产安全事故负有责任的，终身不得担任本行业生产经营单位的主要负责人。

第九十二条 生产经营单位的主要负责人未履行本法规定的安全生产管理职责，导致发生生产安全事故的，由安全生产监督管理部门依照下列规定处以罚款：

（一）发生一般事故的，处上一年年收入百分之三十的罚款；

（二）发生较大事故的，处上一年年收入百分之四十的罚款；

（三）发生重大事故的，处上一年年收入百分之六十的罚款；

（四）发生特别重大事故的，处上一年年收入百分之八十的罚款。

第九十三条 生产经营单位的安全生产管理人员未履行本法规定的安全生产管理职责的，责令限期改正；导致发生生产安全事故的，暂停或者撤销其与安全生产有关的资格；构成犯罪的，依照刑法有关规定追究刑事责任。

第九十四条 生产经营单位有下列行为之一的，责令限期改正，可以处五万元以下的罚款；逾期未改正的，责令停产停业整顿，并处五万元以上十万元以下的罚款，对其直接负责的主管人员和其他直接责任人员处一万元以上二万元以下的罚款：

（一）未按照规定设置安全生产管理机构或者配备安全生产管理人员的；

（二）危险物品的生产、经营、储存单位以及矿山、金属冶炼、建筑施工、道路运输单位的主要负责人和安全生产管理人员未按照规定经考核合格的；

（三）未按照规定对从业人员、被派遣劳动者、实习学生进行安全生产教育和培训，或者未按照规定如实告知有关的安全生产事项的；

（四）未如实记录安全生产教育和培训情况的；

（五）未将事故隐患排查治理情况如实记录或者未向从业人员通报的；

（六）未按照规定制定生产安全事故应急救援预案或者未定期组织演练的；

（七）特种作业人员未按照规定经专门的安全作业培训并取得相应资格，上岗作业的。

第九十五条 生产经营单位有下列行为之一的，责令停止建设或者停产停业整顿，限期改正；逾期未改正的，处五十万元以上一百万元以下的罚款，对其直接负责的主管人员和其他直接责任人员处二万元以上五万元以下的罚款；构成犯罪的，依照刑法有关规定追究刑事责任：

（一）未按照规定对矿山、金属冶炼建设项目或者用于生产、储存、装卸危险物品的建设项目进行安全评价的；

（二）矿山、金属冶炼建设项目或者用于生产、储存、装卸危险物品的建设项目没有安全设施设计或者安全设施设计未按照规定报经有关部门审查同意的；

（三）矿山、金属冶炼建设项目或者用于生产、储存、装卸危险物品的建设项目的施工单位未按照批准的安全设施设计施工的；

（四）矿山、金属冶炼建设项目或者用于生产、储存危险物品的建设项目竣工投入生产或者使用前，安全设施未经验收合格的。

第九十六条 生产经营单位有下列行为之一的，责令限期改正，可以处五万元以下的罚款；逾期未改正的，处五万元以上二十万元以下的罚款，其直接负责的主管人员和其他直接责任人员处一万元以上二万元以下的罚款；情节严重的，责令停产停业整顿；构成犯罪的，依照刑法有关规定追究刑事责任：

（一）未在有较大危险因素的生产经营场所和有关设施、设备上设置明显的安全警示标志的；

（二）安全设备的安装、使用、检测、改造和报废不符合国家标准或者行业标准的；

（三）未对安全设备进行经常性维护、保养和定期检测的；

（四）未为从业人员提供符合国家标准或者行业标准的劳动防护用品的；

（五）危险物品的容器、运输工具，以及涉及人身安全、危险性较大的海洋石油开采特种设备和矿山井下特种设备未经具有专业资质的机构检测、检验合格，取得安全使用证或者安全标志，投入使用的；

（六）使用应当淘汰的危及生产安全的工艺、设备的。

第九十七条 未经依法批准，擅自生产、经营、运输、储存、使用危险物品或者处置废弃危险物品的，依照有关危险物品安全管理的法律、行政法规的规定予以处罚；构成犯罪的，依照刑法有关规定追究刑事责任。

第九十八条 生产经营单位有下列行为之一的，责令限期改正，可以处十万元以下的罚款；逾期未改正的，责令停产停业整顿，并处十万元以上二十万元以下的罚款，对其直接负责的主管人员和其他直接责任人员处二万元以上五万元以下的罚款；构成犯罪的，依照刑法有关规定追究刑事责任：

（一）生产、经营、运输、储存、使用危险物品或者处置废弃危险物品，未建立专门安全管理制度、未采取可靠的安全措施的；

（二）对重大危险源未登记建档，或者未进行评估、监控，或者未制定应急预案的；

（三）进行爆破、吊装以及国务院安全生产监督管理部门会同国务院有关部门规定的其他危险作业，未安排专门人员进行现场安全管理的；

（四）未建立事故隐患排查治理制度的。

第九十九条 生产经营单位未采取措施消除事故隐患的，责令立即消除或者限期消除；生产经营单位拒不执行的，责令停产停业整顿，并处十万元以上五十万元以下的罚款，对其直接负责的主管人员和其他直接责任人员处二万元以上五万元以下的罚款。

第一百条 生产经营单位将生产经营项目、场所、设备发包或者出租给不具备安全生产条件或者相应资质的单位或者个人的，责令限期改正，没收违法所得；违法所得十万元以上的，并处违法所得二倍以上五倍以下的罚款；没有违法所得或者违法所得不足十万元的，单处或者并处十万元以上二十万元以下的罚款；对其直接负责的主管人员和其他直接责任人员处一万元以上二万元以下的罚款；导致发生生产安全事故给他人造成损害的，与承包方、承租方承担连带赔偿责任。

生产经营单位未与承包单位、承租单位签订专门的安全生产管理协议或者未在承包合同、租赁合同中明确各自的安全生产管理职责，或者未对承包单位、承租单位的安全生产统一协调、管理的，责令限期改正，可以处五万元以下的罚款，对其直接负责的主管人员和其他直接责任人员可以处一万元以下的罚款；逾期未改正的，责令停产停业整顿。

第一百零一条 两个以上生产经营单位在同一作业区域内进行可能危及对方安全生产的生产经营活动，未签订安全生产管理协议或者未指定专职安全生产管理人员进行安全检查与协调的，责令限期改正，可以处五万元以下的罚款，对其直接负责的主管人员和其他直接责任人员可以处一万元以下的罚款；逾期未改正的，责令停产停业。

第一百零二条 生产经营单位有下列行为之一的，责令限期改正，可以处五万元以下的罚款，对其直接负责的主管人员和其他直接责任人员可以处一万元以下的罚款；逾期未改正的，责令停产停业整顿；构成犯罪的，依照刑法有关规定追究刑事责任：

（一）生产、经营、储存、使用危险物品的车间、商店、仓库与员工宿舍在同一座建筑内，或者与员工宿舍的距离不符合安全要求的；

（二）生产经营场所和员工宿舍未设有符合紧急疏散需要、标志明显、保持畅通的出口，或者锁闭、封堵生产经营场所或者员工宿舍出口的。

第一百零三条 生产经营单位与从业人员订立协议，免除或者减轻其对从业人员因生产安全事故伤亡依法应承担的责任的，该协议无效；对生产经营单位的主要负责人、个人经营的投资人处二万元以上十万元以下的罚款。

第一百零四条 生产经营单位的从业人员不服从管理，违反安全生产规章制度或者操作规程的，由生产经营单位给予批评教育，依照有关规章制度给予处分；构成犯罪的，依照刑法有关规定追究刑事责任。

第一百零五条 违反本法规定，生产经营单位拒绝、阻碍负有安全生产监督管理职责的部门依法实施监督检查的，责令改正；拒不改正的，处二万元以上二十万元以下的罚款；对其直接负责的主管人员其他直接责任人员处一万元以上二万元以下的罚款；构成犯罪的，依照刑法有关规定追究刑事责任。

第一百零六条 生产经营单位的主要负责人在本单位发生生产安全事故时，不立即组织抢救或者在事故调查处理期间擅离职守或者逃匿的，给予降级、撤职的处分，并由安全生产监督管理部门处上一年年收入百分之六十至百分之一百的罚款；对逃匿的处十五日以下拘留；构成犯罪的，依照刑法有关规定追究刑事责任。

生产经营单位的主要负责人对生产安全事故隐瞒不报、谎报或者迟报的，依照前款规定处罚。

第一百零七条 有关地方人民政府、负有安全生产监督管理职责的部门，对生产安全事故隐瞒不报、谎报或者迟报的，对直接负责的主管人员和其他直接责任人员依法给予处分；构成犯罪的，依照刑法有关规定追究刑事责任。

第一百零八条 生产经营单位不具备本法和其他有关法律、行政法规和国家标准或者行业标准规定的安全生产条件，经停产停业整顿仍不具备安全生产条件的，予以关闭；有关部门应当依法吊销其有关证照。

第一百零九条 发生生产安全事故，对负有责任的生产经营单位除要求其依法承担相应的赔偿等责任外，由安全生产监督管理部门依照下列规定处以罚款：

（一）发生一般事故的，处二十万元以上五十万元以下的罚款；

（二）发生较大事故的，处五十万元以上一百万元以下的罚款；

（三）发生重大事故的，处一百万元以上五百万元以下的罚款；

（四）发生特别重大事故的，处五百万元以上一千万元以下的罚款；情节特别严重的，处一千万元以上二千万元以下的罚款。

第一百一十条 本法规定的行政处罚，由安全生产监督管理部门和其他负有安全生产监督管理职责的部门按照职责分工决定。予以关闭的行政处罚由负有安全生产监督管理职责的部门报请县级以上人民政府按照国务院规定的权限决定；给予拘留的行政处罚由公安机关依照治安管理处罚法的规定决定。

第一百一十一条 生产经营单位发生生产安全事故造成人员伤亡、他人财产损失的，应当依法承担赔偿责任；拒不承担或者其负责人逃匿的，由人民法院依法强制执行。

生产安全事故的责任人未依法承担赔偿责任，经人民法院依法采取执行措施后，仍不能对受害人给予足额赔偿的，应当继续履行赔偿义务；受害人发现责任人有其他财产的，可以随时请求人民法院执行。

第七章　附　则

第一百一十二条 本法下列用语的含义：

危险物品，是指易燃易爆物品、危险化学品、放射性物品等能够危及人身安全和财产安全的物品。

重大危险源，是指长期地或者临时地生产、搬运、使用或者储存危险物品，且危险物品的数量等于或者超过临界量的单元（包括场所和设施）。

第一百一十三条 本法规定的生产安全一般事故、较大事故、重大事故、特别重大事故的划分标准由国务院规定。

国务院安全生产监督管理部门和其他负有安全生产监督管理职责的部门应当根据各自的职责分工，制定相关行业、领域重大事故隐患的判定标准。

第一百一十四条 本法自 2002 年 11 月 1 日起施行。

中华人民共和国职业病防治法

（2001年10月27日第九届全国人民代表大会常务委员会第二十四次会议通过　根据2011年12月31日第十一届全国人民代表大会常务委员会第二十四次会议《关于修改〈中华人民共和国职业病防治法〉的决定》第一次修正　根据2016年7月2日第十二届全国人民代表大会常务委员会第二十一次会议《关于修改〈中华人民共和国节约能源法〉等六部法律的决定》第二次修正　根据2017年11月4日第十二届全国人民代表大会常务委员会第三十次会议《关于修改〈中华人民共和国会计法〉等十一部法律的决定》第三次修正　根据2018年12月29日第十三届全国人民代表大会常务委员会第七次会议《关于修改〈中华人民共和国劳动法〉等七部法律的决定》第四次修正）

第一章　总　则

第一条　为了预防、控制和消除职业病危害，防治职业病，保护劳动者健康及其相关权益，促进经济社会发展，根据宪法，制定本法。

第二条　本法适用于中华人民共和国领域内的职业病防治活动。

本法所称职业病，是指企业、事业单位和个体经济组织等用人单位的劳动者在职业活动中，因接触粉尘、放射性物质和其他有毒、有害因素而引起的疾病。

职业病的分类和目录由国务院卫生行政部门会同国务院劳动保障行政部门制定、调整并公布。

第三条　职业病防治工作坚持预防为主、防治结合的方针，建立用人单位负责、行政机关监管、行业自律、职工参与和社会监督的机制，实行分类管理、综合治理。

第四条　劳动者依法享有职业卫生保护的权利。

用人单位应当为劳动者创造符合国家职业卫生标准和卫生要求的工作

环境和条件，并采取措施保障劳动者获得职业卫生保护。

工会组织依法对职业病防治工作进行监督，维护劳动者的合法权益。用人单位制定或者修改有关职业病防治的规章制度，应当听取工会组织的意见。

第五条 用人单位应当建立、健全职业病防治责任制，加强对职业病防治的管理，提高职业病防治水平，对本单位产生的职业病危害承担责任。

第六条 用人单位的主要负责人对本单位的职业病防治工作全面负责。

第七条 用人单位必须依法参加工伤保险。国务院和县级以上地方人民政府劳动保障行政部门应当加强对工伤保险的监督管理，确保劳动者依法享受工伤保险待遇。

第八条 国家鼓励和支持研制、开发、推广、应用有利于职业病防治和保护劳动者健康的新技术、新工艺、新设备、新材料，加强对职业病的机理和发生规律的基础研究，提高职业病防治科学技术水平；积极采用有效的职业病防治技术、工艺、设备、材料；限制使用或者淘汰职业病危害严重的技术、工艺、设备、材料。

国家鼓励和支持职业病医疗康复机构的建设。

第九条 国家实行职业卫生监督制度。

国务院卫生行政部门、劳动保障行政部门依照本法和国务院确定的职责，负责全国职业病防治的监督管理工作。国务院有关部门在各自的职责范围内负责职业病防治的有关监督管理工作。

县级以上地方人民政府卫生行政部门、劳动保障行政部门依据各自职责，负责本行政区域内职业病防治的监督管理工作。县级以上地方人民政府有关部门在各自的职责范围内负责职业病防治的有关监督管理工作。

县级以上人民政府卫生行政部门、劳动保障行政部门（以下统称职业卫生监督管理部门）应当加强沟通，密切配合，按照各自职责分工，依法行使职权，承担责任。

第十条 国务院和县级以上地方人民政府应当制定职业病防治规划，将其纳入国民经济和社会发展计划，并组织实施。

县级以上地方人民政府统一负责、领导、组织、协调本行政区域的职业病防治工作，建立健全职业病防治工作体制、机制，统一领导、指挥职业卫生突发事件应对工作；加强职业病防治能力建设和服务体系建设，完善、落实职业病防治工作责任制。

乡、民族乡、镇的人民政府应当认真执行本法，支持职业卫生监督管理部门依法履行职责。

第十一条 县级以上人民政府职业卫生监督管理部门应当加强对职业病防治的宣传教育，普及职业病防治的知识，增强用人单位的职业病防治观念，提高劳动者的职业健康意识、自我保护意识和行使职业卫生保护权利的能力。

第十二条 有关防治职业病的国家职业卫生标准，由国务院卫生行政部门组织制定并公布。

国务院卫生行政部门应当组织开展重点职业病监测和专项调查，对职业健康风险进行评估，为制定职业卫生标准和职业病防治政策提供科学依据。

县级以上地方人民政府卫生行政部门应当定期对本行政区域的职业病防治情况进行统计和调查分析。

第十三条 任何单位和个人有权对违反本法的行为进行检举和控告。有关部门收到相关的检举和控告后，应当及时处理。对防治职业病成绩显著的单位和个人，给予奖励。

第二章 前期预防

第十四条 用人单位应当依照法律、法规要求，严格遵守国家职业卫生标准，落实职业病预防措施，从源头上控制和消除职业病危害。

第十五条 产生职业病危害的用人单位的设立除应当符合法律、行政法规规定的设立条件外，其工作场所还应当符合下列职业卫生要求：

（一）职业病危害因素的强度或者浓度符合国家职业卫生标准；

（二）有与职业病危害防护相适应的设施；

（三）生产布局合理，符合有害与无害作业分开的原则；

（四）有配套的更衣间、洗浴间、孕妇休息间等卫生设施；

（五）设备、工具、用具等设施符合保护劳动者生理、心理健康的要求；

（六）法律、行政法规和国务院卫生行政部门关于保护劳动者健康的其他要求。

第十六条 国家建立职业病危害项目申报制度。

用人单位工作场所存在职业病目录所列职业病的危害因素的，应当及时、如实向所在地卫生行政部门申报危害项目，接受监督。

职业病危害因素分类目录由国务院卫生行政部门制定、调整并公布。职业病危害项目申报的具体办法由国务院卫生行政部门制定。

第十七条 新建、扩建、改建建设项目和技术改造、技术引进项目（以下统称建设项目）可能产生职业病危害的，建设单位在可行性论证阶段应当进行职业病危害预评价。

医疗机构建设项目可能产生放射性职业病危害的，建设单位应当向卫生行政部门提交放射性职业病危害预评价报告。卫生行政部门应当自收到预评价报告之日起三十日内，作出审核决定并书面通知建设单位。未提交预评价报告或者预评价报告未经卫生行政部门审核同意的，不得开工建设。

职业病危害预评价报告应当对建设项目可能产生的职业病危害因素及其对工作场所和劳动者健康的影响作出评价，确定危害类别和职业病防护措施。

建设项目职业病危害分类管理办法由国务院卫生行政部门制定。

第十八条 建设项目的职业病防护设施所需费用应当纳入建设项目工程预算，并与主体工程同时设计，同时施工，同时投入生产和使用。

建设项目的职业病防护设施设计应当符合国家职业卫生标准和卫生要求；其中，医疗机构放射性职业病危害严重的建设项目的防护设施设计，应当经卫生行政部门审查同意后，方可施工。

建设项目在竣工验收前，建设单位应当进行职业病危害控制效果评价。

医疗机构可能产生放射性职业病危害的建设项目竣工验收时，其放射性职业病防护设施经卫生行政部门验收合格后，方可投入使用；其他建设项目的职业病防护设施应当由建设单位负责依法组织验收，验收合格后，方可投入生产和使用。卫生行政部门应当加强对建设单位组织的验收活动和验收结果的监督核查。

第十九条 国家对从事放射性、高毒、高危粉尘等作业实行特殊管理。具体管理办法由国务院制定。

第三章 劳动过程中的防护与管理

第二十条 用人单位应当采取下列职业病防治管理措施：

（一）设置或者指定职业卫生管理机构或者组织，配备专职或者兼职的职业卫生管理人员，负责本单位的职业病防治工作；

（二）制定职业病防治计划和实施方案；

（三）建立、健全职业卫生管理制度和操作规程；

（四）建立、健全职业卫生档案和劳动者健康监护档案；

（五）建立、健全工作场所职业病危害因素监测及评价制度；

（六）建立、健全职业病危害事故应急救援预案。

第二十一条 用人单位应当保障职业病防治所需的资金投入，不得挤占、挪用，并对因资金投入不足导致的后果承担责任。

第二十二条 用人单位必须采用有效的职业病防护设施，并为劳动者提供个人使用的职业病防护用品。

用人单位为劳动者个人提供的职业病防护用品必须符合防治职业病的要求；不符合要求的，不得使用。

第二十三条 用人单位应当优先采用有利于防治职业病和保护劳动者健康的新技术、新工艺、新设备、新材料，逐步替代职业病危害严重的技术、工艺、设备、材料。

第二十四条 产生职业病危害的用人单位，应当在醒目位置设置公告栏，公布有关职业病防治的规章制度、操作规程、职业病危害事故应急救援措施和工作场所职业病危害因素检测结果。

对产生严重职业病危害的作业岗位，应当在其醒目位置，设置警示标识和中文警示说明。警示说明应当载明产生职业病危害的种类、后果、预防以及应急救治措施等内容。

第二十五条 对可能发生急性职业损伤的有毒、有害工作场所，用人单位应当设置报警装置，配置现场急救用品、冲洗设备、应急撤离通道和必要的泄险区。

对放射工作场所和放射性同位素的运输、贮存，用人单位必须配置防护设备和报警装置，保证接触放射线的工作人员佩戴个人剂量计。

对职业病防护设备、应急救援设施和个人使用的职业病防护用品，用人单位应当进行经常性的维护、检修，定期检测其性能和效果，确保其处于正常状态，不得擅自拆除或者停止使用。

第二十六条 用人单位应当实施由专人负责的职业病危害因素日常监测，并确保监测系统处于正常运行状态。

用人单位应当按照国务院卫生行政部门的规定，定期对工作场所进行职业病危害因素检测、评价。检测、评价结果存入用人单位职业卫生档案，定期向所在地卫生行政部门报告并向劳动者公布。

职业病危害因素检测、评价由依法设立的取得国务院卫生行政部门或者设区的市级以上地方人民政府卫生行政部门按照职责分工给予资质认可的职业卫生技术服务机构进行。职业卫生技术服务机构所作检测、评价应当客观、真实。

发现工作场所职业病危害因素不符合国家职业卫生标准和卫生要求时，用人单位应当立即采取相应治理措施，仍然达不到国家职业卫生标准和卫生要求的，必须停止存在职业病危害因素的作业；职业病危害因素经治理后，符合国家职业卫生标准和卫生要求的，方可重新作业。

第二十七条 职业卫生技术服务机构依法从事职业病危害因素检测、评价工作，接受卫生行政部门的监督检查。卫生行政部门应当依法履行监督职责。

第二十八条 向用人单位提供可能产生职业病危害的设备的，应当提供中文说明书，并在设备的醒目位置设置警示标识和中文警示说明。警示说明应当载明设备性能、可能产生的职业病危害、安全操作和维护注意事项、职业病防护以及应急救治措施等内容。

第二十九条 向用人单位提供可能产生职业病危害的化学品、放射性同位素和含有放射性物质的材料的，应当提供中文说明书。说明书应当载明产品特性、主要成份、存在的有害因素、可能产生的危害后果、安全使用注意事项、职业病防护以及应急救治措施等内容。产品包装应当有醒目的警示标识和中文警示说明。贮存上述材料的场所应当在规定的部位设置危险物品标识或者放射性警示标识。

国内首次使用或者首次进口与职业病危害有关的化学材料，使用单位或者进口单位按照国家规定经国务院有关部门批准后，应当向国务院卫生行政部门报送该化学材料的毒性鉴定以及经有关部门登记注册或者批准进口的文件等资料。

进口放射性同位素、射线装置和含有放射性物质的物品的，按照国家有关规定办理。

第三十条 任何单位和个人不得生产、经营、进口和使用国家明令禁止使用的可能产生职业病危害的设备或者材料。

第三十一条 任何单位和个人不得将产生职业病危害的作业转移给不具备职业病防护条件的单位和个人。不具备职业病防护条件的单位和个人不得接受产生职业病危害的作业。

第三十二条 用人单位对采用的技术、工艺、设备、材料，应当知悉其产生的职业病危害，对有职业病危害的技术、工艺、设备、材料隐瞒其危害而采用的，对所造成的职业病危害后果承担责任。

第三十三条 用人单位与劳动者订立劳动合同（含聘用合同，下同）时，应当将工作过程中可能产生的职业病危害及其后果、职业病防护措施和待遇等如实告知劳动者，并在劳动合同中写明，不得隐瞒或者欺骗。

劳动者在已订立劳动合同期间因工作岗位或者工作内容变更，从事与所订立劳动合同中未告知的存在职业病危害的作业时，用人单位应当依照前款规定，向劳动者履行如实告知的义务，并协商变更原劳动合同相关条款。

用人单位违反前两款规定的，劳动者有权拒绝从事存在职业病危害的作业，用人单位不得因此解除与劳动者所订立的劳动合同。

第三十四条 用人单位的主要负责人和职业卫生管理人员应当接受职业卫生培训，遵守职业病防治法律、法规，依法组织本单位的职业病防治工作。

用人单位应当对劳动者进行上岗前的职业卫生培训和在岗期间的定期职业卫生培训，普及职业卫生知识，督促劳动者遵守职业病防治法律、法规、规章和操作规程，指导劳动者正确使用职业病防护设备和个人使用的职业病防护用品。

劳动者应当学习和掌握相关的职业卫生知识，增强职业病防范意识，遵守职业病防治法律、法规、规章和操作规程，正确使用、维护职业病防护设备和个人使用的职业病防护用品，发现职业病危害事故隐患应当及时报告。

劳动者不履行前款规定义务的，用人单位应当对其进行教育。

第三十五条 对从事接触职业病危害的作业的劳动者，用人单位应当按照国务院卫生行政部门的规定组织上岗前、在岗期间和离岗时的职业健康检查，并将检查结果书面告知劳动者。职业健康检查费用由用人单位承担。

用人单位不得安排未经上岗前职业健康检查的劳动者从事接触职业病危害的作业；不得安排有职业禁忌的劳动者从事其所禁忌的作业；对在职业健康检查中发现有与所从事的职业相关的健康损害的劳动者，应当调离原工作岗位，并妥善安置；对未进行离岗前职业健康检查的劳动者不得解除或者终止与其订立的劳动合同。

职业健康检查应当由取得《医疗机构执业许可证》的医疗卫生机构承担。卫生行政部门应当加强对职业健康检查工作的规范管理，具体管理办法由国务院卫生行政部门制定。

第三十六条 用人单位应当为劳动者建立职业健康监护档案，并按照规定的期限妥善保存。

职业健康监护档案应当包括劳动者的职业史、职业病危害接触史、职业健康检查结果和职业病诊疗等有关个人健康资料。

劳动者离开用人单位时，有权索取本人职业健康监护档案复印件，用人单位应当如实、无偿提供，并在所提供的复印件上签章。

第三十七条 发生或者可能发生急性职业病危害事故时，用人单位应当立即采取应急救援和控制措施，并及时报告所在地卫生行政部门和有关部门。卫生行政部门接到报告后，应当及时会同有关部门组织调查处理；必要时，可以采取临时控制措施。卫生行政部门应当组织做好医疗救治工作。

对遭受或者可能遭受急性职业病危害的劳动者，用人单位应当及时组织救治、进行健康检查和医学观察，所需费用由用人单位承担。

第三十八条 用人单位不得安排未成年工从事接触职业病危害的作业；不得安排孕期、哺乳期的女职工从事对本人和胎儿、婴儿有危害的作业。

第三十九条 劳动者享有下列职业卫生保护权利：

（一）获得职业卫生教育、培训；

（二）获得职业健康检查、职业病诊疗、康复等职业病防治服务；

（三）了解工作场所产生或者可能产生的职业病危害因素、危害后果和应当采取的职业病防护措施；

（四）要求用人单位提供符合防治职业病要求的职业病防护设施和个人使用的职业病防护用品，改善工作条件；

（五）对违反职业病防治法律、法规以及危及生命健康的行为提出批评、检举和控告；

（六）拒绝违章指挥和强令进行没有职业病防护措施的作业；

（七）参与用人单位职业卫生工作的民主管理，对职业病防治工作提出意见和建议。

用人单位应当保障劳动者行使前款所列权利。因劳动者依法行使正当权利而降低其工资、福利等待遇或者解除、终止与其订立的劳动合同的，其行为无效。

第四十条 工会组织应当督促并协助用人单位开展职业卫生宣传教育和培训，有权对用人单位的职业病防治工作提出意见和建议，依法代表劳动者与用人单位签订劳动安全卫生专项集体合同，与用人单位就劳动者反映的有关职业病防治的问题进行协调并督促解决。

工会组织对用人单位违反职业病防治法律、法规，侵犯劳动者合法权益的行为，有权要求纠正；产生严重职业病危害时，有权要求采取防护措施，或者向政府有关部门建议采取强制性措施；发生职业病危害事故时，有权参与事故调查处理；发现危及劳动者生命健康的情形时，有权向用人单位建议组织劳动者撤离危险现场，用人单位应当立即作出处理。

第四十一条 用人单位按照职业病防治要求，用于预防和治理职业病危害、工作场所卫生检测、健康监护和职业卫生培训等费用，按照国家有关规定，在生产成本中据实列支。

第四十二条 职业卫生监督管理部门应当按照职责分工，加强对用人单位落实职业病防护管理措施情况的监督检查，依法行使职权，承担责任。

第四章 职业病诊断与职业病病人保障

第四十三条 职业病诊断应当由取得《医疗机构执业许可证》的医疗卫生机构承担。卫生行政部门应当加强对职业病诊断工作的规范管理，具体管理办法由国务院卫生行政部门制定。承担职业病诊断的医疗卫生机构还应当具备下列条件：

（一）具有与开展职业病诊断相适应的医疗卫生技术人员；

（二）具有与开展职业病诊断相适应的仪器、设备；

（三）具有健全的职业病诊断质量管理制度。

承担职业病诊断的医疗卫生机构不得拒绝劳动者进行职业病诊断的要求。

第四十四条 劳动者可以在用人单位所在地、本人户籍所在地或者经常居住地依法承担职业病诊断的医疗卫生机构进行职业病诊断。

第四十五条 职业病诊断标准和职业病诊断、鉴定办法由国务院卫生行政部门制定。职业病伤残等级的鉴定办法由国务院劳动保障行政部门会同国务院卫生行政部门制定。

第四十六条 职业病诊断，应当综合分析下列因素：

（一）病人的职业史；

（二）职业病危害接触史和工作场所职业病危害因素情况；

（三）临床表现以及辅助检查结果等。

没有证据否定职业病危害因素与病人临床表现之间的必然联系的，应当诊断为职业病。

职业病诊断证明书应当由参与诊断的取得职业病诊断资格的执业医师签署，并经承担职业病诊断的医疗卫生机构审核盖章。

第四十七条 用人单位应当如实提供职业病诊断、鉴定所需的劳动者职业史和职业病危害接触史、工作场所职业病危害因素检测结果等资料；卫生行政部门应当监督检查和督促用人单位提供上述资料；劳动者和有关机构也应当提供与职业病诊断、鉴定有关的资料。

职业病诊断、鉴定机构需要了解工作场所职业病危害因素情况时，可以对工作场所进行现场调查，也可以向卫生行政部门提出，卫生行政部门应当在十日内组织现场调查。用人单位不得拒绝、阻挠。

第四十八条 职业病诊断、鉴定过程中，用人单位不提供工作场所职业病危害因素检测结果等资料的，诊断、鉴定机构应当结合劳动者的临床表现、辅助检查结果和劳动者的职业史、职业病危害接触史，并参考劳动者的自述、卫生行政部门提供的日常监督检查信息等，作出职业病诊断、鉴定结论。

劳动者对用人单位提供的工作场所职业病危害因素检测结果等资料有异议，或者因劳动者的用人单位解散、破产，无用人单位提供上述资料的，诊断、鉴定机构应当提请卫生行政部门进行调查，卫生行政部门应当自接到申请之日起三十日内对存在异议的资料或者工作场所职业病危害因素情况作出判定；有关部门应当配合。

第四十九条 职业病诊断、鉴定过程中，在确认劳动者职业史、职业病危害接触史时，当事人对劳动关系、工种、工作岗位或者在岗时间有争议的，可以向当地的劳动人事争议仲裁委员会申请仲裁；接到申请的劳动人事争议仲裁委员会应当受理，并在三十日内作出裁决。

当事人在仲裁过程中对自己提出的主张，有责任提供证据。劳动者无法提供由用人单位掌握管理的与仲裁主张有关的证据的，仲裁庭应当要求用人单位在指定期限内提供；用人单位在指定期限内不提供的，应当承担不利后果。

劳动者对仲裁裁决不服的，可以依法向人民法院提起诉讼。

用人单位对仲裁裁决不服的，可以在职业病诊断、鉴定程序结束之日起十五日内依法向人民法院提起诉讼；诉讼期间，劳动者的治疗费用按照职业病待遇规定的途径支付。

第五十条 用人单位和医疗卫生机构发现职业病病人或者疑似职业病病人时，应当及时向所在地卫生行政部门报告。确诊为职业病的，用人单位还应当向所在地劳动保障行政部门报告。接到报告的部门应当依法作出处理。

第五十一条 县级以上地方人民政府卫生行政部门负责本行政区域内的职业病统计报告的管理工作，并按照规定上报。

第五十二条 当事人对职业病诊断有异议的，可以向作出诊断的医疗卫生机构所在地地方人民政府卫生行政部门申请鉴定。

职业病诊断争议由设区的市级以上地方人民政府卫生行政部门根据当事人的申请，组织职业病诊断鉴定委员会进行鉴定。

当事人对设区的市级职业病诊断鉴定委员会的鉴定结论不服的，可以向省、自治区、直辖市人民政府卫生行政部门申请再鉴定。

第五十三条 职业病诊断鉴定委员会由相关专业的专家组成。

省、自治区、直辖市人民政府卫生行政部门应当设立相关的专家库，需要对职业病争议作出诊断鉴定时，由当事人或者当事人委托有关卫生行政部门从专家库中以随机抽取的方式确定参加诊断鉴定委员会的专家。

职业病诊断鉴定委员会应当按照国务院卫生行政部门颁布的职业病诊断标准和职业病诊断、鉴定办法进行职业病诊断鉴定，向当事人出具职业病诊断鉴定书。职业病诊断、鉴定费用由用人单位承担。

第五十四条 职业病诊断鉴定委员会组成人员应当遵守职业道德，客观、公正地进行诊断鉴定，并承担相应的责任。职业病诊断鉴定委员会组成人员不得私下接触当事人，不得收受当事人的财物或者其他好处，与当事人有利害关系的，应当回避。

人民法院受理有关案件需要进行职业病鉴定时，应当从省、自治区、直辖市人民政府卫生行政部门依法设立的相关的专家库中选取参加鉴定的专家。

第五十五条 医疗卫生机构发现疑似职业病病人时，应当告知劳动者本人并及时通知用人单位。

用人单位应当及时安排对疑似职业病病人进行诊断；在疑似职业病病人诊断或者医学观察期间，不得解除或者终止与其订立的劳动合同。

疑似职业病病人在诊断、医学观察期间的费用，由用人单位承担。

第五十六条 用人单位应当保障职业病病人依法享受国家规定的职业病待遇。

用人单位应当按照国家有关规定，安排职业病病人进行治疗、康复和定期检查。

用人单位对不适宜继续从事原工作的职业病病人，应当调离原岗位，并妥善安置。

用人单位对从事接触职业病危害的作业的劳动者，应当给予适当岗位津贴。

第五十七条 职业病病人的诊疗、康复费用，伤残以及丧失劳动能力的职业病病人的社会保障，按照国家有关工伤保险的规定执行。

第五十八条 职业病病人除依法享有工伤保险外，依照有关民事法律，尚有获得赔偿的权利的，有权向用人单位提出赔偿要求。

第五十九条 劳动者被诊断患有职业病，但用人单位没有依法参加工伤保险的，其医疗和生活保障由该用人单位承担。

第六十条 职业病病人变动工作单位，其依法享有的待遇不变。

用人单位在发生分立、合并、解散、破产等情形时，应当对从事接触职业病危害的作业的劳动者进行健康检查，并按照国家有关规定妥善安置职业病病人。

第六十一条 用人单位已经不存在或者无法确认劳动关系的职业病病人，可以向地方人民政府医疗保障、民政部门申请医疗救助和生活等方面的救助。

地方各级人民政府应当根据本地区的实际情况，采取其他措施，使前款规定的职业病病人获得医疗救治。

第五章 监督检查

第六十二条 县级以上人民政府职业卫生监督管理部门依照职业病防治法律、法规、国家职业卫生标准和卫生要求，依据职责划分，对职业病防治工作进行监督检查。

第六十三条 卫生行政部门履行监督检查职责时，有权采取下列措施：

（一）进入被检查单位和职业病危害现场，了解情况，调查取证；

（二）查阅或者复制与违反职业病防治法律、法规的行为有关的资料和采集样品；

（三）责令违反职业病防治法律、法规的单位和个人停止违法行为。

第六十四条 发生职业病危害事故或者有证据证明危害状态可能导致职业病危害事故发生时，卫生行政部门可以采取下列临时控制措施：

（一）责令暂停导致职业病危害事故的作业；

（二）封存造成职业病危害事故或者可能导致职业病危害事故发生的材料和设备；

（三）组织控制职业病危害事故现场。

在职业病危害事故或者危害状态得到有效控制后，卫生行政部门应当及时解除控制措施。

第六十五条 职业卫生监督执法人员依法执行职务时，应当出示监督执法证件。

职业卫生监督执法人员应当忠于职守，秉公执法，严格遵守执法规范；涉及用人单位的秘密的，应当为其保密。

第六十六条 职业卫生监督执法人员依法执行职务时，被检查单位应当接受检查并予以支持配合，不得拒绝和阻碍。

第六十七条 卫生行政部门及其职业卫生监督执法人员履行职责时，不得有下列行为：

（一）对不符合法定条件的，发给建设项目有关证明文件、资质证明文件或者予以批准；

（二）对已经取得有关证明文件的，不履行监督检查职责；

（三）发现用人单位存在职业病危害的，可能造成职业病危害事故，不及时依法采取控制措施；

（四）其他违反本法的行为。

第六十八条 职业卫生监督执法人员应当依法经过资格认定。

职业卫生监督管理部门应当加强队伍建设，提高职业卫生监督执法人员的政治、业务素质，依照本法和其他有关法律、法规的规定，建立、健全内部监督制度，对其工作人员执行法律、法规和遵守纪律的情况，进行监督检查。

第六章 法律责任

第六十九条 建设单位违反本法规定，有下列行为之一的，由卫生行政部门给予警告，责令限期改正；逾期不改正的，处十万元以上五十万元以下的罚款；情节严重的，责令停止产生职业病危害的作业，或者提请有关人民政府按照国务院规定的权限责令停建、关闭：

（一）未按照规定进行职业病危害预评价的；

（二）医疗机构可能产生放射性职业病危害的建设项目未按照规定提交放射性职业病危害预评价报告，或者放射性职业病危害预评价报告未经卫生行政部门审核同意，开工建设的；

（三）建设项目的职业病防护设施未按照规定与主体工程同时设计、

同时施工、同时投入生产和使用的；

（四）建设项目的职业病防护设施设计不符合国家职业卫生标准和卫生要求，或者医疗机构放射性职业病危害严重的建设项目的防护设施设计未经卫生行政部门审查同意擅自施工的；

（五）未按照规定对职业病防护设施进行职业病危害控制效果评价的；

（六）建设项目竣工投入生产和使用前，职业病防护设施未按照规定验收合格的。

第七十条 违反本法规定，有下列行为之一的，由卫生行政部门给予警告，责令限期改正；逾期不改正的，处十万元以下的罚款：

（一）工作场所职业病危害因素检测、评价结果没有存档、上报、公布的；

（二）未采取本法第二十条规定的职业病防治管理措施的；

（三）未按照规定公布有关职业病防治的规章制度、操作规程、职业病危害事故应急救援措施的；

（四）未按照规定组织劳动者进行职业卫生培训，或者未对劳动者个人职业病防护采取指导、督促措施的；

（五）国内首次使用或者首次进口与职业病危害有关的化学材料，未按照规定报送毒性鉴定资料以及经有关部门登记注册或者批准进口的文件的。

第七十一条 用人单位违反本法规定，有下列行为之一的，由卫生行政部门责令限期改正，给予警告，可以并处五万元以上十万元以下的罚款：

（一）未按照规定及时、如实向卫生行政部门申报产生职业病危害的项目的；

（二）未实施由专人负责的职业病危害因素日常监测，或者监测系统不能正常监测的；

（三）订立或者变更劳动合同时，未告知劳动者职业病危害真实情况的；

（四）未按照规定组织职业健康检查、建立职业健康监护档案或者未将检查结果书面告知劳动者的；

（五）未依照本法规定在劳动者离开用人单位时提供职业健康监护档案复印件的。

第七十二条 用人单位违反本法规定，有下列行为之一的，由卫生行政部门给予警告，责令限期改正，逾期不改正的，处五万元以上二十万元以下的罚款；情节严重的，责令停止产生职业病危害的作业，或者提请有关人民政府按照国务院规定的权限责令关闭：

（一）工作场所职业病危害因素的强度或者浓度超过国家职业卫生标准的；

（二）未提供职业病防护设施和个人使用的职业病防护用品，或者提供的职业病防护设施和个人使用的职业病防护用品不符合国家职业卫生标准和卫生要求的；

（三）对职业病防护设备、应急救援设施和个人使用的职业病防护用品未按照规定进行维护、检修、检测，或者不能保持正常运行、使用状态的；

（四）未按照规定对工作场所职业病危害因素进行检测、评价的；

（五）工作场所职业病危害因素经治理仍然达不到国家职业卫生标准和卫生要求时，未停止存在职业病危害因素的作业的；

（六）未按照规定安排职业病病人、疑似职业病病人进行诊治的；

（七）发生或者可能发生急性职业病危害事故时，未立即采取应急救援和控制措施或者未按照规定及时报告的；

（八）未按照规定在产生严重职业病危害的作业岗位醒目位置设置警示标识和中文警示说明的；

（九）拒绝职业卫生监督管理部门监督检查的；

（十）隐瞒、伪造、篡改、毁损职业健康监护档案、工作场所职业病危害因素检测评价结果等相关资料，或者拒不提供职业病诊断、鉴定所需资料的；

（十一）未按照规定承担职业病诊断、鉴定费用和职业病病人的医疗、生活保障费用的。

第七十三条 向用人单位提供可能产生职业病危害的设备、材料，未按照规定提供中文说明书或者设置警示标识和中文警示说明的，由卫生行政部门责令限期改正，给予警告，并处五万元以上二十万元以下的罚款。

第七十四条 用人单位和医疗卫生机构未按照规定报告职业病、疑似职业病的，由有关主管部门依据职责分工责令限期改正，给予警告，可以并处一万元以下的罚款；弄虚作假的，并处二万元以上五万元以下的罚款；对直接负责的主管人员和其他直接责任人员，可以依法给予降级或者撤职的处分。

第七十五条 违反本法规定，有下列情形之一的，由卫生行政部门责令限期治理，并处五万元以上三十万元以下的罚款；情节严重的，责令停止产生职业病危害的作业，或者提请有关人民政府按照国务院规定的权限责令关闭：

（一）隐瞒技术、工艺、设备、材料所产生的职业病危害而采用的；

（二）隐瞒本单位职业卫生真实情况的；

（三）可能发生急性职业损伤的有毒、有害工作场所、放射工作场所或者放射性同位素的运输、贮存不符合本法第二十五条规定的；

（四）使用国家明令禁止使用的可能产生职业病危害的设备或者材料的；

（五）将产生职业病危害的作业转移给没有职业病防护条件的单位和个人，或者没有职业病防护条件的单位和个人接受产生职业病危害的作业的；

（六）擅自拆除、停止使用职业病防护设备或者应急救援设施的；

（七）安排未经职业健康检查的劳动者、有职业禁忌的劳动者、未成年工或者孕期、哺乳期女职工从事接触职业病危害的作业或者禁忌作业的；

（八）违章指挥和强令劳动者进行没有职业病防护措施的作业的。

第七十六条 生产、经营或者进口国家明令禁止使用的可能产生职业病危害的设备或者材料的，依照有关法律、行政法规的规定给予处罚。

第七十七条 用人单位违反本法规定，已经对劳动者生命健康造成严重损害的，由卫生行政部门责令停止产生职业病危害的作业，或者提请有关人民政府按照国务院规定的权限责令关闭，并处十万元以上五十万元以下的罚款。

第七十八条 用人单位违反本法规定，造成重大职业病危害事故或者其他严重后果，构成犯罪的，对直接负责的主管人员和其他直接责任人员，依法追究刑事责任。

第七十九条 未取得职业卫生技术服务资质认可擅自从事职业卫生技术服务的，由卫生行政部门责令立即停止违法行为，没收违法所得；违法所得五千元以上的，并处违法所得二倍以上十倍以下的罚款；没有违法所得或者违法所得不足五千元的，并处五千元以上五万元以下的罚款；情节严重的，对直接负责的主管人员和其他直接责任人员，依法给予降级、撤职或者开除的处分。

第八十条 从事职业卫生技术服务的机构和承担职业病诊断的医疗卫生机构违反本法规定，有下列行为之一的，由卫生行政部门责令立即停止违法行为，给予警告，没收违法所得；违法所得五千元以上的，并处违法所得二倍以上五倍以下的罚款；没有违法所得或者违法所得不足五千元的，并处五千元以上二万元以下的罚款；情节严重的，由原认可或者登记机关取消其相应的资格；对直接负责的主管人员和其他直接责任人员，依法给予降级、撤职或者开除的处分；构成犯罪的，依法追究刑事责任：

（一）超出资质认可或者诊疗项目登记范围从事职业卫生技术服务或者职业病诊断的；

（二）不按照本法规定履行法定职责的；

（三）出具虚假证明文件的。

第八十一条 职业病诊断鉴定委员会组成人员收受职业病诊断争议当事人的财物或者其他好处的，给予警告，没收收受的财物，可以并处三千元以上五万元以下的罚款，取消其担任职业病诊断鉴定委员会组成人员的资格，并从省、自治区、直辖市人民政府卫生行政部门设立的专家库中予以除名。

第八十二条 卫生行政部门不按照规定报告职业病和职业病危害事故的，由上一级行政部门责令改正，通报批评，给予警告；虚报、瞒报的，对单位负责人、直接负责的主管人员和其他直接责任人员依法给予降级、撤职或者开除的处分。

第八十三条 县级以上地方人民政府在职业病防治工作中未依照本法履行职责，本行政区域出现重大职业病危害事故、造成严重社会影响的，依法对直接负责的主管人员和其他直接责任人员给予记大过直至开除的处分。

县级以上人民政府职业卫生监督管理部门不履行本法规定的职责，滥用职权、玩忽职守、徇私舞弊，依法对直接负责的主管人员和其他直接责任人员给予记大过或者降级的处分；造成职业病危害事故或者其他严重后果的，依法给予撤职或者开除的处分。

第八十四条 违反本法规定，构成犯罪的，依法追究刑事责任。

第七章 附 则

第八十五条 本法下列用语的含义：

职业病危害，是指对从事职业活动的劳动者可能导致职业病的各种危害。职业病危害因素包括：职业活动中存在的各种有害的化学、物理、生物因素以及在作业过程中产生的其他职业有害因素。

职业禁忌，是指劳动者从事特定职业或者接触特定职业病危害因素时，比一般职业人群更易于遭受职业病危害和罹患职业病或者可能导致原有自身疾病病情加重，或者在从事作业过程中诱发可能导致对他人生命健康构成危险的疾病的个人特殊生理或者病理状态。

第八十六条 本法第二条规定的用人单位以外的单位，产生职业病危害的，其职业病防治活动可以参照本法执行。

劳务派遣用工单位应当履行本法规定的用人单位的义务。

中国人民解放军参照执行本法的办法，由国务院、中央军事委员会制定。

第八十七条 对医疗机构放射性职业病危害控制的监督管理，由卫生行政部门依照本法的规定实施。

第八十八条 本法自 2002 年 5 月 1 日起施行。

中华人民共和国劳动合同法（节选）

（2007年6月29日第十届全国人民代表大会常务委员会第二十八次会议通过　根据2012年12月28日第十一届全国人民代表大会常务委员会第三十次会议《关于修改〈中华人民共和国劳动合同法〉的决定》修订）

第四条　用人单位应当依法建立和完善劳动规章制度，保障劳动者享有劳动权利、履行劳动义务。

用人单位在制定、修改或者决定有关劳动报酬、工作时间、休息休假、劳动安全卫生、保险福利、职工培训、劳动纪律以及劳动定额管理等直接涉及劳动者切身利益的规章制度或者重大事项时，应当经职工代表大会或者全体职工讨论，提出方案和意见，与工会或者职工代表平等协商确定。

在规章制度和重大事项决定实施过程中，工会或者职工认为不适当的，有权向用人单位提出，通过协商予以修改完善。

用人单位应当将直接涉及劳动者切身利益的规章制度和重大事项决定公示，或者告知劳动者。

第三十二条　劳动者拒绝用人单位管理人员违章指挥、强令冒险作业的，不视为违反劳动合同。

劳动者对危害生命安全和身体健康的劳动条件，有权对用人单位提出批评、检举和控告。

第三十八条　劳动者单方面解除劳动合同

用人单位有下列情形之一的，劳动者可以解除劳动合同：

（一）未按照劳动合同约定提供劳动保护或者劳动条件的；

（二）未及时足额支付劳动报酬的；

（三）未依法为劳动者缴纳社会保险费的；

（四）用人单位的规章制度违反法律、法规的规定，损害劳动者权益的；

（五）因本法第二十六条第一款规定的情形致使劳动合同无效的；

（六）法律、行政法规规定劳动者可以解除劳动合同的其他情形。

用人单位以暴力、威胁或者非法限制人身自由的手段强迫劳动者劳动的，或者用人单位违章指挥、强令冒险作业危及劳动者人身安全的，劳动者可以立即解除劳动合同，不需事先告知用人单位。

第五十一条 企业职工一方与用人单位通过平等协商，可以就劳动报酬、工作时间、休息休假、劳动安全卫生、保险福利等事项订立集体合同。集体合同草案应当提交职工代表大会或者全体职工讨论通过。

集体合同由工会代表企业职工一方与用人单位订立；尚未建立工会的用人单位，由上级工会指导劳动者推举的代表与用人单位订立。

第七十八条 工会依法维护劳动者的合法权益，对用人单位履行劳动合同、集体合同的情况进行监督。用人单位违反劳动法律、法规和劳动合同、集体合同的，工会有权提出意见或者要求纠正；劳动者申请仲裁、提起诉讼的，工会依法给予支持和帮助。

第八十八条 用人单位有下列情形之一的，依法给予行政处罚；构成犯罪的，依法追究刑事责任；给劳动者造成损害的，应当承担赔偿责任：

（一）以暴力、威胁或者非法限制人身自由的手段强迫劳动的；

（二）违章指挥或者强令冒险作业危及劳动者人身安全的；

（三）侮辱、体罚、殴打、非法搜查或者拘禁劳动者的；

（四）劳动条件恶劣、环境污染严重，给劳动者身心健康造成严重损害的。

中华人民共和国消防法（节选）

（1998 年 4 月 29 日第九届全国人民代表大会常务委员会第二次会议通过　2008 年 10 月 28 日第十一届全国人民代表大会常务委员会第五次会议修订　2008 年 10 月 28 日中华人民共和国主席令第六号公布　自 2009 年 5 月 1 日起施行）

第六条　工会、共产主义青年团、妇女联合会等团体应当结合各自工作对象的特点，组织开展消防宣传教育。

中华人民共和国建筑法（节选）

（1997年11月1日第八届全国人民代表大会常务委员会第二十八次会议通过　根据2011年4月22日第十一届全国人大常委会第十次会议《关于修改〈中华人民共和国建筑法〉的决定》修正）

第五章　建筑安全生产管理

第四十六条　建筑施工企业应当建立健全劳动安全生产教育培训制度，加强对职工安全生产的教育培训；未经安全生产教育培训的人员，不得上岗作业。

第四十七条　建筑施工企业和作业人员在施工过程中，应当遵守有关安全生产的法律、法规和建筑行业安全规章、规程，不得违章指挥或者违章作业。作业人员有权对影响人身健康的作业程序和作业条件提出改进意见，有权获得安全生产所需的防护用品。作业人员对危及生命安全和人身健康的行为有权提出批评、检举和控告。

第四十八条　建筑施工企业应当依法为职工参加工伤保险缴纳工伤保险费。鼓励企业为从事危险工作的职工办理意外伤害保险，支付保险费。

中华人民共和国矿山安全法（节选）

（1992年11月7日第七届全国人民代表大会常务委员会第二十八次会议通过　根据2009年8月27日第十一届全国人民代表大会常务委员会第十次会议《关于修改部分法律的决定》修正）

第一条　为了保障矿山生产安全，防止矿山事故，保护矿山职工人身安全，促进采矿业的发展，制定本法。

第三条　矿山企业必须具有保障安全生产的设施，建立、健全安全管理制度，采取有效措施改善职工劳动条件，加强矿山安全管理工作，保证安全生产。

第二十一条　矿长应当定期向职工代表大会或者职工大会报告安全生产工作，发挥职工代表大会的监督作用。

第二十二条　矿山企业职工必须遵守有关矿山安全的法律、法规和企业规章制度。

矿山企业职工有权对危害安全的行为，提出批评、检举和控告。

第二十三条　矿山企业工会依法维护职工生产安全的合法权益，组织职工对矿山安全工作进行监督。

第二十四条　矿山企业违反有关安全的法律、法规，工会有权要求企业行政方面或者有关部门认真处理。

矿山企业召开讨论有关安全生产的会议，应当有工会代表参加，工会有权提出意见和建议。

第二十五条　矿山企业工会发现企业行政方面违章指挥、强令工人冒险作业或者生产过程中发现明显重大事故隐患和职业危害，有权提出解决的建议；发现危及职工生命安全的情况时，有权向矿山企业行政方面建议组织职工撤离危险现场，矿山企业行政方面必须及时作出处理决定。

第二十六条　矿山企业必须对职工进行安全教育、培训；未经安全教育、培训的，不得上岗作业。

矿山企业安全生产的特种作业人员必须接受专门培训，经考核合格取得操作资格证书的，方可上岗作业。

第二十八条 矿山企业必须向职工发放保障安全生产所需的劳动防护用品。

第二十九条 矿山企业不得录用未成年人从事矿山井下劳动。

矿山企业对女职工按照国家规定实行特殊劳动保护，不得分配女职工从事矿山井下劳动。

第三十五条 劳动行政主管部门的矿山安全监督人员有权进入矿山企业，在现场检查安全状况；发现有危及职工安全的紧急险情时，应当要求矿山企业立即处理。

第三十七条 发生一般矿山事故，由矿山企业负责调查和处理。

发生重大矿山事故，由政府及其有关部门、工会和矿山企业按照行政法规的规定进行调查和处理。

第三十八条 矿山企业对矿山事故中伤亡的职工按照国家规定给予抚恤或者补偿。

第四十六条 矿山企业主管人员违章指挥、强令工人冒险作业，因而发生重大伤亡事故的，依照刑法有关规定追究刑事责任。

第五十条 本法自 1993 年 5 月 1 日起施行。

二、行政法规

（一）劳动安全

国务院关于特大安全事故行政责任追究的规定

（2001年4月21日中华人民共和国国务院令第302号公布）

第一条 为了有效地防范特大安全事故的发生，严肃追究特大安全事故的行政责任，保障人民群众生命、财产安全，制定本规定。

第二条 地方人民政府主要领导人和政府有关部门正职负责人对下列特大安全事故的防范、发生，依照法律、行政法规和本规定的规定有失职、渎职情形或者负有领导责任的，依照本规定给予行政处分；构成玩忽职守罪或者其他罪的，依法追究刑事责任：

（一）特大火灾事故；

（二）特大交通安全事故；

（三）特大建筑质量安全事故；

（四）民用爆炸物品和化学危险品特大安全事故；

（五）煤矿和其他矿山特大安全事故；

（六）锅炉、压力容器、压力管道和特种设备特大安全事故；

（七）其他特大安全事故。

地方人民政府和政府有关部门对特大安全事故的防范、发生直接负责的主管人员和其他直接责任人员，比照本规定给予行政处分；构成玩忽职守罪或者其他罪的，依法追究刑事责任。

特大安全事故肇事单位和个人的刑事处罚、行政处罚和民事责任，依照有关法律、法规和规章的规定执行。

第三条 特大安全事故的具体标准，按照国家有关规定执行。

第四条 地方各级人民政府及政府有关部门应当依照有关法律、法规和规章的规定，采取行政措施，对本地区实施安全监督管理，保障本地区人民群众生命、财产安全，对本地区或者职责范围内防范特大安全事故的发生、特大安全事故发生后的迅速和妥善处理负责。

第五条 地方各级人民政府应当每个季度至少召开一次防范特大安全事故工作会议，由政府主要领导人或者政府主要领导人委托政府分管领导人召集有关部门正职负责人参加，分析、布置、督促、检查本地区防范特大安全事故的工作。会议应当作出决定并形成纪要，会议确定的各项防范措施必须严格实施。

第六条 市（地、州）、县（市、区）人民政府应当组织有关部门按照职责分工对本地区容易发生特大安全事故的单位、设施和场所安全事故的防范明确责任、采取措施，并组织有关部门对上述单位、设施和场所进行严格检查。

第七条 市（地、州）、县（市、区）人民政府必须制定本地区特大安全事故应急处理预案。本地区特大安全事故应急处理预案经政府主要领导人签署后，报上一级人民政府备案。

第八条 市（地、州）、县（市、区）人民政府应当组织有关部门对本规定第二条所列各类特大安全事故的隐患进行查处；发现特大安全事故隐患的，责令立即排除；特大安全事故隐患排除前或者排除过程中，无法保证安全的，责令暂时停产、停业或者停止使用。法律、行政法规对查处机关另有规定的，依照其规定。

第九条 市（地、州）、县（市、区）人民政府及其有关部门对本地区存在的特大安全事故隐患，超出其管辖或者职责范围的，应当立即向有管辖权或者负有职责的上级人民政府或者政府有关部门报告；情况紧急的，可以立即采取包括责令暂时停产、停业在内的紧急措施，同时报告；有关上级人民政府或者政府有关部门接到报告后，应当立即组织查处。

第十条 中小学校对学生进行劳动技能教育以及组织学生参加公益劳动等社会实践活动，必须确保学生安全。严禁以任何形式、名义组织学生从事接触易燃、易爆、有毒、有害等危险品的劳动或者其他危险性劳动。严禁将学校场地出租作为从事易燃、易爆、有毒、有害等危险品的生产、经营场所。

中小学校违反前款规定的，按照学校隶属关系，对县（市、区）、乡（镇）人民政府主要领导人和县（市、区）人民政府教育行政部门正职负责人，根据情节轻重，给予记过、降级直至撤职的行政处分；构成玩忽职守罪或者其他罪的，依法追究刑事责任。

中小学校违反本条第一款规定的，对校长给予撤职的行政处分，对直接组织者给予开除公职的行政处分；构成非法制造爆炸物罪或者其他罪的，依法追究刑事责任。

第十一条 依法对涉及安全生产事项负责行政审批（包括批准、核准、许可、注册、认证、颁发证照、竣工验收等，下同）的政府部门或者机构，必须严格依照法律、法规和规章规定的安全条件和程序进行审查；不符合法律、法规和规章规定的安全条件的，不得批准；不符合法律、法规和规章规定的安全条件，弄虚作假，骗取批准或者勾结串通行政审批工作人员取得批准的，负责行政审批的政府部门或者机构除必须立即撤销原批准外，应当对弄虚作假骗取批准或者勾结串通行政审批工作人员的当事人依法给予行政处罚；构成行贿罪或者其他罪的，依法追究刑事责任。

负责行政审批的政府部门或者机构违反前款规定，对不符合法律、法规和规章规定的安全条件予以批准的，对部门或者机构的正职负责人，根据情节轻重，给予降级、撤职直至开除公职的行政处分；与当事人勾结串通的，应当开除公职；构成受贿罪、玩忽职守罪或者其他罪的，依法追究刑事责任。

第十二条 对依照本规定第十一条第一款的规定取得批准的单位和个人，负责行政审批的政府部门或者机构必须对其实施严格监督检查；发现其不再具备安全条件的，必须立即撤销原批准。

负责行政审批的政府部门或者机构违反前款规定，不对取得批准的单位和个人实施严格监督检查，或者发现其不再具备安全条件而不立即撤销原批准的，对部门或者机构的正职负责人，根据情节轻重，给予降级或者撤职的行政处分；构成受贿罪、玩忽职守罪或者其他罪的，依法追究刑事责任。

第十三条 对未依法取得批准，擅自从事有关活动的，负责行政审批的政府部门或者机构发现或者接到举报后，应当立即予以查封、取缔，并依法给予行政处罚；属于经营单位的，由工商行政管理部门依法相应吊销营业执照。

负责行政审批的政府部门或者机构违反前款规定，对发现或者举报的未依法取得批准而擅自从事有关活动的，不予查封、取缔、不依法给予行政处罚，工商行政管理部门不予吊销营业执照的，对部门或者机构的正职负责人，根据情节轻重，给予降级或者撤职的行政处分；构成受贿罪、玩忽职守罪或者其他罪的，依法追究刑事责任。

第十四条 市（地、州）、县（市、区）人民政府依照本规定应当履行职责而未履行，或者未按照规定的职责和程序履行，本地区发生特大安全事故的，对政府主要领导人，根据情节轻重，给予降级或者撤职的行政处分；构成玩忽职守罪的，依法追究刑事责任。

负责行政审批的政府部门或者机构、负责安全监督管理的政府有关部门，未依照本规定履行职责，发生特大安全事故的，对部门或者机构的正职负责人，根据情节轻重，给予撤职或者开除公职的行政处分；构成玩忽职守罪或者其他罪的，依法追究刑事责任。

第十五条 发生特大安全事故，社会影响特别恶劣或者性质特别严重的，由国务院对负有领导责任的省长、自治区主席、直辖市市长和国务院有关部门正职负责人给予行政处分。

第十六条 特大安全事故发生后，有关县（市、区）、市（地、州）和省、自治区、直辖市人民政府及政府有关部门应当按照国家规定的程序和时限立即上报，不得隐瞒不报、谎报或者拖延报告，并应当配合、协助事故调查，不得以任何方式阻碍、干涉事故调查。

特大安全事故发生后，有关地方人民政府及政府有关部门违反前款规定的，对政府主要领导人和政府部门正职负责人给予降级的行政处分。

第十七条 特大安全事故发生后，有关地方人民政府应当迅速组织救助，有关部门应当服从指挥、调度，参加或者配合救助，将事故损失降到最低限度。

第十八条 特大安全事故发生后，省、自治区、直辖市人民政府应当按照国家有关规定迅速、如实发布事故消息。

第十九条 特大安全事故发生后，按照国家有关规定组织调查组对事故进行调查。事故调查工作应当自事故发生之日起60日内完成，并由调查组提出调查报告；遇有特殊情况的，经调查组提出并报国家安全生产监督管理机构批准后，可以适当延长时间。调查报告应当包括依照本规定对有关责任人员追究行政责任或者其他法律责任的意见。

省、自治区、直辖市人民政府应当自调查报告提交之日起30日内，对有关责任人员作出处理决定；必要时，国务院可以对特大安全事故的有关责任人员作出处理决定。

第二十条 地方人民政府或者政府部门阻挠、干涉对特大安全事故有关责任人员追究行政责任的，对该地方人民政府主要领导人或者政府部门正职负责人，根据情节轻重，给予降级或者撤职的行政处分。

第二十一条 任何单位和个人均有权向有关地方人民政府或者政府部门报告特大安全事故隐患，有权向上级人民政府或者政府部门举报地方人民政府或者政府部门不履行安全监督管理职责或者不按照规定履行职责的情况。接到报告或者举报的有关人民政府或者政府部门，应当立即组织对事故隐患进行查处，或者对举报的不履行、不按照规定履行安全监督管理职责的情况进行调查处理。

第二十二条 监察机关依照行政监察法的规定，对地方各级人民政府和政府部门及其工作人员履行安全监督管理职责实施监察。

第二十三条 对特大安全事故以外的其他安全事故的防范、发生追究行政责任的办法，由省、自治区、直辖市人民政府参照本规定制定。

第二十四条 本规定自公布之日起施行。

国务院关于预防煤矿生产安全事故的特别规定

(2005 年 9 月 3 日中华人民共和国国务院令第 446 号公布)

第一条 为了及时发现并排除煤矿安全生产隐患，落实煤矿安全生产责任，预防煤矿生产安全事故发生，保障职工的生命安全和煤矿安全生产，制定本规定。

第二条 煤矿企业是预防煤矿生产安全事故的责任主体。煤矿企业负责人（包括一些煤矿企业的实际控制人，下同）对预防煤矿生产安全事故负主要责任。

第三条 国务院有关部门和地方各级人民政府应当建立并落实预防煤矿生产安全事故的责任制，监督检查煤矿企业预防煤矿生产安全事故的情况，及时解决煤矿生产安全事故预防工作中的重大问题。

第四条 县级以上地方人民政府负责煤矿安全生产监督管理的部门、国家煤矿安全监察机构设在省、自治区、直辖市的煤矿安全监察机构（以下简称煤矿安全监察机构），对所辖区域的煤矿重大安全生产隐患和违法行为负有检查和依法查处的职责。

县级以上地方人民政府负责煤矿安全生产监督管理的部门、煤矿安全监察机构不依法履行职责，不及时查处所辖区域的煤矿重大安全生产隐患和违法行为的，对直接责任人和主要负责人，根据情节轻重，给予记过、记大过、降级、撤职或者开除的行政处分；构成犯罪的，依法追究刑事责任。

第五条 煤矿未依法取得采矿许可证、安全生产许可证、煤炭生产许可证、营业执照和矿长未依法取得矿长资格证、矿长安全资格证的，煤矿不得从事生产。擅自从事生产的，属非法煤矿。

负责颁发前款规定证照的部门，一经发现煤矿无证照或者证照不全从事生产的，应当责令该煤矿立即停止生产，没收违法所得和开采出的煤炭以及采掘设备，并处违法所得 1 倍以上 5 倍以下的罚款；构成犯罪的，依法追究刑事责任；同时于 2 日内提请当地县级以上地方人民政府予以关闭，并可以向上一级地方人民政府报告。

第六条 负责颁发采矿许可证、安全生产许可证、煤炭生产许可证、营业执照和矿长资格证、矿长安全资格证的部门，向不符合法定条件的煤矿或者矿长颁发有关证照的，对直接责任人，根据情节轻重，给予降级、撤职或者开除的行政处分；对主要负责人，根据情节轻重，给予记大过、降级、撤职或者开除的行政处分；构成犯罪的，依法追究刑事责任。

前款规定颁发证照的部门，应当加强对取得证照煤矿的日常监督管理，促使煤矿持续符合取得证照应当具备的条件。不依法履行日常监督管理职责的，对主要负责人，根据情节轻重，给予记过、记大过、降级、撤职或者开除的行政处分；构成犯罪的，依法追究刑事责任。

第七条 在乡、镇人民政府所辖区域内发现有非法煤矿并且没有采取有效制止措施的，对乡、镇人民政府的主要负责人以及负有责任的相关负责人，根据情节轻重，给予降级、撤职或者开除的行政处分；在县级人民政府所辖区域内1个月内发现有2处或者2处以上非法煤矿并且没有采取有效制止措施的，对县级人民政府的主要负责人以及负有责任的相关负责人，根据情节轻重，给予降级、撤职或者开除的行政处分；构成犯罪的，依法追究刑事责任。

其他有关机关和部门对存在非法煤矿负有责任的，对主要负责人，属于行政机关工作人员的，根据情节轻重，给予记过、记大过、降级或者撤职的行政处分；不属于行政机关工作人员的，建议有关机关和部门给予相应的处分。

第八条 煤矿的通风、防瓦斯、防水、防火、防煤尘、防冒顶等安全设备、设施和条件应当符合国家标准、行业标准，并有防范生产安全事故发生的措施和完善的应急处理预案。

煤矿有下列重大安全生产隐患和行为的，应当立即停止生产，排除隐患：（一）超能力、超强度或者超定员组织生产的；

（二）瓦斯超限作业的；

（三）煤与瓦斯突出矿井，未依照规定实施防突出措施的；

（四）高瓦斯矿井未建立瓦斯抽放系统和监控系统，或者瓦斯监控系统不能正常运行的；

（五）通风系统不完善、不可靠的；

（六）有严重水患，未采取有效措施的；

（七）超层越界开采的；

（八）有冲击地压危险，未采取有效措施的；

（九）自然发火严重，未采取有效措施的；

（十）使用明令禁止使用或者淘汰的设备、工艺的；

（十一）年产量6万吨以上的煤矿没有双回路供电系统的；

（十二）新建煤矿边建设边生产，煤矿改扩建期间，在改扩建的区域生产，或者在其他区域的生产超出安全设计规定的范围和规模的；

（十三）煤矿实行整体承包生产经营后，未重新取得安全生产许可证和煤炭生产许可证，从事生产的，或者承包方再次转包的，以及煤矿将井下采掘工作面和井巷维修作业进行劳务承包的；

（十四）煤矿改制期间，未明确安全生产责任人和安全管理机构的，或者在完成改制后，未重新取得或者变更采矿许可证、安全生产许可证、煤炭生产许可证和营业执照的；

（十五）有其他重大安全生产隐患的。

第九条 煤矿企业应当建立健全安全生产隐患排查、治理和报告制度。煤矿企业应当对本规定第八条第二款所列情形定期组织排查，并将排查情况每季度向县级以上地方人民政府负责煤矿安全生产监督管理的部门、煤矿安全监察机构写出书面报告。报告应当经煤矿企业负责人签字。

煤矿企业未依照前款规定排查和报告的，由县级以上地方人民政府负责煤矿安全生产监督管理的部门或者煤矿安全监察机构责令限期改正；逾期未改正的，责令停产整顿，并对煤矿企业负责人处3万元以上15万元以下的罚款。

第十条 煤矿有本规定第八条第二款所列情形之一，仍然进行生产的，由县级以上地方人民政府负责煤矿安全生产监督管理的部门或者煤矿安全监察机构责令停产整顿，提出整顿的内容、时间等具体要求，处50万元以上200万元以下的罚款；对煤矿企业负责人处3万元以上15万元以下的罚款。

对3个月内2次或者2次以上发现有重大安全生产隐患，仍然进行生产的煤矿，县级以上地方人民政府负责煤矿安全生产监督管理的部门、煤矿安全监察机构应当提请有关地方人民政府关闭该煤矿，并由颁发证照的部门立即吊销矿长资格证和矿长安全资格证，该煤矿的法定代表人和矿长5年内不得再担任任何煤矿的法定代表人或者矿长。

第十一条 对被责令停产整顿的煤矿，颁发证照的部门应当暂扣采矿许可证、安全生产许可证、煤炭生产许可证、营业执照和矿长资格证、矿长安全资格证。

被责令停产整顿的煤矿应当制定整改方案，落实整改措施和安全技术规定；整改结束后要求恢复生产的，应当由县级以上地方人民政府负责煤矿安全生产监督管理的部门自收到恢复生产申请之日起60日内组织验收完毕；验收合格的，经组织验收的地方人民政府负责煤矿安全生产监督管理的部门的主要负责人签字，并经有关煤矿安全监察机构审核同意，报请有关地方人民政府主要负责人签字批准，颁发证照的部门发还证照，煤矿方可恢复生产；验收不合格的，由有关地方人民政府予以关闭。

被责令停产整顿的煤矿擅自从事生产的，县级以上地方人民政府负责煤矿安全生产监督管理的部门、煤矿安全监察机构应当提请有关地方人民政府予以关闭，没收违法所得，并处违法所得1倍以上5倍以下的罚款；构成犯罪的，依法追究刑事责任。

第十二条 对被责令停产整顿的煤矿，在停产整顿期间，由有关地方人民政府采取有效措施进行监督检查。因监督检查不力，煤矿在停产整顿期间继续生产的，对直接责任人，根据情节轻重，给予降级、撤职或者开除的行政处分；对有关负责人，根据情节轻重，给予记大过、降级、撤职或者开除的行政处分；构成犯罪的，依法追究刑事责任。

第十三条 对提请关闭的煤矿，县级以上地方人民政府负责煤矿安全生产监督管理的部门或者煤矿安全监察机构应当责令立即停止生产；有关地方人民政府应当在7日内作出关闭或者不予关闭的决定，并由其主要负责人签字存档。对决定关闭的，有关地方人民政府应当立即组织实施。

关闭煤矿应当达到下列要求：

（一）吊销相关证照；

（二）停止供应并处理火工用品；

（三）停止供电，拆除矿井生产设备、供电、通信线路；

（四）封闭、填实矿井井筒，平整井口场地，恢复地貌；

（五）妥善遣散从业人员。

关闭煤矿未达到前款规定要求的，对组织实施关闭的地方人民政府及其有关部门的负责人和直接责任人给予记过、记大过、降级、撤职或者开除的行政处分；构成犯罪的，依法追究刑事责任。

依照本条第一款规定决定关闭的煤矿，仍有开采价值的，经依法批准可以进行拍卖。

关闭的煤矿擅自恢复生产的，依照本规定第五条第二款规定予以处罚；构成犯罪的，依法追究刑事责任。

第十四条 县级以上地方人民政府负责煤矿安全生产监督管理的部门或者煤矿安全监察机构，发现煤矿有本规定第八条第二款所列情形之一的，应当将情况报送有关地方人民政府。

第十五条 煤矿存在瓦斯突出、自然发火、冲击地压、水害威胁等重大安全生产隐患，该煤矿在现有技术条件下难以有效防治的，县级以上地方人民政府负责煤矿安全生产监督管理的部门、煤矿安全监察机构应当责令其立即停止生产，并提请有关地方人民政府组织专家进行论证。专家论证应当客观、公正、科学。有关地方人民政府应当根据论证结论，作出是否关闭煤矿的决定，并组织实施。

第十六条 煤矿企业应当依照国家有关规定对井下作业人员进行安全生产教育和培训，保证井下作业人员具有必要的安全生产知识，熟悉有关安全生产规章制度和安全操作规程，掌握本岗位的安全操作技能，并建立培训档案。未进行安全生产教育和培训或者经教育和培训不合格的人员不得下井作业。

县级以上地方人民政府负责煤矿安全生产监督管理的部门应当对煤矿井下作业人员的安全生产教育和培训情况进行监督检查；煤矿安全监察机构应当对煤矿特种作业人员持证上岗情况进行监督检查。发现煤矿企业未依照国家有关规定对井下作业人员进行安全生产教育和培训或者特种作业人员无证上岗的，应当责令限期改正，处10万元以上50万元以下的罚款；逾期未改正的，责令停产整顿。

县级以上地方人民政府负责煤矿安全生产监督管理的部门、煤矿安全监察机构未履行前款规定的监督检查职责的，对主要负责人，根据情节轻重，给予警告、记过或者记大过的行政处分。

第十七条 县级以上地方人民政府负责煤矿安全生产监督管理的部门、煤矿安全监察机构在监督检查中，1个月内3次或者3次以上发现煤矿企业未依照国家有关规定对井下作业人员进行安全生产教育和培训或者特种作业人员无证上岗的，应当提请有关地方人民政府对该煤矿予以关闭。

第十八条 煤矿拒不执行县级以上地方人民政府负责煤矿安全生产监督管理的部门或者煤矿安全监察机构依法下达的执法指令的，由颁发证照的部门吊销矿长资格证和矿长安全资格证；构成违反治安管理行为的，由公安机关依照治安管理的法律、行政法规的规定处罚；构成犯罪的，依法追究刑事责任。

第十九条 县级以上地方人民政府负责煤矿安全生产监督管理的部门、煤矿安全监察机构对被责令停产整顿或者关闭的煤矿，应当自煤矿被责令停产整顿或者关闭之日起3日内在当地主要媒体公告。

被责令停产整顿的煤矿经验收合格恢复生产的，县级以上地方人民政府负责煤矿安全生产监督管理的部门、煤矿安全监察机构应当自煤矿验收合格恢复生产之日起 3 日内在同一媒体公告。

县级以上地方人民政府负责煤矿安全生产监督管理的部门、煤矿安全监察机构未依照本条第一款、第二款规定进行公告的，对有关负责人，根据情节轻重，给予警告、记过、记大过或者降级的行政处分。

公告所需费用由同级财政列支。

第二十条 国家机关工作人员和国有企业负责人不得违反国家规定投资入股煤矿（依法取得上市公司股票的除外），不得对煤矿的违法行为予以纵容、包庇。

国家行政机关工作人员和国有企业负责人违反前款规定的，根据情节轻重，给予降级、撤职或者开除的处分；构成犯罪的，依法追究刑事责任。

第二十一条 煤矿企业负责人和生产经营管理人员应当按照国家规定轮流带班下井，并建立下井登记档案。

县级以上地方人民政府负责煤矿安全生产监督管理的部门或者煤矿安全监察机构发现煤矿企业在生产过程中，1 周内其负责人或者生产经营管理人员没有按照国家规定带班下井，或者下井登记档案虚假的，责令改正，并对该煤矿企业处 3 万元以上 15 万元以下的罚款。

第二十二条 煤矿企业应当免费为每位职工发放煤矿职工安全手册。

煤矿职工安全手册应当载明职工的权利、义务，煤矿重大安全生产隐患的情形和应急保护措施、方法以及安全生产隐患和违法行为的举报电话、受理部门。

煤矿企业没有为每位职工发放符合要求的职工安全手册的，由县级以上地方人民政府负责煤矿安全生产监督管理的部门或者煤矿安全监察机构责令限期改正；逾期未改正的，处 5 万元以下的罚款。

第二十三条 任何单位和个人发现煤矿有本规定第五条第一款和第八条第二款所列情形之一的，都有权向县级以上地方人民政府负责煤矿安全生产监督管理的部门或者煤矿安全监察机构举报。

受理的举报经调查属实的，受理举报的部门或者机构应当给予最先举报人 1000 元至 1 万元的奖励，所需费用由同级财政列支。

县级以上地方人民政府负责煤矿安全生产监督管理的部门或者煤矿安全监察机构接到举报后，应当及时调查处理；不及时调查处理的，对有关责任人，根据情节轻重，给予警告、记过、记大过或者降级的行政处分。

第二十四条 煤矿有违反本规定的违法行为，法律规定由有关部门查处的，有关部门应当依法进行查处。但是，对同一违法行为不得给予两次以上罚款的行政处罚。

第二十五条 国家行政机关工作人员、国有企业负责人有违反本规定的行为，依照本规定应当给予处分的，由监察机关或者任免机关依法作出处分决定。

国家行政机关工作人员、国有企业负责人对处分决定不服的，可以依法提出申诉。

第二十六条 当事人对行政处罚决定不服的，可以依法申请行政复议，或者依法直接向人民法院提起行政诉讼。

第二十七条 省、自治区、直辖市人民政府可以依据本规定制定具体实施办法。

第二十八条 本规定自公布之日起施行。

烟花爆竹安全管理条例

（2006年1月21日中华人民共和国国务院令第455号公布 2016年2月6日《国务院关于修改部分行政法规的决定》修订）

第一章 总 则

第一条 为了加强烟花爆竹安全管理，预防爆炸事故发生，保障公共安全和人身、财产的安全，制定本条例。

第二条 烟花爆竹的生产、经营、运输和燃放，适用本条例。

本条例所称烟花爆竹，是指烟花爆竹制品和用于生产烟花爆竹的民用黑火药、烟火药、引火线等物品。

第三条 国家对烟花爆竹的生产、经营、运输和举办焰火晚会以及其他大型焰火燃放活动，实行许可证制度。

未经许可，任何单位或者个人不得生产、经营、运输烟花爆竹，不得举办焰火晚会以及其他大型焰火燃放活动。

第四条 安全生产监督管理部门负责烟花爆竹的安全生产监督管理；公安部门负责烟花爆竹的公共安全管理；质量监督检验部门负责烟花爆竹的质量监督和进出口检验。

第五条 公安部门、安全生产监督管理部门、质量监督检验部门、工商行政管理部门应当按照职责分工，组织查处非法生产、经营、储存、运输、邮寄烟花爆竹以及非法燃放烟花爆竹的行为。

第六条 烟花爆竹生产、经营、运输企业和焰火晚会以及其他大型焰火燃放活动主办单位的主要负责人，对本单位的烟花爆竹安全工作负责。

烟花爆竹生产、经营、运输企业和焰火晚会以及其他大型焰火燃放活动主办单位应当建立健全安全责任制，制定各项安全管理制度和操作规程，并对从业人员定期进行安全教育、法制教育和岗位技术培训。

中华全国供销合作总社应当加强对本系统企业烟花爆竹经营活动的管理。

第七条 国家鼓励烟花爆竹生产企业采用提高安全程度和提升行业整体水平的新工艺、新配方和新技术。

第二章　生产安全

第八条　生产烟花爆竹的企业，应当具备下列条件：

（一）符合当地产业结构规划；

（二）基本建设项目经过批准；

（三）选址符合城乡规划，并与周边建筑、设施保持必要的安全距离；

（四）厂房和仓库的设计、结构和材料以及防火、防爆、防雷、防静电等安全设备、设施符合国家有关标准和规范；

（五）生产设备、工艺符合安全标准；

（六）产品品种、规格、质量符合国家标准；

（七）有健全的安全生产责任制；

（八）有安全生产管理机构和专职安全生产管理人员；

（九）依法进行了安全评价；

（十）有事故应急救援预案、应急救援组织和人员，并配备必要的应急救援器材、设备；

（十一）法律、法规规定的其他条件。

第九条　生产烟花爆竹的企业，应当在投入生产前向所在地设区的市人民政府安全生产监督管理部门提出安全审查申请，并提交能够证明符合本条例第八条规定条件的有关材料。设区的市人民政府安全生产监督管理部门应当自收到材料之日起20日内提出安全审查初步意见，报省、自治区、直辖市人民政府安全生产监督管理部门审查。省、自治区、直辖市人民政府安全生产监督管理部门应当自受理申请之日起45日内进行安全审查，对符合条件的，核发《烟花爆竹安全生产许可证》；对不符合条件的，应当说明理由。

第十条　生产烟花爆竹的企业为扩大生产能力进行基本建设或者技术改造的，应当依照本条例的规定申请办理安全生产许可证。

生产烟花爆竹的企业，持《烟花爆竹安全生产许可证》到工商行政管理部门办理登记手续后，方可从事烟花爆竹生产活动。

第十一条　生产烟花爆竹的企业，应当按照安全生产许可证核定的产品种类进行生产，生产工序和生产作业应当执行有关国家标准和行业标准。

第十二条　生产烟花爆竹的企业，应当对生产作业人员进行安全生产知识教育，对从事药物混合、造粒、筛选、装药、筑药、压药、切引、搬运等危险工序的作业人员进行专业技术培训。从事危险工序的作业人员经设区的市人民政府安全生产监督管理部门考核合格，方可上岗作业。

第十三条 生产烟花爆竹使用的原料，应当符合国家标准的规定。生产烟花爆竹使用的原料，国家标准有用量限制的，不得超过规定的用量。不得使用国家标准规定禁止使用或者禁忌配伍的物质生产烟花爆竹。

第十四条 生产烟花爆竹的企业，应当按照国家标准的规定，在烟花爆竹产品上标注燃放说明，并在烟花爆竹包装物上印制易燃易爆危险物品警示标志。

第十五条 生产烟花爆竹的企业，应当对黑火药、烟火药、引火线的保管采取必要的安全技术措施，建立购买、领用、销售登记制度，防止黑火药、烟火药、引火线丢失。黑火药、烟火药、引火线丢失的，企业应当立即向当地安全生产监督管理部门和公安部门报告。

第三章 经营安全

第十六条 烟花爆竹的经营分为批发和零售。

从事烟花爆竹批发的企业和零售经营者的经营布点，应当经安全生产监督管理部门审批。

禁止在城市市区布设烟花爆竹批发场所；城市市区的烟花爆竹零售网点，应当按照严格控制的原则合理布设。

第十七条 从事烟花爆竹批发的企业，应当具备下列条件：

（一）具有企业法人条件；

（二）经营场所与周边建筑、设施保持必要的安全距离；

（三）有符合国家标准的经营场所和储存仓库；

（四）有保管员、仓库守护员；

（五）依法进行了安全评价；

（六）有事故应急救援预案、应急救援组织和人员，并配备必要的应急救援器材、设备；

（七）法律、法规规定的其他条件。

第十八条 烟花爆竹零售经营者，应当具备下列条件：

（一）主要负责人经过安全知识教育；

（二）实行专店或者专柜销售，设专人负责安全管理；

（三）经营场所配备必要的消防器材，张贴明显的安全警示标志；

（四）法律、法规规定的其他条件。

第十九条 申请从事烟花爆竹批发的企业，应当向所在地设区的市人民政府安全生产监督管理部门提出申请，并提供能够证明符合本条例第十七条规定条件的有关材料。受理申请的安全生产监督管理部门应当自受理申请之日起30日内对提交的有关材料和经营场所进行审查，对符合条件的，核发《烟花爆竹经营（批发）许可证》；对不符合条件的，应当说明理由。

申请从事烟花爆竹零售的经营者，应当向所在地县级人民政府安全生产监督管理部门提出申请，并提供能够证明符合本条例第十八条规定条件的有关材料。受理申请的安全生产监督管理部门应当自受理申请之日起20日内对提交的有关材料和经营场所进行审查，对符合条件的，核发《烟花爆竹经营（零售）许可证》；对不符合条件的，应当说明理由。

《烟花爆竹经营（零售）许可证》，应当载明经营负责人、经营场所地址、经营期限、烟花爆竹种类和限制存放量。

第二十条 从事烟花爆竹批发的企业，应当向生产烟花爆竹的企业采购烟花爆竹，向从事烟花爆竹零售的经营者供应烟花爆竹。从事烟花爆竹零售的经营者，应当向从事烟花爆竹批发的企业采购烟花爆竹。

从事烟花爆竹批发的企业、零售经营者不得采购和销售非法生产、经营的烟花爆竹。

从事烟花爆竹批发的企业，不得向从事烟花爆竹零售的经营者供应按照国家标准规定应由专业燃放人员燃放的烟花爆竹。从事烟花爆竹零售的经营者，不得销售按照国家标准规定应由专业燃放人员燃放的烟花爆竹。

第二十一条 生产、经营黑火药、烟火药、引火线的企业，不得向未取得烟花爆竹安全生产许可的任何单位或者个人销售黑火药、烟火药和引火线。

第四章　运输安全

第二十二条 经由道路运输烟花爆竹的，应当经公安部门许可。

经由铁路、水路、航空运输烟花爆竹的，依照铁路、水路、航空运输安全管理的有关法律、法规、规章的规定执行。

第二十三条 经由道路运输烟花爆竹的，托运人应当向运达地县级人民政府公安部门提出申请，并提交下列有关材料：

（一）承运人从事危险货物运输的资质证明；

（二）驾驶员、押运员从事危险货物运输的资格证明；

（三）危险货物运输车辆的道路运输证明；

（四）托运人从事烟花爆竹生产、经营的资质证明；

（五）烟花爆竹的购销合同及运输烟花爆竹的种类、规格、数量；

（六）烟花爆竹的产品质量和包装合格证明；

（七）运输车辆牌号、运输时间、起始地点、行驶路线、经停地点。

第二十四条 受理申请的公安部门应当自受理申请之日起3日内对提交的有关材料进行审查，对符合条件的，核发《烟花爆竹道路运输许可证》；对不符合条件的，应当说明理由。

《烟花爆竹道路运输许可证》应当载明托运人、承运人、一次性运输有效期限、起始地点、行驶路线、经停地点、烟花爆竹的种类、规格和数量。

第二十五条 经由道路运输烟花爆竹的，除应当遵守《中华人民共和国道路交通安全法》外，还应当遵守下列规定：

（一）随车携带《烟花爆竹道路运输许可证》；

（二）不得违反运输许可事项；

（三）运输车辆悬挂或者安装符合国家标准的易燃易爆危险物品警示标志；

（四）烟花爆竹的装载符合国家有关标准和规范；

（五）装载烟花爆竹的车厢不得载人；

（六）运输车辆限速行驶，途中经停必须有专人看守；

（七）出现危险情况立即采取必要的措施，并报告当地公安部门。

第二十六条 烟花爆竹运达目的地后，收货人应当在3日内将《烟花爆竹道路运输许可证》交回发证机关核销。

第二十七条 禁止携带烟花爆竹搭乘公共交通工具。

禁止邮寄烟花爆竹，禁止在托运的行李、包裹、邮件中夹带烟花爆竹。

第五章 燃放安全

第二十八条 燃放烟花爆竹，应当遵守有关法律、法规和规章的规定。县级以上地方人民政府可以根据本行政区域的实际情况，确定限制或者禁止燃放烟花爆竹的时间、地点和种类。

第二十九条 各级人民政府和政府有关部门应当开展社会宣传活动，教育公民遵守有关法律、法规和规章，安全燃放烟花爆竹。

广播、电视、报刊等新闻媒体，应当做好安全燃放烟花爆竹的宣传、教育工作。

未成年人的监护人应当对未成年人进行安全燃放烟花爆竹的教育。

第三十条 禁止在下列地点燃放烟花爆竹：

（一）文物保护单位；

（二）车站、码头、飞机场等交通枢纽以及铁路线路安全保护区内；

（三）易燃易爆物品生产、储存单位；

（四）输变电设施安全保护区内；

（五）医疗机构、幼儿园、中小学校、敬老院；

（六）山林、草原等重点防火区；

（七）县级以上地方人民政府规定的禁止燃放烟花爆竹的其他地点。

第三十一条 燃放烟花爆竹，应当按照燃放说明燃放，不得以危害公共安全和人身、财产安全的方式燃放烟花爆竹。

第三十二条 举办焰火晚会以及其他大型焰火燃放活动，应当按照举办的时间、地点、环境、活动性质、规模以及燃放烟花爆竹的种类、规格和数量，确定危险等级，实行分级管理。分级管理的具体办法，由国务院公安部门规定。

第三十三条 申请举办焰火晚会以及其他大型焰火燃放活动，主办单位应当按照分级管理的规定，向有关人民政府公安部门提出申请，并提交下列有关材料：

（一）举办焰火晚会以及其他大型焰火燃放活动的时间、地点、环境、活动性质、规模；

（二）燃放烟花爆竹的种类、规格、数量；

（三）燃放作业方案；

（四）燃放作业单位、作业人员符合行业标准规定条件的证明。

受理申请的公安部门应当自受理申请之日起20日内对提交的有关材料进行审查，对符合条件的，核发《焰火燃放许可证》；对不符合条件的，应当说明理由。

第三十四条 焰火晚会以及其他大型焰火燃放活动燃放作业单位和作业人员，应当按照焰火燃放安全规程和经许可的燃放作业方案进行燃放作业。

第三十五条 公安部门应当加强对危险等级较高的焰火晚会以及其他大型焰火燃放活动的监督检查。

第六章　法律责任

第三十六条　对未经许可生产、经营烟花爆竹制品，或者向未取得烟花爆竹安全生产许可的单位或者个人销售黑火药、烟火药、引火线的，由安全生产监督管理部门责令停止非法生产、经营活动，处2万元以上10万元以下的罚款，并没收非法生产、经营的物品及违法所得。

对未经许可经由道路运输烟花爆竹的，由公安部门责令停止非法运输活动，处1万元以上5万元以下的罚款，并没收非法运输的物品及违法所得。

非法生产、经营、运输烟花爆竹，构成违反治安管理行为的，依法给予治安管理处罚；构成犯罪的，依法追究刑事责任。

第三十七条　生产烟花爆竹的企业有下列行为之一的，由安全生产监督管理部门责令限期改正，处1万元以上5万元以下的罚款；逾期不改正的，责令停产停业整顿，情节严重的，吊销安全生产许可证：

（一）未按照安全生产许可证核定的产品种类进行生产的；

（二）生产工序或者生产作业不符合有关国家标准、行业标准的；

（三）雇佣未经设区的市人民政府安全生产监督管理部门考核合格的人员从事危险工序作业的；

（四）生产烟花爆竹使用的原料不符合国家标准规定的，或者使用的原料超过国家标准规定的用量限制的；

（五）使用按照国家标准规定禁止使用或者禁忌配伍的物质生产烟花爆竹的；

（六）未按照国家标准的规定在烟花爆竹产品上标注燃放说明，或者未在烟花爆竹的包装物上印制易燃易爆危险物品警示标志的。

第三十八条　从事烟花爆竹批发的企业向从事烟花爆竹零售的经营者供应非法生产、经营的烟花爆竹，或者供应按照国家标准规定应由专业燃放人员燃放的烟花爆竹的，由安全生产监督管理部门责令停止违法行为，处2万元以上10万元以下的罚款，并没收非法经营的物品及违法所得；情节严重的，吊销烟花爆竹经营许可证。

从事烟花爆竹零售的经营者销售非法生产、经营的烟花爆竹，或者销售按照国家标准规定应由专业燃放人员燃放的烟花爆竹的，由安全生产监督管理部门责令停止违法行为，处1000元以上5000元以下的罚款，并没收非法经营的物品及违法所得；情节严重的，吊销烟花爆竹经营许可证。

第三十九条 生产、经营、使用黑火药、烟火药、引火线的企业，丢失黑火药、烟火药、引火线未及时向当地安全生产监督管理部门和公安部门报告的，由公安部门对企业主要负责人处5000元以上2万元以下的罚款，对丢失的物品予以追缴。

第四十条 经由道路运输烟花爆竹，有下列行为之一的，由公安部门责令改正，处200元以上2000元以下的罚款：

（一）违反运输许可事项的；

（二）未随车携带《烟花爆竹道路运输许可证》的；

（三）运输车辆没有悬挂或者安装符合国家标准的易燃易爆危险物品警示标志的；

（四）烟花爆竹的装载不符合国家有关标准和规范的；

（五）装载烟花爆竹的车厢载人的；

（六）超过危险物品运输车辆规定时速行驶的；

（七）运输车辆途中经停没有专人看守的；

（八）运达目的地后，未按规定时间将《烟花爆竹道路运输许可证》交回发证机关核销的。

第四十一条 对携带烟花爆竹搭乘公共交通工具，或者邮寄烟花爆竹以及在托运的行李、包裹、邮件中夹带烟花爆竹的，由公安部门没收非法携带、邮寄、夹带的烟花爆竹，可以并处200元以上1000元以下的罚款。

第四十二条 对未经许可举办焰火晚会以及其他大型焰火燃放活动，或者焰火晚会以及其他大型焰火燃放活动燃放作业单位和作业人员违反焰火燃放安全规程、燃放作业方案进行燃放作业的，由公安部门责令停止燃放，对责任单位处1万元以上5万元以下的罚款。

在禁止燃放烟花爆竹的时间、地点燃放烟花爆竹，或者以危害公共安全和人身、财产安全的方式燃放烟花爆竹的，由公安部门责令停止燃放，处100元以上500元以下的罚款；构成违反治安管理行为的，依法给予治安管理处罚。

第四十三条 对没收的非法烟花爆竹以及生产、经营企业弃置的废旧烟花爆竹，应当就地封存，并由公安部门组织销毁、处置。

第四十四条 安全生产监督管理部门、公安部门、质量监督检验部门、工商行政管理部门的工作人员，在烟花爆竹安全监管工作中滥用职权、玩忽职守、徇私舞弊，构成犯罪的，依法追究刑事责任；尚不构成犯罪的，依法给予行政处分。

第七章　附　则

第四十五条　《烟花爆竹安全生产许可证》、《烟花爆竹经营（批发）许可证》、《烟花爆竹经营（零售）许可证》，由国务院安全生产监督管理部门规定式样；《烟花爆竹道路运输许可证》、《焰火燃放许可证》，由国务院公安部门规定式样。

第四十六条　本条例自公布之日起施行。

生产安全事故报告和调查处理条例

（2007年4月9日中华人民共和国国务院令第493号公布）

第一章　总　则

第一条　为了规范生产安全事故的报告和调查处理，落实生产安全事故责任追究制度，防止和减少生产安全事故，根据《中华人民共和国安全生产法》和有关法律，制定本条例。

第二条　生产经营活动中发生的造成人身伤亡或者直接经济损失的生产安全事故的报告和调查处理，适用本条例；环境污染事故、核设施事故、国防科研生产事故的报告和调查处理不适用本条例。

第三条　根据生产安全事故（以下简称事故）造成的人员伤亡或者直接经济损失，事故一般分为以下等级：

（一）特别重大事故，是指造成30人以上死亡，或者100人以上重伤（包括急性工业中毒，下同），或者1亿元以上直接经济损失的事故；

（二）重大事故，是指造成10人以上30人以下死亡，或者50人以上100人以下重伤，或者5000万元以上1亿元以下直接经济损失的事故；

（三）较大事故，是指造成3人以上10人以下死亡，或者10人以上50人以下重伤，或者1000万元以上5000万元以下直接经济损失的事故；

（四）一般事故，是指造成3人以下死亡，或者10人以下重伤，或者1000万元以下直接经济损失的事故。

国务院安全生产监督管理部门可以会同国务院有关部门，制定事故等级划分的补充性规定。

本条第一款所称的“以上”包括本数，所称的“以下”不包括本数。

第四条　事故报告应当及时、准确、完整，任何单位和个人对事故不得迟报、漏报、谎报或者瞒报。

事故调查处理应当坚持实事求是、尊重科学的原则，及时、准确地查清事故经过、事故原因和事故损失，查明事故性质，认定事故责任，总结事故教训，提出整改措施，并对事故责任者依法追究责任。

第五条 县级以上人民政府应当依照本条例的规定，严格履行职责，及时、准确地完成事故调查处理工作。

事故发生地有关地方人民政府应当支持、配合上级人民政府或者有关部门的事故调查处理工作，并提供必要的便利条件。

参加事故调查处理的部门和单位应当互相配合，提高事故调查处理工作的效率。

第六条 工会依法参加事故调查处理，有权向有关部门提出处理意见。

第七条 任何单位和个人不得阻挠和干涉对事故的报告和依法调查处理。

第八条 对事故报告和调查处理中的违法行为，任何单位和个人有权向安全生产监督管理部门、监察机关或者其他有关部门举报，接到举报的部门应当依法及时处理。

第二章 事故报告

第九条 事故发生后，事故现场有关人员应当立即向本单位负责人报告；单位负责人接到报告后，应当于 1 小时内向事故发生地县级以上人民政府安全生产监督管理部门和负有安全生产监督管理职责的有关部门报告。

情况紧急时，事故现场有关人员可以直接向事故发生地县级以上人民政府安全生产监督管理部门和负有安全生产监督管理职责的有关部门报告。

第十条 安全生产监督管理部门和负有安全生产监督管理职责的有关部门接到事故报告后，应当依照下列规定上报事故情况，并通知公安机关、劳动保障行政部门、工会和人民检察院：

（一）特别重大事故、重大事故逐级上报至国务院安全生产监督管理部门和负有安全生产监督管理职责的有关部门；

（二）较大事故逐级上报至省、自治区、直辖市人民政府安全生产监督管理部门和负有安全生产监督管理职责的有关部门；

（三）一般事故上报至设区的市级人民政府安全生产监督管理部门和负有安全生产监督管理职责的有关部门。

安全生产监督管理部门和负有安全生产监督管理职责的有关部门依照前款规定上报事故情况，应当同时报告本级人民政府。国务院安全生产监督管理部门和负有安全生产监督管理职责的有关部门以及省级人民政府接到发生特别重大事故、重大事故的报告后，应当立即报告国务院。

必要时，安全生产监督管理部门和负有安全生产监督管理职责的有关部门可以越级上报事故情况。

第十一条 安全生产监督管理部门和负有安全生产监督管理职责的有关部门逐级上报事故情况，每级上报的时间不得超过 2 小时。

第十二条 报告事故应当包括下列内容：

（一）事故发生单位概况；

（二）事故发生的时间、地点以及事故现场情况；

（三）事故的简要经过；

（四）事故已经造成或者可能造成的伤亡人数（包括下落不明的人数）和初步估计的直接经济损失；

（五）已经采取的措施；

（六）其他应当报告的情况。

第十三条 事故报告后出现新情况的，应当及时补报。

自事故发生之日起 30 日内，事故造成的伤亡人数发生变化的，应当及时补报。道路交通事故、火灾事故自发生之日起 7 日内，事故造成的伤亡人数发生变化的，应当及时补报。

第十四条 事故发生单位负责人接到事故报告后，应当立即启动事故相应应急预案，或者采取有效措施，组织抢救，防止事故扩大，减少人员伤亡和财产损失。

第十五条 事故发生地有关地方人民政府、安全生产监督管理部门和负有安全生产监督管理职责的有关部门接到事故报告后，其负责人应当立即赶赴事故现场，组织事故救援。

第十六条 事故发生后，有关单位和人员应当妥善保护事故现场以及相关证据，任何单位和个人不得破坏事故现场、毁灭相关证据。

因抢救人员、防止事故扩大以及疏通交通等原因，需要移动事故现场物件的，应当做出标志，绘制现场简图并做出书面记录，妥善保存现场重要痕迹、物证。

第十七条 事故发生地公安机关根据事故的情况，对涉嫌犯罪的，应当依法立案侦查，采取强制措施和侦查措施。犯罪嫌疑人逃匿的，公安机关应当迅速追捕归案。

第十八条 安全生产监督管理部门和负有安全生产监督管理职责的有关部门应当建立值班制度，并向社会公布值班电话，受理事故报告和举报。

第三章　事故调查

第十九条　特别重大事故由国务院或者国务院授权有关部门组织事故调查组进行调查。

重大事故、较大事故、一般事故分别由事故发生地省级人民政府、设区的市级人民政府、县级人民政府负责调查。省级人民政府、设区的市级人民政府、县级人民政府可以直接组织事故调查组进行调查，也可以授权或者委托有关部门组织事故调查组进行调查。

未造成人员伤亡的一般事故，县级人民政府也可以委托事故发生单位组织事故调查组进行调查。

第二十条　上级人民政府认为必要时，可以调查由下级人民政府负责调查的事故。

自事故发生之日起30日内（道路交通事故、火灾事故自发生之日起7日内），因事故伤亡人数变化导致事故等级发生变化，依照本条例规定应当由上级人民政府负责调查的，上级人民政府可以另行组织事故调查组进行调查。

第二十一条　特别重大事故以下等级事故，事故发生地与事故发生单位不在同一个县级以上行政区域的，由事故发生地人民政府负责调查，事故发生单位所在地人民政府应当派人参加。

第二十二条　事故调查组的组成应当遵循精简、效能的原则。

根据事故的具体情况，事故调查组由有关人民政府、安全生产监督管理部门、负有安全生产监督管理职责的有关部门、监察机关、公安机关以及工会派人组成，并应当邀请人民检察院派人参加。

事故调查组可以聘请有关专家参与调查。

第二十三条　事故调查组成员应当具有事故调查所需要的知识和专长，并与所调查的事故没有直接利害关系。

第二十四条　事故调查组组长由负责事故调查的人民政府指定。事故调查组组长主持事故调查组的工作。

第二十五条　事故调查组履行下列职责：

（一）查明事故发生的经过、原因、人员伤亡情况及直接经济损失；

（二）认定事故的性质和事故责任；

（三）提出对事故责任者的处理建议；

（四）总结事故教训，提出防范和整改措施；

（五）提交事故调查报告。

第二十六条 事故调查组有权向有关单位和个人了解与事故有关的情况，并要求其提供相关文件、资料，有关单位和个人不得拒绝。

事故发生单位的负责人和有关人员在事故调查期间不得擅离职守，并应当随时接受事故调查组的询问，如实提供有关情况。

事故调查中发现涉嫌犯罪的，事故调查组应当及时将有关材料或者其复印件移交司法机关处理。

第二十七条 事故调查中需要进行技术鉴定的，事故调查组应当委托具有国家规定资质的单位进行技术鉴定。必要时，事故调查组可以直接组织专家进行技术鉴定。技术鉴定所需时间不计入事故调查期限。

第二十八条 事故调查组成员在事故调查工作中应当诚信公正、恪尽职守，遵守事故调查组的纪律，保守事故调查的秘密。

未经事故调查组组长允许，事故调查组成员不得擅自发布有关事故的信息。

第二十九条 事故调查组应当自事故发生之日起60日内提交事故调查报告；特殊情况下，经负责事故调查的人民政府批准，提交事故调查报告的期限可以适当延长，但延长的期限最长不超过60日。

第三十条 事故调查报告应当包括下列内容：

（一）事故发生单位概况；

（二）事故发生经过和事故救援情况；

（三）事故造成的人员伤亡和直接经济损失；

（四）事故发生的原因和事故性质；

（五）事故责任的认定以及对事故责任者的处理建议；

（六）事故防范和整改措施。

事故调查报告应当附具有关证据材料。事故调查组成员应当在事故调查报告上签名。

第三十一条 事故调查报告报送负责事故调查的人民政府后，事故调查工作即告结束。事故调查的有关资料应当归档保存。

第四章　事故处理

第三十二条 重大事故、较大事故、一般事故，负责事故调查的人民政府应当自收到事故调查报告之日起15日内做出批复；特别重大事故，30日内做出批复，特殊情况下，批复时间可以适当延长，但延长的时间最长不超过 30 日。

有关机关应当按照人民政府的批复，依照法律、行政法规规定的权限和程序，对事故发生单位和有关人员进行行政处罚，对负有事故责任的国家工作人员进行处分。

事故发生单位应当按照负责事故调查的人民政府的批复，对本单位负有事故责任的人员进行处理。

负有事故责任的人员涉嫌犯罪的，依法追究刑事责任。

第三十三条 事故发生单位应当认真吸取事故教训，落实防范和整改措施，防止事故再次发生。防范和整改措施的落实情况应当接受工会和职工的监督。

安全生产监督管理部门和负有安全生产监督管理职责的有关部门应当对事故发生单位落实防范和整改措施的情况进行监督检查。

第三十四条 事故处理的情况由负责事故调查的人民政府或者其授权的有关部门、机构向社会公布，依法应当保密的除外。

第五章 法律责任

第三十五条 事故发生单位主要负责人有下列行为之一的，处上一年年收入 40%至 80%的罚款；属于国家工作人员的，并依法给予处分；构成犯罪的，依法追究刑事责任：

（一）不立即组织事故抢救的；

（二）迟报或者漏报事故的；

（三）在事故调查处理期间擅离职守的。

第三十六条 事故发生单位及其有关人员有下列行为之一的，对事故发生单位处 100 万元以上 500 万元以下的罚款；对主要负责人、直接负责的主管人员和其他直接责任人员处上一年年收入 60%至 100%的罚款；属于国家工作人员的，并依法给予处分；构成违反治安管理行为的，由公安机关依法给予治安管理处罚；构成犯罪的，依法追究刑事责任：

（一）谎报或者瞒报事故的；

（二）伪造或者故意破坏事故现场的；

（三）转移、隐匿资金、财产，或者销毁有关证据、资料的；

（四）拒绝接受调查或者拒绝提供有关情况和资料的；

（五）在事故调查中作伪证或者指使他人作伪证的；

（六）事故发生后逃匿的。

第三十七条 事故发生单位对事故发生负有责任的，依照下列规定处以罚款：

（一）发生一般事故的，处10万元以上20万元以下的罚款；

（二）发生较大事故的，处20万元以上50万元以下的罚款；

（三）发生重大事故的，处50万元以上200万元以下的罚款；

（四）发生特别重大事故的，处200万元以上500万元以下的罚款。

第三十八条 事故发生单位主要负责人未依法履行安全生产管理职责，导致事故发生的，依照下列规定处以罚款；属于国家工作人员的，并依法给予处分；构成犯罪的，依法追究刑事责任：

（一）发生一般事故的，处上一年年收入30%的罚款；

（二）发生较大事故的，处上一年年收入40%的罚款；

（三）发生重大事故的，处上一年年收入60%的罚款；

（四）发生特别重大事故的，处上一年年收入80%的罚款。

第三十九条 有关地方人民政府、安全生产监督管理部门和负有安全生产监督管理职责的有关部门有下列行为之一的，对直接负责的主管人员和其他直接责任人员依法给予处分；构成犯罪的，依法追究刑事责任：

（一）不立即组织事故抢救的；

（二）迟报、漏报、谎报或者瞒报事故的；

（三）阻碍、干涉事故调查工作的；

（四）在事故调查中作伪证或者指使他人作伪证的。

第四十条 事故发生单位对事故发生负有责任的，由有关部门依法暂扣或者吊销其有关证照；对事故发生单位负有事故责任的有关人员，依法暂停或者撤销其与安全生产有关的执业资格、岗位证书；事故发生单位主要负责人受到刑事处罚或者撤职处分的，自刑罚执行完毕或者受处分之日起，5年内不得担任任何生产经营单位的主要负责人。

为发生事故的单位提供虚假证明的中介机构，由有关部门依法暂扣或者吊销其有关证照及其相关人员的执业资格；构成犯罪的，依法追究刑事责任。

第四十一条 参与事故调查的人员在事故调查中有下列行为之一的，依法给予处分；构成犯罪的，依法追究刑事责任：

（一）对事故调查工作不负责任，致使事故调查工作有重大疏漏的；

（二）包庇、袒护负有事故责任的人员或者借机打击报复的。

第四十二条 违反本条例规定，有关地方人民政府或者有关部门故意拖延或者拒绝落实经批复的对事故责任人的处理意见的，由监察机关对有关责任人员依法给予处分。

第四十三条 本条例规定的罚款的行政处罚，由安全生产监督管理部门决定。

法律、行政法规对行政处罚的种类、幅度和决定机关另有规定的，依照其规定。

第六章 附 则

第四十四条 没有造成人员伤亡，但是社会影响恶劣的事故，国务院或者有关地方人民政府认为需要调查处理的，依照本条例的有关规定执行。

国家机关、事业单位、人民团体发生的事故的报告和调查处理，参照本条例的规定执行。

第四十五条 特别重大事故以下等级事故的报告和调查处理，有关法律、行政法规或者国务院另有规定的，依照其规定。

第四十六条 本条例自 2007 年 6 月 1 日起施行。国务院 1989 年 3 月 29 日公布的《特别重大事故调查程序暂行规定》和 1991 年 2 月 22 日公布的《企业职工伤亡事故报告和处理规定》同时废止。

工伤保险条例

（2003年4月27日中华人民共和国国务院令第375号公布 根据2010年12月20日《国务院关于修改〈工伤保险条例〉的决定》修订）

第一章 总 则

第一条 为了保障因工作遭受事故伤害或者患职业病的职工获得医疗救治和经济补偿，促进工伤预防和职业康复，分散用人单位的工伤风险，制定本条例。

第二条 中华人民共和国境内的企业、事业单位、社会团体、民办非企业单位、基金会、律师事务所、会计师事务所等组织和有雇工的个体工商户（以下称用人单位）应当依照本条例规定参加工伤保险，为本单位全部职工或者雇工（以下称职工）缴纳工伤保险费。

中华人民共和国境内的企业、事业单位、社会团体、民办非企业单位、基金会、律师事务所、会计师事务所等组织的职工和个体工商户的雇工，均有依照本条例的规定享受工伤保险待遇的权利。

第三条 工伤保险费的征缴按照《社会保险费征缴暂行条例》关于基本养老保险费、基本医疗保险费、失业保险费的征缴规定执行。

第四条 用人单位应当将参加工伤保险的有关情况在本单位内公示。

用人单位和职工应当遵守有关安全生产和职业病防治的法律法规，执行安全卫生规程和标准，预防工伤事故发生，避免和减少职业病危害。

职工发生工伤时，用人单位应当采取措施使工伤职工得到及时救治。

第五条 国务院社会保险行政部门负责全国的工伤保险工作。

县级以上地方各级人民政府社会保险行政部门负责本行政区域内的工伤保险工作。

社会保险行政部门按照国务院有关规定设立的社会保险经办机构（以下称经办机构）具体承办工伤保险事务。

第六条 社会保险行政部门等部门制定工伤保险的政策、标准，应当征求工会组织、用人单位代表的意见。

第二章　工伤保险基金

第七条　工伤保险基金由用人单位缴纳的工伤保险费、工伤保险基金的利息和依法纳入工伤保险基金的其他资金构成。

第八条　工伤保险费根据以支定收、收支平衡的原则，确定费率。

国家根据不同行业的工伤风险程度确定行业的差别费率，并根据工伤保险费使用、工伤发生率等情况在每个行业内确定若干费率档次。行业差别费率及行业内费率档次由国务院社会保险行政部门制定，报国务院批准后公布施行。

统筹地区经办机构根据用人单位工伤保险费使用、工伤发生率等情况，适用所属行业内相应的费率档次确定单位缴费费率。

第九条　国务院社会保险行政部门应当定期了解全国各统筹地区工伤保险基金收支情况，及时提出调整行业差别费率及行业内费率档次的方案，报国务院批准后公布施行。

第十条　用人单位应当按时缴纳工伤保险费。职工个人不缴纳工伤保险费。

用人单位缴纳工伤保险费的数额为本单位职工工资总额乘以单位缴费费率之积。

对难以按照工资总额缴纳工伤保险费的行业，其缴纳工伤保险费的具体方式，由国务院社会保险行政部门规定。

第十一条　工伤保险基金逐步实行省级统筹。

跨地区、生产流动性较大的行业，可以采取相对集中的方式异地参加统筹地区的工伤保险。具体办法由国务院社会保险行政部门会同有关行业的主管部门制定。

第十二条　工伤保险基金存入社会保障基金财政专户，用于本条例规定的工伤保险待遇，劳动能力鉴定，工伤预防的宣传、培训等费用，以及法律、法规规定的用于工伤保险的其他费用的支付。

工伤预防费用的提取比例、使用和管理的具体办法，由国务院社会保险行政部门会同国务院财政、卫生行政、安全生产监督管理等部门规定。

任何单位或者个人不得将工伤保险基金用于投资运营、兴建或者改建办公场所、发放奖金，或者挪作其他用途。

第十三条　工伤保险基金应当留有一定比例的储备金，用于统筹地区重大事故的工伤保险待遇支付；储备金不足支付的，由统筹地区的人民政府垫付。储备金占基金总额的具体比例和储备金的使用办法，由省、自治区、直辖市人民政府规定。

第三章　工伤认定

第十四条　职工有下列情形之一的，应当认定为工伤：

（一）在工作时间和工作场所内，因工作原因受到事故伤害的；

（二）工作时间前后在工作场所内，从事与工作有关的预备性或者收尾性工作受到事故伤害的；

（三）在工作时间和工作场所内，因履行工作职责受到暴力等意外伤害的；

（四）患职业病的；

（五）因工外出期间，由于工作原因受到伤害或者发生事故下落不明的；

（六）在上下班途中，受到非本人主要责任的交通事故或者城市轨道交通、客运轮渡、火车事故伤害的；

（七）法律、行政法规规定应当认定为工伤的其他情形。

第十五条　职工有下列情形之一的，视同工伤：

（一）在工作时间和工作岗位，突发疾病死亡或者在48小时之内经抢救无效死亡的；

（二）在抢险救灾等维护国家利益、公共利益活动中受到伤害的；

（三）职工原在军队服役，因战、因公负伤致残，已取得革命伤残军人证，到用人单位后旧伤复发的。

职工有前款第（一）项、第（二）项情形的，按照本条例的有关规定享受工伤保险待遇；职工有前款第（三）项情形的，按照本条例的有关规定享受除一次性伤残补助金以外的工伤保险待遇。

第十六条　职工符合本条例第十四条、第十五条的规定，但是有下列情形之一的，不得认定为工伤或者视同工伤：

（一）故意犯罪的；

（二）醉酒或者吸毒的；

（三）自残或者自杀的。

第十七条　职工发生事故伤害或者按照职业病防治法规定被诊断、鉴定为职业病，所在单位应当自事故伤害发生之日或者被诊断、鉴定为职业病之日起30日内，向统筹地区社会保险行政部门提出工伤认定申请。遇有特殊情况，经报社会保险行政部门同意，申请时限可以适当延长。

用人单位未按前款规定提出工伤认定申请的，工伤职工或者其近亲属、工会组织在事故伤害发生之日或者被诊断、鉴定为职业病之日起1年内，可以直接向用人单位所在地统筹地区社会保险行政部门提出工伤认定申请。

按照本条第一款规定应当由省级社会保险行政部门进行工伤认定的事项，根据属地原则由用人单位所在地的设区的市级社会保险行政部门办理。

用人单位未在本条第一款规定的时限内提交工伤认定申请，在此期间发生符合本条例规定的工伤待遇等有关费用由该用人单位负担。

第十八条 提出工伤认定申请应当提交下列材料：

（一）工伤认定申请表；

（二）与用人单位存在劳动关系（包括事实劳动关系）的证明材料；

（三）医疗诊断证明或者职业病诊断证明书（或者职业病诊断鉴定书）。

工伤认定申请表应当包括事故发生的时间、地点、原因以及职工伤害程度等基本情况。

工伤认定申请人提供材料不完整的，社会保险行政部门应当一次性书面告知工伤认定申请人需要补正的全部材料。申请人按照书面告知要求补正材料后，社会保险行政部门应当受理。

第十九条 社会保险行政部门受理工伤认定申请后，根据审核需要可以对事故伤害进行调查核实，用人单位、职工、工会组织、医疗机构以及有关部门应当予以协助。职业病诊断和诊断争议的鉴定，依照职业病防治法的有关规定执行。对依法取得职业病诊断证明书或者职业病诊断鉴定书的，社会保险行政部门不再进行调查核实。

职工或者其近亲属认为是工伤，用人单位不认为是工伤的，由用人单位承担举证责任。

第二十条 社会保险行政部门应当自受理工伤认定申请之日起60日内作出工伤认定的决定，并书面通知申请工伤认定的职工或者其近亲属和该职工所在单位。

社会保险行政部门对受理的事实清楚、权利义务明确的工伤认定申请，应当在15日内作出工伤认定的决定。

作出工伤认定决定需要以司法机关或者有关行政主管部门的结论为依

据的，在司法机关或者有关行政主管部门尚未作出结论期间，作出工伤认定决定的时限中止。

社会保险行政部门工作人员与工伤认定申请人有利害关系的，应当回避。

第四章　劳动能力鉴定

第二十一条　职工发生工伤，经治疗伤情相对稳定后存在残疾、影响劳动能力的，应当进行劳动能力鉴定。

第二十二条　劳动能力鉴定是指劳动功能障碍程度和生活自理障碍程度的等级鉴定。

劳动功能障碍分为十个伤残等级，最重的为一级，最轻的为十级。

生活自理障碍分为三个等级：生活完全不能自理、生活大部分不能自理和生活部分不能自理。

劳动能力鉴定标准由国务院社会保险行政部门会同国务院卫生行政部门等部门制定。

第二十三条　劳动能力鉴定由用人单位、工伤职工或者其近亲属向设区的市级劳动能力鉴定委员会提出申请，并提供工伤认定决定和职工工伤医疗的有关资料。

第二十四条　省、自治区、直辖市劳动能力鉴定委员会和设区的市级劳动能力鉴定委员会分别由省、自治区、直辖市和设区的市级社会保险行政部门、卫生行政部门、工会组织、经办机构代表以及用人单位代表组成。

劳动能力鉴定委员会建立医疗卫生专家库。列入专家库的医疗卫生专业技术人员应当具备下列条件：

（一）具有医疗卫生高级专业技术职务任职资格；

（二）掌握劳动能力鉴定的相关知识；

（三）具有良好的职业品德。

第二十五条　设区的市级劳动能力鉴定委员会收到劳动能力鉴定申请后，应当从其建立的医疗卫生专家库中随机抽取 3 名或者 5 名相关专家组成专家组，由专家组提出鉴定意见。设区的市级劳动能力鉴定委员会根据专家组的鉴定意见作出工伤职工劳动能力鉴定结论；必要时，可以委托具备资格的医疗机构协助进行有关的诊断。

设区的市级劳动能力鉴定委员会应当自收到劳动能力鉴定申请之日起

60日内作出劳动能力鉴定结论，必要时，作出劳动能力鉴定结论的期限可以延长30日。劳动能力鉴定结论应当及时送达申请鉴定的单位和个人。

第二十六条 申请鉴定的单位或者个人对设区的市级劳动能力鉴定委员会作出的鉴定结论不服的，可以在收到该鉴定结论之日起15日内向省、自治区、直辖市劳动能力鉴定委员会提出再次鉴定申请。省、自治区、直辖市劳动能力鉴定委员会作出的劳动能力鉴定结论为最终结论。

第二十七条 劳动能力鉴定工作应当客观、公正。劳动能力鉴定委员会组成人员或者参加鉴定的专家与当事人有利害关系的，应当回避。

第二十八条 自劳动能力鉴定结论作出之日起1年后，工伤职工或者其近亲属、所在单位或者经办机构认为伤残情况发生变化的，可以申请劳动能力复查鉴定。

第二十九条 劳动能力鉴定委员会依照本条例第二十六条和第二十八条的规定进行再次鉴定和复查鉴定的期限，依照本条例第二十五条第二款的规定执行。

第五章　工伤保险待遇

第三十条 职工因工作遭受事故伤害或者患职业病进行治疗，享受工伤医疗待遇。

职工治疗工伤应当在签订服务协议的医疗机构就医，情况紧急时可以先到就近的医疗机构急救。

治疗工伤所需费用符合工伤保险诊疗项目目录、工伤保险药品目录、工伤保险住院服务标准的，从工伤保险基金支付。工伤保险诊疗项目目录、工伤保险药品目录、工伤保险住院服务标准，由国务院社会保险行政部门会同国务院卫生行政部门、食品药品监督管理部门等部门规定。

职工住院治疗工伤的伙食补助费，以及经医疗机构出具证明，报经办机构同意，工伤职工到统筹地区以外就医所需的交通、食宿费用从工伤保险基金支付，基金支付的具体标准由统筹地区人民政府规定。

工伤职工治疗非工伤引发的疾病，不享受工伤医疗待遇，按照基本医疗保险办法处理。

工伤职工到签订服务协议的医疗机构进行工伤康复的费用，符合规定的，从工伤保险基金支付。

第三十一条 社会保险行政部门作出认定为工伤的决定后发生行政复议、行政诉讼的，行政复议和行政诉讼期间不停止支付工伤职工治疗工伤的医疗费用。

第三十二条 工伤职工因日常生活或者就业需要，经劳动能力鉴定委员会确认，可以安装假肢、矫形器、假眼、假牙和配置轮椅等辅助器具，所需费用按照国家规定的标准从工伤保险基金支付。

第三十三条 职工因工作遭受事故伤害或者患职业病需要暂停工作接受工伤医疗的，在停工留薪期内，原工资福利待遇不变，由所在单位按月支付。

停工留薪期一般不超过12个月。伤情严重或者情况特殊，经设区的市级劳动能力鉴定委员会确认，可以适当延长，但延长不得超过12个月。工伤职工评定伤残等级后，停发原待遇，按照本章的有关规定享受伤残待遇。工伤职工在停工留薪期满后仍需治疗的，继续享受工伤医疗待遇。

生活不能自理的工伤职工在停工留薪期需要护理的，由所在单位负责。

第三十四条 工伤职工已经评定伤残等级并经劳动能力鉴定委员会确认需要生活护理的，从工伤保险基金按月支付生活护理费。

生活护理费按照生活完全不能自理、生活大部分不能自理或者生活部分不能自理3个不同等级支付，其标准分别为统筹地区上年度职工月平均工资的50%、40%或者30%。

第三十五条 职工因工致残被鉴定为一级至四级伤残的，保留劳动关系，退出工作岗位，享受以下待遇：

（一）从工伤保险基金按伤残等级支付一次性伤残补助金，标准为：一级伤残为27个月的本人工资，二级伤残为25个月的本人工资，三级伤残为23个月的本人工资，四级伤残为21个月的本人工资；

（二）从工伤保险基金按月支付伤残津贴，标准为：一级伤残为本人工资的90%，二级伤残为本人工资的85%，三级伤残为本人工资的80%，四级伤残为本人工资的75%。伤残津贴实际金额低于当地最低工资标准的，由工伤保险基金补足差额；

（三）工伤职工达到退休年龄并办理退休手续后，停发伤残津贴，按照国家有关规定享受基本养老保险待遇。基本养老保险待遇低于伤残津贴的，由工伤保险基金补足差额。

职工因工致残被鉴定为一级至四级伤残的，由用人单位和职工个人以伤残津贴为基数，缴纳基本医疗保险费。

第三十六条 职工因工致残被鉴定为五级、六级伤残的，享受以下待遇：

（一）从工伤保险基金按伤残等级支付一次性伤残补助金，标准为：五级伤残为18个月的本人工资，六级伤残为16个月的本人工资；

（二）保留与用人单位的劳动关系，由用人单位安排适当工作。难以安排工作的，由用人单位按月发给伤残津贴，标准为：五级伤残为本人工资的70%，六级伤残为本人工资的60%，并由用人单位按照规定为其缴纳应缴纳的各项社会保险费。伤残津贴实际金额低于当地最低工资标准的，由用人单位补足差额。

经工伤职工本人提出，该职工可以与用人单位解除或者终止劳动关系，由工伤保险基金支付一次性工伤医疗补助金，由用人单位支付一次性伤残就业补助金。一次性工伤医疗补助金和一次性伤残就业补助金的具体标准由省、自治区、直辖市人民政府规定。

第三十七条 职工因工致残被鉴定为七级至十级伤残的，享受以下待遇：

（一）从工伤保险基金按伤残等级支付一次性伤残补助金，标准为：七级伤残为13个月的本人工资，八级伤残为11个月的本人工资，九级伤残为9个月的本人工资，十级伤残为7个月的本人工资；

（二）劳动、聘用合同期满终止，或者职工本人提出解除劳动、聘用合同的，由工伤保险基金支付一次性工伤医疗补助金，由用人单位支付一次性伤残就业补助金。一次性工伤医疗补助金和一次性伤残就业补助金的具体标准由省、自治区、直辖市人民政府规定。

第三十八条 工伤职工工伤复发，确认需要治疗的，享受本条例第三十条、第三十二条和第三十三条规定的工伤待遇。

第三十九条 职工因工死亡，其近亲属按照下列规定从工伤保险基金领取丧葬补助金、供养亲属抚恤金和一次性工亡补助金：

（一）丧葬补助金为6个月的统筹地区上年度职工月平均工资；

（二）供养亲属抚恤金按照职工本人工资的一定比例发给由因工死亡职工生前提供主要生活来源、无劳动能力的亲属。标准为：配偶每月40%，其他亲属每人每月30%，孤寡老人或者孤儿每人每月在上述标准的基础上增加10%。核定的各供养亲属的抚恤金之和不应高于因工死亡职工生前的工资。供养亲属的具体范围由国务院社会保险行政部门规定；

（三）一次性工亡补助金标准为上一年度全国城镇居民人均可支配收入的20倍。

伤残职工在停工留薪期内因工伤导致死亡的，其近亲属享受本条第一款规定的待遇。

一级至四级伤残职工在停工留薪期满后死亡的，其近亲属可以享受本条第一款第（一）项、第（二）项规定的待遇。

第四十条 伤残津贴、供养亲属抚恤金、生活护理费由统筹地区社会保险行政部门根据职工平均工资和生活费用变化等情况适时调整。调整办法由省、自治区、直辖市人民政府规定。

第四十一条 职工因工外出期间发生事故或者在抢险救灾中下落不明的，从事故发生当月起3个月内照发工资，从第4个月起停发工资，由工伤保险基金向其供养亲属按月支付供养亲属抚恤金。生活有困难的，可以预支一次性工亡补助金的50%。职工被人民法院宣告死亡的，按照本条例第三十九条职工因工死亡的规定处理。

第四十二条 工伤职工有下列情形之一的，停止享受工伤保险待遇：

（一）丧失享受待遇条件的；

（二）拒不接受劳动能力鉴定的；

（三）拒绝治疗的。

第四十三条 用人单位分立、合并、转让的，承继单位应当承担原用人单位的工伤保险责任；原用人单位已经参加工伤保险的，承继单位应当到当地经办机构办理工伤保险变更登记。

用人单位实行承包经营的，工伤保险责任由职工劳动关系所在单位承担。

职工被借调期间受到工伤事故伤害的，由原用人单位承担工伤保险责任，但原用人单位与借调单位可以约定补偿办法。

企业破产的，在破产清算时依法拨付应当由单位支付的工伤保险待遇费用。

第四十四条 职工被派遣出境工作，依据前往国家或者地区的法律应当参加当地工伤保险的，参加当地工伤保险，其国内工伤保险关系中止；不能参加当地工伤保险的，其国内工伤保险关系不中止。

第四十五条 职工再次发生工伤，根据规定应当享受伤残津贴的，按照新认定的伤残等级享受伤残津贴待遇。

第六章　监督管理

第四十六条 经办机构具体承办工伤保险事务，履行下列职责：

（一）根据省、自治区、直辖市人民政府规定，征收工伤保险费；

（二）核查用人单位的工资总额和职工人数，办理工伤保险登记，并负责保存用人单位缴费和职工享受工伤保险待遇情况的记录；

（三）进行工伤保险的调查、统计；

（四）按照规定管理工伤保险基金的支出；

（五）按照规定核定工伤保险待遇；

（六）为工伤职工或者其近亲属免费提供咨询服务。

第四十七条 经办机构与医疗机构、辅助器具配置机构在平等协商的基础上签订服务协议，并公布签订服务协议的医疗机构、辅助器具配置机构的名单。具体办法由国务院社会保险行政部门分别会同国务院卫生行政部门、民政部门等部门制定。

第四十八条 经办机构按照协议和国家有关目录、标准对工伤职工医疗费用、康复费用、辅助器具费用的使用情况进行核查，并按时足额结算费用。

第四十九条 经办机构应当定期公布工伤保险基金的收支情况，及时向社会保险行政部门提出调整费率的建议。

第五十条 社会保险行政部门、经办机构应当定期听取工伤职工、医疗机构、辅助器具配置机构以及社会各界对改进工伤保险工作的意见。

第五十一条 社会保险行政部门依法对工伤保险费的征缴和工伤保险基金的支付情况进行监督检查。

财政部门和审计机关依法对工伤保险基金的收支、管理情况进行监督。

第五十二条 任何组织和个人对有关工伤保险的违法行为，有权举报。社会保险行政部门对举报应当及时调查，按照规定处理，并为举报人保密。

第五十三条 工会组织依法维护工伤职工的合法权益，对用人单位的工伤保险工作实行监督。

第五十四条 职工与用人单位发生工伤待遇方面的争议，按照处理劳动争议的有关规定处理。

第五十五条 有下列情形之一的，有关单位或者个人可以依法申请行政复议，也可以依法向人民法院提起行政诉讼：

（一）申请工伤认定的职工或者其近亲属、该职工所在单位对工伤认定申请不予受理的决定不服的；

（二）申请工伤认定的职工或者其近亲属、该职工所在单位对工伤认定结论不服的；

（三）用人单位对经办机构确定的单位缴费费率不服的；

（四）签订服务协议的医疗机构、辅助器具配置机构认为经办机构未履行有关协议或者规定的；

（五）工伤职工或者其近亲属对经办机构核定的工伤保险待遇有异议的。

第七章　法律责任

第五十六条　单位或者个人违反本条例第十二条规定挪用工伤保险基金，构成犯罪的，依法追究刑事责任；尚不构成犯罪的，依法给予处分或者纪律处分。被挪用的基金由社会保险行政部门追回，并入工伤保险基金；没收的违法所得依法上缴国库。

第五十七条　社会保险行政部门工作人员有下列情形之一的，依法给予处分；情节严重，构成犯罪的，依法追究刑事责任：

（一）无正当理由不受理工伤认定申请，或者弄虚作假将不符合工伤条件的人员认定为工伤职工的；

（二）未妥善保管申请工伤认定的证据材料，致使有关证据灭失的；

（三）收受当事人财物的。

第五十八条　经办机构有下列行为之一的，由社会保险行政部门责令改正，对直接负责的主管人员和其他责任人员依法给予纪律处分；情节严重，构成犯罪的，依法追究刑事责任；造成当事人经济损失的，由经办机构依法承担赔偿责任：

（一）未按规定保存用人单位缴费和职工享受工伤保险待遇情况记录的；

（二）不按规定核定工伤保险待遇的；

（三）收受当事人财物的。

第五十九条　医疗机构、辅助器具配置机构不按服务协议提供服务的，经办机构可以解除服务协议。

经办机构不按时足额结算费用的，由社会保险行政部门责令改正；医疗机构、辅助器具配置机构可以解除服务协议。

第六十条　用人单位、工伤职工或者其近亲属骗取工伤保险待遇，医疗机构、辅助器具配置机构骗取工伤保险基金支出的，由社会保险行政部门责令退还，处骗取金额2倍以上5倍以下的罚款；情节严重，构成犯罪的，依法追究刑事责任。

第六十一条　从事劳动能力鉴定的组织或者个人有下列情形之一的，

由社会保险行政部门责令改正，处2000元以上1万元以下的罚款；情节严重，构成犯罪的，依法追究刑事责任：

（一）提供虚假鉴定意见的；

（二）提供虚假诊断证明的；

（三）收受当事人财物的。

第六十二条 用人单位依照本条例规定应当参加工伤保险而未参加的，由社会保险行政部门责令限期参加，补缴应当缴纳的工伤保险费，并自欠缴之日起，按日加收万分之五的滞纳金；逾期仍不缴纳的，处欠缴数额1倍以上3倍以下的罚款。

依照本条例规定应当参加工伤保险而未参加工伤保险的用人单位职工发生工伤的，由该用人单位按照本条例规定的工伤保险待遇项目和标准支付费用。

用人单位参加工伤保险并补缴应当缴纳的工伤保险费、滞纳金后，由工伤保险基金和用人单位依照本条例的规定支付新发生的费用。

第六十三条 用人单位违反本条例第十九条的规定，拒不协助社会保险行政部门对事故进行调查核实的，由社会保险行政部门责令改正，处2000元以上2万元以下的罚款。

第八章 附 则

第六十四条 本条例所称工资总额，是指用人单位直接支付给本单位全部职工的劳动报酬总额。

本条例所称本人工资，是指工伤职工因工作遭受事故伤害或者患职业病前12个月平均月缴费工资。本人工资高于统筹地区职工平均工资300%的，按照统筹地区职工平均工资的300%计算；本人工资低于统筹地区职工平均工资60%的，按照统筹地区职工平均工资的60%计算。

第六十五条 公务员和参照公务员法管理的事业单位、社会团体的工作人员因工作遭受事故伤害或者患职业病的，由所在单位支付费用。具体办法由国务院社会保险行政部门会同国务院财政部门规定。

第六十六条 无营业执照或者未经依法登记、备案的单位以及被依法吊销营业执照或者撤销登记、备案的单位的职工受到事故伤害或者患职业病的，由该单位向伤残职工或者死亡职工的近亲属给予一次性赔偿，赔偿标准不得低于本条例规定的工伤保险待遇；用人单位不得使用童工，用人单位使用童工造成童工伤残、死亡的，由该单位向童工或者童工的近亲属给予一次性赔偿，赔偿标准不得低于本条例规定的工伤保险待遇。具体办法由国务院社会保险行政部门规定。

前款规定的伤残职工或者死亡职工的近亲属就赔偿数额与单位发生争议的，以及前款规定的童工或者童工的近亲属就赔偿数额与单位发生争议的，按照处理劳动争议的有关规定处理。

第六十七条 本条例自2004年1月1日起施行。本条例施行前已受到事故伤害或者患职业病的职工尚未完成工伤认定的，按照本条例的规定执行。

危险化学品安全管理条例

（2002年1月26日中华人民共和国国务院令第344号公布　2011年2月16日国务院第144次常务会议修订通过　根据2013年12月7日《国务院关于修改部分行政法规的决定》修正）

第一章　总　则

第一条　为了加强危险化学品的安全管理，预防和减少危险化学品事故，保障人民群众生命财产安全，保护环境，制定本条例。

第二条　危险化学品生产、储存、使用、经营和运输的安全管理，适用本条例。

废弃危险化学品的处置，依照有关环境保护的法律、行政法规和国家有关规定执行。

第三条　本条例所称危险化学品，是指具有毒害、腐蚀、爆炸、燃烧、助燃等性质，对人体、设施、环境具有危害的剧毒化学品和其他化学品。

危险化学品目录，由国务院安全生产监督管理部门会同国务院工业和信息化、公安、环境保护、卫生、质量监督检验检疫、交通运输、铁路、民用航空、农业主管部门，根据化学品危险特性的鉴别和分类标准确定、公布，并适时调整。

第四条　危险化学品安全管理，应当坚持安全第一、预防为主、综合治理的方针，强化和落实企业的主体责任。

生产、储存、使用、经营、运输危险化学品的单位（以下统称危险化学品单位）的主要负责人对本单位的危险化学品安全管理工作全面负责。

危险化学品单位应当具备法律、行政法规规定和国家标准、行业标准要求的安全条件，建立、健全安全管理规章制度和岗位安全责任制度，对从业人员进行安全教育、法制教育和岗位技术培训。从业人员应当接受教育和培训，考核合格后上岗作业；对有资格要求的岗位，应当配备依法取得相应资格的人员。

第五条 任何单位和个人不得生产、经营、使用国家禁止生产、经营、使用的危险化学品。

国家对危险化学品的使用有限制性规定的，任何单位和个人不得违反限制性规定使用危险化学品。

第六条 对危险化学品的生产、储存、使用、经营、运输实施安全监督管理的有关部门（以下统称负有危险化学品安全监督管理职责的部门），依照下列规定履行职责：

（一）安全生产监督管理部门负责危险化学品安全监督管理综合工作，组织确定、公布、调整危险化学品目录，对新建、改建、扩建生产、储存危险化学品（包括使用长输管道输送危险化学品，下同）的建设项目进行安全条件审查，核发危险化学品安全生产许可证、危险化学品安全使用许可证和危险化学品经营许可证，并负责危险化学品登记工作。

（二）公安机关负责危险化学品的公共安全管理，核发剧毒化学品购买许可证、剧毒化学品道路运输通行证，并负责危险化学品运输车辆的道路交通安全管理。

（三）质量监督检验检疫部门负责核发危险化学品及其包装物、容器（不包括储存危险化学品的固定式大型储罐，下同）生产企业的工业产品生产许可证，并依法对其产品质量实施监督，负责对进出口危险化学品及其包装实施检验。

（四）环境保护主管部门负责废弃危险化学品处置的监督管理，组织危险化学品的环境危害性鉴定和环境风险程度评估，确定实施重点环境管理的危险化学品，负责危险化学品环境管理登记和新化学物质环境管理登记；依照职责分工调查相关危险化学品环境污染事故和生态破坏事件，负责危险化学品事故现场的应急环境监测。

（五）交通运输主管部门负责危险化学品道路运输、水路运输的许可以及运输工具的安全管理，对危险化学品水路运输安全实施监督，负责危险化学品道路运输企业、水路运输企业驾驶人员、船员、装卸管理人员、押运人员、申报人员、集装箱装箱现场检查员的资格认定。铁路监管部门负责危险化学品铁路运输及其运输工具的安全管理。民用航空主管部门负责危险化学品航空运输以及航空运输企业及其运输工具的安全管理。

（六）卫生主管部门负责危险化学品毒性鉴定的管理，负责组织、协调危险化学品事故受伤人员的医疗卫生救援工作。

（七）工商行政管理部门依据有关部门的许可证件，核发危险化学品生产、储存、经营、运输企业营业执照，查处危险化学品经营企业违法采购危险化学品的行为。

（八）邮政管理部门负责依法查处寄递危险化学品的行为。

第七条 负有危险化学品安全监督管理职责的部门依法进行监督检查，可以采取下列措施：

（一）进入危险化学品作业场所实施现场检查，向有关单位和人员了解情况，查阅、复制有关文件、资料；

（二）发现危险化学品事故隐患，责令立即消除或者限期消除；

（三）对不符合法律、行政法规、规章规定或者国家标准、行业标准要求的设施、设备、装置、器材、运输工具，责令立即停止使用；

（四）经本部门主要负责人批准，查封违法生产、储存、使用、经营危险化学品的场所，扣押违法生产、储存、使用、经营、运输的危险化学品以及用于违法生产、使用、运输危险化学品的原材料、设备、运输工具；

（五）发现影响危险化学品安全的违法行为，当场予以纠正或者责令限期改正。

负有危险化学品安全监督管理职责的部门依法进行监督检查，监督检查人员不得少于2人，并应当出示执法证件；有关单位和个人对依法进行的监督检查应当予以配合，不得拒绝、阻碍。

第八条 县级以上人民政府应当建立危险化学品安全监督管理工作协调机制，支持、督促负有危险化学品安全监督管理职责的部门依法履行职责，协调、解决危险化学品安全监督管理工作中的重大问题。

负有危险化学品安全监督管理职责的部门应当相互配合、密切协作，依法加强对危险化学品的安全监督管理。

第九条 任何单位和个人对违反本条例规定的行为，有权向负有危险化学品安全监督管理职责的部门举报。负有危险化学品安全监督管理职责的部门接到举报，应当及时依法处理；对不属于本部门职责的，应当及时移送有关部门处理。

第十条 国家鼓励危险化学品生产企业和使用危险化学品从事生产的企业采用有利于提高安全保障水平的先进技术、工艺、设备以及自动控制系统，鼓励对危险化学品实行专门储存、统一配送、集中销售。

第二章　生产、储存安全

第十一条 国家对危险化学品的生产、储存实行统筹规划、合理布局。

国务院工业和信息化主管部门以及国务院其他有关部门依据各自职责，负责危险化学品生产、储存的行业规划和布局。

地方人民政府组织编制城乡规划，应当根据本地区的实际情况，按照确保安全的原则，规划适当区域专门用于危险化学品的生产、储存。

第十二条 新建、改建、扩建生产、储存危险化学品的建设项目（以下简称建设项目），应当由安全生产监督管理部门进行安全条件审查。

建设单位应当对建设项目进行安全条件论证，委托具备国家规定的资质条件的机构对建设项目进行安全评价，并将安全条件论证和安全评价的情况报告报建设项目所在地设区的市级以上人民政府安全生产监督管理部门；安全生产监督管理部门应当自收到报告之日起 45 日内作出审查决定，并书面通知建设单位。具体办法由国务院安全生产监督管理部门制定。

新建、改建、扩建储存、装卸危险化学品的港口建设项目，由港口行政管理部门按照国务院交通运输主管部门的规定进行安全条件审查。

第十三条 生产、储存危险化学品的单位，应当对其铺设的危险化学品管道设置明显标志，并对危险化学品管道定期检查、检测。

进行可能危及危险化学品管道安全的施工作业，施工单位应当在开工的 7 日前书面通知管道所属单位，并与管道所属单位共同制定应急预案，采取相应的安全防护措施。管道所属单位应当指派专门人员到现场进行管道安全保护指导。

第十四条 危险化学品生产企业进行生产前，应当依照《安全生产许可证条例》的规定，取得危险化学品安全生产许可证。

生产列入国家实行生产许可证制度的工业产品目录的危险化学品的企业，应当依照《中华人民共和国工业产品生产许可证管理条例》的规定，取得工业产品生产许可证。

负责颁发危险化学品安全生产许可证、工业产品生产许可证的部门，应当将其颁发许可证的情况及时向同级工业和信息化主管部门、环境保护主管部门和公安机关通报。

第十五条 危险化学品生产企业应当提供与其生产的危险化学品相符的化学品安全技术说明书，并在危险化学品包装（包括外包装件）上粘贴或者拴挂与包装内危险化学品相符的化学品安全标签。化学品安全技术说明书和化学品安全标签所载明的内容应当符合国家标准的要求。

危险化学品生产企业发现其生产的危险化学品有新的危险特性的，应当立即公告，并及时修订其化学品安全技术说明书和化学品安全标签。

第十六条 生产实施重点环境管理的危险化学品的企业，应当按照国务院环境保护主管部门的规定，将该危险化学品向环境中释放等相关信息向环境保护主管部门报告。环境保护主管部门可以根据情况采取相应的环境风险控制措施。

第十七条 危险化学品的包装应当符合法律、行政法规、规章的规定以及国家标准、行业标准的要求。

危险化学品包装物、容器的材质以及危险化学品包装的型式、规格、方法和单件质量（重量），应当与所包装的危险化学品的性质和用途相适应。

第十八条 生产列入国家实行生产许可证制度的工业产品目录的危险化学品包装物、容器的企业，应当依照《中华人民共和国工业产品生产许可证管理条例》的规定，取得工业产品生产许可证；其生产的危险化学品包装物、容器经国务院质量监督检验检疫部门认定的检验机构检验合格，方可出厂销售。

运输危险化学品的船舶及其配载的容器，应当按照国家船舶检验规范进行生产，并经海事管理机构认定的船舶检验机构检验合格，方可投入使用。

对重复使用的危险化学品包装物、容器，使用单位在重复使用前应当进行检查；发现存在安全隐患的，应当维修或者更换。使用单位应当对检查情况作出记录，记录的保存期限不得少于2年。

第十九条 危险化学品生产装置或者储存数量构成重大危险源的危险化学品储存设施（运输工具加油站、加气站除外），与下列场所、设施、区域的距离应当符合国家有关规定：

（一）居住区以及商业中心、公园等人员密集场所；

（二）学校、医院、影剧院、体育场（馆）等公共设施；

（三）饮用水源、水厂以及水源保护区；

（四）车站、码头（依法经许可从事危险化学品装卸作业的除外）、机场以及通信干线、通信枢纽、铁路线路、道路交通干线、水路交通干线、地铁风亭以及地铁站出入口；

（五）基本农田保护区、基本草原、畜禽遗传资源保护区、畜禽规模化养殖场（养殖小区）、渔业水域以及种子、种畜禽、水产苗种生产基地；

（六）河流、湖泊、风景名胜区、自然保护区；

（七）军事禁区、军事管理区；

（八）法律、行政法规规定的其他场所、设施、区域。

已建的危险化学品生产装置或者储存数量构成重大危险源的危险化学

品储存设施不符合前款规定的，由所在地设区的市级人民政府安全生产监督管理部门会同有关部门监督其所属单位在规定期限内进行整改；需要转产、停产、搬迁、关闭的，由本级人民政府决定并组织实施。

储存数量构成重大危险源的危险化学品储存设施的选址，应当避开地震活动断层和容易发生洪灾、地质灾害的区域。

本条例所称重大危险源，是指生产、储存、使用或者搬运危险化学品，且危险化学品的数量等于或者超过临界量的单元（包括场所和设施）。

第二十条 生产、储存危险化学品的单位，应当根据其生产、储存的危险化学品的种类和危险特性，在作业场所设置相应的监测、监控、通风、防晒、调温、防火、灭火、防爆、泄压、防毒、中和、防潮、防雷、防静电、防腐、防泄漏以及防护围堤或者隔离操作等安全设施、设备，并按照国家标准、行业标准或者国家有关规定对安全设施、设备进行经常性维护、保养，保证安全设施、设备的正常使用。

生产、储存危险化学品的单位，应当在其作业场所和安全设施、设备上设置明显的安全警示标志。

第二十一条 生产、储存危险化学品的单位，应当在其作业场所设置通信、报警装置，并保证处于适用状态。

第二十二条 生产、储存危险化学品的企业，应当委托具备国家规定的资质条件的机构，对本企业的安全生产条件每 3 年进行一次安全评价，提出安全评价报告。安全评价报告的内容应当包括对安全生产条件存在的问题进行整改的方案。

生产、储存危险化学品的企业，应当将安全评价报告以及整改方案的落实情况报所在地县级人民政府安全生产监督管理部门备案。在港区内储存危险化学品的企业，应当将安全评价报告以及整改方案的落实情况报港口行政管理部门备案。

第二十三条 生产、储存剧毒化学品或者国务院公安部门规定的可用于制造爆炸物品的危险化学品（以下简称易制爆危险化学品）的单位，应当如实记录其生产、储存的剧毒化学品、易制爆危险化学品的数量、流向，并采取必要的安全防范措施，防止剧毒化学品、易制爆危险化学品丢失或者被盗；发现剧毒化学品、易制爆危险化学品丢失或者被盗的，应当立即向当地公安机关报告。

生产、储存剧毒化学品、易制爆危险化学品的单位，应当设置治安保卫机构，配备专职治安保卫人员。

第二十四条 危险化学品应当储存在专用仓库、专用场地或者专用储存室（以下统称专用仓库）内，并由专人负责管理；剧毒化学品以及储存数量构成重大危险源的其他危险化学品，应当在专用仓库内单独存放，并实行双人收发、双人保管制度。

危险化学品的储存方式、方法以及储存数量应当符合国家标准或者国家有关规定。

第二十五条 储存危险化学品的单位应当建立危险化学品出入库核查、登记制度。

对剧毒化学品以及储存数量构成重大危险源的其他危险化学品，储存单位应当将其储存数量、储存地点以及管理人员的情况，报所在地县级人民政府安全生产监督管理部门（在港区内储存的，报港口行政管理部门）和公安机关备案。

第二十六条 危险化学品专用仓库应当符合国家标准、行业标准的要求，并设置明显的标志。储存剧毒化学品、易制爆危险化学品的专用仓库，应当按照国家有关规定设置相应的技术防范设施。

储存危险化学品的单位应当对其危险化学品专用仓库的安全设施、设备定期进行检测、检验。

第二十七条 生产、储存危险化学品的单位转产、停产、停业或者解散的，应当采取有效措施，及时、妥善处置其危险化学品生产装置、储存设施以及库存的危险化学品，不得丢弃危险化学品；处置方案应当报所在地县级人民政府安全生产监督管理部门、工业和信息化主管部门、环境保护主管部门和公安机关备案。安全生产监督管理部门应当会同环境保护主管部门和公安机关对处置情况进行监督检查，发现未依照规定处置的，应当责令其立即处置。

第三章 使用安全

第二十八条 使用危险化学品的单位，其使用条件（包括工艺）应当符合法律、行政法规的规定和国家标准、行业标准的要求，并根据所使用的危险化学品的种类、危险特性以及使用量和使用方式，建立、健全使用危险化学品的安全管理规章制度和安全操作规程，保证危险化学品的安全使用。

第二十九条 使用危险化学品从事生产并且使用量达到规定数量的化工企业（属于危险化学品生产企业的除外，下同），应当依照本条例的规定取得危险化学品安全使用许可证。

前款规定的危险化学品使用量的数量标准，由国务院安全生产监督管理部门会同国务院公安部门、农业主管部门确定并公布。

第三十条 申请危险化学品安全使用许可证的化工企业，除应当符合本条例第二十八条的规定外，还应当具备下列条件：

（一）有与所使用的危险化学品相适应的专业技术人员；

（二）有安全管理机构和专职安全管理人员；

（三）有符合国家规定的危险化学品事故应急预案和必要的应急救援器材、设备；

（四）依法进行了安全评价。

第三十一条 申请危险化学品安全使用许可证的化工企业，应当向所在地设区的市级人民政府安全生产监督管理部门提出申请，并提交其符合本条例第三十条规定条件的证明材料。设区的市级人民政府安全生产监督管理部门应当依法进行审查，自收到证明材料之日起45日内作出批准或者不予批准的决定。予以批准的，颁发危险化学品安全使用许可证；不予批准的，书面通知申请人并说明理由。

安全生产监督管理部门应当将其颁发危险化学品安全使用许可证的情况及时向同级环境保护主管部门和公安机关通报。

第三十二条 本条例第十六条关于生产实施重点环境管理的危险化学品的企业的规定，适用于使用实施重点环境管理的危险化学品从事生产的企业；第二十条、第二十一条、第二十三条第一款、第二十七条关于生产、储存危险化学品的单位的规定，适用于使用危险化学品的单位；第二十二条关于生产、储存危险化学品的企业的规定，适用于使用危险化学品从事生产的企业。

第四章 经营安全

第三十三条 国家对危险化学品经营（包括仓储经营，下同）实行许可制度。未经许可，任何单位和个人不得经营危险化学品。

依法设立的危险化学品生产企业在其厂区范围内销售本企业生产的危险化学品，不需要取得危险化学品经营许可。

依照《中华人民共和国港口法》的规定取得港口经营许可证的港口经营人，在港区内从事危险化学品仓储经营，不需要取得危险化学品经营许可。

第三十四条 从事危险化学品经营的企业应当具备下列条件：

（一）有符合国家标准、行业标准的经营场所，储存危险化学品的，还应当有符合国家标准、行业标准的储存设施；

（二）从业人员经过专业技术培训并经考核合格；

（三）有健全的安全管理规章制度；

（四）有专职安全管理人员；

（五）有符合国家规定的危险化学品事故应急预案和必要的应急救援器材、设备；

（六）法律、法规规定的其他条件。

第三十五条 从事剧毒化学品、易制爆危险化学品经营的企业，应当向所在地设区的市级人民政府安全生产监督管理部门提出申请，从事其他危险化学品经营的企业，应当向所在地县级人民政府安全生产监督管理部门提出申请（有储存设施的，应当向所在地设区的市级人民政府安全生产监督管理部门提出申请）。申请人应当提交其符合本条例第三十四条规定条件的证明材料。设区的市级人民政府安全生产监督管理部门或者县级人民政府安全生产监督管理部门应当依法进行审查，并对申请人的经营场所、储存设施进行现场核查，自收到证明材料之日起30日内作出批准或者不予批准的决定。予以批准的，颁发危险化学品经营许可证；不予批准的，书面通知申请人并说明理由。

设区的市级人民政府安全生产监督管理部门和县级人民政府安全生产监督管理部门应当将其颁发危险化学品经营许可证的情况及时向同级环境保护主管部门和公安机关通报。

申请人持危险化学品经营许可证向工商行政管理部门办理登记手续后，方可从事危险化学品经营活动。法律、行政法规或者国务院规定经营危险化学品还需要经其他有关部门许可的，申请人向工商行政管理部门办理登记手续时还应当持相应的许可证件。

第三十六条 危险化学品经营企业储存危险化学品的，应当遵守本条例第二章关于储存危险化学品的规定。危险化学品商店内只能存放民用小包装的危险化学品。

第三十七条 危险化学品经营企业不得向未经许可从事危险化学品生产、经营活动的企业采购危险化学品，不得经营没有化学品安全技术说明书或者化学品安全标签的危险化学品。

第三十八条 依法取得危险化学品安全生产许可证、危险化学品安全使用许可证、危险化学品经营许可证的企业，凭相应的许可证件购买剧毒化学品、易制爆危险化学品。民用爆炸物品生产企业凭民用爆炸物品生产许可证购买易制爆危险化学品。

前款规定以外的单位购买剧毒化学品的，应当向所在地县级人民政府公安机关申请取得剧毒化学品购买许可证；购买易制爆危险化学品的，应当持本单位出具的合法用途说明。

个人不得购买剧毒化学品（属于剧毒化学品的农药除外）和易制爆危险化学品。

第三十九条 申请取得剧毒化学品购买许可证，申请人应当向所在地县级人民政府公安机关提交下列材料：

（一）营业执照或者法人证书（登记证书）的复印件；

（二）拟购买的剧毒化学品品种、数量的说明；

（三）购买剧毒化学品用途的说明；

（四）经办人的身份证明。

县级人民政府公安机关应当自收到前款规定的材料之日起3日内，作出批准或者不予批准的决定。予以批准的，颁发剧毒化学品购买许可证；不予批准的，书面通知申请人并说明理由。

剧毒化学品购买许可证管理办法由国务院公安部门制定。

第四十条 危险化学品生产企业、经营企业销售剧毒化学品、易制爆危险化学品，应当查验本条例第三十八条第一款、第二款规定的相关许可证件或者证明文件，不得向不具有相关许可证件或者证明文件的单位销售剧毒化学品、易制爆危险化学品。对持剧毒化学品购买许可证购买剧毒化学品的，应当按照许可证载明的品种、数量销售。

禁止向个人销售剧毒化学品（属于剧毒化学品的农药除外）和易制爆危险化学品。

第四十一条 危险化学品生产企业、经营企业销售剧毒化学品、易制爆危险化学品，应当如实记录购买单位的名称、地址、经办人的姓名、身份证号码以及所购买的剧毒化学品、易制爆危险化学品的品种、数量、用途。销售记录以及经办人的身份证明复印件、相关许可证件复印件或者证明文件的保存期限不得少于1年。

剧毒化学品、易制爆危险化学品的销售企业、购买单位应当在销售、购买后5日内，将所销售、购买的剧毒化学品、易制爆危险化学品的品种、数量以及流向信息报所在地县级人民政府公安机关备案，并输入计算机系统。

第四十二条 使用剧毒化学品、易制爆危险化学品的单位不得出借、转让其购买的剧毒化学品、易制爆危险化学品；因转产、停产、搬迁、关闭等确需转让的，应当向具有本条例第三十八条第一款、第二款规定的相关许可证件或者证明文件的单位转让，并在转让后将有关情况及时向所在地县级人民政府公安机关报告。

第五章　运输安全

第四十三条　从事危险化学品道路运输、水路运输的，应当分别依照有关道路运输、水路运输的法律、行政法规的规定，取得危险货物道路运输许可、危险货物水路运输许可，并向工商行政管理部门办理登记手续。

危险化学品道路运输企业、水路运输企业应当配备专职安全管理人员。

第四十四条　危险化学品道路运输企业、水路运输企业的驾驶人员、船员、装卸管理人员、押运人员、申报人员、集装箱装箱现场检查员应当经交通运输主管部门考核合格，取得从业资格。具体办法由国务院交通运输主管部门制定。

危险化学品的装卸作业应当遵守安全作业标准、规程和制度，并在装卸管理人员的现场指挥或者监控下进行。水路运输危险化学品的集装箱装箱作业应当在集装箱装箱现场检查员的指挥或者监控下进行，并符合积载、隔离的规范和要求；装箱作业完毕后，集装箱装箱现场检查员应当签署装箱证明书。

第四十五条　运输危险化学品，应当根据危险化学品的危险特性采取相应的安全防护措施，并配备必要的防护用品和应急救援器材。

用于运输危险化学品的槽罐以及其他容器应当封口严密，能够防止危险化学品在运输过程中因温度、湿度或者压力的变化发生渗漏、洒漏；槽罐以及其他容器的溢流和泄压装置应当设置准确、起闭灵活。

运输危险化学品的驾驶人员、船员、装卸管理人员、押运人员、申报人员、集装箱装箱现场检查员，应当了解所运输的危险化学品的危险特性及其包装物、容器的使用要求和出现危险情况时的应急处置方法。

第四十六条　通过道路运输危险化学品的，托运人应当委托依法取得危险货物道路运输许可的企业承运。

第四十七条　通过道路运输危险化学品的，应当按照运输车辆的核定载质量装载危险化学品，不得超载。

危险化学品运输车辆应当符合国家标准要求的安全技术条件，并按照国家有关规定定期进行安全技术检验。

危险化学品运输车辆应当悬挂或者喷涂符合国家标准要求的警示标志。

第四十八条 通过道路运输危险化学品的，应当配备押运人员，并保证所运输的危险化学品处于押运人员的监控之下。

运输危险化学品途中因住宿或者发生影响正常运输的情况，需要较长时间停车的，驾驶人员、押运人员应当采取相应的安全防范措施；运输剧毒化学品或者易制爆危险化学品的，还应当向当地公安机关报告。

第四十九条 未经公安机关批准，运输危险化学品的车辆不得进入危险化学品运输车辆限制通行的区域。危险化学品运输车辆限制通行的区域由县级人民政府公安机关划定，并设置明显的标志。

第五十条 通过道路运输剧毒化学品的，托运人应当向运输始发地或者目的地县级人民政府公安机关申请剧毒化学品道路运输通行证。

申请剧毒化学品道路运输通行证，托运人应当向县级人民政府公安机关提交下列材料：

（一）拟运输的剧毒化学品品种、数量的说明；

（二）运输始发地、目的地、运输时间和运输路线的说明；

（三）承运人取得危险货物道路运输许可、运输车辆取得营运证以及驾驶人员、押运人员取得上岗资格的证明文件；

（四）本条例第三十八条第一款、第二款规定的购买剧毒化学品的相关许可证件，或者海关出具的进出口证明文件。

县级人民政府公安机关应当自收到前款规定的材料之日起 7 日内，作出批准或者不予批准的决定。予以批准的，颁发剧毒化学品道路运输通行证；不予批准的，书面通知申请人并说明理由。

剧毒化学品道路运输通行证管理办法由国务院公安部门制定。

第五十一条 剧毒化学品、易制爆危险化学品在道路运输途中丢失、被盗、被抢或者出现流散、泄漏等情况的，驾驶人员、押运人员应当立即采取相应的警示措施和安全措施，并向当地公安机关报告。公安机关接到报告后，应当根据实际情况立即向安全生产监督管理部门、环境保护主管部门、卫生主管部门通报。有关部门应当采取必要的应急处置措施。

第五十二条 通过水路运输危险化学品的，应当遵守法律、行政法规以及国务院交通运输主管部门关于危险货物水路运输安全的规定。

第五十三条 海事管理机构应当根据危险化学品的种类和危险特性，确定船舶运输危险化学品的相关安全运输条件。

拟交付船舶运输的化学品的相关安全运输条件不明确的，货物所有人或者代理人应当委托相关技术机构进行评估，明确相关安全运输条件并经海事管理机构确认后，方可交付船舶运输。

第五十四条 禁止通过内河封闭水域运输剧毒化学品以及国家规定禁止通过内河运输的其他危险化学品。

前款规定以外的内河水域，禁止运输国家规定禁止通过内河运输的剧毒化学品以及其他危险化学品。

禁止通过内河运输的剧毒化学品以及其他危险化学品的范围，由国务院交通运输主管部门会同国务院环境保护主管部门、工业和信息化主管部门、安全生产监督管理部门，根据危险化学品的危险特性、危险化学品对人体和水环境的危害程度以及消除危害后果的难易程度等因素规定并公布。

第五十五条 国务院交通运输主管部门应当根据危险化学品的危险特性，对通过内河运输本条例第五十四条规定以外的危险化学品（以下简称通过内河运输危险化学品）实行分类管理，对各类危险化学品的运输方式、包装规范和安全防护措施等分别作出规定并监督实施。

第五十六条 通过内河运输危险化学品，应当由依法取得危险货物水路运输许可的水路运输企业承运，其他单位和个人不得承运。托运人应当委托依法取得危险货物水路运输许可的水路运输企业承运，不得委托其他单位和个人承运。

第五十七条 通过内河运输危险化学品，应当使用依法取得危险货物适装证书的运输船舶。水路运输企业应当针对所运输的危险化学品的危险特性，制定运输船舶危险化学品事故应急救援预案，并为运输船舶配备充足、有效的应急救援器材和设备。

通过内河运输危险化学品的船舶，其所有人或者经营人应当取得船舶污染损害责任保险证书或者财务担保证明。船舶污染损害责任保险证书或者财务担保证明的副本应当随船携带。

第五十八条 通过内河运输危险化学品，危险化学品包装物的材质、型式、强度以及包装方法应当符合水路运输危险化学品包装规范的要求。国务院交通运输主管部门对单船运输的危险化学品数量有限制性规定的，承运人应当按照规定安排运输数量。

第五十九条 用于危险化学品运输作业的内河码头、泊位应当符合国家有关安全规范，与饮用水取水口保持国家规定的距离。有关管理单位应当制定码头、泊位危险化学品事故应急预案，并为码头、泊位配备充足、有效的应急救援器材和设备。

用于危险化学品运输作业的内河码头、泊位，经交通运输主管部门按照国家有关规定验收合格后方可投入使用。

第六十条 船舶载运危险化学品进出内河港口，应当将危险化学品的名称、危险特性、包装以及进出港时间等事项，事先报告海事管理机构。海事管理机构接到报告后，应当在国务院交通运输主管部门规定的时间内作出是否同意的决定，通知报告人，同时通报港口行政管理部门。定船舶、定航线、定货种的船舶可以定期报告。

在内河港口内进行危险化学品的装卸、过驳作业，应当将危险化学品的名称、危险特性、包装和作业的时间、地点等事项报告港口行政管理部门。港口行政管理部门接到报告后，应当在国务院交通运输主管部门规定的时间内作出是否同意的决定，通知报告人，同时通报海事管理机构。

载运危险化学品的船舶在内河航行，通过过船建筑物的，应当提前向交通运输主管部门申报，并接受交通运输主管部门的管理。

第六十一条 载运危险化学品的船舶在内河航行、装卸或者停泊，应当悬挂专用的警示标志，按照规定显示专用信号。

载运危险化学品的船舶在内河航行，按照国务院交通运输主管部门的规定需要引航的，应当申请引航。

第六十二条 载运危险化学品的船舶在内河航行，应当遵守法律、行政法规和国家其他有关饮用水水源保护的规定。内河航道发展规划应当与依法经批准的饮用水水源保护区划定方案相协调。

第六十三条 托运危险化学品的，托运人应当向承运人说明所托运的危险化学品的种类、数量、危险特性以及发生危险情况的应急处置措施，并按照国家有关规定对所托运的危险化学品妥善包装，在外包装上设置相应的标志。

运输危险化学品需要添加抑制剂或者稳定剂的，托运人应当添加，并将有关情况告知承运人。

第六十四条 托运人不得在托运的普通货物中夹带危险化学品，不得将危险化学品匿报或者谎报为普通货物托运。

任何单位和个人不得交寄危险化学品或者在邮件、快件内夹带危险化学品，不得将危险化学品匿报或者谎报为普通物品交寄。邮政企业、快递企业不得收寄危险化学品。

对涉嫌违反本条第一款、第二款规定的，交通运输主管部门、邮政管理部门可以依法开拆查验。

第六十五条 通过铁路、航空运输危险化学品的安全管理，依照有关铁路、航空运输的法律、行政法规、规章的规定执行。

第六章　危险化学品登记与事故应急救援

第六十六条　国家实行危险化学品登记制度，为危险化学品安全管理以及危险化学品事故预防和应急救援提供技术、信息支持。

第六十七条　危险化学品生产企业、进口企业，应当向国务院安全生产监督管理部门负责危险化学品登记的机构（以下简称危险化学品登记机构）办理危险化学品登记。

危险化学品登记包括下列内容：

（一）分类和标签信息；

（二）物理、化学性质；

（三）主要用途；

（四）危险特性；

（五）储存、使用、运输的安全要求；

（六）出现危险情况的应急处置措施。

对同一企业生产、进口的同一品种的危险化学品，不进行重复登记。危险化学品生产企业、进口企业发现其生产、进口的危险化学品有新的危险特性的，应当及时向危险化学品登记机构办理登记内容变更手续。

危险化学品登记的具体办法由国务院安全生产监督管理部门制定。

第六十八条　危险化学品登记机构应当定期向工业和信息化、环境保护、公安、卫生、交通运输、铁路、质量监督检验检疫等部门提供危险化学品登记的有关信息和资料。

第六十九条　县级以上地方人民政府安全生产监督管理部门应当会同工业和信息化、环境保护、公安、卫生、交通运输、铁路、质量监督检验检疫等部门，根据本地区实际情况，制定危险化学品事故应急预案，报本级人民政府批准。

第七十条　危险化学品单位应当制定本单位危险化学品事故应急预案，配备应急救援人员和必要的应急救援器材、设备，并定期组织应急救援演练。

危险化学品单位应当将其危险化学品事故应急预案报所在地设区的市级人民政府安全生产监督管理部门备案。

第七十一条　发生危险化学品事故，事故单位主要负责人应当立即按照本单位危险化学品应急预案组织救援，并向当地安全生产监督管理部门和环境保护、公安、卫生主管部门报告；道路运输、水路运输过程中发生危险化学品事故的，驾驶人员、船员或者押运人员还应当向事故发生地交通运输主管部门报告。

第七十二条 发生危险化学品事故，有关地方人民政府应当立即组织安全生产监督管理、环境保护、公安、卫生、交通运输等有关部门，按照本地区危险化学品事故应急预案组织实施救援，不得拖延、推诿。

有关地方人民政府及其有关部门应当按照下列规定，采取必要的应急处置措施，减少事故损失，防止事故蔓延、扩大：

（一）立即组织营救和救治受害人员，疏散、撤离或者采取其他措施保护危害区域内的其他人员；

（二）迅速控制危害源，测定危险化学品的性质、事故的危害区域及危害程度；

（三）针对事故对人体、动植物、土壤、水源、大气造成的现实危害和可能产生的危害，迅速采取封闭、隔离、洗消等措施；

（四）对危险化学品事故造成的环境污染和生态破坏状况进行监测、评估，并采取相应的环境污染治理和生态修复措施。

第七十三条 有关危险化学品单位应当为危险化学品事故应急救援提供技术指导和必要的协助。

第七十四条 危险化学品事故造成环境污染的，由设区的市级以上人民政府环境保护主管部门统一发布有关信息。

第七章 法律责任

第七十五条 生产、经营、使用国家禁止生产、经营、使用的危险化学品的，由安全生产监督管理部门责令停止生产、经营、使用活动，处20万元以上50万元以下的罚款，有违法所得的，没收违法所得；构成犯罪的，依法追究刑事责任。

有前款规定行为的，安全生产监督管理部门还应当责令其对所生产、经营、使用的危险化学品进行无害化处理。违反国家关于危险化学品使用的限制性规定使用危险化学品的，依照本条第一款的规定处理。

第七十六条 未经安全条件审查，新建、改建、扩建生产、储存危险化学品的建设项目的，由安全生产监督管理部门责令停止建设，限期改正；逾期不改正的，处50万元以上100万元以下的罚款；构成犯罪的，依法追究刑事责任。

未经安全条件审查，新建、改建、扩建储存、装卸危险化学品的港口建设项目的，由港口行政管理部门依照前款规定予以处罚。

第七十七条 未依法取得危险化学品安全生产许可证从事危险化学品生产，或者未依法取得工业产品生产许可证从事危险化学品及其包装物、容器生产的，分别依照《安全生产许可证条例》、《中华人民共和国工业产品生产许可证管理条例》的规定处罚。

违反本条例规定，化工企业未取得危险化学品安全使用许可证，使用危险化学品从事生产的，由安全生产监督管理部门责令限期改正，处10万元以上20万元以下的罚款；逾期不改正的，责令停产整顿。

违反本条例规定，未取得危险化学品经营许可证从事危险化学品经营的，由安全生产监督管理部门责令停止经营活动，没收违法经营的危险化学品以及违法所得，并处10万元以上20万元以下的罚款；构成犯罪的，依法追究刑事责任。

第七十八条 有下列情形之一的，由安全生产监督管理部门责令改正，可以处5万元以下的罚款；拒不改正的，处5万元以上10万元以下的罚款；情节严重的，责令停产停业整顿：

（一）生产、储存危险化学品的单位未对其铺设的危险化学品管道设置明显的标志，或者未对危险化学品管道定期检查、检测的；

（二）进行可能危及危险化学品管道安全的施工作业，施工单位未按照规定书面通知管道所属单位，或者未与管道所属单位共同制定应急预案、采取相应的安全防护措施，或者管道所属单位未指派专门人员到现场进行管道安全保护指导的；

（三）危险化学品生产企业未提供化学品安全技术说明书，或者未在包装（包括外包装件）上粘贴、拴挂化学品安全标签的；

（四）危险化学品生产企业提供的化学品安全技术说明书与其生产的危险化学品不相符，或者在包装（包括外包装件）粘贴、拴挂的化学品安全标签与包装内危险化学品不相符，或者化学品安全技术说明书、化学品安全标签所载明的内容不符合国家标准要求的；

（五）危险化学品生产企业发现其生产的危险化学品有新的危险特性不立即公告，或者不及时修订其化学品安全技术说明书和化学品安全标签的；

（六）危险化学品经营企业经营没有化学品安全技术说明书和化学品安全标签的危险化学品的；

（七）危险化学品包装物、容器的材质以及包装的型式、规格、方法和单件质量（重量）与所包装的危险化学品的性质和用途不相适应的；

（八）生产、储存危险化学品的单位未在作业场所和安全设施、设备上设置明显的安全警示标志，或者未在作业场所设置通信、报警装置的；

（九）危险化学品专用仓库未设专人负责管理，或者对储存的剧毒化学品以及储存数量构成重大危险源的其他危险化学品未实行双人收发、双人保管制度的；

（十）储存危险化学品的单位未建立危险化学品出入库核查、登记制度的；

（十一）危险化学品专用仓库未设置明显标志的；

（十二）危险化学品生产企业、进口企业不办理危险化学品登记，或者发现其生产、进口的危险化学品有新的危险特性不办理危险化学品登记内容变更手续的。

从事危险化学品仓储经营的港口经营人有前款规定情形的，由港口行政管理部门依照前款规定予以处罚。储存剧毒化学品、易制爆危险化学品的专用仓库未按照国家有关规定设置相应的技术防范设施的，由公安机关依照前款规定予以处罚。

生产、储存剧毒化学品、易制爆危险化学品的单位未设置治安保卫机构、配备专职治安保卫人员的，依照《企业事业单位内部治安保卫条例》的规定处罚。

第七十九条　危险化学品包装物、容器生产企业销售未经检验或者经检验不合格的危险化学品包装物、容器的，由质量监督检验检疫部门责令改正，处10万元以上20万元以下的罚款，有违法所得的，没收违法所得；拒不改正的，责令停产停业整顿；构成犯罪的，依法追究刑事责任。

将未经检验合格的运输危险化学品的船舶及其配载的容器投入使用的，由海事管理机构依照前款规定予以处罚。

第八十条　生产、储存、使用危险化学品的单位有下列情形之一的，由安全生产监督管理部门责令改正，处5万元以上10万元以下的罚款；拒不改正的，责令停产停业整顿直至由原发证机关吊销其相关许可证件，并由工商行政管理部门责令其办理经营范围变更登记或者吊销其营业执照；有关责任人员构成犯罪的，依法追究刑事责任：

（一）对重复使用的危险化学品包装物、容器，在重复使用前不进行检查的；

（二）未根据其生产、储存的危险化学品的种类和危险特性，在作业场所设置相关安全设施、设备，或者未按照国家标准、行业标准或者国家有关规定对安全设施、设备进行经常性维护、保养的；

（三）未依照本条例规定对其安全生产条件定期进行安全评价的；

（四）未将危险化学品储存在专用仓库内，或者未将剧毒化学品以及储存数量构成重大危险源的其他危险化学品在专用仓库内单独存放的；

（五）危险化学品的储存方式、方法或者储存数量不符合国家标准或者国家有关规定的；

（六）危险化学品专用仓库不符合国家标准、行业标准的要求的；

（七）未对危险化学品专用仓库的安全设施、设备定期进行检测、检验的。

从事危险化学品仓储经营的港口经营人有前款规定情形的，由港口行政管理部门依照前款规定予以处罚。

第八十一条 有下列情形之一的，由公安机关责令改正，可以处1万元以下的罚款；拒不改正的，处1万元以上5万元以下的罚款：

（一）生产、储存、使用剧毒化学品、易制爆危险化学品的单位不如实记录生产、储存、使用的剧毒化学品、易制爆危险化学品的数量、流向的；

（二）生产、储存、使用剧毒化学品、易制爆危险化学品的单位发现剧毒化学品、易制爆危险化学品丢失或者被盗，不立即向公安机关报告的；

（三）储存剧毒化学品的单位未将剧毒化学品的储存数量、储存地点以及管理人员的情况报所在地县级人民政府公安机关备案的；

（四）危险化学品生产企业、经营企业不如实记录剧毒化学品、易制爆危险化学品购买单位的名称、地址、经办人的姓名、身份证号码以及所购买的剧毒化学品、易制爆危险化学品的品种、数量、用途，或者保存销售记录和相关材料的时间少于1年的；

（五）剧毒化学品、易制爆危险化学品的销售企业、购买单位未在规定的时限内将所销售、购买的剧毒化学品、易制爆危险化学品的品种、数量以及流向信息报所在地县级人民政府公安机关备案的；

（六）使用剧毒化学品、易制爆危险化学品的单位依照本条例规定转让其购买的剧毒化学品、易制爆危险化学品，未将有关情况向所在地县级人民政府公安机关报告的。

生产、储存危险化学品的企业或者使用危险化学品从事生产的企业未按照本条例规定将安全评价报告以及整改方案的落实情况报安全生产监督管理部门或者港口行政管理部门备案，或者储存危险化学品的单位未将其剧毒化学品以及储存数量构成重大危险源的其他危险化学品的储存数量、储存地点以及管理人员的情况报安全生产监督管理部门或者港口行政管理部门备案的，分别由安全生产监督管理部门或者港口行政管理部门依照前款规定予以处罚。

生产实施重点环境管理的危险化学品的企业或者使用实施重点环境管理的危险化学品从事生产的企业未按照规定将相关信息向环境保护主管部门报告的，由环境保护主管部门依照本条第一款的规定予以处罚。

第八十二条 生产、储存、使用危险化学品的单位转产、停产、停业或者解散，未采取有效措施及时、妥善处置其危险化学品生产装置、储存设施以及库存的危险化学品，或者丢弃危险化学品的，由安全生产监督管理部门责令改正，处5万元以上10万元以下的罚款；构成犯罪的，依法追究刑事责任。

生产、储存、使用危险化学品的单位转产、停产、停业或者解散，未依照本条例规定将其危险化学品生产装置、储存设施以及库存危险化学品的处置方案报有关部门备案的，分别由有关部门责令改正，可以处1万元以下的罚款；拒不改正的，处1万元以上5万元以下的罚款。

第八十三条 危险化学品经营企业向未经许可违法从事危险化学品生产、经营活动的企业采购危险化学品的，由工商行政管理部门责令改正，处10万元以上20万元以下的罚款；拒不改正的，责令停业整顿直至由原发证机关吊销其危险化学品经营许可证，并由工商行政管理部门责令其办理经营范围变更登记或者吊销其营业执照。

第八十四条 危险化学品生产企业、经营企业有下列情形之一的，由安全生产监督管理部门责令改正，没收违法所得，并处10万元以上20万元以下的罚款；拒不改正的，责令停产停业整顿直至吊销其危险化学品安全生产许可证、危险化学品经营许可证，并由工商行政管理部门责令其办理经营范围变更登记或者吊销其营业执照：

（一）向不具有本条例第三十八条第一款、第二款规定的相关许可证件或者证明文件的单位销售剧毒化学品、易制爆危险化学品的；

（二）不按照剧毒化学品购买许可证载明的品种、数量销售剧毒化学品的；

（三）向个人销售剧毒化学品（属于剧毒化学品的农药除外）、易制爆危险化学品的。

不具有本条例第三十八条第一款、第二款规定的相关许可证件或者证明文件的单位购买剧毒化学品、易制爆危险化学品，或者个人购买剧毒化学品

（属于剧毒化学品的农药除外）、易制爆危险化学品的，由公安机关没收所购买的剧毒化学品、易制爆危险化学品，可以并处5000元以下的罚款。

使用剧毒化学品、易制爆危险化学品的单位出借或者向不具有本条例第三十八条第一款、第二款规定的相关许可证件的单位转让其购买的剧毒化学品、易制爆危险化学品，或者向个人转让其购买的剧毒化学品（属于剧毒化学品的农药除外）、易制爆危险化学品的，由公安机关责令改正，处10万元以上20万元以下的罚款；拒不改正的，责令停产停业整顿。

第八十五条 未依法取得危险货物道路运输许可、危险货物水路运输许可，从事危险化学品道路运输、水路运输的，分别依照有关道路运输、水路运输的法律、行政法规的规定处罚。

第八十六条 有下列情形之一的，由交通运输主管部门责令改正，处5万元以上10万元以下的罚款；拒不改正的，责令停产停业整顿；构成犯罪的，依法追究刑事责任：

（一）危险化学品道路运输企业、水路运输企业的驾驶人员、船员、装卸管理人员、押运人员、申报人员、集装箱装箱现场检查员未取得从业资格上岗作业的；

（二）运输危险化学品，未根据危险化学品的危险特性采取相应的安全防护措施，或者未配备必要的防护用品和应急救援器材的；

（三）使用未依法取得危险货物适装证书的船舶，通过内河运输危险化学品的；

（四）通过内河运输危险化学品的承运人违反国务院交通运输主管部门对单船运输的危险化学品数量的限制性规定运输危险化学品的；

（五）用于危险化学品运输作业的内河码头、泊位不符合国家有关安全规范，或者未与饮用水取水口保持国家规定的安全距离，或者未经交通运输主管部门验收合格投入使用的；

（六）托运人不向承运人说明所托运的危险化学品的种类、数量、危险特性以及发生危险情况的应急处置措施，或者未按照国家有关规定对所托运的危险化学品妥善包装并在外包装上设置相应标志的；

（七）运输危险化学品需要添加抑制剂或者稳定剂，托运人未添加或者未将有关情况告知承运人的。

第八十七条 有下列情形之一的，由交通运输主管部门责令改正，处10万元以上20万元以下的罚款，有违法所得的，没收违法所得；拒不改正的，责令停产停业整顿；构成犯罪的，依法追究刑事责任：

（一）委托未依法取得危险货物道路运输许可、危险货物水路运输许可的企业承运危险化学品的；

（二）通过内河封闭水域运输剧毒化学品以及国家规定禁止通过内河运输的其他危险化学品的；

（三）通过内河运输国家规定禁止通过内河运输的剧毒化学品以及其他危险化学品的；

（四）在托运的普通货物中夹带危险化学品，或者将危险化学品谎报或者匿报为普通货物托运的。

在邮件、快件内夹带危险化学品，或者将危险化学品谎报为普通物品交寄的，依法给予治安管理处罚；构成犯罪的，依法追究刑事责任。

邮政企业、快递企业收寄危险化学品的，依照《中华人民共和国邮政法》的规定处罚。

第八十八条 有下列情形之一的，由公安机关责令改正，处5万元以上10万元以下的罚款；构成违反治安管理行为的，依法给予治安管理处罚；构成犯罪的，依法追究刑事责任：

（一）超过运输车辆的核定载质量装载危险化学品的；

（二）使用安全技术条件不符合国家标准要求的车辆运输危险化学品的；

（三）运输危险化学品的车辆未经公安机关批准进入危险化学品运输车辆限制通行的区域的；

（四）未取得剧毒化学品道路运输通行证，通过道路运输剧毒化学品的。

第八十九条 有下列情形之一的，由公安机关责令改正，处1万元以上5万元以下的罚款；构成违反治安管理行为的，依法给予治安管理处罚：

（一）危险化学品运输车辆未悬挂或者喷涂警示标志，或者悬挂或者喷涂的警示标志不符合国家标准要求的；

（二）通过道路运输危险化学品，不配备押运人员的；

（三）运输剧毒化学品或者易制爆危险化学品途中需要较长时间停车，驾驶人员、押运人员不向当地公安机关报告的；

（四）剧毒化学品、易制爆危险化学品在道路运输途中丢失、被盗、被抢或者发生流散、泄露等情况，驾驶人员、押运人员不采取必要的警示措施和安全措施，或者不向当地公安机关报告的。

第九十条 对发生交通事故负有全部责任或者主要责任的危险化学品道路运输企业，由公安机关责令消除安全隐患，未消除安全隐患的危险化学品运输车辆，禁止上道路行驶。

第九十一条 有下列情形之一的，由交通运输主管部门责令改正，可以处1万元以下的罚款；拒不改正的，处1万元以上5万元以下的罚款：

（一）危险化学品道路运输企业、水路运输企业未配备专职安全管理人员的；

（二）用于危险化学品运输作业的内河码头、泊位的管理单位未制定码头、泊位危险化学品事故应急救援预案，或者未为码头、泊位配备充足、有效的应急救援器材和设备的。

第九十二条 有下列情形之一的，依照《中华人民共和国内河交通安全管理条例》的规定处罚：

（一）通过内河运输危险化学品的水路运输企业未制定运输船舶危险化学品事故应急救援预案，或者未为运输船舶配备充足、有效的应急救援器材和设备的；

（二）通过内河运输危险化学品的船舶的所有人或者经营人未取得船舶污染损害责任保险证书或者财务担保证明的；

（三）船舶载运危险化学品进出内河港口，未将有关事项事先报告海事管理机构并经其同意的；

（四）载运危险化学品的船舶在内河航行、装卸或者停泊，未悬挂专用的警示标志，或者未按照规定显示专用信号，或者未按照规定申请引航的。

未向港口行政管理部门报告并经其同意，在港口内进行危险化学品的装卸、过驳作业的，依照《中华人民共和国港口法》的规定处罚。

第九十三条 伪造、变造或者出租、出借、转让危险化学品安全生产许可证、工业产品生产许可证，或者使用伪造、变造的危险化学品安全生产许可证、工业产品生产许可证的，分别依照《安全生产许可证条例》、《中华人民共和国工业产品生产许可证管理条例》的规定处罚。

伪造、变造或者出租、出借、转让本条例规定的其他许可证，或者使用伪造、变造的本条例规定的其他许可证的，分别由相关许可证的颁发管理机关处10万元以上20万元以下的罚款，有违法所得的，没收违法所得；构成违反治安管理行为的，依法给予治安管理处罚；构成犯罪的，依法追究刑事责任。

第九十四条 危险化学品单位发生危险化学品事故，其主要负责人不立即组织救援或者不立即向有关部门报告的，依照《生产安全事故报告和调查处理条例》的规定处罚。

危险化学品单位发生危险化学品事故，造成他人人身伤害或者财产损失的，依法承担赔偿责任。

第九十五条 发生危险化学品事故，有关地方人民政府及其有关部门不立即组织实施救援，或者不采取必要的应急处置措施减少事故损失，防止事故蔓延、扩大的，对直接负责的主管人员和其他直接责任人员依法给予处分；构成犯罪的，依法追究刑事责任。

第九十六条 负有危险化学品安全监督管理职责的部门的工作人员，在危险化学品安全监督管理工作中滥用职权、玩忽职守、徇私舞弊，构成犯罪的，依法追究刑事责任；尚不构成犯罪的，依法给予处分。

第八章 附 则

第九十七条 监控化学品、属于危险化学品的药品和农药的安全管理，依照本条例的规定执行；法律、行政法规另有规定的，依照其规定。

民用爆炸物品、烟花爆竹、放射性物品、核能物质以及用于国防科研生产的危险化学品的安全管理，不适用本条例。

法律、行政法规对燃气的安全管理另有规定的，依照其规定。

危险化学品容器属于特种设备的，其安全管理依照有关特种设备安全的法律、行政法规的规定执行。

第九十八条 危险化学品的进出口管理，依照有关对外贸易的法律、行政法规、规章的规定执行；进口的危险化学品的储存、使用、经营、运输的安全管理，依照本条例的规定执行。

危险化学品环境管理登记和新化学物质环境管理登记，依照有关环境保护的法律、行政法规、规章的规定执行。危险化学品环境管理登记，按照国家有关规定收取费用。

第九十九条 公众发现、捡拾的无主危险化学品，由公安机关接收。公安机关接收或者有关部门依法没收的危险化学品，需要进行无害化处理的，交由环境保护主管部门组织其认定的专业单位进行处理，或者交由有关危险化学品生产企业进行处理。处理所需费用由国家财政负担。

第一百条 化学品的危险特性尚未确定的，由国务院安全生产监督管理部门、国务院环境保护主管部门、国务院卫生主管部门分别负责组织对该化学品的物理危险性、环境危害性、毒理特性进行鉴定。根据鉴定结果，需要调整危险化学品目录的，依照本条例第三条第二款的规定办理。

第一百零一条 本条例施行前已经使用危险化学品从事生产的化工企业，依照本条例规定需要取得危险化学品安全使用许可证的，应当在国务院安全生产监督管理部门规定的期限内，申请取得危险化学品安全使用许可证。

第一百零二条 本条例自 2011 年 12 月 1 日起施行。

女职工劳动保护特别规定

（2012 年 4 月 18 日国务院第 200 次常务会议通过　2012 年 4 月 28 日中华人民共和国国务院令第 619 号公布　自公布之日起施行）

第一条　为了减少和解决女职工在劳动中因生理特点造成的特殊困难，保护女职工健康，制定本规定。

第二条　中华人民共和国境内的国家机关、企业、事业单位、社会团体、个体经济组织以及其他社会组织等用人单位及其女职工，适用本规定。

第三条　用人单位应当加强女职工劳动保护，采取措施改善女职工劳动安全卫生条件，对女职工进行劳动安全卫生知识培训。

第四条　用人单位应当遵守女职工禁忌从事的劳动范围的规定。用人单位应当将本单位属于女职工禁忌从事的劳动范围的岗位书面告知女职工。

女职工禁忌从事的劳动范围由本规定附录列示。国务院安全生产监督管理部门会同国务院人力资源社会保障行政部门、国务院卫生行政部门根据经济社会发展情况，对女职工禁忌从事的劳动范围进行调整。

第五条　用人单位不得因女职工怀孕、生育、哺乳降低其工资、予以辞退、与其解除劳动或者聘用合同。

第六条　女职工在孕期不能适应原劳动的，用人单位应当根据医疗机构的证明，予以减轻劳动量或者安排其他能够适应的劳动。

对怀孕 7 个月以上的女职工，用人单位不得延长劳动时间或者安排夜班劳动，并应当在劳动时间内安排一定的休息时间。

怀孕女职工在劳动时间内进行产前检查，所需时间计入劳动时间。

第七条　女职工生育享受 98 天产假，其中产前可以休假 15 天；难产的，增加产假 15 天；生育多胞胎的，每多生育 1 个婴儿，增加产假 15 天。

女职工怀孕未满 4 个月流产的，享受 15 天产假；怀孕满 4 个月流产的，享受 42 天产假。

第八条 女职工产假期间的生育津贴，对已经参加生育保险的，按照用人单位上年度职工月平均工资的标准由生育保险基金支付；对未参加生育保险的，按照女职工产假前工资的标准由用人单位支付。

女职工生育或者流产的医疗费用，按照生育保险规定的项目和标准，对已经参加生育保险的，由生育保险基金支付；对未参加生育保险的，由用人单位支付。

第九条 对哺乳未满1周岁婴儿的女职工，用人单位不得延长劳动时间或者安排夜班劳动。

用人单位应当在每天的劳动时间内为哺乳期女职工安排1小时哺乳时间；女职工生育多胞胎的，每多哺乳1个婴儿每天增加1小时哺乳时间。

第十条 女职工比较多的用人单位应当根据女职工的需要，建立女职工卫生室、孕妇休息室、哺乳室等设施，妥善解决女职工在生理卫生、哺乳方面的困难。

第十一条 在劳动场所，用人单位应当预防和制止对女职工的性骚扰。

第十二条 县级以上人民政府人力资源社会保障行政部门、安全生产监督管理部门按照各自职责负责对用人单位遵守本规定的情况进行监督检查。

工会、妇女组织依法对用人单位遵守本规定的情况进行监督。

第十三条 用人单位违反本规定第六条第二款、第七条、第九条第一款规定的，由县级以上人民政府人力资源社会保障行政部门责令限期改正，按照受侵害女职工每人1000元以上5000元以下的标准计算，处以罚款。

用人单位违反本规定附录第一条、第二条规定的，由县级以上人民政府安全生产监督管理部门责令限期改正，按照受侵害女职工每人1000元以上5000元以下的标准计算，处以罚款。用人单位违反本规定附录第三条、第四条规定的，由县级以上人民政府安全生产监督管理部门责令限期治理，处5万元以上30万元以下的罚款；情节严重的，责令停止有关作业，或者提请有关人民政府按照国务院规定的权限责令关闭。

第十四条 用人单位违反本规定，侵害女职工合法权益的，女职工可以依法投诉、举报、申诉，依法向劳动人事争议调解仲裁机构申请调解仲裁，对仲裁裁决不服的，依法向人民法院提起诉讼。

第十五条 用人单位违反本规定，侵害女职工合法权益，造成女职工损害的，依法给予赔偿；用人单位及其直接负责的主管人员和其他直接责任人员构成犯罪的，依法追究刑事责任。

第十六条 本规定自公布之日起施行。1988 年 7 月 21 日国务院发布的《女职工劳动保护规定》同时废止。

附录：

女职工禁忌从事的劳动范围

一、女职工禁忌从事的劳动范围：

（一）矿山井下作业；

（二）体力劳动强度分级标准中规定的第四级体力劳动强度的作业；

（三）每小时负重 6 次以上、每次负重超过 20 公斤的作业，或者间断负重、每次负重超过 25 公斤的作业。

二、女职工在经期禁忌从事的劳动范围：

（一）冷水作业分级标准中规定的第二级、第三级、第四级冷水作业；

（二）低温作业分级标准中规定的第二级、第三级、第四级低温作业；

（三）体力劳动强度分级标准中规定的第三级、第四级体力劳动强度的作业；

（四）高处作业分级标准中规定的第三级、第四级高处作业。

三、女职工在孕期禁忌从事的劳动范围：

（一）作业场所空气中铅及其化合物、汞及其化合物、苯、镉、铍、砷、氰化物、氮氧化物、一氧化碳、二硫化碳、氯、己内酰胺、氯丁二烯、氯乙烯、环氧乙烷、苯胺、甲醛等有毒物质浓度超过国家职业卫生标准的作业；

（二）从事抗癌药物、己烯雌酚生产，接触麻醉剂气体等的作业；

（三）非密封源放射性物质的操作，核事故与放射事故的应急处置；

（四）高处作业分级标准中规定的高处作业；

（五）冷水作业分级标准中规定的冷水作业；

（六）低温作业分级标准中规定的低温作业；

（七）高温作业分级标准中规定的第三级、第四级的作业；

（八）噪声作业分级标准中规定的第三级、第四级的作业；

（九）体力劳动强度分级标准中规定的第三级、第四级体力劳动强度的作业；

（十）在密闭空间、高压室作业或者潜水作业，伴有强烈振动的作业，或者需要频繁弯腰、攀高、下蹲的作业。

四、女职工在哺乳期禁忌从事的劳动范围：

（一）孕期禁忌从事的劳动范围的第一项、第三项、第九项；

（二）作业场所空气中锰、氟、溴、甲醇、有机磷化合物、有机氯化合物等有毒物质浓度超过国家职业卫生标准的作业。

（二）职业卫生

中华人民共和国尘肺病防治条例

（1987 年 12 月 3 日中华人民共和国国务院发布）

第一章　总　则

第一条　为保护职工健康，消除粉尘危害，防止发生尘肺病，促进生产发展，制定本条例。

第二条　本条例适用于所有有粉尘作业的企业、事业单位。

第三条　尘肺病系指在生产活动中吸入粉尘而发生的肺组织纤维化为主的疾病。

第四条　地方各级人民政府要加强对尘肺病防治工作的领导。在制定本地区国民经济和社会发展计划时，要统筹安排尘肺病防治工作。

第五条　企业、事业单位的主管部门应当根据国家卫生等有关标准，结合实际情况，制定所属企业的尘肺病防治规划，并督促其施行。

乡镇企业主管部门，必须指定专人负责乡镇企业尘肺病的防治工作，建立监督检查制度，并指导乡镇企业对尘肺病的防治工作。

第六条　企业、事业单位的负责人，对本单位的尘肺病防治工作负有直接责任，应采取有效措施使本单位的粉尘作业场所达到国家卫生标准。

第二章　防　尘

第七条　凡有粉尘作业的企业、事业单位应采取综合防尘措施和无尘或低尘的新技术、新工艺、新设备，使作业场所的粉尘浓度不超过国家卫生标准。

第八条　尘肺病诊断标准由卫生行政部门制定，粉尘浓度卫生标准由卫生行政部门会同劳动等有关部门联合制定。

第九条　防尘设施的鉴定和定型制度，由劳动部门会同卫生行政部门制定。任何企业、事业单位除特殊情况外，未经上级主管部门批准，不得停止运行或者拆除防尘设施。

第十条 防尘经费应当纳入基本建设和技术改造经费计划，专款专用，不得挪用。

第十一条 严禁任何企业、事业单位将粉尘作业转嫁、外包或以联营的形式给没有防尘设施的乡镇、街道企业或个体工商户。

中、小学校各类校办的实习工厂或车间，禁止从事有粉尘的作业。

第十二条 职工使用的防止粉尘危害的防护用品，必须符合国家的有关标准。企业、事业单位应当建立严格的管理制度，并教育职工按规定和要求使用。

对初次从事粉尘作业的职工，由其所在单位进行防尘知识教育和考核，考试合格后方可从事粉尘作业。

不满十八周岁的未成年人，禁止从事粉尘作业。

第十三条 新建、改建、扩建、续建有粉尘作业的工程项目，防尘设施必须与主体工程同时设计、同时施工、同时投产。设计任务书，必须经当地卫生行政部门、劳动部门和工会组织审查同意后，方可施工。竣工验收，应由当地卫生行政部门、劳动部门和工会组织参加，凡不符合要求的，不得投产。

第十四条 作业场所的粉尘浓度超过国家卫生标准，又未积极治理，严重影响职工安全健康时，职工有权拒绝操作。

第三章　监督和监测

第十五条 卫生行政部门、劳动部门和工会组织分工协作，互相配合，对企业、事业单位的尘肺病防治工作进行监督。

第十六条 卫生行政部门负责卫生标准的监测；劳动部门负责劳动卫生工程技术标准的监测。

工会组织负责组织职工群众对本单位的尘肺病防治工作进行监督，并教育职工遵守操作规程与防尘制度。

第十七条 凡有粉尘作业的企业、事业单位，必须定期测定作业场所的粉尘浓度。测尘结果必须向主管部门和当地卫生行政部门、劳动部门和工会组织报告，并定期向职工公布。

从事粉尘作业的单位必须建立测尘资料档案。

第十八条 卫生行政部门和劳动部门，要对从事粉尘作业的企业、事业单位的测尘机构加强业务指导，并对测尘人员加强业务指导和技术培训。

第四章　健康管理

第十九条　各企业、事业单位对新从事粉尘作业的职工，必须进行健康检查。对在职和离职的从事粉尘作业的职工，必须定期进行健康检查。检查的内容、期限和尘肺病诊断标准，按卫生行政部门有关职业病管理的规定执行。

第二十条　各企业、事业单位必须贯彻执行职业病报告制度，按期向当地卫生行政部门、劳动部门、工会组织和本单位的主管部门报告职工尘肺病发生和死亡情况。

第二十一条　各企业、事业单位对已确诊为尘肺病的职工，必须调离粉尘作业岗位，并给予治疗或疗养。尘肺病患者的社会保险待遇，按国家有关规定办理。

第五章　奖励和处罚

第二十二条　对在尘肺病防治工作中做出显著成绩的单位和个人，由其上级主管部门给予奖励。

第二十三条　凡违反本条例规定，有下列行为之一的，卫生行政部门和劳动部门，可视其情节轻重，给予警告、限期治理、罚款和停业整顿的处罚。但停业整顿的处罚，需经当地人民政府同意。

（一）作业场所粉尘浓度超过国家卫生标准，逾期不采取措施的；

（二）任意拆除防尘设施，致使粉尘危害严重的；

（三）挪用防尘措施经费的；

（四）工程设计和竣工验收未经卫生行政部门、劳动部门和工会组织审查同意，擅自施工、投产的；

（五）将粉尘作业转嫁、外包或以联营的形式给没有防尘设施的乡镇、街道企业或个体工商户的；

（六）不执行健康检查制度和测尘制度的；

（七）强令尘肺病患者继续从事粉尘作业的；

（八）假报测尘结果或尘肺病诊断结果的；

（九）安排未成年人从事粉尘作业的。

第二十四条　当事人对处罚不服的，可在接到处罚通知之日起十五日内，向作出处理的部门的上级机关申请复议。但是，对停业整顿的决定应当立即执行。上级机关应当在接到申请之日起三十日内作出答复。对答复不服的，可以在接到答复之日起十五日内，向人民法院起诉。

第二十五条 企业、事业单位负责人和监督、监测人员玩忽职守，致使公共财产、国家和人民利益遭受损失，情节轻微的，由其主管部门给予行政处分；造成重大损失，构成犯罪的，由司法机关依法追究直接责任人员的刑事责任。

第六章 附 则

第二十六条 本条例由国务院卫生行政部门和劳动部门联合进行解释。

第二十七条 各省、自治区、直辖市人民政府应当结合当地实际情况，制定本条例的实施办法。

第二十八条 本条例自发布之日起施行。

使用有毒物品作业场所劳动保护条例

（2002 年 5 月 12 日中华人民共和国国务院令第 352 号公布）

第一章　总　则

第一条　为了保证作业场所安全使用有毒物品，预防、控制和消除职业中毒危害，保护劳动者的生命安全、身体健康及其相关权益，根据职业病防治法和其他有关法律、行政法规的规定，制定本条例。

第二条　作业场所使用有毒物品可能产生职业中毒危害的劳动保护，适用本条例。

第三条　按照有毒物品产生的职业中毒危害程度，有毒物品分为一般有毒物品和高毒物品。国家对作业场所使用高毒物品实行特殊管理。

一般有毒物品目录、高毒物品目录由国务院卫生行政部门会同有关部门依据国家标准制定、调整并公布。

第四条　从事使用有毒物品作业的用人单位（以下简称用人单位）应当使用符合国家标准的有毒物品，不得在作业场所使用国家明令禁止使用的有毒物品或者使用不符合国家标准的有毒物品。

用人单位应当尽可能使用无毒物品；需要使用有毒物品的，应当优先选择使用低毒物品。

第五条　用人单位应当依照本条例和其他有关法律、行政法规的规定，采取有效的防护措施，预防职业中毒事故的发生，依法参加工伤保险，保障劳动者的生命安全和身体健康。

第六条　国家鼓励研制、开发、推广、应用有利于预防、控制、消除职业中毒危害和保护劳动者健康的新技术、新工艺、新材料；限制使用或者淘汰有关职业中毒危害严重的技术、工艺、材料；加强对有关职业病的机理和发生规律的基础研究，提高有关职业病防治科学技术水平。

第七条　禁止使用童工。

用人单位不得安排未成年人和孕期、哺乳期的女职工从事使用有毒物品的作业。

第八条 工会组织应当督促并协助用人单位开展职业卫生宣传教育和培训，对用人单位的职业卫生工作提出意见和建议，与用人单位就劳动者反映的职业病防治问题进行协调并督促解决。

工会组织对用人单位违反法律、法规，侵犯劳动者合法权益的行为，有权要求纠正；产生严重职业中毒危害时，有权要求用人单位采取防护措施，或者向政府有关部门建议采取强制性措施；发生职业中毒事故时，有权参与事故调查处理；发现危及劳动者生命、健康的情形时，有权建议用人单位组织劳动者撤离危险现场，用人单位应当立即作出处理。

第九条 县级以上人民政府卫生行政部门及其他有关行政部门应当依据各自的职责，监督用人单位严格遵守本条例和其他有关法律、法规的规定，加强作业场所使用有毒物品的劳动保护，防止职业中毒事故发生，确保劳动者依法享有的权利。

第十条 各级人民政府应当加强对使用有毒物品作业场所职业卫生安全及相关劳动保护工作的领导，督促、支持卫生行政部门及其他有关行政部门依法履行监督检查职责，及时协调、解决有关重大问题；在发生职业中毒事故时，应当采取有效措施，控制事故危害的蔓延并消除事故危害，并妥善处理有关善后工作。

第二章　作业场所的预防措施

第十一条 用人单位的设立，应当符合有关法律、行政法规规定的设立条件，并依法办理有关手续，取得营业执照。

用人单位的使用有毒物品作业场所，除应当符合职业病防治法规定的职业卫生要求外，还必须符合下列要求：

（一）作业场所与生活场所分开，作业场所不得住人；

（二）有害作业与无害作业分开，高毒作业场所与其他作业场所隔离；

（三）设置有效的通风装置；可能突然泄漏大量有毒物品或者易造成急性中毒的作业场所，设置自动报警装置和事故通风设施；

（四）高毒作业场所设置应急撤离通道和必要的泄险区。

用人单位及其作业场所符合前两款规定的，由卫生行政部门发给职业卫生安全许可证，方可从事使用有毒物品的作业。

第十二条 使用有毒物品作业场所应当设置黄色区域警示线、警示标识和中文警示说明。警示说明应当载明产生职业中毒危害的种类、后果、预防以及应急救治措施等内容。

高毒作业场所应当设置红色区域警示线、警示标识和中文警示说明，并设置通讯报警设备。

第十三条 新建、扩建、改建的建设项目和技术改造、技术引进项目（以下统称建设项目），可能产生职业中毒危害的，应当依照职业病防治法的规定进行职业中毒危害预评价，并经卫生行政部门审核同意；可能产生职业中毒危害的建设项目的职业中毒危害防护设施应当与主体工程同时设计，同时施工，同时投入生产和使用；建设项目竣工，应当进行职业中毒危害控制效果评价，并经卫生行政部门验收合格。

存在高毒作业的建设项目的职业中毒危害防护设施设计，应当经卫生行政部门进行卫生审查；经审查，符合国家职业卫生标准和卫生要求的，方可施工。

第十四条 用人单位应当按照国务院卫生行政部门的规定，向卫生行政部门及时、如实申报存在职业中毒危害项目。

从事使用高毒物品作业的用人单位，在申报使用高毒物品作业项目时，应当向卫生行政部门提交下列有关资料：

（一）职业中毒危害控制效果评价报告；

（二）职业卫生管理制度和操作规程等材料；

（三）职业中毒事故应急救援预案。

从事使用高毒物品作业的用人单位变更所使用的高毒物品品种的，应当依照前款规定向原受理申报的卫生行政部门重新申报。

第十五条 用人单位变更名称、法定代表人或者负责人的，应当向原受理申报的卫生行政部门备案。

第十六条 从事使用高毒物品作业的用人单位，应当配备应急救援人员和必要的应急救援器材、设备，制定事故应急救援预案，并根据实际情况变化对应急救援预案适时进行修订，定期组织演练。事故应急救援预案和演练记录应当报当地卫生行政部门、安全生产监督管理部门和公安部门备案。

第三章　劳动过程的防护

第十七条 用人单位应当依照职业病防治法的有关规定，采取有效的职业卫生防护管理措施，加强劳动过程中的防护与管理。

从事使用高毒物品作业的用人单位，应当配备专职的或者兼职的职业卫生医师和护士；不具备配备专职的或者兼职的职业卫生医师和护士条件的，应当与依法取得资质认证的职业卫生技术服务机构签订合同，由其提供职业卫生服务。

第十八条 用人单位应当与劳动者订立劳动合同，将工作过程中可能产生的职业中毒危害及其后果、职业中毒危害防护措施和待遇等如实告知劳动者，并在劳动合同中写明，不得隐瞒或者欺骗。

劳动者在已订立劳动合同期间因工作岗位或者工作内容变更，从事劳动合同中未告知的存在职业中毒危害的作业时，用人单位应当依照前款规定，如实告知劳动者，并协商变更原劳动合同有关条款。

用人单位违反前两款规定的，劳动者有权拒绝从事存在职业中毒危害的作业，用人单位不得因此单方面解除或者终止与劳动者所订立的劳动合同。

第十九条 用人单位有关管理人员应当熟悉有关职业病防治的法律、法规以及确保劳动者安全使用有毒物品作业的知识。

用人单位应当对劳动者进行上岗前的职业卫生培训和在岗期间的定期职业卫生培训，普及有关职业卫生知识，督促劳动者遵守有关法律、法规和操作规程，指导劳动者正确使用职业中毒危害防护设备和个人使用的职业中毒危害防护用品。

劳动者经培训考核合格，方可上岗作业。

第二十条 用人单位应当确保职业中毒危害防护设备、应急救援设施、通迅报警装置处于正常适用状态，不得擅自拆除或者停止运行。

用人单位应当对前款所列设施进行经常性的维护、检修，定期检测其性能和效果，确保其处于良好运行状态。

职业中毒危害防护设备、应急救援设施和通迅报警装置处于不正常状态时，用人单位应当立即停止使用有毒物品作业；恢复正常状态后，方可重新作业。

第二十一条 用人单位应当为从事使用有毒物品作业的劳动者提供符合国家职业卫生标准的防护用品，并确保劳动者正确使用。

第二十二条 有毒物品必须附具说明书，如实载明产品特性、主要成分、存在的职业中毒危害因素、可能产生的危害后果、安全使用注意事项、职业中毒危害防护以及应急救治措施等内容；没有说明书或者说明书不符合要求的，不得向用人单位销售。

用人单位有权向生产、经营有毒物品的单位索取说明书。

第二十三条 有毒物品的包装应当符合国家标准，并以易于劳动者理解的方式加贴或者拴挂有毒物品安全标签。有毒物品的包装必须有醒目的警示标识和中文警示说明。

经营、使用有毒物品的单位，不得经营、使用没有安全标签、警示标识和中文警示说明的有毒物品。

第二十四条 用人单位维护、检修存在高毒物品的生产装置，必须事先制订维护、检修方案，明确职业中毒危害防护措施，确保维护、检修人员的生命安全和身体健康。

维护、检修存在高毒物品的生产装置，必须严格按照维护、检修方案和操作规程进行。维护、检修现场应当有专人监护，并设置警示标志。

第二十五条 需要进入存在高毒物品的设备、容器或者狭窄封闭场所作业时，用人单位应当事先采取下列措施：

（一）保持作业场所良好的通风状态，确保作业场所职业中毒危害因素浓度符合国家职业卫生标准；

（二）为劳动者配备符合国家职业卫生标准的防护用品；

（三）设置现场监护人员和现场救援设备。

未采取前款规定措施或者采取的措施不符合要求的，用人单位不得安排劳动者进入存在高毒物品的设备、容器或者狭窄封闭场所作业。

第二十六条 用人单位应当按照国务院卫生行政部门的规定，定期对使用有毒物品作业场所职业中毒危害因素进行检测、评价。检测、评价结果存入用人单位职业卫生档案，定期向所在地卫生行政部门报告并向劳动者公布。

从事使用高毒物品作业的用人单位应当至少每一个月对高毒作业场所进行一次职业中毒危害因素检测；至少每半年进行一次职业中毒危害控制效果评价。

高毒作业场所职业中毒危害因素不符合国家职业卫生标准和卫生要求时，用人单位必须立即停止高毒作业，并采取相应的治理措施；经治理，职业中毒危害因素符合国家职业卫生标准和卫生要求的，方可重新作业。

第二十七条 从事使用高毒物品作业的用人单位应当设置淋浴间和更衣室，并设置清洗、存放或者处理从事使用高毒物品作业劳动者的工作服、工作鞋帽等物品的专用间。

劳动者结束作业时，其使用的工作服、工作鞋帽等物品必须存放在高毒作业区域内，不得穿戴到非高毒作业区域。

第二十八条 用人单位应当按照规定对从事使用高毒物品作业的劳动者进行岗位轮换。

用人单位应当为从事使用高毒物品作业的劳动者提供岗位津贴。

第二十九条　用人单位转产、停产、停业或者解散、破产的，应当采取有效措施，妥善处理留存或者残留有毒物品的设备、包装物和容器。

第三十条　用人单位应当对本单位执行本条例规定的情况进行经常性的监督检查；发现问题，应当及时依照本条例规定的要求进行处理。

第四章　职业健康监护

第三十一条　用人单位应当组织从事使用有毒物品作业的劳动者进行上岗前职业健康检查。

用人单位不得安排未经上岗前职业健康检查的劳动者从事使用有毒物品的作业，不得安排有职业禁忌的劳动者从事其所禁忌的作业。

第三十二条　用人单位应当对从事使用有毒物品作业的劳动者进行定期职业健康检查。

用人单位发现有职业禁忌或者有与所从事职业相关的健康损害的劳动者，应当将其及时调离原工作岗位，并妥善安置。

用人单位对需要复查和医学观察的劳动者，应当按照体检机构的要求安排其复查和医学观察。

第三十三条　用人单位应当对从事使用有毒物品作业的劳动者进行离岗时的职业健康检查；对离岗时未进行职业健康检查的劳动者，不得解除或者终止与其订立的劳动合同。

用人单位发生分立、合并、解散、破产等情形的，应当对从事使用有毒物品作业的劳动者进行健康检查，并按照国家有关规定妥善安置职业病病人。

第三十四条　用人单位对受到或者可能受到急性职业中毒危害的劳动者，应当及时组织进行健康检查和医学观察。

第三十五条　劳动者职业健康检查和医学观察的费用，由用人单位承担。

第三十六条　用人单位应当建立职业健康监护档案。

职业健康监护档案应当包括下列内容：

（一）劳动者的职业史和职业中毒危害接触史；

（二）相应作业场所职业中毒危害因素监测结果；

（三）职业健康检查结果及处理情况；

（四）职业病诊疗等劳动者健康资料。

第五章　劳动者的权利与义务

第三十七条　从事使用有毒物品作业的劳动者在存在威胁生命安全或者身体健康危险的情况下，有权通知用人单位并从使用有毒物品造成的危险现场撤离。

用人单位不得因劳动者依据前款规定行使权利，而取消或者减少劳动者在正常工作时享有的工资、福利待遇。

第三十八条　劳动者享有下列职业卫生保护权利：

（一）获得职业卫生教育、培训；

（二）获得职业健康检查、职业病诊疗、康复等职业病防治服务；

（三）了解工作场所产生或者可能产生的职业中毒危害因素、危害后果和应当采取的职业中毒危害防护措施；

（四）要求用人单位提供符合防治职业病要求的职业中毒危害防护设施和个人使用的职业中毒危害防护用品，改善工作条件；

（五）对违反职业病防治法律、法规，危及生命、健康的行为提出批评、检举和控告；

（六）拒绝违章指挥和强令进行没有职业中毒危害防护措施的作业；

（七）参与用人单位职业卫生工作的民主管理，对职业病防治工作提出意见和建议。

用人单位应当保障劳动者行使前款所列权利。禁止因劳动者依法行使正当权利而降低其工资、福利等待遇或者解除、终止与其订立的劳动合同。

第三十九条　劳动者有权在正式上岗前从用人单位获得下列资料：

（一）作业场所使用的有毒物品的特性、有害成分、预防措施、教育和培训资料；

（二）有毒物品的标签、标识及有关资料；

（三）有毒物品安全使用说明书；

（四）可能影响安全使用有毒物品的其他有关资料。

第四十条　劳动者有权查阅、复印其本人职业健康监护档案。

劳动者离开用人单位时，有权索取本人健康监护档案复印件；用人单位应当如实、无偿提供，并在所提供的复印件上签章。

第四十一条　用人单位按照国家规定参加工伤保险的，患职业病的劳动者有权按照国家有关工伤保险的规定，享受下列工伤保险待遇：

（一）医疗费：因患职业病进行诊疗所需费用，由工伤保险基金按照规定标准支付；

（二）住院伙食补助费：由用人单位按照当地因公出差伙食标准的一定比例支付；

（三）康复费：由工伤保险基金按照规定标准支付；

（四）残疾用具费：因残疾需要配置辅助器具的，所需费用由工伤保险基金按照普及型辅助器具标准支付；

（五）停工留薪期待遇：原工资、福利待遇不变，由用人单位支付；

（六）生活护理补助费：经评残并确认需要生活护理的，生活护理补助费由工伤保险基金按照规定标准支付；

（七）一次性伤残补助金：经鉴定为十级至一级伤残的，按照伤残等级享受相当于6个月至24个月的本人工资的一次性伤残补助金，由工伤保险基金支付；

（八）伤残津贴：经鉴定为四级至一级伤残的，按照规定享受相当于本人工资75%至90%的伤残津贴，由工伤保险基金支付；

（九）死亡补助金：因职业中毒死亡的，由工伤保险基金按照不低于48个月的统筹地区上年度职工月平均工资的标准一次支付；

（十）丧葬补助金：因职业中毒死亡的，由工伤保险基金按照6个月的统筹地区上年度职工月平均工资的标准一次支付；

（十一）供养亲属抚恤金：因职业中毒死亡的，对由死者生前提供主要生活来源的亲属由工伤保险基金支付抚恤金：对其配偶每月按照统筹地区上年度职工月平均工资的40%发给，对其生前供养的直系亲属每人每月按照统筹地区上年度职工月平均工资的30%发给；

（十二）国家规定的其他工伤保险待遇。

本条例施行后，国家对工伤保险待遇的项目和标准作出调整时，从其规定。

第四十二条　用人单位未参加工伤保险的，其劳动者从事有毒物品作业患职业病的，用人单位应当按照国家有关工伤保险规定的项目和标准，保证劳动者享受工伤待遇。

第四十三条　用人单位无营业执照以及被依法吊销营业执照，其劳动者从事使用有毒物品作业患职业病的，应当按照国家有关工伤保险规定的项目和标准，给予劳动者一次性赔偿。

第四十四条　用人单位分立、合并的，承继单位应当承担由原用人单位对患职业病的劳动者承担的补偿责任。

用人单位解散、破产的，应当依法从其清算财产中优先支付患职业病的劳动者的补偿费用。

第四十五条 劳动者除依法享有工伤保险外，依照有关民事法律的规定，尚有获得赔偿的权利的，有权向用人单位提出赔偿要求。

第四十六条 劳动者应当学习和掌握相关职业卫生知识，遵守有关劳动保护的法律、法规和操作规程，正确使用和维护职业中毒危害防护设施及其用品；发现职业中毒事故隐患时，应当及时报告。

作业场所出现使用有毒物品产生的危险时，劳动者应当采取必要措施，按照规定正确使用防护设施，将危险加以消除或者减少到最低限度。

第六章 监督管理

第四十七条 县级以上人民政府卫生行政部门应当依照本条例的规定和国家有关职业卫生要求，依据职责划分，对作业场所使用有毒物品作业及职业中毒危害检测、评价活动进行监督检查。

卫生行政部门实施监督检查，不得收取费用，不得接受用人单位的财物或者其他利益。

第四十八条 卫生行政部门应当建立、健全监督制度，核查反映用人单位有关劳动保护的材料，履行监督责任。

用人单位应当向卫生行政部门如实、具体提供反映有关劳动保护的材料；必要时，卫生行政部门可以查阅或者要求用人单位报送有关材料。

第四十九条 卫生行政部门应当监督用人单位严格执行有关职业卫生规范。

卫生行政部门应当依照本条例的规定对使用有毒物品作业场所的职业卫生防护设备、设施的防护性能进行定期检验和不定期的抽查；发现职业卫生防护设备、设施存在隐患时，应当责令用人单位立即消除隐患；消除隐患期间，应当责令其停止作业。

第五十条 卫生行政部门应当采取措施，鼓励对用人单位的违法行为进行举报、投诉、检举和控告。

卫生行政部门对举报、投诉、检举和控告应当及时核实，依法作出处理，并将处理结果予以公布。

卫生行政部门对举报人、投诉人、检举人和控告人负有保密的义务。

第五十一条 卫生行政部门执法人员依法执行职务时，应当出示执法证件。

卫生行政部门执法人员应当忠于职守，秉公执法；涉及用人单位秘密的，应当为其保密。

第五十二条 卫生行政部门依法实施罚款的行政处罚，应当依照有关法律、行政法规的规定，实施罚款决定与罚款收缴分离；收缴的罚款以及依法没收的经营所得，必须全部上缴国库。

第五十三条 卫生行政部门履行监督检查职责时，有权采取下列措施：

（一）进入用人单位和使用有毒物品作业场所现场，了解情况，调查取证，进行抽样检查、检测、检验，进行实地检查；

（二）查阅或者复制与违反本条例行为有关的资料，采集样品；

（三）责令违反本条例规定的单位和个人停止违法行为。

第五十四条 发生职业中毒事故或者有证据证明职业中毒危害状态可能导致事故发生时，卫生行政部门有权采取下列临时控制措施：

（一）责令暂停导致职业中毒事故的作业；

（二）封存造成职业中毒事故或者可能导致事故发生的物品；

（三）组织控制职业中毒事故现场。

在职业中毒事故或者危害状态得到有效控制后，卫生行政部门应当及时解除控制措施。

第五十五条 卫生行政部门执法人员依法执行职务时，被检查单位应当接受检查并予以支持、配合，不得拒绝和阻碍。

第五十六条 卫生行政部门应当加强队伍建设，提高执法人员的政治、业务素质，依照本条例的规定，建立、健全内部监督制度，对执法人员执行法律、法规和遵守纪律的情况进行监督检查。

第七章　罚　则

第五十七条 卫生行政部门的工作人员有下列行为之一，导致职业中毒事故发生的，依照刑法关于滥用职权罪、玩忽职守罪或者其他罪的规定，依法追究刑事责任；造成职业中毒危害但尚未导致职业中毒事故发生，不够刑事处罚的，根据不同情节，依法给予降级、撤职或者开除的行政处分：

（一）对不符合本条例规定条件的涉及使用有毒物品作业事项，予以批准的；

（二）发现用人单位擅自从事使用有毒物品作业，不予取缔的；

（三）对依法取得批准的用人单位不履行监督检查职责，发现其不再具备本条例规定的条件而不撤销原批准或者发现违反本条例的其他行为不予查处的；

（四）发现用人单位存在职业中毒危害，可能造成职业中毒事故，不及时依法采取控制措施的。

第五十八条 用人单位违反本条例的规定，有下列情形之一的，由卫生行政部门给予警告，责令限期改正，处10万元以上50万元以下的罚款；逾期不改正的，提请有关人民政府按照国务院规定的权限责令停建、予以关闭；造成严重职业中毒危害或者导致职业中毒事故发生的，对负有责任的主管人员和其他直接责任人员依照刑法关于重大劳动安全事故罪或者其他罪的规定，依法追究刑事责任：

（一）可能产生职业中毒危害的建设项目，未依照职业病防治法的规定进行职业中毒危害预评价，或者预评价未经卫生行政部门审核同意，擅自开工的；

（二）职业卫生防护设施未与主体工程同时设计，同时施工，同时投入生产和使用的；

（三）建设项目竣工，未进行职业中毒危害控制效果评价，或者未经卫生行政部门验收或者验收不合格，擅自投入使用的；

（四）存在高毒作业的建设项目的防护设施设计未经卫生行政部门审查同意，擅自施工的。

第五十九条 用人单位违反本条例的规定，有下列情形之一的，由卫生行政部门给予警告，责令限期改正，处5万元以上20万元以下的罚款；逾期不改正的，提请有关人民政府按照国务院规定的权限予以关闭；造成严重职业中毒危害或者导致职业中毒事故发生的，对负有责任的主管人员和其他直接责任人员依照刑法关于重大劳动安全事故罪或者其他罪的规定，依法追究刑事责任：

（一）使用有毒物品作业场所未按照规定设置警示标识和中文警示说明的；

（二）未对职业卫生防护设备、应急救援设施、通讯报警装置进行维护、检修和定期检测，导致上述设施处于不正常状态的；

（三）未依照本条例的规定进行职业中毒危害因素检测和职业中毒危害控制效果评价的；

（四）高毒作业场所未按照规定设置撤离通道和泄险区的；

（五）高毒作业场所未按照规定设置警示线的；

（六）未向从事使用有毒物品作业的劳动者提供符合国家职业卫生标准的防护用品，或者未保证劳动者正确使用的。

第六十条 用人单位违反本条例的规定，有下列情形之一的，由卫生行政部门给予警告，责令限期改正，处5万元以上30万元以下的罚款；逾期不改正的，提请有关人民政府按照国务院规定的权限予以关闭；造成严重职业中毒危害或者导致职业中毒事故发生的，对负有责任的主管人员和其他直接责任人员依照刑法关于重大责任事故罪、重大劳动安全事故罪或者其他罪的规定，依法追究刑事责任：

（一）使用有毒物品作业场所未设置有效通风装置的，或者可能突然泄漏大量有毒物品或者易造成急性中毒的作业场所未设置自动报警装置或者事故通风设施的；

（二）职业卫生防护设备、应急救援设施、通讯报警装置处于不正常状态而不停止作业，或者擅自拆除或者停止运行职业卫生防护设备、应急救援设施、通讯报警装置的。

第六十一条 从事使用高毒物品作业的用人单位违反本条例的规定，有下列行为之一的，由卫生行政部门给予警告，责令限期改正，处5万元以上20万元以下的罚款；逾期不改正的，提请有关人民政府按照国务院规定的权限予以关闭；造成严重职业中毒危害或者导致职业中毒事故发生的，对负有责任的主管人员和其他直接责任人员依照刑法关于重大责任事故罪或者其他罪的规定，依法追究刑事责任：

（一）作业场所职业中毒危害因素不符合国家职业卫生标准和卫生要求而不立即停止高毒作业并采取相应的治理措施的，或者职业中毒危害因素治理不符合国家职业卫生标准和卫生要求重新作业的；

（二）未依照本条例的规定维护、检修存在高毒物品的生产装置的；

（三）未采取本条例规定的措施，安排劳动者进入存在高毒物品的设备、容器或者狭窄封闭场所作业的。

第六十二条 在作业场所使用国家明令禁止使用的有毒物品或者使用不符合国家标准的有毒物品的，由卫生行政部门责令立即停止使用，处5万元以上30万元以下的罚款；情节严重的，责令停止使用有毒物品作业，或者提请有关人民政府按照国务院规定的权限予以关闭；造成严重职业中毒危害或者导致职业中毒事故发生的，对负有责任的主管人员和其他直接责任人员依照刑法关于危险物品肇事罪、重大责任事故罪或者其他罪的规定，依法追究刑事责任。

第六十三条 用人单位违反本条例的规定，有下列行为之一的，由卫生行政部门给予警告，责令限期改正；逾期不改正的，处5万元以上30万元以下的罚款；造成严重职业中毒危害或者导致职业中毒事故发生的，对负有责任的主管人员和其他直接责任人员依照刑法关于重大责任事故罪或者其他罪的规定，依法追究刑事责任：

（一）使用未经培训考核合格的劳动者从事高毒作业的；

（二）安排有职业禁忌的劳动者从事所禁忌的作业的；

（三）发现有职业禁忌或者有与所从事职业相关的健康损害的劳动者，未及时调离原工作岗位，并妥善安置的；

（四）安排未成年人或者孕期、哺乳期的女职工从事使用有毒物品作业的；

（五）使用童工的。

第六十四条 违反本条例的规定，未经许可，擅自从事使用有毒物品作业的，由工商行政管理部门、卫生行政部门依据各自职权予以取缔；造成职业中毒事故的，依照刑法关于危险物品肇事罪或者其他罪的规定，依法追究刑事责任；尚不够刑事处罚的，由卫生行政部门没收经营所得，并处经营所得3倍以上5倍以下的罚款；对劳动者造成人身伤害的，依法承担赔偿责任。

第六十五条 从事使用有毒物品作业的用人单位违反本条例的规定，在转产、停产、停业或者解散、破产时未采取有效措施，妥善处理留存或者残留高毒物品的设备、包装物和容器的，由卫生行政部门责令改正，处2万元以上10万元以下的罚款；触犯刑律的，对负有责任的主管人员和其他直接责任人员依照刑法关于重大环境污染事故罪、危险物品肇事罪或者其他罪的规定，依法追究刑事责任。

第六十六条 用人单位违反本条例的规定，有下列情形之一的，由卫生行政部门给予警告，责令限期改正，处5000元以上2万元以下的罚款；逾期不改正的，责令停止使用有毒物品作业，或者提请有关人民政府按照国务院规定的权限予以关闭；造成严重职业中毒危害或者导致职业中毒事故发生的，对负有责任的主管人员和其他直接责任人员依照刑法关于重大劳动安全事故罪、危险物品肇事罪或者其他罪的规定，依法追究刑事责任：

（一）使用有毒物品作业场所未与生活场所分开或者在作业场所住人的；

（二）未将有害作业与无害作业分开的；

（三）高毒作业场所未与其他作业场所有效隔离的；

（四）从事高毒作业未按照规定配备应急救援设施或者制定事故应急救援预案的。

第六十七条 用人单位违反本条例的规定，有下列情形之一的，由卫生行政部门给予警告，责令限期改正，处2万元以上5万元以下的罚款；逾期不改正的，提请有关人民政府按照国务院规定的权限予以关闭：

（一）未按照规定向卫生行政部门申报高毒作业项目的；

（二）变更使用高毒物品品种，未按照规定向原受理申报的卫生行政部门重新申报，或者申报不及时、有虚假的。

第六十八条 用人单位违反本条例的规定，有下列行为之一的，由卫生行政部门给予警告，责令限期改正，处2万元以上5万元以下的罚款；逾期不改正的，责令停止使用有毒物品作业，或者提请有关人民政府按照国务院规定的权限予以关闭：

（一）未组织从事使用有毒物品作业的劳动者进行上岗前职业健康检查，安排未经上岗前职业健康检查的劳动者从事使用有毒物品作业的；

（二）未组织从事使用有毒物品作业的劳动者进行定期职业健康检查的；

（三）未组织从事使用有毒物品作业的劳动者进行离岗职业健康检查的；

（四）对未进行离岗职业健康检查的劳动者，解除或者终止与其订立的劳动合同的；

（五）发生分立、合并、解散、破产情形，未对从事使用有毒物品作业的劳动者进行健康检查，并按照国家有关规定妥善安置职业病病人的；

（六）对受到或者可能受到急性职业中毒危害的劳动者，未及时组织进行健康检查和医学观察的；

（七）未建立职业健康监护档案的；

（八）劳动者离开用人单位时，用人单位未如实、无偿提供职业健康监护档案的；

（九）未依照职业病防治法和本条例的规定将工作过程中可能产生的职业中毒危害及其后果、有关职业卫生防护措施和待遇等如实告知劳动者并在劳动合同中写明的；

（十）劳动者在存在威胁生命、健康危险的情况下，从危险现场中撤离，而被取消或者减少应当享有的待遇的。

第六十九条 用人单位违反本条例的规定，有下列行为之一的，由卫生行政部门给予警告，责令限期改正，处5000元以上2万元以下的罚款；

逾期不改正的，责令停止使用有毒物品作业，或者提请有关人民政府按照国务院规定的权限予以关闭：

（一）未按照规定配备或者聘请职业卫生医师和护士的；

（二）未为从事使用高毒物品作业的劳动者设置淋浴间、更衣室或者未设置清洗、存放和处理工作服、工作鞋帽等物品的专用间，或者不能正常使用的；

（三）未安排从事使用高毒物品作业一定年限的劳动者进行岗位轮换的。

第八章　附　则

第七十条　涉及作业场所使用有毒物品可能产生职业中毒危害的劳动保护的有关事项，本条例未作规定的，依照职业病防治法和其他有关法律、行政法规的规定执行。

有毒物品的生产、经营、储存、运输、使用和废弃处置的安全管理，依照危险化学品安全管理条例执行。

第七十一条　本条例自公布之日起施行。

三、中共中央、国务院文件

（一）劳动安全

中共中央　国务院关于推进安全生产领域改革发展的意见

（中发〔2016〕32号　2016年12月9日）

安全生产是关系人民群众生命财产安全的大事，是经济社会协调健康发展的标志，是党和政府对人民利益高度负责的要求。党中央、国务院历来高度重视安全生产工作，党的十八大以来作出一系列重大决策部署，推动全国安全生产工作取得积极进展。同时也要看到，当前我国正处在工业化、城镇化持续推进过程中，生产经营规模不断扩大，传统和新型生产经营方式并存，各类事故隐患和安全风险交织叠加，安全生产基础薄弱、监管体制机制和法律制度不完善、企业主体责任落实不力等问题依然突出，生产安全事故易发多发，尤其是重特大安全事故频发势头尚未得到有效遏制，一些事故发生呈现由高危行业领域向其他行业领域蔓延趋势，直接危及生产安全和公共安全。为进一步加强安全生产工作，现就推进安全生产领域改革发展提出如下意见。

一、总体要求

（一）指导思想。全面贯彻党的十八大和十八届三中、四中、五中、六中全会精神，以邓小平理论、"三个代表"重要思想、科学发展观为指导，深入贯彻习近平总书记系列重要讲话精神和治国理政新理念新思想新战略，进一步增强"四个意识"，紧紧围绕统筹推进"五位一体"总体布局和协调推进"四个全面"战略布局，牢固树立新发展理念，坚持安全发展，坚守发展决不能以牺牲安全为代价这条不可逾越的红线，以防范遏制重特大生产安全事故为重点，坚持安全第一、预防为主、综合治理的方针，加强领导、改革创新，协调联动、齐抓共管，着力强化企业安全生产主体责任，着力堵塞监督管理漏洞，着力解决不遵守法律法规的问题，依靠严密的责任体系、严格的法治措施、有效的体制机制、有力的基础保障和完善的系统治理，切实增强安全防范治理能力，大力提升我国安全生产整体水平，确保人民群众安康幸福、共享改革发展和社会文明进步成果。

（二）基本原则。

——坚持安全发展。贯彻以人民为中心的发展思想，始终把人的生命安全放在首位，正确处理安全与发展的关系，大力实施安全发展战略，为经济社会发展提供强有力的安全保障。

——坚持改革创新。不断推进安全生产理论创新、制度创新、体制机制创新、科技创新和文化创新，增强企业内生动力，激发全社会创新活力，破解安全生产难题，推动安全生产与经济社会协调发展。

——坚持依法监管。大力弘扬社会主义法治精神，运用法治思维和法治方式，深化安全生产监管执法体制改革，完善安全生产法律法规和标准体系，严格规范公正文明执法，增强监管执法效能，提高安全生产法治化水平。

——坚持源头防范。严格安全生产市场准入，经济社会发展要以安全为前提，把安全生产贯穿城乡规划布局、设计、建设、管理和企业生产经营活动全过程。构建风险分级管控和隐患排查治理双重预防工作机制，严防风险演变、隐患升级导致生产安全事故发生。

——坚持系统治理。严密层级治理和行业治理、政府治理、社会治理相结合的安全生产治理体系，组织动员各方面力量实施社会共治。综合运用法律、行政、经济、市场等手段，落实人防、技防、物防措施，提升全社会安全生产治理能力。

（三）目标任务。到 2020 年，安全生产监管体制机制基本成熟，法律制度基本完善，全国生产安全事故总量明显减少，职业病危害防治取得积极进展，重特大生产安全事故频发势头得到有效遏制，安全生产整体水平与全面建成小康社会目标相适应。到 2030 年，实现安全生产治理体系和治理能力现代化，全民安全文明素质全面提升，安全生产保障能力显著增强，为实现中华民族伟大复兴的中国梦奠定稳固可靠的安全生产基础。

二、健全落实安全生产责任制

（四）明确地方党委和政府领导责任。坚持党政同责、一岗双责、齐抓共管、失职追责，完善安全生产责任体系。地方各级党委和政府要始终把安全生产摆在重要位置，加强组织领导。党政主要负责人是本地区安全生产第一责任人，班子其他成员对分管范围内的安全生产工作负领导责任。地方各级安全生产委员会主任由政府主要负责人担任，成员由同级党委和政府及相关部门负责人组成。

地方各级党委要认真贯彻执行党的安全生产方针，在统揽本地区经济社会发展全局中同步推进安全生产工作，定期研究决定安全生产重大问题。加强安全生产监管机构领导班子、干部队伍建设。严格安全生产履职绩效考核和失职责任追究。强化安全生产宣传教育和舆论引导。发挥人大对安全生产工作的监督促进作用、政协对安全生产工作的民主监督作用。推动组织、宣传、政法、机构编制等单位支持保障安全生产工作。动员社会各界积极参与、支持、监督安全生产工作。

地方各级政府要把安全生产纳入经济社会发展总体规划，制定实施安全生产专项规划，健全安全投入保障制度。及时研究部署安全生产工作，严格落实属地监管责任。充分发挥安全生产委员会作用，实施安全生产责任目标管理。建立安全生产巡查制度，督促各部门和下级政府履职尽责。加强安全生产监管执法能力建设，推进安全科技创新，提升信息化管理水平。严格安全准入标准，指导管控安全风险，督促整治重大隐患，强化源头治理。加强应急管理，完善安全生产应急救援体系。依法依规开展事故调查处理，督促落实问题整改。

（五）明确部门监管责任。按照管行业必须管安全、管业务必须管安全、管生产经营必须管安全和谁主管谁负责的原则，厘清安全生产综合监管与行业监管的关系，明确各有关部门安全生产和职业健康工作职责，并落实到部门工作职责规定中。安全生产监督管理部门负责安全生产法规标准和政策规划制定修订、执法监督、事故调查处理、应急救援管理、统计分析、宣传教育培训等综合性工作，承担职责范围内行业领域安全生产和职业健康监管执法职责。负有安全生产监督管理职责的有关部门依法依规履行相关行业领域安全生产和职业健康监管职责，强化监管执法，严厉查处违法违规行为。其他行业领域主管部门负有安全生产管理责任，要将安全生产工作作为行业领域管理的重要内容，从行业规划、产业政策、法规标准、行政许可等方面加强行业安全生产工作，指导督促企事业单位加强安全管理。党委和政府其他有关部门要在职责范围内为安全生产工作提供支持保障，共同推进安全发展。

（六）严格落实企业主体责任。企业对本单位安全生产和职业健康工作负全面责任，要严格履行安全生产法定责任，建立健全自我约束、持续改进的内生机制。企业实行全员安全生产责任制度，法定代表人和实际控制人同为安全生产第一责任人，主要技术负责人负有安全生产技术决策和指挥权，强化部门安全生产职责，落实一岗双责。完善落实混合所有制企业以及跨地区、多层级和境外中资企业投资主体的安全生产责任。建立企业全过程安全生产和职业健康管理制度，做到安全责任、管理、投入、培训和应急救援“五到位”。国有企业要发挥安全生产工作示范带头作用，自觉接受属地监管。

（七）健全责任考核机制。建立与全面建成小康社会相适应和体现安全发展水平的考核评价体系。完善考核制度，统筹整合、科学设定安全生产考核指标，加大安全生产在社会治安综合治理、精神文明建设等考核中的权重。各级政府要对同级安全生产委员会成员单位和下级政府实施严格的安全生产工作责任考核，实行过程考核与结果考核相结合。各地区各单位要建立安全生产绩效与履职评定、职务晋升、奖励惩处挂钩制度，严格落实安全生产“一票否决”制度。

（八）严格责任追究制度。实行党政领导干部任期安全生产责任制，日常工作依责尽职、发生事故依责追究。依法依规制定各有关部门安全生产权力和责任清单，尽职照单免责、失职照单问责。建立企业生产经营全过程安全责任追溯制度。严肃查处安全生产领域项目审批、行政许可、监管执法中的失职渎职和权钱交易等腐败行为。严格事故直报制度，对瞒报、谎报、漏报、迟报事故的单位和个人依法依规追责。对被追究刑事责任的生产经营者依法实施相应的职业禁入，对事故发生负有重大责任的社会服务机构和人员依法严肃追究法律责任，并依法实施相应的行业禁入。

三、改革安全监管监察体制

（九）完善监督管理体制。加强各级安全生产委员会组织领导，充分发挥其统筹协调作用，切实解决突出矛盾和问题。各级安全生产监督管理部门承担本级安全生产委员会日常工作，负责指导协调、监督检查、巡查考核本级政府有关部门和下级政府安全生产工作，履行综合监管职责。负有安全生产监督管理职责的部门，依照有关法律法规和部门职责，健全安全生产监管体制，严格落实监管职责。相关部门按照各自职责建立完善安全生产工作机制，形成齐抓共管格局。坚持管安全生产必须管职业健康，建立安全生产和职业健康一体化监管执法体制。

（十）改革重点行业领域安全监管监察体制。依托国家煤矿安全监察体制，加强非煤矿山安全生产监管监察，优化安全监察机构布局，将国家煤矿安全监察机构负责的安全生产行政许可事项移交给地方政府承担。着重加强危险化学品安全监管体制改革和力量建设，明确和落实危险化学品建设项目立项、规划、设计、施工及生产、储存、使用、销售、运输、废弃处置等环节的法定安全监管责任，建立有力的协调联动机制，消除监管空白。完善海洋石油安全生产监督管理体制机制，实行政企分开。理顺民航、铁路、电力等行业跨区域监管体制，明确行业监管、区域监管与地方监管职责。

（十一）进一步完善地方监管执法体制。地方各级党委和政府要将安全生产监督管理部门作为政府工作部门和行政执法机构，加强安全生产执法队伍建设，强化行政执法职能。统筹加强安全监管力量，重点充实市、县两级安全生产监管执法人员，强化乡镇（街道）安全生产监管力量建设。完善各类开发区、工业园区、港区、风景区等功能区安全生产监管体制，明确负责安全生产监督管理的机构，以及港区安全生产地方监管和部门监管责任。

（十二）健全应急救援管理体制。按照政事分开原则，推进安全生产应急救援管理体制改革，强化行政管理职能，提高组织协调能力和现场救援时效。健全省、市、县三级安全生产应急救援管理工作机制，建设联动互通的应急救援指挥平台。依托公安消防、大型企业、工业园区等应急救援力量，加强矿山和危险化学品等应急救援基地和队伍建设，实行区域化应急救援资源共享。

四、大力推进依法治理

（十三）健全法律法规体系。建立健全安全生产法律法规立改废释工作协调机制。加强涉及安全生产相关法规一致性审查，增强安全生产法制建设的系统性、可操作性。制定安全生产中长期立法规划，加快制定修订安全生产法配套法规。加强安全生产和职业健康法律法规衔接融合。研究修改刑法有关条款，将生产经营过程中极易导致重大生产安全事故的违法行为列入刑法调整范围。制定完善高危行业领域安全规程。设区的市根据立法法的立法精神，加强安全生产地方性法规建设，解决区域性安全生产突出问题。

（十四）完善标准体系。加快安全生产标准制定修订和整合，建立以强制性国家标准为主体的安全生产标准体系。鼓励依法成立的社会团体和企业制定更加严格规范的安全生产标准，结合国情积极借鉴实施国际先进标准。国务院安全生产监督管理部门负责生产经营单位职业危害预防治理国家标准制定发布工作；统筹提出安全生产强制性国家标准立项计划，有关部门按照职责分工组织起草、审查、实施和监督执行，国务院标准化行政主管部门负责及时立项、编号、对外通报、批准并发布。

（十五）严格安全准入制度。严格高危行业领域安全准入条件。按照强化监管与便民服务相结合原则，科学设置安全生产行政许可事项和办理程序，优化工作流程，简化办事环节，实施网上公开办理，接受社会监督。对与人民群众生命财产安全直接相关的行政许可事项，依法严格管理。对取消、下放、移交的行政许可事项，要加强事中事后安全监管。

（十六）规范监管执法行为。完善安全生产监管执法制度，明确每个生产经营单位安全生产监督和管理主体，制订实施执法计划，完善执法程序规定，依法严格查处各类违法违规行为。建立行政执法和刑事司法衔接制度，负有安全生产监督管理职责的部门要加强与公安、检察院、法院等协调配合，完善安全生产违法线索通报、案件移送与协查机制。对违法行为当事人拒不执行安全生产行政执法决定的，负有安全生产监督管理职责的部门应依法申请司法机关强制执行。完善司法机关参与事故调查机制，严肃查处违法犯罪行为。研究建立安全生产民事和行政公益诉讼制度。

（十七）完善执法监督机制。各级人大常委会要定期检查安全生产法律法规实施情况，开展专题询问。各级政协要围绕安全生产突出问题开展民主监督和协商调研。建立执法行为审议制度和重大行政执法决策机制，评估执法效果，防止滥用职权。健全领导干部非法干预安全生产监管执法的记录、通报和责任追究制度。完善安全生产执法纠错和执法信息公开制度，加强社会监督和舆论监督，保证执法严明、有错必纠。

（十八）健全监管执法保障体系。制定安全生产监管监察能力建设规划，明确监管执法装备及现场执法和应急救援用车配备标准，加强监管执法技术支撑体系建设，保障监管执法需要。建立完善负有安全生产监督管理职责的部门监管执法经费保障机制，将监管执法经费纳入同级财政全额保障范围。加强监管执法制度化、标准化、信息化建设，确保规范高效监管执法。建立安全生产监管执法人员依法履行法定职责制度，激励保证监管执法人员忠于职守、履职尽责。严格监管执法人员资格管理，制定安全生产监管执法人员录用标准，提高专业监管执法人员比例。建立健全安全生产监管执法人员凡进必考、入职培训、持证上岗和定期轮训制度。统一安全生产执法标志标识和制式服装。

（十九）完善事故调查处理机制。坚持问责与整改并重，充分发挥事故查处对加强和改进安全生产工作的促进作用。完善生产安全事故调查组组长负责制。健全典型事故提级调查、跨地区协同调查和工作督导机制。建立事故调查分析技术支撑体系，所有事故调查报告要设立技术和管理问题专篇，详细分析原因并全文发布，做好解读，回应公众关切。对事故调查发现有漏洞、缺陷的有关法律法规和标准制度，及时启动制定修订工作。建立事故暴露问题整改督办制度，事故结案后一年内，负责事故调查的地方政府和国务院有关部门要组织开展评估，及时向社会公开，对履职不力、整改措施不落实的，依法依规严肃追究有关单位和人员责任。

五、建立安全预防控制体系

（二十）加强安全风险管控。地方各级政府要建立完善安全风险评估与论证机制，科学合理确定企业选址和基础设施建设、居民生活区空间布局。高危项目审批必须把安全生产作为前置条件，城乡规划布局、设计、建设、管理等各项工作必须以安全为前提，实行重大安全风险“一票否决”。加强新材料、新工艺、新业态安全风险评估和管控。紧密结合供给侧结构性改革，推动高危产业转型升级。位置相邻、行业相近、业态相似的地区和行业要建立完善重大安全风险联防联控机制。构建国家、省、市、县四级重大危险源信息管理体系，对重点行业、重点区域、重点企业实行风险预警控制，有效防范重特大生产安全事故。

（二十一）强化企业预防措施。企业要定期开展风险评估和危害辨识。针对高危工艺、设备、物品、场所和岗位，建立分级管控制度，制定落实安全操作规程。树立隐患就是事故的观念，建立健全隐患排查治理制度、重大隐患治理情况向负有安全生产监督管理职责的部门和企业职代会“双报告”制度，实行自查自改自报闭环管理。严格执行安全生产和职业健康“三同时”制度。大力推进企业安全生产标准化建设，实现安全管理、操作行为、设备设施和作业环境的标准化。开展经常性的应急演练和人员避险自救培训，着力提升现场应急处置能力。

（二十二）建立隐患治理监督机制。制定生产安全事故隐患分级和排查治理标准。负有安全生产监督管理职责的部门要建立与企业隐患排查治理系统联网的信息平台，完善线上线下配套监管制度。强化隐患排查治理监督执法，对重大隐患整改不到位的企业依法采取停产停业、停止施工、停止供电和查封扣押等强制措施，按规定给予上限经济处罚，对构成犯罪的要移交司法机关依法追究刑事责任。严格重大隐患挂牌督办制度，对整改和督办不力的纳入政府核查问责范围，实行约谈告诫、公开曝光，情节严重的依法依规追究相关人员责任。

（二十三）强化城市运行安全保障。定期排查区域内安全风险点、危险源，落实管控措施，构建系统性、现代化的城市安全保障体系，推进安全发展示范城市建设。提高基础设施安全配置标准，重点加强对城市高层建筑、大型综合体、隧道桥梁、管线管廊、轨道交通、燃气、电力设施及电梯、游乐设施等的检测维护。完善大型群众性活动安全管理制度，加强人员密集场所安全监管。加强公安、民政、国土资源、住房城乡建设、交通运输、水利、农业、安全监管、气象、地震等相关部门的协调联动，严防自然灾害引发事故。

（二十四）加强重点领域工程治理。深入推进对煤矿瓦斯、水害等重大灾害以及矿山采空区、尾矿库的工程治理。加快实施人口密集区域的危险化学品和化工企业生产、仓储场所安全搬迁工程。深化油气开采、输送、炼化、码头接卸等领域安全整治。实施高速公路、乡村公路和急弯陡坡、临水临崖危险路段公路安全生命防护工程建设。加强高速铁路、跨海大桥、海底隧道、铁路浮桥、航运枢纽、港口等防灾监测、安全检测及防护系统建设。完善长途客运车辆、旅游客车、危险物品运输车辆和船舶生产制造标准，提高安全性能，强制安装智能视频监控报警、防碰撞和整车整船安全运行监管技术装备，对已运行的要加快安全技术装备改造升级。

（二十五）建立完善职业病防治体系。将职业病防治纳入各级政府民生工程及安全生产工作考核体系，制定职业病防治中长期规划，实施职业健康促进计划。加快职业病危害严重企业技术改造、转型升级和淘汰退出，加强高危粉尘、高毒物品等职业病危害源头治理。健全职业健康监管支撑保障体系，加强职业健康技术服务机构、职业病诊断鉴定机构和职业健康体检机构建设，强化职业病危害基础研究、预防控制、诊断鉴定、综合治疗能力。完善相关规定，扩大职业病患者救治范围，将职业病失能人员纳入社会保障范围，对符合条件的职业病患者落实医疗与生活救助措施。加强企业职业健康监管执法，督促落实职业病危害告知、日常监测、定期报告、防护保障和职业健康体检等制度措施，落实职业病防治主体责任。

六、加强安全基础保障能力建设

（二十六）完善安全投入长效机制。加强中央和地方财政安全生产预防及应急相关资金使用管理，加大安全生产与职业健康投入，强化审计监督。加强安全生产经济政策研究，完善安全生产专用设备企业所得税优惠目录。落实企业安全生产费用提取管理使用制度，建立企业增加安全投入的激励约束机制。健全投融资服务体系，引导企业集聚发展灾害防治、预测预警、检测监控、个体防护、应急处置、安全文化等技术、装备和服务产业。

（二十七）建立安全科技支撑体系。优化整合国家科技计划，统筹支持安全生产和职业健康领域科研项目，加强研发基地和博士后科研工作站建设。开展事故预防理论研究和关键技术装备研发，加快成果转化和推广应用。推动工业机器人、智能装备在危险工序和环节广泛应用。提升现代信息技术与安全生产融合度，统一标准规范，加快安全生产信息化建设，构建安全生产与职业健康信息化全国“一张网”。加强安全生产理论和政策研究，运用大数据技术开展安全生产规律性、关联性特征分析，提高安全生产决策科学化水平。

（二十八）健全社会化服务体系。将安全生产专业技术服务纳入现代服务业发展规划，培育多元化服务主体。建立政府购买安全生产服务制度。支持发展安全生产专业化行业组织，强化自治自律。完善注册安全工程师制度。改革完善安全生产和职业健康技术服务机构资质管理办法。支持相关机构开展安全生产和职业健康一体化评价等技术服务，严格实施评价公开制度，进一步激活和规范专业技术服务市场。鼓励中小微企业订单式、协作式购买运用安全生产管理和技术服务。建立安全生产和职业健康技术服务机构公示制度和由第三方实施的信用评定制度，严肃查处租借资质、违法挂靠、弄虚作假、垄断收费等各类违法违规行为。

（二十九）发挥市场机制推动作用。取消安全生产风险抵押金制度，建立健全安全生产责任保险制度，在矿山、危险化学品、烟花爆竹、交通运输、建筑施工、民用爆炸物品、金属冶炼、渔业生产等高危行业领域强制实施，切实发挥保险机构参与风险评估管控和事故预防功能。完善工伤保险制度，加快制定工伤预防费用的提取比例、使用和管理具体办法。积极推进安全生产诚信体系建设，完善企业安全生产不良记录“黑名单”制度，建立失信惩戒和守信激励机制。

（三十）健全安全宣传教育体系。将安全生产监督管理纳入各级党政领导干部培训内容。把安全知识普及纳入国民教育，建立完善中小学安全教育和高危行业职业安全教育体系。把安全生产纳入农民工技能培训内容。严格落实企业安全教育培训制度，切实做到先培训、后上岗。推进安全文化建设，加强警示教育，强化全民安全意识和法治意识。发挥工会、共青团、妇联等群团组织作用，依法维护职工群众的知情权、参与权与监督权。加强安全生产公益宣传和舆论监督。建立安全生产“12350”专线与社会公共管理平台统一接报、分类处置的举报投诉机制。鼓励开展安全生产志愿服务和慈善事业。加强安全生产国际交流合作，学习借鉴国外安全生产与职业健康先进经验。

各地区各部门要加强组织领导，严格实行领导干部安全生产工作责任制，根据本意见提出的任务和要求，结合实际认真研究制定实施办法，抓紧出台推进安全生产领域改革发展的具体政策措施，明确责任分工和时间进度要求，确保各项改革举措和工作要求落实到位。贯彻落实情况要及时向党中央、国务院报告，同时抄送国务院安全生产委员会办公室。中央全面深化改革领导小组办公室将适时牵头组织开展专项监督检查。

国务院关于进一步加强企业安全生产工作的通知

（国发〔2010〕23号）

各省、自治区、直辖市人民政府，国务院各部委、各直属机构：

近年来，全国生产安全事故逐年下降，安全生产状况总体稳定、趋于好转，但形势依然十分严峻，事故总量仍然很大，非法违法生产现象严重，重特大事故多发频发，给人民群众生命财产安全造成重大损失，暴露出一些企业重生产轻安全、安全管理薄弱、主体责任不落实，一些地方和部门安全监管不到位等突出问题。为进一步加强安全生产工作，全面提高企业安全生产水平，现就有关事项通知如下：

一、总体要求

1. 工作要求。深入贯彻落实科学发展观，坚持以人为本，牢固树立安全发展的理念，切实转变经济发展方式，调整产业结构，提高经济发展的质量和效益，把经济发展建立在安全生产有可靠保障的基础上；坚持“安全第一、预防为主、综合治理”的方针，全面加强企业安全管理，健全规章制度，完善安全标准，提高企业技术水平，夯实安全生产基础；坚持依法依规生产经营，切实加强安全监管，强化企业安全生产主体责任落实和责任追究，促进我国安全生产形势实现根本好转。

2. 主要任务。以煤矿、非煤矿山、交通运输、建筑施工、危险化学品、烟花爆竹、民用爆炸物品、冶金等行业（领域）为重点，全面加强企业安全生产工作。要通过更加严格的目标考核和责任追究，采取更加有效的管理手段和政策措施，集中整治非法违法生产行为，坚决遏制重特大事故发生；要尽快建成完善的国家安全生产应急救援体系，在高危行业强制推行一批安全适用的技术装备和防护设施，最大限度减少事故造成的损失；要建立更加完善的技术标准体系，促进企业安全生产技术装备全面达到国家和行业标准，实现我国安全生产技术水平的提高；要进一步调整产业结构，积极推进重点行业的企业重组和矿产资源开发整合，彻底淘汰安全性能低下、危及安全生产的落后产能；以更加有力的政策引导，形成安全生产长效机制。

二、严格企业安全管理

3. 进一步规范企业生产经营行为。企业要健全完善严格的安全生产规章制度，坚持不安全不生产。加强对生产现场监督检查，严格查处违章指挥、违规作业、违反劳动纪律的“三违”行为。凡超能力、超强度、超定员组织生产的，要责令停产停工整顿，并对企业和企业主要负责人依法给予规定上限的经济处罚。对以整合、技改名义违规组织生产，以及规定期限内未实施改造或故意拖延工期的矿井，由地方政府依法予以关闭。要加强对境外中资企业安全生产工作的指导和管理，严格落实境内投资主体和派出企业的安全生产监督责任。

4. 及时排查治理安全隐患。企业要经常性开展安全隐患排查，并切实做到整改措施、责任、资金、时限和预案“五到位”。建立以安全生产专业人员为主导的隐患整改效果评价制度，确保整改到位。对隐患整改不力造成事故的，要依法追究企业和企业相关负责人的责任。对停产整改逾期未完成的不得复产。

5. 强化生产过程管理的领导责任。企业主要负责人和领导班子成员要轮流现场带班。煤矿、非煤矿山要有矿领导带班并与工人同时下井、同时升井，对无企业负责人带班下井或该带班而未带班的，对有关责任人按擅离职守处理，同时给予规定上限的经济处罚。发生事故而没有领导现场带班的，对企业给予规定上限的经济处罚，并依法从重追究企业主要负责人的责任。

6. 强化职工安全培训。企业主要负责人和安全生产管理人员、特殊工种人员一律严格考核，按国家有关规定持职业资格证书上岗；职工必须全部经过培训合格后上岗。企业用工要严格依照劳动合同法与职工签订劳动合同。凡存在不经培训上岗、无证上岗的企业，依法停产整顿。没有对井下作业人员进行安全培训教育，或存在特种作业人员无证上岗的企业，情节严重的要依法予以关闭。

7. 全面开展安全达标。深入开展以岗位达标、专业达标和企业达标为内容的安全生产标准化建设，凡在规定时间内未实现达标的企业要依法暂扣其生产许可证、安全生产许可证，责令停产整顿；对整改逾期未达标的，地方政府要依法予以关闭。

三、建设坚实的技术保障体系

8. 加强企业生产技术管理。强化企业技术管理机构的安全职能，按规定配备安全技术人员，切实落实企业负责人安全生产技术管理负责制，强化企业主要技术负责人技术决策和指挥权。因安全生产技术问题不解决产生重大隐患的，要对企业主要负责人、主要技术负责人和有关人员给予处罚；发生事故的，依法追究责任。

9. 强制推行先进适用的技术装备。煤矿、非煤矿山要制定和实施生产技术装备标准，安装监测监控系统、井下人员定位系统、紧急避险系统、压风自救系统、供水施救系统和通信联络系统等技术装备，并于 3 年之内完成。逾期未安装的，依法暂扣安全生产许可证、生产许可证。运输危险化学品、烟花爆竹、民用爆炸物品的道路专用车辆，旅游包车和三类以上的班线客车要安装使用具有行驶记录功能的卫星定位装置，于 2 年之内全部完成；鼓励有条件的渔船安装防撞自动识别系统，在大型尾矿库安装全过程在线监控系统，大型起重机械要安装安全监控管理系统；积极推进信息化建设，努力提高企业安全防护水平。

10. 加快安全生产技术研发。企业在年度财务预算中必须确定必要的安全投入。国家鼓励企业开展安全科技研发，加快安全生产关键技术装备的换代升级。进一步落实《国家中长期科学和技术发展规划纲要（2006—2020 年）》等，加大对高危行业安全技术、装备、工艺和产品研发的支持力度，引导高危行业提高机械化、自动化生产水平，合理确定生产一线用工。“十二五”期间要继续组织研发一批提升我国重点行业领域安全生产保障能力的关键技术和装备项目。

四、实施更加有力的监督管理

11. 进一步加大安全监管力度。强化安全生产监管部门对安全生产的综合监管，全面落实公安、交通、国土资源、建设、工商、质检等部门的安全生产监督管理及工业主管部门的安全生产指导职责，形成安全生产综合监管与行业监管指导相结合的工作机制，加强协作，形成合力。在各级政府统一领导下，严厉打击非法违法生产、经营、建设等影响安全生产的行为，安全生产综合监管和行业管理部门要会同司法机关联合执法，以强有力措施查处、取缔非法企业。对重大安全隐患治理实行逐级挂牌督办、公告制度，重大隐患治理由省级安全生产监管部门或行业主管部门挂牌督办，国家相关部门加强督促检查。对拒不执行监管监察指令的企业，要依法依规从重处罚。进一步加强监管力量建设，提高监管人员专业素质和技术装备水平，强化基层站点监管能力，加强对企业安全生产的现场监管和技术指导。

12. 强化企业安全生产属地管理。安全生产监管监察部门、负有安全生产监管职责的有关部门和行业管理部门要按职责分工，对当地企业包括中央、省属企业实行严格的安全生产监督检查和管理，组织对企业安全生产状况进行安全标准化分级考核评价，评价结果向社会公开，并向银行业、证券业、保险业、担保业等主管部门通报，作为企业信用评级的重要参考依据。

13. 加强建设项目安全管理。强化项目安全设施核准审批，加强建设项目的日常安全监管，严格落实审批、监管的责任。企业新建、改建、扩建工程项目的安全设施，要包括安全监控设施和防瓦斯等有害气体、防尘、排水、防火、防爆等设施，并与主体工程同时设计、同时施工、同时投入生产和使用。安全设施与建设项目主体工程未做到同时设计的一律不予审批，未做到同时施工的责令立即停止施工，未同时投入使用的不得颁发安全生产许可证，并视情节追究有关单位负责人的责任。严格落实建设、设计、施工、监理、监管等各方安全责任。对项目建设生产经营单位存在违法分包、转包等行为的，立即依法停工停产整顿，并追究项目业主、承包方等各方责任。

14. 加强社会监督和舆论监督。要充分发挥工会、共青团、妇联组织的作用，依法维护和落实企业职工对安全生产的参与权与监督权，鼓励职工监督举报各类安全隐患，对举报者予以奖励。有关部门和地方要进一步畅通安全生产的社会监督渠道，设立举报箱，公布举报电话，接受人民群众的公开监督。要发挥新闻媒体的舆论监督，对舆论反映的客观问题要深查原因，切实整改。

五、建设更加高效的应急救援体系

15. 加快国家安全生产应急救援基地建设。按行业类型和区域分布，依托大型企业，在中央预算内基建投资支持下，先期抓紧建设 7 个国家矿山应急救援队，配备性能可靠、机动性强的装备和设备，保障必要的运行维护费用。推进公路交通、铁路运输、水上搜救、船舶溢油、油气田、危险化学品等行业（领域）国家救援基地和队伍建设。鼓励和支持各地区、各部门、各行业依托大型企业和专业救援力量，加强服务周边的区域性应急救援能力建设。

16. 建立完善企业安全生产预警机制。企业要建立完善安全生产动态监控及预警预报体系，每月进行一次安全生产风险分析。发现事故征兆要立即发布预警信息，落实防范和应急处置措施。对重大危险源和重大隐患要报当地安全生产监管监察部门、负有安全生产监管职责的有关部门和行业管理部门备案。涉及国家秘密的，按有关规定执行。

17. 完善企业应急预案。企业应急预案要与当地政府应急预案保持衔接，并定期进行演练。赋予企业生产现场带班人员、班组长和调度人员在遇到险情时第一时间下达停产撤人命令的直接决策权和指挥权。因撤离不及时导致人身伤亡事故的，要从重追究相关人员的法律责任。

六、严格行业安全准入

18. 加快完善安全生产技术标准。各行业管理部门和负有安全生产监管职责的有关部门要根据行业技术进步和产业升级的要求，加快制定修订生产、安全技术标准，制定和实施高危行业从业人员资格标准。对实施许可证管理制度的危险性作业要制定落实专项安全技术作业规程和岗位安全操作规程。

19. 严格安全生产准入前置条件。把符合安全生产标准作为高危行业企业准入的前置条件，实行严格的安全标准核准制度。矿山建设项目和用于生产、储存危险物品的建设项目，应当分别按照国家有关规定进行安全条件论证和安全评价，严把安全生产准入关。凡不符合安全生产条件违规建设的，要立即停止建设，情节严重的由本级人民政府或主管部门实施关闭取缔。降低标准造成隐患的，要追究相关人员和负责人的责任。

20. 发挥安全生产专业服务机构的作用。依托科研院所，结合事业单位改制，推动安全生产评价、技术支持、安全培训、技术改造等服务性机构的规范发展。制定完善安全生产专业服务机构管理办法，保证专业服务机构从业行为的专业性、独立性和客观性。专业服务机构对相关评价、鉴定结论承担法律责任，对违法违规、弄虚作假的，要依法依规从严追究相关人员和机构的法律责任，并降低或取消相关资质。

七、加强政策引导

21. 制定促进安全技术装备发展的产业政策。要鼓励和引导企业研发、采用先进适用的安全技术和产品，鼓励安全生产适用技术和新装备、新工艺、新标准的推广应用。把安全检测监控、安全避险、安全保护、个人防护、灾害监控、特种安全设施及应急救援等安全生产专用设备的研发制造，作为安全产业加以培育，纳入国家振兴装备制造业的政策支持范畴。大力发展安全装备融资租赁业务，促进高危行业企业加快提升安全装备水平。

22. 加大安全专项投入。切实做好尾矿库治理、扶持煤矿安全技改建设、瓦斯防治和小煤矿整顿关闭等各类中央资金的安排使用，落实地方和企业配套资金。加强对高危行业企业安全生产费用提取和使用管理的监督检查，进一步完善高危行业企业安全生产费用财务管理制度，研究提高安全生产费用提取下限标准，适当扩大适用范围。依法加强道路交通事故社会救助基金制度建设，加快建立完善水上搜救奖励与补偿机制。高危行业企业探索实行全员安全风险抵押金制度。完善落实工伤保险制度，积极稳妥推行安全生产责任保险制度。

23. 提高工伤事故死亡职工一次性赔偿标准。从 2011 年 1 月 1 日起，依照《工伤保险条例》的规定，对因生产安全事故造成的职工死亡，其一次性工亡补助金标准调整为按全国上一年度城镇居民人均可支配收入的 20 倍计算，发放给工亡职工近亲属。同时，依法确保工亡职工一次性丧葬补助金、供养亲属抚恤金的发放。

24. 鼓励扩大专业技术和技能人才培养。进一步落实完善校企合作办学、对口单招、订单式培养等政策，鼓励高等院校、职业学校逐年扩大采矿、机电、地质、通风、安全等相关专业人才的招生培养规模，加快培养高危行业专业人才和生产一线急需技能型人才。

八、更加注重经济发展方式转变

25. 制定落实安全生产规划。各地区、各有关部门要把安全生产纳入经济社会发展的总体布局，在制定国家、地区发展规划时，要同步明确安全生产目标和专项规划。企业要把安全生产工作的各项要求落实在企业发展和日常工作之中，在制定企业发展规划和年度生产经营计划中要突出安全生产，确保安全投入和各项安全措施到位。

26. 强制淘汰落后技术产品。不符合有关安全标准、安全性能低下、职业危害严重、危及安全生产的落后技术、工艺和装备要列入国家产业结构调整指导目录，予以强制性淘汰。各省级人民政府也要制订本地区相应的目录和措施，支持有效消除重大安全隐患的技术改造和搬迁项目，遏制安全水平低、保障能力差的项目建设和延续。对存在落后技术装备、构成重大安全隐患的企业，要予以公布，责令限期整改，逾期未整改的依法予以关闭。

27. 加快产业重组步伐。要充分发挥产业政策导向和市场机制的作用，加大对相关高危行业企业重组力度，进一步整合或淘汰浪费资源、安全保障低的落后产能，提高安全基础保障能力。

九、实行更加严格的考核和责任追究

28. 严格落实安全目标考核。对各地区、各有关部门和企业完成年度生产安全事故控制指标情况进行严格考核，并建立激励约束机制。加大重特大事故的考核权重，发生特别重大生产安全事故的，要根据情节轻重，追究地市级分管领导或主要领导的责任；后果特别严重、影响特别恶劣的，要按规定追究省部级相关领导的责任。加强安全生产基础工作考核，加快推进安全生产长效机制建设，坚决遏制重特大事故的发生。

29. 加大对事故企业负责人的责任追究力度。企业发生重大生产安全责任事故，追究事故企业主要负责人责任；触犯法律的，依法追究事故企业主要负责人或企业实际控制人的法律责任。发生特别重大事故，除追究企业主要负责人和实际控制人责任外，还要追究上级企业主要负责人的责任；触犯法律的，依法追究企业主要负责人、企业实际控制人和上级企业负责人的法律责任。对重大、特别重大生产安全责任事故负有主要责任的企业，其主要负责人终身不得担任本行业企业的矿长（厂长、经理）。对非法违法生产造成人员伤亡的，以及瞒报事故、事故后逃逸等情节特别恶劣的，要依法从重处罚。

30. 加大对事故企业的处罚力度。对于发生重大、特别重大生产安全责任事故或一年内发生 2 次以上较大生产安全责任事故并负主要责任的企业，以及存在重大隐患整改不力的企业，由省级及以上安全监管监察部门会同有关行业主管部门向社会公告，并向投资、国土资源、建设、银行、证券等主管部门通报，一年内严格限制新增的项目核准、用地审批、证券融资等，并作为银行贷款等的重要参考依据。

31. 对打击非法生产不力的地方实行严格的责任追究。在所辖区域对群众举报、上级督办、日常检查发现的非法生产企业（单位）没有采取有效措施予以查处，致使非法生产企业（单位）存在的，对县（市、区）、乡（镇）人民政府主要领导以及相关责任人，根据情节轻重，给予降级、撤职或者开除的行政处分，涉嫌犯罪的，依法追究刑事责任。国家另有规定的，从其规定。

32. 建立事故查处督办制度。依法严格事故查处，对事故查处实行地方各级安全生产委员会层层挂牌督办，重大事故查处实行国务院安全生产委员会挂牌督办。事故查处结案后，要及时予以公告，接受社会监督。

各地区、各部门和各有关单位要做好对加强企业安全生产工作的组织实施，制订部署本地区本行业贯彻落实本通知要求的具体措施，加强监督检查和指导，及时研究、协调解决贯彻实施中出现的突出问题。国务院安全生产委员会办公室和国务院有关部门要加强工作督查，及时掌握各地区、各部门和本行业（领域）工作进展情况，确保各项规定、措施执行落实到位。省级人民政府和国务院有关部门要将加强企业安全生产工作情况及时报送国务院安全生产委员会办公室。

国务院

二〇一〇年七月十九日

国务院安委会关于进一步加强安全培训工作的决定

（安委〔2012〕10号）

各省、自治区、直辖市人民政府，新疆生产建设兵团，国务院安委会各成员单位，各中央企业：

为提高企业从业人员安全素质和安全监管监察效能，防止和减少违章指挥、违规作业和违反劳动纪律（以下简称“三违”）行为，促进全国安全生产形势持续稳定好转，现就进一步加强安全培训工作作出如下决定：

一、加强安全培训工作的重要意义和总体要求

（一）重要意义。党中央、国务院高度重视安全培训工作，安全培训力度不断加大，企业职工安全素质和安全监管监察人员执法能力明显提高。但一些地区和单位安全培训工作仍然存在着思想认识不到位、责任落实不到位、实效性不强、投入不足、基础工作薄弱、执法偏轻偏软等问题，给安全生产带来较大压力。实践表明，进一步加强安全培训工作，是落实党的十八大精神，深入贯彻科学发展观，实施安全发展战略的内在要求；是强化企业安全生产基础建设，提高企业安全管理水平和从业人员安全素质，提升安全监管监察效能的重要途径；是防止“三违”行为，不断降低事故总量，遏制重特大事故发生的源头性、根本性举措。

（二）总体思路。深入贯彻落实科学发展观，认真落实党中央、国务院关于加强安全生产工作的决策部署，牢固树立“培训不到位是重大安全隐患”的意识，坚持依法培训、按需施教的工作理念，以落实持证上岗和先培训后上岗制度为核心，以落实企业安全培训主体责任、提高企业安全培训质量为着力点，全面加强安全培训基础建设，严格安全培训监察执法和责任追究，扎实推进安全培训内容规范化、方式多样化、管理信息化、方法现代化和监督日常化，努力实施全覆盖、多手段、高质量的安全培训，切实减少“三违”行为，促进全国安全生产形势持续稳定好转。

（三）工作目标。到“十二五”时期末，矿山、建筑施工单位和危险

物品生产、经营、储存等高危行业企业（以下简称高危企业）主要负责人、安全管理人员和生产经营单位特种作业人员（以下简称“三项岗位”人员）100%持证上岗，以班组长、新工人、农民工为重点的企业从业人员100%培训合格后上岗，各级安全监管监察人员100%持行政执法证上岗，承担安全培训的教师100%参加知识更新培训，安全培训基础保障能力和安全培训质量得到明显提高。

二、全面落实安全培训工作责任

（四）认真落实企业安全培训主体责任。企业是从业人员安全培训的责任主体，要把安全培训纳入企业发展规划，健全落实以“一把手”负总责、领导班子成员“一岗双责”为主要内容的安全培训责任体系，建立健全机构并配备充足人员，保障经费需求，严格落实“三项岗位”人员持证上岗和从业人员先培训后上岗制度，健全安全培训档案。劳务派遣单位要加强劳务派遣工基本安全知识培训，劳务使用单位要确保劳务派遣工与本企业职工接受同等安全培训。境内投资主体要指导督促境外中资企业依法加强安全培训工作。安全生产技术研发、装备制造单位要与使用单位共同承担新工艺、新技术、新设备、新材料培训责任。

（五）切实履行政府及有关部门安全培训监管和安全监管监察人员培训职责。地方各级政府要统筹指导相关部门加强本地区安全培训工作。有关主管部门要根据有关法律法规，组织实施职责范围内的安全培训工作，完善安全培训法规制度，统一培训大纲、考试标准，加强教材建设，严格管理培训机构，做好证件发放和复审工作，避免多头管理、重复发证；要强化安全培训监督检查，依法严惩不培训就上岗和乱办班、乱收费、乱发证行为；要组织培训安全监管监察人员。要将安全生产知识作为领导干部培训、义务教育、职业教育、职业技能培训等的重要内容。要减少对培训班的直接参与，由办培训向管培训、管考试、监督培训转变。

（六）强化承担安全培训和考试的机构培训质量保障责任。承担安全培训的机构是安全培训施教主体，担负保证安全培训质量的主要责任，要健全落实安全培训质量控制制度，严格按培训大纲培训，严格学员、培训档案和培训收费管理，加强师资队伍建设和资金投入，持续改善培训条件。承担安全培训考试的机构要严格教考分离制度，健全考务管理体系，建立考试档案，切实做到考试不合格不发证。

三、全面落实持证上岗和先培训后上岗制度

（七）实施高危企业从业人员准入制度。有关主管部门要结合实际，

制定本行业领域从业人员准入制度。矿山和危险物品生产企业专职安全管理人员要至少具备相关专业中专以上学历或者中级以上专业技术职称、高级工以上技能等级，或者具备注册安全工程师资格。各类特种作业人员要具有初中及以上文化程度，危险化学品特种作业人员要具有高中或者相当于高中及以上文化程度。矿山井下、危险化学品生产单位从业人员要具有初中及以上文化程度。安全生产专业服务机构为企业提供安全技术服务时，要对企业安全培训情况进行审核。高危企业安全生产许可证发放、延期和安全生产标准化考评时，有关主管部门要审核企业安全培训情况。

（八）严格落实“三项岗位”人员持证上岗制度。企业新任用或者招录“三项岗位”人员，要组织其参加安全培训，经考试合格持证后上岗。取得注册安全工程师资格证并经注册的，可以直接申领矿山、危险物品行业主要负责人和安全管理人员安全资格证。对发生人员死亡事故负有责任的企业主要负责人、实际控制人和安全管理人员，要重新参加安全培训考试。要严格证书延期继续教育制度。有关主管部门要按照职责分工，定期开展本行业领域“三项岗位”人员持证上岗情况登记普查，建立信息库。要建立特种作业人员范围修订机制。

（九）严格落实企业职工先培训后上岗制度。矿山、危险物品等高危企业要对新职工进行至少72学时的安全培训，建筑企业要对新职工进行至少32学时的安全培训，每年进行至少20学时的再培训；非高危企业新职工上岗前要经过至少24学时的安全培训，每年进行至少8学时的再培训。企业调整职工岗位或者采用新工艺、新技术、新设备、新材料的，要进行专门的安全培训。矿山和危险物品生产企业逐步实现从职业院校和技工院校相关专业毕业生中录用新职工。政府有关部门要实施“中小企业安全培训援助”工程，推动大型企业和培训机构与中小企业签订培训服务协议；组织讲师团，开展培训下基层进企业活动。

（十）完善和落实师傅带徒弟制度。高危企业新职工安全培训合格后，要在经验丰富的工人师傅带领下，实习至少2个月后方可独立上岗。工人师傅一般应当具备中级工以上技能等级，3年以上相应工作经历，成绩突出，善于“传、帮、带”，没有发生过“三违”行为等条件。要组织签订师徒协议，建立师傅带徒弟激励约束机制。

（十一）严格落实安全监管监察人员持证上岗和继续教育制度。市（地）及以下政府分管安全生产工作的领导同志要在明确分工后半年内参加专题安全培训。各级安全监管监察人员要经执法资格培训考试合格，持有效行政执法证上岗；新上岗人员要在上岗一年内参加执法资格培训考试；执法证有效期满的，要参加延期换证继续教育和考试。鼓励安全监管监察人员报考注册安全工程师等职业资格，在职攻读安全生产相关专业学历和学位。

四、全面加强安全培训基础保障能力建设

（十二）完善安全培训大纲和教材。有关主管部门要定期制定、修订各类人员安全培训大纲和考核标准，根据安全生产工作发展需要和企业安全生产实际，不断规范安全培训内容。鼓励行业组织、企业及培训机构编写针对性、实效性强的实用教材。要分行业组织编写企业职工安全生产应知应会读本、建立生产安全事故案例库和制作警示教育片。

（十三）加强安全培训师资队伍建设。承担安全培训的机构要建立健全安全培训专职教师考核合格后上岗制度，保证专职教师定期参加继续教育，积极组织教师参加国际学术交流。有关主管部门要加强承担安全培训的教师培训，定期开展教师讲课大赛，建立安全培训师资库。企业要建立领导干部上讲台制度，选聘一线安全管理、技术人员担任兼职教师。

（十四）加强安全培训机构建设。要根据实际需要，科学规划安全培训机构建设，控制数量，合理布局。支持大中型企业和欠发达地区建立安全培训机构，重点建设一批具有仿真、体感、实操特色的示范培训机构。要加强安全培训机构管理，定期公布安全培训机构名单和培训范围，接受社会监督。支持高等学校、职业院校、技工院校、工会培训机构等开展安全培训。

（十五）加强远程安全培训。开发国家安全培训网和有关行业网络学习平台，实现优质资源共享。建立安全培训视频课程征集、遴选、审核制度，建设课程“超市”，推行自主选学。实行网络培训学时学分制，将学时和学分结果与继续教育、再培训挂钩，与安全监管监察人员年度考核、提拔使用、评先评优挂钩。利用视频、电视、手机等拓展远程培训形式。

（十六）加强安全培训管理信息化建设。编制安全培训信息管理数据标准。开发安全培训信息管理系统。健全“三项岗位”人员、安全监管监察人员培训持证情况和考试题库、培训机构、考试机构、培训教师等数据库，实现全国安全培训数据共享。

五、全面提高安全培训质量

（十七）强化实际操作培训。制定特种作业人员实训大纲和考试标准。建立安全监管监察人员实训制度。推动科研和装备制造企业在安全培训场

所展示新装备新技术。提高3D、4D、虚拟现实等技术在安全培训中的应用，组织开发特种作业各工种仿真实训系统。

（十八）强化现场安全培训。高危企业要严格班前安全培训制度，有针对性地讲述岗位安全生产与应急救援知识、安全隐患和注意事项等，使班前安全培训成为安全生产第一道防线。要大力推广“手指口述”等安全确认法，帮助员工通过心想、眼看、手指、口述，确保按规程作业。要加强班组长培训，提高班组长现场安全管理水平和现场安全风险管控能力。

（十九）建立安全培训示范视频课程体系。分行业建立“三项岗位”人员安全培训示范视频课程体系，上网发布，逐步实现优质培训资源社会共享。将示范课程作为教师培训的重要内容。建立示范课程跟踪评价制度，定期评选优质课程，给予荣誉称号或者适当资助。

（二十）加强安全培训过程管理和质量评估。建立安全培训需求调研、培训策划、培训计划备案、教学管理、培训效果评估等制度，加强安全培训全过程管理。制定安全培训质量评估指标体系，定期向全社会公布评估结果，并将评估结果作为安全培训机构考评的重要依据。

（二十一）完善安全培训考试体系。有关主管部门要按照职责分工，建立健全本行业领域安全培训考试制度，加强考试机构建设，严格教考分离制度。要建立健全安全资格考试题库，完善国家与地方相结合的题库应用机制。建立网络考试平台，加快计算机考试点建设，开发实际操作模拟考试系统。加强考试监督，严格考试纪律，依法严肃处理考试违纪行为。有关主管部门要统一本行业领域一般从业人员安全培训合格证书式样，规范考试发证管理。

六、加强安全培训监督检查

（二十二）加大安全培训执法力度。有关主管部门要把安全培训纳入年度执法计划，作为日常执法的必查内容，定期开展安全培训专项执法。要规范安全培训执法程序和方法，将抽查持证情况、抽考职工安全生产应知应会知识作为日常执法的重要方式。要加强对承担安全培训的机构管理，深入开展专项治理，促进安全培训机构健康发展。企业要建立安全培训自查自考制度，加大“三违”行为处罚力度。

（二十三）严肃追究安全培训责任。对应持证未持证或者未经培训就上岗的人员，一律先离岗、培训持证后再上岗，并依法对企业按规定上限处罚，直至停产整顿和关闭。对存在不按大纲教学、不按题库考试、教考不分、乱办班等行为的安全培训和考试机构，一律依法严肃处罚。对各类生产安全责任事故，一律倒查培训、考试、发证不到位的责任。对因未培训、假培训或者未持证上岗人员的直接责任引发重特大事故的，所在企业主要负责人依法终身不得担任本行业企业矿长（厂长、经理），实际控制人依法承担相应责任。

（二十四）建立安全培训绩效考核制度。制定安全培训工作绩效考核指标体系，做到定性与定量、内部考核与外部评议相结合。安全培训绩效考核结果要纳入安全生产综合考核内容。每年通报安全培训绩效考核结果。

七、切实加强对安全培训工作的组织领导

（二十五）把安全培训摆上更加突出位置。各级政府及有关主管部门、各企业要把安全培训工作纳入实施安全发展战略的总体布局。各级安委会要定期研究解决安全培训突出问题，有关主管部门主要负责同志要亲自抓、负总责，各级安委会办公室要牵头抓总，当好参谋，创新实践，整合资源，示范引领。要经常深入基层、企业开展安全培训调查研究。要支持工会、共青团、妇联、科协以及新闻媒体等参与、监督安全培训工作。

（二十六）保证安全培训投入。建立以企业投入为主、社会资金积极资助的安全培训投入机制。要将政府应当承担的安全培训经费纳入财政保障范围。企业要在职工培训经费和安全费用中足额列支安全培训经费，实施技术改造和项目引进时要专门安排安全培训资金。研究探索由开展安全生产责任险、建筑意外伤害险的保险机构安排一定资金，用于事故预防与安全培训工作。

（二十七）充分运用典型和媒体推动安全培训工作。要总结推广政府有关主管部门加大安全培训监管力度、企业落实安全培训主体责任、培训机构提高安全培训质量的典型经验，以点带面推动工作。要定期公布安全培训问题企业和问题培训机构名单。要广泛宣传安全培训工作的重要地位和作用，宣传安全生产知识和技能，不断提高人民群众安全素质，努力形成全社会更加支持安全生产工作的氛围。

各省级安委会和国务院有关主管部门及各有关中央企业要根据本决定制定实施意见，并及时将实施意见和落实情况报告国务院安委会办公室。

国务院安委会

2012 年 11 月 21 日

国务院安委会办公室关于做好重特大生产安全事故调查报告有关事故防范和整改措施建议落实工作的通知

（安委办〔2014〕16号）

各省、自治区、直辖市及新疆生产建设兵团安全生产委员会，国务院安委会各成员单位：

为认真贯彻落实习近平总书记关于“一厂出事故、万厂受教育，一地有隐患、全国受警示”的重要指示精神，深刻吸取事故教训，确保防范和整改措施落实到位，依据《安全生产法》《生产安全事故报告和调查处理条例》等法律法规规定，现就做好重特大生产安全事故调查报告有关事故防范和整改措施建议的落实工作通知如下：

一、生产安全事故调查处理工作要将深刻吸取事故教训、提出防范和整改措施建议作为一项重要内容。重特大生产安全事故调查报告应当提出明确的防范和整改措施建议；防范和整改措施建议应当根据事故发生的直接原因和间接原因由事故调查组组织提出，不但要包括事故发生单位，还要包括其他有关单位的防范和整改措施建议。

二、生产安全事故调查牵头部门在事故调查报告批复后，要以国务院安委会办公室名义（特别重大事故）或者省级安委会办公室名义（重大事故）及时下达关于落实事故调查报告有关事故防范和整改措施建议的督办通知书，明确责任单位、工作任务和完成时限，分别通知各有关地方政府、相关部门（单位）和事故发生单位，同时抄报本级人民政府。

三、有关地方政府、相关部门（单位）和事故发生单位接到事故督办通知书3个月内，要将事故防范和整改措施建议的落实情况书面报送发出督办通知书的机构。3个月内未能完成督办事项的，要作出说明并向发出督办通知书的机构报送下一步落实的工作方案。

四、国务院安委会办公室、省级安委会办公室分别负责对特别重大事故、重大事故督办事项落实的指导、协调和督促。要建立跟踪督办机制，做好和地方政府督促检查工作的协调，对责任分工中的阶段性措施要完成一项销号一项，长期性措施要作为重点工作持续抓落实。要建立督促检查情况通报制度，接受舆论和社会监督，确保各项防范和整改措施建议落实到位。安全生产监督管理部门和负有安全生产监督管理职责的有关部门应当对事故发生单位及其相关单位（包括地方政府及其有关部门）落实防范和整改措施建议的情况进行监督检查。

五、较大和一般生产安全事故调查报告中有关事故防范和整改措施建议的落实工作，可参照本通知执行。

国务院安委会办公室

2014 年 6 月 24 日

国务院安委会办公室关于全面加强企业全员安全生产责任制工作的通知

（安委办〔2017〕29号）

各省、自治区、直辖市及新疆生产建设兵团安全生产委员会，国务院安委会各成员单位：

为深入贯彻《中共中央 国务院关于推进安全生产领域改革发展的意见》（以下简称《意见》）关于企业实行全员安全生产责任制的要求，全面落实企业安全生产（含职业健康，下同）主体责任，进一步提升企业的安全生产水平，推动全国安全生产形势持续稳定好转，现就全面加强企业全员安全生产责任制工作有关事项通知如下：

一、高度重视企业全员安全生产责任制

（一）明确企业全员安全生产责任制的内涵。企业全员安全生产责任制是由企业根据安全生产法律法规和相关标准要求，在生产经营活动中，根据企业岗位的性质、特点和具体工作内容，明确所有层级、各类岗位从业人员的安全生产责任，通过加强教育培训、强化管理考核和严格奖惩等方式，建立起安全生产工作“层层负责、人人有责、各负其责”的工作体系。

（二）充分认识企业全员安全生产责任制的重要意义。全面加强企业全员安全生产责任制工作，是推动企业落实安全生产主体责任的重要抓手，有利于减少企业“三违”现象（违章指挥、违章作业、违反劳动纪律）的发生，有利于降低因人的不安全行为造成的生产安全事故，对解决企业安全生产责任传导不力问题，维护广大从业人员的生命安全和职业健康具有重要意义。

二、建立健全企业全员安全生产责任制

（三）依法依规制定完善企业全员安全生产责任制。企业主要负责人负责建立、健全企业的全员安全生产责任制。企业要按照《安全生产法》

《职业病防治法》等法律法规规定，参照《企业安全生产标准化基本规范》（GB/T33000-2016）和《企业安全生产责任体系五落实五到位规定》（安监总办〔2015〕27号）等有关要求，结合企业自身实际，明确从主要负责人到一线从业人员（含劳务派遣人员、实习学生等）的安全生产责任、责任范围和考核标准。安全生产责任制应覆盖本企业所有组织和岗位，其责任内容、范围、考核标准要简明扼要、清晰明确、便于操作、适时更新。企业一线从业人员的安全生产责任制，要力求通俗易懂。

（四）加强企业全员安全生产责任制公示。企业要在适当位置对全员安全生产责任制进行长期公示。公示的内容主要包括：所有层级、所有岗位的安全生产责任，安全生产责任范围，安全生产责任考核标准等。

（五）加强企业全员安全生产责任制教育培训。企业主要负责人要指定专人组织制订并实施本企业全员安全生产教育和培训计划。企业要将全员安全生产责任制教育培训工作纳入安全生产年度培训计划，通过自行组织或委托具备安全培训条件的中介服务机构等实施。要通过教育培训，提升所有从业人员的安全技能，培养良好的安全习惯。要建立健全教育培训档案，如实记录安全生产教育和培训情况。

（六）加强落实企业全员安全生产责任制的考核管理。企业要建立健全安全生产责任制管理考核制度，对全员安全生产责任制落实情况进行考核管理。要健全激励约束机制，通过奖励主动落实、全面落实责任，惩处不落实责任、部分落实责任，不断激发全员参与安全生产工作的积极性和主动性，形成良好的安全文化氛围。

三、加强对企业全员安全生产责任制的监督检查

（七）明确对企业全员安全生产责任制监督检查的主要内容。地方各级负有安全生产监督管理职责的部门要按照“管行业必须管安全、管业务必须管安全、管生产经营必须管安全”和“谁主管、谁负责”的要求，切实履行安全生产监督管理职责，加强对企业建立和落实全员安全生产责任制工作的指导督促和监督检查。监督检查的内容主要包括：

1. 企业全员安全生产责任制建立情况。包括：是否建立了涵盖所有层级和所有岗位的安全生产责任制；是否明确了安全生产责任范围；是否认真贯彻执行《企业安全生产责任体系五落实五到位》等。

2. 企业安全生产责任制公示情况。包括：是否在适当位置进行了公示；相关的安全生产责任制内容是否符合要求等。

3. 企业全员安全生产责任制教育培训情况。包括：是否制订了培训计

划、方案；是否按照规定对所有岗位从业人员（含劳务派遣人员、实习学生等）进行了安全生产责任制教育培训；是否如实记录相关教育培训情况等。

4. 企业全员安全生产责任制考核情况。包括：是否建立了企业全员安全生产责任制考核制度；是否将企业全员安全生产责任制度考核贯彻落实到位等。

（八）强化监督检查和依法处罚。地方各级负有安全生产监督管理职责的部门要把企业建立和落实全员安全生产责任制情况纳入年度执法计划，加大日常监督检查力度，督促企业全面落实主体责任。对企业主要负责人未履行建立健全全员安全生产责任制职责，直接负责的主管人员和其他直接责任人员未对从业人员（含被派遣劳动者、实习学生等）进行相关教育培训或者未如实记录教育培训情况等违法违规行为，由地方各级负有安全生产监督管理职责的部门依照相关法律法规予以处罚。健全安全生产不良记录“黑名单”制度，因拒不落实企业全员安全生产责任制而造成严重后果的，要纳入惩戒范围，并定期向社会公布。

四、工作要求

（九）加强分类指导。地方各级安全生产委员会、国务院安委会各成员单位要根据本通知精神，指导督促相关行业领域的企业密切联系实际，制定全员安全生产责任制，努力实现“一企一标准，一岗一清单”，形成可操作、能落实的制度措施。

（十）注重典型引路。地方各级安全生产委员会要充分发挥指导协调作用，及时研究、协调解决企业全员安全生产责任制贯彻实施中出现的突出问题。要通过实施全面发动、典型引领、对标整改等方式，整体推动企业全员安全生产责任制的落实。目前尚未开展企业全员安全生产责任制工作的地区，要根据本通知精神，结合本地区实际，统筹制定落实方案，并印发至企业；已开展此项工作的地区，要结合本通知精神，进一步完善原有政策措施，确保本通知的各项要求落到实处。国务院安全生产委员会办公室将适时遴选一批典型做法在全国推广。

（十一）营造良好氛围。地方各级安全生产委员会、国务院安委会各成员单位要以落实中央《意见》为契机，加大企业全员安全生产责任制工作的宣传力度，发动全员共同参与。各级工会、共青团、妇联等要积极参与监督，大力推动企业加快落实全员安全生产责任制，形成合力，共同营造人人关注安全、人人参与安全、人人监督安全的浓厚氛围，促进企业改进安全生产管理，改善安全生产条件，提升安全生产水平，真正实现从“要我安全”到“我要安全”“我会安全”的转变。

国务院安委会办公室

2017 年 10 月 10 日

（二）职业卫生

中共中央　国务院印发《“健康中国2030”规划纲要》（节选）

（2016 年 10 月 25 日）

第十六章　完善公共安全体系

第一节　强化安全生产和职业健康

加强安全生产，加快构建风险等级管控、隐患排查治理两条防线，切实降低重特大事故发生频次和危害后果。强化行业自律和监督管理职责，推动企业落实主体责任，推进职业病危害源头治理，强化矿山、危险化学品等重点行业领域安全生产监管。开展职业病危害基本情况普查，健全有针对性的健康干预措施。进一步完善职业安全卫生标准体系，建立完善重点职业病监测与职业病危害因素监测、报告和管理网络，遏制尘肺病和职业中毒高发势头。建立分级分类监管机制，对职业病危害高风险企业实施重点监管。开展重点行业领域职业病危害专项治理。强化职业病报告制度，开展用人单位职业健康促进工作，预防和控制工伤事故及职业病发生。加强全国个人辐射剂量管理和放射诊疗辐射防护。

国务院办公厅关于印发国家职业病防治规划（2016—2020年）的通知

（国办发〔2016〕100号）

各省、自治区、直辖市人民政府，国务院各部委、各直属机构：

《国家职业病防治规划（2016—2020年）》已经国务院同意，现印发给你们，请认真贯彻执行。

国务院办公厅

2016年12月26日

国家职业病防治规划（2016—2020年）

为加强职业病防治工作，切实保障劳动者职业健康权益，依据《中华人民共和国职业病防治法》，制定本规划。

一、职业病防治现状和问题

职业病防治事关劳动者身体健康和生命安全，事关经济发展和社会稳定大局。党中央、国务院高度重视职业病防治工作。《"健康中国2030"规划纲要》明确提出，要强化行业自律和监督管理职责，推动企业落实主体责任，推进职业病危害源头治理，预防和控制职业病发生。

《中华人民共和国职业病防治法》实施以来特别是《国家职业病防治规划（2009—2015年）》（国办发〔2009〕43号）印发以来，各地区、各有关部门依法履行职业病防治职责，强化行政监管，防治体系逐步健全，监督执法不断加强，源头治理和专项整治力度持续加大，用人单位危害劳动者健康的违法行为有所减少，工作场所职业卫生条件得到改善。职业病危害检测、评价与控制，职业健康检查以及职业病诊断、鉴定、救治水平不断提升，职业病防治机构、化学中毒和核辐射医疗救治基地建设得到加强，重大急性职业病危害事故明显减少。职业病防治宣传更加普及，全社会防治意识不断提高。

但是，当前我国职业病防治还面临着诸多问题和挑战。一是职业病危害依然严重。全国每年新报告职业病病例近3万例，分布在煤炭、化工、有色金属、轻工等不同行业，涉及企业数量多。二是用人单位主体责任落实不到位。部分用人单位主要负责人法治意识不强，对改善作业环境、提供防护用品、组织职业健康检查投入不足，农民工、劳务派遣人员等的职业病防护得不到有效保障。三是职业卫生监管和职业病防治服务能力不足。部分地区基层监管力量和防治工作基础薄弱，对危害信息掌握不全，对重点职业病及职业相关危害因素监测能力不足。四是新的职业病危害问题不容忽视。随着新技术、新工艺、新设备和新材料的广泛应用，新的职业病危害因素不断出现，对职业病防治工作提出新挑战。

二、总体要求

（一）指导思想。全面贯彻党的十八大和十八届三中、四中、五中、六中全会精神，深入学习贯彻习近平总书记系列重要讲话精神，认真落实党中央、国务院决策部署，紧紧围绕统筹推进“五位一体”总体布局和协调推进“四个全面”战略布局，牢固树立和贯彻落实创新、协调、绿色、开放、共享的发展理念，坚持正确的卫生与健康工作方针，强化政府监管职责，督促用人单位落实主体责任，提升职业病防治工作水平，鼓励全社会广泛参与，有效预防和控制职业病危害，切实保障劳动者职业健康权益，促进经济社会持续健康发展，为推进健康中国建设奠定重要基础。

（二）基本原则。

坚持依法防治。推进职业病防治工作法治化建设，建立健全配套法律、法规和标准，依法依规开展工作。落实法定防治职责，坚持管行业、管业务、管生产经营的同时必须管好职业病防治工作，建立用人单位诚信体系。

坚持源头治理。把握职业卫生发展规律，坚持预防为主、防治结合，以重点行业、重点职业病危害和重点人群为切入点，引导用人单位开展技术改造和转型升级，改善工作场所条件，从源头预防控制职业病危害。

坚持综合施策。统筹协调职业病防治工作涉及的方方面面，更加注重部门协调和资源共享，切实落实用人单位主体责任，提升劳动者个体防护意识，推动政府、用人单位、劳动者各负其责、协同联动，形成防治工作合力。

（三）规划目标。到 2020 年，建立健全用人单位负责、行政机关监管、行业自律、职工参与和社会监督的职业病防治工作格局。职业病防治法律、法规和标准体系基本完善，职业卫生监管水平明显提升，职业病防治服务能力显著增强，救治救助和工伤保险保障水平不断提高；职业病源头治理力度进一步加大，用人单位主体责任不断落实，工作场所作业环境有效改善，职业健康监护工作有序开展，劳动者的职业健康权益得到切实保障；接尘工龄不足 5 年的劳动者新发尘肺病报告例数占年度报告总例数的比例得到下降，重大急性职业病危害事故、慢性职业性化学中毒、急性职业性放射性疾病得到有效控制。

——用人单位主体责任不断落实。重点行业的用人单位职业病危害项目申报率达到 85%以上，工作场所职业病危害因素定期检测率达到 80%以上，接触职业病危害的劳动者在岗期间职业健康检查率达到 90%以上，主要负责人、职业卫生管理人员职业卫生培训率均达到 95%以上，医疗卫生机构放射工作人员个人剂量监测率达到 90%以上。

——职业病防治体系基本健全。建立健全省、市、县三级职业病防治工作联席会议制度。设区的市至少应确定 1 家医疗卫生机构承担本辖区内职业病诊断工作，县级行政区域原则上至少确定 1 家医疗卫生机构承担本辖区职业健康检查工作。职业病防治服务网络和监管网络不断健全，职业卫生监管人员培训实现全覆盖。

——职业病监测能力不断提高。健全监测网络，开展重点职业病监测工作的县（区）覆盖率达到 90%。提升职业病报告质量，职业病诊断机构报告率达到 90%。初步建立职业病防治信息系统，实现部门间信息共享。

——劳动者健康权益得到保障。劳动者依法应参加工伤保险覆盖率达到 80%以上，逐步实现工伤保险与基本医疗保险、大病保险、医疗救助、社会慈善、商业保险等有效衔接，切实减轻职业病病人负担。

三、主要任务

（一）强化源头治理。开展全国职业病危害调查，掌握产生职业病危害的用人单位基本情况，以及危害地区、行业、岗位、人群分布等基本信息。建立职业病危害严重的落后工艺、材料和设备淘汰、限制名录管理制度，推广有利于保护劳动者健康的新技术、新工艺、新设备和新材料。以职业性尘肺病、化学中毒为重点，在矿山、有色金属、冶金、建材等行业领域开展专项治理。严格源头控制，引导职业病危害严重的用人单位进行技术改造和转型升级。开展职业病危害治理帮扶行动，探索设立中小微型用人单位职业病防治公益性指导援助平台。加强对新发职业病危害的研究识别、评价与控制。

（二）落实用人单位主体责任。督促职业病危害严重的用人单位建立防治管理责任制，健全岗位责任体系，做到责任到位、投入到位、监管到位、防护到位、应急救援到位。推动企业依法设立职业卫生管理机构，配备专（兼）职管理人员和技术人员。通过经验推广、示范创建等方式，引导用人单位发挥主体作用，自主履行法定义务。帮助用人单位有针对性地开展职业卫生培训，提高主要负责人、管理人员和劳动者的职业病危害防护意识。督促用人单位落实建设项目职业病防护设施“三同时”（同时设计、同时施工、同时投入生产和使用）制度，加强对危害预评价、防护设施控制效果评价和竣工验收等环节的管理。改善作业环境，做好工作场所危害因素申报、日常监测、定期检测和个体防护用品管理等工作，严格执行工作场所职业病危害因素检测结果和防护措施公告制度，在产生严重危害的作业岗位设置警示标志和说明。指导用人单位建立完善职业健康监护制度，组织劳动者开展职业健康检查，配合开展职业病诊断与鉴定等工作。

（三）加大职业卫生监管执法力度。加强职业卫生监管网络建设，逐步健全监管执法队伍。大力提升基层监管水平，重点加强县、乡级职业卫生监管执法能力和装备建设。依法履行监管职责，督促用人单位加强对农民工、劳务派遣人员等职业病危害高风险人群的职业健康管理。扩大监督检查覆盖范围，加大对重点行业、重点企业、存在职业病危害的建设项目以及职业卫生技术服务机构、职业病诊断机构和职业健康检查机构的监督检查力度，开展职业卫生服务监督检查行动，严肃查处违法违规行为。对职业病危害严重、改造后仍无法达标的用人单位，严格依法责令停止产生职业病危害的作业，或者依照法定程序责令停建、关闭。建立用人单位和职业卫生技术服务机构“黑名单”制度，定期向社会公布并通报有关部门。注重发挥行业组织在职业卫生监管中的作用。

（四）提升防治服务水平。完善职业病防治服务网络，按照区域覆盖、合理配置的原则，加强基础设施建设，明确职业病防治机构的布局、规模、功能和数量。根据职责定位，充分发挥好各类疾病预防控制机构、职业病防治院所、综合性医院和专科医院职业病科在职业健康检查及职业病诊断、监测、评价、风险评估等方面的作用，健全分工协作、上下联动的工作机制。推动职业卫生工作重心下沉，逐步引导基层医疗卫生机构参与职业健康管理和健康促进工作。以农民工尘肺病为切入点，简化职业病诊断程序，优化服务流程，提高服务质量。加大投入力度，提升职业中毒和核辐射应急救治水平。充分调动社会力量的积极性，增加职业健康检查等服务供给，创新服务模式，满足劳动者和用人单位多层次、多样化的职业卫生服务需求。

（五）落实救助保障措施。规范用人单位劳动用工管理，依法签订劳动合同，督促用人单位在合同中明确劳动保护、劳动条件和职业病危害防护等内容。在重点行业中推行平等协商和签订劳动安全卫生专项集体合同制度，以非公有制企业为重点，督促劳动关系双方认真履行防治责任。督促用人单位按时足额缴纳工伤保险费，推行工伤保险费率与职业病危害程度挂钩浮动制度。做好工伤保险与基本医疗保险、大病保险、医疗救助、社会慈善、商业保险等有效衔接，及时让符合条件的职业病病人按规定享受大病保险待遇和纳入医疗救助范围，减轻病人医疗费用负担。将符合条件的尘肺病等职业病病人家庭及时纳入最低生活保障范围；对遭遇突发性、紧迫性、临时性基本生活困难的，按规定及时给予救助。

（六）推进防治信息化建设。改进职业病危害项目申报工作，建立统一、高效的职业卫生监督执法信息管理机制，推动执法工作公开透明。建立完善重点职业病与职业病危害因素监测、报告和管理网络。开展重点职业病监测和专项调查，持续、系统收集相关信息。规范职业病报告信息管理工作，提高上报信息的及时性、完整性和准确性。开展职业健康风险评估，掌握重点人群和重点行业发病特点、危害程度和发病趋势。加强部门间信息共享利用，及时交流用人单位职业病危害、劳动者职业健康和工伤保障等信息数据。将职业病防治纳入全民健康保障信息化工程，充分利用互联网、大数据、云计算等技术做好防治工作。

（七）开展宣传教育和健康促进。动员全社会参与，充分发挥主流媒体的权威性和新媒体的便捷性，广泛宣传职业病防治法律法规和相关标准，普及职业病危害防治知识。积极利用“职业病防治法宣传周”开展各种形式的宣传活动，提高宣传教育的针对性和实效性。督促用人单位重视工作场所的职业健康宣传教育工作。创新方式方法，开展健康促进试点，推动“健康企业”建设，营造有益于职业健康的环境。巩固健康教育成果，更新健康促进手段，及时应对产业转型、技术进步可能产生的职业健康新问题。

（八）加强科研及成果转化应用。鼓励和支持职业病防治基础性科研工作，推进发病机理研究，在重点人群和重点行业开展流行病学调查，开展早期职业健康损害、新发职业病危害因素和疾病负担等研究，为制定防治政策提供依据。重点攻关职业性尘肺病、化学中毒、噪声聋、放射性疾病等防治技术，以及粉尘、化学因素等快速检测技术。加快科技成果转化应用工作，推广以无毒代替有毒、低毒代替高毒等新技术、新工艺、新设备和新材料。加强国际合作，吸收、借鉴和推广国际先进科学技术和成功经验。

四、保障措施

（一）加强组织领导。各地区要高度重视职业病防治工作，将其纳入本地区国民经济和社会发展总体规划，健全职业病防治工作联席会议制度，加强统筹协调，多措并举，进一步提升职业病防治合力。完善职业病防治工作责任制，建立防治目标和责任考核制度，制订年度工作计划和实施方案，定期研究解决职业病防治中的重大问题。建立健全政府部门、用人单位和劳动者三方代表参与的职业病防治工作长效机制。

（二）落实部门责任。各有关部门要严格贯彻《中华人民共和国职业病防治法》，履行法定职责，加强协同配合，切实做好职业病防治工作。国家卫生计生委负责对职业病报告、职业健康检查、职业病诊断与鉴定、化学品毒性鉴定等工作进行监督管理，组织开展重点职业病监测、职业健康风险评估和专项调查，开展医疗卫生机构放射性职业病危害控制的监督管理。安全监管总局负责用人单位职业卫生监督检查工作，加强源头治理，负责建设项目职业病危害评价和职业卫生技术服务机构监管，调查处置职业卫生事件和事故，拟订高危粉尘作业、高毒和放射性作业等方面的行政法规，组织指导并监督检查用人单位职业卫生培训工作。中央宣传部负责组织新闻媒体做好职业病防治宣传、舆论引导和监督工作。国家发展改革委负责会同有关行业管理部门积极调整产业政策，限制和减少职业病危害严重的落后技术、工艺、设备和材料的使用，支持职业病防治机构的基础设施建设。科技部负责将职业病防治关键技术等研究纳入国家重点研究计划。工业和信息化部发挥行业管理职能作用，在行业规划、标准规范、技术改造、推动过剩产能退出、产业转型升级等方面统筹考虑职业病防治工作，促进企业提高职业病防治水平。民政部负责将用人单位不存在或无法确定劳动关系，且符合条件的职业病病人纳入医疗救助范围，将符合条件的职业病病人及其家庭纳入最低生活保障范围。财政部负责落实职业病防治的财政补助政策，保障职业病防治工作所需经费。人力资源社会保障部负责职业病病人的工伤保险待遇有关工作。国务院国资委配合有关部门督促指导中央企业依法开展职业病防治工作。全国总工会依法对职业病防治工作进行监督，参与职业病危害事故调查处理，反映劳动者职业健康方面的诉求，提出意见和建议，维护劳动者合法权益。

（三）加大经费投入。各地区要根据职业病防治形势，加大财政投入力度，合理安排防治工作所需经费，加强对任务完成情况和财政资金使用考核，提高资金使用效率。用人单位要根据实际情况，保障生产工艺技术改造、职业病危害预防和控制、工作场所检测评价、职业健康监护和职业卫生培训等费用。各地区要探索工伤保险基金在职业病预防、诊疗和康复中的作用，建立多元化的防治资金筹措机制，鼓励和引导社会资本投入职业病防治领域。

（四）健全法律法规和标准。进一步完善职业病防治法律法规。健全高危粉尘、高毒和医用辐射防护等特殊作业管理，以及职业病危害评价、职业健康检查、职业病诊断与鉴定等法律制度。制定职业病报告、职业健康管理等工作规范。完善重点职业病、职业性放射性疾病等监测和职业健康风险评估技术方案。健全用人单位职业病危害因素工程控制、个体职业防护、职业健康监护、职业病诊断等国家职业卫生标准和指南。

（五）加强人才队伍建设。各地区要强化职业病防治和技术服务专业队伍建设，重点加强疾病预防控制机构、职业病防治院所、综合性医院和专科医院职业病科等梯队建设，提高县、乡级职业卫生服务能力。探索建立注册职业卫生工程师制度。接触职业病危害因素劳动者多、危害程度严重的用人单位，要强化专（兼）职职业卫生技术人员储备。加大培训力度，重点加强对临床和公共卫生复合型人才的培养。

五、督导与评估

安全监管总局、国家卫生计生委要适时组织开展规划实施的督查和评价工作，2020 年组织规划实施的终期评估，结果报国务院。各地区要结合工作实际研究制定本地区职业病防治规划，明确阶段性目标和工作分工，加大督导检查力度，确保目标任务圆满完成。

四、部门规章

（一）劳动安全

生产经营单位安全培训规定

（2006年1月17日国家安全生产监督管理总局令第3号公布 2013年第63号令第一次修正　2015年第80号令第二次修正）

第一章　总　则

第一条　为加强和规范生产经营单位安全培训工作，提高从业人员安全素质，防范伤亡事故，减轻职业危害，根据安全生产法和有关法律、行政法规，制定本规定。

第二条　工矿商贸生产经营单位（以下简称生产经营单位）从业人员的安全培训，适用本规定。

第三条　生产经营单位负责本单位从业人员安全培训工作。

生产经营单位应当按照安全生产法和有关法律、行政法规和本规定，建立健全安全培训工作制度。

第四条　生产经营单位应当进行安全培训的从业人员包括主要负责人、安全生产管理人员、特种作业人员和其他从业人员。

生产经营单位使用被派遣劳动者的，应当将被派遣劳动者纳入本单位从业人员统一管理，对被派遣劳动者进行岗位安全操作规程和安全操作技能的教育和培训。劳务派遣单位应当对被派遣劳动者进行必要的安全生产教育和培训。

生产经营单位接收中等职业学校、高等学校学生实习的，应当对实习学生进行相应的安全生产教育和培训，提供必要的劳动防护用品。学校应当协助生产经营单位对实习学生进行安全生产教育和培训。

生产经营单位从业人员应当接受安全培训，熟悉有关安全生产规章制度和安全操作规程，具备必要的安全生产知识，掌握本岗位的安全操作技能，了解事故应急处理措施，知悉自身在安全生产方面的权利和义务。

未经安全培训合格的从业人员，不得上岗作业。

第五条　国家安全生产监督管理总局指导全国安全培训工作，依法对全国的安全培训工作实施监督管理。

国务院有关主管部门按照各自职责指导监督本行业安全培训工作，并按照本规定制定实施办法。

国家煤矿安全监察局指导监督检查全国煤矿安全培训工作。

各级安全生产监督管理部门和煤矿安全监察机构（以下简称安全生产监管监察部门）按照各自的职责，依法对生产经营单位的安全培训工作实施监督管理。

第二章　主要负责人、安全生产管理人员的安全培训

第六条　生产经营单位主要负责人和安全生产管理人员应当接受安全培训，具备与所从事的生产经营活动相适应的安全生产知识和管理能力。

第七条　生产经营单位主要负责人安全培训应当包括下列内容：

（一）国家安全生产方针、政策和有关安全生产的法律、法规、规章及标准；

（二）安全生产管理基本知识、安全生产技术、安全生产专业知识；

（三）重大危险源管理、重大事故防范、应急管理和救援组织以及事故调查处理的有关规定；

（四）职业危害及其预防措施；

（五）国内外先进的安全生产管理经验；

（六）典型事故和应急救援案例分析；

（七）其他需要培训的内容。

第八条　生产经营单位安全生产管理人员安全培训应当包括下列内容：

（一）国家安全生产方针、政策和有关安全生产的法律、法规、规章及标准；

（二）安全生产管理、安全生产技术、职业卫生等知识；

（三）伤亡事故统计、报告及职业危害的调查处理方法；

（四）应急管理、应急预案编制以及应急处置的内容和要求；

（五）国内外先进的安全生产管理经验；

（六）典型事故和应急救援案例分析；

（七）其他需要培训的内容。

第九条　生产经营单位主要负责人和安全生产管理人员初次安全培训时间不得少于32学时。每年再培训时间不得少于12学时。

煤矿、非煤矿山、危险化学品、烟花爆竹、金属冶炼等生产经营单位主要负责人和安全生产管理人员初次安全培训时间不得少于48学时，每年再培训时间不得少于16学时。

第十条 生产经营单位主要负责人和安全生产管理人员的安全培训必须依照安全生产监管监察部门制定的安全培训大纲实施。

非煤矿山、危险化学品、烟花爆竹、金属冶炼等生产经营单位主要负责人和安全生产管理人员的安全培训大纲及考核标准由国家安全生产监督管理总局统一制定。

煤矿主要负责人和安全生产管理人员的安全培训大纲及考核标准由国家煤矿安全监察局制定。

煤矿、非煤矿山、危险化学品、烟花爆竹、金属冶炼以外的其他生产经营单位主要负责人和安全管理人员的安全培训大纲及考核标准，由省、自治区、直辖市安全生产监督管理部门制定。

第三章　其他从业人员的安全培训

第十一条 煤矿、非煤矿山、危险化学品、烟花爆竹、金属冶炼等生产经营单位必须对新上岗的临时工、合同工、劳务工、轮换工、协议工等进行强制性安全培训，保证其具备本岗位安全操作、自救互救以及应急处置所需的知识和技能后，方能安排上岗作业。

第十二条 加工、制造业等生产单位的其他从业人员，在上岗前必须经过厂（矿）、车间（工段、区、队）、班组三级安全培训教育。

生产经营单位应当根据工作性质对其他从业人员进行安全培训，保证其具备本岗位安全操作、应急处置等知识和技能。

第十三条 生产经营单位新上岗的从业人员，岗前安全培训时间不得少于24学时。

煤矿、非煤矿山、危险化学品、烟花爆竹、金属冶炼等生产经营单位新上岗的从业人员安全培训时间不得少于72学时，每年再培训的时间不得少于20学时。

第十四条 厂（矿）级岗前安全培训内容应当包括：

（一）本单位安全生产情况及安全生产基本知识；

（二）本单位安全生产规章制度和劳动纪律；

（三）从业人员安全生产权利和义务；

（四）有关事故案例等。

煤矿、非煤矿山、危险化学品、烟花爆竹、金属冶炼等生产经营单位厂（矿）级安全培训除包括上述内容外，应当增加事故应急救援、事故应急预案演练及防范措施等内容。

第十五条 车间（工段、区、队）级岗前安全培训内容应当包括：

（一）工作环境及危险因素；

（二）所从事工种可能遭受的职业伤害和伤亡事故；

（三）所从事工种的安全职责、操作技能及强制性标准；

（四）自救互救、急救方法、疏散和现场紧急情况的处理；

（五）安全设备设施、个人防护用品的使用和维护；

（六）本车间（工段、区、队）安全生产状况及规章制度；

（七）预防事故和职业危害的措施及应注意的安全事项；

（八）有关事故案例；

（九）其他需要培训的内容。

第十六条 班组级岗前安全培训内容应当包括：

（一）岗位安全操作规程；

（二）岗位之间工作衔接配合的安全与职业卫生事项；

（三）有关事故案例；

（四）其他需要培训的内容。

第十七条 从业人员在本生产经营单位内调整工作岗位或离岗一年以上重新上岗时，应当重新接受车间（工段、区、队）和班组级的安全培训。

生产经营单位采用新工艺、新技术、新材料或者使用新设备时，应当对有关从业人员重新进行有针对性的安全培训。

第十八条 生产经营单位的特种作业人员，必须按照国家有关法律、法规的规定接受专门的安全培训，经考核合格，取得特种作业操作资格证书后，方可上岗作业。

特种作业人员的范围和培训考核管理办法，另行规定。

第四章 安全培训的组织实施

第十九条 生产经营单位从业人员的安全培训工作，由生产经营单位组织实施。

生产经营单位应当坚持以考促学、以讲促学，确保全体从业人员熟练掌握岗位安全生产知识和技能；煤矿、非煤矿山、危险化学品、烟花爆竹、金属冶炼等生产经营单位还应当完善和落实师傅带徒弟制度。

第二十条 具备安全培训条件的生产经营单位，应当以自主培训为主；可以委托具备安全培训条件的机构，对从业人员进行安全培训。

不具备安全培训条件的生产经营单位，应当委托具备安全培训条件的机构，对从业人员进行安全培训。

生产经营单位委托其他机构进行安全培训的，保证安全培训的责任仍由本单位负责。

第二十一条 生产经营单位应当将安全培训工作纳入本单位年度工作计划。保证本单位安全培训工作所需资金。

生产经营单位的主要负责人负责组织制定并实施本单位安全培训计划。

第二十二条 生产经营单位应当建立健全从业人员安全生产教育和培训档案，由生产经营单位的安全生产管理机构以及安全生产管理人员详细、准确记录培训的时间、内容、参加人员以及考核结果等情况。

第二十三条 生产经营单位安排从业人员进行安全培训期间，应当支付工资和必要的费用。

第五章 监督管理

第二十四条 煤矿、非煤矿山、危险化学品、烟花爆竹、金属冶炼等生产经营单位主要负责人和安全生产管理人员，自任职之日起 6 个月内，必须经安全生产监管监察部门对其安全生产知识和管理能力考核合格。

第二十五条 安全生产监管监察部门依法对生产经营单位安全培训情况进行监督检查，督促生产经营单位按照国家有关法律法规和本规定开展安全培训工作。

县级以上地方人民政府负责煤矿安全生产监督管理的部门对煤矿井下作业人员的安全培训情况进行监督检查。煤矿安全监察机构对煤矿特种作业人员安全培训及其持证上岗的情况进行监督检查。

第二十六条 各级安全生产监管监察部门对生产经营单位安全培训及其持证上岗的情况进行监督检查，主要包括以下内容：

（一）安全培训制度、计划的制定及其实施的情况；

（二）煤矿、非煤矿山、危险化学品、烟花爆竹、金属冶炼等生产经营单位主要负责人和安全生产管理人员安全培训以及安全生产知识和管理能力考核的情况；其他生产经营单位主要负责人和安全生产管理人员培训的情况；

（三）特种作业人员操作资格证持证上岗的情况；

（四）建立安全生产教育和培训档案，并如实记录的情况；

（五）对从业人员现场抽考本职工作的安全生产知识；

（六）其他需要检查的内容。

第二十七条 安全生产监管监察部门对煤矿、非煤矿山、危险化学品、烟花爆竹、金属冶炼等生产经营单位的主要负责人、安全管理人员应当按照本规定严格考核。考核不得收费。

安全生产监管监察部门负责考核的有关人员不得玩忽职守和滥用职权。

第二十八条 安全生产监管监察部门检查中发现安全生产教育和培训责任落实不到位、有关从业人员未经培训合格的，应当视为生产安全事故隐患，责令生产经营单位立即停止违法行为，限期整改，并依法予以处罚。

第六章 罚 则

第二十九条 生产经营单位有下列行为之一的，由安全生产监管监察部门责令其限期改正，可以处1万元以上3万元以下的罚款：

（一）未将安全培训工作纳入本单位工作计划并保证安全培训工作所需资金的；

（二）从业人员进行安全培训期间未支付工资并承担安全培训费用的。

第三十条 生产经营单位有下列行为之一的，由安全生产监管监察部门责令其限期改正，可以处5万元以下的罚款；逾期未改正的，责令停产停业整顿，并处5万元以上10万元以下的罚款，对其直接负责的主管人员和其他直接责任人员处1万元以上2万元以下的罚款：

（一）煤矿、非煤矿山、危险化学品、烟花爆竹、金属冶炼等生产经营单位主要负责人和安全管理人员未按照规定经考核合格的；

（二）未按照规定对从业人员、被派遣劳动者、实习学生进行安全生产教育和培训或者未如实告知其有关安全生产事项的；

（三）未如实记录安全生产教育和培训情况的；

（四）特种作业人员未按照规定经专门的安全技术培训并取得特种作业人员操作资格证书，上岗作业的。

县级以上地方人民政府负责煤矿安全生产监督管理的部门发现煤矿未按照本规定对井下作业人员进行安全培训的，责令限期改正，处10万元以上50万元以下的罚款；逾期未改正的，责令停产停业整顿。

煤矿安全监察机构发现煤矿特种作业人员无证上岗作业的，责令限期改正，处10万元以上50万元以下的罚款；逾期未改正的，责令停产停业整顿。

第三十一条 安全生产监管监察部门有关人员在考核、发证工作中玩忽职守、滥用职权的，由上级安全生产监管监察部门或者行政监察部门给予记过、记大过的行政处分。

第七章 附 则

第三十二条 生产经营单位主要负责人是指有限责任公司或者股份有限公司的董事长、总经理，其他生产经营单位的厂长、经理、（矿务局）局长、矿长（含实际控制人）等。

生产经营单位安全生产管理人员是指生产经营单位分管安全生产的负责人、安全生产管理机构负责人及其管理人员，以及未设安全生产管理机构的生产经营单位专、兼职安全生产管理人员等。

生产经营单位其他从业人员是指除主要负责人、安全生产管理人员和特种作业人员以外，该单位从事生产经营活动的所有人员，包括其他负责人、其他管理人员、技术人员和各岗位的工人以及临时聘用的人员。

第三十三条 省、自治区、直辖市安全生产监督管理部门和省级煤矿安全监察机构可以根据本规定制定实施细则，报国家安全生产监督管理总局和国家煤矿安全监察局备案。

第三十四条 本规定自2006年3月1日起施行。

安全生产事故隐患排查治理暂行规定

（2007年12月28日国家安全生产监督管理总局令第16号公布）

第一章　总　则

第一条　为了建立安全生产事故隐患排查治理长效机制，强化安全生产主体责任，加强事故隐患监督管理，防止和减少事故，保障人民群众生命财产安全，根据安全生产法等法律、行政法规，制定本规定。

第二条　生产经营单位安全生产事故隐患排查治理和安全生产监督管理部门、煤矿安全监察机构（以下统称安全监管监察部门）实施监管监察，适用本规定。

有关法律、行政法规对安全生产事故隐患排查治理另有规定的，依照其规定。

第三条　本规定所称安全生产事故隐患（以下简称事故隐患），是指生产经营单位违反安全生产法律、法规、规章、标准、规程和安全生产管理制度的规定，或者因其他因素在生产经营活动中存在可能导致事故发生的物的危险状态、人的不安全行为和管理上的缺陷。

事故隐患分为一般事故隐患和重大事故隐患。一般事故隐患，是指危害和整改难度较小，发现后能够立即整改排除的隐患。重大事故隐患，是指危害和整改难度较大，应当全部或者局部停产停业，并经过一定时间整改治理方能排除的隐患，或者因外部因素影响致使生产经营单位自身难以排除的隐患。

第四条　生产经营单位应当建立健全事故隐患排查治理制度。

生产经营单位主要负责人对本单位事故隐患排查治理工作全面负责。

第五条　各级安全监管监察部门按照职责对所辖区域内生产经营单位排查治理事故隐患工作依法实施综合监督管理；各级人民政府有关部门在各自职责范围内对生产经营单位排查治理事故隐患工作依法实施监督管理。

第六条　任何单位和个人发现事故隐患，均有权向安全监管监察部门和有关部门报告。

安全监管监察部门接到事故隐患报告后，应当按照职责分工立即组织核实并予以查处；发现所报告事故隐患应当由其他有关部门处理的，应当立即移送有关部门并记录备查。

第二章　生产经营单位的职责

第七条　生产经营单位应当依照法律、法规、规章、标准和规程的要求从事生产经营活动。严禁非法从事生产经营活动。

第八条　生产经营单位是事故隐患排查、治理和防控的责任主体。

生产经营单位应当建立健全事故隐患排查治理和建档监控等制度，逐级建立并落实从主要负责人到每个从业人员的隐患排查治理和监控责任制。

第九条　生产经营单位应当保证事故隐患排查治理所需的资金，建立资金使用专项制度。

第十条　生产经营单位应当定期组织安全生产管理人员、工程技术人员和其他相关人员排查本单位的事故隐患。对排查出的事故隐患，应当按照事故隐患的等级进行登记，建立事故隐患信息档案，并按照职责分工实施监控治理。

第十一条　生产经营单位应当建立事故隐患报告和举报奖励制度，鼓励、发动职工发现和排除事故隐患，鼓励社会公众举报。对发现、排除和举报事故隐患的有功人员，应当给予物质奖励和表彰。

第十二条　生产经营单位将生产经营项目、场所、设备发包、出租的，应当与承包、承租单位签订安全生产管理协议，并在协议中明确各方对事故隐患排查、治理和防控的管理职责。生产经营单位对承包、承租单位的事故隐患排查治理负有统一协调和监督管理的职责。

第十三条　安全监管监察部门和有关部门的监督检查人员依法履行事故隐患监督检查职责时，生产经营单位应当积极配合，不得拒绝和阻挠。

第十四条　生产经营单位应当每季、每年对本单位事故隐患排查治理情况进行统计分析，并分别于下一季度 15 日前和下一年 1 月 31 日前向安全监管监察部门和有关部门报送书面统计分析表。统计分析表应当由生产经营单位主要负责人签字。

对于重大事故隐患，生产经营单位除依照前款规定报送外，应当及时向安全监管监察部门和有关部门报告。重大事故隐患报告内容应当包括：

（一）隐患的现状及其产生原因；

（二）隐患的危害程度和整改难易程度分析；

（三）隐患的治理方案。

第十五条 对于一般事故隐患，由生产经营单位（车间、分厂、区队等）负责人或者有关人员立即组织整改。

对于重大事故隐患，由生产经营单位主要负责人组织制定并实施事故隐患治理方案。重大事故隐患治理方案应当包括以下内容：

（一）治理的目标和任务；

（二）采取的方法和措施；

（三）经费和物资的落实；

（四）负责治理的机构和人员；

（五）治理的时限和要求；

（六）安全措施和应急预案。

第十六条 生产经营单位在事故隐患治理过程中，应当采取相应的安全防范措施，防止事故发生。事故隐患排除前或者排除过程中无法保证安全的，应当从危险区域内撤出作业人员，并疏散可能危及的其他人员，设置警戒标志，暂时停产停业或者停止使用；对暂时难以停产或者停止使用的相关生产储存装置、设施、设备，应当加强维护和保养，防止事故发生。

第十七条 生产经营单位应当加强对自然灾害的预防。对于因自然灾害可能导致事故灾难的隐患，应当按照有关法律、法规、标准和本规定的要求排查治理，采取可靠的预防措施，制定应急预案。在接到有关自然灾害预报时，应当及时向下属单位发出预警通知；发生自然灾害可能危及生产经营单位和人员安全的情况时，应当采取撤离人员、停止作业、加强监测等安全措施，并及时向当地人民政府及其有关部门报告。

第十八条 地方人民政府或者安全监管监察部门及有关部门挂牌督办并责令全部或者局部停产停业治理的重大事故隐患，治理工作结束后，有条件的生产经营单位应当组织本单位的技术人员和专家对重大事故隐患的治理情况进行评估；其他生产经营单位应当委托具备相应资质的安全评价机构对重大事故隐患的治理情况进行评估。

经治理后符合安全生产条件的，生产经营单位应当向安全监管监察部门和有关部门提出恢复生产的书面申请，经安全监管监察部门和有关部门审查同意后，方可恢复生产经营。申请报告应当包括治理方案的内容、项目和安全评价机构出具的评价报告等。

第三章　监督管理

第十九条　安全监管监察部门应当指导、监督生产经营单位按照有关法律、法规、规章、标准和规程的要求，建立健全事故隐患排查治理等各项制度。

第二十条　安全监管监察部门应当建立事故隐患排查治理监督检查制度，定期组织对生产经营单位事故隐患排查治理情况开展监督检查；应当加强对重点单位的事故隐患排查治理情况的监督检查。对检查过程中发现的重大事故隐患，应当下达整改指令书，并建立信息管理台账。必要时，报告同级人民政府并对重大事故隐患实行挂牌督办。

安全监管监察部门应当配合有关部门做好对生产经营单位事故隐患排查治理情况开展的监督检查，依法查处事故隐患排查治理的非法和违法行为及其责任者。

安全监管监察部门发现属于其他有关部门职责范围内的重大事故隐患的，应该及时将有关资料移送有管辖权的有关部门，并记录备查。

第二十一条　已经取得安全生产许可证的生产经营单位，在其被挂牌督办的重大事故隐患治理结束前，安全监管监察部门应当加强监督检查。必要时，可以提请原许可证颁发机关依法暂扣其安全生产许可证。

第二十二条　安全监管监察部门应当会同有关部门把重大事故隐患整改纳入重点行业领域的安全专项整治中加以治理，落实相应责任。

第二十三条　对挂牌督办并采取全部或者局部停产停业治理的重大事故隐患，安全监管监察部门收到生产经营单位恢复生产的申请报告后，应当在10日内进行现场审查。审查合格的，对事故隐患进行核销，同意恢复生产经营；审查不合格的，依法责令改正或者下达停产整改指令。对整改无望或者生产经营单位拒不执行整改指令的，依法实施行政处罚；不具备安全生产条件的，依法提请县级以上人民政府按照国务院规定的权限予以关闭。

第二十四条　安全监管监察部门应当每季将本行政区域重大事故隐患的排查治理情况和统计分析表逐级报至省级安全监管监察部门备案。

省级安全监管监察部门应当每半年将本行政区域重大事故隐患的排查治理情况和统计分析表报国家安全生产监督管理总局备案。

第四章　罚　则

第二十五条　生产经营单位及其主要负责人未履行事故隐患排查治理职责，导致发生生产安全事故的，依法给予行政处罚。

第二十六条　生产经营单位违反本规定，有下列行为之一的，由安全监管监察部门给予警告，并处三万元以下的罚款：

（一）未建立安全生产事故隐患排查治理等各项制度的；

（二）未按规定上报事故隐患排查治理统计分析表的；

（三）未制定事故隐患治理方案的；

（四）重大事故隐患不报或者未及时报告的；

（五）未对事故隐患进行排查治理擅自生产经营的；

（六）整改不合格或者未经安全监管监察部门审查同意擅自恢复生产经营的。

第二十七条　承担检测检验、安全评价的中介机构，出具虚假评价证明，尚不够刑事处罚的，没收违法所得，违法所得在五千元以上的，并处违法所得二倍以上五倍以下的罚款，没有违法所得或者违法所得不足五千元的，单处或者并处五千元以上二万元以下的罚款，同时可对其直接负责的主管人员和其他直接责任人员处五千元以上五万元以下的罚款；给他人造成损害的，与生产经营单位承担连带赔偿责任。

对有前款违法行为的机构，撤销其相应的资质。

第二十八条　生产经营单位事故隐患排查治理过程中违反有关安全生产法律、法规、规章、标准和规程规定的，依法给予行政处罚。

第二十九条　安全监管监察部门的工作人员未依法履行职责的，按照有关规定处理。

第五章　附　则

第三十条　省级安全监管监察部门可以根据本规定，制定事故隐患排查治理和监督管理实施细则。

第三十一条　事业单位、人民团体以及其他经济组织的事故隐患排查治理，参照本规定执行。

第三十二条　本规定自 2008 年 2 月 1 日起施行。

煤矿领导带班下井及安全监督检查规定

（2010年9月7日国家安全生产监督管理总局令第33号公布 2015年第81号令修正）

第一章 总 则

第一条 为落实煤矿领导带班下井制度，根据《国务院关于进一步加强企业安全生产工作的通知》（国发〔2010〕23号）和有关法律、行政法规的规定，制定本规定。

第二条 煤矿领导带班下井和县级以上地方人民政府煤炭行业管理部门、煤矿安全生产监督管理部门（以下分别简称为煤炭行业管理部门、煤矿安全监管部门），以及煤矿安全监察机构对其实施监督检查，适用本规定。

第三条 煤炭行业管理部门是落实煤矿领导带班下井制度的主管部门，负责督促煤矿抓好有关制度的建设和落实。

煤矿安全监管部门对煤矿领导带班下井进行日常性的监督检查，对煤矿违反带班下井制度的行为依法作出现场处理或者实施行政处罚。

煤矿安全监察机构对煤矿领导带班下井实施国家监察，对煤矿违反带班下井制度的行为依法作出现场处理或者实施行政处罚。

第四条 本规定所称的煤矿，是指煤矿生产矿井和新建、改建、扩建、技术改造、资源整合重组等建设矿井及其施工单位。

本规定所称煤矿领导，是指煤矿的主要负责人、领导班子成员和副总工程师。

建设矿井的领导，是指煤矿建设单位和从事煤矿建设的施工单位的主要负责人、领导班子成员和副总工程师。

第五条 煤矿是落实领导带班下井制度的责任主体，每班必须有矿领导带班下井，并与工人同时下井、同时升井。

煤矿的主要负责人对落实领导带班下井制度全面负责。

煤矿集团公司应当加强对所属煤矿领导带班下井的情况实施监督检查。

第六条 任何单位和个人对煤矿领导未按照规定带班下井或者弄虚作假的，均有权向煤炭行业管理部门、煤矿安全监管部门、煤矿安全监察机构举报和报告。

第二章 带班下井

第七条 煤矿应当建立健全领导带班下井制度，并严格考核。带班下井制度应当明确带班下井人员、每月带班下井的个数、在井下工作时间、带班下井的任务、职责权限、群众监督和考核奖惩等内容。

煤矿的主要负责人每月带班下井不得少于5个。

煤矿领导带班下井时，其领导姓名应当在井口明显位置公示。煤矿领导每月带班下井工作计划的完成情况，应当在煤矿公示栏公示，接受群众监督。

第八条 煤矿领导带班下井制度应当按照煤矿的隶属关系报送所在地煤炭行业管理部门，同时抄送煤矿安全监管部门和驻地煤矿安全监察机构。

第九条 煤矿领导带班下井时，应当履行下列职责：

（一）加强对采煤、掘进、通风等重点部位、关键环节的检查巡视，全面掌握当班井下的安全生产状况；

（二）及时发现和组织消除事故隐患和险情，及时制止违章违纪行为，严禁违章指挥，严禁超能力组织生产；

（三）遇到险情时，立即下达停产撤人命令，组织涉险区域人员及时、有序撤离到安全地点。

第十条 煤矿领导带班下井实行井下交接班制度。

上一班的带班领导应当在井下向接班的领导详细说明井下安全状况、存在的问题及原因、需要注意的事项等，并认真填写交接班记录簿。

第十一条 煤矿应当建立领导带班下井档案管理制度。

煤矿领导升井后，应当及时将下井的时间、地点、经过路线、发现的问题及处理情况、意见等有关情况进行登记，并由专人负责整理和存档备查。

煤矿领导带班下井的相关记录和煤矿井下人员定位系统存储信息保存期不少于一年。

第十二条 煤矿没有领导带班下井的，煤矿从业人员有权拒绝下井作业。煤矿不得因此降低从业人员工资、福利等待遇或者解除与其订立的劳动合同。

第三章　监督检查

第十三条　煤炭行业管理部门应当加强对煤矿领导带班下井的日常管理和督促检查。煤矿安全监管部门应当将煤矿建立并执行领导带班下井制度作为日常监督检查的重要内容，每季度至少对所辖区域煤矿领导带班下井执行情况进行一次监督检查。

煤矿领导带班下井执行情况应当在当地主要媒体向社会公布，接受社会监督。

第十四条　煤矿安全监察机构应当将煤矿领导带班下井制度执行情况纳入年度监察执法计划，每年至少进行两次专项监察或者重点监察。

煤矿领导带班下井的专项监察或者重点监察的情况应当报告上一级煤矿安全监察机构，并通报有关地方人民政府。

第十五条　煤炭行业管理部门、煤矿安全监管部门、煤矿安全监察机构对煤矿领导带班下井情况进行监督检查，可以采取现场随机询问煤矿从业人员、查阅井下交接班及下井档案记录、听取煤矿从业人员反映、调阅煤矿井下人员定位系统监控记录等方式。

第十六条　煤炭行业管理部门、煤矿安全监管部门、煤矿安全监察机构对煤矿领导带班下井情况进行监督检查时，重点检查下列内容：

（一）是否建立健全煤矿领导带班下井制度，包括井下交接班制度和带班下井档案管理制度；

（二）煤矿领导特别是煤矿主要负责人带班下井情况；

（三）是否制订煤矿领导每月轮流带班下井工作计划以及工作计划执行、公示、考核和奖惩等情况；

（四）煤矿领导带班下井在井下履行职责情况，特别是重大事故隐患和险情的处置情况；

（五）煤矿领导井下交接班记录、带班下井档案等情况；

（六）群众举报有关问题的查处情况。

第十七条　煤炭行业管理部门、煤矿安全监管部门、煤矿安全监察机构应当建立举报制度，公开举报电话、信箱或者电子邮件地址，受理有关举报；对于受理的举报，应当认真调查核实；经查证属实的，依法从重处罚。

第四章　法律责任

第十八条　煤矿有下列情形之一的，给予警告，并处 3 万元罚款；对煤矿主要负责人处 1 万元罚款：

（一）未建立健全煤矿领导带班下井制度的；

（二）未建立煤矿领导井下交接班制度的；

（三）未建立煤矿领导带班下井档案管理制度的；

（四）煤矿领导每月带班下井情况未按照规定公示的；

（五）未按规定填写煤矿领导下井交接班记录簿、带班下井记录或者保存带班下井相关记录档案的。

第十九条　煤矿领导未按规定带班下井，或者带班下井档案虚假的，责令改正，并对该煤矿处 15 万元的罚款，对违反规定的煤矿领导按照擅离职守处理，对煤矿主要负责人处 1 万元的罚款。

第二十条　对发生事故而没有煤矿领导带班下井的煤矿，依法责令停产整顿，暂扣或者吊销煤矿安全生产许可证，并依照下列规定处以罚款；情节严重的，提请有关人民政府依法予以关闭：

（一）发生一般事故的，处 50 万元的罚款；

（二）发生较大事故的，处 100 万元的罚款；

（三）发生重大事故的，处 500 万元的罚款；

（四）发生特别重大事故的，处 2000 万元的罚款。

第二十一条　对发生事故而没有煤矿领导带班下井的煤矿，对其主要负责人依法暂扣或者吊销其安全资格证，并依照下列规定处以罚款：

（一）发生一般事故的，处上一年年收入 30% 的罚款；

（二）发生较大事故的，处上一年年收入 40% 的罚款；

（三）发生重大事故的，处上一年年收入 60% 的罚款；

（四）发生特别重大事故的，处上一年年收入 80% 的罚款。

煤矿的主要负责人未履行《安全生产法》规定的安全生产管理职责，导致发生生产安全事故，受到刑事处罚或者撤职处分的，自刑罚执行完毕或者受处分之日起，5 年内不得担任任何生产经营单位的主要负责人；对重大、特别重大生产安全事故负有责任的，终身不得担任煤矿的主要负责人。

第二十二条　本规定的行政处罚，由煤矿安全监管部门、煤矿安全监察机构依照各自的法定职权决定。

第五章　附　则

第二十三条　省级煤炭行业管理部门会同煤矿安全监管部门可以依照本规定制定实施细则，报国家安全生产监督管理总局、国家煤矿安监局备案。

第二十四条　中央企业所属煤矿按照分级属地管理原则，由省（市、区）、设区的市人民政府煤炭行业管理部门、煤矿安全监管部门和煤矿安全监察机构负责监督监察。

第二十五条　露天煤矿领导带班下井参照本规定执行。

第二十六条　本规定自2010年10月7日起施行。

金属非金属地下矿山企业领导带班下井及监督检查暂行规定

（2010年10月13日国家安全生产监督管理总局令第34号公布　2015年第78号令修正）

总　则

第一条　为落实金属非金属地下矿山企业领导带班下井制度，强化现场安全管理，及时发现和消除事故隐患，根据《国务院关于进一步加强企业安全生产工作的通知》（国发〔2010〕23号）和国家有关规定，制定本规定。

第二条　金属非金属地下矿山企业（以下简称矿山企业）领导带班下井和县级以上安全生产监督管理部门对其实施监督检查，适用本规定。

第三条　本规定所称的矿山企业，是指金属非金属地下矿山生产企业及其所属各独立生产系统的矿井和新建、改建、扩建、技术改造等建设矿井。

本规定所称的矿山企业领导，是指矿山企业的主要负责人、领导班子成员和副总工程师。

第四条　矿山企业是落实领导带班下井制度的责任主体，必须确保每个班次至少有1名领导在井下现场带班，并与工人同时下井、同时升井。

矿山企业的主要负责人对落实领导带班下井制度全面负责。

第五条　安全生产监督管理部门对矿山企业落实领导带班下井制度情况进行监督检查，并依法作出现场处理或者实施行政处罚。

有关行业主管部门应当根据《国务院关于进一步加强企业安全生产工作的通知》的要求，按照各自职责做好矿山企业领导带班下井制度的落实工作，配合安全生产监督管理部门开展矿山企业领导带班下井情况的监督检查和考核奖惩等工作。

第六条　任何单位和个人发现矿山企业领导未按照规定执行带班下井

制度或者弄虚作假的，均有权向安全生产监督管理部门举报和报告。对举报和报告属实的，给予奖励。

带班下井

第七条 矿山企业应当建立健全领导带班下井制度，制定领导带班下井考核奖惩办法和月度计划，建立和完善领导带班下井档案。

第八条 矿山企业领导带班下井月度计划，应当明确每个工作班次带班下井的领导名单、下井及升井的时间以及特殊情况下的请假与调换人员审批程序等内容。

领导带班下井月度计划应当在本单位网站和办公楼及矿井井口予以公告，接受群众监督。

第九条 矿山企业应当每月对领导带班下井情况进行考核。领导带班下井情况与其经济收入挂钩，对按照规定带班下井并认真履行职责的，给予奖励；对未按照规定带班下井、冒名顶替下井或者弄虚作假的，按照有关规定予以处理。

矿山企业领导带班下井的月度计划完成情况，应当在矿山企业公示栏公示，接受群众监督。

第十条 矿山企业领导带班下井时，应当履行下列职责：

（一）加强对井下重点部位、关键环节的安全检查及检查巡视，全面掌握井下的安全生产情况；

（二）及时发现和组织消除事故隐患和险情，及时制止违章违纪行为，严禁违章指挥，严禁超能力组织生产；

（三）遇到险情时，立即下达停产撤人命令，组织涉险区域人员及时、有序撤离到安全地点。

第十一条 矿山企业领导应当认真填写带班下井交接班记录，并向接班的领导详细说明井下安全生产状况、存在的主要问题及其处理情况、需要注意的事项等。

第十二条 矿山企业领导升井后，应当及时将下井及升井的时间、地点、经过路线、发现的问题及处理结果等有关情况进行登记，以存档备查。

第十三条 矿山企业从业人员应当遵章守纪，服从带班下井领导的指挥和管理。

矿山企业没有领导带班下井的，矿山企业从业人员有权拒绝下井作业。从业人员在井下作业过程中，发现并确认带班下井领导无故提前升井的，经向班组长或者队长说明后有权提前升井。

矿山企业不得因从业人员依据前款规定拒绝下井或者提前升井而降低从业人员工资、福利等待遇或者解除与其订立的劳动合同。

监督检查

第十四条 安全生产监督管理部门应当将矿山企业领导带班下井制度的建立、执行、考核、奖惩等情况作为安全监管的重要内容，并将其纳入年度安全监管执法工作计划，定期进行检查。

第十五条 安全生产监督管理部门应当充分发挥电视、广播、报纸、网络等新闻媒体的作用，加强对本行政区域内矿山企业领导带班下井情况的社会监督。

第十六条 安全生产监督管理部门应当建立举报制度，公开举报电话、信箱或者电子邮件地址，受理有关举报；对于受理的举报，应当认真调查核实；经查证属实的，依法从重处罚。

第十七条 安全生产监督管理部门应当定期将矿山企业领导带班下井制度监督检查结果和处罚情况予以公告，接受社会监督。

法律责任

第十八条 矿山企业未按照规定建立健全领导带班下井制度或者未制定领导带班下井月度计划的，给予警告，并处3万元的罚款；对其主要负责人给予警告，并处1万元的罚款；情节严重的，依法暂扣其安全生产许可证，责令停产整顿。

第十九条 矿山企业存在下列行为之一的，责令限期整改，并处3万元的罚款；对其主要负责人给予警告，并处1万元的罚款：

（一）未制定领导带班下井制度的；

（二）未按照规定公告领导带班下井月度计划的；

（三）未按照规定公示领导带班下井月度计划完成情况的。

第二十条 矿山企业领导未按照规定填写带班下井交接班记录、带班下井登记档案，或者弄虚作假的，给予警告，并处1万元的罚款。

第二十一条 矿山企业领导未按照规定带班下井的，对矿山企业给予警告，处3万元的罚款；情节严重的，依法责令停产整顿；对违反规定的矿山企业领导按照擅离职守处理，并处 1 万元的罚款。

第二十二条 对发生生产安全事故而没有领导带班下井的矿山企业，依法责令停产整顿，暂扣或者吊销安全生产许可证，并依照下列规定处以罚款；情节严重的，提请有关人民政府依法予以关闭：

（一）发生一般事故，处 20 万元的罚款；

（二）发生较大事故，处 50 万元的罚款；

（三）发生重大事故，处 200 万元的罚款；

（四）发生特别重大事故，处 500 万元的罚款。

第二十三条 对发生生产安全事故而没有领导带班下井的矿山企业，对其主要负责人依法暂扣或者吊销其安全资格证，并依照下列规定处以罚款：

（一）发生一般事故，处上一年年收入 30%的罚款；

（二）发生较大事故，处上一年年收入 40%的罚款；

（三）发生重大事故，处上一年年收入 60%的罚款；

（四）发生特别重大事故，处上一年年收入 80%的罚款。

对重大、特别重大生产安全事故负有主要责任的矿山企业，其主要负责人终身不得担任任何矿山企业的矿长（董事长、总经理）。

附　则

第二十四条 各省、自治区、直辖市人民政府安全生产监督管理部门可以根据实际情况制定实施细则，报国家安全生产监督管理总局备案。

第二十五条 为矿山企业提供采掘工程服务的采掘施工企业领导带班下井，按照本规定执行。

第二十六条 本办法自 2010 年 11 月 15 日起施行。

危险化学品重大危险源监督管理暂行规定

（2011 年 8 月 5 日国家安全生产监督管理总局令第 40 号公布 2015 年第 79 号令修正）

第一章　总　则

第一条　为了加强危险化学品重大危险源的安全监督管理，防止和减少危险化学品事故的发生，保障人民群众生命财产安全，根据《中华人民共和国安全生产法》和《危险化学品安全管理条例》等有关法律、行政法规，制定本规定。

第二条　从事危险化学品生产、储存、使用和经营的单位（以下统称危险化学品单位）的危险化学品重大危险源的辨识、评估、登记建档、备案、核销及其监督管理，适用本规定。

城镇燃气、用于国防科研生产的危险化学品重大危险源以及港区内危险化学品重大危险源的安全监督管理，不适用本规定。

第三条　本规定所称危险化学品重大危险源（以下简称重大危险源），是指按照《危险化学品重大危险源辨识》（GB18218）标准辨识确定，生产、储存、使用或者搬运危险化学品的数量等于或者超过临界量的单元（包括场所和设施）。

第四条　危险化学品单位是本单位重大危险源安全管理的责任主体，其主要负责人对本单位的重大危险源安全管理工作负责，并保证重大危险源安全生产所必需的安全投入。

第五条　重大危险源的安全监督管理实行属地监管与分级管理相结合的原则。

县级以上地方人民政府安全生产监督管理部门按照有关法律、法规、标准和本规定，对本辖区内的重大危险源实施安全监督管理。

第六条　国家鼓励危险化学品单位采用有利于提高重大危险源安全保障水平的先进适用的工艺、技术、设备以及自动控制系统，推进安全生产监督管理部门重大危险源安全监管的信息化建设。

第二章　辨识与评估

第七条　危险化学品单位应当按照《危险化学品重大危险源辨识》标准，对本单位的危险化学品生产、经营、储存和使用装置、设施或者场所进行重大危险源辨识，并记录辨识过程与结果。

第八条　危险化学品单位应当对重大危险源进行安全评估并确定重大危险源等级。危险化学品单位可以组织本单位的注册安全工程师、技术人员或者聘请有关专家进行安全评估，也可以委托具有相应资质的安全评价机构进行安全评估。

依照法律、行政法规的规定，危险化学品单位需要进行安全评价的，重大危险源安全评估可以与本单位的安全评价一起进行，以安全评价报告代替安全评估报告，也可以单独进行重大危险源安全评估。

重大危险源根据其危险程度，分为一级、二级、三级和四级，一级为最高级别。重大危险源分级方法由本规定附件 1 列示。

第九条　重大危险源有下列情形之一的，应当委托具有相应资质的安全评价机构，按照有关标准的规定采用定量风险评价方法进行安全评估，确定个人和社会风险值：

（一）构成一级或者二级重大危险源，且毒性气体实际存在（在线）量与其在《危险化学品重大危险源辨识》中规定的临界量比值之和大于或等于 1 的；

（二）构成一级重大危险源，且爆炸品或液化易燃气体实际存在（在线）量与其在《危险化学品重大危险源辨识》中规定的临界量比值之和大于或等于 1 的。

第十条　重大危险源安全评估报告应当客观公正、数据准确、内容完整、结论明确、措施可行，并包括下列内容：

（一）评估的主要依据；

（二）重大危险源的基本情况；

（三）事故发生的可能性及危害程度；

（四）个人风险和社会风险值（仅适用定量风险评价方法）；

（五）可能受事故影响的周边场所、人员情况；

（六）重大危险源辨识、分级的符合性分析；

（七）安全管理措施、安全技术和监控措施；

（八）事故应急措施；

（九）评估结论与建议。

危险化学品单位以安全评价报告代替安全评估报告的，其安全评价报告中有关重大危险源的内容应当符合本条第一款规定的要求。

第十一条 有下列情形之一的，危险化学品单位应当对重大危险源重新进行辨识、安全评估及分级：

（一）重大危险源安全评估已满三年的；

（二）构成重大危险源的装置、设施或者场所进行新建、改建、扩建的；

（三）危险化学品种类、数量、生产、使用工艺或者储存方式及重要设备、设施等发生变化，影响重大危险源级别或者风险程度的；

（四）外界生产安全环境因素发生变化，影响重大危险源级别和风险程度的；

（五）发生危险化学品事故造成人员死亡，或者10人以上受伤，或者影响到公共安全的；

（六）有关重大危险源辨识和安全评估的国家标准、行业标准发生变化的。

第三章 安全管理

第十二条 危险化学品单位应当建立完善重大危险源安全管理规章制度和安全操作规程，并采取有效措施保证其得到执行。

第十三条 危险化学品单位应当根据构成重大危险源的危险化学品种类、数量、生产、使用工艺（方式）或者相关设备、设施等实际情况，按照下列要求建立健全安全监测监控体系，完善控制措施：

（一）重大危险源配备温度、压力、液位、流量、组份等信息的不间断采集和监测系统以及可燃气体和有毒有害气体泄漏检测报警装置，并具备信息远传、连续记录、事故预警、信息存储等功能；一级或者二级重大危险源，具备紧急停车功能。记录的电子数据的保存时间不少于30天。

（二）重大危险源的化工生产装置装备满足安全生产要求的自动化控制系统；一级或者二级重大危险源，装备紧急停车系统。

（三）对重大危险源中的毒性气体、剧毒液体和易燃气体等重点设施，设置紧急切断装置；毒性气体的设施，设置泄漏物紧急处置装置。涉及毒性气体、液化气体、剧毒液体的一级或者二级重大危险源，配备独立的安全仪表系统（SIS）。

（四）重大危险源中储存剧毒物质的场所或者设施，设置视频监控系统。

（五）安全监测监控系统符合国家标准或者行业标准的规定。

第十四条 通过定量风险评价确定的重大危险源的个人和社会风险值，不得超过本规定附件 2 列示的个人和社会可容许风险限值标准。

超过个人和社会可容许风险限值标准的，危险化学品单位应当采取相应的降低风险措施。

第十五条 危险化学品单位应当按照国家有关规定，定期对重大危险源的安全设施和安全监测监控系统进行检测、检验，并进行经常性维护、保养，保证重大危险源的安全设施和安全监测监控系统有效、可靠运行。维护、保养、检测应当作好记录，并由有关人员签字。

第十六条 危险化学品单位应当明确重大危险源中关键装置、重点部位的责任人或者责任机构，并对重大危险源的安全生产状况进行定期检查，及时采取措施消除事故隐患。事故隐患难以立即排除的，应当及时制定治理方案，落实整改措施、责任、资金、时限和预案。

第十七条 危险化学品单位应当对重大危险源的管理和操作岗位人员进行安全操作技能培训，使其了解重大危险源的危险特性，熟悉重大危险源安全管理规章制度和安全操作规程，掌握本岗位的安全操作技能和应急措施。

第十八条 危险化学品单位应当在重大危险源所在场所设置明显的安全警示标志，写明紧急情况下的应急处置办法。

第十九条 危险化学品单位应当将重大危险源可能发生的事故后果和应急措施等信息，以适当方式告知可能受影响的单位、区域及人员。

第二十条 危险化学品单位应当依法制定重大危险源事故应急预案，建立应急救援组织或者配备应急救援人员，配备必要的防护装备及应急救援器材、设备、物资，并保障其完好和方便使用；配合地方人民政府安全生产监督管理部门制定所在地区涉及本单位的危险化学品事故应急预案。

对存在吸入性有毒、有害气体的重大危险源，危险化学品单位应当配备便携式浓度检测设备、空气呼吸器、化学防护服、堵漏器材等应急器材和设备；涉及剧毒气体的重大危险源，还应当配备两套以上（含本数）气密型化学防护服；涉及易燃易爆气体或者易燃液体蒸气的重大危险源，还应当配备一定数量的便携式可燃气体检测设备。

第二十一条 危险化学品单位应当制定重大危险源事故应急预案演练计划，并按照下列要求进行事故应急预案演练：

(一) 对重大危险源专项应急预案，每年至少进行一次；

(二) 对重大危险源现场处置方案，每半年至少进行一次。

应急预案演练结束后，危险化学品单位应当对应急预案演练效果进行评估，撰写应急预案演练评估报告，分析存在的问题，对应急预案提出修订意见，并及时修订完善。

第二十二条 危险化学品单位应当对辨识确认的重大危险源及时、逐项进行登记建档。

重大危险源档案应当包括下列文件、资料：

(一) 辨识、分级记录；

(二) 重大危险源基本特征表；

(三) 涉及的所有化学品安全技术说明书；

(四) 区域位置图、平面布置图、工艺流程图和主要设备一览表；

(五) 重大危险源安全管理规章制度及安全操作规程；

(六) 安全监测监控系统、措施说明、检测、检验结果；

(七) 重大危险源事故应急预案、评审意见、演练计划和评估报告；

(八) 安全评估报告或者安全评价报告；

(九) 重大危险源关键装置、重点部位的责任人、责任机构名称；

(十) 重大危险源场所安全警示标志的设置情况；

(十一) 其他文件、资料。

第二十三条 危险化学品单位在完成重大危险源安全评估报告或者安全评价报告后15日内，应当填写重大危险源备案申请表，连同本规定第二十二条规定的重大危险源档案材料（其中第二款第五项规定的文件资料只需提供清单），报送所在地县级人民政府安全生产监督管理部门备案。

县级人民政府安全生产监督管理部门应当每季度将辖区内的一级、二级重大危险源备案材料报送至设区的市级人民政府安全生产监督管理部门。设区的市级人民政府安全生产监督管理部门应当每半年将辖区内的一级重大危险源备案材料报送至省级人民政府安全生产监督管理部门。

重大危险源出现本规定第十一条所列情形之一的，危险化学品单位应当及时更新档案，并向所在地县级人民政府安全生产监督管理部门重新备案。

第二十四条 危险化学品单位新建、改建和扩建危险化学品建设项目，应当在建设项目竣工验收前完成重大危险源的辨识、安全评估和分级、登记建档工作，并向所在地县级人民政府安全生产监督管理部门备案。

第四章　监督检查

第二十五条　县级人民政府安全生产监督管理部门应当建立健全危险化学品重大危险源管理制度，明确责任人员，加强资料归档。

第二十六条　县级人民政府安全生产监督管理部门应当在每年1月15日前，将辖区内上一年度重大危险源的汇总信息报送至设区的市级人民政府安全生产监督管理部门。设区的市级人民政府安全生产监督管理部门应当在每年1月31日前，将辖区内上一年度重大危险源的汇总信息报送至省级人民政府安全生产监督管理部门。省级人民政府安全生产监督管理部门应当在每年2月15日前，将辖区内上一年度重大危险源的汇总信息报送至国家安全生产监督管理总局。

第二十七条　重大危险源经过安全评价或者安全评估不再构成重大危险源的，危险化学品单位应当向所在地县级人民政府安全生产监督管理部门申请核销。

申请核销重大危险源应当提交下列文件、资料：

（一）载明核销理由的申请书；

（二）单位名称、法定代表人、住所、联系人、联系方式；

（三）安全评价报告或者安全评估报告。

第二十八条　县级人民政府安全生产监督管理部门应当自收到申请核销的文件、资料之日起30日内进行审查，符合条件的，予以核销并出具证明文书；不符合条件的，说明理由并书面告知申请单位。必要时，县级人民政府安全生产监督管理部门应当聘请有关专家进行现场核查。

第二十九条　县级人民政府安全生产监督管理部门应当每季度将辖区内一级、二级重大危险源的核销材料报送至设区的市级人民政府安全生产监督管理部门。设区的市级人民政府安全生产监督管理部门应当每半年将辖区内一级重大危险源的核销材料报送至省级人民政府安全生产监督管理部门。

第三十条　县级以上地方各级人民政府安全生产监督管理部门应当加强对存在重大危险源的危险化学品单位的监督检查，督促危险化学品单位做好重大危险源的辨识、安全评估及分级、登记建档、备案、监测监控、事故应急预案编制、核销和安全管理工作。

首次对重大危险源的监督检查应当包括下列主要内容：

（一）重大危险源的运行情况、安全管理规章制度及安全操作规程制定和落实情况；

（二）重大危险源的辨识、分级、安全评估、登记建档、备案情况；

（三）重大危险源的监测监控情况；

（四）重大危险源安全设施和安全监测监控系统的检测、检验以及维护保养情况；

（五）重大危险源事故应急预案的编制、评审、备案、修订和演练情况；

（六）有关从业人员的安全培训教育情况；

（七）安全标志设置情况；

（八）应急救援器材、设备、物资配备情况；

（九）预防和控制事故措施的落实情况。

安全生产监督管理部门在监督检查中发现重大危险源存在事故隐患的，应当责令立即排除；重大事故隐患排除前或者排除过程中无法保证安全的，应当责令从危险区域内撤出作业人员，责令暂时停产停业或者停止使用；重大事故隐患排除后，经安全生产监督管理部门审查同意，方可恢复生产经营和使用。

第三十一条 县级以上地方各级人民政府安全生产监督管理部门应当会同本级人民政府有关部门，加强对工业（化工）园区等重大危险源集中区域的监督检查，确保重大危险源与周边单位、居民区、人员密集场所等重要目标和敏感场所之间保持适当的安全距离。

第五章　法律责任

第三十二条 危险化学品单位有下列行为之一的，由县级以上人民政府安全生产监督管理部门责令限期改正，可以处10万元以下的罚款；逾期未改正的，责令停产停业整顿，并处10万元以上20万元以下的罚款，对其直接负责的主管人员和其他直接责任人员处2万元以上5万元以下的罚款；构成犯罪的，依照刑法有关规定追究刑事责任：

（一）未按照本规定要求对重大危险源进行安全评估或者安全评价的；

（二）未按照本规定要求对重大危险源进行登记建档的；

（三）未按照本规定及相关标准要求对重大危险源进行安全监测监控的；

（四）未制定重大危险源事故应急预案的。

第三十三条 危险化学品单位有下列行为之一的，由县级以上人民政府安全生产监督管理部门责令限期改正，可以处5万元以下的罚款；逾期未改正的，处5万元以上20万元以下的罚款，对其直接负责的主管人员和其他直接责任人员处1万元以上2万元以下的罚款；情节严重的，责令停产停业整顿；构成犯罪的，依照刑法有关规定追究刑事责任：

（一）未在构成重大危险源的场所设置明显的安全警示标志的；

（二）未对重大危险源中的设备、设施等进行定期检测、检验的。

第三十四条 危险化学品单位有下列情形之一的，由县级以上人民政府安全生产监督管理部门给予警告，可以并处5000元以上3万元以下的罚款：

（一）未按照标准对重大危险源进行辨识的；

（二）未按照本规定明确重大危险源中关键装置、重点部位的责任人或者责任机构的；

（三）未按照本规定建立应急救援组织或者配备应急救援人员，以及配备必要的防护装备及器材、设备、物资，并保障其完好的；

（四）未按照本规定进行重大危险源备案或者核销的；

（五）未将重大危险源可能引发的事故后果、应急措施等信息告知可能受影响的单位、区域及人员的；

（六）未按照本规定要求开展重大危险源事故应急预案演练的。

第三十五条 危险化学品单位未按照本规定对重大危险源的安全生产状况进行定期检查，采取措施消除事故隐患的，责令立即消除或者限期消除；危险化学品单位拒不执行的，责令停产停业整顿，并处10万元以上20万元以下的罚款，对其直接负责的主管人员和其他直接责任人员处2万元以上5万元以下的罚款。

第三十六条 承担检测、检验、安全评价工作的机构，出具虚假证明的，没收违法所得；违法所得在10万元以上的，并处违法所得2倍以上5倍以下的罚款；没有违法所得或者违法所得不足10万元的，单处或者并处10万元以上20万元以下的罚款；对其直接负责的主管人员和其他直接责任人员处2万元以上5万元以下的罚款；给他人造成损害的，与危险化学品单位承担连带赔偿责任；构成犯罪的，依照刑法有关规定追究刑事责任。

“对有前款违法行为的机构，依法吊销其相应资质。”

第六章　附　则

第三十七条 本规定自2011年12月1日起施行。

冶金企业和有色金属企业安全生产规定

（2018 年 1 月 4 日国家安全生产监督管理总局令第 91 号公布）

第一章　总　则

第一条　为了加强冶金企业和有色金属企业安全生产工作，预防和减少生产安全事故与职业病，保障从业人员安全健康，根据《中华人民共和国安全生产法》《中华人民共和国职业病防治法》，制定本规定。

第二条　冶金企业和有色金属企业（以下统称企业）的安全生产（含职业健康，下同）和监督管理，适用本规定。

机械铸造企业中金属冶炼活动的安全生产和监督管理参照本规定执行。

第三条　本规定所称冶金企业，是指从事黑色金属冶炼及压延加工业等生产活动的企业。

本规定所称有色金属企业，是指从事有色金属冶炼及压延加工业等生产活动的企业。

本规定所称金属冶炼，是指冶金企业和有色金属企业从事达到国家规定规模（体量）的高温熔融金属及熔渣（以下统称高温熔融金属）的生产活动。

黑色金属冶炼及压延加工业、有色金属冶炼及压延加工业的具体目录，由国家安全生产监督管理总局参照《国民经济行业分类》（GB/T4754）制定并公布。

第四条　企业是安全生产的责任主体。企业所属不具备法人资格的分支机构的安全生产工作，由企业承担管理责任。

第五条　国家安全生产监督管理总局指导、监督全国冶金企业和有色金属企业安全生产工作。

县级以上地方人民政府安全生产监督管理部门和有关部门（以下统称负有冶金有色安全生产监管职责的部门）根据本级人民政府规定的职责，按照属地监管、分级负责的原则，对本行政区域内的冶金企业和有色金属企业的安全生产工作实施监督管理。

第二章　企业的安全生产保障

第六条　企业应当遵守有关安全生产法律、行政法规、规章和国家标准或者行业标准的规定。

企业应当建立安全风险管控和事故隐患排查治理双重预防机制，落实从主要负责人到每一名从业人员的安全风险管控和事故隐患排查治理责任制。

第七条　企业应当按照规定开展安全生产标准化建设工作，推进安全健康管理系统化、岗位操作行为规范化、设备设施本质安全化和作业环境器具定置化，并持续改进。

第八条　企业应当建立健全全员安全生产责任制，主要负责人（包括法定代表人和实际控制人，下同）是本企业安全生产的第一责任人，对本企业的安全生产工作全面负责；其他负责人对分管范围内的安全生产工作负责；各职能部门负责人对职责范围内的安全生产工作负责。

第九条　企业主要负责人应当每年向股东会或者职工代表大会报告本企业安全生产状况，接受股东和从业人员对安全生产工作的监督。

第十条　企业存在金属冶炼工艺，从业人员在一百人以上的，应当设置安全生产管理机构或者配备不低于从业人员千分之一的专职安全生产管理人员，但最低不少于三人；从业人员在一百人以下的，应当设置安全生产管理机构或者配备专职安全生产管理人员。

第十一条　企业主要负责人、安全生产管理人员应当接受安全生产教育和培训，具备与本企业生产经营活动相适应的安全生产知识和管理能力。其中，存在金属冶炼工艺的企业的主要负责人、安全生产管理人员自任职之日起六个月内，必须接受负有冶金有色安全生产监管职责的部门对其进行安全生产知识和管理能力考核，并考核合格。

企业应当按照国家有关规定对从业人员进行安全生产教育和培训，保证从业人员具备必要的安全生产知识，了解有关安全生产法律法规，熟悉本企业规章制度和安全技术操作规程，掌握本岗位安全操作技能，并建立培训档案，记录培训、考核等情况。未经安全生产教育培训合格的从业人员，不得上岗作业。

企业应当对新上岗从业人员进行厂（公司）、车间（职能部门）、班组三级安全生产教育和培训；对调整工作岗位、离岗半年以上重新上岗的从业人员，应当经车间（职能部门）、班组安全生产教育和培训合格后，方可上岗作业。

新工艺、新技术、新材料、新设备投入使用前，企业应当对有关操作岗位人员进行专门的安全生产教育和培训。

第十二条 企业从事煤气生产、储存、输送、使用、维护检修作业的特种作业人员必须依法经专门的安全技术培训，并经考核合格，取得《中华人民共和国特种作业操作证》后，方可上岗作业。

第十三条 企业新建、改建、扩建工程项目（以下统称建设项目）的安全设施和职业病防护设施应当严格执行国家有关安全生产、职业病防治法律、行政法规和国家标准或者行业标准的规定，并与主体工程同时设计、同时施工、同时投入生产和使用。安全设施和职业病防护设施的投资应当纳入建设项目概算。

第十四条 金属冶炼建设项目在可行性研究阶段，建设单位应当依法进行安全评价。

建设项目在初步设计阶段，建设单位应当委托具备国家规定资质的设计单位对其安全设施进行设计，并编制安全设施设计。

建设项目竣工投入生产或者使用前，建设单位应当按照有关规定进行安全设施竣工验收。

第十五条 国家安全生产监督管理总局负责实施国务院审批（核准、备案）的金属冶炼建设项目的安全设施设计审查。

省、自治区、直辖市人民政府负有冶金有色安全生产监管职责的部门对本行政区域内金属冶炼建设项目实施指导和监督管理，确定并公布本行政区域内有关部门对金属冶炼建设项目安全设施设计审查的管辖权限。

第十六条 企业应当对本企业存在的各类危险因素进行辨识，在有较大危险因素的场所和设施、设备上，按照有关国家标准、行业标准的要求设置安全警示标志，并定期进行检查维护。

对于辨识出的重大危险源，企业应当登记建档、监测监控，定期检测、评估，制定应急预案并定期开展应急演练。

企业应当将重大危险源及有关安全措施、应急预案报有关地方人民政府负有冶金有色安全生产监管职责的部门备案。

第十七条 企业应当建立应急救援组织。生产规模较小的，可以不建立应急救援组织，但应当指定兼职的应急救援人员，并且可以与邻近的应急救援队伍签订应急救援协议。

企业应当配备必要的应急救援器材、设备和物资，并进行经常性维护、保养，保证正常运转。

第十八条 企业应当采取有效措施预防、控制和消除职业病危害，保证工作场所的职业卫生条件符合法律、行政法规和国家标准或者行业标准的规定。

企业应当定期对工作场所存在的职业病危害因素进行检测、评价，检测结果应当在本企业醒目位置进行公布。

第十九条 企业应当按照有关规定加强职业健康监护工作，对接触职业病危害的从业人员，应当在上岗前、在岗期间和离岗时组织职业健康检查，将检查结果书面告知从业人员，并为其建立职业健康监护档案。

第二十条 企业应当加强对施工、检修等重点工程和生产经营项目、场所的承包单位的安全管理，不得将有关工程、项目、场所发包给不具备安全生产条件或者相应资质的单位。企业和承包单位的承包协议应当明确约定双方的安全生产责任和义务。

企业应当对承包单位的安全生产进行统一协调、管理，对从事检修工程的承包单位检修方案中的安全措施和应急处置措施进行审核，监督承包单位落实。

企业应当对承包检修作业现场进行安全交底，并安排专人负责安全检查和协调。

第二十一条 企业应当从合法的劳务公司录用劳务人员，并与劳务公司签订合同，对劳务人员进行统一的安全生产教育和培训。

第二十二条 企业的正常生产活动与其他单位的建设施工或者检修活动同时在本企业同一作业区域内进行的，企业应当指定专职安全生产管理人员负责作业现场的安全检查工作，对有关作业活动进行统一协调、管理。

第二十三条 企业应当建立健全设备设施安全管理制度，加强设备设施的检查、维护、保养和检修，确保设备设施安全运行。

对重要岗位的电气、机械等设备，企业应当实行操作牌制度。

第二十四条 企业不得使用不符合国家标准或者行业标准的技术、工艺和设备；对现有工艺、设备进行更新或者改造的，不得降低其安全技术性能。

第二十五条 企业的建（构）筑物应当按照国家标准或者行业标准规定，采取防火、防爆、防雷、防震、防腐蚀、隔热等防护措施，对承受重荷载、荷载发生变化或者受高温熔融金属喷溅、酸碱腐蚀等危害的建（构）筑物，应当定期对建（构）筑物结构进行安全检查。

第二十六条 企业对起重设备进行改造并增加荷重的，应当同时对承重厂房结构进行荷载核定，并对承重结构采取必要的加固措施，确保承重结构具有足够的承重能力。

第二十七条 企业的操作室、会议室、活动室、休息室、更衣室等场所不得设置在高温熔融金属吊运的影响范围内。进行高温熔融金属吊运时，吊炉与大型槽体、高压设备、高压管路、压力容器的安全距离应当符合有关国家标准或者行业标准的规定，并采取有效的防护措施。

第二十八条 企业在进行高温熔融金属冶炼、保温、运输、吊运过程中，应当采取防止泄漏、喷溅、爆炸伤人的安全措施，其影响区域不得有非生产性积水。

高温熔融金属运输专用路线应当避开煤气、氧气、氢气、天然气、水管等管道及电缆；确需通过的，运输车辆与管道、电缆之间应当保持足够的安全距离，并采取有效的隔热措施。

严禁运输高温熔融金属的车辆在管道或者电缆下方，以及有易燃易爆物质的区域停留。

第二十九条 企业对电炉、电解车间应当采取防雨措施和有效的排水设施，防止雨水进入槽下地坪，确保电炉、电解槽下没有积水。

企业对电炉、铸造熔炼炉、保温炉、倾翻炉、铸机、流液槽、熔盐电解槽等设备，应当设置熔融金属紧急排放和储存的设施，并在设备周围设置拦挡围堰，防止熔融金属外流。

第三十条 吊运高温熔融金属的起重机，应当满足《起重机械安全技术监察规程——桥式起重机》（TSGQ002）和《起重机械定期检验规则》（TSGQ7015）的要求。

企业应当定期对吊运、盛装熔融金属的吊具、罐体（本体、耳轴）进行安全检查和探伤检测。

第三十一条 生产、储存、使用煤气的企业应当建立煤气防护站（组），配备必要的煤气防护人员、煤气检测报警装置及防护设施，并且每年至少组织一次煤气事故应急演练。

第三十二条 生产、储存、使用煤气的企业应当严格执行《工业企业煤气安全规程》（GB6222），在可能发生煤气泄漏、聚集的场所，设置固定式煤气检测报警仪和安全警示标志。

进入煤气区域作业的人员，应当携带便携式一氧化碳检测报警仪，配备空气呼吸器，并由企业安排专门人员进行安全管理。

煤气柜区域应当设有隔离围栏，安装在线监控设备，并由企业安排专门人员值守。煤气柜区域严禁烟火。

第三十三条 企业对涉及煤气、氧气、氢气等易燃易爆危险化学品生产、输送、使用、储存的设施以及油库、电缆隧道（沟）等重点防火部位，应当按照有关规定采取有效、可靠的防火、防爆和防泄漏措施。

企业对具有爆炸危险环境的场所，应当按照《爆炸性气体环境用电气设备》（GB3836）及《爆炸危险环境电力装置设计规范》（GB50058）设置自动检测报警和防灭火装置。

第三十四条 企业对反应槽、罐、池、釜和储液罐、酸洗槽应当采取防腐蚀措施，设置事故池，进行经常性安全检查、维护、保养，并定期检测，保证正常运转。

企业实施浸出、萃取作业时，应当采取防火防爆、防冒槽喷溅和防中毒等安全措施。

第三十五条 企业从事产生酸雾危害的电解作业时，应当采取防止酸雾扩散及槽体、厂房防腐措施。电解车间应当保持厂房通风良好，防止电解产生的氢气聚集。

第三十六条 企业在使用酸、碱的作业场所，应当采取防止人员灼伤的措施，并设置安全喷淋或者洗涤设施。

采用剧毒物品的电镀、钝化等作业，企业应当在电镀槽的下方设置事故池，并加强对剧毒物品的安全管理。

第三十七条 企业对生产过程中存在二氧化硫、氯气、砷化氢、氟化氢等有毒有害气体的工作场所，应当采取防止人员中毒的措施。

企业对存在铅、镉、铬、砷、汞等重金属蒸气、粉尘的作业场所，应当采取预防重金属中毒的措施。

第三十八条 企业应当建立有限空间、动火、高处作业、能源介质停送等较大危险作业和检修、维修作业审批制度，实施工作票（作业票）和操作票管理，严格履行内部审批手续，并安排专门人员进行现场安全管理，确保作业安全。

第三十九条 企业在生产装置复产前，应当组织安全检查，进行安全条件确认。

第三章　监督管理

第四十条 负有冶金有色安全生产监管职责的部门应当依法加强对企业安全生产工作的监督检查，明确每个企业的安全生产监督管理主体，发现存在事故隐患的，应当及时处理；发现重大事故隐患的，实施挂牌督办。

第四十一条 负有冶金有色安全生产监管职责的部门应当将企业安全生产标准化建设、安全生产风险管控和隐患排查治理双重预防机制的建立情况纳入安全生产年度监督检查计划，并按照计划检查督促企业开展工作。

第四十二条 负有冶金有色安全生产监管职责的部门应当加强对监督检查人员的冶金和有色金属安全生产专业知识的培训，提高其行政执法能力。

第四十三条 负有冶金有色安全生产监管职责的部门应当为进入有限空间等特定作业场所进行监督检查的人员，配备必需的个体防护用品和监测检查仪器。

第四十四条 负有冶金有色安全生产监管职责的部门应当加强对本行政区域内企业应急预案的备案管理，并将重大事故应急救援纳入地方人民政府应急救援体系。

第四章 法律责任

第四十五条 监督检查人员在对企业进行监督检查时，滥用职权、玩忽职守、徇私舞弊的，依照有关规定给予处分；构成犯罪的，依法追究刑事责任。

第四十六条 企业违反本规定第二十四条至第三十七条的规定，构成生产安全事故隐患的，责令立即消除或者限期消除事故隐患；企业拒不执行的，责令停产停业整顿，并处十万元以上五十万元以下的罚款，对其直接负责的主管人员和其他直接责任人员处二万元以上五万元以下的罚款。

第四十七条 企业违反本规定的其他违法行为，分别依照《中华人民共和国安全生产法》《中华人民共和国职业病防治法》等的规定追究法律责任。

第五章 附 则

第四十八条 本规定自2018年3月1日起施行。国家安全生产监督管理总局2009年9月8日公布的《冶金企业安全生产监督管理规定》（国家安全生产监督管理总局令第26号）同时废止。

港口危险货物安全管理规定

（2017年9月4日中华人民共和国交通运输部令第27号公布）

第一章　总　则

第一条　为了加强港口危险货物安全管理，预防和减少危险货物事故，保障人民生命、财产安全，保护环境，根据《港口法》《安全生产法》《危险化学品安全管理条例》等有关法律、行政法规，制定本规定。

第二条　在中华人民共和国境内，新建、改建、扩建储存、装卸危险货物的港口建设项目和进行危险货物港口作业，适用本规定。

前款所称危险货物港口作业包括在港区内装卸、过驳、仓储危险货物等行为。

第三条　港口危险货物安全管理坚持安全第一、预防为主、综合治理的方针，强化和落实危险货物港口建设项目的建设单位和港口经营人安全生产主体责任。

第四条　交通运输部主管全国港口危险货物安全行业管理工作。

省、自治区、直辖市交通运输主管部门主管本辖区的港口危险货物安全监督管理工作。

省、市、县级港口行政管理部门在职责范围内负责具体实施港口危险货物安全监督管理工作。

第二章　建设项目安全审查

第五条　新建、改建、扩建储存、装卸危险货物的港口建设项目（以下简称危险货物港口建设项目），应当由港口行政管理部门进行安全条件审查。

未通过安全条件审查，危险货物港口建设项目不得开工建设。

第六条　省级港口行政管理部门负责下列港口建设项目的安全条件审查：

（一）涉及储存或者装卸剧毒化学品的港口建设项目；

（二）沿海50000吨级以上、长江干线3000吨级以上、其他内河1000吨级以上的危险货物码头；

（三）沿海罐区总容量100000立方米以上、内河罐区总容量5000立方米以上的危险货物仓储设施。

其他危险货物港口建设项目由项目所在地设区的市级港口行政管理部门负责安全条件审查。

第七条 危险货物港口建设项目的建设单位，应当在可行性研究阶段按照国家有关规定委托有资质的安全评价机构对该建设项目进行安全评价，并编制安全预评价报告。安全预评价报告应当符合有关安全生产法律、法规、规章、国家标准、行业标准和港口建设的有关规定。

第八条 涉及危险化学品的港口建设项目，建设单位还应当进行安全条件论证，并编制安全条件论证报告。安全条件论证的内容应当包括：

（一）建设项目内在的危险和有害因素对安全生产的影响；

（二）建设项目与周边设施或者单位、人员密集区、敏感性设施和敏感环境区域在安全方面的相互影响；

（三）自然条件对建设项目的影响。

第九条 建设单位应当向危险货物建设项目所在地港口行政管理部门申请安全条件审查，并提交以下材料：

（一）建设项目安全条件审查申请书；

（二）建设项目安全预评价报告；

（三）建设项目安全条件论证报告（涉及危险化学品的提供）；

（四）依法需取得的建设项目规划选址文件。

所在地港口行政管理部门应当核查文件是否齐全，不齐全的告知申请人予以补正。对材料齐全的申请应当予以受理；对不属于本级审查权限的，应当在受理后5日内将申请材料转报有审查权限的港口行政管理部门。转报时间应当计入审查期限。

第十条 负责安全条件审查的港口行政管理部门应当自受理申请之日起45日内作出审查决定。

有下列情形之一的，安全条件审查不予通过：

（一）安全预评价报告存在重大缺陷、漏项的，包括对建设项目主要危险、有害因素的辨识和评价不全面或者不准确的；

（二）对安全预评价报告中安全设施设计提出的对策与建议不符合有关安全生产法律、法规、规章和国家标准、行业标准的；

（三）建设项目与周边场所、设施的距离或者拟建场址自然条件不符合有关安全生产法律、法规、规章和国家标准、行业标准的；

（四）主要技术、工艺未确定，或者不符合有关安全生产法律、法规、规章和国家标准、行业标准的；

（五）未依法进行安全条件论证和安全评价的；

（六）隐瞒有关情况或者提供虚假文件、资料的。

港口行政管理部门在安全条件审查过程中，应当对申请材料进行审查，并对现场进行核查。必要时可以组织相关专家进行咨询论证。

第十一条 港口行政管理部门对符合安全条件的，应当予以通过，并将审查决定送达申请人。对未通过安全条件审查的，应当说明理由并告知申请人。建设单位经过整改后可以重新申请安全条件审查。

第十二条 已经通过安全条件审查的危险货物港口建设项目有下列情形之一的，建设单位应当按照本规定的有关要求重新进行安全条件论证和安全评价，并重新申请安全条件审查：

（一）变更建设地址的；

（二）建设项目周边环境因素发生重大变化导致安全风险增加的；

（三）建设项目规模进行调整导致安全风险增加或者安全性能降低的；

（四）建设项目平面布置、作业货种、工艺、设备设施等发生重大变化导致安全风险增加或者安全性能降低的。

第十三条 建设单位应当在危险货物港口建设项目初步设计阶段按照国家有关规定委托设计单位对安全设施进行设计。

安全设施设计应当符合有关安全生产和港口建设的法律、法规、规章以及国家标准、行业标准，并包括以下主要内容：

（一）该建设项目涉及的危险、有害因素和程度及周边环境安全分析；

（二）采用的安全设施和措施，预期效果以及存在的问题与建议；

（三）对安全预评价报告中有关安全设施设计的对策与建议的采纳情况说明；

（四）可能出现的事故预防及应急救援措施。

第十四条 由港口行政管理部门负责初步设计审批的危险货物港口建设项目，在初步设计审批中对安全设施设计进行审查。

前款规定之外的其他危险货物港口建设项目，由负责安全条件审查的港口行政管理部门进行安全设施设计审查。

建设单位在申请安全设施设计审查时应当提交以下材料：

（一）安全设施设计审查申请书；

（二）设计单位的基本情况及资信情况；

（三）安全设施设计。

港口行政管理部门应当自受理申请之日起20日内对申请材料进行审查，作出审查决定，并告知申请人；20日内不能作出决定的，经本部门负责人批准，可以延长10日，并应当将延长期限的理由告知申请人。

第十五条 有下列情形之一的，安全设施设计审查不予通过：

（一）设计单位资质不符合相关规定的；

（二）未按照有关法律、法规、规章和国家标准、行业标准的规定进行设计的；

（三）对未采纳安全预评价报告中的安全对策和建议，未作充分论证说明的；

（四）隐瞒有关情况或者提供虚假文件、资料的。

安全设施设计审查未通过的，建设单位经过整改后可以重新申请安全设施设计审查。

第十六条 已经通过审查的危险货物港口建设项目安全设施设计有下列情形之一的，建设单位应当报原审查部门重新申请安全设施设计审查：

（一）改变安全设施设计且可能导致安全性能降低的；

（二）在施工期间重新设计的。

第十七条 危险货物港口建设项目的建设单位应当在施工期间组织落实经批准的安全设施设计的有关内容，并加强对施工质量的监测和管理，建立相应的台账。施工单位应当按照批准的设计施工。

第十八条 危险货物港口建设项目的安全设施应当与主体工程同时建成，并由建设单位组织验收。验收前建设单位应当按照国家有关规定委托有资质的安全评价机构对建设项目及其安全设施进行安全验收评价，并编制安全验收评价报告。安全验收评价报告应当符合国家标准、行业标准和港口建设的有关规定。

建设单位进行安全设施验收时，应当组织专业人员对该建设项目进行现场检查，并对安全设施施工报告及监理报告、安全验收评价报告等进行审查，作出是否通过验收的结论。参加验收人员的专业能力应当涵盖该建设项目涉及的所有专业内容。

安全设施验收未通过的，建设单位经过整改后可以再次组织安全设施验收。

第十九条 安全设施验收合格后，建设单位应当将验收过程中涉及的文件、资料存档，并自觉接受和配合安全生产监督管理部门依据《安全生产法》的规定对安全设施验收活动和验收结果进行监督核查。

第二十条 安全评价机构的安全评价活动应当遵守有关法律、法规、规章和国家标准和行业标准的规定。

港口行政管理部门应当对违法违规开展港口安全评价的机构予以曝光，并通报同级安全生产监督管理部门。

第三章 经营人资质

第二十一条 从事危险货物港口作业的经营人（以下简称危险货物港口经营人）除满足《港口经营管理规定》规定的经营许可条件外，还应当具备以下条件：

（一）设有安全生产管理机构或者配备专职安全生产管理人员；

（二）具有健全的安全管理制度、岗位安全责任制度和操作规程；

（三）有符合国家规定的危险货物港口作业设施设备；

（四）有符合国家规定且经专家审查通过的事故应急预案和应急设施设备；

（五）从事危险化学品作业的，还应当具有取得从业资格证书的装卸管理人员。

第二十二条 申请危险货物港口经营人资质，除按《港口经营管理规定》的要求提交相关文件和材料外，还应当向所在地港口行政管理部门提交以下文件和材料：

（一）危险货物港口经营申请表，包括拟申请危险货物作业的具体场所、作业方式、危险货物品名（集装箱和包装货物载明到“项别”）；

（二）符合国家规定的应急设施、设备清单；

（三）装卸管理人员的从业资格证书（涉及危险化学品的提供）；

（四）新建、改建、扩建储存、装卸危险货物港口设施的，提交安全设施验收合格证明材料（包括安全设施施工报告及监理报告、安全验收评价报告、验收结论和隐患整改报告）；使用现有港口设施的，提交对现状的安全评价报告。

第二十三条 所在地港口行政管理部门应当自受理申请之日起30日内作出许可或者不予许可的决定。符合许可条件的，应当颁发《港口经营许可证》，并对每个具体的危险货物作业场所配发《港口危险货物作业附证》（见附件）。

《港口经营许可证》应当载明危险货物港口经营人的名称与办公地址、

法定代表人或者负责人、经营地域、准予从事的业务范围、附证事项、发证日期、许可证有效期和证书编号。

《港口危险货物作业附证》应当载明危险货物港口经营人、作业场所、作业方式、作业危险货物品名（集装箱和包装货物载明到“项别”）、发证机关、发证日期、有效期和证书编号。

所在地港口行政管理部门应当依法向社会公开有关信息，并及时向所在地海事管理机构和同级安全生产监督管理部门、环境保护主管部门、公安机关通报。

第二十四条 《港口经营许可证》有效期为3年，《港口危险货物作业附证》有效期不得超过《港口经营许可证》的有效期。

危险货物港口建设项目需要试运行经营的，《港口经营许可证》及《港口危险货物作业附证》的有效期为试运行经营期，并在证书上注明。经竣工验收合格后，危险货物港口经营人应当按照本规定第二十二条的规定重新申请。

第二十五条 危险货物港口经营人应当在《港口经营许可证》或者《港口危险货物作业附证》有效期届满之日30日以前，向发证机关申请办理延续手续。

申请办理《港口经营许可证》及《港口危险货物作业附证》延续手续，除按《港口经营管理规定》的要求提交相关文件和材料外，还应当提交下列材料：

（一）除本规定第二十二条第（一）项之外的其他证明材料；

（二）本规定第二十八条规定的安全评价报告及落实情况。

第二十六条 危险货物港口经营人发生变更或者其经营范围发生变更的，应当按照本规定第二十二条的规定重新申请《港口经营许可证》及《港口危险货物作业附证》。

第二十七条 危险货物港口经营人应当在依法取得许可的范围内从事危险货物港口作业，依法提取和使用安全生产经费，聘用注册安全工程师从事安全生产管理工作，对从业人员进行安全生产教育、培训并如实记录相关情况，推进安全生产标准化建设。相关从业人员应当按照《危险货物水路运输从业人员考核和从业资格管理规定》的要求，经考核合格或者取得相应从业资格。

第二十八条 危险货物港口经营人应当在取得经营资质后，按照国家有关规定委托有资质的安全评价机构，对本单位的安全生产条件每3年进行一次安全评价，提出安全评价报告。安全评价报告的内容应当包括对事故隐患的整改情况、遗留隐患和安全条件改进建议。

危险货物港口经营人应当将安全评价报告以及落实情况报所在地港口行政管理部门备案。

第二十九条 出现下列情形之一的，危险货物港口经营人应当重新进行安全评价，并按照本规定第二十八条的规定进行备案：

（一）增加作业的危险货物品种；

（二）作业的危险货物数量增加，构成重大危险源或者重大危险源等级提高的；

（三）发生火灾、爆炸或者危险货物泄漏，导致人员死亡、重伤或者事故等级达到较大事故以上的；

（四）周边环境因素发生重大变化，可能对港口安全生产带来重大影响的。

增加作业的危险货物品种或者数量，涉及变更经营范围的，除应当符合环保、消防、职业卫生等方面相关主管部门的要求外，还应当按照本规定第二十六条的规定重新申请《港口经营许可证》及《港口危险货物作业附证》。

现有设施需要进行改扩建的，除应当履行改扩建手续外，还应当履行本规定第二章安全审查的有关规定。

第四章 作业管理

第三十条 危险货物港口经营人应当根据《港口危险货物作业附证》上载明的危险货物品名，依据其危险特性，在作业场所设置相应的监测、监控、通风、防晒、调温、防火、灭火、防爆、泄压、防毒、中和、防潮、防雷、防静电、防腐、防泄漏以及防护围堤或者隔离操作等安全设施、设备，并保持正常、正确使用。

第三十一条 危险货物港口经营人应当按照国家标准、行业标准对其危险货物作业场所的安全设施、设备进行经常性维护、保养，并定期进行检测、检验，及时更新不合格的设施、设备，保证正常运转。维护、保养、检测、检验应当做好记录，并由有关人员签字。

第三十二条 危险货物港口经营人应当在其作业场所和安全设施、设备上设置明显的安全警示标志；同时还应当在其作业场所设置通信、报警装置，并保证其处于适用状态。

第三十三条 危险货物专用库场、储罐应当符合国家标准和行业标准，设置明显标志，并依据相关标准定期安全检测维护。

第三十四条 危险货物港口作业使用特种设备的，应当符合国家特种设备管理的有关规定，并按要求进行检验。

第三十五条 危险货物港口经营人使用管道输送危险货物的，应当建立输送管道安全技术档案，具备管道分布图，并对输送管道定期进行检查、检测，设置明显标志。

在港区内进行可能危及危险货物输送管道安全的施工作业，施工单位应当在开工的 7 日前书面通知管道所属单位，并与管道所属单位共同制定应急预案，采取相应的安全防护措施。管道所属单位应当指派专门人员到现场进行管道安全保护指导。

第三十六条 危险货物港口作业委托人应当向危险货物港口经营人提供委托人身份信息和完整准确的危险货物品名、联合国编号、危险性分类、包装、数量、应急措施及安全技术说明书等资料；危险性质不明的危险货物，应当提供具有相应资质的专业机构出具的危险货物危险特性鉴定技术报告。法律、行政法规规定必须办理有关手续后方可进行水路运输的危险货物，还应当办理相关手续，并向港口经营人提供相关证明材料。

危险货物港口作业委托人不得在委托作业的普通货物中夹带危险货物，不得匿报、谎报危险货物。

第三十七条 危险货物港口经营人不得装卸、储存未按本规定第三十六条规定提交相关资料的危险货物。对涉嫌在普通货物中夹带危险货物，或者将危险货物匿报或者谎报为普通货物的，所在地港口行政管理部门或者海事管理机构可以依法开拆查验，危险货物港口经营人应当予以配合。港口行政管理部门和海事管理机构应当将查验情况相互通报，避免重复开拆。

第三十八条 发生下列情形之一的，危险货物港口经营人应当及时处理并报告所在地港口行政管理部门：

（一）发现未申报或者申报不实、申报有误的危险货物；

（二）在普通货物或者集装箱中发现夹带危险货物；

（三）在危险货物中发现性质相抵触的危险货物，且不满足国家标准及行业标准中有关积载、隔离、堆码要求。

对涉及船舶航行、作业安全的相关信息，港口行政管理部门应当及时通报所在地海事管理机构。

第三十九条 在港口作业的包装危险货物应当妥善包装，并在外包装上设置相应的标志。包装物、容器的材质以及包装的型式、规格、方法应当与所包装的货物性质、运输装卸要求相适应。材质、型式、规格、方法以及包装标志应当符合我国加入并已生效的有关国际条约、国家标准和相关规定的要求。

第四十条 危险货物港口经营人应当对危险货物包装和标志进行检查，发现包装和标志不符合国家有关规定的，不得予以作业，并应当及时通知或者退回作业委托人处理。

第四十一条 船舶载运危险货物进出港口，应当按照有关规定向海事管理机构办理申报手续。海事管理机构应当及时将有关申报信息通报所在地港口行政管理部门。

第四十二条 船舶危险货物装卸作业前，危险货物港口经营人应当与作业船舶按照有关规定进行安全检查，确认作业的安全状况和应急措施。

第四十三条 不得在港口装卸国家禁止通过水路运输的危险货物。

第四十四条 在港口内从事危险货物添加抑制剂或者稳定剂作业的单位，作业前应当将有关情况告知相关危险货物港口经营人和作业船舶。

第四十五条 危险货物港口经营人在危险货物港口装卸、过驳作业开始24小时前，应当将作业委托人以及危险货物品名、数量、理化性质、作业地点和时间、安全防范措施等事项向所在地港口行政管理部门报告。所在地港口行政管理部门应当在接到报告后24小时内作出是否同意作业的决定，通知报告人，并及时将有关信息通报海事管理机构。报告人在取得作业批准后72小时内未开始作业的，应当重新报告。未经所在地港口行政管理部门批准的，不得进行危险货物港口作业。

时间、内容和方式固定的危险货物港口装卸、过驳作业，经所在地港口行政管理部门同意，可以实行定期申报。

第四十六条 危险货物港口作业应当符合有关安全作业标准、规程和制度，并在具有从业资格的装卸管理人员现场指挥或者监控下进行。

第四十七条 两个以上危险货物港口经营人在同一港口作业区内进行危险货物港口作业，可能危及对方生产安全的，应当签订安全生产管理协议，明确各自的安全生产管理职责和应当采取的安全措施，并指定专职安全生产管理人员进行安全检查与协调。

第四十八条 危险货物港口经营人进行爆炸品、气体、易燃液体、易燃固体、易于自燃的物质、遇水放出易燃气体的物质、氧化性物质、有机过氧化物、毒性物质、感染性物质、放射性物质、腐蚀性物质的港口作业，应当划定作业区域，明确责任人并实行封闭式管理。作业区域应当设置明显标志，禁止无关人员进入和无关船舶停靠。

第四十九条 危险货物应当储存在港区专用的库场、储罐，并由专人负责管理；剧毒化学品以及储存数量构成重大危险源的其他危险货物，应当单独存放，并实行双人收发、双人保管制度。

危险货物的储存方式、方法以及储存数量，包括危险货物集装箱直装直取和限时限量存放，应当符合国家标准、行业标准或者国家有关规定。

第五十条 危险货物港口经营人经营仓储业务的，应当建立危险货物出入库核查、登记制度。

对储存剧毒化学品以及储存数量构成重大危险源的其他危险货物的，危险货物港口经营人应当将其储存数量、储存地点以及管理措施、管理人员等情况，依法报所在地港口行政管理部门和相关部门备案。

第五十一条 危险货物港口经营人应当建立危险货物作业信息系统，实时记录危险货物作业基础数据，包括作业的危险货物种类及数量、储存地点、理化特性、货主信息、安全和应急措施等，并在作业场所外异地备份。有关危险货物作业信息应当按要求及时准确提供相关管理部门。

第五十二条 危险货物港口经营人应当建立安全生产风险预防控制体系，开展安全生产风险辨识、评估，针对不同风险，制定具体的管控措施，落实管控责任。

第五十三条 危险货物港口经营人应当根据有关规定，进行重大危险源辨识，确定重大危险源级别，实施分级管理，并登记建档。危险货物港口经营人应当建立健全重大危险源安全管理规章制度，制定实施危险货物重大危险源安全管理与监控方案，制定应急预案，告知相关人员在紧急情况下应当采取的应急措施，定期对重大危险源进行安全评估。

第五十四条 危险货物港口经营人应当将本单位的重大危险源及有关安全措施、应急措施依法报送所在地港口行政管理部门和相关部门备案。

第五十五条 危险货物港口经营人在重大危险源出现本规定第二十九条规定的情形之一，可能影响重大危险源级别和风险程度的，应当对重大危险源重新进行辨识、分级、安全评估、修改档案，并及时报送所在地港口行政管理部门和相关部门重新备案。

第五十六条 危险货物港口经营人应当制定事故隐患排查制度，定期开展事故隐患排查，及时消除隐患，事故隐患排查治理情况应当如实记录，并向从业人员通报。

危险货物港口经营人应当将重大事故隐患的排查和处理情况及时向所在地港口行政管理部门备案。

第五章　应急管理

第五十七条　所在地港口行政管理部门应当建立危险货物事故应急体系，制定港口危险货物事故应急预案。应急预案应当依法经当地人民政府批准后向社会公布。

所在地港口行政管理部门应当在当地人民政府的领导下推进专业化应急队伍建设和应急资源储备，定期组织开展应急培训和应急救援演练，提高应急能力。

第五十八条　危险货物港口经营人应当制定本单位危险货物事故专项应急预案和现场处置方案，依法配备应急救援人员和必要的应急救援器材、设备，每半年至少组织一次应急救援培训和演练并如实记录，根据演练结果对应急预案进行修订。应急预案应当具有针对性和可操作性，并与所在地港口行政管理部门公布的港口危险货物事故应急预案相衔接。

危险货物港口经营人应当将其应急预案及其修订情况报所在地港口行政管理部门备案，并向本单位从业人员公布。

第五十九条　危险货物港口作业发生险情或者事故时，港口经营人应当立即启动应急预案，采取应急行动，排除事故危害，控制事故进一步扩散，并按照有关规定向港口行政管理部门和有关部门报告。

危险货物港口作业发生事故时，所在地港口行政管理部门应当按规定向上级行政管理部门、当地人民政府及有关部门报告，并及时组织救助。

第六章　安全监督与管理

第六十条　所在地港口行政管理部门应当采取随机抽查、年度核查等方式对危险货物港口经营人的经营资质进行监督检查，发现其不再具备安全生产条件的，应当依法撤销其经营许可。

第六十一条　所在地港口行政管理部门应当依法对危险货物港口作业和装卸、储存区域实施监督检查，并明确检查内容、方式、频次以及有关要求等。实施监督检查时，可以行使下列职权：

（一）进入并检查危险货物港口作业场所，查阅、抄录、复印相关的文件或者资料，提出整改意见；

（二）发现危险货物港口作业和设施、设备、装置、器材、运输工具不符合法律、法规、规章规定和国家标准、行业标准要求的，责令立即停止使用；

（三）对危险货物包装和标志进行抽查，对不符合有关规定的，责令港口经营人停止作业，及时通知或者退回作业委托人处理；

（四）检查中发现事故隐患的，应当责令危险货物港口经营人立即消除或者限期消除；重大事故隐患排除前或者排除过程中无法保证安全的，应当责令从危险区域内撤出作业人员并暂时停产停业；重大事故隐患排除后，经其审查同意，方可恢复作业；

（五）发现违法违章作业行为，应当当场予以纠正或者责令限期改正；

（六）对应急演练进行抽查，发现不符合要求的，当场予以纠正或者要求限期改正；

（七）经本部门主要负责人批准，依法查封违法储存危险货物的场所，扣押违法储存的危险货物。

港口行政管理部门依法进行监督检查，监督检查人员不得少于 2 人，并应当出示执法证件，将执法情况书面记录。监督检查不得影响被检查单位的正常生产经营活动。

第六十二条 有关单位和个人对依法进行的监督检查应当予以配合，不得拒绝、阻碍。港口行政管理部门依法对存在重大事故隐患作出停产停业的决定，危险货物港口经营人应当依法执行，及时消除隐患。危险货物港口经营人拒不执行，有发生生产安全事故的现实危险的，在保证安全的前提下，经本部门主要负责人批准，港口行政管理部门可以依法采取通知有关单位停止供电等措施，强制危险货物港口经营人履行决定。

港口行政管理部门依照前款规定采取停止供电措施，除有危及生产安全的紧急情形外，应当提前 24 小时通知危险货物港口经营人。危险货物港口经营人履行决定、采取相应措施消除隐患的，港口行政管理部门应当及时解除停止供电措施。

第六十三条 所在地港口行政管理部门应当加强对重大危险源的监管和应急准备，建立健全本辖区内重大危险源的档案，组织开展重大危险源风险分析，建立重大危险源安全检查制度，定期对存在重大危险源的港口经营人进行安全检查，对检查中发现的事故隐患，督促港口经营人进行整改。

第六十四条 港口行政管理部门应当建立举报制度，认真落实各类违法违规从事危险货物港口作业的投诉和举报，接受社会监督，及时曝光违法违规行为。

第六十五条 港口行政管理部门应当加强监管队伍建设，建立健全安全教育培训制度，依法规范行政执法行为。

第六十六条 所在地港口行政管理部门应当配备必要的危险货物港口安全检查装备，建立危险货物港口安全监管信息系统，具备危险货物港口安全监督管理能力。

第六十七条 港口行政管理部门应当建立港口危险货物管理专家库。专家库应由熟悉港口安全相关法律法规和技术标准、危险货物港口作业、港口安全技术、港口工程、港口安全管理和港口应急救援等相关专业人员组成。

港口行政管理部门在组织安全条件审查、安全设施设计审查或者其他港口危险货物管理工作时，需要吸收专家参加或者听取专家意见的，应当从专家库中抽取。

第六十八条 所在地港口行政管理部门应当建立健全安全生产诚信管理制度，对危险货物港口经营人存在安全生产违法行为或者造成恶劣社会影响的，应当列入安全生产不良信用记录，并纳入交通运输和相关统一信用信息共享平台。

第七章 法律责任

第六十九条 未经安全条件审查，新建、改建、扩建危险货物港口建设项目的，由所在地港口行政管理部门责令停止建设，限期改正；逾期未改正的，处五十万元以上一百万元以下的罚款。

第七十条 危险货物港口建设项目有下列行为之一的，由所在地港口行政管理部门责令停止建设或者停产停业整顿，限期改正；逾期未改正的，处五十万元以上一百万元以下的罚款，对其直接负责的主管人员和其他直接责任人员处二万元以上五万元以下的罚款：

（一）未按照规定对危险货物港口建设项目进行安全评价的；

（二）没有安全设施设计或者安全设施设计未按照规定报经港口行政管理部门审查同意的；

（三）施工单位未按照批准的安全设施设计施工的；

（四）安全设施未经验收合格，擅自从事危险货物港口作业的。

第七十一条 未依法取得相应的港口经营许可证，或者超越许可范围从事危险货物港口经营的，由所在地港口行政管理部门责令停止违法经营，没收违法所得；违法所得十万元以上的，并处违法所得二倍以上五倍以下罚款；违法所得不足十万元的，处五万元以上二十万元以下的罚款。

第七十二条 危险货物港口经营人未依法提取和使用安全生产经费导

致不具备安全生产条件的，由所在地港口行政管理部门责令限期改正；逾期未改正的，责令停产停业整顿。

第七十三条 危险货物港口经营人有下列行为之一的，由所在地港口行政管理部门责令限期改正，可以处五万元以下的罚款；逾期未改正的，责令停产停业整顿，并处五万元以上十万元以下的罚款，对其直接负责的主管人员和其他直接责任人员处一万元以上二万元以下的罚款：

（一）未按照规定设置安全生产管理机构或者配备安全生产管理人员的；

（二）未依法对从业人员进行安全生产教育、培训，或者未如实记录安全生产教育、培训情况的；

（三）未将事故隐患排查治理情况如实记录或者未向从业人员通报的；

（四）未按照规定制定危险货物事故应急救援预案或者未定期组织演练的。

第七十四条 危险货物港口经营人有下列行为之一的，由所在地港口行政管理部门责令限期改正，可以处十万元以下的罚款；逾期未改正的，责令停产停业整顿，并处十万元以上二十万元以下的罚款，对其直接负责的主管人员和其他直接责任人员处二万元以上五万元以下的罚款：

（一）危险货物港口作业未建立专门安全管理制度、未采取可靠的安全措施的；

（二）对重大危险源未登记建档，或者未进行评估、监控，或者未制定应急预案的；

（三）未建立事故隐患排查治理制度的。

第七十五条 危险货物港口经营人有下列情形之一的，由所在地港口行政管理部门责令改正，可以处五万元以下的罚款；逾期未改正的，处五万元以上二十万元以下的罚款，对其直接负责的主管人员和其他直接责任人员处一万元以上二万元以下的罚款；情节严重的，责令停产停业整顿：

（一）未在生产作业场所和安全设施、设备上设置明显的安全警示标志的；

（二）未按照国家标准、行业标准或者国家有关规定安装、使用安全设施、设备并进行经常性维护、保养和定期检测的。

第七十六条 危险货物港口经营人有下列情形之一的，由所在地港口行政管理部门责令改正，可以处五万元以下的罚款；逾期未改正的，处五万元以上十万元以下的罚款；情节严重的，责令停产停业整顿：

（一）未对其铺设的危险货物管道设置明显的标志，或者未对危险货物管道定期检查、检测的；

（二）危险货物专用库场、储罐未设专人负责管理，或者对储存的剧毒化学品以及储存数量构成重大危险源的其他危险货物未实行双人收发、双人保管制度的；

（三）未建立危险货物出入库核查、登记制度的；

（四）装卸、储存没有安全技术说明书的危险货物或者外包装没有相应标志的包装危险货物的；

（五）未在作业场所设置通信、报警装置的。

在港口进行可能危及危险货物管道安全的施工作业，施工单位未按照规定书面通知管道所属单位，或者未与管道所属单位共同制定应急预案、采取相应的安全防护措施，或者管道所属单位未指派专门人员到现场进行管道安全保护指导的，由所在地港口行政管理部门按照前款规定的处罚金额进行处罚。

第七十七条 危险货物港口经营人有下列情形之一的，由所在地港口行政管理部门责令改正，处五万元以上十万元以下的罚款；逾期未改正的，责令停产停业整顿；除第（一）项情形外，情节严重的，还可以吊销其港口经营许可证件：

（一）未在取得从业资格的装卸管理人员现场指挥或者监控下进行作业的；

（二）未依照本规定对其安全生产条件定期进行安全评价的；

（三）未将危险货物储存在专用库场、储罐内，或者未将剧毒化学品以及储存数量构成重大危险源的其他危险货物在专用库场、储罐内单独存放的；

（四）危险货物的储存方式、方法或者储存数量不符合国家标准或者国家有关规定的；

（五）危险货物专用库场、储罐不符合国家标准、行业标准的要求的。

第七十八条 危险货物港口经营人有下列情形之一的，由所在地港口行政管理部门责令改正，可以处一万元以下的罚款；逾期未改正的，处一万元以上五万元以下的罚款：

（一）未将安全评价报告以及落实情况报港口行政管理部门备案的；

（二）未将剧毒化学品以及储存数量构成重大危险源的其他危险货物的储存数量、储存地点以及管理人员等情况报港口行政管理部门备案的。

第七十九条 两个以上危险货物港口经营人在同一港口作业区内从事可能危及对方生产安全的危险货物港口作业，未签订安全生产管理协议或者未指定专职安全管理人员进行安全检查和协调的，由所在地港口行政管理部门责令限期改正，可以处一万元以下的罚款，对其直接负责的主管人员和其他直接责任人员可以处三千元以下的罚款；情节严重的，可以处一万元以上五万元以下的罚款，对其直接负责的主管人员和其他直接责任人员可以处三千元以上一万元以下的罚款；逾期未改正的，责令停产停业整顿。

第八十条 危险货物港口经营人未采取措施消除事故隐患的，由所在地港口行政管理部门责令立即消除或者限期消除；逾期未改正的，责令停产停业整顿，并处十万元以上五十万元以下的罚款，对其直接负责的主管人员和其他直接责任人员处二万元以上五万元以下的罚款。

第八十一条 未按照本规定报告并经同意进行危险货物装卸、过驳作业的，由所在地港口行政管理部门责令改正，并处五千元以上五万元以下的罚款。

第八十二条 危险货物港口经营人有下列行为之一的，由所在地港口行政管理部门责令改正，并处三万元以下的罚款：

（一）装卸国家禁止通过该港口水域水路运输的危险货物的；

（二）未如实记录危险货物作业基础数据的；

（三）发现危险货物的包装和安全标志不符合相关规定仍进行作业的；

（四）未具备其作业使用的危险货物输送管道分布图、安全技术档案的；

（五）未将重大事故隐患的排查和处理情况、应急预案及时向所在地港口行政管理部门备案的；

（六）未按照规定实施安全生产风险预防控制的。

在港口从事危险货物添加抑制剂或者稳定剂作业前，未将有关情况告知相关危险货物港口经营人和作业船舶的，由所在地港口行政管理部门责令改正，并对相关单位处三万元以下的罚款。

第八十三条 港口作业委托人未按规定向港口经营人提供所托运的危险货物有关资料的，由所在地港口行政管理部门责令改正，处五万元以上十万元以下的罚款。港口作业委托人在托运的普通货物中夹带危险货物，或者将危险货物谎报或者匿报为普通货物托运的，由所在地港口行政管理部门责令改正，处十万元以上二十万元以下的罚款，有违法所得的，没收违法所得。

第八十四条 危险货物港口经营人拒绝、阻碍港口行政管理部门依法实施安全监督检查的，由港口行政管理部门责令改正；逾期未改正的，处二万元以上二十万元以下的罚款；对其直接负责的主管人员和其他直接责任人员处一万元以上二万元以下的罚款。

第八十五条 港口行政管理部门的工作人员有下列行为之一的，对直接负责的主管人员和其他直接责任人员给予行政处分；构成犯罪的，依法追究刑事责任：

（一）未按照规定的条件、程序和期限实施行政许可的；

（二）发现违法行为未依法予以制止、查处，情节严重的；

（三）未履行本规定设定的监督管理职责，造成严重后果的；

（四）有其他滥用职权、玩忽职守、徇私舞弊行为的。

第八十六条 违反本规定的其他规定应当进行处罚的，按照《港口法》《安全生产法》《危险化学品安全管理条例》等法律法规执行。

第八章 附 则

第八十七条 本规定所称危险货物，是指具有爆炸、易燃、毒害、腐蚀、放射性等危险特性，在港口作业过程中容易造成人身伤亡、财产毁损或者环境污染而需要特别防护的物质、材料或者物品，包括：

（一）《国际海运危险货物规则》（IMDG code）第 3 部分危险货物一览表中列明的包装危险货物，以及未列明但经评估具有安全危险的其他包装货物；

（二）《国际海运固体散装货物规则》（IMSBC code）附录一 B 组中含有联合国危险货物编号的固体散装货物，以及经评估具有安全危险的其他固体散装货物；

（三）《经 1978 年议定书修订的 1973 年国际防止船舶造成污染公约》（MARPOL73/78 公约）附则 I 附录 1 中列明的散装油类；

（四）《国际散装危险化学品船舶构造和设备规则》（IBC code）第 17 章中列明的散装液体化学品，以及未列明但经评估具有安全危险的其他散装液体化学品，港口储存环节仅包含上述中具有安全危害性的散装液体化学品；

（五）《国际散装液化气体船舶构造和设备规则》（IGC code）第 19 章列明的散装液化气体，以及未列明但经评估具有安全危险的其他散装液化气体；

（六）我国加入或者缔结的国际条约、国家标准规定的其他危险货物；

（七）《危险化学品目录》中列明的危险化学品。

第八十八条 本规定自 2017 年 10 月 15 日起施行。2012 年 12 月 11 日交通运输部发布的《港口危险货物安全管理规定》（交通运输部令 2012 年第 9 号）同时废止。

（二）职业卫生

工作场所职业卫生监督管理规定

（2012年4月27日国家安全生产监督管理总局令第47号公布）

第一章　总　则

第一条　为了加强职业卫生监督管理工作，强化用人单位职业病防治的主体责任，预防、控制职业病危害，保障劳动者健康和相关权益，根据《中华人民共和国职业病防治法》等法律、行政法规，制定本规定。

第二条　用人单位的职业病防治和安全生产监督管理部门对其实施监督管理，适用本规定。

第三条　用人单位应当加强职业病防治工作，为劳动者提供符合法律、法规、规章、国家职业卫生标准和卫生要求的工作环境和条件，并采取有效措施保障劳动者的职业健康。

第四条　用人单位是职业病防治的责任主体，并对本单位产生的职业病危害承担责任。

用人单位的主要负责人对本单位的职业病防治工作全面负责。

第五条　国家安全生产监督管理总局依照《中华人民共和国职业病防治法》和国务院规定的职责，负责全国用人单位职业卫生的监督管理工作。

县级以上地方人民政府安全生产监督管理部门依照《中华人民共和国职业病防治法》和本级人民政府规定的职责，负责本行政区域内用人单位职业卫生的监督管理工作。

第六条　为职业病防治提供技术服务的职业卫生技术服务机构，应当依照《职业卫生技术服务机构监督管理暂行办法》和有关标准、规范、执业准则的要求，为用人单位提供技术服务。

第七条　任何单位和个人均有权向安全生产监督管理部门举报用人单位违反本规定的行为和职业病危害事故。

第二章　用人单位的职责

第八条　职业病危害严重的用人单位，应当设置或者指定职业卫生管理机构或者组织，配备专职职业卫生管理人员。

其他存在职业病危害的用人单位，劳动者超过 100 人的，应当设置或者指定职业卫生管理机构或者组织，配备专职职业卫生管理人员；劳动者在 100 人以下的，应当配备专职或者兼职的职业卫生管理人员，负责本单位的职业病防治工作。

第九条　用人单位的主要负责人和职业卫生管理人员应当具备与本单位所从事的生产经营活动相适应的职业卫生知识和管理能力，并接受职业卫生培训。

用人单位主要负责人、职业卫生管理人员的职业卫生培训，应当包括下列主要内容：

（一）职业卫生相关法律、法规、规章和国家职业卫生标准；

（二）职业病危害预防和控制的基本知识；

（三）职业卫生管理相关知识；

（四）国家安全生产监督管理总局规定的其他内容。

第十条　用人单位应当对劳动者进行上岗前的职业卫生培训和在岗期间的定期职业卫生培训，普及职业卫生知识，督促劳动者遵守职业病防治的法律、法规、规章、国家职业卫生标准和操作规程。

用人单位应当对职业病危害严重的岗位的劳动者，进行专门的职业卫生培训，经培训合格后方可上岗作业。

因变更工艺、技术、设备、材料，或者岗位调整导致劳动者接触的职业病危害因素发生变化的，用人单位应当重新对劳动者进行上岗前的职业卫生培训。

第十一条　存在职业病危害的用人单位应当制定职业病危害防治计划和实施方案，建立、健全下列职业卫生管理制度和操作规程：

（一）职业病危害防治责任制度；

（二）职业病危害警示与告知制度；

（三）职业病危害项目申报制度；

（四）职业病防治宣传教育培训制度；

（五）职业病防护设施维护检修制度；

（六）职业病防护用品管理制度；

（七）职业病危害监测及评价管理制度；

（八）建设项目职业卫生“三同时”管理制度；

（九）劳动者职业健康监护及其档案管理制度；

（十）职业病危害事故处置与报告制度；

（十一）职业病危害应急救援与管理制度；

（十二）岗位职业卫生操作规程；

（十三）法律、法规、规章规定的其他职业病防治制度。

第十二条 产生职业病危害的用人单位的工作场所应当符合下列基本要求：

（一）生产布局合理，有害作业与无害作业分开；

（二）工作场所与生活场所分开，工作场所不得住人；

（三）有与职业病防治工作相适应的有效防护设施；

（四）职业病危害因素的强度或者浓度符合国家职业卫生标准；

（五）有配套的更衣间、洗浴间、孕妇休息间等卫生设施；

（六）设备、工具、用具等设施符合保护劳动者生理、心理健康的要求；

（七）法律、法规、规章和国家职业卫生标准的其他规定。

第十三条 用人单位工作场所存在职业病目录所列职业病的危害因素的，应当按照《职业病危害项目申报办法》的规定，及时、如实向所在地安全生产监督管理部门申报职业病危害项目，并接受安全生产监督管理部门的监督检查。

第十四条 新建、改建、扩建的工程建设项目和技术改造、技术引进项目（以下统称建设项目）可能产生职业病危害的，建设单位应当按照《建设项目职业卫生“三同时”监督管理暂行办法》的规定，向安全生产监督管理部门申请备案、审核、审查和竣工验收。

第十五条 产生职业病危害的用人单位，应当在醒目位置设置公告栏，公布有关职业病防治的规章制度、操作规程、职业病危害事故应急救援措施和工作场所职业病危害因素检测结果。

存在或者产生职业病危害的工作场所、作业岗位、设备、设施，应当按照《工作场所职业病危害警示标识》（GBZ158）的规定，在醒目位置设置图形、警示线、警示语句等警示标识和中文警示说明。警示说明应当载明产生职业病危害的种类、后果、预防和应急处置措施等内容。

存在或产生高毒物品的作业岗位，应当按照《高毒物品作业岗位职业病危害告知规范》（GBZ/T203）的规定，在醒目位置设置高毒物品告知卡，告知卡应当载明高毒物品的名称、理化特性、健康危害、防护措施及应急处理等告知内容与警示标识。

第十六条 用人单位应当为劳动者提供符合国家职业卫生标准的职业病防护用品，并督促、指导劳动者按照使用规则正确佩戴、使用，不得发放钱物替代发放职业病防护用品。

用人单位应当对职业病防护用品进行经常性的维护、保养，确保防护用品有效，不得使用不符合国家职业卫生标准或者已经失效的职业病防护用品。

第十七条 在可能发生急性职业损伤的有毒、有害工作场所，用人单位应当设置报警装置，配置现场急救用品、冲洗设备、应急撤离通道和必要的泄险区。

现场急救用品、冲洗设备等应当设在可能发生急性职业损伤的工作场所或者临近地点，并在醒目位置设置清晰的标识。

在可能突然泄漏或者逸出大量有害物质的密闭或者半密闭工作场所，除遵守本条第一款、第二款规定外，用人单位还应当安装事故通风装置以及与事故排风系统相连锁的泄漏报警装置。

生产、销售、使用、贮存放射性同位素和射线装置的场所，应当按照国家有关规定设置明显的放射性标志，其入口处应当按照国家有关安全和防护标准的要求，设置安全和防护设施以及必要的防护安全联锁、报警装置或者工作信号。放射性装置的生产调试和使用场所，应当具有防止误操作、防止工作人员受到意外照射的安全措施。用人单位必须配备与辐射类型和辐射水平相适应的防护用品和监测仪器，包括个人剂量测量报警、固定式和便携式辐射监测、表面污染监测、流出物监测等设备，并保证可能接触放射线的工作人员佩戴个人剂量计。

第十八条 用人单位应当对职业病防护设备、应急救援设施进行经常性的维护、检修和保养，定期检测其性能和效果，确保其处于正常状态，不得擅自拆除或者停止使用。

第十九条 存在职业病危害的用人单位，应当实施由专人负责的工作场所职业病危害因素日常监测，确保监测系统处于正常工作状态。

第二十条 存在职业病危害的用人单位，应当委托具有相应资质的职业卫生技术服务机构，每年至少进行一次职业病危害因素检测。

职业病危害严重的用人单位，除遵守前款规定外，应当委托具有相应资质的职业卫生技术服务机构，每三年至少进行一次职业病危害现状评价。

检测、评价结果应当存入本单位职业卫生档案，并向安全生产监督管理部门报告和劳动者公布。

第二十一条 存在职业病危害的用人单位，有下述情形之一的，应当及时委托具有相应资质的职业卫生技术服务机构进行职业病危害现状评价：

（一）初次申请职业卫生安全许可证，或者职业卫生安全许可证有效期届满申请换证的；

（二）发生职业病危害事故的；

（三）国家安全生产监督管理总局规定的其他情形。

用人单位应当落实职业病危害现状评价报告中提出的建议和措施，并将职业病危害现状评价结果及整改情况存入本单位职业卫生档案。

第二十二条 用人单位在日常的职业病危害监测或者定期检测、现状评价过程中，发现工作场所职业病危害因素不符合国家职业卫生标准和卫生要求时，应当立即采取相应治理措施，确保其符合职业卫生环境和条件的要求；仍然达不到国家职业卫生标准和卫生要求的，必须停止存在职业病危害因素的作业；职业病危害因素经治理后，符合国家职业卫生标准和卫生要求的，方可重新作业。

第二十三条 向用人单位提供可能产生职业病危害的设备的，应当提供中文说明书，并在设备的醒目位置设置警示标识和中文警示说明。警示说明应当载明设备性能、可能产生的职业病危害、安全操作和维护注意事项、职业病防护措施等内容。

用人单位应当检查前款规定的事项，不得使用不符合要求的设备。

第二十四条 向用人单位提供可能产生职业病危害的化学品、放射性同位素和含有放射性物质的材料的，应当提供中文说明书。说明书应当载明产品特性、主要成分、存在的有害因素、可能产生的危害后果、安全使用注意事项、职业病防护和应急救治措施等内容。产品包装应当有醒目的警示标识和中文警示说明。贮存上述材料的场所应当在规定的部位设置危险物品标识或者放射性警示标识。

用人单位应当检查前款规定的事项，不得使用不符合要求的材料。

第二十五条 任何用人单位不得使用国家明令禁止使用的可能产生职业病危害的设备或者材料。

第二十六条 任何单位和个人不得将产生职业病危害的作业转移给不具备职业病防护条件的单位和个人。不具备职业病防护条件的单位和个人不得接受产生职业病危害的作业。

第二十七条 用人单位应当优先采用有利于防治职业病危害和保护劳动者健康的新技术、新工艺、新材料、新设备，逐步替代产生职业病危害的技术、工艺、材料、设备。

第二十八条 用人单位对采用的技术、工艺、材料、设备，应当知悉其可能产生的职业病危害，并采取相应的防护措施。对有职业病危害的技术、工艺、设备、材料，故意隐瞒其危害而采用的，用人单位对其所造成的职业病危害后果承担责任。

第二十九条 用人单位与劳动者订立劳动合同（含聘用合同，下同）时，应当将工作过程中可能产生的职业病危害及其后果、职业病防护措施和待遇等如实告知劳动者，并在劳动合同中写明，不得隐瞒或者欺骗。

劳动者在履行劳动合同期间因工作岗位或者工作内容变更，从事与所订立劳动合同中未告知的存在职业病危害的作业时，用人单位应当依照前款规定，向劳动者履行如实告知的义务，并协商变更原劳动合同相关条款。

用人单位违反本条规定的，劳动者有权拒绝从事存在职业病危害的作业，用人单位不得因此解除与劳动者所订立的劳动合同。

第三十条 对从事接触职业病危害因素作业的劳动者，用人单位应当按照《用人单位职业健康监护监督管理办法》、《放射工作人员职业健康管理办法》、《职业健康监护技术规范》（GBZ188）、《放射工作人员职业健康监护技术规范》（GBZ235）等有关规定组织上岗前、在岗期间、离岗时的职业健康检查，并将检查结果书面如实告知劳动者。

职业健康检查费用由用人单位承担。

第三十一条 用人单位应当按照《用人单位职业健康监护监督管理办法》的规定，为劳动者建立职业健康监护档案，并按照规定的期限妥善保存。

职业健康监护档案应当包括劳动者的职业史、职业病危害接触史、职业健康检查结果、处理结果和职业病诊疗等有关个人健康资料。

劳动者离开用人单位时，有权索取本人职业健康监护档案复印件，用人单位应当如实、无偿提供，并在所提供的复印件上签章。

第三十二条 劳动者健康出现损害需要进行职业病诊断、鉴定的，用人单位应当如实提供职业病诊断、鉴定所需的劳动者职业史和职业病危害接触史、工作场所职业病危害因素检测结果和放射工作人员个人剂量监测结果等资料。

第三十三条 用人单位不得安排未成年工从事接触职业病危害的作

业，不得安排有职业禁忌的劳动者从事其所禁忌的作业，不得安排孕期、哺乳期女职工从事对本人和胎儿、婴儿有危害的作业。

第三十四条 用人单位应当建立健全下列职业卫生档案资料：

（一）职业病防治责任制文件；

（二）职业卫生管理规章制度、操作规程；

（三）工作场所职业病危害因素种类清单、岗位分布以及作业人员接触情况等资料；

（四）职业病防护设施、应急救援设施基本信息，以及其配置、使用、维护、检修与更换等记录；

（五）工作场所职业病危害因素检测、评价报告与记录；

（六）职业病防护用品配备、发放、维护与更换等记录；

（七）主要负责人、职业卫生管理人员和职业病危害严重工作岗位的劳动者等相关人员职业卫生培训资料；

（八）职业病危害事故报告与应急处置记录；

（九）劳动者职业健康检查结果汇总资料，存在职业禁忌证、职业健康损害或者职业病的劳动者处理和安置情况记录；

（十）建设项目职业卫生“三同时”有关技术资料，以及其备案、审核、审查或者验收等有关回执或者批复文件；

（十一）职业卫生安全许可证申领、职业病危害项目申报等有关回执或者批复文件；

（十二）其他有关职业卫生管理的资料或者文件。

第三十五条 用人单位发生职业病危害事故，应当及时向所在地安全生产监督管理部门和有关部门报告，并采取有效措施，减少或者消除职业病危害因素，防止事故扩大。对遭受或者可能遭受急性职业病危害的劳动者，用人单位应当及时组织救治、进行健康检查和医学观察，并承担所需费用。

用人单位不得故意破坏事故现场、毁灭有关证据，不得迟报、漏报、谎报或者瞒报职业病危害事故。

第三十六条 用人单位发现职业病病人或者疑似职业病病人时，应当按照国家规定及时向所在地安全生产监督管理部门和有关部门报告。

第三十七条 工作场所使用有毒物品的用人单位，应当按照有关规定向安全生产监督管理部门申请办理职业卫生安全许可证。

第三十八条 用人单位在安全生产监督管理部门行政执法人员依法履行监督检查职责时，应当予以配合，不得拒绝、阻挠。

第三章 监督管理

第三十九条 安全生产监督管理部门应当依法对用人单位执行有关职业病防治的法律、法规、规章和国家职业卫生标准的情况进行监督检查，重点监督检查下列内容：

（一）设置或者指定职业卫生管理机构或者组织，配备专职或者兼职的职业卫生管理人员情况；

（二）职业卫生管理制度和操作规程的建立、落实及公布情况；

（三）主要负责人、职业卫生管理人员和职业病危害严重的工作岗位的劳动者职业卫生培训情况；

（四）建设项目职业卫生“三同时”制度落实情况；

（五）工作场所职业病危害项目申报情况；

（六）工作场所职业病危害因素监测、检测、评价及结果报告和公布情况；

（七）职业病防护设施、应急救援设施的配置、维护、保养情况，以及职业病防护用品的发放、管理及劳动者佩戴使用情况；

（八）职业病危害因素及危害后果警示、告知情况；

（九）劳动者职业健康监护、放射工作人员个人剂量监测情况；

（十）职业病危害事故报告情况；

（十一）提供劳动者健康损害与职业史、职业病危害接触关系等相关资料的情况；

（十二）依法应当监督检查的其他情况。

第四十条 安全生产监督管理部门应当建立健全职业卫生监督检查制度，加强行政执法人员职业卫生知识的培训，提高行政执法人员的业务素质。

第四十一条 安全生产监督管理部门应当加强建设项目职业卫生“三同时”的监督管理，建立健全相关资料的档案管理制度。

第四十二条 安全生产监督管理部门应当加强职业卫生技术服务机构的资质认可管理和技术服务工作的监督检查，督促职业卫生技术服务机构公平、公正、客观、科学地开展职业卫生技术服务。

第四十三条 安全生产监督管理部门应当建立健全职业病危害防治信息统计分析制度，加强对用人单位职业病危害因素检测、评价结果、劳动者职业健康监护信息以及职业卫生监督检查信息等资料的统计、汇总和分析。

第四十四条　安全生产监督管理部门应当按照有关规定，支持、配合有关部门和机构开展职业病的诊断、鉴定工作。

第四十五条　安全生产监督管理部门行政执法人员依法履行监督检查职责时，应当出示有效的执法证件。

行政执法人员应当忠于职守，秉公执法，严格遵守执法规范；涉及被检查单位的技术秘密、业务秘密以及个人隐私的，应当为其保密。

第四十六条　安全生产监督管理部门履行监督检查职责时，有权采取下列措施：

（一）进入被检查单位及工作场所，进行职业病危害检测，了解情况，调查取证；

（二）查阅、复制被检查单位有关职业病危害防治的文件、资料，采集有关样品；

（三）责令违反职业病防治法律、法规的单位和个人停止违法行为；

（四）责令暂停导致职业病危害事故的作业，封存造成职业病危害事故或者可能导致职业病危害事故发生的材料和设备；

（五）组织控制职业病危害事故现场。

在职业病危害事故或者危害状态得到有效控制后，安全生产监督管理部门应当及时解除前款第四项、第五项规定的控制措施。

第四十七条　发生职业病危害事故，安全生产监督管理部门应当依照国家有关规定报告事故和组织事故的调查处理。

第四章　法律责任

第四十八条　用人单位有下列情形之一的，给予警告，责令限期改正，可以并处 5 千元以上 2 万元以下的罚款：

（一）未按照规定实行有害作业与无害作业分开、工作场所与生活场所分开的；

（二）用人单位的主要负责人、职业卫生管理人员未接受职业卫生培训的。

第四十九条　用人单位有下列情形之一的，给予警告，责令限期改正；逾期未改正的，处 10 万元以下的罚款：

（一）未按照规定制定职业病防治计划和实施方案的；

（二）未按照规定设置或者指定职业卫生管理机构或者组织，或者未配备专职或者兼职的职业卫生管理人员的；

（三）未按照规定建立、健全职业卫生管理制度和操作规程的；

（四）未按照规定建立、健全职业卫生档案和劳动者健康监护档案的；

（五）未建立、健全工作场所职业病危害因素监测及评价制度的；

（六）未按照规定公布有关职业病防治的规章制度、操作规程、职业病危害事故应急救援措施的；

（七）未按照规定组织劳动者进行职业卫生培训，或者未对劳动者个体防护采取有效的指导、督促措施的；

（八）工作场所职业病危害因素检测、评价结果未按照规定存档、上报和公布的。

第五十条 用人单位有下列情形之一的，责令限期改正，给予警告，可以并处5万元以上10万元以下的罚款：

（一）未按照规定及时、如实申报产生职业病危害的项目的；

（二）未实施由专人负责职业病危害因素日常监测，或者监测系统不能正常监测的；

（三）订立或者变更劳动合同时，未告知劳动者职业病危害真实情况的；

（四）未按照规定组织劳动者进行职业健康检查、建立职业健康监护档案或者未将检查结果书面告知劳动者的；

（五）未按照规定在劳动者离开用人单位时提供职业健康监护档案复印件的。

第五十一条 用人单位有下列情形之一的，给予警告，责令限期改正；逾期未改正的，处5万元以上20万元以下的罚款；情节严重的，责令停止产生职业病危害的作业，或者提请有关人民政府按照国务院规定的权限责令关闭：

（一）工作场所职业病危害因素的强度或者浓度超过国家职业卫生标准的；

（二）未提供职业病防护设施和劳动者使用的职业病防护用品，或者提供的职业病防护设施和劳动者使用的职业病防护用品不符合国家职业卫生标准和卫生要求的；

（三）未按照规定对职业病防护设备、应急救援设施和劳动者职业病防护用品进行维护、检修、检测，或者不能保持正常运行、使用状态的；

（四）未按照规定对工作场所职业病危害因素进行检测、现状评价的；

（五）工作场所职业病危害因素经治理仍然达不到国家职业卫生标准和卫生要求时，未停止存在职业病危害因素的作业的；

（六）发生或者可能发生急性职业病危害事故，未立即采取应急救援和控制措施或者未按照规定及时报告的；

（七）未按照规定在产生严重职业病危害的作业岗位醒目位置设置警示标识和中文警示说明的；

（八）拒绝安全生产监督管理部门监督检查的；

（九）隐瞒、伪造、篡改、毁损职业健康监护档案、工作场所职业病危害因素检测评价结果等相关资料，或者不提供职业病诊断、鉴定所需要资料的；

（十）未按照规定承担职业病诊断、鉴定费用和职业病病人的医疗、生活保障费用的。

第五十二条 用人单位有下列情形之一的，责令限期改正，并处5万元以上30万元以下的罚款；情节严重的，责令停止产生职业病危害的作业，或者提请有关人民政府按照国务院规定的权限责令关闭：

（一）隐瞒技术、工艺、设备、材料所产生的职业病危害而采用的；

（二）隐瞒本单位职业卫生真实情况的；

（三）可能发生急性职业损伤的有毒、有害工作场所或者放射工作场所不符合本规定第十七条规定的；

（四）使用国家明令禁止使用的可能产生职业病危害的设备或者材料的；

（五）将产生职业病危害的作业转移给没有职业病防护条件的单位和个人，或者没有职业病防护条件的单位和个人接受产生职业病危害的作业的；

（六）擅自拆除、停止使用职业病防护设备或者应急救援设施的；

（七）安排未经职业健康检查的劳动者、有职业禁忌的劳动者、未成年工或者孕期、哺乳期女职工从事接触产生职业病危害的作业或者禁忌作业的。

（八）违章指挥和强令劳动者进行没有职业病防护措施的作业的。

第五十三条 用人单位违反《中华人民共和国职业病防治法》的规定，已经对劳动者生命健康造成严重损害的，责令停止产生职业病危害的作业，或者提请有关人民政府按照国务院规定的权限责令关闭，并处10万元以上50万元以下的罚款。

造成重大职业病危害事故或者其他严重后果，构成犯罪的，对直接负责的主管人员和其他直接责任人员，依法追究刑事责任。

第五十四条 向用人单位提供可能产生职业病危害的设备或者材料，

未按照规定提供中文说明书或者设置警示标识和中文警示说明的，责令限期改正，给予警告，并处 5 万元以上 20 万元以下的罚款。

第五十五条 用人单位未按照规定报告职业病、疑似职业病的，责令限期改正，给予警告，可以并处 1 万元以下的罚款；弄虚作假的，并处 2 万元以上 5 万元以下的罚款。

第五十六条 安全生产监督管理部门及其行政执法人员未按照规定报告职业病危害事故的，依照有关规定给予处理；构成犯罪的，依法追究刑事责任。

第五十七条 本规定所规定的行政处罚，由县级以上安全生产监督管理部门决定。法律、行政法规和国务院有关规定对行政处罚决定机关另有规定的，依照其规定。

第五章 附 则

第五十八条 本规定下列用语的含义：

（一）工作场所，是指劳动者进行职业活动的所有地点，包括建设单位施工场所；

（二）职业病危害严重的用人单位，是指建设项目职业病危害分类管理目录中所列职业病危害严重行业的用人单位。

建设项目职业病危害分类管理目录由国家安全生产监督管理总局公布。各省级安全生产监督管理部门可以根据本地区实际情况，对分类目录作出补充规定。

第五十九条 本规定未规定的其他有关职业病防治事项，依照《中华人民共和国职业病防治法》和其他有关法律、法规、规章的规定执行。

第六十条 煤矿的职业病防治和煤矿安全监察机构对其实施监察，依照本规定和国家安全生产监督管理总局的其他有关规定执行。

第六十一条 本规定自 2012 年 6 月 1 日起施行。2009 年 7 月 1 日国家安全生产监督管理总局公布的《作业场所职业健康监督管理暂行规定》同时废止。

职业病危害项目申报办法

（2012年4月27日国家安全生产监督管理总局令第48号公布）

第一条 为了规范职业病危害项目的申报工作，加强对用人单位职业卫生工作的监督管理，根据《中华人民共和国职业病防治法》，制定本办法。

第二条 用人单位（煤矿除外）工作场所存在职业病目录所列职业病的危害因素的，应当及时、如实向所在地安全生产监督管理部门申报危害项目，并接受安全生产监督管理部门的监督管理。

煤矿职业病危害项目申报办法另行规定。

第三条 本办法所称职业病危害项目，是指存在职业病危害因素的项目。

职业病危害因素按照《职业病危害因素分类目录》确定。

第四条 职业病危害项目申报工作实行属地分级管理的原则。

中央企业、省属企业及其所属用人单位的职业病危害项目，向其所在地设区的市级人民政府安全生产监督管理部门申报。

前款规定以外的其他用人单位的职业病危害项目，向其所在地县级人民政府安全生产监督管理部门申报。

第五条 用人单位申报职业病危害项目时，应当提交《职业病危害项目申报表》和下列文件、资料：

（一）用人单位的基本情况；

（二）工作场所职业病危害因素种类、分布情况以及接触人数；

（三）法律、法规和规章规定的其他文件、资料。

第六条 职业病危害项目申报同时采取电子数据和纸质文本两种方式。

用人单位应当首先通过“职业病危害项目申报系统”进行电子数据申报，同时将《职业病危害项目申报表》加盖公章并由本单位主要负责人签字后，按照本办法第四条和第五条的规定，连同有关文件、资料一并上报所在地设区的市级、县级安全生产监督管理部门。

受理申报的安全生产监督管理部门应当自收到申报文件、资料之日起5个工作日内，出具《职业病危害项目申报回执》。

第七条 职业病危害项目申报不得收取任何费用。

第八条 用人单位有下列情形之一的，应当按照本条规定向原申报机关申报变更职业病危害项目内容：

（一）进行新建、改建、扩建、技术改造或者技术引进建设项目的，自建设项目竣工验收之日起30日内进行申报；

（二）因技术、工艺、设备或者材料等发生变化导致原申报的职业病危害因素及其相关内容发生重大变化的，自发生变化之日起15日内进行申报；

（三）用人单位工作场所、名称、法定代表人或者主要负责人发生变化的，自发生变化之日起15日内进行申报；

（四）经过职业病危害因素检测、评价，发现原申报内容发生变化的，自收到有关检测、评价结果之日起15日内进行申报。

第九条 用人单位终止生产经营活动的，应当自生产经营活动终止之日起15日内向原申报机关报告并办理注销手续。

第十条 受理申报的安全生产监督管理部门应当建立职业病危害项目管理档案。职业病危害项目管理档案应当包括辖区内存在职业病危害因素的用人单位数量、职业病危害因素种类、行业及地区分布、接触人数等内容。

第十一条 安全生产监督管理部门应当依法对用人单位职业病危害项目申报情况进行抽查，并对职业病危害项目实施监督检查。

第十二条 安全生产监督管理部门及其工作人员应当保守用人单位商业秘密和技术秘密。违反有关保密义务的，应当承担相应的法律责任。

第十三条 安全生产监督管理部门应当建立健全举报制度，依法受理和查处有关用人单位违反本办法行为的举报。

任何单位和个人均有权向安全生产监督管理部门举报用人单位违反本办法的行为。

第十四条 用人单位未按照本办法规定及时、如实地申报职业病危害项目的，责令限期改正，给予警告，可以并处5万元以上10万元以下的罚款。

第十五条 用人单位有关事项发生重大变化，未按照本办法的规定申报变更职业病危害项目内容的，责令限期改正，可以并处5千元以上3万元以下的罚款。

第十六条 《职业病危害项目申报表》《职业病危害项目申报回执》的式样由国家安全生产监督管理总局规定。

第十七条 本办法自2012年6月1日起施行。国家安全生产监督管理总局2009年9月8日公布的《作业场所职业危害申报管理办法》同时废止。

用人单位职业健康监护监督管理办法

（2012 年 4 月 27 日国家安全生产监督管理总局令第 49 号公布）

第一章　总　则

第一条　为了规范用人单位职业健康监护工作，加强职业健康监护的监督管理，保护劳动者健康及其相关权益，根据《中华人民共和国职业病防治法》，制定本办法。

第二条　用人单位从事接触职业病危害作业的劳动者（以下简称劳动者）的职业健康监护和安全生产监督管理部门对其实施监督管理，适用本办法。

第三条　本办法所称职业健康监护，是指劳动者上岗前、在岗期间、离岗时、应急的职业健康检查和职业健康监护档案管理。

第四条　用人单位应当建立、健全劳动者职业健康监护制度，依法落实职业健康监护工作。

第五条　用人单位应当接受安全生产监督管理部门依法对其职业健康监护工作的监督检查，并提供有关文件和资料。

第六条　对用人单位违反本办法的行为，任何单位和个人均有权向安全生产监督管理部门举报或者报告。

第二章　用人单位的职责

第七条　用人单位是职业健康监护工作的责任主体，其主要负责人对本单位职业健康监护工作全面负责。

用人单位应当依照本办法以及《职业健康监护技术规范》（GBZ188）、《放射工作人员职业健康监护技术规范》（GBZ235）等国家职业卫生标准的要求，制定、落实本单位职业健康检查年度计划，并保证所需要的专项经费。

第八条　用人单位应当组织劳动者进行职业健康检查，并承担职业健康检查费用。

劳动者接受职业健康检查应当视同正常出勤。

第九条 用人单位应当选择由省级以上人民政府卫生行政部门批准的医疗卫生机构承担职业健康检查工作，并确保参加职业健康检查的劳动者身份的真实性。

第十条 用人单位在委托职业健康检查机构对从事接触职业病危害作业的劳动者进行职业健康检查时，应当如实提供下列文件、资料：

（一）用人单位的基本情况；

（二）工作场所职业病危害因素种类及其接触人员名册；

（三）职业病危害因素定期检测、评价结果。

第十一条 用人单位应当对下列劳动者进行上岗前的职业健康检查：

（一）拟从事接触职业病危害作业的新录用劳动者，包括转岗到该作业岗位的劳动者；

（二）拟从事有特殊健康要求作业的劳动者。

第十二条 用人单位不得安排未经上岗前职业健康检查的劳动者从事接触职业病危害的作业，不得安排有职业禁忌的劳动者从事其所禁忌的作业。

用人单位不得安排未成年工从事接触职业病危害的作业，不得安排孕期、哺乳期的女职工从事对本人和胎儿、婴儿有危害的作业。

第十三条 用人单位应当根据劳动者所接触的职业病危害因素，定期安排劳动者进行在岗期间的职业健康检查。

对在岗期间的职业健康检查，用人单位应当按照《职业健康监护技术规范》（GBZ188）等国家职业卫生标准的规定和要求，确定接触职业病危害的劳动者的检查项目和检查周期。需要复查的，应当根据复查要求增加相应的检查项目。

第十四条 出现下列情况之一的，用人单位应当立即组织有关劳动者进行应急职业健康检查：

（一）接触职业病危害因素的劳动者在作业过程中出现与所接触职业病危害因素相关的不适症状的；

（二）劳动者受到急性职业中毒危害或者出现职业中毒症状的。

第十五条 对准备脱离所从事的职业病危害作业或者岗位的劳动者，用人单位应当在劳动者离岗前30日内组织劳动者进行离岗时的职业健康检查。劳动者离岗前90日内的在岗期间的职业健康检查可以视为离岗时的职业健康检查。

用人单位对未进行离岗时职业健康检查的劳动者，不得解除或者终止与其订立的劳动合同。

第十六条 用人单位应当及时将职业健康检查结果及职业健康检查机构的建议以书面形式如实告知劳动者。

第十七条 用人单位应当根据职业健康检查报告，采取下列措施：

（一）对有职业禁忌的劳动者，调离或者暂时脱离原工作岗位；

（二）对健康损害可能与所从事的职业相关的劳动者，进行妥善安置；

（三）对需要复查的劳动者，按照职业健康检查机构要求的时间安排复查和医学观察；

（四）对疑似职业病病人，按照职业健康检查机构的建议安排其进行医学观察或者职业病诊断；

（五）对存在职业病危害的岗位，立即改善劳动条件，完善职业病防护设施，为劳动者配备符合国家标准的职业病危害防护用品。

第十八条 职业健康监护中出现新发生职业病（职业中毒）或者两例以上疑似职业病（职业中毒）的，用人单位应当及时向所在地安全生产监督管理部门报告。

第十九条 用人单位应当为劳动者个人建立职业健康监护档案，并按照有关规定妥善保存。职业健康监护档案包括下列内容：

（一）劳动者姓名、性别、年龄、籍贯、婚姻、文化程度、嗜好等情况；

（二）劳动者职业史、既往病史和职业病危害接触史；

（三）历次职业健康检查结果及处理情况；

（四）职业病诊疗资料；

（五）需要存入职业健康监护档案的其他有关资料。

第二十条 安全生产行政执法人员、劳动者或者其近亲属、劳动者委托的代理人有权查阅、复印劳动者的职业健康监护档案。

劳动者离开用人单位时，有权索取本人职业健康监护档案复印件，用人单位应当如实、无偿提供，并在所提供的复印件上签章。

第二十一条 用人单位发生分立、合并、解散、破产等情形时，应当对劳动者进行职业健康检查，并依照国家有关规定妥善安置职业病病人；其职业健康监护档案应当依照国家有关规定实施移交保管。

第三章　监督管理

第二十二条 安全生产监督管理部门应当依法对用人单位落实有关职

业健康监护的法律、法规、规章和标准的情况进行监督检查，重点监督检查下列内容：

（一）职业健康监护制度建立情况；

（二）职业健康监护计划制定和专项经费落实情况；

（三）如实提供职业健康检查所需资料情况；

（四）劳动者上岗前、在岗期间、离岗时、应急职业健康检查情况；

（五）对职业健康检查结果及建议，向劳动者履行告知义务情况；

（六）针对职业健康检查报告采取措施情况；

（七）报告职业病、疑似职业病情况；

（八）劳动者职业健康监护档案建立及管理情况；

（九）为离开用人单位的劳动者如实、无偿提供本人职业健康监护档案复印件情况；

（十）依法应当监督检查的其他情况。

第二十三条 安全生产监督管理部门应当加强行政执法人员职业健康知识培训，提高行政执法人员的业务素质。

第二十四条 安全生产行政执法人员依法履行监督检查职责时，应当出示有效的执法证件。

安全生产行政执法人员应当忠于职守，秉公执法，严格遵守执法规范；涉及被检查单位技术秘密、业务秘密以及个人隐私的，应当为其保密。

第二十五条 安全生产监督管理部门履行监督检查职责时，有权进入被检查单位，查阅、复制被检查单位有关职业健康监护的文件、资料。

第四章 法律责任

第二十六条 用人单位有下列行为之一的，给予警告，责令限期改正，可以并处3万元以下的罚款：

（一）未建立或者落实职业健康监护制度的；

（二）未按照规定制定职业健康监护计划和落实专项经费的；

（三）弄虚作假，指使他人冒名顶替参加职业健康检查的；

（四）未如实提供职业健康检查所需要的文件、资料的；

（五）未根据职业健康检查情况采取相应措施的；

（六）不承担职业健康检查费用的。

第二十七条 用人单位有下列行为之一的，责令限期改正，给予警告，可以并处5万元以上10万元以下的罚款：

（一）未按照规定组织职业健康检查、建立职业健康监护档案或者未将检查结果如实告知劳动者的；

（二）未按照规定在劳动者离开用人单位时提供职业健康监护档案复印件的。

第二十八条 用人单位有下列情形之一的，给予警告，责令限期改正，逾期不改正的，处 5 万元以上 20 万元以下的罚款；情节严重的，责令停止产生职业病危害的作业，或者提请有关人民政府按照国务院规定的权限责令关闭：

（一）未按照规定安排职业病病人、疑似职业病病人进行诊治的；

（二）隐瞒、伪造、篡改、损毁职业健康监护档案等相关资料，或者拒不提供职业病诊断、鉴定所需资料的。

第二十九条 用人单位有下列情形之一的，责令限期治理，并处 5 万元以上 30 万元以下的罚款；情节严重的，责令停止产生职业病危害的作业，或者提请有关人民政府按照国务院规定的权限责令关闭：

（一）安排未经职业健康检查的劳动者从事接触职业病危害的作业的；

（二）安排未成年工从事接触职业病危害的作业的；

（三）安排孕期、哺乳期女职工从事对本人和胎儿、婴儿有危害的作业的；

（四）安排有职业禁忌的劳动者从事所禁忌的作业的。

第三十条 用人单位违反本办法规定，未报告职业病、疑似职业病的，由安全生产监督管理部门责令限期改正，给予警告，可以并处 1 万元以下的罚款；弄虚作假的，并处 2 万元以上 5 万元以下的罚款。

第五章 附 则

第三十一条 煤矿安全监察机构依照本办法负责煤矿劳动者职业健康监护的监察工作。

第三十二条 本办法自 2012 年 6 月 1 日起施行。

职业卫生技术服务机构监督管理暂行办法

（2012 年 4 月 27 日国家安全生产监督管理总局令第 50 号公布　根据2015 年 5 月 29 日国家安全生产监督管理总局令第 80 号修正）

第一章　总　则

第一条　为了加强对职业卫生技术服务机构的监督管理，规范职业卫生技术服务行为，根据《中华人民共和国职业病防治法》，制定本办法。

第二条　在中华人民共和国境内申请职业卫生技术服务机构资质，从事职业卫生检测、评价等技术服务以及安全生产监督管理部门实施职业卫生技术服务机构资质认可与监督管理，适用本办法。

第三条　本办法所称职业卫生技术服务机构，是指为建设项目提供职业病危害预评价、职业病危害控制效果评价，为用人单位提供职业病危害因素检测、职业病危害现状评价、职业病防护设备设施与防护用品的效果评价等技术服务的机构。

第四条　国家对职业卫生技术服务机构实行资质认可制度。职业卫生技术服务机构应当依照本办法取得职业卫生技术服务机构资质；未取得职业卫生技术服务机构资质的，不得从事职业卫生检测、评价等技术服务。

第五条　职业卫生技术服务机构的资质从高到低分为甲级、乙级、丙级三个等级。

甲级资质由国家安全生产监督管理总局认可及颁发证书。

乙级资质由省、自治区、直辖市人民政府安全生产监督管理部门（以下简称省级安全生产监督管理部门）认可及颁发证书，并报国家安全生产监督管理总局备案。

丙级资质由设区的市级人民政府安全生产监督管理部门（以下简称市级安全生产监督管理部门）认可及颁发证书，并报省级安全生产监督管理部门备案，由省级安全生产监督管理部门报国家安全生产监督管理总局进行登记。

第六条 国家安全生产监督管理总局根据社会经济发展水平、区域经济结构和职业卫生技术服务工作的需要，对职业卫生技术服务机构的设置实行统筹规划、合理布局和总量控制。

第七条 取得甲级资质的职业卫生技术服务机构，可以根据认可的业务范围在全国从事职业卫生技术服务活动。

下列建设项目的职业卫生技术服务，必须由取得甲级资质的职业卫生技术服务机构承担：

（一）国务院及其投资主管部门审批（核准、备案）的建设项目；

（二）核设施、绝密工程等特殊性质的建设项目；

（三）跨省、自治区、直辖市的建设项目；

（四）国家安全生产监督管理总局规定的其他项目。

第八条 取得乙级资质的职业卫生技术服务机构，可以根据认可的业务范围在其所在的省、自治区、直辖市从事职业卫生技术服务活动。

下列建设项目的职业卫生技术服务，必须由取得乙级以上资质的职业卫生技术服务机构承担：

（一）省级人民政府及其投资主管部门审批（核准、备案）的建设项目；

（二）跨设区的市的建设项目；

（三）省级安全生产监督管理部门规定的其他项目。

第九条 取得丙级资质的职业卫生技术服务机构，可以根据认可的业务范围在其所在的设区的市或者省级安全生产监督管理部门指定的范围从事除本办法第七条、第八条规定的建设项目以外的职业卫生技术服务活动。

第二章　资质认可

第十条 国家安全生产监督管理总局、省级安全生产监督管理部门和市级安全生产监督管理部门应当分别设立国家级、省级和市级职业卫生专家库（以下简称专家库），由专家库专家承担相应的职业卫生技术服务机构资质认可的技术评审工作。

第十一条 从事技术评审的专家应当具备下列条件：

（一）具有相关专业的高级专业技术职称任职资格；

（二）具有连续5年以上相关工作经验；

（三）熟悉相关法律、法规、标准和规范；

（四）具有良好的职业道德和专业素质；

（五）身体健康，能够胜任技术评审工作。

专家库专家任期5年，可连聘连任。

第十二条 专家库专家不得参加与本人有利害关系的职业卫生技术服务机构资质认可的技术评审工作。

被评审的职业卫生技术服务机构不得聘请专家库专家为顾问。

专家库专家不得参加被评审职业卫生技术服务机构的可能有碍技术评审公正的活动。

第十三条 国家安全生产监督管理总局、省级安全生产监督管理部门和市级安全生产监督管理部门应当对专家库专家进行定期复审，并根据资质认可工作的需要，及时进行调整。

第十四条 职业卫生技术服务机构申请甲级资质，应当具备下列条件：

（一）具有法人资格；

（二）固定资产700万元以上；

（三）工作场所面积不少于700平方米；

（四）有健全的内部管理制度和质量保证体系；

（五）有不少于25名经培训合格的专职技术人员；

（六）有专职技术负责人和质量控制负责人，专职技术负责人具有与所申报业务相适应的高级专业技术职称和5年以上工作经验；

（七）具有与所申请资质、业务范围相适应的检测、评价能力；

（八）法律、行政法规、规章规定的其他条件。

第十五条 职业卫生技术服务机构申请乙级资质，应当具备下列条件：

（一）具有法人资格；

（二）固定资产400万元以上；

（三）工作场所面积不少于400平方米；

（四）有健全的内部管理制度和质量保证体系；

（五）有不少于20名经培训合格的专职技术人员；

（六）有专职技术负责人和质量控制负责人，专职技术负责人具有与所申报业务相适应的高级专业技术职称和3年以上工作经验；

（七）具有与所申请资质、业务范围相适应的检测、评价能力；

（八）法律、行政法规、规章规定的其他条件。

第十六条 申请职业卫生技术服务机构丙级资质，应当具备下列条件：

（一）具有法人资格；

（二）固定资产200万元以上；

（三）工作场所面积不少于200平方米；

（四）有健全的内部管理制度和质量保证体系；

（五）有不少于10名经培训合格的专职技术人员；

（六）有专职技术负责人和质量控制负责人，专职技术负责人具有与所申报业务相适应的中级以上专业技术职称和1年以上工作经验；

（七）具有与所申请资质、业务范围相适应的检测、评价能力；

（八）法律、行政法规、规章规定的其他条件。

第十七条 申请职业卫生技术服务机构资质认可，应当提交下列文件、资料：

（一）法定代表人签署的申请表；

（二）法人资格证明或者名称预先核准通知书；

（三）固定资产的证明；

（四）工作场所产权证明或者租赁合同；

（五）专职技术人员、专职技术负责人、质量控制负责人的名单及其培训合格证书、技术职称证书、工作经历证明；

（六）职业卫生技术服务质量管理文件；

（七）拟开展的职业卫生技术服务项目及资质等级；

（八）在申请职业卫生技术服务业务范围内，能够证明具有相应业务能力的文件、资料；

（九）法律、法规规定的其他文件、资料。

第十八条 申请甲级资质，按照下列程序办理：

（一）申请人将职业卫生技术服务机构资质申请表和本办法第十七条规定的文件、资料，报所在地省级安全生产监督管理部门审核。

（二）省级安全生产监督管理部门应当自收到申请文件、资料之日起5个工作日对其进行初审并决定是否受理。决定受理的，应当自受理之日起20个工作日内完成审核工作，并将审核意见和全部申请文件、资料报国家安全生产监督管理总局；决定不予受理的，应当向申请人书面说明理由。

（三）国家安全生产监督管理总局应当自收到审核意见和申请文件、资料之日起20个工作日内，组织专家组对申请人进行技术评审，并根据专家组提交的技术评审报告和社会经济发展水平、区域经济结构、统筹规划、总量控制等要求作出资质认可决定。决定认可的，应当自作出决定之日起10个工作日内向申请人颁发资质证书；决定不予认可的，应当向申请人书面说明理由。

第十九条 申请乙级资质，按照下列程序办理：

（一）申请人将职业卫生技术服务机构资质申请表和本办法第十七条规定的文件、资料，报所在地的市级安全生产监督管理部门审核。

（二）市级安全生产监督管理部门应当自收到申请文件、资料之日起5个工作日内对其进行初审并决定是否受理。决定受理的，应当自受理之日起20个工作日内完成审核，并将审核意见和全部申请文件、资料报省级安全生产监督管理部门；决定不予受理的，应当向申请人书面说明理由。

（三）省级安全生产监督管理部门应当自收到审核意见和申请文件、资料之日起20个工作日内，组织专家组对申请人进行技术评审，并根据专家组提交的技术评审报告和区域经济结构、统筹规划、总量控制等要求作出资质认可决定。决定认可的，应当自作出决定之日起10个工作日内向申请人颁发资质证书；决定不予认可的，应当向申请人书面说明理由。

第二十条 申请丙级资质，按照下列程序办理：

（一）申请人将职业卫生技术服务机构资质申请表和本办法第十七条规定的文件、资料，报所在地的县级安全生产监督管理部门审核。

（二）县级安全生产监督管理部门应当自收到申请文件、资料之日起5个工作日内对其进行初审并决定是否受理。决定受理的，应当自受理之日起20个工作日内完成审核，并将审核意见和全部申请文件、资料报市级安全生产监督管理部门；决定不予受理的，应当向申请人书面说明理由。

（三）市级安全生产监督管理部门应当自受理之日起20个工作日内，组织专家组对申请人进行技术评审，并根据专家组提交的技术评审报告和统筹规划、总量控制等要求作出资质认可决定。决定认可的，应当自作出决定之日起10个工作日内向申请人颁发资质证书；决定不予认可的，应当向申请人书面说明理由。

第二十一条 国家安全生产监督管理总局、省级安全生产监督管理部门、市级安全生产监督管理部门（以下统称发证机关）应当从专家库中随机抽取相关专业的3至7名专家组成专家组，对申请人提供的文件、资料进行技术评审。

技术评审包括申请文件、资料的技术审查和现场技术考核。现场技术考核应当包括下列内容：

（一）核查现场有关设备、设施、仪器、仪表等；

（二）考核技术负责人、质量控制负责人及有关专职技术人员的专业知识和操作能力；

（三）抽查原始工作记录、影像资料、报告、总结、档案等资料；

（四）进行必要的盲样检测。

第二十二条 技术评审工作应当自受理资质申请之日起60日内完成，并提交技术评审报告。技术评审报告是发证机关作出职业卫生技术服务机构资质认可决定的重要依据。

专家组技术评审和申请人整改问题所需的时间，不计算在本办法第十八条、第十九条、第二十条规定的期限内。

第二十三条 职业卫生技术服务机构取得资质1年以上，需要增加业务范围的，应当向发证机关提出申请。发证机关应当按照本办法的规定进行认可。

第二十四条 职业卫生技术服务机构的资质证书遗失的，应当及时在有关电视、报刊等媒体上予以声明，并向原发证机关申请补发。

第二十五条 职业卫生技术服务机构甲级、乙级、丙级资质证书有效期均为3年。资质证书有效期满需要延续的，职业卫生技术服务机构应当于期满前3个月向原发证机关提出申请，经复审合格后予以办理延续手续；不合格的，不予办理延续手续，并向申请人书面说明理由。

第二十六条 职业卫生技术服务机构变更名称、法定代表人、注册地址的，应当自变更之日起30日内向原发证机关申请办理资质证书变更手续。

职业卫生技术服务机构分立、合并的，应当申请办理资质证书变更手续或者重新申请职业卫生技术服务机构资质认可。

第二十七条 职业卫生技术服务机构有下列情形之一的，发证机关应当注销其资质：

（一）资质证书有效期届满未申请延续或者不予批准延续的；

（二）被依法终止的；

（三）自行申请注销的。

第二十八条 职业卫生技术服务机构不得转让或者租借其取得的资质证书。

任何单位和个人不得伪造、变造、买卖职业卫生技术服务机构资质证书。

第二十九条 发证机关对取得资质的职业卫生技术服务机构应当及时公告，接受社会监督。

职业卫生技术服务机构资质证书由国家安全生产监督管理总局统一印制。

第三章　技术服务

第三十条　职业卫生技术服务机构应当依法独立开展职业卫生技术服务活动，科学、客观、真实地反映技术服务事项，并对出具的职业卫生技术报告承担法律责任。

第三十一条　职业卫生技术服务机构应当公开办事制度和程序，简化手续，方便服务对象，并采取措施保证服务质量。

第三十二条　取得资质的职业卫生技术服务机构，应当在批准的业务范围和规定的区域范围内开展技术服务工作，并接受技术服务所在地安全生产监督管理部门的监督管理。

取得甲级资质的职业卫生技术服务机构跨省、自治区、直辖市开展职业卫生技术服务，应当填写职业卫生技术服务机构跨省、自治区、直辖市服务工作报告表，报送服务所在地省级安全生产监督管理部门备案，并接受其监督检查。

职业卫生技术服务机构跨省、自治区、直辖市服务工作报告表式样由国家安全生产监督管理总局规定。

第三十三条　职业卫生技术服务机构开展技术服务时，应当依法与建设单位、用人单位签订职业卫生技术服务合同，明确技术服务内容、范围以及双方的权利、义务和责任。

第三十四条　职业卫生技术服务机构从事职业卫生检测、评价技术服务的收费，应当符合法律、法规的规定。法律、法规没有规定的，应当按照行业自律标准或者指导性标准收费；没有行业自律标准和指导性收费标准的，双方可以通过合同协商确定。

第三十五条　职业卫生技术服务机构及其专职技术人员在从事职业卫生技术服务活动中，不得有下列行为：

（一）泄露服务对象的技术秘密和商业秘密；

（二）伪造、变造、转让或者租借资质证书；

（三）超出资质证书业务范围从事技术服务活动；

（四）出具虚假或者失实的职业卫生技术报告；

（五）转包职业卫生技术服务项目；

（六）擅自更改、简化职业卫生技术服务程序和相关内容；

（七）采取不正当竞争手段，故意贬低、诋毁其他职业卫生技术服务机构；

（八）法律、法规规定的其他违法行为。

专职技术人员不得同时在两个以上职业卫生技术机构从业。

第三十六条 职业卫生技术服务机构的职业卫生技术服务过程控制记录、现场勘查记录、影像资料及相关证明材料，应当及时归档，妥善保管。专职技术负责人和质量控制负责人应当按照法律、法规和标准的规定，加强职业卫生技术服务的全过程管理。

职业卫生技术服务机构应当为专职技术人员提供必要的个体防护用品。

第四章 监督管理

第三十七条 发证机关应当加强对职业卫生技术服务机构及专职技术人员的监督检查，重点监督检查下列内容：

（一）职业卫生专职技术人员是否具备从业能力；

（二）是否按照职业卫生技术服务工作规范开展工作；

（三）出具的报告是否符合规范标准；

（四）职业卫生技术服务档案是否完整；

（五）内部质量保证体系文件是否健全；

（六）实际操作中是否存在违规现象；

（七）依法应当监督检查的其他内容。

第三十八条 发证机关应当对取得资质的职业卫生技术服务机构每年进行评估检查。进行年度评估检查时，应当征求服务对象的意见。

第三十九条 安全生产监督管理部门及其工作人员不得有下列行为：

（一）要求用人单位接受指定的职业卫生技术服务机构进行职业卫生技术服务；

（二）以备案为由，变相设立法律、法规规定以外的行政许可；

（三）采取任何形式的地方保护，限制外地职业卫生技术服务机构到本地区开展职业卫生技术服务；

（四）干预职业卫生技术服务机构开展正常活动；

（五）以任何理由或者方式向职业卫生技术服务机构收取或者变相收取费用；

（六）向职业卫生技术服务机构摊派财物、推销产品；

（七）在职业卫生技术服务机构报销任何费用。

第四十条 任何单位或者个人发现职业卫生技术服务机构及其从业人

员、安全生产监督管理部门及其工作人员、专家库专家违反有关职业病防治的法律、法规和本办法规定的行为，均有权向安全生产监督管理部门或者有关部门举报。

安全生产监督管理部门应当为举报人保密，并依法对举报进行核查和处理。

第五章　法律责任

第四十一条　安全生产监督管理部门的工作人员徇私舞弊、滥用职权、弄虚作假、玩忽职守，未依法履行职业卫生技术服务机构资质认可和监督管理职责的，依法给予处分。

专家库专家在职业卫生技术服务机构技术评审工作中徇私舞弊、弄虚作假的，撤销其专家库专家资格，终身不得再担任专家库专家。

第四十二条　申请人隐瞒有关情况或者提供虚假材料申请职业卫生技术服务机构资质认可的，不予受理或者不予颁发证书，并自发证机关发现之日起 1 年内不得再次申请职业卫生技术服务机构资质。

职业卫生技术服务机构在申请资质、资质延续、接受监督检查时，采取弄虚作假等不正当手段的，给予警告，不予颁发证书或者不予延续。

职业卫生技术服务机构以欺骗等不正当手段取得职业卫生技术服务机构资质证书的，撤销其资质证书，并自发证机关撤销其资质证书之日起 3 年内不得再次申请职业卫生技术服务机构资质。

第四十三条　未取得职业卫生技术服务资质认可，擅自从事职业卫生检测、评价技术服务的，责令立即停止违法行为，没收违法所得；违法所得 5 千元以上的，并处违法所得 2 倍以上 10 倍以下的罚款；没有违法所得或者违法所得不足 5 千元的，并处 5 千元以上 5 万元以下的罚款；情节严重的，对直接负责的主管人员和其他直接责任人员，依法给予降级、撤职或者开除的处分。

第四十四条　从事职业卫生技术服务的机构违反《中华人民共和国职业病防治法》及本办法规定，有下列行为之一的，责令立即停止违法行为，给予警告，没收违法所得；违法所得 5 千元以上的，并处违法所得 2 倍以上 5 倍以下的罚款；没有违法所得或者违法所得不足 5 千元的，并处 5 千元以上 2 万元以下的罚款；情节严重的，由原发证机关取消其相应的资格；对直接负责的主管人员和其他责任人员，依法给予降级、撤职或者开除的处分；构成犯罪的，依法追究刑事责任：

（一）超出规定的业务范围和区域从事职业卫生检测、评价技术服务的；

（二）未按照《中华人民共和国职业病防治法》及本办法履行法定职责的；

（三）出具虚假证明文件的。

第四十五条 职业卫生技术服务机构有下列情形之一的，给予警告，并处1万元以下的罚款；情节严重的，处1万元以上3万元以下的罚款，依照法律、行政法规的规定撤销其相应资质；对相关责任人依法给予处理：

（一）泄露服务对象的技术秘密和商业秘密的；

（二）转让或者租借资质证书的；

（三）转包职业卫生技术服务项目的；

（四）采取不正当竞争手段，故意贬低、诋毁其他职业卫生技术服务机构的；

（五）未按照规定办理资质证书变更手续的；

（六）未依法与建设单位、用人单位签订职业卫生技术服务合同的；

（七）擅自更改、简化职业卫生技术服务程序和相关内容的；

（八）在申请资质、资质延续、接受监督检查时，隐瞒有关情况或者提供虚假文件、资料的。

第四十六条 职业卫生专职技术人员同时在两个以上职业卫生技术服务机构从业的，责令改正，对职业卫生技术服务机构处3万元以下的罚款，对职业卫生专职技术人员处1万元以下的罚款。

第四十七条 已经取得资质认可的职业卫生技术服务机构，不再符合本办法规定的资质条件的，应当依法撤销其资质。

第四十八条 本办法所规定的行政处罚，由市级以上安全生产监督管理部门决定。对甲级职业卫生技术服务机构的行政处罚，国家安全生产监督管理总局可以委托省级安全生产监督管理部门实施。

撤销资质证书由原发证机关决定。

第六章　附　则

第四十九条 2011年12月31日前，已经依照国务院卫生行政部门有关规定取得职业卫生技术服务机构资质证书的职业卫生技术服务机构，应当依照本办法的规定向安全生产监督管理部门申请换发国家安全生产监督管理总局统一印制的资质证书，有效期不变；有效期满后，需要继续从事职业卫生技术服务的，依照本办法的规定申请资质延续。

第五十条 为煤矿服务的职业卫生技术服务机构资质认可及管理另行规定。

第五十一条 职业卫生技术服务机构资质认可有关文书的样式和内容，由国家安全生产监督管理总局统一规定。

第五十二条 本办法所称职业病危害不包括医疗机构的放射性危害。

第五十三条 本办法自 2012 年 7 月 1 日起施行。

煤矿作业场所职业病危害防治规定

（2015 年 2 月 28 日国家安全生产监督管理总局令第 73 号公布）

第一章 总 则

第一条 为加强煤矿作业场所职业病危害的防治工作，强化煤矿企业职业病危害防治主体责任，预防、控制职业病危害，保护煤矿劳动者健康，依据《中华人民共和国职业病防治法》、《中华人民共和国安全生产法》、《煤矿安全监察条例》等法律、行政法规，制定本规定。

第二条 本规定适用于中华人民共和国领域内各类煤矿及其所属为煤矿服务的矿井建设施工、洗煤厂、选煤厂等存在职业病危害的作业场所职业病危害预防和治理活动。

第三条 本规定所称煤矿作业场所职业病危害（以下简称职业病危害），是指由粉尘、噪声、热害、有毒有害物质等因素导致煤矿劳动者职业病的危害。

第四条 煤矿是本企业职业病危害防治的责任主体。

职业病危害防治坚持以人为本、预防为主、综合治理的方针，按照源头治理、科学防治、严格管理、依法监督的要求开展工作。

第二章 职业病危害防治管理

第五条 煤矿主要负责人（法定代表人、实际控制人，下同）是本单位职业病危害防治工作的第一责任人，对本单位职业病危害防治工作全面负责。

第六条 煤矿应当建立健全职业病危害防治领导机构，制定职业病危害防治规划，明确职责分工和落实工作经费，加强职业病危害防治工作。

第七条 煤矿应当设置或者指定职业病危害防治的管理机构，配备专职职业卫生管理人员，负责职业病危害防治日常管理工作。

第八条 煤矿应当制定职业病危害防治年度计划和实施方案，并建立健全下列制度：

（一）职业病危害防治责任制度；

（二）职业病危害警示与告知制度；

（三）职业病危害项目申报制度；

（四）职业病防治宣传、教育和培训制度；

（五）职业病防护设施管理制度；

（六）职业病个体防护用品管理制度；

（七）职业病危害日常监测及检测、评价管理制度；

（八）建设项目职业病防护设施与主体工程同时设计、同时施工、同时投入生产和使用（以下简称建设项目职业卫生“三同时”）的制度；

（九）劳动者职业健康监护及其档案管理制度；

（十）职业病诊断、鉴定及报告制度；

（十一）职业病危害防治经费保障及使用管理制度；

（十二）职业卫生档案管理制度；

（十三）职业病危害事故应急管理制度；

（十四）法律、法规、规章规定的其他职业病危害防治制度。

第九条 煤矿应当配备专职或者兼职的职业病危害因素监测人员，装备相应的监测仪器设备。监测人员应当经培训合格；未经培训合格的，不得上岗作业。

第十条 煤矿应当以矿井为单位开展职业病危害因素日常监测，并委托具有资质的职业卫生技术服务机构，每年进行一次作业场所职业病危害因素检测，每三年进行一次职业病危害现状评价。根据监测、检测、评价结果，落实整改措施，同时将日常监测、检测、评价、落实整改情况存入本单位职业卫生档案。检测、评价结果向所在地安全生产监督管理部门和驻地煤矿安全监察机构报告，并向劳动者公布。

第十一条 煤矿不得使用国家明令禁止使用的可能产生职业病危害的技术、工艺、设备和材料，限制使用或者淘汰职业病危害严重的技术、工艺、设备和材料。

第十二条 煤矿应当优化生产布局和工艺流程，使有害作业和无害作业分开，减少接触职业病危害的人数和接触时间。

第十三条 煤矿应当按照《煤矿职业安全卫生个体防护用品配备标准》（AQ1051）规定，为接触职业病危害的劳动者提供符合标准的个体防护用品，并指导和督促其正确使用。

第十四条 煤矿应当履行职业病危害告知义务，与劳动者订立或者变更劳动合同时，应当将作业过程中可能产生的职业病危害及其后果、防护措施和相关待遇等如实告知劳动者，并在劳动合同中载明，不得隐瞒或者欺骗。

第十五条 煤矿应当在醒目位置设置公告栏，公布有关职业病危害防治的规章制度、操作规程和作业场所职业病危害因素检测结果；对产生严重职业病危害的作业岗位，应当在醒目位置设置警示标识和中文警示说明。

第十六条 煤矿主要负责人、职业卫生管理人员应当具备煤矿职业卫生知识和管理能力，接受职业病危害防治培训。培训内容应当包括职业卫生相关法律、法规、规章和标准，职业病危害预防和控制的基本知识，职业卫生管理相关知识等内容。

煤矿应当对劳动者进行上岗前、在岗期间的定期职业病危害防治知识培训，督促劳动者遵守职业病防治法律、法规、规章、标准和操作规程，指导劳动者正确使用职业病防护设备和个体防护用品。上岗前培训时间不少于 4 学时，在岗期间的定期培训时间每年不少于 2 学时。

第十七条 煤矿应当建立健全企业职业卫生档案。企业职业卫生档案应当包括下列内容：

（一）职业病防治责任制文件；

（二）职业卫生管理规章制度；

（三）作业场所职业病危害因素种类清单、岗位分布以及作业人员接触情况等资料；

（四）职业病防护设施、应急救援设施基本信息及其配置、使用、维护、检修与更换等记录；

（五）作业场所职业病危害因素检测、评价报告与记录；

（六）职业病个体防护用品配备、发放、维护与更换等记录；

（七）煤矿企业主要负责人、职业卫生管理人员和劳动者的职业卫生培训资料；

（八）职业病危害事故报告与应急处置记录；

（九）劳动者职业健康检查结果汇总资料，存在职业禁忌证、职业健康损害或者职业病的劳动者处理和安置情况记录；

（十）建设项目职业卫生“三同时”有关技术资料；

（十一）职业病危害项目申报情况记录；

（十二）其他有关职业卫生管理的资料或者文件。

第十八条 煤矿应当保障职业病危害防治专项经费，经费在财政部、国家安全监管总局《关于印发〈企业安全生产费用提取和使用管理办法〉的通知》（财企〔2012〕16 号）第十七条“（十）其他与安全生产直接相关的支出”中列支。

第十九条 煤矿发生职业病危害事故，应当及时向所在地安全生产监督管理部门和驻地煤矿安全监察机构报告，同时积极采取有效措施，减少或者消除职业病危害因素，防止事故扩大。对遭受或者可能遭受急性职业病危害的劳动者，应当及时组织救治，并承担所需费用。

煤矿不得迟报、漏报、谎报或者瞒报煤矿职业病危害事故。

第三章 建设项目职业病防护设施“三同时”管理

第二十条 煤矿建设项目职业病防护设施必须与主体工程同时设计、同时施工、同时投入生产和使用。职业病防护设施所需费用应当纳入建设项目工程预算。

第二十一条 煤矿建设项目在可行性论证阶段，建设单位应当委托具有资质的职业卫生技术服务机构进行职业病危害预评价，编制预评价报告。

第二十二条 煤矿建设项目在初步设计阶段，应当委托具有资质的设计单位编制职业病防护设施设计专篇。

第二十三条 煤矿建设项目完工后，在试运行期内，应当委托具有资质的职业卫生技术服务机构进行职业病危害控制效果评价，编制控制效果评价报告。

第四章 职业病危害项目申报

第二十四条 煤矿在申领、换发煤矿安全生产许可证时，应当如实向驻地煤矿安全监察机构申报职业病危害项目，同时抄报所在地安全生产监督管理部门。

第二十五条 煤矿申报职业病危害项目时，应当提交下列文件、资料：

（一）煤矿的基本情况；

（二）煤矿职业病危害防治领导机构、管理机构情况；

（三）煤矿建立职业病危害防治制度情况；

（四）职业病危害因素名称、监测人员及仪器设备配备情况；

（五）职业病防护设施及个体防护用品配备情况；

（六）煤矿主要负责人、职业卫生管理人员及劳动者职业卫生培训情况证明材料；

（七）劳动者职业健康检查结果汇总资料，存在职业禁忌症、职业健康损害或者职业病的劳动者处理和安置情况记录；

（八）职业病危害警示标识设置与告知情况；

（九）煤矿职业卫生档案管理情况；

（十）法律、法规和规章规定的其他资料。

第二十六条 安全生产监督管理部门和煤矿安全监察机构及其工作人员应当对煤矿企业职业病危害项目申报材料中涉及的商业和技术等秘密保密。违反有关保密义务的，应当承担相应的法律责任。

第五章 职业健康监护

第二十七条 对接触职业病危害的劳动者，煤矿应当按照国家有关规定组织上岗前、在岗期间和离岗时的职业健康检查，并将检查结果书面告知劳动者。职业健康检查费用由煤矿承担。职业健康检查由省级以上人民政府卫生行政部门批准的医疗卫生机构承担。

第二十八条 煤矿不得安排未经上岗前职业健康检查的人员从事接触职业病危害的作业；不得安排有职业禁忌的人员从事其所禁忌的作业；不得安排未成年工从事接触职业病危害的作业；不得安排孕期、哺乳期的女职工从事对本人和胎儿、婴儿有危害的作业。

第二十九条 劳动者接受职业健康检查应当视同正常出勤，煤矿企业不得以常规健康检查代替职业健康检查。接触职业病危害作业的劳动者的职业健康检查周期按照表1执行。

表1 接触职业病危害作业的劳动者的职业健康检查周期

<table>
<tr><th>接触有害物质</th><th>体检对象</th><th>检查周期</th></tr>
<tr><td rowspan="2">煤尘（以煤尘为主）</td><td>在岗人员</td><td>2年1次</td></tr>
<tr><td>观察对象、Ⅰ期煤工尘肺患者</td><td rowspan="4">每年1次</td></tr>
<tr><td>岩尘（以岩尘为主）</td><td>在岗人员、观察对象、Ⅰ期矽肺患者</td></tr>
<tr><td>噪声</td><td>在岗人员</td></tr>
<tr><td>高温</td><td>在岗人员</td></tr>
<tr><td>化学毒物</td><td>在岗人员</td><td>根据所接触的化学毒物确定检查周期</td></tr>
<tr><td colspan="3">接触粉尘危害作业退休人员的职业健康检查周期按照有关规定执行</td></tr>
</table>

第三十条 煤矿不得以劳动者上岗前职业健康检查代替在岗期间定期的职业健康检查，也不得以劳动者在岗期间职业健康检查代替离岗时职业健康检查，但最后一次在岗期间的职业健康检查在离岗前的90日内的，可以视为离岗时检查。对未进行离岗前职业健康检查的劳动者，煤矿不得解除或者终止与其订立的劳动合同。

第三十一条 煤矿应当根据职业健康检查报告，采取下列措施：

（一）对有职业禁忌的劳动者，调离或者暂时脱离原工作岗位；

（二）对健康损害可能与所从事的职业相关的劳动者，进行妥善安置；

（三）对需要复查的劳动者，按照职业健康检查机构要求的时间安排复查和医学观察；

（四）对疑似职业病病人，按照职业健康检查机构的建议安排其进行医学观察或者职业病诊断；

（五）对存在职业病危害的岗位，改善劳动条件，完善职业病防护设施。

第三十二条 煤矿应当为劳动者个人建立职业健康监护档案，并按照有关规定的期限妥善保存。

职业健康监护档案应当包括劳动者个人基本情况、劳动者职业史和职业病危害接触史，历次职业健康检查结果及处理情况，职业病诊疗等资料。

劳动者离开煤矿时，有权索取本人职业健康监护档案复印件，煤矿必须如实、无偿提供，并在所提供的复印件上签章。

第三十三条 劳动者健康出现损害需要进行职业病诊断、鉴定的，煤矿企业应当如实提供职业病诊断、鉴定所需的劳动者职业史和职业病危害接触史、作业场所职业病危害因素检测结果等资料。

第六章 粉尘危害防治

第三十四条 煤矿应当在正常生产情况下对作业场所的粉尘浓度进行监测。粉尘浓度应当符合表2的要求；不符合要求的，应当采取有效措施。

表 2　煤矿作业场所粉尘浓度要求

粉尘种类	游离SiO_2含量（%）	时间加权平均容许浓度（mg/m^3）	
		总粉尘	呼吸性粉尘
煤尘	<10	4	2.5
矽尘	10≤～≤50	1	0.7
	50<～≤80	0.7	0.3
	>80	0.5	0.2
水泥尘	<10	4	1.5

第三十五条　煤矿进行粉尘监测时，其监测点的选择和布置应当符合表 3 的要求。

表 3　煤矿作业场所测尘点的选择和布置要求

类别	生产工艺	测尘点布置
采煤工作面	司机操作采煤机、打眼、人工落煤及攉煤	工人作业地点
	多工序同时作业	回风巷距工作面 10～15m 处
掘进工作面	司机操作掘进机、打眼、装岩（煤）、锚喷支护	工人作业地点
	多工序同时作业（爆破作业除外）	距掘进头 10～15m 回风侧
其他场所	翻罐笼作业、巷道维修、转载点	工人作业地点
露天煤矿	穿孔机作业、挖掘机作业	下风侧 3～5m 处
	司机操作穿孔机、司机操作挖掘机、汽车运输	操作室内
地面作业场所	地面煤仓、储煤场、输送机运输等处生产作业	作业人员活动范围内

第三十六条　粉尘监测采用定点或者个体方法进行，推广实时在线监测系统。粉尘监测应当符合下列要求：

（一）总粉尘浓度，煤矿井下每月测定 2 次或者采用实时在线监测，地面及露天煤矿每月测定 1 次或者采用实时在线监测；

（二）呼吸性粉尘浓度每月测定 1 次；

（三）粉尘分散度每 6 个月监测 1 次；

（四）粉尘中游离SiO_2含量，每 6 个月测定 1 次，在变更工作面时也应当测定1次。

第三十七条 煤矿应当使用粉尘采样器、直读式粉尘浓度测定仪等仪器设备进行粉尘浓度的测定。井工煤矿的采煤工作面回风巷、掘进工作面回风侧应当设置粉尘浓度传感器，并接入安全监测监控系统。

第三十八条 井工煤矿必须建立防尘洒水系统。永久性防尘水池容量不得小于200m^3，且贮水量不得小于井下连续2h的用水量，备用水池贮水量不得小于永久性防尘水池的50%。

防尘管路应当敷设到所有能产生粉尘和沉积粉尘的地点，没有防尘供水管路的采掘工作面不得生产。静压供水管路管径应当满足矿井防尘用水量的要求，强度应当满足静压水压力的要求。

防尘用水水质悬浮物的含量不得超过30mg/L，粒径不大于0.3mm，水的pH值应当在6~9范围内，水的碳酸盐硬度不超过3mmol/L。使用降尘剂时，降尘剂应当无毒、无腐蚀、不污染环境。

第三十九条 井工煤矿掘进井巷和硐室时，必须采用湿式钻眼，使用水炮泥，爆破前后冲洗井壁巷帮，爆破过程中采用高压喷雾（喷雾压力不低于8MPa）或者压气喷雾降尘、装岩（煤）洒水和净化风流等综合防尘措施。

第四十条 井工煤矿在煤、岩层中钻孔，应当采取湿式作业。煤（岩）与瓦斯突出煤层或者软煤层中难以采取湿式钻孔时，可以采取干式钻孔，但必须采取除尘器捕尘、除尘，除尘器的呼吸性粉尘除尘效率不得低于90%。

第四十一条 井工煤矿炮采工作面应当采取湿式钻眼，使用水炮泥，爆破前后应当冲洗煤壁，爆破时应当采用高压喷雾（喷雾压力不低于8MPa）或者压气喷雾降尘，出煤时应当洒水降尘。

第四十二条 井工煤矿采煤机作业时，必须使用内、外喷雾装置。内喷雾压力不得低于2MPa，外喷雾压力不得低于4MPa。内喷雾装置不能正常使用时，外喷雾压力不得低于8MPa，否则采煤机必须停机。液压支架必须安装自动喷雾降尘装置，实现降柱、移架同步喷雾。破碎机必须安装防尘罩，并加装喷雾装置或者除尘器。放顶煤采煤工作面的放煤口，必须安装高压喷雾装置（喷雾压力不低于8MPa）或者采取压气喷雾降尘。

第四十三条 井工煤矿掘进机作业时，应当使用内、外喷雾装置和控尘装置、除尘器等构成的综合防尘系统。掘进机内喷雾压力不得低于2MPa，外喷雾压力不得低于4MPa。内喷雾装置不能正常使用时，外喷雾压力不得低于8MPa；除尘器的呼吸性粉尘除尘效率不得低于90%。

第四十四条 井工煤矿的采煤工作面回风巷、掘进工作面回风侧应当分别安设至少2道自动控制风流净化水幕。

第四十五条 煤矿井下煤仓放煤口、溜煤眼放煤口以及地面带式输送机走廊必须安设喷雾装置或者除尘器，作业时进行喷雾降尘或者用除尘器除尘。煤仓放煤口、溜煤眼放煤口采用喷雾降尘时，喷雾压力不得低于8MPa。

第四十六条 井工煤矿的所有煤层必须进行煤层注水可注性测试。对于可注水煤层必须进行煤层注水。煤层注水过程中应当对注水流量、注水量及压力等参数进行监测和控制，单孔注水总量应当使该钻孔预湿煤体的平均水分含量增量不得低于1.5%，封孔深度应当保证注水过程中煤壁及钻孔不漏水、不跑水。在厚煤层分层开采时，在确保安全前提下，应当采取在上一分层的采空区内灌水，对下一分层的煤体进行湿润。

第四十七条 井工煤矿打锚杆眼应当实施湿式钻孔，喷射混凝土时应当采用潮喷或者湿喷工艺，喷射机、喷浆点应当配备捕尘、除尘装置，距离锚喷作业点下风向100m内，应当设置2道以上自动控制风流净化水幕。

第四十八条 井工煤矿转载点应当采用自动喷雾降尘（喷雾压力应当大于0.7MPa）或者密闭尘源除尘器抽尘净化等措施。转载点落差超过0.5m，必须安装溜槽或者导向板。装煤点下风侧20m内，必须设置一道自动控制风流净化水幕。运输巷道内应当设置自动控制风流净化水幕。

第四十九条 露天煤矿粉尘防治应当符合下列要求：

（一）设置有专门稳定可靠供水水源的加水站（池），加水能力满足洒水降尘所需的最大供给量；

（二）采取湿式钻孔；不能实现湿式钻孔时，设置有效的孔口捕尘装置；

（三）破碎作业时，密闭作业区域并采用喷雾降尘或者除尘器除尘；

（四）加强对穿孔机、挖掘机、汽车等司机操作室的防护；

（五）挖掘机装车前，对煤（岩）洒水，卸煤（岩）时喷雾降尘；

（六）对运输路面经常清理浮尘、洒水，加强维护，保持路面平整。

第五十条 洗选煤厂原煤准备（给煤、破碎、筛分、转载）过程中宜密闭尘源，并采取喷雾降尘或者除尘器除尘。

第五十一条 储煤场厂区应当定期洒水抑尘，储煤场四周应当设抑尘网，装卸煤炭应当喷雾降尘或者洒水车降尘，煤炭外运时应当采取密闭措施。

第七章　噪声危害防治

第五十二条　煤矿作业场所噪声危害依照下列标准判定：

（一）劳动者每天连续接触噪声时间达到或者超过 8h 的，噪声声级限值为 85dB（A）；

（二）劳动者每天接触噪声时间不足 8h 的，可以根据实际接触噪声的时间，按照接触噪声时间减半、噪声声级限值增加 3dB（A）的原则确定其声级限值。

第五十三条　煤矿应当配备 2 台以上噪声测定仪器，并对作业场所噪声每 6 个月监测 1 次。

第五十四条　煤矿作业场所噪声的监测地点主要包括：

（一）井工煤矿的主要通风机、提升机、空气压缩机、局部通风机、采煤机、掘进机、风动凿岩机、风钻、乳化液泵、水泵等地点；

（二）露天煤矿的挖掘机、穿孔机、矿用汽车、输送机、排土机和爆破作业等地点；

（三）选煤厂破碎机、筛分机、空压机等地点。

煤矿进行监测时，应当在每个监测地点选择 3 个测点，监测结果以 3 个监测点的平均值为准。

第五十五条　煤矿应当优先选用低噪声设备，通过隔声、消声、吸声、减振、减少接触时间、佩戴防护耳塞（罩）等措施降低噪声危害。

第八章　热害防治

第五十六条　井工煤矿采掘工作面的空气温度不得超过 26℃，机电设备硐室的空气温度不得超过 30℃。当空气温度超过上述要求时，煤矿必须缩短超温地点工作人员的工作时间，并给予劳动者高温保健待遇。采掘工作面的空气温度超过 30℃、机电设备硐室的空气温度超过 34℃时，必须停止作业。

第五十七条　井工煤矿采掘工作面和机电设备硐室应当设置温度传感器。

第五十八条　井工煤矿应当采取通风降温、采用分区式开拓方式缩短入风线路长度等措施，降低工作面的温度；当采用上述措施仍然无法达到作业环境标准温度的，应当采用制冷等降温措施。

第五十九条 井工煤矿地面辅助生产系统和露天煤矿应当合理安排劳动者工作时间，减少高温时段室外作业。

第九章 职业中毒防治

第六十条 煤矿作业场所主要化学毒物浓度不得超过表4的要求。

表4 煤矿主要化学毒物最高允许浓度

化学毒物名称	最高允许浓度（%）
CO	0.0024
H_2S	0.00066
NO（换算成 NO_2）	0.00025
SO_2	0.0005

第六十一条 煤矿进行化学毒物监测时，应当选择有代表性的作业地点，其中包括空气中有害物质浓度最高、作业人员接触时间最长的作业地点。采样应当在正常生产状态下进行。

第六十二条 煤矿应当对NO（换算成 NO_2）、CO、SO_2 每3个月至少监测1次，对 H_2S 每月至少监测1次。煤层有自燃倾向的，应当根据需要随时监测。

第六十三条 煤矿作业场所应当加强通风降低有害气体的浓度，在采用通风措施无法达到表4的规定时，应当采用净化、化学吸收等措施降低有害气体的浓度。

第十章 法律责任

第六十四条 煤矿违反本规定，有下列行为之一的，给予警告，责令限期改正；逾期不改正的，处十万元以下的罚款：

（一）作业场所职业病危害因素检测、评价结果没有存档、上报、公布的；

（二）未设置职业病防治管理机构或者配备专职职业卫生管理人员的；

（三）未制定职业病防治计划或者实施方案的；

（四）未建立健全职业病危害防治制度的；

（五）未建立健全企业职业卫生档案或者劳动者职业健康监护档案的；

（六）未公布有关职业病防治的规章制度、操作规程、职业病危害事故应急救援措施的；

（七）未组织劳动者进行职业卫生培训，或者未对劳动者个人职业病防护采取指导、督促措施的。

第六十五条 煤矿违反本规定，有下列行为之一的，给予警告，可以并处五万元以上十万元以下的罚款：

（一）未如实申报产生职业病危害的项目的；

（二）未实施由专人负责的职业病危害因素日常监测，或者监测系统不能正常监测的；

（三）订立或者变更劳动合同时，未告知劳动者职业病危害真实情况的；

（四）未组织职业健康检查、建立职业健康监护档案，或者未将检查结果书面告知劳动者的；

（五）未在劳动者离开煤矿企业时提供职业健康监护档案复印件的。

第六十六条 煤矿违反本规定，有下列行为之一的，责令限期改正，逾期不改正的，处五万元以上二十万元以下的罚款；情节严重的，责令停止产生职业病危害的作业，或者提请有关人民政府按照国务院规定的权限责令关闭：

（一）作业场所职业病危害因素的强度或者浓度超过本规定要求的；

（二）未提供职业病防护设施和个人使用的职业病防护用品，或者提供的职业病防护设施和个人使用的职业病防护用品不符合本规定要求的；

（三）未对作业场所职业病危害因素进行检测、评价的；

（四）作业场所职业病危害因素经治理仍然达不到本规定要求时，未停止存在职业病危害因素的作业的；

（五）发生或者可能发生急性职业病危害事故时，未立即采取应急救援和控制措施，或者未按照规定及时报告的；

（六）未按照规定在产生严重职业病危害的作业岗位醒目位置设置警示标识和中文警示说明的。

第六十七条 煤矿违反本规定，有下列情形之一的，责令限期治理，并处五万元以上三十万元以下的罚款；情节严重的，责令停止产生职业病危害的作业，或者暂扣、吊销煤矿安全生产许可证：

（一）隐瞒本单位职业卫生真实情况的；

（二）使用国家明令禁止使用的可能产生职业病危害的设备或者材料的；

（三）安排未经职业健康检查的劳动者、有职业禁忌的劳动者、未成年工或者孕期、哺乳期女职工从事接触职业病危害的作业或者禁忌作业的。

第六十八条 煤矿违反本规定，有下列行为之一的，给予警告，责令限期改正，逾期不改正的，处三万元以下的罚款：

（一）未投入职业病防治经费的；

（二）未建立职业病防治领导机构的；

（三）煤矿企业主要负责人、职业卫生管理人员和职业病危害因素监测人员未接受职业卫生培训的。

第六十九条 煤矿违反本规定，造成重大职业病危害事故或者其他严重后果，构成犯罪的，对直接负责的主管人员和其他直接责任人员，依法追究刑事责任。

第七十条 煤矿违反本规定的其他违法行为，依照《中华人民共和国职业病防治法》和其他行政法规、规章的规定给予行政处罚。

第七十一条 本规定设定的行政处罚，由煤矿安全监察机构实施。

第十一章　附　则

第七十二条 本规定中未涉及的其他职业病危害因素，按照国家有关规定执行。

第七十三条 本规定自 2015 年 4 月 1 日起施行。

建设项目职业病防护设施“三同时”监督管理办法

（2017年3月9日国家安全生产监督管理总局令第90号公布）

第一章 总 则

第一条 为了预防、控制和消除建设项目可能产生的职业病危害，加强和规范建设项目职业病防护设施建设的监督管理，根据《中华人民共和国职业病防治法》，制定本办法。

第二条 安全生产监督管理部门职责范围内、可能产生职业病危害的新建、改建、扩建和技术改造、技术引进建设项目（以下统称建设项目）职业病防护设施建设及其监督管理，适用本办法。

本办法所称的可能产生职业病危害的建设项目，是指存在或者产生职业病危害因素分类目录所列职业病危害因素的建设项目。

本办法所称的职业病防护设施，是指消除或者降低工作场所的职业病危害因素的浓度或者强度，预防和减少职业病危害因素对劳动者健康的损害或者影响，保护劳动者健康的设备、设施、装置、构（建）筑物等的总称。

第三条 负责本办法第二条规定建设项目投资、管理的单位（以下简称建设单位）是建设项目职业病防护设施建设的责任主体。

建设项目职业病防护设施必须与主体工程同时设计、同时施工、同时投入生产和使用（以下统称建设项目职业病防护设施“三同时”）。建设单位应当优先采用有利于保护劳动者健康的新技术、新工艺、新设备和新材料，职业病防护设施所需费用应当纳入建设项目工程预算。

第四条 建设单位对可能产生职业病危害的建设项目，应当依照本办法进行职业病危害预评价、职业病防护设施设计、职业病危害控制效果评价及相应的评审，组织职业病防护设施验收，建立健全建设项目职业卫生管理制度与档案。

建设项目职业病防护设施“三同时”工作可以与安全设施“三同时”

工作一并进行。建设单位可以将建设项目职业病危害预评价和安全预评价、职业病防护设施设计和安全设施设计、职业病危害控制效果评价和安全验收评价合并出具报告或者设计，并对职业病防护设施与安全设施一并组织验收。

第五条 国家安全生产监督管理总局在国务院规定的职责范围内对全国建设项目职业病防护设施“三同时”实施监督管理。

县级以上地方各级人民政府安全生产监督管理部门依法在本级人民政府规定的职责范围内对本行政区域内的建设项目职业病防护设施“三同时”实施分类分级监督管理，具体办法由省级安全生产监督管理部门制定，并报国家安全生产监督管理总局备案。

跨两个及两个以上行政区域的建设项目职业病防护设施“三同时”由其共同的上一级人民政府安全生产监督管理部门实施监督管理。

上一级人民政府安全生产监督管理部门根据工作需要，可以将其负责的建设项目职业病防护设施“三同时”监督管理工作委托下一级人民政府安全生产监督管理部门实施；接受委托的安全生产监督管理部门不得再委托。

第六条 国家根据建设项目可能产生职业病危害的风险程度，将建设项目分为职业病危害一般、较重和严重 3 个类别，并对职业病危害严重建设项目实施重点监督检查。

建设项目职业病危害分类管理目录由国家安全生产监督管理总局制定并公布。省级安全生产监督管理部门可以根据本地区实际情况，对建设项目职业病危害分类管理目录作出补充规定，但不得低于国家安全生产监督管理总局规定的管理层级。

第七条 安全生产监督管理部门应当建立职业卫生专家库（以下简称专家库），并根据需要聘请专家库专家参与建设项目职业病防护设施“三同时”的监督检查工作。

专家库专家应当熟悉职业病危害防治有关法律、法规、规章、标准，具有较高的专业技术水平、实践经验和有关业务背景及良好的职业道德，按照客观、公正的原则，对所参与的工作提出技术意见，并对该意见负责。

专家库专家实行回避制度，参加监督检查的专家库专家不得参与该建设项目职业病防护设施“三同时”的评审及验收等相应工作，不得与该建设项目建设单位、评价单位、设计单位、施工单位或者监理单位等相关单位存在直接利害关系。

第八条 除国家保密的建设项目外，产生职业病危害的建设单位应当通过公告栏、网站等方式及时公布建设项目职业病危害预评价、职业病防护设施设计、职业病危害控制效果评价的承担单位、评价结论、评审时间及评审意见，以及职业病防护设施验收时间、验收方案和验收意见等信息，供本单位劳动者和安全生产监督管理部门查询。

第二章 职业病危害预评价

第九条 对可能产生职业病危害的建设项目，建设单位应当在建设项目可行性论证阶段进行职业病危害预评价，编制预评价报告。

第十条 建设项目职业病危害预评价报告应当符合职业病防治有关法律、法规、规章和标准的要求，并包括下列主要内容：

(一) 建设项目概况，主要包括项目名称、建设地点、建设内容、工作制度、岗位设置及人员数量等；

(二) 建设项目可能产生的职业病危害因素及其对工作场所、劳动者健康影响与危害程度的分析与评价；

(三) 对建设项目拟采取的职业病防护设施和防护措施进行分析、评价，并提出对策与建议；

(四) 评价结论，明确建设项目的职业病危害风险类别及拟采取的职业病防护设施和防护措施是否符合职业病防治有关法律、法规、规章和标准的要求。

第十一条 建设单位进行职业病危害预评价时，对建设项目可能产生的职业病危害因素及其对工作场所、劳动者健康影响与危害程度的分析与评价，可以运用工程分析、类比调查等方法。其中，类比调查数据应当采用获得资质认可的职业卫生技术服务机构出具的、与建设项目规模和工艺类似的用人单位职业病危害因素检测结果。

第十二条 职业病危害预评价报告编制完成后，属于职业病危害一般或者较重的建设项目，其建设单位主要负责人或其指定的负责人应当组织具有职业卫生相关专业背景的中级及中级以上专业技术职称人员或者具有职业卫生相关专业背景的注册安全工程师（以下统称职业卫生专业技术人员）对职业病危害预评价报告进行评审，并形成是否符合职业病防治有关法律、法规、规章和标准要求的评审意见；属于职业病危害严重的建设项目，其建设单位主要负责人或其指定的负责人应当组织外单位职业卫生专业技术人员参加评审工作，并形成评审意见。

建设单位应当按照评审意见对职业病危害预评价报告进行修改完善，并对最终的职业病危害预评价报告的真实性、客观性和合规性负责。职业病危害预评价工作过程应当形成书面报告备查。书面报告的具体格式由国家安全生产监督管理总局另行制定。

第十三条 建设项目职业病危害预评价报告有下列情形之一的，建设单位不得通过评审：

（一）对建设项目可能产生的职业病危害因素识别不全，未对工作场所职业病危害对劳动者健康影响与危害程度进行分析与评价的，或者评价不符合要求的；

（二）未对建设项目拟采取的职业病防护设施和防护措施进行分析、评价，对存在的问题未提出对策措施的；

（三）建设项目职业病危害风险分析与评价不正确的；

（四）评价结论和对策措施不正确的；

（五）不符合职业病防治有关法律、法规、规章和标准规定的其他情形的。

第十四条 建设项目职业病危害预评价报告通过评审后，建设项目的生产规模、工艺等发生变更导致职业病危害风险发生重大变化的，建设单位应当对变更内容重新进行职业病危害预评价和评审。

第三章 职业病防护设施设计

第十五条 存在职业病危害的建设项目，建设单位应当在施工前按照职业病防治有关法律、法规、规章和标准的要求，进行职业病防护设施设计。

第十六条 建设项目职业病防护设施设计应当包括下列内容：

（一）设计依据；

（二）建设项目概况及工程分析；

（三）职业病危害因素分析及危害程度预测；

（四）拟采取的职业病防护设施和应急救援设施的名称、规格、型号、数量、分布，并对防控性能进行分析；

（五）辅助用室及卫生设施的设置情况；

（六）对预评价报告中拟采取的职业病防护设施、防护措施及对策措施采纳情况的说明；

（七）职业病防护设施和应急救援设施投资预算明细表；

（八）职业病防护设施和应急救援设施可以达到的预期效果及评价。

第十七条 职业病防护设施设计完成后，属于职业病危害一般或者较重的建设项目，其建设单位主要负责人或其指定的负责人应当组织职业卫生专业技术人员对职业病防护设施设计进行评审，并形成是否符合职业病防治有关法律、法规、规章和标准要求的评审意见；属于职业病危害严重的建设项目，其建设单位主要负责人或其指定的负责人应当组织外单位职业卫生专业技术人员参加评审工作，并形成评审意见。

建设单位应当按照评审意见对职业病防护设施设计进行修改完善，并对最终的职业病防护设施设计的真实性、客观性和合规性负责。职业病防护设施设计工作过程应当形成书面报告备查。书面报告的具体格式由国家安全生产监督管理总局另行制定。

第十八条 建设项目职业病防护设施设计有下列情形之一的，建设单位不得通过评审和开工建设：

（一）未对建设项目主要职业病危害进行防护设施设计或者设计内容不全的；

（二）职业病防护设施设计未按照评审意见进行修改完善的；

（三）未采纳职业病危害预评价报告中的对策措施，且未作充分论证说明的；

（四）未对职业病防护设施和应急救援设施的预期效果进行评价的；

（五）不符合职业病防治有关法律、法规、规章和标准规定的其他情形的。

第十九条 建设单位应当按照评审通过的设计和有关规定组织职业病防护设施的采购和施工。

第二十条 建设项目职业病防护设施设计在完成评审后，建设项目的生产规模、工艺等发生变更导致职业病危害风险发生重大变化的，建设单位应当对变更的内容重新进行职业病防护设施设计和评审。

第四章 职业病危害控制效果评价与防护设施验收

第二十一条 建设项目职业病防护设施建设期间，建设单位应当对其进行经常性的检查，对发现的问题及时进行整改。

第二十二条 建设项目投入生产或者使用前，建设单位应当依照职业病防治有关法律、法规、规章和标准要求，采取下列职业病危害防治管理措施：

（一）设置或者指定职业卫生管理机构，配备专职或者兼职的职业卫生管理人员；

（二）制定职业病防治计划和实施方案；

（三）建立、健全职业卫生管理制度和操作规程；

（四）建立、健全职业卫生档案和劳动者健康监护档案；

（五）实施由专人负责的职业病危害因素日常监测，并确保监测系统处于正常运行状态；

（六）对工作场所进行职业病危害因素检测、评价；

（七）建设单位的主要负责人和职业卫生管理人员应当接受职业卫生培训，并组织劳动者进行上岗前的职业卫生培训；

（八）按照规定组织从事接触职业病危害作业的劳动者进行上岗前职业健康检查，并将检查结果书面告知劳动者；

（九）在醒目位置设置公告栏，公布有关职业病危害防治的规章制度、操作规程、职业病危害事故应急救援措施和工作场所职业病危害因素检测结果。对产生严重职业病危害的作业岗位，应当在其醒目位置，设置警示标识和中文警示说明；

（十）为劳动者个人提供符合要求的职业病防护用品；

（十一）建立、健全职业病危害事故应急救援预案；

（十二）职业病防治有关法律、法规、规章和标准要求的其他管理措施。

第二十三条　建设项目完工后，需要进行试运行的，其配套建设的职业病防护设施必须与主体工程同时投入试运行。

试运行时间应当不少于 30 日，最长不得超过 180 日，国家有关部门另有规定或者特殊要求的行业除外。

第二十四条　建设项目在竣工验收前或者试运行期间，建设单位应当进行职业病危害控制效果评价，编制评价报告。建设项目职业病危害控制效果评价报告应当符合职业病防治有关法律、法规、规章和标准的要求，包括下列主要内容：

（一）建设项目概况；

（二）职业病防护设施设计执行情况分析、评价；

（三）职业病防护设施检测和运行情况分析、评价；

（四）工作场所职业病危害因素检测分析、评价；

（五）工作场所职业病危害因素日常监测情况分析、评价；

（六）职业病危害因素对劳动者健康危害程度分析、评价；

（七）职业病危害防治管理措施分析、评价；

（八）职业健康监护状况分析、评价；

（九）职业病危害事故应急救援和控制措施分析、评价；

（十）正常生产后建设项目职业病防治效果预期分析、评价；

（十一）职业病危害防护补充措施及建议；

（十二）评价结论，明确建设项目的职业病危害风险类别，以及采取控制效果评价报告所提对策建议后，职业病防护设施和防护措施是否符合职业病防治有关法律、法规、规章和标准的要求。

第二十五条 建设单位在职业病防护设施验收前，应当编制验收方案。验收方案应当包括下列内容：

（一）建设项目概况和风险类别，以及职业病危害预评价、职业病防护设施设计执行情况；

（二）参与验收的人员及其工作内容、责任；

（三）验收工作时间安排、程序等。

建设单位应当在职业病防护设施验收前20日将验收方案向管辖该建设项目的安全生产监督管理部门进行书面报告。

第二十六条 属于职业病危害一般或者较重的建设项目，其建设单位主要负责人或其指定的负责人应当组织职业卫生专业技术人员对职业病危害控制效果评价报告进行评审以及对职业病防护设施进行验收，并形成是否符合职业病防治有关法律、法规、规章和标准要求的评审意见和验收意见。属于职业病危害严重的建设项目，其建设单位主要负责人或其指定的负责人应当组织外单位职业卫生专业技术人员参加评审和验收工作，并形成评审和验收意见。

建设单位应当按照评审与验收意见对职业病危害控制效果评价报告和职业病防护设施进行整改完善，并对最终的职业病危害控制效果评价报告和职业病防护设施验收结果的真实性、合规性和有效性负责。

建设单位应当将职业病危害控制效果评价和职业病防护设施验收工作过程形成书面报告备查，其中职业病危害严重的建设项目应当在验收完成之日起20日内向管辖该建设项目的安全生产监督管理部门提交书面报告。书面报告的具体格式由国家安全生产监督管理总局另行制定。

第二十七条 有下列情形之一的，建设项目职业病危害控制效果评价报告不得通过评审、职业病防护设施不得通过验收：

（一）评价报告内容不符合本办法第二十四条要求的；

（二）评价报告未按照评审意见整改的；

（三）未按照建设项目职业病防护设施设计组织施工，且未充分论证说明的；

（四）职业病危害防治管理措施不符合本办法第二十二条要求的；

（五）职业病防护设施未按照验收意见整改的；

（六）不符合职业病防治有关法律、法规、规章和标准规定的其他情形的。

第二十八条 分期建设、分期投入生产或者使用的建设项目，其配套的职业病防护设施应当分期与建设项目同步进行验收。

第二十九条 建设项目职业病防护设施未按照规定验收合格的，不得投入生产或者使用。

第五章 监督检查

第三十条 安全生产监督管理部门应当在职责范围内按照分类分级监管的原则，将建设单位开展建设项目职业病防护设施“三同时”情况的监督检查纳入安全生产年度监督检查计划，并按照监督检查计划与安全设施“三同时”实施一体化监督检查，对发现的违法行为应当依法予以处理；对违法行为情节严重的，应当按照规定纳入安全生产不良记录“黑名单”管理。

第三十一条 安全生产监督管理部门应当依法对建设单位开展建设项目职业病危害预评价情况进行监督检查，重点监督检查下列事项：

（一）是否进行建设项目职业病危害预评价；

（二）是否对建设项目可能产生的职业病危害因素及其对工作场所、劳动者健康影响与危害程度进行分析、评价；

（三）是否对建设项目拟采取的职业病防护设施和防护措施进行评价，是否提出对策与建议；

（四）是否明确建设项目职业病危害风险类别；

（五）主要负责人或其指定的负责人是否组织职业卫生专业技术人员对职业病危害预评价报告进行评审，职业病危害预评价报告是否按照评审意见进行修改完善；

（六）职业病危害预评价工作过程是否形成书面报告备查；

（七）是否按照本办法规定公布建设项目职业病危害预评价情况；

（八）依法应当监督检查的其他事项。

第三十二条 安全生产监督管理部门应当依法对建设单位开展建设项目职业病防护设施设计情况进行监督检查，重点监督检查下列事项：

（一）是否进行职业病防护设施设计；

（二）是否采纳职业病危害预评价报告中的对策与建议，如未采纳是否进行充分论证说明；

（三）是否明确职业病防护设施和应急救援设施的名称、规格、型号、数量、分布，并对防控性能进行分析；

（四）是否明确辅助用室及卫生设施的设置情况；

（五）是否明确职业病防护设施和应急救援设施投资预算；

（六）主要负责人或其指定的负责人是否组织职业卫生专业技术人员对职业病防护设施设计进行评审，职业病防护设施设计是否按照评审意见进行修改完善；

（七）职业病防护设施设计工作过程是否形成书面报告备查；

（八）是否按照本办法规定公布建设项目职业病防护设施设计情况；

（九）依法应当监督检查的其他事项。

第三十三条 安全生产监督管理部门应当依法对建设单位开展建设项目职业病危害控制效果评价及职业病防护设施验收情况进行监督检查，重点监督检查下列事项：

（一）是否进行职业病危害控制效果评价及职业病防护设施验收；

（二）职业病危害防治管理措施是否齐全；

（三）主要负责人或其指定的负责人是否组织职业卫生专业技术人员对建设项目职业病危害控制效果评价报告进行评审和对职业病防护设施进行验收，是否按照评审意见和验收意见对职业病危害控制效果评价报告和职业病防护设施进行整改完善；

（四）建设项目职业病危害控制效果评价及职业病防护设施验收工作过程是否形成书面报告备查；

（五）建设项目职业病防护设施验收方案、职业病危害严重建设项目职业病危害控制效果评价与职业病防护设施验收工作报告是否按照规定向安全生产监督管理部门进行报告；

（六）是否按照本办法规定公布建设项目职业病危害控制效果评价和职业病防护设施验收情况；

（七）依法应当监督检查的其他事项。

第三十四条 安全生产监督管理部门应当按照下列规定对建设单位组织的验收活动和验收结果进行监督核查，并纳入安全生产年度监督检查计划：

（一）对职业病危害严重建设项目的职业病防护设施的验收方案和验

收工作报告，全部进行监督核查；

（二）对职业病危害较重和一般的建设项目职业病防护设施的验收方案和验收工作报告，按照国家安全生产监督管理总局规定的“双随机”方式实施抽查。

第三十五条 安全生产监督管理部门应当加强监督检查人员建设项目职业病防护设施“三同时”知识的培训，提高业务素质。

第三十六条 安全生产监督管理部门及其工作人员不得有下列行为：

（一）强制要求建设单位接受指定的机构、职业卫生专业技术人员开展建设项目职业病防护设施“三同时”有关工作；

（二）以任何理由或者方式向建设单位和有关机构收取或者变相收取费用；

（三）向建设单位摊派财物、推销产品；

（四）在建设单位和有关机构报销任何费用。

第三十七条 任何单位或者个人发现建设单位、安全生产监督管理部门及其工作人员、有关机构和人员违反职业病防治有关法律、法规、标准和本办法规定的行为，均有权向安全生产监督管理部门或者有关部门举报。

受理举报的安全生产监督管理部门应当为举报人保密，并依法对举报内容进行核查和处理。

第三十八条 上级安全生产监督管理部门应当加强对下级安全生产监督管理部门建设项目职业病防护设施“三同时”监督执法工作的检查、指导。

地方各级安全生产监督管理部门应当定期汇总分析有关监督执法情况，并按照要求逐级上报。

第六章 法律责任

第三十九条 建设单位有下列行为之一的，由安全生产监督管理部门给予警告，责令限期改正；逾期不改正的，处 10 万元以上 50 万元以下的罚款；情节严重的，责令停止产生职业病危害的作业，或者提请有关人民政府按照国务院规定的权限责令停建、关闭：

（一）未按照本办法规定进行职业病危害预评价的；

（二）建设项目的职业病防护设施未按照规定与主体工程同时设计、同时施工、同时投入生产和使用的；

（三）建设项目的职业病防护设施设计不符合国家职业卫生标准和卫生要求的；

（四）未按照本办法规定对职业病防护设施进行职业病危害控制效果评价的；

（五）建设项目竣工投入生产和使用前，职业病防护设施未按照本办法规定验收合格的。

第四十条 建设单位有下列行为之一的，由安全生产监督管理部门给予警告，责令限期改正；逾期不改正的，处 5000 元以上 3 万元以下的罚款：

（一）未按照本办法规定，对职业病危害预评价报告、职业病防护设施设计、职业病危害控制效果评价报告进行评审或者组织职业病防护设施验收的；

（二）职业病危害预评价、职业病防护设施设计、职业病危害控制效果评价或者职业病防护设施验收工作过程未形成书面报告备查的；

（三）建设项目的生产规模、工艺等发生变更导致职业病危害风险发生重大变化的，建设单位对变更内容未重新进行职业病危害预评价和评审，或者未重新进行职业病防护设施设计和评审的；

（四）需要试运行的职业病防护设施未与主体工程同时试运行的；

（五）建设单位未按照本办法第八条规定公布有关信息的。

第四十一条 建设单位在职业病危害预评价报告、职业病防护设施设计、职业病危害控制效果评价报告编制、评审以及职业病防护设施验收等过程中弄虚作假的，由安全生产监督管理部门责令限期改正，给予警告，可以并处 5000 元以上 3 万元以下的罚款。

第四十二条 建设单位未按照规定及时、如实报告建设项目职业病防护设施验收方案，或者职业病危害严重建设项目未提交职业病危害控制效果评价与职业病防护设施验收的书面报告的，由安全生产监督管理部门责令限期改正，给予警告，可以并处 5000 元以上 3 万元以下的罚款。

第四十三条 参与建设项目职业病防护设施“三同时”监督检查工作的专家库专家违反职业道德或者行为规范，降低标准、弄虚作假、牟取私利，作出显失公正或者虚假意见的，由安全生产监督管理部门将其从专家库除名，终身不得再担任专家库专家。职业卫生专业技术人员在建设项目职业病防护设施“三同时”评审、验收等活动中涉嫌犯罪的，移送司法机关依法追究刑事责任。

第四十四条 违反本办法规定的其他行为，依照《中华人民共和国职业病防治法》有关规定给予处理。

第七章　附　则

第四十五条　煤矿建设项目职业病防护设施“三同时”的监督检查工作按照新修订发布的《煤矿和煤层气地面开采建设项目安全设施监察规定》执行，煤矿安全监察机构按照规定履行国家监察职责。

第四十六条　本办法自 2017 年 5 月 1 日起施行。国家安全安全生产监督管理总局 2012 年 4 月 27 日公布的《建设项目职业卫生“三同时”监督管理暂行办法》同时废止。

放射工作人员职业健康管理办法

（2007 年 6 月 3 日中华人民共和国卫生部令第 55 号公布）

第一章　总　则

第一条　为了保障放射工作人员的职业健康与安全，根据《中华人民共和国职业病防治法》（以下简称《职业病防治法》）和《放射性同位素与射线装置安全和防护条例》，制定本办法。

第二条　中华人民共和国境内的放射工作单位及其放射工作人员，应当遵守本办法。

本办法所称放射工作单位，是指开展下列活动的企业、事业单位和个体经济组织：

（一）放射性同位素（非密封放射性物质和放射源）的生产、使用、运输、贮存和废弃处理；

（二）射线装置的生产、使用和维修；

（三）核燃料循环中的铀矿开采、铀矿水冶、铀的浓缩和转化、燃料制造、反应堆运行、燃料后处理和核燃料循环中的研究活动；

（四）放射性同位素、射线装置和放射工作场所的辐射监测；

（五）卫生部规定的与电离辐射有关的其他活动。

本办法所称放射工作人员，是指在放射工作单位从事放射职业活动中受到电离辐射照射的人员。

第三条　卫生部主管全国放射工作人员职业健康的监督管理工作。

县级以上地方人民政府卫生行政部门负责本行政区域内放射工作人员职业健康的监督管理。

第四条　放射工作单位应当采取有效措施，使本单位放射工作人员职业健康的管理符合本办法和有关标准及规范的要求。

第二章　从业条件与培训

第五条　放射工作人员应当具备下列基本条件：

（一）年满 18 周岁；

（二）经职业健康检查，符合放射工作人员的职业健康要求；

（三）放射防护和有关法律知识培训考核合格；

（四）遵守放射防护法规和规章制度，接受职业健康监护和个人剂量监测管理；

（五）持有《放射工作人员证》。

第六条 放射工作人员上岗前，放射工作单位负责向所在地县级以上地方人民政府卫生行政部门为其申请办理《放射工作人员证》。

开展放射诊疗工作的医疗机构，向为其发放《放射诊疗许可证》的卫生行政部门申请办理《放射工作人员证》。

开展本办法第二条第二款第（三）项所列活动以及非医用加速器运行、辐照加工、射线探伤和油田测井等活动的放射工作单位，向所在地省级卫生行政部门申请办理《放射工作人员证》。

其他放射工作单位办理《放射工作人员证》的规定，由所在地省级卫生行政部门结合本地区实际情况确定。

《放射工作人员证》的格式由卫生部统一制定。

第七条 放射工作人员上岗前应当接受放射防护和有关法律知识培训，考核合格方可参加相应的工作。培训时间不少于 4 天。

第八条 放射工作单位应当定期组织本单位的放射工作人员接受放射防护和有关法律知识培训。放射工作人员两次培训的时间间隔不超过 2 年，每次培训时间不少于 2 天。

第九条 放射工作单位应当建立并按照规定的期限妥善保存培训档案。培训档案应当包括每次培训的课程名称、培训时间、考试或考核成绩等资料。

第十条 放射防护及有关法律知识培训应当由符合省级卫生行政部门规定条件的单位承担，培训单位可会同放射工作单位共同制定培训计划，并按照培训计划和有关规范或标准实施和考核。

放射工作单位应当将每次培训的情况及时记录在《放射工作人员证》中。

第三章 个人剂量监测管理

第十一条 放射工作单位应当按照本办法和国家有关标准、规范的要求，安排本单位的放射工作人员接受个人剂量监测，并遵守下列规定：

（一）外照射个人剂量监测周期一般为 30 天，最长不应超过 90 天；内照射个人剂量监测周期按照有关标准执行；

（二）建立并终生保存个人剂量监测档案；

（三）允许放射工作人员查阅、复印本人的个人剂量监测档案。

第十二条 个人剂量监测档案应当包括：

（一）常规监测的方法和结果等相关资料；

（二）应急或者事故中受到照射的剂量和调查报告等相关资料。

放射工作单位应当将个人剂量监测结果及时记录在《放射工作人员证》中。

第十三条 放射工作人员进入放射工作场所，应当遵守下列规定：

（一）正确佩戴个人剂量计；

（二）操作结束离开非密封放射性物质工作场所时，按要求进行个人体表、衣物及防护用品的放射性表面污染监测，发现污染要及时处理，做好记录并存档；

（三）进入辐照装置、工业探伤、放射治疗等强辐射工作场所时，除佩戴常规个人剂量计外，还应当携带报警式剂量计。

第十四条 个人剂量监测工作应当由具备资质的个人剂量监测技术服务机构承担。个人剂量监测技术服务机构的资质审定由中国疾病预防控制中心协助卫生部组织实施。

个人剂量监测技术服务机构的资质审定按照《职业病防治法》、《职业卫生技术服务机构管理办法》和卫生部有关规定执行。

第十五条 个人剂量监测技术服务机构应当严格按照国家职业卫生标准、技术规范开展监测工作，参加质量控制和技术培训。

个人剂量监测报告应当在每个监测周期结束后 1 个月内送达放射工作单位，同时报告当地卫生行政部门。

第十六条 县级以上地方卫生行政部门按规定时间和格式，将本行政区域内的放射工作人员个人剂量监测数据逐级上报到卫生部。

第十七条 中国疾病预防控制中心协助卫生部拟定个人剂量监测技术服务机构的资质审定程序和标准，组织实施全国个人剂量监测的质量控制和技术培训，汇总分析全国个人剂量监测数据。

第四章 职业健康管理

第十八条 放射工作人员上岗前，应当进行上岗前的职业健康检查，符合放射工作人员健康标准的，方可参加相应的放射工作。

放射工作单位不得安排未经职业健康检查或者不符合放射工作人员职业健康标准的人员从事放射工作。

第十九条 放射工作单位应当组织上岗后的放射工作人员定期进行职业健康检查，两次检查的时间间隔不应超过 2 年，必要时可增加临时性检查。

第二十条 放射工作人员脱离放射工作岗位时，放射工作单位应当对其进行离岗前的职业健康检查。

第二十一条 对参加应急处理或者受到事故照射的放射工作人员，放射工作单位应当及时组织健康检查或者医疗救治，按照国家有关标准进行医学随访观察。

第二十二条 从事放射工作人员职业健康检查的医疗机构（以下简称职业健康检查机构）应当经省级卫生行政部门批准。

第二十三条 职业健康检查机构应当自体检工作结束之日起 1 个月内，将职业健康检查报告送达放射工作单位。

职业健康检查机构出具的职业健康检查报告应当客观、真实，并对职业健康检查报告负责。

第二十四条 职业健康检查机构发现有可能因放射性因素导致健康损害的，应当通知放射工作单位，并及时告知放射工作人员本人。

职业健康检查机构发现疑似职业性放射性疾病病人应当通知放射工作人员及其所在放射工作单位，并按规定向放射工作单位所在地卫生行政部门报告。

第二十五条 放射工作单位应当在收到职业健康检查报告的 7 日内，如实告知放射工作人员，并将检查结论记录在《放射工作人员证》中。

放射工作单位对职业健康检查中发现不宜继续从事放射工作的人员，应当及时调离放射工作岗位，并妥善安置；对需要复查和医学随访观察的放射工作人员，应当及时予以安排。

第二十六条 放射工作单位不得安排怀孕的妇女参与应急处理和有可能造成职业性内照射的工作。哺乳期妇女在其哺乳期间应避免接受职业性内照射。

第二十七条 放射工作单位应当为放射工作人员建立并终生保存职业健康监护档案。职业健康监护档案应包括以下内容：

（一）职业史、既往病史和职业照射接触史；

（二）历次职业健康检查结果及评价处理意见；

（三）职业性放射性疾病诊疗、医学随访观察等健康资料。

第二十八条 放射工作人员有权查阅、复印本人的职业健康监护档案。放射工作单位应当如实、无偿提供。

第二十九条 放射工作人员职业健康检查、职业性放射性疾病的诊断、鉴定、医疗救治和医学随访观察的费用，由其所在单位承担。

第三十条 职业性放射性疾病的诊断鉴定工作按照《职业病诊断与鉴定管理办法》和国家有关标准执行。

第三十一条 放射工作人员的保健津贴按照国家有关规定执行。

第三十二条 在国家统一规定的休假外，放射工作人员每年可以享受保健休假 2~4 周。享受寒、暑假的放射工作人员不再享受保健休假。从事放射工作满 20 年的在岗放射工作人员，可以由所在单位利用休假时间安排健康疗养。

第五章　监督检查

第三十三条 县级以上地方人民政府卫生行政部门应当定期对本行政区域内放射工作单位的放射工作人员职业健康管理进行监督检查。检查内容包括：

（一）有关法规和标准执行情况；

（二）放射防护措施落实情况；

（三）人员培训、职业健康检查、个人剂量监测及其档案管理情况；

（四）《放射工作人员证》持证及相关信息记录情况；

（五）放射工作人员其他职业健康权益保障情况。

第三十四条 卫生行政执法人员依法进行监督检查时，应当出示证件。被检查的单位应当予以配合，如实反映情况，提供必要的资料，不得拒绝、阻碍、隐瞒。

第三十五条 卫生行政执法人员依法检查时，应当保守被检查单位的技术秘密和业务秘密。

第三十六条 卫生行政部门接到对违反本办法行为的举报后应当及时核实、处理。

第六章　法律责任

第三十七条 放射工作单位违反本办法，有下列行为之一的，按照

《职业病防治法》第六十三条处罚：

（一）未按照规定组织放射工作人员培训的；

（二）未建立个人剂量监测档案的；

（三）拒绝放射工作人员查阅、复印其个人剂量监测档案和职业健康监护档案的。

第三十八条 放射工作单位违反本办法，未按照规定组织职业健康检查、未建立职业健康监护档案或者未将检查结果如实告知劳动者的，按照《职业病防治法》第六十四条处罚。

第三十九条 放射工作单位违反本办法，未给从事放射工作的人员办理《放射工作人员证》的，由卫生行政部门责令限期改正，给予警告，并可处3万元以下的罚款。

第四十条 放射工作单位违反本办法，有下列行为之一的，按照《职业病防治法》第六十五条处罚：

（一）未按照规定进行个人剂量监测的；

（二）个人剂量监测或者职业健康检查发现异常，未采取相应措施的。

第四十一条 放射工作单位违反本办法，有下列行为之一的，按照《职业病防治法》第六十八条处罚：

（一）安排未经职业健康检查的劳动者从事放射工作的；

（二）安排未满18周岁的人员从事放射工作的；

（三）安排怀孕的妇女参加应急处理或者有可能造成内照射的工作的，或者安排哺乳期的妇女接受职业性内照射的；

（四）安排不符合职业健康标准要求的人员从事放射工作的；

（五）对因职业健康原因调离放射工作岗位的放射工作人员、疑似职业性放射性疾病的病人未做安排的。

第四十二条 技术服务机构未取得资质擅自从事个人剂量监测技术服务的，或者医疗机构未经批准擅自从事放射工作人员职业健康检查的，按照《职业病防治法》第七十二条处罚。

第四十三条 开展个人剂量监测的职业卫生技术服务机构和承担放射工作人员职业健康检查的医疗机构违反本办法，有下列行为之一的，按照《职业病防治法》第七十三条处罚：

（一）超出资质范围从事个人剂量监测技术服务的，或者超出批准范围从事放射工作人员职业健康检查的；

（二）未按《职业病防治法》和本办法规定履行法定职责的；

（三）出具虚假证明文件的。

第四十四条 卫生行政部门及其工作人员违反本办法，不履行法定职责，造成严重后果的，对直接负责的主管人员和其他直接责任人员，依法给予行政处分；情节严重，构成犯罪的，依法追究刑事责任。

第七章 附 则

第四十五条 放射工作人员职业健康检查项目及职业健康检查表由卫生部制定。

第四十六条 本办法自2007年11月1日起施行。1997年6月5日卫生部发布的《放射工作人员健康管理规定》同时废止。

附件：

放射工作人员证的格式（略）

放射工作人员职业健康检查项目（略）

放射工作人员职业健康检查表（略）

职业病诊断与鉴定管理办法

（2013年2月19日中华人民共和国卫生部令第91号公布）

第一章　总　则

第一条　为了规范职业病诊断与鉴定工作，加强职业病诊断与鉴定管理，根据《中华人民共和国职业病防治法》（以下简称《职业病防治法》），制定本办法。

第二条　职业病诊断与鉴定工作应当按照《职业病防治法》、本办法的有关规定及国家职业病诊断标准进行，遵循科学、公正、及时、便民的原则。

第三条　职业病诊断机构的设置必须适应职业病防治工作实际需要，充分利用现有医疗卫生资源，实现区域覆盖。

第四条　各地要加强职业病诊断机构能力建设，提供必要的保障条件，配备相关的人员、设备和工作经费，以满足职业病诊断工作的需要。

第二章　诊断机构

第五条　省、自治区、直辖市人民政府卫生行政部门（以下简称省级卫生行政部门）应当结合本行政区域职业病防治工作制定职业病诊断机构设置规划，报省级人民政府批准后实施。

第六条　职业病诊断机构应当具备下列条件：

（一）持有《医疗机构执业许可证》；

（二）具有相应的诊疗科目及与开展职业病诊断相适应的职业病诊断医师等相关医疗卫生技术人员；

（三）具有与开展职业病诊断相适应的场所和仪器、设备；

（四）具有健全的职业病诊断质量管理制度。

第七条　医疗卫生机构申请开展职业病诊断，应当向省级卫生行政部门提交以下资料：

（一）职业病诊断机构申请表；

（二）《医疗机构执业许可证》及副本的复印件；

（三）与申请开展的职业病诊断项目相关的诊疗科目及相关资料；

（四）与申请项目相适应的职业病诊断医师等相关医疗卫生技术人员情况；

（五）与申请项目相适应的场所和仪器、设备清单；

（六）职业病诊断质量管理制度有关资料；

（七）省级卫生行政部门规定提交的其他资料。

第八条 省级卫生行政部门收到申请材料后，应当在5个工作日内作出是否受理的决定，不受理的应当说明理由并书面通知申请单位。

决定受理的，省级卫生行政部门应当及时组织专家组进行技术评审。专家组应当自卫生行政部门受理申请之日起60日内完成和提交技术评审报告，并对提交的技术评审报告负责。

第九条 省级卫生行政部门应当自收到技术评审报告之日起20个工作日内，作出是否批准的决定。

对批准的申请单位颁发职业病诊断机构批准证书；不批准的应当说明理由并书面通知申请单位。

职业病诊断机构批准证书有效期为5年。

第十条 职业病诊断机构需要延续依法取得的职业病诊断机构批准证书有效期的，应当在批准证书有效期届满30日前，向原批准机关申请延续。经原批准机关审核合格的，延续批准证书。

第十一条 符合本办法第六条规定的公立医疗卫生机构可以申请开展职业病诊断工作。

设区的市没有医疗卫生机构申请开展职业病诊断的，省级卫生行政部门应当根据职业病诊断工作的需要，指定公立医疗卫生机构承担职业病诊断工作，并使其在规定时间内达到本办法第六条规定的条件。

第十二条 职业病诊断机构的职责是：

（一）在批准的职业病诊断项目范围内开展职业病诊断；

（二）报告职业病；

（三）报告职业病诊断工作情况；

（四）承担《职业病防治法》中规定的其他职责。

第十三条 职业病诊断机构依法独立行使诊断权，并对其作出的职业病诊断结论负责。

第十四条 职业病诊断机构应当建立和健全职业病诊断管理制度，加强职业病诊断医师等有关医疗卫生人员技术培训和政策、法律培训，并采取措施改善职业病诊断工作条件，提高职业病诊断服务质量和水平。

第十五条 职业病诊断机构应当公开职业病诊断程序，方便劳动者进行职业病诊断。

职业病诊断机构及其相关工作人员应当尊重、关心、爱护劳动者，保护劳动者的隐私。

第十六条 从事职业病诊断的医师应当具备下列条件，并取得省级卫生行政部门颁发的职业病诊断资格证书：

（一）具有医师执业证书；

（二）具有中级以上卫生专业技术职务任职资格；

（三）熟悉职业病防治法律法规和职业病诊断标准；

（四）从事职业病诊断、鉴定相关工作3年以上；

（五）按规定参加职业病诊断医师相应专业的培训，并考核合格。

第十七条 职业病诊断医师应当依法在其资质范围内从事职业病诊断工作，不得从事超出其资质范围的职业病诊断工作。

第十八条 省级卫生行政部门应当向社会公布本行政区域内职业病诊断机构名单、地址、诊断项目等相关信息。

第三章 诊 断

第十九条 劳动者可以选择用人单位所在地、本人户籍所在地或者经常居住地的职业病诊断机构进行职业病诊断。

第二十条 职业病诊断机构应当按照《职业病防治法》、本办法的有关规定和国家职业病诊断标准，依据劳动者的职业史、职业病危害接触史和工作场所职业病危害因素情况、临床表现以及辅助检查结果等，进行综合分析，作出诊断结论。

第二十一条 职业病诊断需要以下资料：

（一）劳动者职业史和职业病危害接触史（包括在岗时间、工种、岗位、接触的职业病危害因素名称等）；

（二）劳动者职业健康检查结果；

（三）工作场所职业病危害因素检测结果；

（四）职业性放射性疾病诊断还需要个人剂量监测档案等资料；

（五）与诊断有关的其他资料。

第二十二条 劳动者依法要求进行职业病诊断的，职业病诊断机构应当接诊，并告知劳动者职业病诊断的程序和所需材料。劳动者应当填写《职业病诊断就诊登记表》，并提交其掌握的本办法第二十一条规定的职业病诊断资料。

第二十三条 在确认劳动者职业史、职业病危害接触史时，当事人对劳动关系、工种、工作岗位或者在岗时间有争议的，职业病诊断机构应当告知当事人依法向用人单位所在地的劳动人事争议仲裁委员会申请仲裁。

第二十四条 职业病诊断机构进行职业病诊断时，应当书面通知劳动者所在的用人单位提供其掌握的本办法第二十一条规定的职业病诊断资料，用人单位应当在接到通知后的10日内如实提供。

第二十五条 用人单位未在规定时间内提供职业病诊断所需要资料的，职业病诊断机构可以依法提请安全生产监督管理部门督促用人单位提供。

第二十六条 劳动者对用人单位提供的工作场所职业病危害因素检测结果等资料有异议，或者因劳动者的用人单位解散、破产，无用人单位提供上述资料的，职业病诊断机构应当依法提请用人单位所在地安全生产监督管理部门进行调查。

职业病诊断机构在安全生产监督管理部门作出调查结论或者判定前应当中止职业病诊断。

第二十七条 职业病诊断机构需要了解工作场所职业病危害因素情况时，可以对工作场所进行现场调查，也可以依法提请安全生产监督管理部门组织现场调查。

第二十八条 经安全生产监督管理部门督促，用人单位仍不提供工作场所职业病危害因素检测结果、职业健康监护档案等资料或者提供资料不全的，职业病诊断机构应当结合劳动者的临床表现、辅助检查结果和劳动者的职业史、职业病危害接触史，并参考劳动者自述、安全生产监督管理部门提供的日常监督检查信息等，作出职业病诊断结论。仍不能作出职业病诊断的，应当提出相关医学意见或者建议。

第二十九条 职业病诊断机构在进行职业病诊断时，应当组织3名以上单数职业病诊断医师进行集体诊断。

职业病诊断医师应当独立分析、判断、提出诊断意见，任何单位和个人无权干预。

第三十条 职业病诊断机构在进行职业病诊断时，诊断医师对诊断结论有意见分歧的，应当根据半数以上诊断医师的一致意见形成诊断结论，对不同意见应当如实记录。参加诊断的职业病诊断医师不得弃权。

第三十一条 职业病诊断机构可以根据诊断需要，聘请其他单位职业病诊断医师参加诊断。必要时，可以邀请相关专业专家提供咨询意见。

第三十二条 职业病诊断机构作出职业病诊断结论后，应当出具职业病诊断证明书。

职业病诊断证明书应当包括以下内容：

（一）劳动者、用人单位基本信息。

（二）诊断结论。确诊为职业病的，应当载明职业病的名称、程度（期别）、处理意见。

（三）诊断时间。

职业病诊断证明书应当由参加诊断的医师共同签署，并经职业病诊断机构审核盖章。

职业病诊断证明书一式三份，劳动者、用人单位各一份，诊断机构存档一份。

职业病诊断证明书的格式由卫生部统一规定。

第三十三条 职业病诊断机构应当建立职业病诊断档案并永久保存，档案应当包括：

（一）职业病诊断证明书；

（二）职业病诊断过程记录，包括参加诊断的人员、时间、地点、讨论内容及诊断结论；

（三）用人单位、劳动者和相关部门、机构提交的有关资料；

（四）临床检查与实验室检验等资料；

（五）与诊断有关的其他资料。

第三十四条 职业病诊断机构发现职业病病人或者疑似职业病病人时，应当及时向所在地卫生行政部门和安全生产监督管理部门报告。

确诊为职业病的，职业病诊断机构可以根据需要，向相关监管部门、用人单位提出专业建议。

第三十五条 未取得职业病诊断资质的医疗卫生机构，在诊疗活动中怀疑劳动者健康损害可能与其所从事的职业有关时，应当及时告知劳动者到职业病诊断机构进行职业病诊断。

第四章　鉴　定

第三十六条 当事人对职业病诊断机构作出的职业病诊断结论有异议的，可以在接到职业病诊断证明书之日起30日内，向职业病诊断机构所在地设区的市级卫生行政部门申请鉴定。

设区的市级职业病诊断鉴定委员会负责职业病诊断争议的首次鉴定。

当事人对设区的市级职业病鉴定结论不服的，可以在接到鉴定书之日起 15 日内，向原鉴定组织所在地省级卫生行政部门申请再鉴定。

职业病鉴定实行两级鉴定制，省级职业病鉴定结论为最终鉴定。

第三十七条 卫生行政部门可以指定办事机构，具体承担职业病鉴定的组织和日常性工作。职业病鉴定办事机构的职责是：

（一）接受当事人申请；

（二）组织当事人或者接受当事人委托抽取职业病鉴定专家；

（三）组织职业病鉴定会议，负责会议记录、职业病鉴定相关文书的收发及其他事务性工作；

（四）建立并管理职业病鉴定档案；

（五）承担卫生行政部门委托的有关职业病鉴定的其他工作。

职业病诊断机构不能作为职业病鉴定办事机构。

第三十八条 设区的市级以上地方卫生行政部门应当向社会公布本行政区域内依法承担职业病鉴定工作的办事机构的名称、工作时间、地点和鉴定工作程序。

第三十九条 省级卫生行政部门应当设立职业病鉴定专家库（以下简称专家库），并根据实际工作需要及时调整其成员。专家库可以按照专业类别进行分组。

第四十条 专家库应当以取得各类职业病诊断资格的医师为主要成员，吸收临床相关学科、职业卫生、放射卫生等相关专业的专家组成。专家应当具备下列条件：

（一）具有良好的业务素质和职业道德；

（二）具有相关专业的高级专业技术职务任职资格；

（三）熟悉职业病防治法律法规和职业病诊断标准；

（四）身体健康，能够胜任职业病鉴定工作。

第四十一条 参加职业病鉴定的专家，应当由申请鉴定的当事人或者当事人委托的职业病鉴定办事机构从专家库中按照专业类别以随机抽取的方式确定。抽取的专家组成职业病鉴定专家组（以下简称专家组）。

经当事人同意，职业病鉴定办事机构可以根据鉴定需要聘请本省、自治区、直辖市以外的相关专业专家作为专家组成员，并有表决权。

第四十二条 专家组人数为 5 人以上单数，其中相关专业职业病诊断医师应当为本次专家人数的半数以上。疑难病例应当增加专家组人数，充分听取意见。专家组设组长 1 名，由专家组成员推举产生。

职业病鉴定会议由专家组组长主持。

第四十三条 参与职业病鉴定的专家有下列情形之一的，应当回避：

（一）是职业病鉴定当事人或者当事人近亲属的；

（二）已参加当事人职业病诊断或者首次鉴定的；

（三）与职业病鉴定当事人有利害关系的；

（四）与职业病鉴定当事人有其他关系，可能影响鉴定公正的。

第四十四条 当事人申请职业病鉴定时，应当提供以下资料：

（一）职业病鉴定申请书；

（二）职业病诊断证明书，申请省级鉴定的还应当提交市级职业病鉴定书；

（三）卫生行政部门要求提供的其他有关资料。

第四十五条 职业病鉴定办事机构应当自收到申请资料之日起 5 个工作日内完成资料审核，对资料齐全的发给受理通知书；资料不全的，应当书面通知当事人补充。资料补充齐全的，应当受理申请并组织鉴定。

职业病鉴定办事机构收到当事人鉴定申请之后，根据需要可以向原职业病诊断机构或者首次职业病鉴定的办事机构调阅有关的诊断、鉴定资料。原职业病诊断机构或者首次职业病鉴定办事机构应当在接到通知之日起 15 日内提交。

职业病鉴定办事机构应当在受理鉴定申请之日起 60 日内组织鉴定、形成鉴定结论，并在鉴定结论形成后 15 日内出具职业病鉴定书。

第四十六条 根据职业病鉴定工作需要，职业病鉴定办事机构可以向有关单位调取与职业病诊断、鉴定有关的资料，有关单位应当如实、及时提供。

专家组应当听取当事人的陈述和申辩，必要时可以组织进行医学检查。

需要了解被鉴定人的工作场所职业病危害因素情况时，职业病鉴定办事机构根据专家组的意见可以对工作场所进行现场调查，或者依法提请安全生产监督管理部门组织现场调查。依法提请安全生产监督管理部门组织现场调查的，在现场调查结论或者判定作出前，职业病鉴定应当中止。

职业病鉴定应当遵循客观、公正的原则，专家组进行职业病鉴定时，可以邀请有关单位人员旁听职业病鉴定会。所有参与职业病鉴定的人员应当依法保护被鉴定人的个人隐私。

第四十七条 专家组应当认真审阅鉴定资料，依照有关规定和职业病诊断标准，经充分合议后，根据专业知识独立进行鉴定。在事实清楚的基础上，进行综合分析，作出鉴定结论，并制作鉴定书。

鉴定结论应当经专家组 2/3 以上成员通过。

第四十八条 职业病鉴定书应当包括以下内容：

（一）劳动者、用人单位的基本信息及鉴定事由；

（二）鉴定结论及其依据，如果为职业病，应当注明职业病名称、程度（期别）；

（三）鉴定时间。

鉴定书加盖职业病诊断鉴定委员会印章。

首次鉴定的职业病鉴定书一式四份，劳动者、用人单位、原诊断机构各一份，职业病鉴定办事机构存档一份；再次鉴定的职业病鉴定书一式五份，劳动者、用人单位、原诊断机构、首次职业病鉴定办事机构各一份，再次职业病鉴定办事机构存档一份。

职业病鉴定书的格式由卫生部统一规定。

第四十九条 职业病鉴定书应当于鉴定结论作出之日起 20 日内由职业病鉴定办事机构送达当事人。

第五十条 鉴定结论与诊断结论或者首次鉴定结论不一致的，职业病鉴定办事机构应当及时向相关卫生行政部门和安全生产监督管理部门报告。

第五十一条 职业病鉴定办事机构应当如实记录职业病鉴定过程，内容应当包括：

（一）专家组的组成；

（二）鉴定时间；

（三）鉴定所用资料；

（四）鉴定专家的发言及其鉴定意见；

（五）表决情况；

（六）经鉴定专家签字的鉴定结论；

（七）与鉴定有关的其他资料。

有当事人陈述和申辩的，应当如实记录。

鉴定结束后，鉴定记录应当随同职业病鉴定书一并由职业病鉴定办事机构存档，永久保存。

第五章　监督管理

第五十二条 县级以上地方卫生行政部门应当制定职业病诊断机构年

度监督检查计划，定期对职业病诊断机构进行监督检查，检查内容包括：

（一）法律法规、标准的执行情况；

（二）规章制度建立情况；

（三）人员、岗位职责落实和培训等情况；

（四）职业病报告情况等。

省级卫生行政部门每年应当至少组织1次监督检查；设区的市级卫生行政部门每年应当至少组织1次监督检查并不定期抽查；县级卫生行政部门负责日常监督检查。

第五十三条 设区的市级以上地方卫生行政部门应当加强对职业病鉴定办事机构的监督管理，对职业病鉴定工作程序、制度落实情况及职业病报告等相关工作情况进行监督检查。

第五十四条 省级卫生行政部门负责对职业病诊断机构进行定期考核。

第六章 法律责任

第五十五条 医疗卫生机构未经批准擅自从事职业病诊断的，由县级以上地方卫生行政部门按照《职业病防治法》第八十条的规定进行处罚。

第五十六条 职业病诊断机构有下列行为之一的，由县级以上地方卫生行政部门按照《职业病防治法》第八十一条的规定进行处罚：

（一）超出批准范围从事职业病诊断的；

（二）不按照《职业病防治法》规定履行法定职责的；

（三）出具虚假证明文件的。

第五十七条 职业病诊断机构未按照规定报告职业病、疑似职业病的，由县级以上地方卫生行政部门按照《职业病防治法》第七十五条的规定进行处罚。

第五十八条 职业病诊断机构违反本办法规定，有下列情形之一的，由县级以上地方卫生行政部门责令限期改正；逾期不改正的，给予警告，并可以根据情节轻重处以2万元以下的罚款：

（一）未建立职业病诊断管理制度；

（二）不按照规定向劳动者公开职业病诊断程序；

（三）泄露劳动者涉及个人隐私的有关信息、资料；

（四）其他违反本办法的行为。

第五十九条 职业病诊断鉴定委员会组成人员收受职业病诊断争议当

事人的财物或者其他好处的，由省级卫生行政部门按照《职业病防治法》第八十二条的规定进行处罚。

第六十条 县级以上地方卫生行政部门及其工作人员未依法履行职责，按照《职业病防治法》第八十五条第二款的规定进行处理。

第七章 附 则

第六十一条 职业病诊断、鉴定的费用由用人单位承担。

第六十二条 本办法由卫生部解释。

第六十三条 本办法自2013年4月10日起施行。2002年3月28日卫生部公布的《职业病诊断与鉴定管理办法》同时废止。

职业健康检查管理办法

（2015 年 3 月 26 日原国家卫生和计划生育委员会令第 5 号公布，根据 2019 年 2 月 28 日《国家卫生健康委关于修改〈职业健康检查管理办法〉等 4 件部门规章的决定》第一次修订）

第一章　总　则

第一条　为加强职业健康检查工作，规范职业健康检查机构管理，保护劳动者健康权益，根据《中华人民共和国职业病防治法》（以下简称《职业病防治法》），制定本办法。

第二条　本办法所称职业健康检查是指医疗卫生机构按照国家有关规定，对从事接触职业病危害作业的劳动者进行的上岗前、在岗期间、离岗时的健康检查。

第三条　国家卫生健康委负责全国范围内职业健康检查工作的监督管理。

县级以上地方卫生健康主管部门负责本辖区职业健康检查工作的监督管理；结合职业病防治工作实际需要，充分利用现有资源，统一规划、合理布局；加强职业健康检查机构能力建设，并提供必要的保障条件。

第二章　职业健康检查机构

第四条　医疗卫生机构开展职业健康检查，应当在开展 日起 15 个工作日内向省级卫生健康主管部门备案。备案的具体办法由省级卫生健康主管部门依据本办法制定，并向社会公布。

省级卫生健康主管部门应当及时向社会公布备案的医疗卫生机构名单、地址、检查类别和项目等相关信息，并告知核发其《医疗机构执业许可证》的卫生健康主管部门。核发其《医疗机构执业许可证》的卫生健康主管部门应当在该机构的《医疗机构执业许可证》副本备注栏注明检查类别和项目等信息。

第五条 承担职业健康检查的医疗卫生机构（以下简称职业健康检查机构）应当具备以下条件

（一）持有《医疗机构执业许可证》，涉及放射检查项目的还应当持有《放射诊疗许可证》；

（二）具有相应的职业健康检查场所、候检场所和检验室，建筑总面积不少于400平方米，每个独立的检查室使用面积不少于6平方米；

（三）具有与备案开展的职业健康检查类别和项目相适应的执业医师、护士等医疗卫生技术人员；

（四）至少具有1名取得职业病诊断资格的执业医师；

（五）具有与备案开展的职业健康检查类别和项目相适应的仪器、设备，具有相应职业卫生生物监测能力；开展外出职业健康检查，应当具有相应的职业健康检查仪器、设备专用车辆等条件；

（六）建立职业健康检查质量管理制度；

（七）具有与职业健康检查信息报告相应的条件

医疗卫生机构进行职业健康检查备案时，应当提交证明其符合以上条件的有关资料。

第六条 开展职业健康检查工作的医疗卫生机构对备案的职业健康检查信息的真实性、准确性、合法性承担全部法律责任。

当备案信息发生变化时，职业健康检查机构应当自信息发生变化之日起10个工作日内提交变更信息。

第七条 职业健康检查机构具有以下职责：

（一）在备案开展的职业健康检查类别和项目范围内，依法开展职业健康检查工作，并出具职业健康检查报告；

（二）履行疑似职业病的告知和报告义务；

（三）报告职业健康检查信息；

（四）定期向卫生健康主管部门报告职业健康检查工作情况，包括外出职业健康检查工作情况；

（五）开展职业病防治知识宣传教育；

（六）承担卫生健康主管部门交办的其他工作。

第八条 职业健康检查机构应当指定主检医师。主检医师应当具备以下条件：

（一）具有执业医师证书；

（二）具有中级以上专业技术职务任职资格；

（三）具有职业病诊断资格；

（四）从事职业健康检查相关工作三年以上，熟悉职业卫生和职业病诊断相关标准。

主检医师负责确定职业健康检查项目和周期，对职业健康检查过程进行质量控制，审核职业健康检查报告。

第九条 职业健康检查机构及其工作人员应当关心、爱护劳动者，尊重和保护劳动者的知情权及个人隐私。

第十条 省级卫生健康主管部门应当指定机构负责本辖区内职业健康检查机构的质量控制管理工作，组织开展实验室间比对和职业健康检查质量考核。

职业健康检查质量控制规范由中国疾病预防控制中心制定。

第三章 职业健康检查规范

第十一条 按照劳动者接触的职业病危害因素，职业健康检查分为以下六类：

（一）接触粉尘类；

（二）接触化学因素类；

（三）接触物理因素类；

（四）接触生物因素类；

（五）接触放射因素类；

（六）其他类（特殊作业等）。

以上每类中包含不同检查项目。职业健康检查机构应当在备案的检查类别和项目范围内开展相应的职业健康检查。

第十二条 职业健康检查机构开展职业健康检查应当与用人单位签订委托协议书，由用人单位统一组织劳动者进行职业健康检查；也可以由劳动者持单位介绍信进行职业健康检查。

第十三条 职业健康检查机构应当依据相关技术规范，结合用人单位提交的资料，明确用人单位应当检查的项目和周期。

第十四条 在职业健康检查中，用人单位应当如实提供以下职业健康检查所需的相关资料，并承担检查费用。

（一）用人单位的基本情况；

（二）工作场所职业病危害因素种类及其接触人员名册岗位（或工种）、接触时间；

（三）工作场所职业病危害因素定期检测等相关资料。

第十五条 职业健康检查的项目、周期按照《职业健康监护技术规范》（GBZ188）执行，放射工作人员职业健康检查按照《放射工作人员职业健康监护技术规范》（GBZ235）等规定执行。

第十六条 职业健康检查机构可以在执业登记机关管辖区域内或者省级卫生健康主管部门指定区域内开展外出职 业健康检查。外出职业健康检查进行医学影像学检查和实验室检测，必须保证检查质量并满足放射防护和生物安全的管理要求。

第十七条 职业健康检查机构应当在职业健康检查结束 之日起 30 个工作日内将职业健康检查结果，包括劳动者个 人职业健康检查报告和用人单位职业健康检查总结报告，书 面告知用人单位，用人单位应当将劳动者个人职业健康检查结果及职业健康检查机构的建议等情况书面告知劳动者。

第十八条 职业健康检查机构发现疑似职业病病人时应当告知劳动者本人并及时通知用人单位，同时向所在地卫生健康主管部门报告。发现职业禁忌的，应当及时告知用人单位和劳动者。

第十九条 职业健康检查机构要依托现有的信息平台，加强职业健康检查的统计报告工作，逐步实现信息的互联互通和共享。

第二十条 职业健康检查机构应当建立职业健康检查档案。职业健康检查档案保存时间应当自劳动者最后一次职业健康检查结束之日起不少于 15 年。

职业健康检查档案应当包括下列材料：

（一）职业健康检查委托协议书；

（二）用人单位提供的相关资料；

（三）出具的职业健康检查结果总结报告和告知材料；

（四）其他有关材料。

第四章 监督管理

第二十一条 县级以上地方卫生健康主管部门应当加强对本辖区职业健康检查机构的监督管理。按照属地化管理原则，制定年度监督检查计划，做好职业健康检查机构的监督检查工作。监督检查主要内容包括：

（一）相关法律法规、标准的执行情况；

（二）按照备案的类别和项目开展职业健康检查工作的情况；

（三）外出职业健康检查工作情况；

（四）职业健康检查质量控制情况；

（五）职业健康检查结果、疑似职业病的报告与告知以及职业健康检查信息报告情况；

（六）职业健康检查档案管理情况等。

第二十二条 省级卫生健康主管部门应当对本辖区内的职业健康检查机构进行定期或者不定期抽查；设区的市级卫生健康主管部门每年应当至少组织一次对本辖区内职业健康检查机构的监督检查；县级卫生健康主管部门负责日常监督检查。

第二十三条 县级以上地方卫生健康主管部门监督检查 时，有权查阅或者复制有关资料，职业健康检查机构应当予以配合。

第五章　法律责任

第二十四条 无《医疗机构执业许可证》擅自开展职业健康检查的，由县级以上地方卫生健康主管部门依据《医疗机构管理条例》第四十四条的规定进行处理。

第二十五条 职业健康检查机构有下列行为之一的，由县级以上地方卫生健康主管部门责令改正，给予警告，可以并处 3 万元以下罚款；

（一）未按规定备案开展职业健康检查的；

（二）未按规定告知疑似职业病的；

（三）出具虚假证明文件的。

第二十六条 职业健康检查机构未按照规定报告疑似职业病的，由县级以上地方卫生健康主管部门依据《职业病防治法》第七十四条的规定进行处理。

第二十七条 职业健康检查机构有下列行为之一的，由 县级以上地方卫生健康主管部门给予警告，责令限期改正；逾期不改的，处以三万元以下罚款：

（一）未指定主检医师或者指定的主检医师未取得职业病诊断资格的；

（二）未按要求建立职业健康检查档案的；

（三）未履行职业健康检查信息报告义务的；

（四）未按照相关职业健康监护技术规范规定开展工作的；

（五）违反本办法其他有关规定的。

第二十八条 职业健康检查机构未按规定参加实验室比对或者职业健康检查质量考核工作，或者参加质量考核不合格未按要求整改仍开展职业健康检查工作的，由县级以上地方卫生健康主管部门给予警告，责令限期改正；逾期不改的，处以三万元以下罚款。

第六章　附　则

第二十九条　本办法自2015年5月1日起施行。2002年3月28日原卫生部公布的《职业健康监护管理办法》同时废止。

五、部委文件

（一）劳动安全

关于加强安全生产监督管理工作的意见

（安监管办字〔2002〕68号）

2002年以来，各地区、各部门认真贯彻落实党中央、国务院关于安全生产工作的一系列重要指示，加强对安全生产工作的领导，深入进行五项安全生产专项整治，全国安全生产形势总体上向好的方向转变。但是，由于我国安全生产工作的基础薄弱，安全生产状况与党中央、国务院的要求，与广大人民群众的期望还有很大差距。在我国经济快速发展和生产力发展水平现状下，搞好安全生产仍然是一项十分艰巨和长期的任务。要实现全国安全生产状况的稳定好转，必须进一步加强安全生产监督管理工作。

当前和今后一个时期安全生产监管工作的总体思路是：在邓小平理论和江泽民总书记"三个代表"重要思想指导下，以宣传贯彻和实施《安全生产法》为重点，坚持"安全第一，预防为主"的方针，切实落实党中央、国务院关于安全生产的一系列指示和工作部署，以完善工作机制、抓好队伍建设和法制建设"三件大事"统揽全局，发扬与时俱进的精神，转变观念，开拓思路；立足防范，强化监管；依法行政，关口前移；落实责任，综合治理，促进全国安全生产状况的稳定好转。

一、突出重点，标本兼治，继续深入开展安全生产专项整治

（一）结合贯彻落实新修订的《危险化学品安全管理条例（以下简称《条例》）》，全面开展对危险化学品的专项整治。查清危险化学品从业单位的底数，找准薄弱环节，抓住整治重点，确保整治工作取得实效。要把《条例》规定的各项管理措施和管理规定落实到位。要重视做好对《条例》的学习、培训工作，组织行政执法人员、企业主管人员和其他从业人员学习掌握《条例》的有关规定，做到知法懂法，遵法守法，逐步建立危险化学品安全管理的有效机制。

（二）继续深化道路和水上交通安全整治。以贯彻公安部、国家安全

生产监督管理局《2002年预防道路交通事故工作方案》为重点，在当地政府的统一领导下，配合有关部门加大对无证驾驶、疲劳驾车、超速行驶、违章超车、违章装载、违章停车和夜间不按规定使用灯光等违章行为的整治力度。加强车辆安全检验和驾驶员考试。加强事故多发点段的改造和整治，特别要采取有效措施加强对夜班长途客车运营的安全管理。配合交通部继续开展水上运输安全管理年活动。加大打击“三无”船舶的工作力度，严禁货船、渔船、农用船等非客运船舶载客。强化对“四客一危”船舶船员的实际操作和安全知识检查。切实落实乡镇船舶安全管理责任制，开展乡镇船舶安全专项检查，强化对乡镇船舶的监管力度。

（三）开展非煤矿山安全整治工作。贯彻落实6月份在镇江召开的非煤矿山安全整治工作会议精神，推动非煤矿山安全整治的验收及督查工作。抓紧开展非煤矿山安全生产监管工作的调研，以及非煤矿山基本情况的调查；根据《安全生产法》，结合各地的实际情况，制定（修订）非煤矿山安全生产方面的规章制度。

（四）继续深入进行公众聚集场所消防安全整治。配合公安部全面贯彻《消防法》和《机关、团体、企业事业单位消防安全管理规定》，落实消防安全责任制，加强公共消防设施建设，提高防御火灾能力。要在各地政府的统一领导下，集中一段时间开展火灾隐患整改工作，把整改措施落到实处。

（五）继续搞好易燃易爆品、民爆器材的安全整治。以贯彻落实新修订的《民用爆炸物品管理条例》为契机，配合公安部、国防科工委加强监督检查，促使从业单位建立健全并严格执行各项管理制度。加大执法力度，对已取缔的非法小火药厂、烟花爆竹小作坊以及经销民爆器材和烟花爆竹的网点，要加强监控，严防死灰复燃。

煤矿安全专项整治工作要按照已作出的安排来进行。特别是未设省级煤矿安全监察局的省（区、市）要在省级人民政府领导下，根据国家煤矿安全监察局的要求认真组织落实。

二、以宣传贯彻《安全生产法》为重点，切实加强安全生产法制建设

立即在全国掀起一个广泛深入的学习、宣传、贯彻《安全生产法》的热潮。要使各级领导、广大职工和全体安全监督管理人员做到学法、知法、懂法，依法规范安全生产行为。使企业依据《安全生产法》进一步健全规章制度并自觉遵法守规。使安全监督管理工作突出监督，落实责任，依法行政，公开透明。继续抓好《国务院关于特大安全事故行政责任追究的规定》《危险化学品安全管理条例》等法律法规的学习宣传和贯彻，依

法搞好当前的各项安全生产工作。各省（区、市）要根据《安全生产法》，根据本地区的实际情况，抓紧做好配套法规的制定、修订工作。

进一步加大安全生产宣传教育工作的力度，在“全国安全生产月”和“安全生产万里行”等活动的基础上，把安全生产宣传教育工作继续抓紧抓细抓实。要进一步加强对安全生产宣传教育工作的领导。各地、各部门、各单位要把宣传教育作为安全生产监督管理工作的重要环节，与监管工作同步研究，同步安排，同步实施。适应市场经济的发展需要，推动安全生产宣传教育工作的机制创新。坚持“以人为本”的原则，注意研究人们在安全生产中的思想、行为变化规律，研究不同层次的社会群体对安全生产的心理需求，研究以预防为主的宣传教育内容和手段，增强安全生产宣传教育工作的针对性，推进宣传工作的科学化和社会化。努力构建安全生产宣传教育培训体系。安全生产宣传教育培训工作作为一项系统工程，必须动员方方面面的力量，形成齐抓共管的格局，发挥宣传教育培训工作的整体效应。

三、抓好落实，解决好安全生产大检查中发现的问题

对全国安全生产大检查中发现的各种重大隐患，以及各检查组提出的整改意见，各部门、各地区和广大企业必须高度重视，认真进行整改，并举一反三，查找薄弱环节，制定整改方案，采取治理措施。对马上能整改的问题，要立即整改；对需要一定条件和时间才能整改的事故隐患，要确定整改的责任单位、责任人、时间和目标，并进行跟踪检查。对依靠自身力量难以整改的问题，应及时向地方政府或上级有关部门反映，争取支持，创造条件加以解决。对整改不力的，要依法追究行政责任；对因此而造成重大事故的，要依法严肃查处。

四、进一步完善安全生产监督管理机制，推进安全生产监督管理机制的创新

（一）继续按照国务院统一领导，地方政府负责，主管部门各司其职，有关部门相互配合的原则，搞好安全生产的综合监督管理工作。处理好安全生产综合监督管理与行业主管部门及有关部门专门监督管理的关系；国家安全生产监督管理与地方政府的安全生产监督管理的关系；安全生产监督管理与煤矿安全监察的关系。充分依靠各级地方政府和有关行业主管部门，通过政府监管、法律规范、政策导向、经济制约、宣传教育等综合手段，督促企业健全安全生产自我约束机制，完善各级政府安全生产监督管理工作机制。

（二）建立健全以安全生产责任制为核心的安全工作制度。各级地方政府要层层签订安全生产责任书，明确年度伤亡事故控制目标，把责任落实到各有关部门和责任人，并与年终的政绩考核挂钩。各级安全生产监管部门要认真履行职责，把安全生产的法律、规章及监管要求，落实到每一个监管人员，并且有目标、有布置、有检查、有考核、有评比。对有关安全生产的审批发证工作，要实行严格的责任制，做到谁审批、谁把关、谁负责，以确保审查到位、责任到位、监管到位。

（三）建立安全生产监督管理的支撑体系。第一是安全生产法律法规体系。要抓住《安全生产法》出台的有利时机，抓紧研究制定各项配套法规、规章。第二是安全生产信息体系。积极推进安全生产信息网络建设，努力提高安全生产政府网站运行质量。建立健全事故信息、预警信息、信息发布等制度，形成运行网络先进可靠、应用软件方便实用，能够纵横贯通、反馈快捷的安全生产信息工作机制。第三是安全生产技术保障体系。要加强安全生产科技开发与推广工作，明确安全科技的主攻方向，提高安全生产工作的科技含量。加强安全设备、劳动防护用品的安全认证和监督管理工作，进一步规范安全生产检测检验、安全评价、职业安全健康管理体系认证等社会中介机构的资质认可和管理工作。第四是宣传教育培训体系。要建立必要的安全生产宣传教育机构，组织开展形式多样的宣教活动。建立功能齐全的安全培训基地，逐步实现培训机构、培训大纲、考核标准、证书管理、师资和教材建设等管理工作规范化、制度化。第五是特大事故应急救援体系，特别是矿山事故和危险化学品事故的应急救援。要对现有的应急救援资源进行调整和优化，有选择、分区域建立若干个基地，配备必要的现代化装备，加强人员的素质和技能训练，对特大事故能够及时实施有力的救援和处理。

（四）要加强安全监督管理队伍建设。要建立健全各级地方政府安全生产工作机构，充实力量，依法履行安全生产综合监督管理职能。抓紧提高安全生产监管人员的政治业务素质，熟练掌握安全法规政策和标准，秉公执法，依法行政，切实做到尽职尽责，管一方安全工作，保一方平安。以提高安全生产监督管理队伍整体素质和安全生产监督行政执法水平为重点，严格安全生产监督管理人员的培训、考核，未经培训或经培训考核不合格者均不能从事监管工作。建立高效、快捷、勤政、廉洁的工作制度。

（五）建立国家注册安全工程师执业资格制度。国家经贸委同意国家安全生产监督管理局会同人事部颁布《注册安全工程师执业资格制度暂行规定》，并制定相关的实施办法，抓好在全国推广国家注册安全工程师执业资格的工作。要按照人事部要求，建立起全国统一的国家注册安全工程师执业资格考试工作体系框架。通过执业资格考试和认定，逐步建立一支具有较高水平的注册安全工程师队伍。

五、坚持预防为主，扎扎实实抓好安全生产基础工作

（一）狠抓基层，夯实基础，切实加强生产经营单位的安全保障工作。企业要依照《安全生产法》，建立健全安全生产责任制，组织制定安全生产规章制度和操作规程。要加强日常管理和检查，及时消除生产安全事故隐患。要组织制定并实施生产安全事故应急救援预案，及时如实报告生产安全事故。企业要保证安全生产所必需的资金投入，并对投入不足导致的后果承担责任。

（二）依法组织、指导并监督企业主要负责人的安全资格考核工作和特种作业人员的考核工作。实行企业主要负责人安全资格制度，依法对危险物品生产、经营、储存企业及矿山、建筑施工企业主要负责人的安全资格进行考核，未能取得安全资格的不得担任企业主要负责人。规范特种作业人员的考核、发证工作，特种作业人员在独立上岗前，必须进行与本工种相适应的、专门的安全技术理论和实际操作考核，对经考核合格的特种作业人员颁发操作资格证书，未取得特种作业操作资格证书者不能上岗。国家安全生产监督管理局负责安全生产监督管理人员的培训考核、国家级培训机构的认定、各类人员考核标准的制定及培训证书的监制等工作；省级安全生产监督管理部门负责企业主要经营管理者和特种作业人员的考核、发证，以及其他培训机构的认定等工作。各级安全生产监督管理部门要把地方政府、行业主管部门和企业的培训制度、培训效果、培训质量、培训内容以及持证上岗等列为安全生产监督管理的重要内容。

（三）抓好新建、改建、扩建工程项目的“三同时”工作。企业新建、改建、扩建工程项目的安全设施，必须与主体工程同时设计，同时施工，同时投入生产和使用。各级安全生产监督管理部门要依据《安全生产法》和有关规定，认真开展建设项目“三同时”的审查、验收以及安全条件论证和安全评价工作。依法对严重危及生产安全的工艺、设备实行淘汰制度，监督生产经营单位不使用国家明令淘汰、禁止使用的危及生产安全的工艺、设备。

（四）积极推动企业职业安全健康管理体系的建设。通过抓好职业安全健康管理体系工作，使企业特别是国有大中型企业、外向型企业，建立起国际通行的、规范化的现代企业安全生产管理制度，增强国际市场的竞

争能力，建立起预防为主、持续改进的安全生产自我约束机制。

（五）深入开展重大危险源的普查和监控。各地要对本地区的重大危险源通过普查和安全评估做到心中有数，并通过省（区、市）、地（市）、县（区）分级管理，实施有效监控。对特种设备要通过年检、抽检，加强日常维护保养和配置必要的安全装置，确保安全运行。对重大事故隐患，要明确责任，提出整改措施和进度要求，抓紧进行整改。

（六）积极推进企业安全文化建设。企业安全文化要体现出以人为本，努力创造爱护职工，关怀职工，体贴职工，尊重职工，激发职工安全生产自觉性的良好氛围。促进企业主要负责人和广大职工安全生产意识的不断提高，安全生产科学管理不断上台阶、上档次、上水平。

（七）加强和改进社区安全工作，积极开展“建设安全社区”活动。各级安全生产监督管理部门，要借助于“建设安全社区”这一活动载体，把安全工作落实到每个街道、居委会、村镇，落实到每个生产经营厂点、每家每户和每个社区成员，消除安全监管的盲区和空白，使“安全第一，预防为主”的方针切实得到贯彻。

（八）要坚决贯彻落实《安全生产法》和《国务院关于特大安全事故行政责任追究的规定》，严肃查处重、特大事故，依法追究事故责任人的责任。对重、特大事故责任人员，不论是谁，都要按照“四不放过”的原则，一查到底，该行政处分的，应进行行政处分；该党纪处分的，应进行党纪处分；该法办的，应予以法办。同时，要认真吸取事故教训，举一反三，防止同类事故的发生。

六、切实转变作风，求真务实，努力开创安全生产工作新局面

各级安全生产监督管理部门要从实际出发，不断研究安全生产工作面临的新情况、新问题，积极探索安全生产监管工作的新思路、新方法，努力推进“五项创新”。一是思维方式的创新。必须转变思想，更新观念，明确定位，正确履行职责职能，下决心跳出习惯思维和传统套路，把主要精力放到安全生产的综合管理和监督监察上来。二是事故防范机制的创新。要探索和掌握安全生产的客观规律，把安全监管工作的立足点始终放在防范事故上，坚持打主动仗，把握主动权。围绕着如何做到关口前移，搞好事前防范，有效预防各类事故特别是特大事故，制定和实施一系列对策办法。三是安全生产监管手段的创新。综合运用法律、经济和行政手段，采取依法监督、经济制约和行政管理等多种方式，依法规范各行各业和各方面的安全生产行为。重视发挥经济政策的导向作用，研究和探讨一

些切实管用的经济政策，运用经济杠杆调动企业抓安全的积极性。四是对非公有制企业安全监管方式的创新。探索和采取得力的监管措施，借鉴和推广安全生产风险抵押等行之有效的办法，强化对非公有制小企业的安全监管。五是安全生产科技创新。要适应新形势、新要求，从国情出发，研究制定安全科技发展规划，明确安全科技的主攻方向，积极推广和采用新技术、新设备、新工艺、新材料，增强安全生产综合防御能力。

关于进一步加强安全生产群众监督工作的指导意见

（安监总政法〔2012〕8号）

各省、自治区、直辖市及新疆生产建设兵团安全生产监督管理局、总工会、煤炭行业管理部门、煤矿安全监管部门，各省级煤矿安全监察局，司法部直属煤矿管理局，各产业工会全国委员会，有关中央企业：

为认真贯彻落实党的十七届六中全会和《国务院关于坚持科学发展安全发展促进安全生产形势持续稳定好转的意见》（国发〔2011〕40号）精神，进一步加强安全生产群众监督工作，积极主动发挥群众监督作用，促进安全生产工作，有效防范各类事故发生，切实维护人民群众的根本利益，现提出如下意见：

一、加强安全生产群众监督的重要意义和总体要求

（一）充分认识加强安全生产群众监督的重要意义。加强安全生产群众监督是我国安全生产工作格局的重要组成部分，是强化安全生产工作的重要举措，是维护人民群众安全健康权益的重要途径。生产经营建设等各项活动与人民群众生产生活息息相关，人民群众对安全生产状况最为关心，参与和监督安全生产工作的愿望最为迫切。各地区、各有关部门和单位要进一步增强做好新形势下安全生产群众监督工作的责任感和使命感，充分发挥人民群众参与安全管理的作用，把生产经营建设等各项活动置于人民群众的广泛监督之下，充分了解民情、尊重民意，集中群众的智慧和力量，建立自我完善、持续改进的安全生产长效机制，不断加强和创新安全管理，坚决有力地保障人民群众生命财产安全和职业健康。

（二）总体要求。以邓小平理论和“三个代表”重要思想为指导，深入贯彻落实科学发展观，以党的十七届六中全会精神为指导，认真落实《国务院关于坚持科学发展安全发展促进安全生产形势持续稳定好转的意见》，牢固树立以人为本、执政为民、安全发展的理念，加强对安全生产群众监督工作的组织领导；强化制度建设，构建有利于群众监督的工作机

制；加强宣传和培训教育，增强群众维权意识和能力；认真、及时发布安全生产信息，自觉接受群众监督；建立完善安全生产举报奖励制度，保护和提高群众监督的积极性；广泛开展各种群众性安全生产活动，全员、全方位、全过程地加强安全生产和职业健康工作。

二、认真落实群众安全生产知情权

（三）严格执行安全生产信息公开制度。凡依法应当公开的安全生产信息都要及时全部公开。要进一步加强安全生产有关审批项目的程序、依据以及安全评价报告等信息的公开。要建立相关行业领域之间的信息共享机制，进一步丰富安全生产信息内容，向社会公众及时发布安全生产相关法律法规、政策标准、安全执法、应急管理等信息，特别是对有关地区、行业和企业存在的危险源以及排查治理情况，要及时告知当地政府、有关部门和社会公众，落实防范应对措施。

（四）拓宽安全生产信息公开渠道。充分利用广播、电视、报纸、互联网等媒体，以及通过设立安全生产公告、公示栏和警示牌等途径，及时发布安全生产预警信息及防范知识。要不断畅通基层信息传递渠道，特别要加强矿区、农村等偏远地区预警信息接收终端建设，扩大信息发布范围，为增强群众监督效果创造条件。

（五）定期发布安全生产工作进展情况。及时向社会发布本地区、本行业（领域）和企业贯彻落实安全生产政策措施情况以及取得的成效，取得群众支持，增强搞好安全生产工作的向心力和凝聚力。严格落实安全生责任制，公开责任落实情况，充分接受群众监督。

（六）及时公布非法违法生产经营建设行为及事故查处情况。依靠和发动群众，依法严厉打击各类非法违法生产经营建设行为，对每一起非法违法较大事故查处的跟踪督办、重大隐患和重大事故查处的挂牌督办，以及瞒报、谎报等各类事故查处的结果，都要及时通报发布，深刻吸取教训，强化警示和监督作用。

三、完善安全生产群众监督工作机制

（七）建立健全安全生产群众监督网络。充分发挥工会组织在安全生产工作中的重要作用，按照《工会劳动保护监督检查员工作条例》《基层工会劳动保护监督检查委员会工作条例》和《工会小组劳动保护检查员工作条例》的要求，建立健全工会参与安全生产群众监督的三级网络。一是在县以上总工会、产业工会设立工会劳动保护监督检查员，依法履行工会劳动保护监督检查职责。二是在乡镇工会、城市街道工会、基层工会联合会和企事业单位的各级工会组织设立工会劳动保护监督检查委员会，监督企业落实国家安全生产法律法规，落实安全生产责任制和各项规章制度。三是在企事业单位生产班组设立工会小组劳动保护检查员，落实班组安全生产和职业危害防治责任，加强工作场所监督。

（八）完善劳动保护维权机制。各级工会与同级政府有关部门之间要建立联席会议制度，加强沟通协商，及时解决本地区安全生产方面存在的问题。要进一步完善职工群众民主参与、民主管理、民主监督制度，在企事业单位建立健全职代会审议安全生产工作制度，企事业单位安全管理部门每年至少要向职代会报告一次安全生产工作，广泛听取职工群众对安全生产工作的意见和建议，对职工群众提交的议案，必须认真研究并及时处理。坚持预防为主、群防群治、群专结合、依法监督的原则，注重研究不同类型企业工会安全生产和职业病防治工作的新特点、新途径和新机制，认真解决职工群众反映的侵害其安全健康合法权益的突出问题。

（九）落实和健全群众举报制度。通过扩大全国统一的“12350”安全生产举报电话，设立电子举报信箱和网络微博客等方式，畅通社会公众和职工群众举报渠道。加强安全生产来信来访处理接待工作。认真开展舆情搜集分析，主动发现举报信息。积极会同相关部门研究完善安全生产举报奖励办法，同时要采取有力措施保护举报人个人信息及人身安全，严防打击报复事件发生。

四、广泛开展群众性安全生产活动

（十）深入开展“安康杯”竞赛。要深入总结提炼近年来“安康杯”竞赛活动的经验做法，加快完善与安全生产形势发展相适应的工作机制，丰富创建内容，创新活动形式，充分发挥其对加强安全生产工作的重要推进作用。各有关部门要加强工作沟通协商，不断健全政府部门与工会组织、企业、职工群众密切协调、有序高效的活动竞赛网络，对活动成效突出的单位和个人要予以表彰奖励，推动“安康杯”竞赛活动广泛深入开展。

（十一）积极参与隐患排查治理。充分发挥职工群众在安全生产工作中的主力军和监督员作用，主动发现和治理隐患，形成群众广泛参与、监督整改的良好格局，切实做到隐患排查治理的措施、责任、资金、时限和预案“五到位”。要坚持有关部门的安全监管与工会组织的安全检查相结合，发动群众做好每一个班组、每一个环节和每一个岗位的安全监督工作，开展经常性的自检自查活动，确保安全生产。

（十二）扎实推进企业安全生产标准化建设。认真贯彻落实《国务院安委会关于深入开展企业安全生产标准化建设的指导意见》（安委〔2011〕4号）精神，组织职工群众参与安全生产标准化达标创建的全过程，开展经常性的专题检查，抓好问题整改。实行达标考评结果公示制度，加强群众监督，促进企业规范安全管理，改善职业卫生工作条件，加快推进实现岗位达标、专业达标和企业达标。

（十三）深入开展群众安全技术革新。注重发挥群众的首创精神，建立完善激励机制，积极创造条件，针对不同专业岗位的技术特点，鼓励职工开展多种安全适用的小发明、小创造、小革新。坚持群众性技术创新与专业技术研发工作紧密结合，推进安全科技进步，提高技术装备水平，减轻职工群众劳动强度，增强安全保障能力。

（十四）加强班组安全建设。要把班组安全建设作为依靠职工群众做好安全生产工作的基础，牢固树立班组岗位是第一道防线的安全理念，强化遵章守纪和监督防范意识，做到个人监督与相互监督相结合，提高职工群众自主保安、相互保安和业务保安的自觉性和主动性，有效防范事故。加强班组安全制度建设，逐步实现班组安全管理标准化、规范化、制度化。要及时发现、总结、推广先进班组安全管理经验，不断提升班组安全管理水平。

五、加强对群众监督工作的组织领导

（十五）认真组织开展群众性安全文化建设。要充分组织和发动群众，深入开展形式多样、寓意深刻的群众性安全文化建设活动。要面向社会公众、企业从业人员，经常化、制度化地广泛深入宣传安全生产法律法规、安全管理、应急救援及举报投诉知识。要从强化安全意识和安全行为入手，加强对企业和作业场所职工、周边人民群众的专题宣传教育，做到会监督、敢监督和有能力监督。

（十六）切实加强组织领导。各有关部门要把安全生产群众监督作为安全生产工作的重要内容，纳入安全生产总体部署，为广大群众开展安全生产监督工作创造良好条件。企事业单位要把职工群众对安全生产的民主管理和民主监督摆在重要位置，在研究安全生产发展规划时，认真倾听广大职工群众的意见，坚持重大安全生产事项向职代会报告制度，自觉接受职工群众监督。

国家安全监管总局　国家煤矿安监局中华全国总工会关于印发煤矿班组安全建设规定（试行）的通知

（安监总煤行〔2012〕86号）

各产煤省、自治区、直辖市及新疆生产建设兵团煤炭行业管理、煤矿安全监管部门、总工会，各省级煤矿安全监察局，司法部直属煤矿管理局，有关中央企业：

为进一步规范和加强煤矿班组安全建设，充分发挥煤矿班组安全生产第一道防线的作用，提高煤矿现场管理水平，促进全国煤矿安全生产形势持续稳定好转，国家安全监管总局、国家煤矿安监局和中华全国总工会联合制定了《煤矿班组安全建设规定（试行）》，现印发给你们，请认真贯彻落实。

附件：煤矿班组安全建设规定（试行）

国家安全监管总局
国家煤矿安监局
中华全国总工会
二〇一二年六月二十六日

煤矿班组安全建设规定（试行）

第一章　总　则

第一条　为进一步规范和加强煤矿班组安全建设，提高煤矿现场管理水平，促进煤矿安全生产，依据《安全生产法》《煤炭法》《工会法》等法律法规，制定本规定。

第二条 全国煤矿开展班组安全建设适用本规定。

第三条 地方各级人民政府煤炭行业管理部门是煤矿班组安全建设的主管部门，负责督促煤矿企业建立班组安全建设制度、落实班组安全建设规定。

各地工会要组织协调、督促煤矿企业开展煤矿班组安全建设工作，指导煤矿企业建立工会基层组织，维护职工合法权益。

第四条 煤矿企业应当建立健全从企业、矿井、区队到班组的班组安全建设体系，把班组安全建设作为加强煤矿安全生产基层和基础管理的重要环节，明确分管负责人和主管部门，制定班组建设总体规划、目标和保障措施。

煤矿企业工会要加强宣传和指导，积极参与煤矿班组安全建设。要建立健全区队工会和班组工会小组，强化班组民主管理，维护职工合法权益。

第五条 煤矿（井）是班组安全建设的责任主体，要围绕班组安全建设建立各项制度，落实建设资金和各项保障措施，保证职工福利补贴，完善职工收入与企业效益同步增长机制。

区队（车间）是班组安全建设的直接管理层，负责班组日常管理、业务培训等工作。

第六条 煤矿班组安全建设以“作风优良，技能过硬，管理严格，生产安全，团结和谐”为总要求，着力加强现场安全管理、班组安全教育培训、班组安全文化建设，筑牢煤矿安全生产第一道防线。

第二章 组织建设

第七条 煤矿企业必须建立区队、班组建制，制定班组定员标准，确保班组基本配置。班组长应当发挥带头表率作用，加强班组作业现场管理，确保安全生产。

第八条 煤矿企业班组工会小组要设群众安全监督员，且不得由班组长兼任。中华全国总工会和国家煤矿安全监察局按规定程序在煤矿井下生产一线班组中聘任煤矿特聘群众安全监督员。

第九条 煤矿企业应当建立完善以下班组安全管理规章制度：

（一）班前、班后会和交接班制度；

（二）安全质量标准化和文明生产管理制度；

（三）隐患排查治理报告制度；
（四）事故报告和处置制度；
（五）学习培训制度；
（六）安全承诺制度；
（七）民主管理制度；
（八）安全绩效考核制度；
（九）煤矿企业认为需要制定的其他制度。

煤矿企业在制定、修改班组安全管理规章制度时，应当经职工代表大会或者全体职工讨论，与工会或者职工代表平等协商确定。

第十条 煤矿企业应当加强班组信息管理，班组要有质量验收、交接、隐患排查治理等记录，并做到字迹清晰、内容完整、妥善保存。

第十一条 煤矿企业应当指导班组建立健全从班组长到每个岗位人员的安全生产责任制。

第十二条 煤矿企业必须全面推行安全生产目标管理，将安全生产目标层层分解落实到班组，完善安全、生产、效益结构工资制，区队每月进行考核兑现。

第十三条 煤矿企业必须依据国家标准要求，改善作业环境，完善安全防护设施，按标准为职工配备合格的劳动防护用品，按规定对职工进行职业健康检查，建立职工个人健康档案，对接触有职业危害作业的职工，按有关规定落实相应待遇。

第十四条 煤矿企业应当制定班组作业现场应急处置方案，明确班组长应急处置指挥权和职工紧急避险逃生权。

第十五条 煤矿企业应当建立班组民主管理机构，组织开展班组民主活动，认真执行班务公开制度，赋予职工在班组安全生产管理、规章制度制定、安全奖罚、班组长民主评议等方面的知情权、参与权、表达权、监督权。

第三章　班组长管理

第十六条 煤矿企业必须建立班组长选聘、使用、培养制度和机制，积极从优秀班组长中选拔人才，把班组长纳入科（区）管理人才培养计划，区队安全生产管理人员原则上要有班组长经历。

第十七条 班组长应当具备以下任职条件：

（一）热爱煤炭事业，关心企业发展，思想政治素质好、责任意识强，具有良好的道德品质；

（二）认真贯彻执行党的安全生产方针，模范遵守安全生产法律法规、企业规章制度和规程措施；

（三）熟悉本班组生产工艺流程，掌握矿井相关专业灾害预防知识，具备现场急救技能；

（四）服从组织领导，坚持原则，公道正派，有较强的组织管理能力、创新能力和团队协作精神，在职工中具有较高威信；

（五）一般应当具有高中（技校）及以上文化程度、3 年及以上现场工作经验，具有较好的身体素质。

第十八条 班组长应当履行以下职责：

（一）班组长是本班组安全生产的第一责任人，对管辖范围内的现场安全管理全面负责，严格落实各项安全生产责任制，执行安全生产法律、法规、规程和技术措施，实行对本班组全员、全过程、全方位的动态安全生产管理；

（二）负责分解落实生产任务，严格按照《煤矿安全规程》、作业规程和煤矿安全技术操作规程组织生产，科学合理安排劳动组织、配置生产要素，强化以岗位为核心的现场管理，提高生产效率；

（三）负责加强班组安全质量标准化建设，推行作业现场精细化管理；

（四）负责班组团队、安全文化建设和规范化管理等其他职责。

第十九条 班组长享有以下权利：

（一）有权按规定组织落实安全规程措施，检查现场安全生产环境和职工安全作业情况，制止和处理职工违章作业，抵制违章指挥，在不具备安全生产条件且自身无力解决时有权拒绝开工、停止作业，遇到险情时有在第一时间下达停产撤人命令的直接决策权和指挥权，并组织班组人员安全有序撤离；煤矿企业不得因此降低从业人员工资、福利等待遇或者解除与其订立的劳动合同；

（二）有权根据区队生产作业计划和本班组的实际情况，合理安排劳动组织，调配人员、设备、材料等；

（三）有权核算班组安全、质量、生产等指标完成情况，根据有关规定，对班组成员的工作绩效进行考核；

（四）企业赋予的其他权利。

第二十条 班组长任用应当遵循以下原则：

（一）采取组织推荐、公开竞聘或民主选举等方式选拔班组长；

（二）经选拔的班组长，要按规定履行正式聘任手续，不得随意更换班组长；

（三）撤免班组长应当由区队提出撤免理由和建议，严格按相应程序办理。

第二十一条 煤矿企业必须建立班组长考核激励约束机制，明确班组长岗位津贴，制定班组长绩效考核制度，定期进行严格考核，并将考核结果作为班组长提拔、奖励、推优评先以及解聘、处罚的重要依据。

第四章 现场安全管理

第二十二条 煤矿企业应当依据《煤矿安全规程》、作业规程和煤矿安全技术操作规程等规定，制定班组安全工作标准、操作标准，规范工作流程。

第二十三条 班组必须严格落实班前会制度，结合上一班作业现场情况，合理布置当班安全生产任务，分析可能遇到的事故隐患并采取相应的安全防范措施，严格班前安全确认。

第二十四条 班组必须严格执行交接班制度，重点交接清楚现场安全状况、存在隐患及整改情况、生产条件和应当注意的安全事项等。

第二十五条 班组要坚持正规循环作业和正规操作，实现合理均衡生产，严禁两班交叉作业。

第二十六条 班组必须严格执行隐患排查治理制度，对作业环境、安全设施及生产系统进行巡回检查，及时排查治理现场动态隐患，隐患未消除前不得组织生产。

第二十七条 班组必须认真开展安全质量标准化工作，加强作业现场精细化管理，确保设备设施完好，各类材料、备品配件、工器具等排放整齐有序，清洁文明生产，做到岗位达标、工程质量达标，实现动态达标。

第二十八条 班组应当加强作业现场安全监测监控系统、安全监测仪器仪表、工器具和其他安全生产设施的保护和管理，确保正确正常使用、安全有效。

第五章 班组安全培训

第二十九条 煤矿企业应当重视和发挥班组在职工安全教育培训中的主阵地作用，开展安全警示教育，强化班组成员安全风险意识、责任意识，增强职工遵章作业的自觉性；加强班组职工安全知识、操作技能、规程措施和新工艺、新设备、新技术安全培训，提高职工遵章作业的能力。

第三十条 煤矿企业应当强化危险源辨识和风险评估培训，提高职工对生产作业过程中各类隐患的辨识和防范能力。

煤矿企业应当加强班组应急救援知识培训和模拟演练，班组成员应当牢固掌握防灾、避灾路线，增强自救互救和现场处置能力。

煤矿企业应当加强班组现场急救知识和处置技能培训，班组成员应当具有正确使用安全防护设备、及时果断进行现场急救的能力。

第三十一条 煤矿企业应当确保班组教育培训投入，建立实训基地，建立学习活动室，配备教学所需的设施、多媒体器材、书籍和资料等。

第三十二条 煤矿企业每年必须对班组长及班组成员进行专题安全培训，培训时间不得少于20学时。

第六章　班组安全文化建设

第三十三条 煤矿企业应当把班组安全文化建设作为矿井整体安全文化建设的重要组成部分，切实加强组织领导，加大安全文化建设投入，为班组安全文化建设提供必要的条件和支持，培育独具特色的班组安全文化。

第三十四条 煤矿班组应当落实"安全第一，预防为主，综合治理"的安全生产方针，牢固树立"以人为本""事故可防可控"和"班组安全生产，企业安全发展"等安全生产理念。

第三十五条 煤矿企业应当以提高职工责任意识、法制意识、安全意识和防范技能为重点，加强正面舆论引导和法制宣传，发挥群众安全监督组织、家属协管的作用，培养正确的安全生产价值观，增强班组安全生产的内在动力。

第三十六条 煤矿企业应当建立安全诚信考核机制，建立职工安全诚信档案，并将安全诚信与安全生产抵押金、工资分配挂钩。

第三十七条 班组长应当加强人文关怀、情感交流和心理疏导，提高班组凝聚力，强化班组团队建设。

第三十八条 煤矿企业应当建立班组合理化建议与创新激励机制，鼓励班组开展岗位创新、质量管理（QC）小组等活动，培育团队创新精神。

第七章　表彰奖励

第三十九条 煤矿企业应当积极开展班组建设创先争优活动，每年组织优秀班组和优秀班组长评选，对班组安全建设工作开展情况进行总结考核，对在安全生产工作中作出突出贡献的班组及班组长给予表彰奖励。

煤矿企业在组织职工休（疗）养、外出学习考察活动时，优先选派优秀班组长参加。

第四十条 各省（区、市）人民政府煤炭行业管理部门会同本级总工会，定期对在安全生产工作中作出突出贡献的班组、班组长进行表彰奖励。

第四十一条 国家安全生产监督管理总局、国家煤矿安全监察局和中华全国总工会结合煤矿开展争创优秀安全班组、优秀班组长、优秀群监员活动，对在安全生产工作中作出突出贡献的班组、班组长进行表彰与奖励。

第八章 附 则

第四十二条 各级人民政府煤炭行业管理部门、煤矿安全监督管理部门以及各级煤矿安全监察机构、工会组织依照本规定对煤矿班组安全建设实施监督检查和指导。

第四十三条 地方各级人民政府有关部门和煤矿企业可依据本规定，制定具体的实施办法或实施细则。

第四十四条 本规定自 2012 年 10 月 1 日起施行，由国家安全生产监督管理总局、国家煤矿安全监察局、中华全国总工会负责解释。

（二）职业卫生

国家安全监管总局关于公布建设项目职业病危害风险分类管理目录（2012年版）的通知

（安监总安健〔2012〕73号）

各省、自治区、直辖市及新疆生产建设兵团安全生产监督管理局，各省级煤矿安全监察局，有关中央企业：

为加强建设项目职业卫生“三同时”的监督管理工作，根据《中华人民共和国职业病防治法》第十七条及《建设项目职业卫生“三同时”监督管理暂行办法》（国家安全监管总局令第51号）第六条的规定，国家安全监管总局组织编制了《建设项目职业病危害风险分类管理目录（2012年版）》（以下简称《目录》），现予公布，并就有关事项通知如下：

一、《目录》是指导安全生产监督管理部门实行建设项目职业卫生“三同时”分类监督管理的依据，各级安全生产监督管理部门应按照《建设项目职业卫生“三同时”监督管理暂行办法》和《目录》对建设项目职业卫生“三同时”工作实施监督管理，并指导建设单位和职业卫生技术服务机构开展建设项目职业病危害评价工作。

二、《目录》是在综合考虑《职业病危害因素分类目录》所列各类职业病危害因素及其可能产生的职业病和建设项目可能产生职业病危害的风险程度的基础上，按照《国民经济行业分类》（GB/T 4754-2011），对可能存在职业病危害的主要行业进行的分类。《目录》由国家安全监管总局定期修订公布。

在实际运用中，如果建设项目拟采用的原材料、主要生产工艺和产品等可能产生的职业病危害的风险程度，与其在《目录》中所列行业职业病危害的风险程度有明显区别的，建设单位和职业卫生技术服务机构可以通过职业病危害预评价作出综合判断，根据评价结果确定该建设项目职业病危害的风险类别。

三、各省级安全生产监督管理部门可以根据本地区建设项目职业卫生“三同时”工作的实际情况，对《目录》作出调整补充。

国家安全监管总局
二〇一二年五月三十一日

建设项目职业病危害风险分类管理目录

（2012 年版）

序 号	类 别 名 称	严 重	较 重	一 般
一	**采矿业**			
（一）	**煤炭开采和洗选业**			
1	烟煤和无烟煤开采洗选	√		
2	褐煤开采洗选	√		
3	其他煤采选	√		
（二）	**石油和天然气开采业**			
1	石油开采	√		
2	高含硫化氢气田开采	√		
3	其他天然气开采		√	
（三）	**黑色金属矿采选业**			
1	铁矿采选	√		
2	锰矿、铬矿采选	√		
3	其他黑色金属矿采选	√		
（四）	**有色金属矿采选业**			
1	常用有色金属矿采选	√		
2	贵金属矿采选	√		
3	稀有稀土金属矿采选	√		
（五）	**非金属矿采选业**			
1	土砂石开采	√		

续表

序号	类别名称	严重	较重	一般
2	化学矿开采	√		
3	采盐（井工开采）	√		
4	采盐（其他方式）		√	
5	石棉及其他非金属矿采选	√		
6	石英砂开采及加工	√		
（六）	**其他采矿业**		√	
二	**制造业**			
（一）	**农副食品加工业**			
1	谷物磨制		√	
2	饲料加工		√	
3	植物油加工			√
4	制糖业			√
5	屠宰及肉类加工		√	
（二）	**食品制造业**			√
（三）	**酒制造业**		√	
（四）	**烟草制品业**		√	
（五）	**纺织业**			
1	棉纺织及印染精加工		√	
2	毛纺织及染整精加工		√	
3	麻纺织及染整精加工		√	
4	丝绢纺织及印染精加工		√	
5	化纤织造及印染精加工		√	
6	家用纺织制成品制造			√
（六）	**纺织服装、服饰业**			√
（七）	**皮革、毛皮、羽毛及其制品和制鞋业**			
1	皮革鞣制加工	√		

续表

序号	类别名称	严重	较重	一般
2	皮革制品制造	√		
3	毛皮鞣制及制品加工	√		
4	羽毛（绒）加工及制品制造		√	
5	制鞋业	√		
（八）	**木材加工和木制品业**			
1	木材加工		√	
2	人造板制造	√		
3	木制品制造			√
（九）	**家具制造业**			
1	木质家具制造	√		
2	竹、藤家具制造		√	
3	金属家具制造		√	
（十）	**造纸和纸制品业**			
1	纸浆制造	√		
2	造纸		√	
3	纸制品制造			√
（十一）	**印刷业**		√	
（十二）	**石油加工、炼焦和核燃料加工业**			
1	精炼石油产品制造	√		
2	炼焦	√		
3	核燃料加工	√		
（十三）	**化学原料和化学制品制造业**			
1	基础化学原料制造	√		
2	肥料制造	√		
3	农药制造	√		
4	涂料、油墨、颜料及类似产品制造	√		

续表

序号	类别名称	严重	较重	一般
5	合成材料制造	√		
6	专用化学产品制造	√		
7	炸药、火工及焰火产品制造	√		
8	日用化学产品制造		√	
（十四）	**医药制造业**			
1	化学药品原料药制造	√		
2	化学药品制剂制造		√	
3	中药饮片加工		√	
4	中成药生产		√	
5	兽用药品制造		√	
6	生物药品制造		√	
7	卫生材料及医药用品制造			√
（十五）	**化学纤维制造业**			
1	纤维素纤维原料及纤维制造	√		
2	合成纤维制造	√		
（十六）	**橡胶和塑料制品业**			
1	橡胶制品业	√		
2	塑料制品业			√
（十七）	**非金属矿物制品业**			
1	水泥、石灰和石膏制造	√		
2	石膏、水泥制品及类似制品制造	√		
3	砖瓦、石材等建筑材料制造	√		
4	玻璃制造	√		
5	玻璃制品制造	√		
6	玻璃纤维和玻璃纤维增强塑料制品制造	√		
7	陶瓷制品制造	√		

续表

序号	类别名称	严重	较重	一般
8	耐火材料制品制造	√		
9	石墨及其他非金属矿物制品制造	√		
(十八)	**黑色金属冶炼和压延加工业**			
1	炼铁	√		
2	炼钢	√		
3	黑色金属铸造	√		
4	钢压延加工		√	
5	铁合金冶炼	√		
(十九)	**有色金属冶炼和压延加工业**			
1	常用有色金属冶炼	√		
2	贵金属冶炼	√		
3	稀有稀土金属冶炼	√		
4	有色金属合金制造	√		
5	有色金属铸造	√		
6	有色金属压延加工		√	
(二十)	**金属制品业**		√	
(二十一)	**通用设备制造业**		√	
(二十二)	**专用设备制造业**		√	
(二十三)	**汽车制造业**		√	
(二十四)	**铁路、船舶、航空航天和其他运输设备制造业**		√	
(二十五)	**电气机械和器材制造业**		√	
(二十六)	**计算机、通信和其他电子设备制造业**		√	
(二十七)	**仪器仪表制造业**			√
(二十八)	**其他制造业**			
1	日用杂品制造			√
2	煤制品制造		√	

续表

序号	类别名称	严重	较重	一般
3	核辐射加工	√		
4	其他未列明制造业		√	
（二十九）	**废弃资源综合利用业**			
1	金属废料和碎屑加工处理		√	
2	非金属废料和碎屑加工处理		√	
（三十）	**金属制品、机械和设备修理业**		√	
三	**电力、热力、燃气及水生产和供应业**			
（一）	**电力、热力生产和供应业**			
1	火力发电（燃煤发电）	√		
2	核力发电	√		
3	其他电力生产		√	
4	电力供应			√
5	热力生产和供应		√	
（二）	**燃气生产和供应业**			
1	燃气生产	√		
2	燃气供应			√
（三）	**水的生产和供应业**			
1	自来水生产和供应			√
2	污水处理及其再生利用		√	
3	其他水的处理、利用和分配		√	
四	**交通运输、仓储业**			
（一）	**铁路、水上、航空运输业**			
1	货运火车站		√	
2	货运港口		√	
3	机场			√
（二）	**管道运输业**			√

续表

序号	类别名称	严重	较重	一般
(三)	**装卸搬运和运输代理业**			
1	**装卸搬运**		√	
(四)	**仓储业**			
1	谷物、棉花等农产品仓储		√	
2	其他仓储业		√	
五	**科学研究和技术服务业**			
(一)	**研究和试验发展**			√
六	**水利、环境和公共设施管理业**			
(一)	**生态保护和环境治理业**			
1	固体废物治理		√	
2	危险废物治理	√		
3	放射性废物治理	√		
4	环境卫生管理（生活垃圾处理）		√	
七	**居民服务、修理和其他服务业**		√	
(一)	**居民服务业**			
1	洗染服务		√	
(二)	**机动车、电子产品和日用产品修理业**			
1	汽车、摩托车修理与维护		√	
八	**农、林、牧、渔业**			
(一)	**畜牧业**			√

关于印发防暑降温措施管理办法的通知

（安监总安健〔2012〕89号）

各省、自治区、直辖市及新疆生产建设兵团安全生产监督管理局、卫生厅（局）、人力资源社会保障厅（局）、总工会，各省级煤矿安全监察局：

近年来，由于夏季高温天气导致从事户外作业的劳动者中暑甚至死亡的事件时有发生，给劳动者身体健康和生命安全造成了严重损害，成为社会各界共同关注的重要问题。为了加强高温作业、高温天气作业劳动保护工作，维护劳动者健康及其相关权益，国家安全监管总局、卫生部、人力资源社会保障部、全国总工会对《防暑降温措施暂行办法》（〈60〉卫防钱字第207号）进行了修订，制定了《防暑降温措施管理办法》，现印发你们，请认真遵照执行。

国家安全生产监督管理总局
卫生部
人力资源和社会保障部
中华全国总工会
二〇一二年六月二十九日

防暑降温措施管理办法

第一条 为了加强高温作业、高温天气作业劳动保护工作，维护劳动者健康及其相关权益，根据《中华人民共和国职业病防治法》《中华人民共和国安全生产法》《中华人民共和国劳动法》《中华人民共和国工会法》等有关法律、行政法规的规定，制定本办法。

第二条 本办法适用于存在高温作业及在高温天气期间安排劳动者作业的企业、事业单位和个体经济组织等用人单位。

第三条 高温作业是指有高气温、或有强烈的热辐射、或伴有高气湿

（相对湿度≥80% RH）相结合的异常作业条件、湿球黑球温度指数（WBGT 指数）超过规定限值的作业。

高温天气是指地市级以上气象主管部门所属气象台站向公众发布的日最高气温 35℃以上的天气。

高温天气作业是指用人单位在高温天气期间安排劳动者在高温自然气象环境下进行的作业。

工作场所高温作业 WBGT 指数测量依照《工作场所物理因素测量 第 7 部分：高温》（GBZ/T189. 7）执行；高温作业职业接触限值依照《工作场所有害因素职业接触限值第 2 部分：物理因素》（GBZ2. 2）执行；高温作业分级依照《工作场所职业病危害作业分级第 3 部分：高温》（GBZ/T229. 3）执行。

第四条 国务院安全生产监督管理部门、卫生行政部门、人力资源社会保障行政部门依照相关法律、行政法规和国务院确定的职责，负责全国高温作业、高温天气作业劳动保护的监督管理工作。

县级以上地方人民政府安全生产监督管理部门、卫生行政部门、人力资源社会保障行政部门依据法律、行政法规和各自职责，负责本行政区域内高温作业、高温天气作业劳动保护的监督管理工作。

第五条 用人单位应当建立、健全防暑降温工作制度，采取有效措施，加强高温作业、高温天气作业劳动保护工作，确保劳动者身体健康和生命安全。

用人单位的主要负责人对本单位的防暑降温工作全面负责。

第六条 用人单位应当根据国家有关规定，合理布局生产现场，改进生产工艺和操作流程，采用良好的隔热、通风、降温措施，保证工作场所符合国家职业卫生标准要求。

第七条 用人单位应当落实以下高温作业劳动保护措施：

（一）优先采用有利于控制高温的新技术、新工艺、新材料、新设备，从源头上降低或者消除高温危害。对于生产过程中不能完全消除的高温危害，应当采取综合控制措施，使其符合国家职业卫生标准要求。

（二）存在高温职业病危害的建设项目，应当保证其设计符合国家职业卫生相关标准和卫生要求，高温防护设施应当与主体工程同时设计，同时施工，同时投入生产和使用。

（三）存在高温职业病危害的用人单位，应当实施由专人负责的高温日常监测，并按照有关规定进行职业病危害因素检测、评价。

（四）用人单位应当依照有关规定对从事接触高温危害作业劳动者组

织上岗前、在岗期间和离岗时的职业健康检查，将检查结果存入职业健康监护档案并书面告知劳动者。职业健康检查费用由用人单位承担。

（五）用人单位不得安排怀孕女职工和未成年工从事《工作场所职业病危害作业分级第 3 部分：高温》（GBZ/T229. 3）中第三级以上的高温工作场所作业。

第八条 在高温天气期间，用人单位应当按照下列规定，根据生产特点和具体条件，采取合理安排工作时间、轮换作业、适当增加高温工作环境下劳动者的休息时间和减轻劳动强度、减少高温时段室外作业等措施：

（一）用人单位应当根据地市级以上气象主管部门所属气象台当日发布的预报气温，调整作业时间，但因人身财产安全和公众利益需要紧急处理的除外：

1. 日最高气温达到 40℃以上，应当停止当日室外露天作业；

2. 日最高气温达到 37℃以上、40℃以下时，用人单位全天安排劳动者室外露天作业时间累计不得超过 6 小时，连续作业时间不得超过国家规定，且在气温最高时段 3 小时内不得安排室外露天作业；

3. 日最高气温达到 35℃以上、37℃以下时，用人单位应当采取换班轮休等方式，缩短劳动者连续作业时间，并且不得安排室外露天作业劳动者加班。

（二）在高温天气来临之前，用人单位应当对高温天气作业的劳动者进行健康检查，对患有心、肺、脑血管性疾病、肺结核、中枢神经系统疾病及其他身体状况不适合高温作业环境的劳动者，应当调整作业岗位。职业健康检查费用由用人单位承担。

（三）用人单位不得安排怀孕女职工和未成年工在 35℃以上的高温天气期间从事室外露天作业及温度在 33℃以上的工作场所作业。

（四）因高温天气停止工作、缩短工作时间的，用人单位不得扣除或降低劳动者工资。

第九条 用人单位应当向劳动者提供符合要求的个人防护用品，并督促和指导劳动者正确使用。

第十条 用人单位应当对劳动者进行上岗前职业卫生培训和在岗期间的定期职业卫生培训，普及高温防护、中暑急救等职业卫生知识。

第十一条 用人单位应当为高温作业、高温天气作业的劳动者供给足够的、符合卫生标准的防暑降温饮料及必需的药品。

不得以发放钱物替代提供防暑降温饮料。防暑降温饮料不得充抵高温津贴。

第十二条 用人单位应当在高温工作环境设立休息场所。休息场所应当设有座椅，保持通风良好或者配有空调等防暑降温设施。

第十三条 用人单位应当制定高温中暑应急预案，定期进行应急救援的演习，并根据从事高温作业和高温天气作业的劳动者数量及作业条件等情况，配备应急救援人员和足量的急救药品。

第十四条 劳动者出现中暑症状时，用人单位应当立即采取救助措施，使其迅速脱离高温环境，到通风阴凉处休息，供给防暑降温饮料，并采取必要的对症处理措施；病情严重者，用人单位应当及时送医疗卫生机构治疗。

第十五条 劳动者应当服从用人单位合理调整高温天气作息时间或者对有关工作地点、工作岗位的调整安排。

第十六条 工会组织代表劳动者就高温作业和高温天气劳动保护事项与用人单位进行平等协商，签订集体合同或者高温作业和高温天气劳动保护专项集体合同。

第十七条 劳动者从事高温作业的，依法享受岗位津贴。

用人单位安排劳动者在35℃以上高温天气从事室外露天作业以及不能采取有效措施将工作场所温度降低到33℃以下的，应当向劳动者发放高温津贴，并纳入工资总额。高温津贴标准由省级人力资源社会保障行政部门会同有关部门制定，并根据社会经济发展状况适时调整。

第十八条 承担职业性中暑诊断的医疗卫生机构，应当经省级人民政府卫生行政部门批准。

第十九条 劳动者因高温作业或者高温天气作业引起中暑，经诊断为职业病的，享受工伤保险待遇。

第二十条 工会组织依法对用人单位的高温作业、高温天气劳动保护措施实行监督。发现违法行为，工会组织有权向用人单位提出，用人单位应当及时改正。用人单位拒不改正的，工会组织应当提请有关部门依法处理，并对处理结果进行监督。

第二十一条 用人单位违反职业病防治与安全生产法律、行政法规，危害劳动者身体健康的，由县级以上人民政府相关部门依据各自职责责令用人单位整改或者停止作业；情节严重的，按照国家有关法律法规追究用人单位及其负责人的相应责任；构成犯罪的，依法追究刑事责任。

用人单位违反国家劳动保障法律、行政法规有关工作时间、工资津贴规定，侵害劳动者劳动保障权益的，由县级以上人力资源社会保障行政部门依法责令改正。

第二十二条 各省级人民政府安全生产监督管理部门、卫生行政部门、人力资源社会保障行政部门和工会组织可以根据本办法，制定实施细则。

第二十三条 本办法由国家安全生产监督管理总局会同卫生部、人力资源和社会保障部、全国总工会负责解释。

第二十四条 本办法所称“以上”摄氏度（℃）含本数，“以下”摄氏度（℃）不含本数。

第二十五条 本办法自发布之日起施行。1960 年 7 月 1 日卫生部、劳动部、全国总工会联合公布的《防暑降温措施暂行办法》同时废止。

国家安全监管总局办公厅
关于印发职业卫生档案管理规范的通知

（安监总厅安健〔2013〕171号）

各省、自治区、直辖市及新疆生产建设兵团安全生产监督管理局：

根据《中华人民共和国职业病防治法》《工作场所职业卫生监督管理规定》（国家安全监管总局令第47号）、《用人单位职业健康监护监督管理办法》（国家安全监管总局令第49号）的要求，为加强用人单位职业卫生管理，保证职业卫生档案完整、准确和有效利用，推进用人单位职业病防治主体责任的落实，我局研究制定了《职业卫生档案管理规范》，现印发给你们，请认真抓好贯彻落实。

国家安全监管总局办公厅
2013年12月31日

职业卫生档案管理规范

为提高用人单位（煤矿除外）的职业卫生管理水平，规范职业卫生档案管理，根据《中华人民共和国职业病防治法》《工作场所职业卫生监督管理规定》（国家安全监管总局令第47号）、《用人单位职业健康监护监督管理办法》（国家安全监管总局令第49号）的要求，制定本规范。

一、用人单位职业卫生档案，是指用人单位在职业病危害防治和职业卫生管理活动中形成的，能够准确、完整反映本单位职业卫生工作全过程的文字、图纸、照片、报表、音像资料、电子文档等文件材料。

二、用人单位应建立健全职业卫生档案，包括以下主要内容：

（一）建设项目职业卫生“三同时”档案（见附件1）；

（二）职业卫生管理档案（见附件2）；

（三）职业卫生宣传培训档案（见附件3）；

（四）职业病危害因素监测与检测评价档案（见附件4）；

（五）用人单位职业健康监护管理档案（见附件5）；

（六）劳动者个人职业健康监护档案（见附件6）；

（七）法律、行政法规、规章要求的其他资料文件。

三、用人单位可根据工作实际对职业卫生档案的样表作适当调整，但主要内容不能删减。涉及项目及人员较多的，可参照样表予以补充。

四、职业卫生档案中某项档案材料较多或者与其他档案交叉的，可在档案中注明其保存地点。

五、用人单位应设立档案室或指定专门的区域存放职业卫生档案，并指定专门机构和专（兼）职人员负责管理。

六、用人单位应做好职业卫生档案的归档工作，按年度或建设项目进行案卷归档，及时编号登记，入库保管。

七、用人单位要严格职业卫生档案的日常管理，防止出现遗失。

八、职业卫生监管部门查阅或者复制职业卫生档案材料时，用人单位必须如实提供。

九、劳动者离开用人单位时，有权索取本人职业健康监护档案复印件，用人单位应如实、无偿提供，并在所提供的复印件上签章。

十、劳动者在申请职业病诊断、鉴定时，用人单位应如实提供职业病诊断、鉴定所需的劳动者职业病危害接触史、工作场所职业病危害因素检测结果等资料。

十一、本规范印发前用人单位已建立职业卫生档案的，应当按本规范要求进行完善，分类归档。

十二、用人单位发生分立、合并、解散、破产等情形的，职业卫生档案应按照国家档案管理的有关规定移交保管。

十三、各地区可以根据工作实际，对本规范的要求进行适当调整。

十四、职业卫生档案管理的其他规定，按照国家现行的法律、行政法规、规章的要求执行。

附件：

1. 建设项目职业卫生“三同时”档案（略）
2. 职业卫生管理档案（略）
3. 职业卫生宣传培训档案（略）
4. 职业病危害因素监测与检测评价档案（略）
5. 用人单位职业健康监护管理档案（略）
6. 劳动者个人职业健康监护档案（略）

国家安全监管总局办公厅关于印发用人单位职业病危害告知与警示标识管理规范的通知

（安监总厅安健〔2014〕111号）

各省、自治区、直辖市及新疆生产建设兵团安全生产监督管理局：

为指导和规范用人单位做好职业病危害告知与警示标识管理工作，依照《中华人民共和国职业病防治法》《工作场所职业卫生监督管理规定》（国家安全监管总局令第47号）等法律规章，国家安全监管总局制定了《用人单位职业病危害告知与警示标识管理规范》（以下简称《规范》），现印发给你们，请认真贯彻落实。

职业病危害告知与警示标识管理工作是职业卫生管理的一项基础性工作，对于提高劳动者的自我防护意识、提升用人单位职业病防治水平具有重要作用。各地区要高度重视，认真安排部署，做好《规范》的宣传和落实工作。

各单位要通过多种方式组织用人单位学习《规范》，指导用人单位对职业病危害告知与警示标识管理工作进行一次全面自查，并按照《规范》要求完善职业病危害告知内容及档案材料，设置和维护好警示标识，保障劳动者的职业健康。

要把贯彻落实《规范》要求作为职业卫生监督执法的重要内容，指导用人单位落实职业病危害告知与警示标识管理各项要求，对拒不整改或整改不到位的用人单位，依法予以惩处，确保按期完成《国家职业病防治规划（2009—2015年）》确定的2015年职业病危害告知率和警示标识设置率达到90%以上的目标。

国家安全监管总局办公厅

2014年11月13日

用人单位职业病危害告知与警示标识管理规范

第一章　总　则

第一条　为规范用人单位职业病危害告知与警示标识管理工作，预防和控制职业病危害，保障劳动者职业健康，根据《中华人民共和国职业病防治法》《工作场所职业卫生监督管理规定》（国家安全监管总局令第47号）以及《工作场所职业病危害警示标识》（GBZ 158）、《高毒物品作业岗位职业病危害告知规范》（GBZ/T203）等法律、规章和标准，制定本规范。

第二条　职业病危害告知是指用人单位通过与劳动者签订劳动合同、公告、培训等方式，使劳动者知晓工作场所产生或存在的职业病危害因素、防护措施、对健康的影响以及健康检查结果等的行为。职业病危害警示标识是指在工作场所中设置的可以提醒劳动者对职业病危害产生警觉并采取相应防护措施的图形标识、警示线、警示语句和文字说明以及组合使用的标识等。

本规范所指的劳动者包括用人单位的合同制、聘用制、劳务派遣等性质的劳动者。

第三条　用人单位应当依法开展工作场所职业病危害因素检测评价，识别分析工作过程中可能产生或存在的职业病危害因素。

第四条　用人单位应将工作场所可能产生的职业病危害如实告知劳动者，在醒目位置设置职业病防治公告栏，并在可能产生严重职业病危害的作业岗位以及产生职业病危害的设备、材料、贮存场所等设置警示标识。

第五条　用人单位应当依法开展职业卫生培训，使劳动者了解警示标识的含义，并针对警示的职业病危害因素采取有效的防护措施。

第二章　职业病危害告知

第六条　产生职业病危害的用人单位应将工作过程中可能接触的职业病危害因素的种类、危害程度、危害后果、提供的职业病防护设施、个人使用的职业病防护用品、职业健康检查和相关待遇等如实告知劳动者，不得隐瞒或者欺骗。

第七条 用人单位与劳动者订立劳动合同（含聘用合同，下同）时，应当在劳动合同中写明工作过程可能产生的职业病危害及其后果、职业病危害防护措施和待遇（岗位津贴、工伤保险等）等内容。同时，以书面形式告知劳务派遣人员。

格式合同文本内容不完善的，应以合同附件形式签署职业病危害告知书（示例见附件1）。

第八条 劳动者在履行劳动合同期间因工作岗位或者工作内容变更，从事与所订立劳动合同中未告知的存在职业病危害的作业时，用人单位应当依照本规范第七条的规定，向劳动者履行如实告知的义务，并协商变更原劳动合同相关条款。

第九条 用人单位应对劳动者进行上岗前的职业卫生培训和在岗期间的定期职业卫生培训，使劳动者知悉工作场所存在的职业病危害，掌握有关职业病防治的规章制度、操作规程、应急救援措施、职业病防护设施和个人防护用品的正确使用维护方法及相关警示标识的含义，并经书面和实际操作考试合格后方可上岗作业。

第十条 产生职业病危害的用人单位应当设置公告栏，公布本单位职业病防治的规章制度等内容。

设置在办公区域的公告栏，主要公布本单位的职业卫生管理制度和操作规程等；设置在工作场所的公告栏，主要公布存在的职业病危害因素及岗位、健康危害、接触限值、应急救援措施，以及工作场所职业病危害因素检测结果、检测日期、检测机构名称等。

第十一条 用人单位要按照规定组织从事接触职业病危害作业的劳动者进行上岗前、在岗期间和离岗时的职业健康检查，并将检查结果书面告知劳动者本人。用人单位书面告知文件要留档备查。

第三章　职业病危害警示标识

第十二条 用人单位应在产生或存在职业病危害因素的工作场所、作业岗位、设备、材料（产品）包装、贮存场所设置相应的警示标识。

第十三条 产生职业病危害的工作场所，应当在工作场所入口处及产生职业病危害的作业岗位或设备附近的醒目位置设置警示标识：

（一）产生粉尘的工作场所设置“注意防尘”“戴防尘口罩”“注意通风”等警示标识，对皮肤有刺激性或经皮肤吸收的粉尘工作场所还应设置“穿防护服”“戴防护手套”“戴防护眼镜”，产生含有有毒物质的混合性粉（烟）尘的工作场所应设置“戴防尘毒口罩”；

（二）放射工作场所设置“当心电离辐射”等警示标识，在开放性同位素工作场所设置“当心裂变物质”；

（三）有毒物品工作场所设置“禁止入内”“当心中毒”“当心有毒气体”“必须洗手”“穿防护服”“戴防毒面具”“戴防护手套”“戴防护眼镜”“注意通风”等警示标识，并标明“紧急出口”“救援电话”等警示标识；

（四）能引起职业性灼伤或腐蚀的化学品工作场所，设置“当心腐蚀”“腐蚀性”“遇湿具有腐蚀性”“当心灼伤”“穿防护服”“戴防护手套”“穿防护鞋”“戴防护眼镜”“戴防毒口罩”等警示标识；

（五）产生噪声的工作场所设置“噪声有害”“戴护耳器”等警示标识；

（六）高温工作场所设置“当心中暑”“注意高温”“注意通风”等警示标识；

（七）能引起电光性眼炎的工作场所设置“当心弧光”“戴防护镜”等警示标识；

（八）生物因素所致职业病的工作场所设置“当心感染”等警示标识；

（九）存在低温作业的工作场所设置“注意低温”“当心冻伤”等警示标识；

（十）密闭空间作业场所出入口设置“密闭空间作业危险”“进入需许可”等警示标识；

（十一）产生手传振动的工作场所设置“振动有害”“使用设备时必须戴防振手套”等警示标识；

（十二）能引起其他职业病危害的工作场所设置“注意××危害”等警示标识。

第十四条 生产、使用有毒物品工作场所应当设置黄色区域警示线。生产、使用高毒、剧毒物品工作场所应当设置红色区域警示线。警示线设在生产、使用有毒物品的车间周围外缘不少于30cm处，警示线宽度不少于10cm。

第十五条 开放性放射工作场所监督区设置黄色区域警示线，控制区设置红色区域警示线；室外、野外放射工作场所及室外、野外放射性同位素及其贮存场所应设置相应警示线。

第十六条 对产生严重职业病危害的作业岗位，除按本规范第十三条的要求设置警示标识外，还应当在其醒目位置设置职业病危害告知卡（以下简称告知卡，示例见附件 2）。

告知卡应当标明职业病危害因素名称、理化特性、健康危害、接触限值、防护措施、应急处理及急救电话、职业病危害因素检测结果及检测时间等。

符合以下条件之一，即为产生严重职业病危害的作业岗位：

1. 存在矽尘或石棉粉尘的作业岗位；

2. 存在“致癌”“致畸”等有害物质或者可能导致急性职业性中毒的作业岗位；

3. 放射性危害作业岗位。

第十七条 使用可能产生职业病危害的化学品、放射性同位素和含有放射性物质的材料的，必须在使用岗位设置醒目的警示标识和中文警示说明（示例见附件 3），警示说明应当载明产品特性、主要成份、存在的有害因素、可能产生的危害后果、安全使用注意事项、职业病防护以及应急救治措施等内容。

第十八条 贮存可能产生职业病危害的化学品、放射性同位素和含有放射性物质材料的场所，应当在入口处和存放处设置“当心中毒”“当心电离辐射”“非工作人员禁止入内”等警示标识。

第十九条 使用可能产生职业病危害的设备的，除按本规范第十三条的要求设置警示标识外，还应当在设备醒目位置设置中文警示说明。警示说明应当载明设备性能、可能产生的职业病危害、安全操作和维护注意事项、职业病防护以及应急救治措施等内容。

第二十条 为用人单位提供可能产生职业病危害的设备或可能产生职业病危害的化学品、放射性同位素和含有放射性物质的材料的，应当依法在设备或者材料的包装上设置警示标识和中文警示说明。

第二十一条 高毒、剧毒物品工作场所应急撤离通道设置“紧急出口”，泄险区启用时应设置“禁止入内”“禁止停留”等警示标识。

第二十二条 维护和检修装置时产生或可能产生职业病危害的，应在工作区域设置相应的职业病危害警示标识。

第四章 公告栏与警示标识的设置

第二十三条 公告栏应设置在用人单位办公区域、工作场所入口处等方便劳动者观看的醒目位置。告知卡应设置在产生或存在严重职业病危害的作业岗位附近的醒目位置。

第二十四条 公告栏和告知卡应使用坚固材料制成，尺寸大小应满足内容需要，高度应适合劳动者阅读，内容应字迹清楚、颜色醒目。

第二十五条 用人单位多处场所都涉及同一职业病危害因素的，应在各工作场所入口处均设置相应的警示标识。

第二十六条 工作场所内存在多个产生相同职业病危害因素的作业岗位的，临近的作业岗位可以共用警示标识、中文警示说明和告知卡。

第二十七条 警示标识（不包括警示线）采用坚固耐用、不易变形变质、阻燃的材料制作。有触电危险的工作场所使用绝缘材料。可能产生职业病危害的设备及化学品、放射性同位素和含放射性物质的材料（产品）包装上，可直接粘贴、印刷或者喷涂警示标识。

第二十八条 警示标识设置的位置应具有良好的照明条件。井下警示标识应用反光材料制作。

第二十九条 公告栏、告知卡和警示标识不应设在门窗或可移动的物体上，其前面不得放置妨碍认读的障碍物。

第三十条 多个警示标识在一起设置时，应按禁止、警告、指令、提示类型的顺序，先左后右、先上后下排列。

第三十一条 警示标识的规格要求等按照《工作场所职业病危害警示标识》（GBZ 158）执行。

第五章 公告栏与警示标识的维护更换

第三十二条 公告栏中公告内容发生变动后应及时更新，职业病危害因素检测结果应在收到检测报告之日起 7 日内更新。

生产工艺发生变更时，应在工艺变更完成后 7 日内补充完善相应的公告内容与警示标识。

第三十三条 告知卡和警示标识应至少每半年检查一次，发现有破损、变形、变色、图形符号脱落、亮度老化等影响使用的问题时应及时修整或更换。

第三十四条 用人单位应按照《国家安全监管总局办公厅关于印发职业卫生档案管理规范的通知》（安监总厅安健〔2013〕171 号）的要求，完善职业病危害告知与警示标识档案材料，并将其存放于本单位的职业卫生档案。

第六章　附　则

第三十五条　用人单位违反本规范的行为，应当依据《中华人民共和国职业病防治法》《工作场所职业卫生监督管理规定》等法律法规及规章的规定予以处罚。

第三十六条　本规范未规定的其他有关事项，依照《中华人民共和国职业病防治法》和其他有关法律法规规章及职业卫生标准的规定执行。

附件：

1. 职业病危害告知书示例（略）
2. 职业病危害告知卡示例（略）
3. 中文警示说明示例（略）

国家安全监管总局办公厅关于印发用人单位职业病危害因素定期检测管理规范的通知

（安监总厅安健〔2015〕16号）

各省、自治区、直辖市及新疆生产建设兵团安全生产监督管理局，有关中央企业：

为进一步加强和规范用人单位职业病危害因素定期检测工作，依据《中华人民共和国职业病防治法》和《工作场所职业卫生监督管理规定》（国家安全监管总局令第47号），国家安全监管总局研究制定了《用人单位职业病危害因素定期检测管理规范》（以下简称《规范》），现印发给你们，请认真贯彻执行。

一、充分认识做好职业病危害因素定期检测工作的重要意义。职业病危害因素定期检测是用人单位必须履行的法定义务。开展职业病危害因素定期检测，有利于用人单位及时掌握其工作场所职业病危害因素的种类及危害程度，采取有针对性的防控措施保护劳动者职业健康。各级安全监管部门和相关用人单位要高度重视职业病危害因素定期检测工作，采取行之有效的举措，切实抓好《规范》的贯彻落实。

二、认真组织用人单位学习和落实《规范》。各级安全监管部门要把宣传好《规范》作为当前一项重点工作，有计划、有步骤地组织辖区所有存在职业病危害的用人单位认真学习《规范》内容，把握其核心要求。同时要组织辖区内职业病危害严重行业领域的用人单位对照《规范》要求，全面自查职业病危害因素定期检测工作，查找出的问题要认真整改。

三、加强对《规范》落实情况的监督检查。各级安全监管部门要在用人单位自查基础上，结合目前正在开展的用人单位职业卫生基础建设活动组织一次专项检查，督促用人单位落实《规范》各项要求，确保实现《国家职业病防治规划（2009—2015年）》提出的工作场所职业病危害因素监测率达到70%以上的规划目标。国家安全监管总局将适时组织对《规范》落实情况进行检查。

四、严厉查处职业卫生技术服务机构违法违规行为。各地区在对用人单位监督检查过程中，发现职业卫生技术服务机构未按照本《规范》和有关采样检测要求进行采样检测，或出具虚假检测报告的，要依法予以查处；情节严重的，由资质认可机关依法取消其资质。

安全监管总局办公厅
2015 年 2 月 28 日

用人单位职业病危害因素定期检测管理规范

第一条 为了加强和规范用人单位职业病危害因素定期检测工作，及时有效地预防、控制和消除职业病危害，保护劳动者职业健康权益，依据《中华人民共和国职业病防治法》（以下简称《职业病防治法》）和《工作场所职业卫生监督管理规定》（国家安全监管总局令第 47 号），制定本规范。

第二条 产生职业病危害的用人单位对其工作场所进行职业病危害因素定期检测及其管理，适用本规范。

第三条 职业病危害因素定期检测是指用人单位定期委托具备资质的职业卫生技术服务机构对其产生职业病危害的工作场所进行的检测。

本规范所指职业病危害因素是指《职业病危害因素分类目录》中所列危害因素以及国家职业卫生标准中有职业接触限值及检测方法的危害因素。

第四条 用人单位应当建立职业病危害因素定期检测制度，每年至少委托具备资质的职业卫生技术服务机构对其存在职业病危害因素的工作场所进行一次全面检测。法律法规另有规定的，按其规定执行。

第五条 用人单位应当将职业病危害因素定期检测工作纳入年度职业病防治计划和实施方案，明确责任部门或责任人，所需检测费用纳入年度经费预算予以保障。

第六条 用人单位应当建立职业病危害因素定期检测档案，并纳入其职业卫生档案体系。

第七条 用人单位在与职业卫生技术服务机构签订定期检测合同前，应当对职业卫生技术服务机构的资质、计量认证范围等事项进行核对，并将相关资质证书复印存档。

定期检测范围应当包含用人单位产生职业病危害的全部工作场所，用人单位不得要求职业卫生技术服务机构仅对部分职业病危害因素或部分工作场所进行指定检测。

第八条 用人单位与职业卫生技术服务机构签订委托协议后，应将其生产工艺流程、产生职业病危害的原辅材料和设备、职业病防护设施、劳动工作制度等与检测有关的情况告知职业卫生技术服务机构。

用人单位应当在确保正常生产的状况下，配合职业卫生技术服务机构做好采样前的现场调查和工作日写实工作，并由陪同人员在技术服务机构现场记录表上签字确认。

第九条 职业卫生技术服务机构对用人单位工作场所进行现场调查后，结合用人单位提供的相关材料，制定现场采样和检测计划，用人单位主要负责人按照国家有关采样规范确认无误后，应当在现场采样和检测计划上签字。

第十条 职业卫生技术服务机构在进行现场采样检测时，用人单位应当保证生产过程处于正常状态，不得故意减少生产负荷或停产、停机。用人单位因故需要停产、停机或减负运行的，应当及时通知技术服务机构变更现场采样和检测计划。

用人单位应当对技术服务机构现场采样检测过程进行拍照或摄像留证。

第十一条 采样检测结束时，用人单位陪同人员应当对现场采样检测记录进行确认并签字。

第十二条 用人单位与职业卫生技术服务机构应当互相监督，保证采样检测符合以下要求：

（一）采用定点采样时，选择空气中有害物质浓度最高、劳动者接触时间最长的工作地点采样；采用个体采样时，选择接触有害物质浓度最高和接触时间最长的劳动者采样；

（二）空气中有害物质浓度随季节发生变化的工作场所，选择空气中有害物质浓度最高的时节为重点采样时段；同时风速、风向、温度、湿度等气象条件应满足采样要求；

（三）在工作周内，应当将有害物质浓度最高的工作日选择为重点采样日；在工作日内，应当将有害物质浓度最高的时段选择为重点采样时段；

（四）高温测量时，对于常年从事接触高温作业的，测量夏季最热月份湿球黑球温度；不定期接触高温作业的，测量工期内最热月份湿球黑球温度；从事室外作业的，测量夏季最热月份晴天有太阳辐射时湿球黑球温度。

第十三条 用人单位在委托职业卫生技术服务机构进行定期检测过程中不得有下列行为：

（一）委托不具备相应资质的职业卫生技术服务机构检测；

（二）隐瞒生产所使用的原辅材料成分及用量、生产工艺与布局等有关情况；

（三）要求职业卫生技术服务机构在异常气象条件、减少生产负荷、开工时间不足等不能反映真实结果的状态下进行采样检测；

（四）要求职业卫生技术服务机构更改采样检测数据；

（五）要求职业卫生技术服务机构对指定地点或指定职业病危害因素进行采样检测；

（六）以拒付少付检测费用等不正当手段干扰职业卫生技术服务机构正常采样检测工作；

（七）妨碍正常采样检测工作，影响检测结果真实性的其他行为。

第十四条 用人单位应当要求职业卫生技术服务机构及时提供定期检测报告，定期检测报告经用人单位主要负责人审阅签字后归档。

在收到定期检测报告后一个月之内，用人单位应当将定期检测结果向所在地安全生产监督管理部门报告。

第十五条 定期检测结果中职业病危害因素浓度或强度超过职业接触限值的，职业卫生技术服务机构应提出相应整改建议。用人单位应结合本单位的实际情况，制定切实有效的整改方案，立即进行整改。整改落实情况应有明确的记录并存入职业卫生档案备查。

第十六条 用人单位应当及时在工作场所公告栏向劳动者公布定期检测结果和相应的防护措施。

第十七条 安全生产监管部门应当加强对用人单位职业病危害因素定期检测工作的监督检查。发现用人单位违反本规范的，依据《职业病防治法》《工作场所职业卫生监督管理规定》等法律法规及规章的规定予以处罚。

第十八条 本规范未规定的其他有关事项，依照《职业病防治法》和其他有关法律法规规章及职业卫生标准的规定执行。

国家安全监管总局关于印发《职业病危害治理“十三五”规划》的通知

（安监总安健〔2017〕82号）

各省、自治区、直辖市及新疆生产建设兵团安全生产监督管理局，各省级煤矿安全监察局：

《职业病危害治理“十三五”规划》已经国家安全监管总局2017年第8次局长办公会议审议通过，现印发给你们，请认真贯彻执行。

国家安全监管总局
2017年7月11日

职业病危害治理“十三五”规划

为切实做好“十三五”期间的职业病危害治理工作，保护劳动者的健康，根据《中华人民共和国安全生产法》《中华人民共和国职业病防治法》《国家职业病防治规划（2016—2020年）》《安全生产“十三五”规划》，制定本规划。

一、职业病危害治理工作现状

党中央、国务院高度重视职业病防治工作。“十二五”期间，我国职业病防治法制、体制和机制不断完善，职业病危害防治工作取得积极进展。各级安全监管监察机构依法履行职责，加强职业健康监管监察法规标准体系和技术支撑体系建设，组织开展企业职业健康基础建设和职业病危害专项治理，强化监督执法，严肃查处危害劳动者健康的违法行为，企业的职业健康条件进一步改善，全社会关注职业病危害防治工作的氛围初步形成。

但是，我国职业病危害防治形势依然严峻，职业病危害广泛分布于煤矿、非煤矿山、金属冶炼、建材、化工等30余个行业领域，“十二五”期间新发职业病特别是新发尘肺病报告数仍呈上升趋势，职业病危害治理工作面临一系列挑战。一是职业病危害治理工作基础薄弱。职业病危害底数不清，法规标准、信息监测、科学研究和技术支撑体系尚不完善，职业健康专业技术人才匮乏，监管监察力量严重不足与职业病危害量大面广的矛盾依然突出。二是全社会职业病防治意识不强。一些地方政府和企业对做好职业病防治工作的重要性和紧迫性认识不到位，职业病防治工作的投入不足。一些劳动者尤其是农民工的职业病防治知识匮乏，自我防护能力和依法维权意识差。三是企业职业病危害防治主体责任落实不到位。一些企业未依法开展建设项目职业病防护设施“三同时”工作，职业病危害项目申报、工作场所职业病危害因素定期检测、职业健康监护和职业健康培训等措施落实不力。四是随着生物、高端装备制造、新能源、新材料等新兴产业的快速发展，新的职业病危害不断涌现，职业病危害辨识和治理工作难度进一步加大。五是职业健康监管体制不顺。行业管理部门的职业健康监管责任未落实，安全生产监管部门内部也存在“两张皮”现象，监管执法“宽松软”问题突出。六是职业健康科研创新能力和技术支撑力量不足。职业健康技术服务机构发展布局不平衡，亟需提高服务能力和服务质量。

加强职业病危害治理工作是全面建成小康社会的重要任务和必然要求。各级安全监管监察机构要进一步增强大局意识和责任意识，充分认识职业病危害治理工作面临的新问题和新要求，加强源头控制，建立职业病危害分级分类管控和定期检测等预防机制，大力推进依法治理，着力构建职业病危害治理体系。

二、指导思想、基本原则和规划目标

（一）指导思想。

认真贯彻落实《中共中央 国务院关于推进安全生产领域改革发展的意见》精神，牢固树立红线意识和安全发展理念，强化职业病危害源头治理，进一步完善职业病危害防治法规和标准体系，强化监管监察执法，推动企业落实主体责任，提升职业病危害治理能力，有效遏制尘肺和化学中毒等职业病高发势头，切实保护广大劳动者的职业健康。

（二）基本原则。

1. 明确职责，齐抓共管。坚持党政同责、社会共治，建立完善齐抓共管的工作机制，按照管行业、管业务、管生产经营必须管职业健康的原则，将职业病危害治理纳入地方各级政府民生工程和安全生产工作考核体系。

2. 突出重点，源头控制。坚持预防为主、防治结合，针对重点行业、重点职业病危害因素和重点人群，引导企业开展技术改造和转型升级，淘汰职业病危害严重的落后工艺、技术，改善工作场所条件，从源头预防控制职业病危害。

3. 严格执法，落实责任。规范执法程序，建立安全生产和职业健康一体化监管监察执法体制，提高执法实效。严格落实企业主体责任，完善企业职业健康管理责任制度，强化企业法定代表人、实际控制人第一责任人的责任，做到责任、管理、投入、培训和专项治理“五到位”。

4. 夯实基础，提升能力。加强职业健康法规标准、技术支撑、信息监测体系建设，实施职业健康科技创新和人才培养战略，全面提升政府职业健康监管和企业职业病危害治理能力。

（三）规划目标。

到2020年，企业职业病危害治理水平和政府职业健康监管能力明显提升。县级以上安全监管部门建立专业化和一体化的监管执法队伍，健全完善职业病防治目标和责任考核体系。煤矿、非煤矿山、化工、金属冶炼、陶瓷、耐火材料、水泥等重点行业企业职业病危害防治主体责任得到全面落实，基本实现粉尘和化学毒物等重点职业病危害因素的有效遏制。具体工作目标：

——重点行业企业职业健康监督检查覆盖率达到80%以上。

——重点行业企业职业病危害项目申报率达到95%以上。

——重点行业企业工作场所职业病危害因素定期检测率达到80%以上。

——重点行业企业接触职业病危害的劳动者在岗期间职业健康检查率达到90%以上。

——重点行业企业主要负责人和职业健康管理人员职业健康培训率均达到95%以上。

三、主要任务

（一）完善职业健康法规标准体系。积极推动安全生产与职业健康法律法规衔接融合，建立生产经营单位职业病危害预防治理国家标准制定发布工作机制。积极推动公布实施《高危粉尘作业与高毒作业职业病危害防治条例》，落实《中华人民共和国职业病防治法》中高危粉尘、高毒作业特殊管理的要求。修订《职业卫生技术服务机构监督管理暂行办法》《职业病危害项目申报管理办法》《煤矿作业场所职业病危害防治规定》等部门规章，研究起草《放射性作业管理规定》等部门规章，进一步加强对重点行业、重点职业病危害因素和重点人群的管理。进一步完善职业健康强制性标准体系，对现有职业健康技术标准进行逐项评估和精简整合，提高标准的针对性和适用性。发挥地方立法优势，鼓励有条件的地区先行先试，推进地方性法规标准制修订工作。

（二）健全职业健康监管监察机制。坚持管安全生产必须管职业健康，明确并推动各有关部门落实职业健康监管监察职责。推动职业健康监管队伍尤其是基层监管队伍建设，进一步充实市、县等基层职业健康监管力量。积极稳妥、有序推进职业健康与安全生产一体化监管监察执法，在执法检查、风险管控、标准化建设、宣传教育培训、技术服务、巡查考核等方面实现同类事项综合执法，提高监管监察实效。探索建立基于职业病危害风险管理的分级分类监管模式，建立企业职业病危害风险类别和等级数据库，对企业实施差异化、动态化监管。进一步完善职业病防治协调工作机制，加强与卫生计生、人力资源社会保障等部门的协调配合，形成工作合力。

（三）加强职业健康监管执法能力建设。制定职业健康监管监察执法基本装备指导意见，指导各地为职业健康监管监察执法人员配备必需的执法装备、快速检测仪器设备和个人防护用品，提升职业健康监管监察执法的科学性。规范职业健康监管监察执法，强化公开、公正和公平执法，全面推行“双随机、一公开”监管监察。建立职业健康监管监察人员上岗培训与考核管理制度，“十三五”期间对职业健康监管人员进行一次系统的“轮训”，提高职业健康监管监察执法队伍的专业能力和执法水平。建立日常信息统计与定期调查相结合的职业健康信息管理机制，完善职业健康监管的信息报告与统计分析制度。依托安全生产综合信息平台，统筹推进职业健康监管信息化工作，构建职业健康信息化全国“一张网”，实现职业病危害项目申报、职业病危害因素检测与评价、职业健康检查、职业病报告、监督执法、职业病危害事件查处以及大数据分析预警等信息共建共享。

（四）推进科技创新和技术服务支撑体系建设。建设国家级职业病危害综合防治平台，开展粉尘和毒物等重点职业病危害因素防治关键技术攻关。加强职业病防治技术成果推广应用，建设一批职业病危害治理示范企业。完善国家、省、市、县四级社会化专业技术服务网络体系，每个设区的市（地、州、盟）至少设立1家职业健康技术服务机构，积极支持各类技术服务机构开展安全生产和职业健康一体化检测、评价等技术服务。改革职业健康技术服务机构资质管理和审批制度，建立职业健康技术服务机构公示制度和由第三方实施的信用评定制度，推动职业健康技术服务行业规模化、产业化发展，健全服务公开、质量和信誉评估、奖惩机制，推动职业健康技术服务诚信体系建设。

（五）强化重点行业专项治理。开展职业病危害基本情况调查，掌握企业职业病危害基本情况以及地区、行业、岗位、接触人群分布等基础信息。深入开展煤矿、非煤矿山、化工、金属冶炼、陶瓷、耐火材料、水泥等重点行业专项治理。以采掘、粉碎、打磨、焊接、喷涂、刷胶、电镀等作业环节和煤（岩）尘、石棉尘、矽尘、苯、正已烷、二氯乙烷等职业病危害因素为重点，通过示范创建、经验推广等方式，引导推动企业改进生产工艺、完善防护设施，有效遏制尘肺和化学中毒等职业病的发生。探索建立中小微企业帮扶机制，采取政府购买服务等方式，推动帮助中小微企业改善作业环境，提高职业病危害防治水平。

（六）推动企业落实主体责任。督促企业建立职业病危害防治责任制，健全岗位责任体系，层层落实职业病危害防治责任。推动企业依法设立职业健康管理机构，配备专兼职职业健康管理人员和技术人员。通过经验推广、示范创建等方式，引导企业把职业健康基础建设纳入安全生产标准化建设范畴，提高职业健康管理水平。督促企业落实职业病防护设施“三同时”制度，做好工作场所职业病危害项目申报，建立并完善职业病危害因素日常监测和定期检测制度，加强个体防护用品管理，严格执行工作场所职业病危害因素检测结果和防护措施公告制度，在产生严重危害的作业岗位设置警示标识和说明。指导企业建立健全职业健康监护及档案管理工作制度，进一步规范职业健康监护工作，积极主动配合职业病诊断与鉴定等工作的开展。

（七）加强职业健康宣传、教育和培训。通过《中华人民共和国职业病防治法》宣传周以及影视、报刊、网络、微信等方式，大力开展职业健康宣传，在全社会营造关心、关注职业健康的文化氛围，提高全社会的职业病防治意识。突出需求导向，推动高等院校加强职业卫生工程学科建设和人才培养。按照政府指导、分级管理、资源共享、社会参与的思路，加快互联网+职业健康培训信息化建设，形成兼容、开放、共享、规范的职业健康网络培训体系。推动社会培训机构与中小微企业签订培训合作协议，开展帮扶式培训，扩大教育培训覆盖面。建立企业职业健康专业人才队伍，推动重点行业企业建立职业健康监督员制度。加强国际交流合作，学习借鉴国外职业健康先进经验。

四、重大工程

（一）职业病危害基础信息摸底调查。在全国开展工业企业职业病危害调查，建立职业病危害因素基础信息数据库，摸清工业企业存在的主要尘毒危害因素及其在不同行业、不同规模企业中的分布情况。掌握工业企业接触尘毒危害因素的职业人群及其在不同行业、不同规模企业以及不同作业岗位（工种）等的分布情况，了解工业企业职业病危害因素检测与职业健康检查等职业病危害防治措施的落实情况。

（二）职业安全健康监管执法培训工程。按照推进安全生产与职业健康一体化监管监察执法要求，着力解决职业安全健康监管监察人员职业健康知识缺乏、执法能力不足、不会执法等突出问题。按照分级组织实施的原则，通过网络教育、集中研讨和现场实训等方式，对各级职业安全健康监管监察人员进行轮训，切实做好职业安全健康监管监察人员执法资格培训和职业健康专题业务培训。

（三）尘毒危害治理示范企业创建工程。以典型尘毒危害治理为主要内容开展示范企业创建工作，指导推动各省（区、市）结合自身实际，针对重点行业选择一批粉尘和化学因素危害严重的企业进行尘毒危害治理示范创建，帮助企业在源头防范、工程措施和管理方面达到相应标准。通过示范创建工作，在全国形成一批工艺先进、防护到位、管理规范的示范企业，为其他企业开展尘毒危害治理工作提供借鉴，推动尘毒危害治理水平提升。

（四）煤矿粉尘综合治理工程。组织研发典型职业病危害作业预防控制关键技术与装备，以采掘工作面为防治重点，大力推广粉尘浓度在线监测、高压喷雾、高效除尘器等先进适用技术装备，推动淘汰煤矿职业病危害防治落后工艺、材料和设备。

（五）劳动密集型工业企业职业病危害防护技术与装备研发项目。选择抛光打磨、服装鞋帽、木制家具加工车间等典型劳动密集型作业场所，开展职业病危害风险评估、监测预警及尘毒等危害防控技术与装备研发，提升我国职业病危害防治技术和装备水平。

（六）国家级职业病危害综合防治平台建设工程。努力推进国家级职业病危害综合防治平台建设，提高粉尘、化学毒物、噪声、放射性等典型职业病危害治理技术实验能力和装备研发水平。培养和引进优秀专业人才，建立专业结构合理的人才队伍，为国家职业健康监管监察、应急处置、科技研发等提供有力的技术支撑。

五、保障措施

（一）加强领导，落实责任。各级安全监管监察机构要把职业病危害治理工作摆上更加重要的位置，充分发挥安委会和职业病防治联席会议的作用，研究解决职业病危害治理工作中的重大问题，合理统筹、协调推进职业病防治工作。要推动各级政府进一步明确有关部门的责任，建立“党政同责、一岗双责、齐抓共管、失职追责”责任体系和“管安全生产必须管职业健康”工作机制。

（二）严格执法，失信惩戒。各级安全监管监察机构要勇于担当，敢于执法，树立职业健康监管监察的法治权威。要依据执法检查、群众举报等情况，建立企业职业病危害治理“黑名单”制度，将工作场所职业病危害因素严重超标、拒绝整改或整改不到位、对劳动者职业健康造成重大损害的企业纳入“黑名单”，定期向社会公布，并向发展改革、央行、工业和信息化、工商、税务等部门通报。

（三）多措并举，保障投入。各级安全监管监察机构要根据实际情况，合理安排职业病危害治理工作所需经费，鼓励和引导社会资本进入职业病危害治理领域。用人单位要加大投入，保障职业病防护设施“三同时”、职业病危害因素检测和评价、职业病危害治理、职业健康监护、职业健康培训等费用。

（四）适时督导，终期评估。各级安全监管监察机构要结合工作实际，研究确定“十三五”期间本地区职业病危害治理任务，明确阶段性目标和工作分工，加大督导检查力度，确保目标任务圆满完成。国家安全监管总局将适时组织开展规划实施的督导检查，2020 年组织规划实施的终期评估。

关于印发《职业病分类和目录》的通知

（国卫疾控发〔2013〕48号）

各省、自治区、直辖市卫生计生委（卫生厅局）、安全生产监督管理局、人力资源社会保障厅（局）、总工会，新疆生产建设兵团卫生局、安全生产监督管理局、人力资源社会保障局、工会，中国疾病预防控制中心：

根据《中华人民共和国职业病防治法》有关规定，国家卫生计生委、安全监管总局、人力资源社会保障部和全国总工会联合组织对职业病的分类和目录进行了调整。现将《职业病分类和目录》印发给你们，从即日起施行。2002年4月18日原卫生部和原劳动保障部联合印发的《职业病目录》同时废止。

国家卫生计生委
人力资源社会保障部
安全监管总局
全国总工会
2013年12月23日

职业病分类和目录

一、职业性尘肺病及其他呼吸系统疾病

（一）尘肺病

1. 矽肺
2. 煤工尘肺
3. 石墨尘肺
4. 碳黑尘肺
5. 石棉肺
6. 滑石尘肺

7. 水泥尘肺
8. 云母尘肺
9. 陶工尘肺
10. 铝尘肺
11. 电焊工尘肺
12. 铸工尘肺
13. 根据《尘肺病诊断标准》和《尘肺病理诊断标准》可以诊断的其他尘肺病

（二）其他呼吸系统疾病

1. 过敏性肺炎
2. 棉尘病
3. 哮喘
4. 金属及其化合物粉尘肺沉着病（锡、铁、锑、钡及其化合物等）
5. 刺激性化学物所致慢性阻塞性肺疾病
6. 硬金属肺病

二、职业性皮肤病

1. 接触性皮炎
2. 光接触性皮炎
3. 电光性皮炎
4. 黑变病
5. 痤疮
6. 溃疡
7. 化学性皮肤灼伤
8. 白斑
9. 根据《职业性皮肤病的诊断总则》可以诊断的其他职业性皮肤病

三、职业性眼病

1. 化学性眼部灼伤
2. 电光性眼炎
3. 白内障（含放射性白内障、三硝基甲苯白内障）

四、职业性耳鼻喉口腔疾病

1. 噪声聋

2. 铬鼻病
3. 牙酸蚀病
4. 爆震聋

五、职业性化学中毒

1. 铅及其化合物中毒（不包括四乙基铅）
2. 汞及其化合物中毒
3. 锰及其化合物中毒
4. 镉及其化合物中毒
5. 铍病
6. 铊及其化合物中毒
7. 钡及其化合物中毒
8. 钒及其化合物中毒
9. 磷及其化合物中毒
10. 砷及其化合物中毒
11. 铀及其化合物中毒
12. 砷化氢中毒
13. 氯气中毒
14. 二氧化硫中毒
15. 光气中毒
16. 氨中毒
17. 偏二甲基肼中毒
18. 氮氧化合物中毒
19. 一氧化碳中毒
20. 二硫化碳中毒
21. 硫化氢中毒
22. 磷化氢、磷化锌、磷化铝中毒
23. 氟及其无机化合物中毒
24. 氰及腈类化合物中毒
25. 四乙基铅中毒
26. 有机锡中毒
27. 羰基镍中毒
28. 苯中毒
29. 甲苯中毒

30. 二甲苯中毒
31. 正己烷中毒
32. 汽油中毒
33. 一甲胺中毒
34. 有机氟聚合物单体及其热裂解物中毒
35. 二氯乙烷中毒
36. 四氯化碳中毒
37. 氯乙烯中毒
38. 三氯乙烯中毒
39. 氯丙烯中毒
40. 氯丁二烯中毒
41. 苯的氨基及硝基化合物（不包括三硝基甲苯）中毒
42. 三硝基甲苯中毒
43. 甲醇中毒
44. 酚中毒
45. 五氯酚（钠）中毒
46. 甲醛中毒
47. 硫酸二甲酯中毒
48. 丙烯酰胺中毒
49. 二甲基甲酰胺中毒
50. 有机磷中毒
51. 氨基甲酸酯类中毒
52. 杀虫脒中毒
53. 溴甲烷中毒
54. 拟除虫菊酯类中毒
55. 铟及其化合物中毒
56. 溴丙烷中毒
57. 碘甲烷中毒
58. 氯乙酸中毒
59. 环氧乙烷中毒
60. 上述条目未提及的与职业有害因素接触之间存在直接因果联系的其他化学中毒

六、物理因素所致职业病

1. 中暑
2. 减压病
3. 高原病
4. 航空病
5. 手臂振动病
6. 激光所致眼（角膜、晶状体、视网膜）损伤
7. 冻伤

七、职业性放射性疾病

1. 外照射急性放射病
2. 外照射亚急性放射病
3. 外照射慢性放射病
4. 内照射放射病
5. 放射性皮肤疾病
6. 放射性肿瘤（含矿工高氡暴露所致肺癌）
7. 放射性骨损伤
8. 放射性甲状腺疾病
9. 放射性性腺疾病
10. 放射复合伤
11. 根据《职业性放射性疾病诊断标准（总则）》可以诊断的其他放射性损伤

八、职业性传染病

1. 炭疽
2. 森林脑炎
3. 布鲁氏菌病
4. 艾滋病（限于医疗卫生人员及人民警察）
5. 莱姆病

九、职业性肿瘤

1. 石棉所致肺癌、间皮瘤
2. 联苯胺所致膀胱癌

3. 苯所致白血病

4. 氯甲醚、双氯甲醚所致肺癌

5. 砷及其化合物所致肺癌、皮肤癌

6. 氯乙烯所致肝血管肉瘤

7. 焦炉逸散物所致肺癌

8. 六价铬化合物所致肺癌

9. 毛沸石所致肺癌、胸膜间皮瘤

10. 煤焦油、煤焦油沥青、石油沥青所致皮肤癌

11. β-萘胺所致膀胱癌

十、其他职业病

1. 金属烟热

2. 滑囊炎（限于井下工人）

3. 股静脉血栓综合征、股动脉闭塞症或淋巴管闭塞症（限于刮研作业人员）

关于印发《职业病危害因素分类目录》的通知

（国卫疾控发〔2015〕92号）

各省、自治区、直辖市卫生计生委、安全生产监督管理局、人力资源社会保障厅（局）、总工会，新疆生产建设兵团卫生局、安全生产监督管理局、人力资源社会保障局、工会，中国疾病预防控制中心：

为贯彻落实《职业病防治法》，切实保障劳动者健康权益，根据职业病防治工作需要，国家卫生计生委、安全监管总局、人力资源社会保障部和全国总工会联合组织对职业病危害因素分类目录进行了修订。现将《职业病危害因素分类目录》印发给你们（可从国家卫生计生委网站下载），从即日起施行。2002年3月11日原卫生部印发的《职业病危害因素分类目录》同时废止。

国家卫生计生委　人力资源社会保障部
安全监管总局　全国总工会
2015年11月17日

职业病危害因素分类目录（节选）

一、粉尘

序号	名称	CAS号
1	矽尘（游离SiO2含量≥10%）	14808-60-7
2	煤尘	
3	石墨粉尘	7782-42-5

续表

序号	名称	CAS 号
4	炭黑粉尘	1333-86-4
5	石棉粉尘	1332-21-4
6	滑石粉尘	14807-96-6
7	水泥粉尘	
8	云母粉尘	12001-26-2
9	陶土粉尘	
10	铝尘	7429-90-5
11	……	……

二、化学因素

序号	名称	CAS 号
1	铅及其化合物（不包括四乙基铅）	7439-92-1（铅）
2	汞及其化合物	7439-97-6（汞）
3	锰及其化合物	7439-96-5（锰）
4	镉及其化合物	7440-43-9（镉）
5	铍及其化合物	7440-41-7（铍）
6	铊及其化合物	7440-28-0（铊）
7	钡及其化合物	7440-39-3（钡）
8	钒及其化合物	7440-62-6（钒）
9	磷及其化合物（磷化氢、磷化锌、磷化铝、有机磷单列）	7723-14-0（磷）
10	砷及其化合物（砷化氢单列）	7440-38-2（砷）
11	……	……

三、物理因素

序号	名称
1	噪声
2	高温
3	低气压
4	高气压
5	高原低氧
6	振动
7	激光
8	低温
9	微波
10	紫外线
11	红外线
12	工频电磁场
13	高频电磁场
14	超高频电磁场
15	以上未提及的可导致职业病的其他物理因素

四、放射性因素

序号	名称	备注
1	密封放射源产生的电离辐射	主要产生γ、中子等射线
2	非密封放射性物质	可产生α、β、γ射线或中子
3	X射线装置（含CT机）产生的电离辐射	X射线

续表

序号	名称	备注
4	加速器产生的电离辐射	可产生电子射线、X射线、质子、重离子、中子以及感生放射性等
5	中子发生器产生的电离辐射	主要是中子、γ射线等
6	氡及其短寿命子体	限于矿工高氡暴露
7	铀及其化合物	
8	以上未提及的可导致职业病的其他放射性因素	

五、生物因素

序号	名称	备注
1	艾滋病病毒	限于医疗卫生人员及人民警察
2	布鲁氏菌	
3	伯氏疏螺旋体	
4	森林脑炎病毒	
5	炭疽芽孢杆菌	
6	以上未提及的可导致职业病的其他生物因素	

六、其他因素

序号	名称	备注
1	金属烟	
2	井下不良作业条件	限于井下工人
3	刮研作业	限于手工刮研作业人员

关于印发加强农民工尘肺病防治工作的意见的通知

（国卫疾控发〔2016〕2号）

各省、自治区、直辖市卫生计生委、发展改革委、科技厅（委、局）、工业和信息化主管部门、民政厅（局）、财政厅（局）、人力资源社会保障厅（局）、国资委、安全生产监督管理局、总工会，新疆生产建设兵团卫生局、发展改革委、科技局、工业和信息化主管部门、民政局、财务局、人力资源社会保障局、国资委、安全生产监督管理局、工会：

为贯彻落实《职业病防治法》，切实保障劳动者健康权益，根据农民工尘肺病防治工作需要，国家卫生计生委、国家发展改革委、科技部、工业和信息化部、民政部、财政部、人力资源社会保障部、国务院国资委、安全监管总局和全国总工会联合制定了《关于加强农民工尘肺病防治工作的意见》。经国务院同意，现印发给你们，请认真贯彻落实。

国家卫生计生委　国家发展改革委
科技部　工业和信息化部
民政部　财政部
人力资源社会保障部　国务院国资委
安全监管总局　全国总工会
2016年1月8日

关于加强农民工尘肺病防治工作的意见

农民工已成为我国产业工人的主体，截至2014年底，我国农民工人数达2.74亿，是推动国家现代化建设的重要力量，为经济社会发展作出了巨大贡献。党中央、国务院高度重视农民工的职业健康。近年来，我国先后公布了《职业病防治法》等一系列法律法规、规划和职业卫生标准，监管力度逐步加大，职业病防治能力和服务体系持续加强，诊断服务的可及性和诊断水平不断提高。但是，由于一些用人单位不履行防治主体责任，健康监护不到位，加上部分农民工缺乏职业防护和维权意识，农民工罹患尘肺病的势头并没有得到有效控制，病后得不到及时诊断、救治和赔偿的问题也没有得到有效解决。为进一步深入贯彻党的十八大和十八届三中、四中、五中全会精神，落实《国务院关于进一步做好为农民工服务工作的意见》（国发〔2014〕40号）有关要求，预防、控制和消除尘肺病危害，切实保护农民工职业健康和相关权益，提出以下意见：

一、着力加强农民工尘肺病源头治理

用人单位要建立健全粉尘防治规章制度和责任制，落实粉尘防治主体责任。要建立健全粉尘防治管理机构，配备专职管理人员，负责粉尘防治日常管理工作。严格执行建设项目防尘设施“三同时”，确保新建设项目粉尘防护设施齐全有效。按照要求开展工作场所粉尘日常监测和定期检测，加强防尘设施设备维护管理，配备合格有效的个人粉尘防护用品。强化职业病危害告知和职业卫生宣教培训，提高农民工的粉尘防范能力和自我防护意识。各地要抓住国家经济转型和产业结构调整契机，强化新技术、新工艺、新设备和新材料的推广应用，淘汰粉尘危害严重的落后产能，主动关闭粉尘危害严重、不具备防治条件的小矿山、小水泥、小冶金、小陶瓷、小石材加工等企业。各级安全监管部门要会同能源等行业管理部门，深入开展矿山开采、建材生产等粉尘危害严重行业领域的专项治理。加大对用人单位粉尘防治工作的监督检查力度，依法查处违法违规行为，对工艺落后、粉尘危害严重且整改无望的企业，要提请地方政府依法予以关闭。要建立粉尘危害企业黑名单制度，对违法违规企业坚决予以曝光。加大尘肺病事件的查处力度，对出现群体性尘肺病的用人单位，依法从严从重查处并追究相关责任人的责任。

二、大力推进农民工职业健康检查工作

用人单位要为农民工建立个人职业健康监护档案，依法对农民工进行上岗前、在岗期间和离岗时职业健康检查，书面告知检查结果，并为离开本单位的农民工提供档案复印件。不得安排未经上岗前职业健康检查或有职业禁忌的农民工从事粉尘作业，在岗期间职业健康检查发现有职业健康禁忌的，应当调离有健康损害的工作岗位。对疑似尘肺病农民工应当及时安排进行诊断，离岗前未进行职业健康检查的农民工不得与其解除或终止

劳动合同。地方各级卫生计生行政部门要根据工作需要，统一规划、科学布局、合理设置职业健康检查机构。职业健康检查机构要优化检查流程，加强质量控制，为用人单位和农民工提供方便高效的服务，并可根据需要，在登记机关管辖区域范围内开展外出职业健康检查。发现疑似尘肺病和职业禁忌的应当及时书面告知农民工和用人单位，并将疑似尘肺病报告用人单位所在地的卫生计生行政部门和安全监管部门。

三、认真做好尘肺病诊断鉴定和医疗救治工作

劳动者有粉尘接触史且临床表现以及辅助检查结果符合尘肺病特征的，医疗机构应当及时作出尘肺病相关临床诊断。符合职业性尘肺病相关诊断标准的，职业病诊断机构应当加强有关部门协调，提高效率，尽快作出职业性尘肺病诊断。没有证据否定职业病危害因素与病人临床表现之间的必然联系的，应当诊断为职业性尘肺病。各级卫生计生、人力资源社会保障、安全监管等部门和工会组织要针对当前农民工尘肺病诊断过程中存在的实际问题，研究制订具体办法，简化诊断程序，缩短诊断时间，切实解决农民工尘肺病诊断的实际困难。对诊断有争议的，按照有关规定进行鉴定。要按照“方便治疗、疗效可靠、价格合理、服务周到”的原则，优化尘肺病定点医疗机构设置。有关科技行政部门要将尘肺病防治技术和产品的研发列入有关科研计划，组织产学研医等方面的优势力量，加大科研攻关力度。各级人力资源社会保障和卫生计生行政部门要及时按规定将疗效可靠的尘肺病治疗药品列入各类基本医疗保险药品目录。各级卫生计生行政部门要加强医务人员培训，规范尘肺病救治工作，提高尘肺病治疗技术水平。

四、有效保障符合条件的尘肺病农民工工伤保险待遇

要大力推进《劳动合同法》和《工伤保险条例》的贯彻落实，规范用人单位劳动用工管理，督促其依法与农民工签订劳动合同，按时足额为农民工缴纳工伤保险费。对于不依法签订劳动合同、不按规定缴纳工伤保险费的，各级人力资源社会保障行政部门要及时查处。各级人力资源社会保障行政部门要按规定及时进行工伤认定和劳动能力鉴定，依法落实其各项工伤保险待遇。对于未参保尘肺病农民工，由用人单位依法支付其各项工伤保险待遇。用人单位不支付的，工伤保险基金按规定先行支付，并由社会保险经办机构依法向用人单位追偿。

五、切实解决特困尘肺病农民工医疗和生活问题

未参加工伤保险，且用人单位已经不存在或无法确认劳动关系的尘肺病病人，参加基本医疗保险的，按规定享受基本医疗保险相应待遇，并可向地方人民政府民政部门申请医疗救助和生活等方面的救助。各地要落实大病保险和医疗救助制度，及时将符合条件的尘肺病农民工纳入大病保险和城乡医疗救助体系。上述保障制度仍不能解决医疗救治问题的，要采取多种措施，使其获得医疗救治。各级民政部门要将符合条件的尘肺病农民工纳入最低生活保障、临时救助等社会救助范围。对尘肺病农民工遭受突发性、紧迫性、临时性基本生活困难的，应当按规定给予临时救助。各地要出台优惠政策，鼓励企业、社会团体和个人弘扬中华民族“扶危济困”的传统美德，为尘肺病农民工献爱心、送温暖，逐步形成政府救助与社会关爱相结合的工作格局，共同解决尘肺病农民工的生活困难。

六、全力维护尘肺病农民工职业健康权益

各级工会组织要加强基层组织建设，努力把农民工组织到工会中，依法对农民工尘肺病防治工作进行监督。通过政府与工会联席会议、协调劳动关系三方机制、集体协商、职代会等途径，反映农民工尘肺病防治诉求，推动解决农民工尘肺病防治突出问题。加强平等协商和签订劳动安全卫生专项集体合同工作，督促用人单位保障农民工职业卫生保护权利，对用人单位尘肺病防治工作提出意见和建议。在农民工相对聚集的行业企业，深入开展群众性职业危害隐患排查活动。

七、全面强化政府落实责任

各地要高度重视农民工尘肺病防治工作，将其纳入本地国民经济和社会发展计划以及职业病防治规划，纳入本地健康城市的创建工作，加强领导协调，研究落实解决农民工尘肺病防治的重大问题，加强尘肺病防治能力建设，保证尘肺病防治工作的经费。各级卫生计生、安全监管、发展改革、科技、工业和信息化、民政、财政、人力资源社会保障、国资、能源等有关部门和工会组织按照职责分工，密切配合，落实防治监管、医疗服务、经费保障等责任，确保各项防治措施落实到位。

六、全总文件

（一）劳动安全

中华全国总工会关于颁布工会劳动保护监督检查三个条例的通知

（总工发〔2001〕16号）

各省、自治区、直辖市总工会，各全国产业工会，中共中央直属机关工会联合会，中央国家机关工会联合会，全总各部门、各直属单位：

根据实际情况和修改后的《中华人民共和国工会法》的有关规定，全国总工会对《工会劳动保护监督检查员工作条例》《工会劳动保护监督检查委员会工作条例》《工会小组劳动保护检查员工作条例》作了修改，现予颁布，请认真贯彻执行。

中华全国总工会
2001年12月31日

工会劳动保护监督检查三个条例

根据实际情况和修改后的《中华人民共和国工会法》的有关规定，全国总工会对《工会劳动保护监督检查员工作条例》《基层工会劳动保护监督检查委员会工作条例》《工会小组劳动保护检查员工作条例》作了修改，现予颁布，请认真贯彻执行。

工会劳动保护监督检查员工作条例

第一条 为履行工会劳动保护监督检查的职责，维护职工在劳动过程中的安全与健康，根据《中华人民共和国工会法》《中华人民共和国劳动法》和国家有关劳动安全卫生法律法规的规定，制定本条例。

第二条 按照国家实行的企业负责、行业管理、国家监察和群众监督的安全生产管理体制的要求，工会组织履行劳动安全卫生监督检查职责，建立劳动保护监督检查制度，依法实行群众监督。

第三条 在县（含）以上总工会、产业工会中设立工会劳动保护监督检查员。可聘请有关方面熟悉劳动保护业务的人员担任兼职工会劳动保护监督检查员。

第四条 中华全国总工会，省、自治区、直辖市总工会，全国产业工会，省辖市总工会对工会劳动保护监督检查员有审批任命权。省、自治区、直辖市总工会，全国产业工会和中华全国总工会有关部门的工会劳动保护监督检查员由中华全国总工会审批任命。省辖市总工会、省产业工会的工会劳动保护监督检查员由省、自治区、直辖市总工会、全国产业工会审批任命，报中华全国总工会备案。县级总工会的劳动保护监督检查员由省辖市总工会审批任命，报省、自治区、直辖市总工会备案。工会劳动保护监督检查员由其所隶属的工会组织考核、申报。工会劳动保护监督检查员证件由中华全国总工会统一印制。

第五条 工会劳动保护监督检查员在其所隶属的工会组织领导下工作，代表工会组织依法实施劳动保护监督检查；也可受任命机关委托，代表任命机关执行监督检查任务。

第六条 工会劳动保护监督检查员应具有大专以上文化程度、具有一定的生产实践经验，并从事工会劳动保护工作一年以上，应有较高的政策、业务水平，熟悉和掌握有关劳动安全卫生法律法规和劳动保护业务；科级以上、从事五年以上劳动保护工作的工会干部也可以担任工会劳动保护监督检查员。工会劳动保护监督检查员任命前必须经过劳动保护岗位培训，考核合格。

第七条 工会劳动保护监督检查员代表工会组织行使下列职权：

（一）参与劳动安全卫生法律法规、标准和重大决策、措施的制定，监督劳动安全卫生法律法规和政策的贯彻执行。

（二）监督检查本地区、行业和企事业的劳动安全卫生工作，对劳动安全卫生状况进行分析，对危害职工劳动安全与健康的问题进行调查，向政府及有关部门、企事业反映需要解决的问题，提出整改治理的建议。

（三）制止违章指挥、违章作业。在监督检查时，发现存在事故隐患、职业危害和违反国家劳动安全卫生法律法规的问题，有权要求企事业立即整改，监督企事业采取防范事故和职业危害的措施；对问题严重的，工会组织下达《限期解决问题通知书》或《事故隐患整改建议书》，并督促企事业解决；对拒不整改的，提请政府有关部门采取强制性措施。

（四）在生产过程中发现明显重大事故隐患和严重职业危害，并危及职工生命安全的紧急情况时，要求企事业行政或现场指挥人员采取紧急措施，包括立即从危险区内撤出作业人员。同时支持或组织职工采取必要的避险措施并立即报告。

（五）监督检查国家有关职工伤亡事故报告和处理规定的执行，参加伤亡事故的调查处理，查明原因和责任，监督企事业采取防范措施。对造成伤亡事故和经济损失的责任者，提出处理意见。对触犯刑律的责任者，建议追究其法律责任。

（六）参加新建、改建、扩建和技术改造工程项目劳动安全卫生设施的设计审查和竣工验收，对劳动条件和安全卫生设施存在的问题提出意见和建议。

（七）监督和协助企事业严格执行国家劳动安全卫生规程和标准，建立、健全劳动安全卫生制度；监督检查劳动安全卫生设施和技术措施计划的执行及经费投入、使用的情况；监督检查企事业的安全生产状况。

（八）支持基层工会劳动保护监督检查委员会和工会小组劳动保护检查员开展工作，在劳动保护业务上给予指导。

第八条 工会劳动保护监督检查员履行下列义务：

（一）严格执行国家法律法规和政策，实事求是，坚持原则，联系群众，依法监督。

（二）宣传国家劳动安全卫生法律法规和政策，教育职工遵守国家有关劳动安全卫生的各项法律法规和企业的规章制度，推广先进的安全管理方法和有效的预防事故与职业危害的技术。

（三）与政府有关部门密切合作，监督企事业劳动安全卫生工作。

（四）学习相关知识，提高自身素质，适应工会劳动保护监督检查工作的要求。

第九条 工会劳动保护监督检查员执行任务时，应出示《工会劳动保护监督检查员证》。实施监督检查时，企事业单位应予以配合，提供方便。对拒绝或阻挠监督检查员工作的单位和个人，提请有关部门严肃处理。

第十条 工会劳动保护监督检查员应定期向其所属工会汇报工作。受任命机关委托执行监督检查任务时，应向任命机关提交专题报告。

第十一条 工会组织对工会劳动保护监督检查员进行管理、业务指导和定期培训。

第十二条 任命机关定期考核工会劳动保护监督检查员的工作。对成绩显著者给予表彰奖励，对失职者，取消其监督检查员资格。

第十三条 工会劳动保护监督检查员所隶属工会组织为其开展工作提供交通、通讯等工作条件和必要的工作经费。工会劳动保护监督检查员按规定享受个人防护用品、保健津贴等待遇。

第十四条 各省、自治区、直辖市总工会和全国产业工会根据本地区、本行业具体情况，制订实施细则。

第十五条 本条例解释权属中华全国总工会。

第十六条 本条例自颁布之日起实施。

基层工会劳动保护监督检查委员会工作条例

第一条 为发挥基层工会劳动保护监督检查作用，维护职工在劳动过程中的安全与健康，根据《中华人民共和国工会法》《中华人民共和国劳动法》和国家劳动安全卫生法律法规的有关规定，制定本条例。

第二条 企事业工会及所属分厂、车间工会设立工会劳动保护监督检查委员会（或工会劳动保护监督检查小组，下同）。乡镇工会、村工会及区域工会联合会也可设立工会劳动保护监督检查委员会。

工会劳动保护监督检查委员会在同级工会领导下开展工作。

第三条 工会劳动保护监督检查委员会委员由同级工会提名，报上级工会劳动保护部门备案。

第四条 工会劳动保护监督检查委员会设主任委员 1 人，副主任委员 1—2 人，委员若干人，女职工相对集中的单位，应设女职工委员。主任委员应由工会委员会主席或副主席担任。工会劳动保护监督检查委员会委员由熟悉劳动保护业务、热心劳动保护工作的工会干部和生产一线的职工担任。工会劳动保护监督检查委员会委员也可聘请行政管理人员担任，但不得超过三分之一。

第五条 根据需要，工会劳动保护监督检查委员会的工作可与职工（代表）大会的专门委员会的工作相结合。

第六条 工会劳动保护监督检查委员会的职权：

（一）监督和协助本单位贯彻执行国家劳动安全卫生法律法规，监督落实安全生产责任制和规章制度，参加涉及职工劳动安全与健康规章制度的制定，参与本单位劳动安全卫生措施、计划和经费投入等方案的制定和实施，对劳动安全卫生的决策、措施提出意见和建议。

（二）定期分析研究劳动安全卫生状况，向企事业和有关方面反映职工对劳动安全卫生工作的意见、建议和要求。督促和协助企事业解决劳动安全卫生方面存在的问题，改善劳动条件和作业环境。

（三）参与本单位集体合同中劳动安全卫生、工作时间、休息休假和工伤保险等条款的协商与制定，维护职工劳动安全卫生的权利、休息休假的权利和享受工伤保险的权利。对集体合同、劳动合同中劳动安全卫生条款的执行情况进行监督检查。

（四）制止违章指挥、违章作业。组织或协同行政进行安全生产检查，组织职工代表对劳动安全卫生工作进行督查。对事故隐患和职业危害作业点建立档案，监督整改和治理，并督促企事业防范事故和职业危害。

（五）对违反国家法律法规、不符合劳动安全卫生标准规定的问题，提出整改意见；问题严重的，送达《限期解决问题通知书》或《事故隐患整改建议书》；对拒不整改的，要求政府有关部门采取强制性措施。

（六）监督检查新建、改建、扩建和技术改造工程项目的劳动安全卫生设施与主体工程同时设计、同时施工、同时投产使用。

（七）参加伤亡事故调查，查清事故原因和责任，提出对事故责任者的处理意见，监督和协助企事业采取防范措施。对发生的职工伤亡事故和职业病进行研究、分析，总结教训，提出建议。监督并督促企事业落实工伤待遇和对职业病人的诊断、治疗、康复及损害赔偿等。

（八）在生产过程中发现明显重大事故隐患和严重职业危害，并危及职工生命安全的紧急情况时，要求企事业行政或现场指挥人员采取紧急措施，包括立即从危险区内撤出作业人员。同时支持或组织职工采取必要的避险措施并立即报告。

（九）宣传国家劳动安全卫生法律法规、政策及企事业的规章制度，结合企事业的实际情况，组织和发动职工开展安全生产活动，教育职工遵章守纪，提高职工的安全意识和技能。

（十）督促企事业按国家有关规定发放劳动安全卫生防护用品、用具和定期对职工进行健康检查。监督和协助企事业落实女职工和未成年工特殊保护的有关规定。

第七条　企事业对工会劳动保护监督检查委员会的工作应给予支持，并提供条件。对阻挠监督检查工作的单位和个人，有权要求有关部门严肃处理。

第八条　上级工会组织要支持基层工会劳动保护监督检查委员会的工作对工作成绩显著的劳动保护监督检查委员会给予表彰和奖励。

第九条　本条例解释权属中华全国总工会。

第十条　本条例自颁布之日起实施。

工会小组劳动保护检查员工作条例

第一条 为保障国家劳动安全卫生法律法规及企事业规章制度落实到班组，发挥职工劳动保护监督检查作用，制定本条例。

第二条 在工、交、财贸、基本建设等行业的企事业生产班组中，设立工会小组劳动保护检查员。工会小组劳动保护检查员经民主推选产生，在基层工会劳动保护监督检查委员会领导下工作。

第三条 工会小组劳动保护检查员应具有一定的劳动安全卫生知识，敢于坚持原则，责任心强。

第四条 工会小组劳动保护检查员的职权：

（一）协助班组长落实国家劳动安全卫生法律法规及企事业规章制度，创建安全生产合格班组。

（二）查询工作场所存在的职业危害和企事业相应的防范措施。

（三）督促和协助班组长对本班组人员进行安全教育，提高安全生产意识和技术技能。

（四）制止违章指挥、违章作业。

（五）对生产设备、防护设施、工作环境进行监督检查，发现隐患及时报告，督促解决。

（六）发现明显危及职工生命安全的紧急情况时，应立即报告，并组织职工采取必要的避险措施。

（七）发生伤亡事故，迅速参加抢险、急救工作，协助保护事故现场，并立即上报。

（八）监督企事业提供符合国家规定的劳动条件，按规定发放个体防护用品。向企事业提出不断改善劳动条件和作业环境的建议。

（九）因进行正常监督检查活动而受到打击报复时，有权上告，要求严肃处理，工会组织应予以支持。

第五条 对做出贡献的工会小组劳动保护检查员上级工会组织给予表彰和奖励。

第六条 本条例解释权属中华全国总工会。

第七条 本条例自颁布之日起实施。

中华全国总工会关于印发《工会劳动保护工作责任制（试行）》的通知

（总工发〔2005〕28号）

各省、自治区、直辖市总工会，各全国产业工会，中共中央直属机关工会联合会，中央国家机关工会联合会，全总各部门、各直属单位：

现将《工会劳动保护工作责任制（试行）》印发给你们，望结合实际认真贯彻落实。

中华全国总工会
2005年6月22日

工会劳动保护工作责任制（试行）

为了履行工会在国家安全生产工作格局中的“群众监督参与”职责，进一步规范和推动工会劳动保护工作，维护职工的安全健康合法权益，根据《工会法》《安全生产法》《职业病防治法》等法律法规，制定本责任制。

一、职工在生产过程中的安全健康是职工合法权益的重要内容。各级工会组织必须贯彻“安全第一，预防为主”的方针，坚持“预防为主，群防群治，群专结合，依法监督”的原则，依据国家有关法律法规的规定，履行法律赋予工会组织的权利与义务，独立自主、认真负责地开展群众性劳动保护监督检查活动，切实维护职工安全健康合法权益。

二、各级地方总工会主席对本地区工会劳动保护工作负全面领导责任；分管副主席负直接领导责任；劳动保护部门负直接责任，履行以下职责：

1. 监督和协助政府有关部门以及企业贯彻执行国家有关劳动安全卫生政策、法律法规和标准。

2. 开展调查研究，听取职工群众的意见建议和工会劳动保护工作汇报，研究安全生产方面存在的重大问题，提出解决问题的意见或建议。

3. 独立或会同有关部门进行安全生产检查，促进企业不断改善劳动条件。对于重大事故隐患和严重职业危害应当实行建档备查，发放隐患整改通知书，并跟踪督促企业整改；对拒绝整改的，应及时报告上级工会及有关部门进行处理。

4. 参加生产性建设工程项目“三同时”的审查验收工作，对不符合“三同时”规定的，向有关方面提出存在问题及解决的建议。对劳动条件和安全卫生设施不符合国家标准或行业标准的，不予签字。

5. 按照国家伤亡事故和严重职业危害调查处理的有关规定，相应的地方总工会派员参加伤亡事故和严重职业危害的调查处理。

6. 指导企业工会开展“安康杯”竞赛等群众性劳动保护活动，总结推广群众性劳动保护监督检查的先进经验。

7. 在评选先进和劳动模范中，对发生重特大死亡事故或存在严重职业危害的企业和负有责任的个人，提出意见，落实一票否决权。

三、各级地方总工会应建立负责劳动保护的工作机构，配备劳动保护专兼职干部，为劳动保护部门提供必要的经费、设备、交通和通讯工具。

四、企业工会主席对企业工会劳动保护工作负全面领导责任；分管副主席负直接领导责任；劳动保护部门（或专兼职人员）负直接责任，履行以下职责：

1. 建立健全群众性劳动保护监督检查组织网络。

2. 听取工会劳动保护工作汇报和职工群众的意见，研究解决工会劳动保护工作的重大问题，指导工会劳动保护工作的开展。

3. 监督和协助企业贯彻落实国家有关劳动安全卫生法律法规和标准。参与企业安全生产责任制、劳动安全卫生规章制度、生产安全事故应急救援预案的制定和修改工作。

4. 参与集体合同中有关劳动安全卫生条款的协商与制定，督促合同相关内容的落实。

5. 参加本企业生产性建设工程项目“三同时”审查验收工作和伤亡事故的调查处理，按规定上报伤亡事故。

6. 独立或会同企业行政开展安全检查。对查出的问题要及时督促企业整改；对重大事故隐患和职业危害要建立档案，并跟踪监督整改；对本企业无法解决的重大隐患向上一级工会反映。

7. 组织职工开展“安康杯”竞赛等群众性安全生产活动。

8. 宣传职工在劳动安全卫生方面享有的权利与义务，教育职工遵章守纪，协助企业行政搞好安全教育培训，提高职工的安全意识和自我保护能力。

9. 密切关注生产过程中危及职工安全健康的问题。坚决制止违章指挥、强令工人冒险作业，遇到明显重大事故隐患或职业危害，危及职工生命安全时，应代表职工立即向企业行政或现场指挥人员提出停产解决的建议。

五、企业工会在履行维护职工安全健康合法权益遇到障碍、阻力，以至影响正常开展工作时，应当及时向上一级工会反映，上一级工会应给予支持和帮助。

六、上级工会在参加重特大伤亡事故和严重职业病危害事故调查时，发现下级工会有关人员没有履行工会劳动保护职责并导致严重后果的，应进行调查，提出处理建议。

七、上级工会应对下级工会执行本责任制的情况进行监督检查。对认真履行职责，做出突出成绩的给予表彰奖励；对未能履行职责的，给予批评教育，并督促其改正。

八、乡镇、街道基层工会联合会，可以参照地方总工会的责任执行。

中华全国总工会　国家煤矿安全监察局
关于加强煤矿班组安全生产建设的指导意见

（总工发〔2009〕15号）

为深入贯彻落实国家七部门《关于加强国有重点煤矿安全基础管理的指导意见》（安监总煤矿〔2006〕116号）和《关于加强小煤矿安全基础管理的指导意见》（安监总煤调〔2007〕95号）精神，坚持关口前移、重心下移，抓基层、打基础，提高班组安全管理水平，促进煤矿安全生产形势稳定好转，现就加强煤矿班组安全生产建设提出以下指导意见。

一、加强煤矿班组安全生产建设的重要性和紧迫性

1. 加强班组安全生产建设是强化煤矿安全基础管理的重要组成部分。班组是煤矿安全生产的最基层组织，煤矿安全生产法律法规、规程、标准和相关规章制度的贯彻落实，以及先进适用安全技术的推广应用都要落实到班组、体现在现场。关口前移，实现班组规范化管理、标准化建设，是夯实煤矿安全基础，创建本质安全型煤矿，推进煤矿企业安全发展和可持续发展的关键环节。

2. 加强煤矿班组安全生产建设是减少“三违”、防止事故的有效途径。据统计，煤矿生产安全事故多数是由“三违”造成的。有效遏制重特大事故、减少事故总量，必须落实班组长、职工岗位安全生产责任制，充分发挥班组安全生产第一道防线的作用，减少和杜绝“三违”，为实现煤矿安全生产形势的稳定好转提供重要保障。

二、加强煤矿班组安全生产建设的指导原则和目标

3. 指导原则。牢固树立“安全发展”理念，认真贯彻落实“安全第一、预防为主、综合治理”方针，把班组安全生产建设作为加强煤矿安全生产基层和基础管理的重要工作，倡导先进的班组安全文化，健全完善班组安全生产责任制，建立激励约束机制，加强班组安全教育和规范化管理，深入开展安全质量标准化工作，加强现场安全管理和隐患排查治理，

提高煤矿企业现场安全管理水平。

4. 建设目标。持续、有效地加强和改进班组建设，提高防范事故、保证安全的五种能力：抓好班组长选拔使用，提高班组安全生产的组织管理能力；加强安全生产教育，提高班组职工自觉抵制“三违”行为的能力；强化班组安全生产应知应会的技能培训，提高业务保安能力；严格班组现场安全管理，提高隐患排查治理的能力；搞好班组应急救援预案演练，提高防灾、避灾和自救等应急处置的能力。通过不断提高班组安全生产能力，使班组员工真正做到不伤害自己、不伤害别人、不被别人伤害，实现班组安全生产，为煤矿安全生产奠定基础。

三、煤矿班组安全生产建设的主要内容

（一）建立完善班组安全生产管理体系

5. 煤矿要建立区队、班组建制。严禁层层转包、以包代管。

6. 严格班组安全生产定员管理。按照精简高效的原则，制定班组定员标准，保证班组安全生产基本配置，推行四班六小时工作制，实行现场“限员挂牌”制，严格控制作业人数，严禁超定员生产，严禁两班交叉作业。

7. 建立完善班组安全生产管理规章制度。主要包括：（1）班前会制度；（2）班组长随班工作制度；（3）安全质量标准化管理制度；（4）隐患排查治理制度；（5）班组和各岗位安全评估制度；（6）事故报告和处理程序；（7）事故分析处理制度；（8）安全检查与奖惩制度；（9）班组学习培训制度；（10）岗位练兵、技能竞赛制度；（11）交接班制度；（12）现场安全文明生产制度；（13）安全举报制度；（14）员工安全权益维护制度；（15）安全绩效考核制度；（16）企业认为需要制定的其他相关制度。

8. 健全落实安全生产责任制。明确班组是作业现场安全生产责任主体，实行班组长作业现场安全生产负责制。安全检查员、质量监督员、群众安监员和瓦斯检查员按职责做好班组相应的安全监督检查工作。

9. 推行班组安全生产风险预控管理。在危险源辨识、风险评估的基础上，制定各岗位、各工种的安全工作程序和工作标准，实行风险超前预控，提高员工对生产作业中出现的各种不安全因素的认知和防范能力。

10. 完善班组安全生产目标控制考核激励约束机制。把企业的安全生产控制目标层层分解落实到班组，实行班组安全生产目标考核制度，完善安全、生产、效益结构工资制，加大安全构成比重，严格考核奖惩，将安全生产作为班组、班组长、班组员工推优评先、效益工资分配的“一票否

决”指标。煤矿企业对班组安全生产工作每月进行一次集中考核，对考核结果实行备案管理。

11. 加强班组安全信息管理。建立健全班组信息管理系统。班组要做好班前班后会安全信息记录和生产、施工等作业记录；认真填写出勤、安全质量、隐患排查治理、班组井下员工到岗、培训等信息，提高班组安全信息基础管理水平。

（二）规范班组长管理

12. 完善班组长任用机制。明确班组长任用标准条件、产生办法和聘任方法，规范班组长选拔程序，选拔优秀的班组长。班组长一般应具有高中以上文化程度、3 年以上现场工作经历。国有重点煤矿要争取在 3—5 年内，使班组长达到中等或中等以上文化水平。

13. 规范班组长管理方式。实行班组长定期聘用制管理，要制定聘用和解聘条件、程序。

14. 健全班组长人才激励机制。拓宽用人渠道，把班组长纳入煤矿管理人才培养计划，积极从优秀班组长中选拔人才，有条件的要送到高等院校培养。鼓励大学毕业生到基层班组锻炼。推优评先要向基层班组长倾斜，并应占有一定比例。

（三）加强班组现场安全管理

15. 严格落实班前会制度。把开好班前会作为现场管理的第一道程序，结合上一班作业现场存在的问题，针对每个环节、每个岗位，布置好当班安全生产及各岗位应协调处理的事项。明确工作中注意的问题，识别不安全因素，落实相应的防范措施，做到安全注意事项不讲明不下井、责任不明确不下井。

16. 严格执行交接班制度。特殊岗位严格执行相关规定，除带班人员、要害岗位人员必须在现场交接班以外，严禁其他人员现场交接班；要填写好交接班日志，必须把相关安全生产原始记录一一交接清楚，防止问题不明、措施不当而危及安全生产。

17. 充分发挥特聘煤矿安全生产群众监督员的作用。明确职责，坚持把查找隐患、制止“三违”作为煤矿安全生产群众监督员工作的重中之重，做到班组长不违章指挥、班组成员不违章作业、所有人员不违反劳动纪律。对“三违”现象要当作事故进行分析处理，做到治之于未现、防患于未然。加强现场监督检查，严格监督落实现场安全技术操作规程，严格监督按批准的技术措施进行施工或生产，严禁违规作业。

18. 搞好安全质量标准化动态达标。积极开展安全质量标准化工作，推行作业现场精细化管理，文明生产；每班要对作业现场工程质量、岗位工作质量进行验收和评估，实现动态达标，积极创建安全精品工程。

19. 加强隐患排查治理。抓好隐患排查，实行班组隐患分级管理，落实治理责任。对生产作业场所、安全生产设备及各系统进行定时、定点、定路线、定项目巡回检查，及时排查治理现场事故隐患，隐患没有排除班组长不得组织生产；对限期治理的事故隐患，要严格落实现场防范措施；遇到重大险情要及时报告，并有序组织人员及时撤离现场，避免事态扩大。

20. 落实班组安全生产权益。班组长对现场作业条件的变化情况，有安全生产决策权和组织指挥权；有检查职工安全作业情况、抵制上级违章指挥权；有对作业现场工程质量、岗位工作质量进行安全评估验收权；在安全隐患没有排除或不具备安全生产条件时，有拒绝开工或停止生产权。切实落实煤矿工人安全生产权利。

（四）加强班组安全文化建设和教育培训工作

21. 加强班组安全文化建设。积极开展切合实际、形式多样，体现班组特色的安全文化活动，强化安全生产法制意识，培养安全生产价值观，培植先进的安全生产理念，落实职工群众安全生产知情权、参与权、监督权、表达权和举报权，增强安全生产内在动力，实现“我要安全”。培养和弘扬班组团队精神，做到工作相互支持、密切配合，工序衔接协调无误。

22. 强化安全教育培训工作。重视和发挥班组在员工教育培训中的主阵地作用，加强班组安全知识、岗位技能培训，严格新招录员工的岗前培训，做到应知应会；班组长和班组所有员工须经培训考核合格方可上岗，特殊工种要做到持证上岗。加强班组应急救援知识培训，建立班组应急预案，加强模拟演练，熟悉防灾、避灾路线，增强自救处置能力；加强对采用的新工艺、新设备、新技术的培训，适应安全发展需要；充分利用典型案例，开展警示教育，汲取事故教训，增强事故防范意识；以师带徒，提高安全生产实际操作技能；大力开展岗位练兵，促使班组员工熟练掌握安全生产操作技术，提高防范事故的能力。

23. 积极开展班组安全技术革新。鼓励员工广泛开展安全生产小发明、小创造、小改造等安全技术革新和管理创新实践活动；鼓励员工立足岗位进行技术创新，努力营造学技术、钻业务、争先进、保安全的浓厚氛围。

四、加强煤矿班组安全生产建设组织领导

24. 加强组织领导。各地、各有关部门和煤矿企业要制定煤矿班组建

设的总体规划、目标和措施，明确组织实施部门及职责，发挥安全生产党政工团齐抓共管的制度优势，把各项组织活动开展到班组，不断加强班组建设。根据相关规定，健全班组组织机构，设立班组安全检查员、质量监督员、群众安监员和瓦斯检查员；加强班组民主管理，充分发挥职工在安全管理中的积极性和创造性，维护职工的安全保障权益；积极开展争创党团员安全示范岗活动，促进班组安全生产。

25. 深入组织开展安全生产优秀班组创建活动。煤矿企业要结合实际制定具体办法，各级工会、煤炭行业管理部门要加强工作指导和宣传推动，定期组织开展煤矿班组建设先进经验交流活动，每年组织开展一次班组技能竞赛，对优秀班组要给予表彰奖励，以点带面，全面推进；积极组织参加全国“安康杯”竞赛。

26. 本指导意见适用所有煤矿。各地、各相关部门可据此制定本区域内的指导意见或具体实施办法。

请各产煤省、自治区、直辖市总工会及新疆生产建设兵团工会会同煤炭行业管理部门将本通知转发至辖区内各煤矿企业和相关管理部门、单位。

中华全国总工会 工业和信息化部
国务院国资委 中华全国工商业联合会
关于加强班组建设的指导意见

(总工发〔2010〕56号)

加强班组建设，是强化企业基础管理，提升企业核心竞争力，促进职工全面发展，构建和谐企业的必然要求。为切实加强新形势下不同类型企业的班组建设，提出如下意见。

一、班组建设的总体要求和目标任务

班组建设要以科学发展观为指导，以提升班组管理水平为核心，以提高班组成员整体素质为重点，以开展班组创先争优劳动竞赛和创建“工人先锋号”活动为载体，不断提高班组工作水平，促进企业健康稳定发展。

班组建设要以打造高效、创新、和谐班组为目标，进一步推动班组工作制度化、规范化、科学化和民主化，不断提高班组执行力、创新力和凝聚力，努力把班组建设成为能够出色完成生产（工作）任务、具有较强创新能力，管理科学，纪律严明，团结和谐的坚强集体。

二、班组建设应遵循的原则

一是适应企业发展需要原则。紧紧围绕企业发展目标，从企业改革、发展和生产、经营、管理的实际出发，全面加强班组建设，努力夯实基础工作，进一步提高企业竞争能力。

二是促进职工全面发展原则。班组工作要坚持以人为本，尊重职工、依靠职工，充分发挥职工主观能动性；保障职工权益，实现体面劳动；加强文化建设，体现人文关怀；注重提升素质，促进职工全面发展。

三是继承与创新相结合原则。要在总结班组建设工作经验、坚持成功做法的基础上，认真研究新情况，努力解决新问题，积极探索新路子，不断创造新方法，使班组始终富有生机和活力。

四是行政管理与民主管理相结合原则。在班组内部，既要维护班组长的行政指挥权威，又要尊重职工的民主权利，鼓励和支持职工参与管理，充分发挥班组工会小组长和“工管员”的作用，实现班组管理全员化。

三、全面提升班组管理水平

提高管理水平是加强班组建设的基本要求。提高班组管理水平，要从建章立制和完善生产记录等基础资料入手，以落实岗位责任制为重点，以出色完成生产任务和保证班组工作正常运转为目标，进一步增强班组执行力。要把加强管理与教育职工增强工作责任感和执行规章制度自觉性有机结合起来，使班组管理建立在深厚的群众基础之上，实现职工被动管理向主动参与、粗放管理向精益管理、传统管理向现代管理的转变，促进班组管理科学化。

四、注重提高班组成员素质

班组不仅是完成企业生产（工作）任务的基本单位，也是锻炼人、培养人、教育人的重要课堂。要从班组工作实际出发，采取灵活多样的方法和班组成员易于接受的形式，坚持不懈地开展学习实践活动，不断提高班组成员思想道德、科学文化和专业技能水平。深入开展创建学习型、创新型班组活动，积极引导班组成员学习新知识、钻研新技术，不断提高学习能力、实践能力和创新能力。鼓励班组成员互帮互学、共同提高，大力培养和选树技能人才，努力为班组成员成长成材创造条件。

五、切实抓好班组安全生产

班组要认真贯彻“安全第一，预防为主，综合治理”方针，牢固树立“安全发展”理念，不折不扣地执行安全生产的有关规定和职业卫生标准，认真落实安全生产责任制，加强生产现场管理，坚决杜绝违章指挥、违章作业。重视安全教育培训，提高班组成员的安全意识和事故防范、应急处置能力。积极开展“安康杯”竞赛活动，充分发挥劳动保护监督检查员的作用，切实把好安全生产的第一道防线，确保职工在生产过程中的安全与健康。

六、广泛开展班组竞赛

广泛开展班组竞赛是推动劳动竞赛扎实有效、深入发展的重要措施，也是促进班组建设的有效途径。班组竞赛要以创建“工人先锋号”等活动为载体，以安全生产、提高效率、提升质量、创新技术和节能减排为重点，与创建劳动关系和谐企业和建设“职工小家”等活动紧密结合。通过竞赛，进一步调动班组成员的积极性和创造性，引导班组成员争当锐意改革创新的先锋和推动科学发展的楷模。

七、不断完善班组民主管理

班组民主管理是企业民主管理的重要基础。要进一步加强班组民主管理的制度建设，在继续坚持和完善“两长”（班组长、工会小组长）和“工管员”制度、班委会制度、班组民主生活会制度、班务公开制度等行之有效制度的同时，积极探索班组民主管理的新途径和新形式，使班组民主管理工作不断适应企业发展的要求，保障职工的知情权、参与权、监督权和决定权。班组决策要充分听取班组成员的意见，班组长要自觉接受班组成员的监督。

八、进一步加强班组思想工作

加强思想工作是增强班组凝聚力和战斗力的重要保证。班组思想工作要坚持用社会主义核心价值体系引领班组成员，坚持以科学理论武装人，以劳模精神和工人阶级伟大品格激励人，积极引导班组成员树立正确的世界观、人生观、价值观，坚定理想信念。准确掌握班组成员的思想动态，及时反映班组成员诉求，把做好思想工作与关心班组成员的工作生活结合起来，加强心理疏导，注重人文关怀。加强班组文化建设，培育爱岗敬业、争创一流，团结互助、文明和谐的团队精神。

九、选拔、培养好班组长

班组长是班组的领头人。要根据企业实际，建立班组长培养、选拔、任用机制，选配具有一定文化程度、责任心强、作风正派、技术熟练、敢于管理、善于团结人的优秀职工担任班组长。注重班组长岗前培训和在职培训，加强班组长之间的学习和交流，不断提高班组长的工作能力和综合素质。既要支持班组长履行职责、行使职权，又要加强对班组长的管理教育和监督。要拓宽班组长的发展渠道，为他们的成长创造有利条件。

十、加强对班组建设工作的指导

班组建设工作是企业一项十分重要的基础工作。各有关部门要从促进经济社会又好又快发展的高度，充分认识加强班组建设的重要意义，切实加强指导。要注重调查研究，及时指导企业研究解决班组建设工作中遇到的新情况新问题。要加强分类指导，认真总结不同类型企业加强班组建设工作的经验，大力培养、选树和宣传先进典型，充分发挥模范班组的示范引导作用。要找准位置，发挥优势，密切配合，努力形成合力推进班组建设的工作格局。

中华全国总工会关于印发《工会劳动保护监督检查员管理办法》的通知

（总工发〔2011〕46号）

各省、自治区、直辖市总工会，各全国产业工会：

为进一步加强和规范工会劳动保护监督检查员管理，充分发挥工会劳动保护监督检查员作用，切实维护广大职工生命安全和身体健康权益，全国总工会修订了《工会劳动保护监督检查员管理办法》。现印发给你们，请认真贯彻落实。中华全国总工会1991年发布的《关于工会劳动保护监督检查员暂行管理办法》同时废止。

中华全国总工会

二〇一一年五月二十四日

工会劳动保护监督检查员管理办法

第一章　总　则

第一条　为加强工会劳动保护监督检查员的管理，切实发挥工会劳动保护监督检查员在安全生产、职业病防治工作中的监督作用，根据国家劳动安全卫生法律法规有关规定和中华全国总工会颁发的《工会劳动保护监督检查员工作条例》，制定本办法。

第二条　工会劳动保护监督检查员是指具有较高的政策、业务水平，熟练掌握劳动安全卫生法律法规，经过劳动保护业务培训和考核，经由上级工会任命的从事工会劳动保护工作的人员。

第三条　工会劳动保护监督检查员依照国家劳动安全卫生法律法规和中华全国总工会的有关规定行使监督检查权利，通过各种途径和形式，组织开展群众性劳动安全卫生工作，反映职工群众在劳动安全卫生方面的意愿，履行维护职工生命安全和身体健康权益的基本职责。

第二章 职 责

第四条 学习党和国家的劳动安全卫生方针、政策，掌握劳动安全卫生法律、法规和技术标准、规范，钻研业务知识，研究、分析和掌握本地区、行业、企业的劳动安全卫生情况。

第五条 了解和掌握本地区或本行业内的企业劳动安全卫生技术措施制定、实施以及经费提取、使用情况。掌握重大安全隐患和严重职业危害情况，跟踪监督检查，督促其整改。特别重大隐患问题，应及时写出专题报告，报送本级政府及有关部门，督促落实。

第六条 为企业开展劳动安全卫生工作提供指导和服务。指导企业工会签订劳动安全卫生专项集体合同，并监督落实。

第七条 参加生产性建设工程项目职业安全卫生设施“三同时”的监督审查工作，对发现的问题，依照法律法规和标准规范提出改进意见。对于参加审查验收的工程项目，应整理专项材料归档，并对审查验收项目负责。

第八条 参加职工伤亡事故和其他严重危害职工健康事件的抢险救援和调查处理工作，对抢险救援、善后处理、调查处理等工作全过程进行监督，向有关部门提出处理意见和建议，并要求追究有关人员的责任。监督企事业单位落实防范和整改措施，整理事故调查材料并归档。

遵守伤亡事故调查处理工作纪律，严格执行廉洁自律的规定。

第九条 宣传职工在劳动安全卫生方面享有的权利与义务，教育职工遵章守纪，提高劳动者的职业安全卫生意识和自我保护能力。

第十条 加强对劳动保护工作相关信息、资料的收集和整理，及时向所在工会组织和任命机关报送。

第十一条 执行监督检查任务，应主动出示工会劳动保护监督检查员证件。对阻挠监督检查工作的单位和个人，有权要求有关部门严肃处理。

第三章 组织管理

第十二条 工会劳动保护监督检查员的任职条件和任命程序，按中华全国总工会颁发的《工会劳动保护监督检查员工作条例》执行。

省（区、市）总工会、全国产业工会劳动保护监督检查员由中华全国总工会审批任命。

地（市）总工会、省属产业工会的工会劳动保护监督检查员由省（区、市）总工会审批任命，报中华全国总工会备案。

县（区）总工会、地（市）产业工会的工会劳动保护监督检查员由地（市）总工会审批任命，报省（区、市）总工会备案。

乡镇（街道）工会、县（区）所属产业（系统）工会的工会劳动保护监督检查员，由县（区）总工会审批任命，报地（市）总工会备案。

第十三条 工会劳动保护监督检查员对所在工会组织和任命机关负责。根据工作需要，任命机关可选调工会劳动保护监督检查员代表上级工会参加安全检查、“三同时”审查验收和职工伤亡事故、职业病危害事件的调查处理等工作，其所在工会组织应给予支持。

第十四条 工会劳动保护监督检查员参加职工伤亡事故、职业病危害事件的抢险救援时，所代表的工会组织应为其配备必要的通讯、音像设备，提供及时赶赴现场的交通工具和工作经费。

第十五条 工会劳动保护监督检查员参加有毒有害、矿山井下等危险场所检查，以及企业伤亡事故、职业危害事件抢险救援和调查处理享受特殊津贴。津贴标准参照同级政府有关监管部门或纪检监察办案人员补贴标准执行，津贴由同级工会列支。

第十六条 工会劳动保护监督检查员队伍应保持相对稳定。确因工作需要调离岗位、退休、退职及新增的人员，需在每年12月前上报任命机关予以备案。

第十七条 工会劳动保护监督检查员的任命、考核等工作由任命机关负责，日常工作由所在工会组织负责。

任命机关每年对工会劳动保护监督检查员的工作实绩进行年度考核。年度考核表每年12月中旬上报任命机关。任命机关将考核结果于次年1月上旬反馈所在工会组织，供所在工会组织干部考核参考，记入任命机关管理档案。

对于做出优异成绩的工会劳动保护监督检查员，由任命机关予以通报表扬。

工会劳动保护监督检查员证件由中华全国总工会统一印制。

第十八条 对于不履行监督检查职责或不称职的工会劳动保护监督检查员，由任命机关免去其资格并收回证件。

第十九条 工会劳动保护监督检查员业务培训由任命机关负责。

第二十条 工会劳动保护监督检查员必须取得相应专业资格。专业资格的培训由任命机关或委托有关院校承办。

第二十一条 工会劳动保护监督检查员依照有关法律、法规规定行使监督检查职权受到不公正待遇的，任命机关应维护其合法权益。

第四章 附 则

第二十二条 县（区）以上总工会参照本办法制定本级工会劳动保护监督检查员管理办法实施细则。

第二十三条 本办法自颁发之日起执行，解释权属中华全国总工会。

特聘煤矿安全群众监督员管理办法

（总工发〔2011〕57号）

第一章 总 则

第一条 为贯彻落实“安全第一、预防为主、综合治理”安全生产方针，加强煤矿企业群众安全监督管理基础工作，充分发挥特聘煤矿安全群众监督员（以下简称：特聘群监员）在安全生产中的监督作用，促进煤矿安全生产工作，保障煤矿职工的生命安全和身体健康，制定本办法。

第二条 特聘群监员由中华全国总工会和国家煤矿安全监察局统一聘任，地方工会和驻地煤矿安全监察机构监督指导，企业工会负责日常管理。

第三条 特聘群监员对煤矿井下作业现场、工作岗位的安全进行监督检查，及时发现、排查、报告各类事故隐患，督促整改，跟踪落实。

第四条 本办法适用于中华全国总工会和国家煤矿安全监察局联合在煤矿井下生产一线班组中聘任的特聘群监员。

第二章 特聘群监员聘任

第五条 聘任范围

煤矿井下生产一线班组职工。班组长一般不得兼任特聘群监员

第六条 聘任条件

（一）掌握煤矿安全生产法律法规，熟悉煤矿安全规程、标准和本企业安全生产规章制度。

（二）敢于坚持原则，群众威信较高，热心群众安全监督工作，有较强的事业心和责任感。

（三）一般应具有3年以上井下工作经历和初中以上文化程度，具有丰富的现场生产经验，有较强的隐患排查能力，能胜任煤矿安全群众监督工作。

第七条 聘任程序

（一）区（队）工会按照特聘群监员聘任条件，组织职工民主推荐，提出特聘群监员人选报矿工会。

（二）经矿工会审核，并征求矿安检部门意见后，逐级报上级工会。

（三）省（区、市）总工会负责辖区内特聘群监员的审核、统计汇总，及时上报中华全国总工会，并抄送驻地煤矿安全监察机构。

（四）中华全国总工会会同国家煤矿安全监察局及时审核聘任，颁发《特聘煤矿安全群众监督员》聘任证书。

第三章　特聘群监员职权

第八条 监督作业现场落实煤矿安全生产法律法规和安全生产管理制度，当好班组安全参谋，收集当班职工有关安全生产方面的合理化建议，认真做好当班安全记录。

第九条 及时制止作业现场违章指挥、违章作业、违反劳动纪律的行为；制止无效，应及时向上级领导反映；特殊情况可随时、直接向地面调度指挥系统或值班矿领导报告。

第十条 发现作业场所内有毒有害气体、温度、粉尘等不符合安全标准或主要生产安全设施及环境异常，应及时向带班领导或值班领导汇报；发现重大事故隐患并可能危及职工生命安全时，应要求所有人员停止作业、撤离现场，并协助做好疏导工作。

第十一条 加强煤矿安全生产法律法规和安全技术学习，不断提高安全监督能力。在履行职责中要以身作则，坚持实事求是、客观公正的原则。

第十二条 对阻挠或打击报复特聘群监员履行安全职责的行为，有权向上级工会或政府有关部门举报和投诉。

第四章　特聘群监员组织管理

第十三条 企业工会对本单位的特聘群监员的日常管理负有下列职责：

（一）建立健全特聘群监员的管理规章制度和动态管理档案，依照制度严格考核。

（二）加强对特聘群监员的教育培训，培训时间每年不得少于48学时。

（三）创造良好的工作条件，帮助解决工作中遇到的实际困难和问题。

（四）保持特聘群监员队伍的相对稳定，对需要增补或不符合聘任条件变动调整的，按程序及时上报。

第十四条 地方工会和驻地煤矿安全监察机构负责对特聘群监员的监督指导：

（一）建立健全特聘群监员动态管理档案，指导企业日常管理工作，督促落实企业特聘群监员各项规章制度。

（二）制订特聘群监员培训计划，定期或不定期开展教育培训。

（三）总结、交流、推广特聘群监员先进工作经验。

第十五条 特聘群监员在履职期间，享受岗位特殊津贴，津贴标准由各企业自行制定，津贴费用由企业行政列支。

第十六条 特聘群监员聘任证书和标识由中华全国总工会和国家煤矿安全监察局统一监制。

第十七条 各级工会、煤矿安全监察机构及煤炭管理、煤矿安全监管部门要维护特聘群监员的合法权益；特聘群监员因正常开展监督检查工作受到打击报复的，要严肃追究有关人员责任。

第五章 特聘群监员表彰奖励

第十八条 企业工会每年应对特聘群监员工作开展情况进行总结考核、表彰奖励。

企业在组织职工休（疗）养、外出学习考察活动时，优先选派优秀特聘群监员参加。

第十九条 地方总工会会同安监、行管部门，定期或不定期对做出突出贡献的特聘群监员进行表彰奖励。

第二十条 中华全国总工会、国家安全生产监督管理总局和国家煤矿安全监察局结合班组安全建设“三优创建”活动，对做出突出贡献的特聘群监员进行表彰。

第六章 附 则

第二十一条 省（区、市）总工会和省级煤矿安全监察机构可依据本办法制定实施细则。

第二十二条 本办法解释权属中华全国总工会和国家煤矿安全监察局。

第二十三条 本办法自颁发之日起实施。

中华全国总工会关于组织职工开展安全生产隐患排查治理工作的意见

（总工发〔2011〕76号）

为了贯彻落实"安全第一、预防为主、综合治理"的安全生产方针，预防生产安全事故，减少职业危害，保障职工生命安全与健康，根据《工会法》《安全生产法》《职业病防治法》等有关法律、法规，结合工会劳动保护工作实际，现就组织职工开展安全生产隐患排查治理工作提出以下意见。

一、充分认识组织职工开展安全生产隐患排查治理工作的重要性

（一）组织职工开展事故隐患和职业危害排查治理工作，是切实维护和落实企业职工安全生产参与权和监督权的重要举措，是工会组织参与企业安全生产监督管理的重要手段。

（二）组织职工开展事故隐患和职业危害排查治理工作，是企业落实安全生产主体责任，夯实安全基础，实现关口前移、重心下移的重要措施；是实现企业安全生产规范化管理、标准化建设，推进企业安全可持续发展的重要保证。

（三）组织职工开展事故隐患和职业危害排查治理工作，是职工参与企业安全生产民主管理和民主监督，落实职工岗位安全生产责任制，减少职业危害，防止事故发生的有效途径。

二、开展安全生产隐患排查治理工作的主要内容

（四）建立隐患排查治理工作制度。各级工会要建立隐患排查治理工作制度，主要内容包括：隐患定期排查制度；建档登记逐级报告制度；整改治理结果公告和确认制度；隐患评估、举报和奖励等制度。

（五）组织职工开展隐患排查工作。各级工会要依照有关法律法规和工会劳动保护监督检查《三个条例》的规定，认真履行监督检查职责，在组织职工开展"安康杯"竞赛、群众性安全生产监督检查、职工代表安全

生产视察、配合政府及有关部门开展安全生产检查等工作中，及时发现事故隐患和职业危害，跟踪监督企业整改治理。

（六）建立健全事故隐患和职业危害档案。企业、车间工会要建立事故隐患和职业危害档案，档案内容包括：事故隐患或职业危害作业点的名称、地点、可能伤害的人数、可能造成的经济损失、整改措施、整改单位和责任人等，并将整改结果记录在案。

（七）开展事故隐患和职业危害整改治理。一般性事故隐患和职业危害，企业工会（或车间工会）应建立档案，督促整改；重大事故隐患和严重职业危害，企业工会在提出整改建议的同时，报上级工会，上级工会要进行评估，跟踪监督企业整改治理。对于不能立即整改的事故隐患和职业危害，企业工会应督促企业采取防范措施，提出限期整改治理建议，跟踪监督整改，并向同级安全监管部门通报。

（八）加强隐患评估、举报和奖励工作。各级工会要设立举报电话、信箱、电子邮箱，并向社会公布。本级工会难以解决的，逐级向上一级工会报告。受理举报的工会组织要组织专家对隐患等级进行评估，重大事故隐患和严重职业危害，要会同安监部门及时核查，督促企业整改治理；受理的举报经调查属实的，依据事故隐患分级给予奖励，所需经费由各级工会从年度经费预算中列支。

（九）督促企业加大安全生产投入。各级工会要督促企业加强安全生产教育和培训，搞好安全标准化建设和岗位达标，推动企业技术进步和产业升级，提高企业安全设施装备水平和机械化、自动化程度，促进企业建立自我完善、持续改进、逐步提高的安全管理机制，提升企业整体安全管理水平。

三、加强对职工开展安全生产隐患排查治理工作的组织领导

（十）加强组织领导。明确安全生产隐患排查治理工作的职责和分工，解决隐患排查治理过程中存在的问题，选树先进典型，推动隐患排查治理工作制度化、规范化。

（十一）加强与相关部门的沟通协作。积极推动建立重大事故隐患和严重职业危害协调解决机制，确保隐患排查治理工作取得实效。

关于印发《生产安全事故报告和分析制度》的通知

（总工办发〔2014〕6号）

各省、自治区、直辖市总工会：

现将《生产安全事故报告和分析制度》印发给你们，请结合实际，认真贯彻落实。

做好事故报告和分析工作，是加强工会劳动保护基础建设的一项重要内容，也是工会组织依法监督参与的重要依据。各省（区、市）总工会要高度重视，并做好以下工作：

一、重大事故、特别重大事故发生后，要在第一时间向全总报告。事故报告要及时、准确、完整，不得迟报、漏报、谎报或者瞒报。全总事故报告专用电话（传真）：（010）68591853。

二、由省级组织调查的事故，要在事故结案一个月内，将事故调查报告报全总劳动保护部。事故报告专用邮箱：sgbg@ acftu. org. cn。

三、各省（区、市）总工会要加强对事故的综合分析工作，总结事故规律，提出防范措施。分析报告请发至全总事故报告专用邮箱。

中华全国总工会办公厅

2014年2月28日

生产安全事故报告和分析制度

为了规范工会组织对生产安全事故的报告和分析工作，根据《工会法》《安全生产法》《生产安全事故报告和调查处理条例》等法律法规，制定本制度。

一、生产安全事故发生后，事故发生单位工会应当于1小时内向地方总工会报告；未建立工会组织的单位发生事故，由所在地总工会报上级工会。

二、地方总工会接到报告后，根据事故等级，依照下列规定逐级上报事故情况：

（一）特别重大事故、重大事故上报至全国总工会；

（二）较大事故上报至省（区、市）总工会；

（三）一般事故上报至设区的市总工会。

每级上报的时间不得超过 2 小时。必要时，地方工会可以越级上报事故情况。

三、报告事故应当包括下列内容：

（一）事故发生单位概况；

（二）事故发生的时间、地点以及事故现场情况；

（三）事故的简要经过；

（四）事故已经造成或者可能造成的伤亡人数（包括下落不明的人数）；

（五）已经采取的措施；

（六）工会参与情况；

（七）其他应当报告的情况。

四、事故报告后出现新情况的，应当及时补报。自事故发生之日起 30 日内，事故造成的伤亡人数发生变化的，应当及时补报。道路交通事故、火灾事故自发生之日起 7 日内，事故造成的伤亡人数发生变化的，应当及时补报。

五、事故调查结束后，参加调查的地方工会应当将事故调查报告存档，并将事故调查报告于事故结案 1 个月内报上一级工会。事故调查报告应当包括下列内容：

（一）事故的基本情况；

（二）事故发生经过和事故救援情况；

（三）事故造成的人员伤亡和直接经济损失；

（四）事故发生的原因和事故性质；

（五）事故责任的认定以及对事故责任者的处理建议；

（六）事故防范和整改措施；

（七）工会在抢险救援及事故调查处理过程中发挥作用情况。

六、全国总工会定期对全国发生的重大以上事故进行综合分析，省（区、市）总工会定期对辖区内发生的较大以上事故进行分析。分析内容应包括工会参与事故抢险救援、伤员救治、善后处理、事故调查等各个阶段发挥作用情况，事故发生的深层次原因及倾向性、苗头性问题，事故调查报告提出的防范措施整改落实情况，并在事故预防中有针对性地开展工作。

七、全国总工会每年对省（区、市）总工会事故报告及分析工作进行通报。

中华全国总工会办公厅
关于进一步加强工会劳动保护监督督促企业落实安全生产主体责任的通知

（厅字〔2017〕23号）

各省、自治区、直辖市总工会，各全国产业工会：

7月20日，国务院安委会召开全国安全生产电视电话会议。中共中央政治局委员、国务院副总理、国务院安委会主任马凯，国务委员、国务院安委会副主任郭声琨、王勇出席会议并讲话。会议要求认真贯彻落实习近平总书记和李克强总理关于安全生产工作的重要指示批示精神，明确工作目标，压实措施任务，深入开展安全生产大检查，扎实做好汛期和下半年安全生产工作，坚决防范遏制重特大事故，为党的十九大胜利召开营造稳定的安全生产环境。为贯彻落实本次会议精神，进一步发挥工会组织在国家安全生产工作格局中“群众监督参与”作用，切实维护好职工劳动安全健康权益，现就进一步加强工会劳动保护监督检查，督促企业落实安全生产主体责任有关事项通知如下：

一、进一步提高做好当前安全生产工作重要性的认识

安全生产事关人民群众生命财产安全，事关改革发展稳定大局。党中央、国务院历来高度重视安全生产工作，特别是党的十八大以来，对安全生产工作作出了一系列重要决策部署。习近平总书记多次就安全生产工作发表重要讲话，强调要牢牢坚守生命红线，大力实施安全发展战略；指出发展是大事，安全生产也是大事，没有安全发展就不能实现科学发展。习近平总书记关于安全生产工作的重要论述，深刻阐明了安全生产工作的极端重要性，确立了新常态下安全生产的重要地位，揭示了我国现阶段安全生产的本质规律，把保护人的生命安全放在高于一切的位置，体现了“以人为本、生命至上”的价值取向，为我们做好安全生产工作指明了方向，明确了要求。今年下半年将召开党的十九大，这是我们党在全面建成

小康社会决胜阶段召开的一次十分重要的会议，是党和国家政治生活中的大事。各级工会组织要深入学习贯彻习近平总书记、李克强总理重要指示批示以及全国安全生产电视电话会议精神，深刻认识做好当前安全生产工作的重要意义和工会组织肩负的主要职责，进一步加强工会劳动保护监督检查工作，积极协助政府有关部门做好今年下半年安全生产工作。

二、积极组织开展群众性安全生产监督检查活动

夏季是安全生产的重要时期，也是防汛抗洪的关键时期，各种导致事故发生的因素明显增多，极易引发生产安全事故。各级工会要清晰认识当前安全生产面临的严峻形势，充分发挥在国家安全生产工作中“群众监督参与”不可替代的作用，切实表达好、履行好法律赋予工会维护职工生命安全和身体健康权益的重要职责，加强组织领导，强化责任落实，广泛动员职工群众，全面加强安全防范工作。要组织动员广大职工立足本职，从自身做起，深入开展“查身边隐患、保职工安康、促企业发展”“安全隐患随手拍”等群众性监督检查和隐患排查活动，全面排查消除隐患，努力防范和遏制各类事故，促进安全生产形势根本好转。要结合夏季安全生产特点，进一步加大矿山、交通运输、危险化学品、建筑施工、城市燃气、“三合一”及人员密集场所等重点行业领域的工会劳动保护监督检查力度，形成纵向到底、横向到边的隐患排查网络，对安全隐患、违法违规行为要及时报告政府有关部门。各级工会设立的举报电话、信箱、电子邮箱等，要及时向社会公布，建立完善隐患举报奖励制度，调动职工参与隐患排查治理工作积极性、主动性。

三、督促企业落实安全生产主体责任

各级工会要依法维护和督促落实企业职工对安全生产的知情权、参与权和监督权，组织职工参加本企业安全生产工作的民主管理和民主监督。要充分发挥企业职代会作用，推动建立企业重大隐患治理情况向负有安全生产监督管理职责部门和企业职代会“双报告”制度，形成自查、自改、自报闭环管理体系，实现安全生产隐患排查治理工作的常态化、制度化、规范化。要逐步在高危行业推行签订劳动安全卫生专项集体合同，确保涉及职工安全卫生合法权益的工作落到实处。要充分发挥以工会劳动保护监督检查《三个条例》为基础的企业工会劳动保护监督检查组织网络作用，以班组安全建设为核心，以“安康杯”竞赛为载体，夯实企业安全生产基础，提高企业安全生产管理水平。各级工会要积极参与、协助政府及有关

部门开展安全生产检查等工作，认真履行监督检查职责，督促企业履行安全生产主体责任、执行安全生产规章制度、加大安全生产投入、加强现场安全管理和重大危险源监控、强化关键设施装置安全运行维护和落实夏季安全防范措施，对违章指挥，强令职工冒险作业，严重危害职工生命安全与职业健康的行为，要依法采取果断措施予以制止，并向政府相关部门反映，提出工会的处理意见。

各级工会要按照《国务院安委会关于开展安全生产大检查的通知》要求，做好今年下半年安全生产大检查的信息报送工作，定期向全总劳动和经济工作部报送相关检查工作信息，及时反映主要做法、工作进展和发现的突出问题。

企业工会工作条例（节选）

（2006 年 12 月 11 日中华全国总工会第十四届执行委员会第四次全体会议通过）

第三章　基本任务和活动方式

第十八条　企业工会的基本任务：

（三）帮助和指导职工与企业签订劳动合同。就劳动报酬、工作时间、劳动定额、休息休假、劳动安全卫生、保险福利等与企业平等协商、签订集体合同，并监督集体合同的履行。

第四章　工会主席

第二十七条　企业工会主席的职权：

（五）代表和组织职工依法监督企业执行劳动安全卫生等法律法规，要求纠正侵犯职工和工会合法权益的行为。

第五章　工作机制和制度

第三十一条　依法与企业进行平等协商，签订集体合同，并可就劳动报酬、劳动安全卫生、女职工特殊权益保护等签订专项集体合同。

工会应将劳动报酬、工作时间、劳动定额、保险福利、劳动安全卫生等问题作为协商重点内容。

第三十四条　国有企业、国有控股企业职工代表大会或职工大会的职权：

（一）听取审议企业生产经营、安全生产、重组改制等重大决策以及实行厂务公开、履行集体合同情况报告，提出意见和建议。

（二）审议通过集体合同草案、企业改制职工安置方案。审查同意或否决涉及职工切身利益的重要事项和企业规章制度。

（三）审议决定职工生活福利方面的重大事项。

（四）民主评议监督企业中层以上管理人员，提出奖惩任免建议。

（五）依法行使选举权。

（六）法律法规规定的其他权利。

集体（股份合作制）企业职工代表大会或职工大会的职权：

（一）制定、修改企业章程。

（二）选举、罢免企业经营管理人员。

（三）审议决定经营管理以及企业合并、分立、变更、破产等重大事项。

（四）监督企业贯彻执行国家有关劳动安全卫生等法律法规、实行厂务公开、执行职代会决议等情况。

（五）审议决定有关职工福利的重大事项。

私营企业、外商投资企业和港澳台商投资企业职工代表大会或职工大会的职权：

（一）听取企业发展规划和年度计划、生产经营等方面的报告，提出意见和建议。

（二）审议通过涉及职工切身利益重大问题的方案和企业重要规章制度、集体合同草案等。

（三）监督企业贯彻执行国家有关劳动安全卫生等法律法规、实行厂务公开、履行集体合同和执行职代会决议、缴纳职工社会保险、处分和辞退职工的情况。

（四）法律法规、政策和企业规章制度规定及企业授权和集体协商议定的其他权利。

第三十八条 建立劳动法律监督委员会，职工人数较少的企业应设立工会劳动法律监督员，对企业执行有关劳动报酬、劳动安全卫生、工作时间、休息休假、女职工和未成年工保护、保险福利等劳动法律法规情况进行群众监督。

第三十九条 建立劳动保护监督检查委员会，生产班组中设立工会小组劳动保护检查员。建立完善工会监督检查、重大事故隐患和职业危害建档跟踪、群众举报等制度，建立工会劳动保护工作责任制。依法参加职工因工伤亡事故和其他严重危害职工健康问题的调查处理。协助与督促企业落实法律赋予工会与职工安全生产方面的知情权、参与权、监督权和紧急避险权。开展群众性安全生产活动。

依照国家法律法规对企业新建、扩建和技术改造工程中的劳动条件和安全卫生设施与主体工程同时设计、同时施工、同时使用进行监督。

发现企业违章指挥、强令工人冒险作业，或者生产过程中发现明显重大事故隐患和职业危害，工会应提出解决的建议；发现危及职工生命安全的情况，工会有权组织职工撤离危险现场。

第六章　女职工工作

第四十三条　女职工委员会依法维护女职工的合法权益，重点是女职工经期、孕期、产期、哺乳期保护，禁忌劳动、卫生保健、生育保险等特殊利益。

第七章　工会经费和资产

第四十八条　督促企业按国家有关规定支付工会会同企业开展的职工教育培训、劳动保护、劳动竞赛、技术创新、职工疗休养、困难职工补助、企业文化建设等工作所需费用。

第八章　工会与企业党组织、行政和上级工会

第五十三条　企业工会支持企业依法行使经营管理权，动员和组织职工完成生产经营任务。

督促企业按照有关规定，按职工工资总额的百分之一点五至百分之二点五、百分之一分别提取职工教育培训费用和劳动竞赛奖励经费，并严格管理和使用。

（二）职业卫生

中华全国总工会关于加强工会参与职业病防治工作的意见

（总工发〔2010〕20号）

为切实发挥工会参与职业病防治工作的作用，实现和维护好劳动者的合法权益，根据《工会法》《职业病防治法》《劳动合同法》、工会劳动保护监督检查《三个条例》和《国家职业病防治规划（2009—2015年）》等有关规定，现就加强工会参与职业病防治工作提出以下意见。

一、工会参与职业病防治工作的重要意义和总体要求

1. 充分认识工会参与职业病防治工作的重要意义。当前，我国职业病高发势头虽然得到一定遏制，但形势依然严峻，突出表现为职业病人群数量庞大，危害因素分布广泛，对劳动者健康损害严重，群体性事件时有发生，新的职业危害风险不断出现，防治工作基础薄弱。面对职业病防治的严峻形势，各级工会组织要从维护社会稳定，促进经济发展和保护劳动者健康的高度出发，提高认识，不断增强做好职业病防治工作的责任感、使命感和紧迫感。

2. 认真把握工会参与职业病防治工作的总体要求。坚持以邓小平理论和“三个代表”重要思想为指导，深入贯彻落实科学发展观，坚持走中国特色社会主义工会发展道路，按照“组织起来、切实维权”的工作方针，坚持主动依法科学维权，立足源头参与，加强群众监督，以推动政府加强职业病防治能力建设和落实用人单位防治主体责任为重点，深入开展群众性劳动保护监督检查，逐步推广完善工会参与职业病防治工作模式，全面推动职业病防治工作，更好地维护劳动者健康权益。

二、加强工会参与职业病防治工作的主要任务

（一）协助政府提高职业病防治能力建设

3. 推动政府加强对职业病防治工作的领导。推动将职业病防控指标体

系列入经济社会发展规划，纳入政府领导任期目标考核，健全责任追究制；推动建立“用人单位负责、行业规范管理、政府执法监管、职工群众监督”职业病防治综合管理体制，促进政府部门按照职责分工，依法履行职业卫生监管职责，加强现场执法监管和对重点行业、重点企业、重点人群、重点职业病的监测预警，严肃查处违反职业病防治法、损害劳动者健康权益的违法行为。

4. 配合完善职业卫生法律法规和工伤保险制度。加大职业病防治源头参与工作力度，推动国家健全职业病防治法配套法规，加强职业病危害风险评估与风险管理、工作场所职业病危害因素检测与评价、危害防护设施与个人防护用品性能评价、职业健康监护与职业病诊治等技术标准规范的研究制定；促进扩大工伤保险覆盖范围，健全工伤保险费率调整机制，逐步提高保险待遇和标准，保障参保职工的合法权益，发挥工伤预防在职业病控制工作中的积极作用，完善适合我国国情的职业病预防、补偿和康复制度。

（二）监督用人单位落实职业病防治主体责任。

5. 督促用人单位健全落实防治责任制和预防措施。充分利用职工代表大会、平等协商集体合同制度等多种形式，监督用人单位依法申报职业病危害项目，健全职业卫生管理制度，配备专业职业卫生管理人员，加强作业场所职业病危害因素监控，在有职业病危害的作业岗位设置警示标识和警示说明，设置有效的防护设施，给作业人员配发防护用品，配备必要的应急救援设备和人员，为劳动者提供符合职业卫生标准的工作条件。

6. 促进用人单位规范劳动用工和职业健康管理。监督用人单位按照《职业病防治法》《劳动合同法》和《工伤保险条例》的要求，签订具有职业病防治实质内容的劳动合同，履行职业病危害告知义务，保证劳动者的知情权，落实有害作业岗位津贴和女职工、未成年工特殊保护政策。推动用人单位对从事接触职业病危害因素的劳动者进行专业培训和上岗前、在岗期间和离岗时的职业健康检查，建立职业健康监护档案，对遭受职业病危害的劳动者，及时组织救治和妥善安置。

（三）推进工会参与职业病防治工作创新。

7. 全面推广“工会参与职业病防治工作模式”。“工会参与职业病防治工作模式”是工会多年来参与职业病防治实践经验的科学总结。各级工会要结合本地和企业职业病防治工作的实际需要，按照“联系实际、循序渐进、有所侧重”的原则，选取适宜模式进行试点，重点就职业病防治三方协调机制、大型企业职业卫生检查表、中小企业联合职业安全卫生委员会和劳动卫生专项集体合同等内容进行推广应用，在实践中健全工会全面参与职业病防治的工作体系。

8. 大力完善职业卫生监督检查体系。认真贯彻落实工会劳动保护监督检查《三个条例》，健全劳动安全卫生群众监督检查体系，重视发挥社区、工业园区或行业性工会对企业职业病防治的群众监督作用，深入开展职业危害隐患排查治理活动，积极引导职工参与企业职业卫生民主管理、民主监督，组织职工开展技术革新、技术发明、技术攻关等活动，为职业危害治理献计献策，促进生产作业环境的改善。

9. 积极参与职业危害事件的调查处理。高度重视农民工尘肺病群体性事件的调查处理，提高工会参与调查和处理能力。在职业病危害事件的调查处理中，坚持按照“四不放过”原则，查明事件原因，提出追究责任人建议，监督落实整改措施，维护职工健康权益。

10. 深入开展职业危害突出问题的调查研究。认真研究重点人群（如农民工、女工、未成年工）、重点产业职业危害的主要特点，通过采用统计调查、问卷调查、抽样调查、网络调查等方法，了解和掌握职业病防治工作的突出问题及广大职工的意愿要求，为职业病防治工作提供决策依据。在充分调研的基础上，积极推进职业病防治法律法规和政策标准的起草修订工作，增强职业卫生制度的可行性和适用性。

11. 切实重视职业病防治信息工作。注意搜集报告职业卫生重大情况信息，特别关注职业病危害事件以及可能成为社会热点、诱发群体事件的信息，及时向政府主管部门和上级工会组织反映情况，提出对策建议。

（四）提高劳动者职业卫生意识和能力。

12. 加强对劳动者职业卫生教育。针对劳动者职业卫生教育特点，重点加强对农民工和青年职工的职业卫生教育，帮助劳动者了解国家有关职业卫生的法律法规，熟悉自身享有的各项职业卫生权利义务，掌握职业卫生防护技术技能，切实提高劳动者防护职业危害的能力。

13. 积极开展职业病防治宣传。制定职业病防治宣传计划，组织编写职业病防治科普宣传材料，通过广播、电视、报纸、互联网等新闻媒介，推动职业卫生科技和法律知识普及，推进职业病防治法律法规纳入全民普法教育范围，列入健康教育和职业教育的重要内容，引导广大职工了解职业病防治知识，在全社会形成关心劳动者健康、重视职业病防治的良好氛围。

三、建立和完善工会参与职业病防治工作的保障措施

14. 加强组织领导，建立长效机制。各级工会要把加强工会参与职业

病防治工作列入重要议事日程，纳入劳动保护考核综合评价体系，把工会参与职业病防治工作成效作为考核工会劳动保护干部的重要内容。要针对工会参与职业病防治工作中的难点问题，制订工作计划，明确目标责任，提供人员经费支持，建立长效机制，确保各项工作落到实处。

15. 加强工作指导，强化维权职责。各级工会领导机关要及时研究职业病防治工作的新情况、新问题，加强工作指导，注重总结经验和宣传典型，不断认识和把握工会参与职业病防治工作的规律，坚持把工会参与职业病防治工作落实到工会主动依法科学维护职工健康权益上来，切实推动职业病防治工作取得新的进展。

中华全国总工会关于
进一步加强尘肺病防治工作的通知

（总工发〔2010〕65号）

各省、自治区、直辖市总工会，各全国产业工会：

尘肺病严重危害职工的身体健康和生命安全，不仅给患者带来身心痛苦和经济损失，而且也日益成为一个突出的社会问题。为进一步加强尘肺病防治工作，切实维护好职工职业健康合法权益，现就有关问题通知如下：

一、充分认识做好尘肺病防治工作的重要性和紧迫性

目前，我国尘肺病防治形势不容乐观，尘肺病发病人数总量庞大，新发尘肺病患者以每年万余例的速度增长，一次发病数十甚至上百人的群体性事件屡有发生，煤矿尘肺病死亡人数已超过工伤死亡人数。有效预防和控制尘肺病，关系到广大职工的身体健康和生命安全，关系到经济社会的可持续发展和社会的和谐与稳定。各级工会要充分认识加强尘肺病防治工作的重要性和紧迫性，认真落实《中华全国总工会关于加强工会参与职业病防治工作的意见》和《中华全国总工会关于贯彻〈国家职业病防治规划（2009—2015）〉的通知》精神，将尘肺病防治列入工会工作的重要议事日程，增强前瞻意识，树立长远观点，以对职工群众高度负责的态度，积极主动做好尘肺病防治工作。

二、积极推广“工会参与职业病防治工作模式”

“工会参与职业病防治工作模式”是工会多年来参与职业病防治工作的实践经验和科学总结。各级工会要按照全总劳动保护部《关于全面推广〈工会参与职业病防治工作模式〉的通知》要求，制订模式推广方案，采取切实有力措施，突出重点，有序推进。在推广过程中，各级工会要根据本地区尘肺病防治工作的实际情况，优先在粉尘危害严重的行业、企业进行模式推广。坚持把模式推广与促进企业落实职业病防治主体责任，协助

政府提高职业病防治能力，在高危行业中推行劳动安全卫生专项集体合同，加强职工职业卫生培训教育统筹结合起来，着力构建工会参与职业病防治长效机制，推动完善“用人单位负责、行业规范管理、政府执法监管、职工群众监督”的职业病防治综合管理体制。

三、督促企业落实职业病防治主体责任

企业是职业病防治工作的主体。各级工会要督促企业依法承担起保护职工职业健康的责任，严格按照国家有关法律法规的要求，建立健全职业病防治责任制，落实企业法定代表人职业病防治第一责任人的责任和企业主体责任；督促企业建立健全并落实尘肺病防治的有关规章制度，加强粉尘危害治理投入，在煤矿、金属矿山开采、建筑材料生产等粉尘危害严重的作业现场实施湿式作业和干式密闭除尘措施；督促企业加强个体劳动防护，加强高粉尘浓度作业场所的监控和接尘高危人群特别是农民工的职业健康监护；加强职工职业卫生教育，规范签订劳动合同，履行职业危害因素告知义务，为职工创造一个安全健康的工作环境。

四、努力提升职工职业卫生素质

各级工会要通过广播、电视、报刊、网站等媒体以及集中培训、监督检查等多种形式和渠道，大力加强对《职业病防治法》等法律法规和尘肺病防治基本知识的宣传教育，使职工特别是广大农民工了解尘肺病的危害，知道自己享有的职业卫生权利和应该履行的义务，掌握尘肺病防治基本知识和技能，增强自我保护意识和能力。

五、密切关注尘肺病群体性上访事件

近年来发生的因尘肺病问题引发的群体性事件在社会上造成了恶劣影响，各级工会要进一步提高政治敏锐性，增强责任意识和危机意识，善于发现和把握可能诱发尘肺病群体上访事件的线索，及时向上级工会和政府有关部门反馈信息，提出对策建议。积极参与尘肺病群体性事件的调查处理，坚持按照“四不放过”原则，查明事件原因，监督整改措施落实，维护职工职业健康合法权益。

中华全国总工会

2010 年 12 月 3 日

后 记

根据全总机关改革统一部署，2016年7月，全总劳动保护部和经济技术部合并为劳动和经济工作部（加挂中国职工技术协会办公室牌子），12月又增设了扶贫工作处。为贯彻落实习近平总书记关于工人阶级和工会工作重要论述、中国工会十七大精神，进一步提高新时代工会劳动和经济工作法治化、制度化、科学化水平，我们组织编写了《工会劳动和经济工作法律法规政策指南》，以供从事工会劳动和经济工作的干部查阅、学习。

该书由全总劳动和经济工作部编写，原部长王俊治任主编。编写人员有：康岳、蒋坤芝、芦金玲、胡晓亮（劳动和技能竞赛部分）；杜文甫、赵一、牛宏睿（技协部分）；陈伶浪、朱丹、朱洵（劳模管理部分）；卢斌、李学敬、陈晓莎、高峰、李实（劳动安全和职业健康部分）；张杰、李洋（扶贫工作部分）。全书由代明梅、张弘强统稿，刘晓延、闵迎秋、侯波、姜文良、刘萍、毕桂兰审稿，王俊治审阅定稿。

《工会劳动和经济工作法律法规政策指南》是全总机关改革以来，第一次比较全面系统地介绍工会劳动和经济工作相关政策法律法规文件的重要工具书，希望能给广大读者带来便利和帮助。同时，由于编者水平有限，时间仓促，本书难免存在不足和疏漏之处，还请读者不吝指正。

编 者

2019年8月